新版
世界
各国史
15

イタリア史

北原敦 編

山川出版社

コンスタンティヌスの凱旋門　内乱時代の312年、コンスタンティヌスはガリアからイタリアに侵入、ローマ市を支配していたマクセンティウスを破って入城し、首都を掌握した。その記念に建立されたこの凱旋門は315年ころに完成した。右に1世紀末完成のコロセウムが見える。

「秘儀荘」壁画(ポンペイ)　79年にウェスウィウス(ヴェズヴィオ)火山爆発で埋没したポンペイの富者の別荘の壁画。女性たちを中心に、ギリシアの酒の神バッカス礼拝で陶酔的な密儀をおこなう人々が描かれている。右の裸体の老人がバッカスをあらわす。

パラッツォ・ヴェッキオ　フィレンツェの政府庁舎。1299年から1314年にかけて建設され、16世紀に増築された。1293年の「正義の規定」により「豪族」を抑圧し、実権を確立した平民政府の庁舎で、トスカーナ諸都市の政府庁舎のなかでは抜群の大きさである。

「キリストから王冠を受けるルッジェーロ2世」　パレルモのサンタ・マリーア・デッランミラーリオ教会(マルトラーナ教会)のモザイク。教会は1143年に建設された。ノルマン朝のルッジェーロ2世は、1130年に(対立)教皇からシチリア王位を受けた。

システィーナ礼拝堂天井に描かれたミケランジェロの「天地創造」（1508～12年）　教皇ユリウス2世の命を受けたミケランジェロは、ヴァティカンのシスティーナ礼拝堂の長さ約41メートルの天井の中央に天地創造の物語を描き、その周囲に預言者と巫女、それにキリストの祖先たちの姿を配した。

カルロ・アルベルト憲法の彩色本表紙（1898年）　カルロ・アルベルト憲法の発布50周年を記念して1898年に製作された細密画風冊子の表紙。この憲法は1848年にサルデーニャ王国憲法として発布され、国家統一後のイタリア王国憲法としてそのまま受け継がれた。

トスカーナの風景　なだらかな丘陵に塔の高さを競った中世都市が静かにたたずまい、糸杉の並木で区画された耕作地に家屋が点在する風景はトスカーナ独特のものである。

ナポリのサン・パオロ・スタジアム　1898年に始まったイタリアのサッカー選手権リーグは、シーズン中の毎日曜日、国民を熱狂させる。写真は2006年9月23日、ナポリ・チーム(水色のユニホーム)のホーム・グランドでの試合。

まえがき

この数十年、イタリアは日本の日常生活に驚くべき広がりをもって浸透した。料理、旅行、映画、音楽、サッカー、ファッション、家具調度品とあげていけばきりがないほどにイタリアはわれわれの身近に感じられるものとなった。しかし、本シリーズ「新版世界各国史」の前のシリーズの「世界各国史」の一巻として『イタリア史』(森田鉄郎編)が刊行された一九七六年当時は、日本にとってイタリアはまだなじみが薄かった。それは歴史についても同じことで、日本におけるイタリア史研究は乏しく、イタリア史を知るにも学ぶにもその手立てはきわめて限られていた。七六年出版の『イタリア史』(旧版)はそのような状況のもとで作成された最初のイタリア通史で、編著者の森田氏(中・近世史担当)をはじめ、執筆者の弓削達氏(古代ローマ史担当)も清水廣一郎氏(中世史担当)もそれぞれの領域の研究を切り開いてきたパイオニアだった。残念ながら三人の先達はもはやこの世にはないが、残された書はイタリア史の古典としての価値を失うことなくとどまっている。

三十年余を経て、新版『イタリア史』の刊行の運びとなったが、この間の内外のイタリア史研究の発展は質・量ともにめざましいものがあり、日本のイタリア史研究者もふえた。新版『イタリア史』は、こうした諸研究に基づきながら、最新の研究成果も吸収してスタンダードなイタリア通史を描くことに努めたつもりである。できばえについては読者の判断を待つ以外にないが、イタリアの文物の浸透にあわせて、これら文物の背後にあるイタリアの歴史の理解を深める一助になれば幸いである。

私は、旧版『イタリア史』で現代史の部分を執筆して、そのときは十分自覚していなかったけれども、今回新版の編集を担当して痛感したのは、イタリア史を「一国史」として叙述することの困難さだった。古代ローマ期のイタリアは、「イタリアのローマ化」といわれるようにローマ史のなかに包摂されて、固有のイタリア史の成立をみるにはいたっていない。このためイタリア史の叙述をローマ帝国の崩壊後から始める通史が多いのだが、本シリーズは逆に古代ローマ史をイタリア史のなかに組み込んで編集しており、これは困難をともなうものであったが、同時に本書の大きな特徴ともなった。

固有のイタリア史が形成され始めるのは、イタリアが諸国家に分裂した状況のもとにおいてであり、この分裂状態は六世紀から十九世紀まで一三〇〇年間にわたって続くことになる。この間、大小さまざまな規模のいくつもの国家が成立、発展、衰退し、その経過全体がイタリア史の性格を形づくっている。つまりイタリア史は一国史としてではなく、「イタリア諸国史」として成り立っているのである。中世から近代にかけてのイタリア史はこの諸国史を叙述することになり、できることならそれぞれの領域の専門研究者による分担執筆が望ましいのだが、今回は少人数での担当となった。少人数での諸国史の執筆には苦労がともなったが、そのぶん統一的なイタリア史を描くことができたといえるかもしれない。規定の枚数を大幅にこえて山川出版社に迷惑をかけることになったが、一国史でなく諸国史の叙述を必要としたことにその一因があるのを了解していただければありがたい。

枚数の超過に加えて、本書の刊行が遅れたこともお詫びしなければならない。途中やむをえない事情があったとはいえ、すべて編者の不手際によるものであり、早くに原稿を提出してくれた執筆者にも迷惑をかけてしまった。この間、長期にわたって本書の完成に力を尽くしていただいた編集部の皆さんに厚くお礼を述べておきたい。また、年表・索引の作成には北海道札幌星園高等学校の榊原康文氏の協力をえた。あわせて謝意を表したい。

最後に、地名・人名などイタリア語の表記について説明しておきたい。イタリア語には各単語にアクセントがあり、これは日本語との大きな違いで、日本語の発音からすると、単語ひとつひとつにアクセントをつけるのはなじまず、また煩わしいことにもなる。しかし、イタリア語からすると、アクセントのない平板な発音の単語は意味を伝えず、コミュニケーションをなさない。本書では、意味をなすイタリア語の発音に少しでも近づけるために、アクセントのある母音を長音で表記した。たとえば、ミラーノ、トリーノ、モーデナなどはミラノ、トリノ、モデナのままだと不自然な発音になる恐れがあるため、長音符を入れてイタリア語の発音に近づけるようにした。ただし、ナポリ、シチリア、ヴェネツィアなどは本来ならナーポリ、シチーリア、ヴェネーツィアとすべきだが、長音符のない慣用的な表記でも不自然な発音となる恐れは少なく、また煩わしさを避けるためにも長音符を入れなかった。厳密とはいえないが、そのような基準で表記してあることを断っておきたい。

二〇〇八年六月

北　原　敦

目次

イタリア史

序章　イタリア史の統一性と多様性

イタリアの地形と交通

ヨーロッパのなかで地中海に向かって長く伸びたイタリア半島の形状は、十八世紀に長靴のかたちにたとえられるようになり、そのイメージは現在にまで受け継がれてなじみ深いものとなっている。長靴の爪先部分、つまり半島の西南端はメッシーナ海峡を挟んでシチリア島に連なり、東南端のかかとの部分はアドリア海への出入り口を扼《やく》して、対岸のアルバニアとごく近い距離にある。半島の付け根からアルプス山麓にかけての大陸部には、全長六五〇キロにおよぶポー川が西から東へと流れ、その流域のポー平野は豊かな農業・牧畜地帯である。ポー川の流れるピエモンテとロンバルディーアでは、十八〜十九世紀に灌漑用の運河が多数開かれ、またポー川がアドリア海に注ぐフェッラーラの低湿地帯では、十九世紀後半に大規模な干拓工事がおこなわれ、農業の発展のみならず、それぞれの地域の社会生活に重要な役割をはたした。

北・中部ヨーロッパの人々は、明るい太陽と青空を求め、アルプス山脈をこえてイタリアにやってくる。アルプス山脈の南に位置するイタリアは、春から秋にかけての強い直射日光と高温・乾燥の気候で南国的風土を感じさせるが、緯度からすれば日本と比べてかなり高い位置にある。シチリア島のパレルモ(北緯三八・〇七度)は新潟市、ナポリ(北緯四〇・五〇度)は青森市、ローマ(北緯四一・五四度)は函館市、フィレンツェ(北緯四三・四六度)は札幌市、ミラーノ(北緯四五・二八度)は日本最北端の稚内《わっかない》市とそれぞれほぼ同緯度である。

南北に長く伸びるイタリア半島の脊梁《せきりょう》にはアッペンニーノ山脈が連なり、これが半島の東と西を分断して、東西の交通を困難にしていた。半島内の東西の交流は、この自然条件のために何世紀にもわたって制約され、山脈西側のティレニア海に面するジェノヴァ、リヴォルノ、ナポリ、山脈東側のアドリア海に面するヴェネツィア、アンコーナ、バーリなどの海港都市は、後背地と結びつくことは少なく、半島内の諸地域との交流よりも海上貿易による遠隔地との交流を盛んにした。

内陸都市のフィレンツェとボローニャの例をとっても、両都市間の距離は一〇〇キロに満たないが、脊梁山脈による分断が両地間の交通を困難にしていた。トスカーナ地方とエミーリア・ロマーニャ地方は、アッペンニーノ・トスコ・エミリアーノ山脈をへる要路で結ばれるが、この山脈越えはきわめて厳しく、十八世紀なかばに馬車で通過できる地点は二カ所に限られ、鉄道の時代にはいっても、両都市を結ぶ路線は迂回して敷設することをよぎなくされた。その後、大小の多数のトンネルを掘って両都市を短距離で結ぶ新路線の工事が、第一次世界大戦前夜から始まって一九三四年に完成した。鉄道での所要時間は二時間三〇分から一時間一〇分に短縮され、時のファシズム政権はこれを盛大に祝った。

一九五〇年代になると、四五カ所の高架橋と二五のトンネルで両都市を結ぶ高速道路(アウトストラー

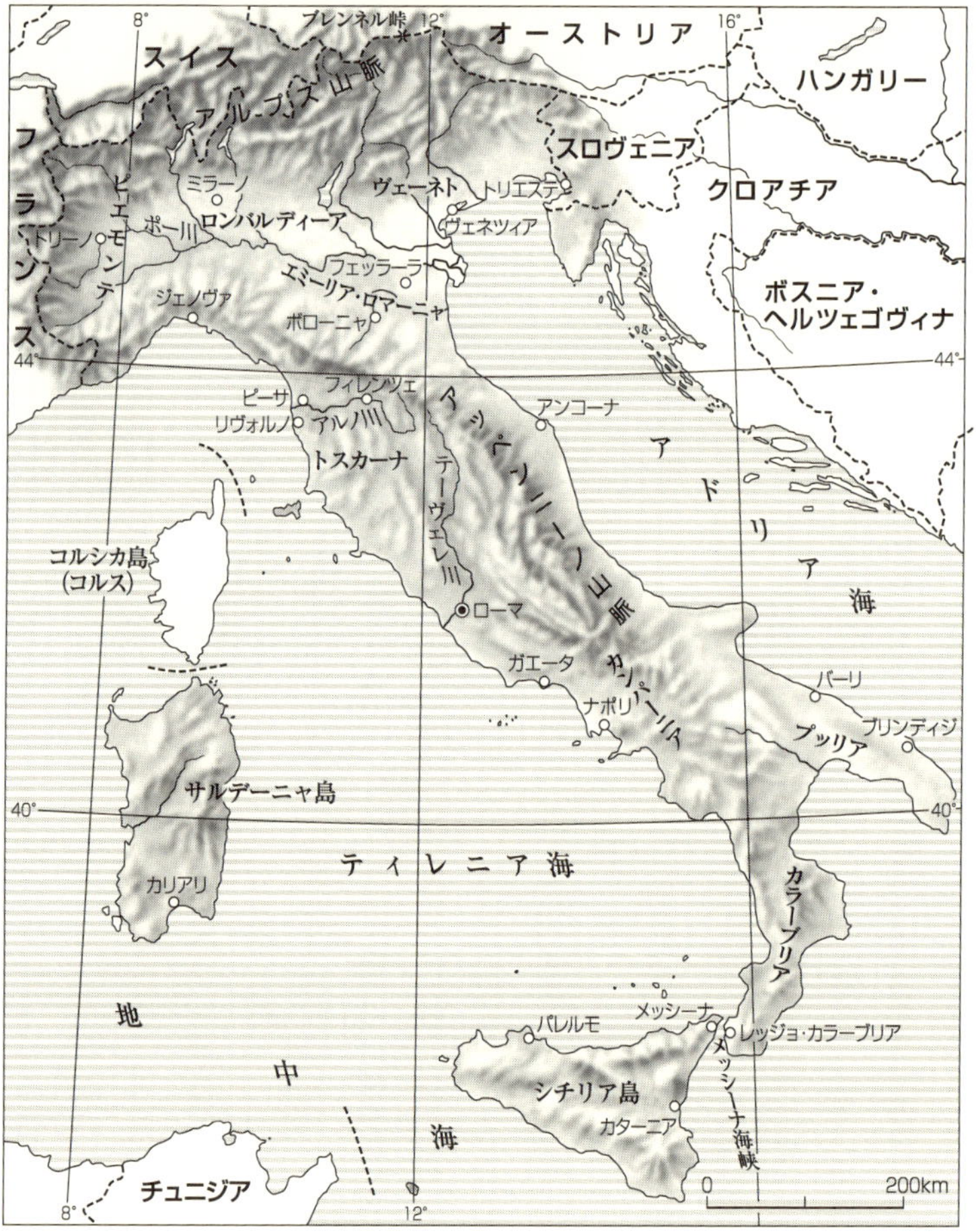
ブレンネル峠
12°
8°
16°
オーストリア
スイス
アルプス山脈
ハンガリー
フランス
スロヴェニア
ミラーノ
ピエモンテ
ヴェーネト
トリエステ
クロアチア
ロンバルディーア
ヴェネツィア
トリーノ
ポー川
フェッラーラ
エミーリア・ロマーニャ
ジェノヴァ
ボスニア・
ヘルツェゴヴィナ
ボローニャ
44°
フィレンツェ
ピーサ
アンコーナ
リヴォルノ
アルノ川
アッペンニーノ山脈
トスカーナ
テーヴェレ川
アドリア海
コルシカ島
(コルス)
ローマ
ガエータ
カンパーニア
バーリ
ナポリ
ブリンディジ
プッリア
サルデーニャ島
40°
ティレニア海
カラーブリア
カリアリ
地中海
メッシーナ
パレルモ
レッジョ・カラーブリア
メッシーナ海峡
シチリア島
カターニア
チュニジア
0
200km

イタリアの地勢

ダ)が開通し、これは東と西の交通のみならず、北と南の交通にも変化をもたらした。ミラーノを起点としてボローニャ、フィレンツェ、ローマ、ナポリと半島を縦断し、さらにシチリア島に近接したレッジョ・カラーブリアまで全長一二五〇キロの幹線高速道路が開通したことで、北と南の結びつきはこれまでになく緊密なものとなったのである。シチリア島内でも高速道路は張りめぐらされているが、半島とシチリア島をつなぐ交通手段はフェリーで、列車も車もフェリーに積まれてメッシーナ海峡を渡ることになる。この海峡に橋を架ける計画をめぐっては、経済効果と環境保全のそれぞれの観点からの議論が長期にわたって続いている。

トスカーナ地方を走る高速道路(アウトストラーダ)　トンネルと高架橋を組みあわせた現代の高速道路は，古代ローマの偉大な建設事業を想起させる。

「イタリア」の発生と成立

現在のイタリア共和国の領域における地形と交通の問題に簡単にふれたが、改めていうまでもなくイタリアの領域は一定していたわけではなく、歴史的に変転きわまりないものだった。領域だけでなく、イタリアの文化、言語、意識、民族、行政のどの問題にしても、歴史を抜きにして、それらの「イタリア性」

を一義的に設定することは不可能である。それらのすべてに成り立ちと発展の深い歴史があり、しかもそれは完成して固定するといった性格ではなくて、つねに変化する過程のなかにある。現在、国民国家として成り立ち、そのようなかたちの文化、意識、国民、行政をもつイタリアも、今の状態が固定したものとしてあるのではなく、ヨーロッパ統合や、あるいは地域主義といったいくつもの志向をかかえながら、変容の過程として存在している。

本巻は全体をとおして、イタリアの変容の過程を古代から現代までたどり、イタリアの歴史の諸局面を明らかにしようとするのだが、序章ではイタリア史を成り立たせている諸要因あるいはイタリア史の特徴といえるものを検討しておく。まず最初に、そもそもイタリアという名称がなにをあらわし、イタリアと呼ばれるものの対象はなにかという問題がある。

「イタリア」ということばを最初に用いたのは古代ギリシア人とされ、語の由来については諸説ある。諸説のなかで流布しているのが、半島に南下したインド・ヨーロッパ語系の一族が用いたオスク語のウィテリュ(Viteliu, 牛の地の意)ということばを、ギリシア人が語頭のVを落としてイタリと発音したとする説だが、これは言語学的な説明で、歴史研究者は必ずしもこの説を受け入れているわけではない。

ギリシア人は現在のカラーブリア地方の一部、すなわち半島の西南端(長靴の爪先部分)の地域をイタリアと呼び、ごく限られた地域をさす名称だったが、その範囲はしだいに北に広がり、ローマ人にもイタリアという語が使われるようになった。都市国家ローマは、半島内に存在する諸勢力のひとつだったが、紀元前三世紀には他の諸勢力にたいして優位に立ち、アルノ川とエジーノ川を北限(ほぼ現在のピーサとアンコーナを結ぶ線。ただしピーサは含まれない)とする半島内の地域をイタリアと定めて支配した。イタリアの範囲はその後やや広がって、ルビコン(ルビコー)川が北限となった。

紀元前一世紀初め、イタリキ(イタリアの地に定住したインド・ヨーロッパ語系諸族の総称)はローマ市民権を要求して、イタリキとローマのあいだで同盟市戦争が生じた。この際イタリキはコルフィニウム(現アブルッツォ州コルフィーニオ)を首都に定めて「イタリア」と名づけ、元老院を設置した。ここでイタリアの語はたんに地名としてだけでなく、政治・行政的な意味を含むようになった。同盟市連合の攻撃に手を焼いたローマは、イタリア内に住むすべての自由人にローマ市民権を与えることで戦争の終結をはかった。ローマが譲歩するかたちでイタリア内の自由人をローマ市民団の構成員としたのだが、このことは「イタリアのローマ化」を進行させ、ローマは都市国家から領域国家へとあり方を変えていった。この間ローマは、地中海世界に支配領域を広げて、イタリア以外の征服地は属州として支配し、「帝国」と呼べる性格を強めていった。

その後、アウグストゥス(在位前二七〜後一四)のときに、属州だったガリア・キサルピーナがイタリアに加えられ、イタリアの範囲はポー平野からアルプス山麓一帯の大陸部を含むことになった。イタリアはローマ帝国において行政区域をあらわす名称として属州と区別され、アウグストゥスはイタリアを一一の区に分けて統治した。しかし、帝政のもとでローマ市民権が属州民にも付与されるにつれ、イタリアの特権的立場は失われて帝国内での地位は低下し、三世紀末、ディオクレティアヌス帝は帝国を四分治制にするとともに一二管区に分け、イタリアはシチリア、サルデーニャ、コルシカなどの島嶼《とうしょ》とともに一管区となった。この管区の範囲が、十八世紀にフランス領となったコルシカを除いて、ほぼ現在のイタリアの領域に相当するのである。

統一的なイタリア史の叙述は可能か

以上が、現在につながる領域的および行政的なイタリアの成立過程で、イタリアの形成はローマの発展と緊密に結びついていた。とくにアウグストゥスの時代前後の「イタリアのローマ化」によって、イタリアの都市化が進行し、この都市的伝統はイタリア史の基本的特徴のひとつとなった。また、「イタリアのローマ化」は、ローマ人の用いたラテン語による言語の統一をもたらし、それまでのイタリア内の諸言語をしだいに消滅させ、イタリアの一体化に大きな役割を演じた。

イタリア史にはローマの伝統が深くきざみこまれるが、この伝統にもうひとつのローマ、すなわちキリスト教のローマが重なってくる。イタリアがローマ帝国内で衰退の道をたどったとき、あらたに誕生したローマ教会が、しだいにキリスト教世界の中心を占めて権威を確立し、イタリアはローマ教皇の存在と離れがたく結びついた。皇帝も教皇もともに、地域性をこえた普遍性を本質としており、イタリアはこののち現在にいたるまで、自らのアイデンティティの形成と二重に普遍的なローマの伝統とのあいだの緊張関係に身をおくことになる。ローマ教皇は、国境をこえた普遍的権威として存在するだけでなく、イタリア内に自身の領土をもって世俗的支配権も行使した。積極的および消極的双方の意味でイタリア史を貫くローマの伝統は、イタリアにとって「過ぎ去ろうとしない過去」であると指摘する研究者もいる。

イタリア史にとってひとつの画期となるのが、五六八年のランゴバルド族の侵入である。この侵入によって、イタリアにはランゴバルド王国とビザンツ帝国の二つの国家が分立し、それまでの政治的・行政的な一体性が崩壊する。このあと教皇領も成立し、イタリアの分裂状態は細分化して、イタリアにふたたび統一国家が形成されるのは一三〇〇年後の十九世紀なかば、サヴォイア朝のもとでのイタリア王国の成立のときになる。古代においてはローマ史に包摂され、中世の始まりと時代区分されるランゴバルド族の侵入以降は、政治的につねに分裂状態にあって複数の国家が存在することから、後世の歴史家は、はたして統一的なイタリア史を叙述することは可能であるのか、イタリア史の原理といえるものはなになのかというむずかしい問いに直面するのである。

この問題に明快に答えているのは、歴史家・哲学者のベネデット・クローチェである。クローチェは一九三〇年代の著作で、一体的なイタリア史はイタリアの領域内の全住民を含んだイタリア国家が形成される一八六〇年に始まるのであり、それ以前はシチリア王国、ナポリ王国、サルデーニャ王国、教皇国家、トスカーナ大公国など諸国家の歴史があるにすぎず、イタリア史は存在しないと論じた。クローチェの主張は、イタリア史を政治的・国家的な枠組みでとらえているわけだが、現在の歴史家の多くはクローチェと違って、政治的分裂にもかかわらず、文化的・精神的生活を共有する一体的なイタリア史が存在することを当然視している。ただし、イタリア史がどこから始まるかは、イタリア史の捉え方とも関連して議論が分れるところで、始まりを西ローマ帝国の崩壊以降におく通史が多い。

イタリア史の基本的理念としての都市

リソルジメント期の民主派の連邦主義者カルロ・カッターネオが、統一国家の形成される直前の一八五八年に、都市こそがイタリア史の基本的原理であると唱えたことはよく知られている。同じ連邦主義者のジュゼッペ・フェッラーリが、イタリア史にはギベリン的要因とグェルフ的要因の対立、つまり国権(国家)と教権(教会)の対立が貫いていると論じたのにたいして、カッターネオはそれを批判しながらイタリアの都市のあり方を歴史的に綿密に検討して、イタリア史の基本的原理は都市であるとする命題を立てたのだった。都市的性格をイタリア史の特徴のひとつとすることは、現在では共通の了解となっているといえるが、そこに含まれている問題は単純ではない。

早く古代ローマ時代に都市化の進んだイタリアでは、その後も都市の増加と発展があり、中世には多数の都市国家を生み出した。カッターネオも強調したことだが、イタリアの都市は周辺の農村と不可分の関係にある。都市国家のもとでの都市によるコンタード支配の例に限らず、近現代においても諸都市は周辺農村とともに自立的な地域世界を形成しており、農村の側でも近隣都市をセンターとする地域世界に自らを組み込んで成り立っている。都市を中心とする地域的世界のいくつもの広がりはイタリアに地域的多様性の特色を与えており、別のいい方をすれば、イタリアは多中心的で多極的であることを特徴としているのである。一八六〇年の国家統一以前の分裂状態は、イタリアの多中心性の表れにほかならないが、この多中心性は統一国家の成立前後の事情にも作用している。

十九世紀のリソルジメント(再興)の運動は、結果として統一国家の形成に導いたが、リソルジメントの過程で国家統一は主要な課題ではなく、これを目標に掲げたのはマッツィーニなど少数にすぎなかった。国家統一は、特定のセンターがあって、その主導のもとで始まったのではなく、またそうしたセンターに結集しようとする共通の動きがあったのでもなく、内外の諸状況に押されてサヴォイア朝のサルデーニャ王国が諸地域を併合するかたちで実現した。サルデーニャ王国の中心部をなすピエモンテ地方は、都市国家の経験をもたずに、サヴォイア家支配の君主制国家が確立していた地域で、はからずもサヴォイア朝が国家統一の中心となったことで、統一国家の成立後、イタリア史のアイデンティティをサヴォイア王家に求める見方が生まれた。このサヴォイア史観は、アルプス山中から発してイタリア北東部へ進出したサヴォイア家が、外国支配を打破してイタリアの独立と統一を達成したことを称揚し、中世以来の同家の事績を中心にイタリア史を描こうとするもので、ファシズム時代まで盛んだった。

センター不在の状態で成立した統一国家は、すぐに首都選定の問題に直面する。イタリアにはトリーノ、ミラーノ、ヴェネツィア、ボローニャ、フィレンツェ、ローマ、ナポリ、パレルモなど多くの有力都市が存在したが、政治、経済、文化のすべてにヘゲモニーをもって他を圧倒する都市はなかった。諸都市の競合のなかでローマが首都に選ばれるが、それはローマが実質的なヘゲモニーをもたなかったがゆえであった。普遍性を旨とするローマには、新国家を統合するためのナショナリティの形成の任務は本来にあわないのであるが、この伝統的都市は現実に政治、経済、文化のどの力にも欠けており、他都市にとってローマが集権的なセンターとなる恐れが少なかったのである。こうした首都選定の背景にあるのは、諸都市が競合するイタリアの多中心的性格であり、新国家形成にあたっても、この性格は持続した。つけ加えておけば、ローマの理念はネーションの形成に力をもたなかったが、のちのアフリカへの帝国主義的進出に際してはおおいに活用された。

北と南の歴史的関係

イタリアの地域的多様性に関連して、これを「北部」と「南部」に二分化して、北を進んだ地域、南を遅れた地域とする見方が一般化しているが、これには大きな問題がある。イタリア史において北・中部と南部が異なった展開をとげたのは事実である。北・中部ではピエモンテ地域を除いて都市国家が成立し、その後有力都市を中心に複数の領域国家が形成されていったのにたいして、半島南部では集権的な君主制国家が広い領域を一円的に支配して、王朝の交代をへながらもこの体制が国家統一のときまで続いた。南部では、大都市ナポリを除くと都市の発達はほとんどみられず、都市的性格がイタリア史の特徴であるという場合、それは実際には北・中部イタリアにあてはまることだった。

密集した建物のあいだの狭い路地でサッカーに興じるナポリの子どもたち

イタリアが、北と南の二つの世界をもったことは事実として、そこに優劣の序列があったり、支配‐被支配の関係があったりしたのではない。二つの世界は、時代により緊密度の違いはあるものの、政治、経済、文化のさまざまなレヴェルでの交渉あるいは争いをもちながら、それぞれの歴史をたどり、固有の社会を構成した。しかし、十九世紀の国家統一が両者の関係を大きく変えた。

国家統一が進行しつつあった一八六〇年、ナポリに派遣された北イタリアの政府高官は、南イタリアの印象を「なんという野蛮！　イタリアとは別ものだ。ここはアフリカだ」と書き綴った。イタリアのネーションの形成過程で、早くもイタリアのアイデンティティの崩壊を示した発言といえるが、統一国家が成立して「北」と「南」が一体化すると、「北」の政治家や知識人たちは多かれ少なかれこの種の印象を「南」についていだくのである。

新国家は、イタリアのあらたなナショナリティの形成と統合力の強化という困難な課題に取り組むが、それは順調には進まない。そして、イタリアの一体的なネーションの形成の妨げの原因を「北」と「南」の格差にみいだす傾向が生まれ、「南」の状態が改めて問題化された。「北」と「南」はそれぞれに固有の世界としてあるという認識のかわりに、社会の発展度という基準が導入され、両者の関係は進みと遅れの関係として意味づけられることになる。ここから南イタリアについてのおびただしい調査・研究が始まり、「南」をイタリアのネーションの形成に組み込み、政治的・文化的な統合を推進するにはどうすればいいのか、その議論が政治の場でも学問の場でもさかんにおこなわれるようになった。

こうした一連の動向が「南部問題」と呼ばれるものであり、こののち南イタリアはもっぱら南部問題の視点と枠組みのなかで理解され、遅れと停滞のイメージが固定される。南部問題の言説が再検討され、イタリアのなかの南部、北イタリアとの関係における南部、南イタリア内部の多様な南部、そして社会と文化の固有のあり方としての南部を理解しなおす作業が進むのは最近になってのことで、こうした作業によって、南イタリアは南部問題のつくりだした固定的なイメージからようやく解放され始めた。こうした作業はまた、南イタリアの捉え直しにとどまらず、イタリアを北と南に二分化する方法が見落としてきた諸問題にも光をあて、イタリア史の豊かな全体像をあらたに描き出すことにもなるのである。

第一章　イタリアと都市ローマ

1　イタリア半島の黎明

先史時代のイタリア

「イタリア」という呼称はもともとイタリキのことばで「牛の地」をさし、それがギリシア語化されたものだという。ローマの強大化にともなって、その支配圏としてのイタリアはより厳密に定められ、前三世紀にはリグーリアとガリア・キサルピーナを除くその南とされ、ルビコー川が一時はイタリアの北限であった。アウグストゥスがガリア・キサルピーナをも行政区域としてのイタリアに編入して、ようやく現代まで続くイタリアの存在が明確にされた。

一万年近く前の旧石器時代にあらわれたグリマルディ人が、知られうる最初のイタリアの住民である。北イタリアのゴラセッカ、エステにその文化の形跡が残っている。農業と牧畜の開始は、新石器時代、前五千年紀と思われる。

前二千年紀にはいると、アドリア海岸沿いに青銅器を有するアペンニーノ文化圏が出現する。そして北方オーストリア方面から、インド・ヨーロッパ語系の民族が南下してき、まずポー川下流平野に定着した。彼らは馬と火葬の習慣を持ち込み、高床式住居の集落をつくり、先住民とも融合してテッラマーレ文化圏を形成した。彼らは堀で囲まれた村をつくり、ウシ・ヤギ・ブタ・ヒツジの飼育も始めていた。

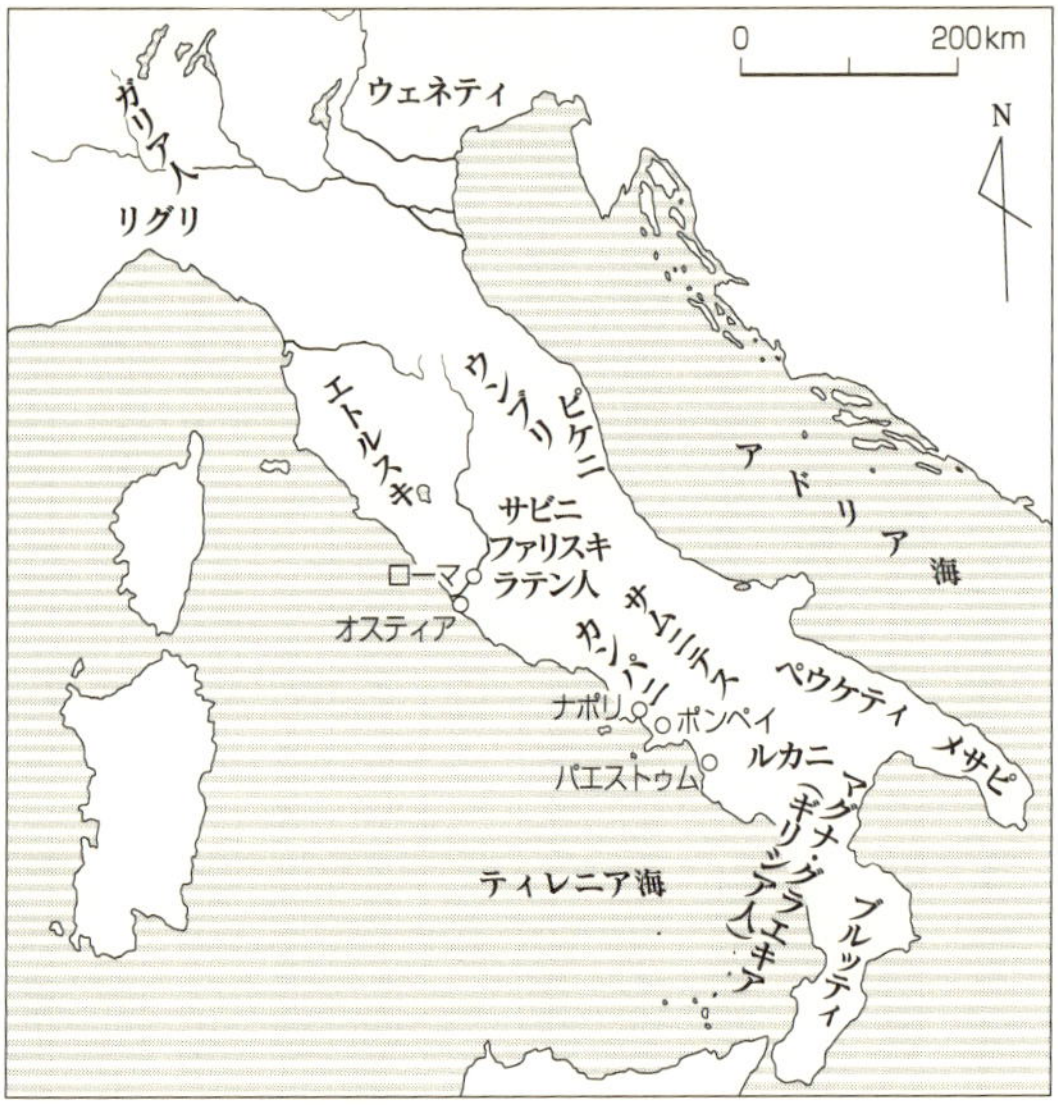

古代イタリア半島の諸民族

つぎに明瞭な文化圏を示すのが、前一五〇〇年よりはあとにあらわれる、ボローニャ近郊で見つかった、ヴィッラノーヴァ文化である。これには二層があり、第一層は、このころイタリアに到達し、イタリキと呼ばれるようになったインド・ヨーロッパ語系の民族が、エーゲ海のミュケーネ人と接触して生み出した青銅器文化で、これを原ヴィッラノーヴァ文化という。ついで前九世紀、鉄器と陶器をともなってあらわれるのが本来のヴィッラノーヴァ文化である。ここには中部イタリアからティレニア海にまで広がる高度な文化が形成されていく。やがてその主導権を握ったのが、エトルスキだったのである。

イタリキと総称される民族は、言語で分けると、知られるかぎり三〇をこえるほどに多様で、イタリア全域に広がっていた。大別するとラテン・ファリスキとオスク・ウンブリ(サベリ)の二つのグループがあり、後者が山地に多く居住した。ウェネティは小さい独立をなし、北方、現在のヴェーネト地方にいた。そのほかアドリア海岸にはメサピ、パエリグニ、ヤピュゲス、サレンティニなど、対岸のイリュリクムから渡ってきた非インド・ヨーロッパ語系の人々がいた。北西部のリグリ、ラエティも非インド・ヨーロッパ語系であった。

そして前八世紀、南イタリアに東地中海からギリシア人が植民を目的に移住してきた。最初の植民はカルキスによるもので、クーマエを建てたと考えられている。スパルタはタラス(タレントゥム)を、そしてアカイア人はシュバリス、クロトンをそれぞれ建設した。シチリアにはエリュミ、シカニの先住民がおり、インド・ヨーロッパ語系のシクリも加わったが、十世紀にはフェニキア人が拠点を築いていた。そのあとにギリシア人が来住した。ナクソス、ゲラ、シラクサ(シラクーザ)などの植民市が続々と建てられた。

ギリシア人は本土から自分たちの共同体社会、ポリス、つまり都市という形態をイタリアに持ち込んだ。彼らはギリシア本土の母市との往来を続けながら、イタリアの中心部へも商業活動を広げ、鉱産物や農牧産物を入手し、貨幣や陶器を与え、またギリシア文字と文化を教えた。

エトルスキの形成

エトルスキは、都市の遺跡、豪華な地下墳墓とそこに描かれた華麗な壁画、青銅の日用品と豊かな金工芸品、陶器、彫刻などの多彩な文化を生み出した。イタリアの黎明期、とくに前八世紀からは、ラテン人などイタリキ諸族に先駆けて、華々しい発展をとげ、のちのローマに圧倒的な影響を与えたことはよく知られているが、歴史時代に先立って、いつイタリアへ到達したかの経緯はもちろん、その民族系統も不明なままである。彼らはギリシア文字によって記された、九〇〇〇種ほどのエトルスキ文書を残したが、その言語が解明されていないのである。

この民族についての最古の言及は、ギリシア語史料で、彼らをテュレーノイと称している。ラテン語はトゥスキと称しており、それからエトルスキの呼称が生じた。その後、エトルスキ語史料から、同語による自称が、ラセンナであることがわかった。なお、彼らの本拠地である中部イタリアは、ラテン語でエトルリアと呼ぶ。現在のトスカーナ地方にあたる。本書では「エトルスキ」という名称で、民族名をさすこととする。

さて、民族としてのエトルスキの起源については、ヘロドトスが小アジアから移住した、と記し、他方ハリカルナソスのディオニュシオスはイタリアで生まれた、とする。このほかに北方からの移住説もある。これらいずれもが決め手に欠けるのは、文化、なかんずく言語の面で、故地とされる地域に母体となるものがみいだせないということにある。少なくとも北方からきたインド・ヨーロッパ語系の民族との類縁性は乏しい。

最近の有力説は、エトルスキがイタリアで生まれたとする「形成説」に傾きつつある。前十〜前九世紀、原ヴィッラノーヴァ文化に触発され、イタリア先住民とインド・ヨーロッパ語系の民族、東方系の来住民族など、複数の民族的要素が融合して共通の言語・文化・社会をもつ単一民族となった、というのである。

エトルスキは血縁を基盤とする支配層を中心に小集落をつくり、やがてそれらが集まっていくつかの共同体を形成した。貴族は土地所有や銅などの鉱山経営で優位を占め、またギリシア人との交易によって富と文化において豊かになり、エトルスキ文化の担い手となった。貴族の代表者が王を選ぶ、それほど強力ではない王政が始まった。史料で知られる最古の王は、前七〇〇年ころのカエレのメゼンティウスである。

こうして前九世紀には、中部イタリアに、初期的な王政をもつエトルスキの共同体がいくつも生まれた。このころ、南方からギリシア人が交易を目的にしばしばおとずれるようになり、エトルスキに大きな影響をおよぼしたと考えられる。おそらく前七世紀にエトルスキ共同体はあいついで都市化していった。

クルーシウムなど若干の都市は王政を維持するが、多くの都市では貴族の力の相体的上昇により、貴族共和政に移行していった。貴族から構成される元老院が政策を決定し、公職者を選んだ。最高の役職は一名で、任期が一年であったことが知られる。高位の公職者は笏《しゃく》や象牙の椅子、冠をもち、紐で束ねた棒と斧を組み合わせた権威の飾り(のちラテン語でファスケス)とそれを捧げ持つ役、などをともなったが、これらのほとんどはローマに受け継がれた。

平民は最古の時代には貴族に従属するだけの存在であったろうが、ある段階から共同体の成員とされたものと思われる。総じてエトルスキ社会において平民は、貴族と公職者にリードされる受身の存在であったといえよう。イタリア住民としてはじめてギリシアの重装歩兵戦術を取り入れたのもエトルスキであった。

エトルスキ文化の発展と衰退

前七世紀から前六世紀にかけてがエトルスキ都市の全盛期であった。中部イタリアに都市連合が生まれた。一二都市からなり、カエレ、ウェイイ、タルクィニ、ウルキ、クルーシウムなどがそれと比定されるが、「一二」の数字は理念的な呼称であったらしい。また北のポー川流域にもエトルスキは広がり、やはりフェルシナ、マントヴァなどからなる都市連合が生まれた。イタリア半島南部のカンパーニアにもいくつかの都市が形成された。

エトルスキはラテン人などと戦い、あるいは交流した。タルクィニから貴族たちが移住してローマを都市化するなどの影響も与えた。またエトルスキはエーゲ海のギリシア本土とも盛んな交易をおこない、金・銀・青銅の工芸品やブッケロと呼ばれる黒い陶器などを輸出し、ギリシアからは陶器などさまざまな物資を輸入した。

やがてラテン人が都市化し、力を増すに従ってエトルスキとの衝突も多くなった。山地のサムニテス、さらに北方に進出してきたガリア人も攻撃を強め、またギリシア植民市との関係が悪化することもあり、エトルスキは多方面で戦わなければならなくなった。それにもかかわらず、都市連合が一致して戦うことはなく、個々の都市、あるいは若干の都市のみで戦うことを強いられた。前五〇九年にはローマを支配し

エトルスキの壁画　タルクィニの「ジャグラーの墓」の壁画(前6世紀末〜前5世紀初め)。エトルスキは死後の生活をこの世と変わらぬ明るい世界と認識していた。

ていたエトルスキ王たちが追放された。さらに前四七四年にはクーマエ沖の海戦で、エトルスキの連合艦隊がギリシア植民市連合艦隊に完敗してエトルスキはイタリア南方への進出を阻止された。

ローマはラテン人のうちもっともエトルスキ勢力圏に近かったから、戦いは頻繁であった。とくに北方ウェイイとの戦争は一〇年におよび、ついに前三九六年ローマはこれを完全に破壊した。カエレやタルクィニも、ローマと戦っては敗れ、ローマ市民団に組み入れられたり服属的同盟関係を結んだりして、中部イタリアの支配権をローマにゆずっていった。エトルスキ都市連合について言及する史料は前二九六年が最後である。

しかし、エトルスキ自体はローマ支配下の共同体あるいはローマ市民として存続し、貴族となる者もあった。ヘルミニウス、ウェルギニウスなどの氏族がそれであり、また卜占《ぼくせん》や工芸などの文化を守ってローマ人に伝えた者もあった。アウグストゥスの時代の紀元一世紀初めにもなお彼らの一部は健在であり、アウグストゥスの知遇をえた大富豪で、ウェルギリウスらラテン詩人のパトロンとして有名なマエケナスもエトルスキであり、その数十年後、皇帝クラウディウスはエトルスキの歴史(現在は失われた)を著わした。

2　ローマの出現

初期王政の成立

ラテン人はイタリア中部を中心に居住していた。アルバ・ロンガが最大で、ティブル、プラエネステ、ラウィニウムなど多数の集落があった。ローマはそのなかではかなり小さい集落として出発した。

のちに都市ローマが建設される領域にはじめてラテン人が住みついたのは、パラティヌス丘の上だった。丘陵が多く、川の渡渉地点の適地でもあったこの地は、イタリアの物資の流通にとって便利な集散地となったのであろう。ラテン人たちの集落も、川岸での市の賑わいにともなって、丘のふもとへと広がった。のちにローマは、ティベリス川左岸の七つの丘の都市と呼ばれた。その七丘は、砦の役をはたしたカピトリヌスから、パラティヌス(パラティーノ)、クィリナリス、アウェンティヌス、ウィミナリス、エスクィリヌス、カエリウス、と数えられた。

おそらくクィリナリス丘に住みついていたサビニ人と、ラテン人とが共同して、ローマが成立していった。ロムルスが町を建設してからサビニ人女性を略奪し、結局サビニ王ティトゥス・タティウスと共同統治するにいたった、という伝説は、最古のローマ形成の複合的要素の証拠と解釈されている。ちなみに「ローマ」という呼称の語源は、エトルスキ語であろう。

ローマの住人には、自由人と奴隷のほか、自由人と奴隷の中間的位置に半従属的な人々がいた。彼らは後世のラテン語史料の用語からクリエンテスと称され、庇護(被護)民と訳される。保護者との人的関係が非常に強く、ローマに固有の存在である。

最古のローマは農牧中心の小さな共同体であった。そこへしだいに外から人々が移住してきた。彼らは商人であったり、農民のための手工業者であったり、共同体のさまざまな補助的労働力となる、一種の流れ者であったりした。ローマ人の共同体を構成した自由人には、貴族(パトリキ)と平民(プレブス)の二種があった。原初期のことは不明だが、農牧民自由人たちの有力な家族が貴族層を形成し、ほかの農牧民に、これら流入した人々が加わって平民層になったのではないかとする説がある。

ローマは伝承によれば前七五三年、ロムルスによって建国されたといわれる。前八世紀に氏族連合による社会統合がおこなわれたことは疑いえない。主導力となったのは貴族(パトリキ)の指導者たちであったろう。しかし、前七世紀のあいだはまだ集落的社会で、都市化にはいたらなかった。祖先を共有する家族集団からなる氏族が集まってクリアを構成した。これは地縁的な集団をなしたと思われる。さらに複数のクリアが擬制的な同一の祖先をもつ部族(トリブス、のちに設けられる市民団区分のトリブスとは別)を構成した。部族は三つ(ティティエス、ラムネス、ルケレス)で各部族に一〇ずつのクリアが属したとされる。指導力をもったのは各氏族の長(クリオ)からなる合議体で、これがのちの元老院の母体となったのであろう。

王はクリオのうちの有力者で、軍事指揮者であり、かつ祭祀の主宰者であったのだろう。史料的によく知りうる共和政期の最高職コンスルが先述のファスケスと呼ぶ飾りをともない、一二名のリクトルと呼ぶ随員を有し、儀式により軍事指揮権(インペリウム)を付与されたことなどから、これらエトルスキの習慣を伝承した権力のしるしは原初のローマ王の地位が権威的なものであったことを推測させる。

ロムルスから四代の王について、ヌマが宗教慣習を打ち立て、トゥルス・ホスティリウスが近隣のラテン人都市アルバ・ロンガを征服し、アンクス・マルキウスがオスティアを建設した、などという伝承はあるが、史実性には乏しい。しかしローマの原初的王政の存在自体は疑いえない。

ローマの都市化と市民団

第五代タルクィニウス・プリスクス王がエトルスキで、かつ実在の王であった可能性は高い。おそらく前七世紀末ころ、エトルスキ貴族がローマに移住し、かなりの短期間で都市化を実現させたと思われる。カピトリヌス、クィリナリス、パラティヌスの丘群のあいだの低地の排水工事がまさにこの時期におこなわれている。ローマの都市化は周辺の人々をさらに引きつけ、市域に居住させることになり、外部からも、商人や職人たちがやってきたと思われる。人口は増加し、従来の共同体の枠組みでは不十分になってきたことがつぎの王セルウィウス・トゥリウスに帰せられる組織的な市民団創設の背景をなしていたであろう。

セルウィウス王はマシュタルナというエトルスキ名も知られているが、先代の王に仕えていたギリシア人奴隷の出身だという伝説もある。歴史上の人物であることは確かであろう。彼は従来の、氏族を核とする三部族制を解体し、居住区域に従って市域を、パラティナ、コッリーナ、スブラナ、エスクィリーナの四つの区(トリブス)に分けた。田園にもトリブスを設けたが最初の数は不明である。市民はいずれかのトリブスに登録された。

トリブスが戸籍の役割をはたして、市民団の制度的枠組みをなしたのにたいして、市民を軍事的に編制する形式の枠組みも別途につくられた。それがケントゥリア制である。市民は財産額に応じて概念上一〇〇人一単位(ケントゥリア)とされた。最上級が騎士一八ケントゥリア、歩兵は全五級で一七〇ケントゥリアあり、加えて等級外・工兵・ラッパ手計五ケントゥリア、総計一九三ケントゥリアであったと伝えられる(三七頁表参照)。各級のケントゥリアは十七〜四十六歳と四十七歳以上の、年齢別二区分となっていた。各級には細かく分れる軍装備が定められ、ローマ市民軍はこのケントゥリアの青壮年部分によって担われた、とされる。

この新しいケントゥリア制は同時に民会をも構成することになった、と伝えられる。その民会はケントゥリア会(兵員会)と呼ばれ、市民は軍装備で参加し、決議に際しては騎士、歩兵第一、第二クラシス、の順に、ケントゥリアごとに一票を投票したという。

このシステムが現実に機能していたのか否かについては、疑問が呈されている。このように複雑で、軍制と表裏一体のこのシステムは、ラテン人共同体に共通する制度であったのだろう。しかし伝承どおり、前六世紀前半のローマにこれほどの規模の市民団が存在したとは考えられない、とする見方が一般である。

セルウィウス王がなんらかのかたちで市民団の整備をおこなったことは事実だったのであろう。ローマは名実ともに都市国家の体裁を整えたのである。貴族が騎士ケントゥリアを、平民で自立的な農民たちが歩兵ケントゥリアを構成し、土地をもたない貧しい農民や、市域居住でやはり土地をもたない商人と職人が「等級外」一ケントゥリアをなしたのであろう。ケントゥリア数は、田園トリブス数とともに、ローマの拡大にともなって増加していったのだろう。しかし、民会として政治的に、国制上の機関として機能するのは、共和政にはいって以後のこととなる。都市国家の重要事は、王が主導権をもつが、有力貴族グループの意向にも耳を傾けながら決定していったのであろう。この指導者集団が元老院と呼ばれることになる。

エトルスキ系の王たちのもとでローマは経済的発展をみた。イタリアのラテン、エトルスキ、ギリシアの都市のみならず、カルタゴとの交易もおこなわれた。近隣のラテン人都市との関係はしばしば戦争にいたった。エトルスキを通じて重装歩兵戦術の摂取は早く、ローマの軍隊は強力であった。都市の外観の発展は、ローマ市民のあいだの社会関係の変化をもうながした。エトルスキ王とその一族の支配にたいし、ローマ人貴族が豊かになり、ギリシア文化を吸収し、文化的・社会的に上昇してきた。

平民は王政のもとでは政治の中心にかかわることはできなかった。しかしセルウィウスの市民団創設により、共同体に確固たる地位を占めた平民からは、ローマの経済的発展で頭角をあらわす者がで、戦争が遂行されると貴族の軍隊に参画することを求められるようになったろう。彼ら上層平民は土地所有者として農業を基盤としてはいたが、田園の労働はより貧しい農民やクリエンテス、奴隷に任せ、貴族と同様市域に拠点をもちうるようになり、前六世紀後半には貴族も無視できぬ存在となった。

第二章　イタリアの覇者

1　ローマ共和政の成立とイタリア支配

貴族による共和政

伝承のうえでは前五〇九年貴族たちの行動によって王政が倒され、元老院が実質的な支配者集団となり、そこから一年任期、二名のコンスルが最高権力を有する公職として選ばれ、彼らを頂点とする共和政に移行した。最初のコンスルはコルラティヌスとブルトゥスで、それに続く毎年のコンスルたちの名前が完全に伝えられている。しかし最初の数年はコンスルは設けられず、プラエトルという名称の軍事指揮官を頂点に、元老院中の有力者たちによる集団指導制がしかれたと思われる。この間逃亡した王タルクィニウスはエトルスキ都市のひとつクルーシウムのポルセンナのもとに逃れ、ポルセンナは一時期ローマを占領してローマ共和政は誕生後ただちに危機的状況に陥ったが、これをしのぎ、前五〇五年ころ安定を取り戻してコンスル体制が発足した、と推定される。

貴族たちは王とその一族の権力の専断、あるいは交易権など商業領域での独占的利得に反発して決起したものと思われる。またまさにこの前五〇九年にアフリカのカルタゴと条約を結んだことも知られている。これはローマの商人たちの商業への積極的姿勢を示している。

ローマは近隣のエトルスキ都市ウェイイと、そしてラテン人の都市や山地諸族とあいついで戦火を交えなくてはならなかった。ローマは苦戦しつつも、非常時に軍事指揮権を行使させるディクタトル職をはじめて設けるなどして、トゥスクルムなど近隣ラテン市を破り、併合して、ローマ人の土地としてトリブスを設置して(前四八四年に田園トリブスは総計で二一となる)、ラテン人とは同盟して、サビニ、アエクイ、ウォルスキを破り、徐々に領域すら広げることができた。しかし貴族共和政体制はただちに内的危機に遭遇する。

平民が反抗姿勢を示し、共同体からの離脱すら辞さないという行動を起こしたのである。平民の上層が共和政という新体制になっても、王政時代以来の貴族による政治権力の独占が変わらないことに反発しての行動だったと推測される。伝承によれば、平民たちは前四九四ないし前四九三年、隊伍をなしてローマ市を退去(セケッシオ)し、聖山(モンス・サケル)なる丘(一説にはアウェンティヌス〈アヴェンティーノ〉の丘)にたてこもったという。元老院は離脱を思いとどまらせ、平民たちが自分たちの権利・人身をコンスル、ディクタトルなどの権力による弾圧から守る権能をもつ指揮官(平民のトリブーヌス＝護民官)を設けることを認めた。護民官はローマの公職ではなく、正規に軍隊を指揮することもなかったが、平民が法的(裁判上)・経済的な攻撃や拘束を受けるとき、それを執行する公職の権力を停止させることができるものとされた。また平民たちは独自の合議体をもつことも許され、護民官がそれを主宰することになった。この平民会はあくまで一部市民のみの協議体であって、正規の民会とはみなされなかった。平民たちは自分たちのリーダーの権威を高めるために、人身支援権(アウクシリウム)に加え、護民官の身体は神聖なもので、平民たちはこれを侵害する者を法の外におくという趣旨の誓約をおこなう、いわゆる神聖不可侵権をもつことを貴族に認めさせたのである。

ローマの平民が身分的自覚を徐々に高めていったことは、この時期に彼ら固有の神々としてケレスとリベル、リベラの神殿を建設したことからもうかがえる。平民会の活動も続けられ、前四七一年にはなんらかのかたちで平民会のシステムをトリブスと結びつけており、富者優位のケントゥリア単位による兵員会とは異なる「民主的」な志向を示している。

ローマとラテン諸市との関係は前五〇一年には悪化し、前四九九年のレギルス湖の戦いでローマ単独でトゥスクルムを中心とするいくつかのラテン市を破り、ローマはフィデナエに植民市を築いた。やがてウォルスキなどの山地諸族の攻勢にたいしてローマはラテン人と協調することになり、カシウスによる条約の締結以後はそれが一層進んだ。とくに重要になったのはしだいに増加する市民たち、とくに土地をもたない平民たちをラテン人と合同させて植民者として送り出すようになったことである。前四六七年建設のアンティウムなどの植民市は独立した都市となり、軍事よりも農民植民者の都市となった。植民したローマ人たちはラテン市民ということになったが、ラテン市民はほかの民族と異なり、ローマ市民との通婚、通商権を認められ、ローマ滞在中はローマ民会の投票権も認められた。

ローマがつぎに着手したのは成文法の導入による法体系の整備であった。法のないまま貴族公職と元老院による慣習的な裁判権を行使することは、借財に陥りがちな平民たちをきわめて不利な状況においていた。民会は混乱を呈し、公職の選挙もできなくなった。元老院は前四五一年、一〇名を起草者に選んで法文を作成させた。十二表法である。このことをもって貴族も法に縛られることになり(「何人《なんぴと》といえども法をこえることあたわず」)、政治の専断は抑制された。ローマ市民たるものが借財により奴隷として売られることがローマとラテン諸市の領域内では禁じられ、共同体の維持原則が強調された。十二表法は、きわめて公正かつ永続的な法理念をも有しており、ヨーロッパの法の歴史上にもつ意義ははかりしれない。

しかしながら、平民の権利についていうならばそれはけっしてそれまでの状況の進歩とはいえなかった。平民は再度ローマ市退去の動きを示してまたまた妥協がはかられ、平民会(トリブス会か)も護民官の制度も認められ、平民には不当な扱いにたいし民会に控訴を請求する権利も与えられたようだが、貴族と平民とのあいだの権利の不平等は残った。貴族と平民との通婚は、古くは認められていたが、十二表法では明確に禁止された。しかしこのことについては前四四五年、護民官カヌレイウスの立法によって禁止が解かれた。

前四四三年にケンソル職が設置された。市民身分の審査をおこなう職で元老院議員の身分査定や補充を管轄したが、いわゆるケンスス(市民の戸口調査)の執行官として知られることになる。ローマは地中海沿岸のほかのどの都市よりも丁寧に人口調査をおこない、そのデータが、部分的に創作や誤りを含むものの、比較的よく残っている。

ローマのイタリア支配

前五世紀後半、ローマの最大の戦いは、ローマに近い北方のエトルスキ都市ウェイイとのそれであった。一進一退の戦いが一〇年余りにわたって続き、ラテン人の協力をえたローマは最終的にはウェイイを包囲戦によって陥落させた(前三九六年)。都市国家ローマは、ウェイイの土地を完全にローマ市民の土地とし、併合した。こうして、一種の飛地によって市民の土地が構成されることになった。

そのローマはしかしポー川の北まで進出していたガリア人の南下急襲に脅かされることになった。精強なガリア軍にたいして、ローマ重装歩兵軍はアリア川の戦いで大敗し、ついに迫りくるガリア人を恐れてローマの住民はローマ市を退去した。ガリア人はローマ市にはいり七カ月にわたって占拠した。多大な賠償を払ったのちローマ人は戻ることができた。ガリア人はこのあとも中央部に侵入を繰り返す。

この経験はローマをむしろ団結させることになり、後世セルウィウスのものと称されることになる堅固な城壁がこのころ建設された。ローマの順調な復興により、今度はラヌウィウム、プラエネステなどラテン諸都市との衝突が頻繁になった。ローマはそのひとつトゥスクルムを破ったが、このとき同市民にはローマ市民権を与えた。トゥスクルムは、ローマ都市国家の一員として一種の自治都市となった。これらの自治都市をムニキピウムと呼ぶ。

ラテン人はウォルスキを味方に引き入れ、これにたいしてローマはサムニテスと一時的に和し、エトルスキそしてカルタゴにまで呼びかけて条約を結んだ。こうして、ガリア人をも同盟者としたラテン人とのあいだで中部イタリアの覇権をめぐる戦いとなった。戦争の継続するなかでローマ市民団の疲弊が深刻になった。ことに平民の消耗の度は大きく、借財の問題が深刻化し、パトリキへの憎悪が大きくなったと思われる。有力平民出身の護民官が先頭に立ち、大きな改革が実現する。たまたま前三六七年の護民官となったリキニウスとセクスティウスが、平民のために借財を切り捨て、パトリキが主となっている富者による公有地の専有面積を制限(市民一人五〇〇ユゲラまで)し、そしてコンスルの一人を平民に開放する、という法を制定した。ローマは共同体内の危機を回避して、前三三八年ラテン同盟との戦いに勝利した。ラテン諸市の同盟は解体させられた。

その後すぐ、非都市的な山地種族サムニテスとの戦いが再燃し、波状的に三次にわたる戦争がおこなわれた。第二次戦争ではカウディウムの隘路《あいろ》でローマが敗北をきっした(前三二一年)。ローマはその後反攻につとめて占領地を拡大し、サムニテスはエトルスキ、ウンブリ、ガリア人などのあいだに反ローマ同盟をつくろうとしたが、前二九五年のセンティヌムの戦いでローマが大勝、以後サムニテスによる部族同盟は崩壊し、ローマにとっての脅威は一応消滅した。

南イタリアではルカニ、ブルッティなどのイタリキ諸族がなおローマの支配を受け入れていなかったし、ギリシア植民市にも独立を守るものがあった。とりわけタラスが有力で、一時的ながら南イタリアに支配圏を拡大したが、その後シチリアで強力になったシラクサ(シラクーザ)が僭主《せんしゅ》アガトクレスのときにイタリアに侵攻、南イタリアを一時支配した。その後ルカニの攻撃を受けたトゥリイがローマに救援を頼んだ。タラス(タレントゥム)の反ローマ派はローマ軍の進出を危惧し、ギリシア本土のエペイロスを頼って、前二八一年野心家の王ピュロスがイタリアに侵攻した。イタリアにはじめて象軍が持ち込まれ、双方に多大な死者をだす激戦が繰り返された。一時的に優勢に立ったピュロスはシチリアに渡りカルタゴとも戦ったが目的をはたせずに帰国した。ローマは敵対的であったタレントゥムなどのギリシア植民市を降伏させ同盟市としていった。こうして前二七〇年代初めにローマの、中部から南のイタリア支配はほぼ完遂された。

ローマはほかの都市を、ローマとの関係に照らしつつ三種に類別してその支配に組み込んだ。ローマ都市国家との関係が近い順でみると、第一がムニキピウムである。あらたにラヌウィウム、ノメントゥム、アリキアなどが加わった。市民はローマ市民であり、ローマ市から離れていたがローマ市民団の一員としてトリブス員であった。第二は「投票権のみを欠く市民権都市(キウィタス・シネ・スフラギオ)」である。この初例はカエレ(前三五〇年頃)であり、民会での選挙以外の点ではローマ市民と等しいものとされた共同体で、一部のラテン人と、ラテン人ではなくローマとの関係がやや遠い人々に、一種の特権として与えられたのであろう。クーマエ、カプア、フンディ(ウォルスキ)などがそれであった。第三は、建前上はローマと対等の都市群で、ローマと条約を結び、フォエデラティと呼ばれ、二種に分れる。ひとつはムニキピウムとならなかったラテン市民都市で、ティブル、プラエネステ、ラウィニウムなどである。また植民市のうち、ラテン市民権を有するものもここに含まれた。もうひとつはソキイと称される同盟者で、非ラテン系のエトルスキ、ギリシア都市が、トゥリイ、ロクリス、クロトンなどを最初に前三世紀にかけてつぎつぎとローマに実質的に降伏してこのグループに編制されていった。一応独立の都市国家ではあったが、独自の軍事行動は許されず、ローマの戦争に協力を強いられることになる。

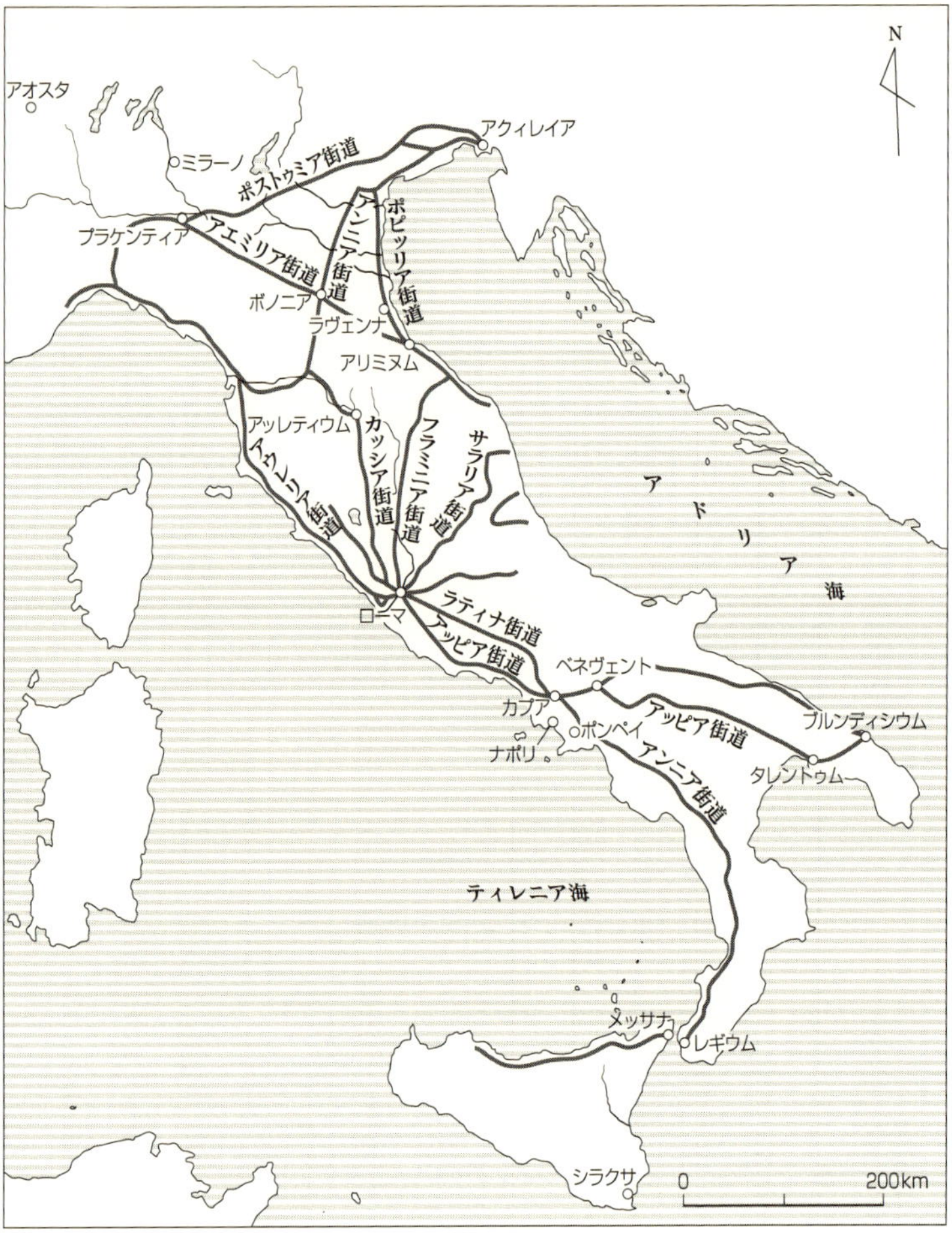
N
アオスタ
ミラーノ
アクィレイア
ポストゥミア街道
プラケンティア
アエミリア街道
アンニア街道
ポピッリア街道
ボノニア
ラヴェンナ
アリミヌム
アッレティウム
カッシア街道
フラミニア街道
サラリア街道
アウレリウス街道
アドリア海
ローマ
ラティナ街道
アッピア街道
ベネヴェント
カプア
ポンペイ
ナポリ
アッピア街道
ブルンディシウム
タレントゥム
アンニア街道
ティレニア海
メッサナ
レギウム
シラクサ
0
200km

共和政期のイタリアの街道

共和政ローマの市民団組織

　ローマという都市国家の根幹は市民権をもつ者のみが土地を所有し、政治に参画し、兵士として国防を担うという点であった。市民たちが全員参加しうる民会が最高の議決機関であり、民会から選出された公職者(マギステル)が行政・軍事指揮を受け持った。元老院はもともとは文字どおり氏族の長老、各家門の家父長たちの集会であったのだろうが、共和政期には高位公職経験者(はじめはコンスルとプラエトル、のちにより下級のクアエストルにまで拡大された)が有資格者で、定員もはじめ三〇〇、ついで六〇〇と定められた。このような背景から元老院は政策決定上の重みをもち、主宰するのは現職のコンスルでも、先輩の議員たちの発言が大きな影響力をもった。

　民会(コミティア)として知られる最古のものはクリア民会である。その起源は王政期にさかのぼる。氏族が三〇のクリアに分れて構成していた。兵員会の成立後はもっぱら宗教儀式をおこなった。共和政期にはいってもコンスル就任式などでその役割をはたしつづけた。兵員会(ケントゥリア会)は王政期に成立し、前三世紀にはいって平民会の重要性が大きくなるまでは最高の民会でありつづけた。

　兵員会の開催は、宗教的な忌日を除いて、暦のうえで開会可能日とされた日々(もとは年一九〇日、のち祭事・市と重なり一五〇日)に開かれた。特定の議場はなく、マルスの野で開かれたとされるのは、軍制を基本とし、最古の時代には文字どおり軍装備をした市民が集まる慣わしだったので、ポメリウムと呼ぶ、伝説的な境界で囲まれた都市聖域では武器携帯が禁じられていたためその外でしか開けなかったことによる、と説明されている。コンスルが主宰し、投票に際してはケントゥリアごとに集まって、そのケントゥ

コンスル　執政官，統領と訳される。伝承では前509年設置。実際は前444年まではプラエトルと呼ばれた。2名。兵員会で選出。軍事指揮権をもつ。軍団指揮。元老院・兵員会主宰。任期1年(以下，クアエストルまで同じ)。

プラエトル　法務官。前366年までは軍団指揮。軍事指揮権をもつ。前366年に裁判担当プラエトルが設置。2名から順次ふえ，8名に。兵員会で選出。属州統治をも担当するようになる。

アエディレス　按察官，造営官。前494年設置。2名。公共建築・道路・文書管理・食糧供給担当。平民会で選出。前367年に，パトリキのみ就任できる高級アエディレス設置。トリブス民会で選出。

護民官　前494年設置。平民の権利を守る任務。前5世紀なかばに10名。平民会で選出。高位公職の職務を平民のために停止できた。平民会主宰。神聖不可侵権をもつ。

クアエストル　財務官。共和政初期設置。2名から順次ふえ，前1世紀に20名。イタリアと属州の財務担当。最初はコンスルが指名，のち兵員会で選出。

ディクタトル　独裁官。設置時期不明。非常時にコンスルが指名。1名。任期6カ月。軍事指揮権をもち，ほぼ無制限の執行権をもつ。

ケンソル　戸口調査官，監察官。前443年初出。4，5年ごとに兵員会で選出。2名。任期18カ月まで。ローマ市の浄めの祭儀と人口・市民・身分資格・財産を調査。

共和政期ローマの公職

クラシス(級)	最低財産額	ケントゥリア数	武装 兜	 丸盾	 脛当	 鎧	 剣	 槍	 投槍
騎士	10万アス	18	(記録なし)						
第1級	10万	80	◎	◎	◎	◎	◎	◎	◎
第2級	7.5万	20	◎	◎	◎	×	◎	◎	◎
第3級	5万	20	◎	◎	×	×	◎	◎	◎
第4級	2.5万	20	×	×	×	×	×	◎	◎
第5級	1.1万	30	×	×	×	×	×	×	投石
等級外	1.1万以下	1	従軍資格なし						
楽士(5級？)		2	ラッパ兵						
工兵(1級？)		2	攻城兵						
		193							

ケントゥリア制

リアの態度を決定したのであろう。ある記録では出席者数三万人と伝えられる。投票あるいは提案への是否の表明は騎士そして第一クラシスからおこなわれ、諾否いずれかが一九三の過半数をこえたところで投票は打ち切られたという。このことから騎士一八、第一クラシス八〇で過半数となるので、民会の決定はつねに上層市民の意のままになった、と推測されている。

公職者の選挙はともかく、立法などの案件について、ケントゥリアが求められたのは、演説を交えた審議ではなく、諾、否の返答のみであった。ここでも市民たちは受身でしかなかった、とされる。しかし民会の外で、有力者たちは集会を開催し、一種の演説会も開いていた。一般市民はその集会《コンティオ》で有力者への注文をおこなうことが可能であったと思われる。

トリブス会については説が分れる。いずれにせよ投票の単位が最終時で三五のトリブスであったためにこの名がある。これは兵員会とある時期から併存して、下級公職者を選出する民会であったとする説、前五世紀初めに平民会が成立し、最初は市民団全体の正規の民会ではなかったのが、前二八七年のホルテンシウス法により正規民会となってトリブス会と称するようになり生じたものだとする説、などである。

その平民会は先述のとおり護民官を選出し、それに主宰された。平民会も投票単位は集団であった。当初はよくわからないが、のちトリブスがその単位となった。ひとつのトリブスには富者も貧者も住んでいたから、ケントゥリア会のような富者優位の制度では本来なかったことになる。平民会は平民の権利擁護のためにもっぱら機能していたが、前四世紀にかけてローマ社会において平民たちの担う役割の大きさが広く認識され、かつ平民会の開催のほうが便利なせいもあってその重要性が高まり、長く続いた身分闘争の決着として平民会の決議を正規の法とみなすと定められたのである(ホルテンシウス法、前二八七年)。

これら民会から選出された公職者が、ローマの行政と軍事など、共同体の実務にたずさわった。公職者は官僚ではなく、手当はつかず、下級公職ももたなかったから、彼らは自らの庇護民や奴隷を使役して任にあたった。そのなかではコンスルが通常は最高権力を行使し、元老院・兵員会を主宰し、ローマとイタリア半島のローマ支配域の行政と軍事行動の指揮をおこなう。二名のコンスルが行政と軍事とを月ごとに分担した。プラエトルは裁判担当職として設けられ、イタリアの外の属州統治の任務をも与えられた。コンスルと異なり、ローマの支配領域の拡大にともなって人数も増加した。

公職がケンソルとディクタトルを除いて任期一年であること、またディクタトルを除いて必ず複数定員であることは、古い慣習であったのだろうが、結果的には独裁制の出現を防止する役割をはたしたといえよう(三七頁表参照)。

元老院議員像　元老院議員の衣をまとい，威厳に満ちたローマの指導者の姿を示す像。共和政創始者の１人ブルトゥスの像とされたこともある。ローマ・コンセルヴァトーリ博物館所蔵。

ローマの場合ディクタトルだけが(前五〇一年のラルキウスが初出。ほかのラテン都市アルバ、トゥスクルムではディクタトルが常設の最高職であった)、非常時のみ設置の単独で強力な軍事権を認められ、コンスル、元老院、民会の権限を一切停止させうる権能を許された。しかしディクタトルの任期は最長でも六カ月と限定されていた。

公職にはその重みにおいて差があった。ローマの若い政治家たちは二十代で軍隊のなんらかの将校級の地位か、一般の裁判人の地位を振出しに、三十歳でクアエストルに当選、四十代でプラエトルとなれば有力者の仲間入りをして軍事指揮権(インペリウム)を行使することになり、コンスル(早くて四十二歳)となれば、到達点であった。もちろんディクタトルに就きうる者は戦時指揮能力を求められるがそれだけに名誉は大きいものとみなされた。ケンソルは五年に一回という希少性と人口調査という行事の重みから尊ばれた職であり、コンスル経験者が選出されることが普通だった。このような公職の就任順位が名誉の階梯と呼ばれたのも、公職がエリートたちの競争の対象であったことと表裏一体の関係にある。

神官職もウェスタの巫女などを除いてローマの政治家たちにとってはキャリアのひとつに数えられるものだった。暦を扱うポンティフェクス、鳥卜《ちょうぼく》によって政治決定すら左右するアウグルなど四つの神官団があった。大神官は終身任期で、国家公職との兼任も可能だった。

共和政期イタリアの社会と経済

イタリア半島におけるラテン人たちの都市成立のきっかけは、物資の流通にかかわり、商取引の拠点を中心に集落が大きくなっていったことにあった。しかし住民たちの生活の基盤は、圧倒的に農業と牧畜であった。サビニ、サムニテスら山地居住民はことに牧畜を主力とし、アッペンニーノ山中の道を用いる移牧が盛んであった。彼らはイタリアではもっとも都市化が遅れた人々だったが、これら牧畜による産物(役牛、戦馬、羊毛など)を都市化した平地のイタリキ諸族の農産物と交換する関係にあった。

ラテン人も、ある程度都市化はしても、自らの土地で農牧をおこなっていた。普通の平民の所有地は大きくなかったが、家族に加えて、少数ながら奴隷を所有していたと思われる。おもに小麦を、補助的に大麦ほかの穀物、野菜、果樹をつくり、オリーヴ、ブドウも細々と栽培していたのだろう。最古の伝承にある植民市建設で入植者に配分される土地は二ユゲラとされることが多いが、一家族・奴隷計一〇名では、一年ごとに休耕を必要とし、収穫率も播種の四倍程度でしかない農業技術水準では生活できなかったと推測されている。しかし彼らは孤立していたのではないから、共同農牧地や村人仲間、パトロン的な有力者、祭りなどの行事での振舞いなどで助けられたろうし、富裕な農民の土地を小作したり、オリーヴ、ブドウの収穫、ワインの仕込みなどの臨時労働をおこなうこともあったろう。

市民が不作など、さまざまな理由から土地を借財の担保とすることが慣行となっていった。それが返済の滞りで労働奉仕を強制され、ついには自由を失って奴隷となる状況もとくに禁止されなかった(十二表法に、奴隷とされる場合「ティベリス〈テーヴェレ〉川の彼方に」、つまりローマ人、ラテン人の共同体の外に売られる、とある)。ローマをはじめ各共同体がしだいに発展し、戦争をおこない、経済活動が活発になるにつれて、市民間の格差は大きくなっていく。上述の平民の退

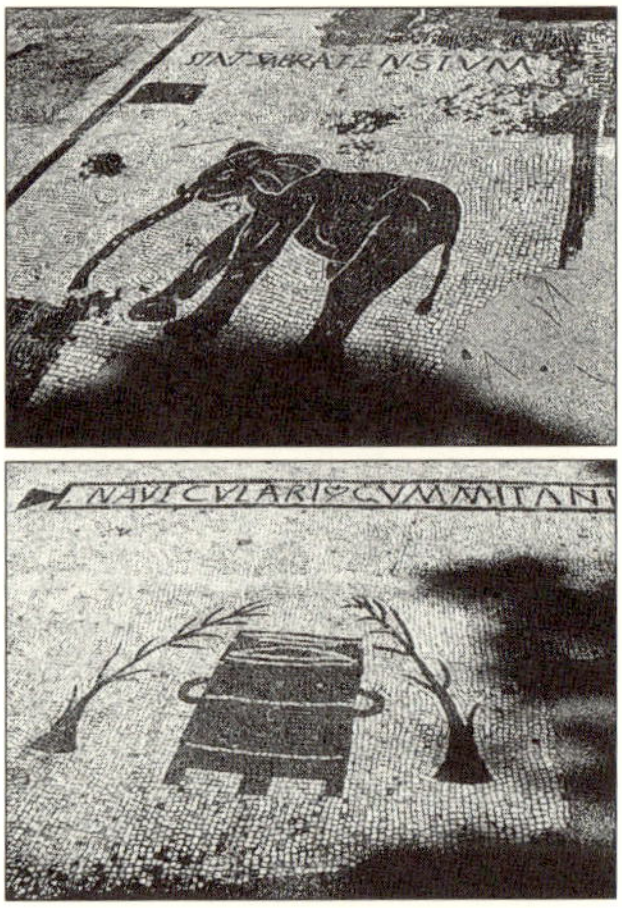

オスティアの貿易商の店　オスティアはテーヴェレ河口の港町として，地中海各地から荷揚げされる物資をローマに送った。共同市場の床モザイクが商人の取り扱った商品を示している。

去は、このような背景をもっていたろう。そのつどローマ支配層は借財の軽減をおこない、戦利品の土地・財物の分配、植民などによって対応を迫られた。

富者の所有地からは一家と奴隷の生活分以上の生産物がえられた。それに基本的には自給自足が本来であったから、所有地の一部に彼らは作業場を設け、煉瓦《れんが》や農具づくり、羊毛の糸つむぎ、織布をおこなっていた。そこからも余剰物がでればあわせてそれらを近隣の市にだして売る、というより自家生産できない必需品(木材、家畜、獣皮、塩、武器、金属など)と交換したのだろう。そのためのローカルな市は無数にあっただろう。貧しい農民たちもそれなりになにかと交換するための生産物(ガチョウやニワトリの卵や小鳥など、もちろん少しばかりの農作物も)を持ち込んでいたにちがいない。

エトルリアからの金やポー川流域からの石灰華、そしてさらに遠くアルプスの北からもたらされた琥珀《こはく》、錫《すず》(青銅器製造に不可欠)などが入手できる市も少なからずあった。またすでに前六〜前五世紀ですらイタリアではこれら物資に加え、プテオリを北限として中南部沿岸の良港をもつギリシア都市からもたらされる陶器、工芸品その他の贅沢《ぜいたく》品が取引される市があった。

ギリシアからの商人によって貨幣もまたもたらされ、イタリアの土地所有者たちは自家産品のなかではワインとオリーヴ油が好まれることを知って、しだいに「商品」生産に力をいれるようになっていった。一方で、徐々にではあれ、ことに都市居住者のなかに農業以外の、つまり土地所有に基づかないで生業を立てる人々がふえていった。神殿での祭事、公共建造物の建築などに働く労働者がいた。また、工芸や建物装飾職人、彫刻師、建築士のような専門職人もふえていった。商人たちも同様である。彼らのうち、ギリシア人などで本土ギリシアや、南イタリアのマグナ・グラエキアからラテン都市やローマに移り住んでくる人々はなおさら土地所有からは切り離されていた。元来は土地所有農民であったのに、土地を失い、あるいは都市での生活に希望を託して移り住みなんらかの生活の手段をえようとした者たちもいた。市民団のなかに、かかる人々の集団の重みが増す傾向があった。伝承では、前四世紀末にはこのような非農業人を、その動産を評価して、田園トリブスに組み入れようとするアッピウス・クラウディウスの提案も知られている。

にもかかわらず、ローマでは、そしてラテン市では、土地所有農民たる市民を評価していた。初期の植民市建設は純粋に海岸防衛のためであったが、通常おこなわれるようになった植民は、参加者への農地配分を主目的としていた。配分される土地の面積は個々の状況に応じて多様で、確実と思われる数値としては、パルマの八ユゲラ(前一八三年)を小さなほうとして、ボノニア(前一九四年)では五〇〜七〇ユゲラなど、かなり広い土地が配分されるようになっていく。

2　ローマの地中海支配

カルタゴとの戦い

前三世紀初めにイタリアの大部分をローマは直接・間接に支配するにいたった。ことにエペイロスのピュロスをイタリアから無為のまま撤退させたことは、ローマにとっては軍事的に少なからぬ自信となったし、ギリシア世界、とりわけシチリアのギリシア植民市のあいだにローマの躍進は大きな関心事となったにちがいない。

シチリアは、イタリア半島の爪先部分からは目と鼻の先にある大きく地味豊かな島としてローマ人にも知られていた。フェニキア人がモテュアなどに拠点を形成し、同じころ前八世紀なかばにドーリア系を主とするギリシア人がおとずれ、エラクレア・ミノア、カタネー、パノルモス、セリノスなどの植民市を続々と建てた。ギリシア人はイタリア南端地域にも広がっていった。前六世紀からはフェニキア最大の植民市となったカルタゴの進出が激しくなり、ギリシア植民市と戦い、支配下におくようになっていた。

ギリシア人の有力都市シラクサは果敢にカルタゴに抵抗していたが、イタリアのカンパーニア出身のマメルティニ(マルスの子の意)と称する傭兵を雇うようになった。マメルティニは契約を終えたのちメッサナを占領してしまった。これにたいしシラクサの僭主《せんしゅ》ヒエロンが今回はカルタゴと和を結んで攻撃し、マメルティニはローマ元老院に援助を求めた。

元老院では慎重派が多く、民会に決定が委ねられた。ここではコンスルのアッピウス・クラウディウス・カウデクスが護民官をだきこんで開戦を主張し、これがとおって四万人の軍が同コンスルのもと派遣された。「フェニキア」のラテン語名をとって、ポエニ戦争と呼ばれる三次の戦いの一回目である(前二六四〜前二四一年)。ローマ軍は最初、不慣れな海戦でシラクサ・カルタゴ連合軍を破り、アクラガスを占領して住民多数を奴隷とし、本国の民衆に戦利品とあわせて送り、喜ばせた。ローマは何度も富裕な市民に拠出させて艦隊を建設し、前二六〇年ミュラエの海戦でカルタゴ艦隊の多くを撃沈し、コンスルの指揮官ドゥイリウスは敵船の船首をローマ市に記念として運んだ。

しかしカルタゴはハミルカル・バルカ(ハンニバルの父)の活躍で反撃、戦争を長期化させ、ローマを窮地におとしいれた。ローマ市民の人的・財的消耗は大きかったが、富裕市民が再度二〇〇隻の建造費をだし、コンスルのルタティウス・カトゥルスがリリュバエウムでハミルカルを破り、ついに前二四一年カルタゴを降伏させた。カルタゴには一〇年年賦で一二〇〇タラントンの賠償金が課され、シラクサを除くシチリア都市のローマへの割譲が認められた。ローマはこのあとコルシカ、サルデーニャも自領とすることを認めさせた。

このようにして、はじめてシチリアなど海外の地がローマの直接支配におかれることになった。ローマは従来のイタリア内の諸民族への対応とは異なり、プラエトル二名をふやして派遣し、一名にシチリアを、もう一名にサルデーニャ、コルシカをその管轄区域(プロウィンキア)として担当させた。そして先住民の収穫物の一〇分の一を税としてローマ商人に徴収を請け負わせ、一部の土地を公有地としてローマ市民権者に占有・開発させた。プラエトルの管轄という意味のプロウィンキアの語はその領域をさすことになり、これを属州と呼ぶことになる。

またローマは北のピケヌムなどの土地を平民に分配した。戦争に協力させたラテン都市、同盟市にたいしてもある程度ローマ市民権を付与した。前二四一年に新しい二つのトリブス、クィリナ(サビニの本拠地)とウェリナ(ピケヌム)が設置されたのは、新しいこれらローマ市民を登録させるためだったろう。しかしここで三五に達したトリブスは以後増設されることはなく、新しくローマ市民権をえた者はローマ市の四都市トリブスに分類されることになり、それはやがて別の市民間格差の問題につながっていく。

やはりこの時期、ケントゥリア会の改革がおこなわれたといわれる。まず民会参加の土地財産資格が引き下げられた。そのうえで投票単位が一九三の百人隊ではなく、百人隊とトリブスとを直接関係させるようになった。一トリブスごとに一〇の百人隊とされ、全三五〇のケントゥリアのシステムになったといわれている。もっともこの三五〇ケントゥリア、三五トリブス体制は長続きせず、まもなく一九三ケントゥリアに戻されたらしい。ただトリブスとケントゥリアとの関連づけはなんらかのかたちで保持されたようである。

ローマは休むひまなく前二二四年北方のガリア人に圧力を加えてアリミヌムにローマ市民権植民市を建て、ポー川をこえてボイイ、インスブレスの両部族を破って、ケンソル、C・フラミニウスの手でフラミニア道を開き、プラケンティア、クレモナの二ラテン植民市をおいた。ポー川流域をローマ人はガリア・キサルピーナ(アルプスのこちらの意)と称する。

ハンニバル戦争

さて、カルタゴはハミルカルのもとで比較的急速に立ち直り、賠償金も予定より早く完済し、イベリア半島経営によって着々と国力を回復させていた。前二二一年から、ローマへの復讐を誓って成長したハンニバルが最高司令官となった。ローマはカルタゴの動きを警戒してイベリアのサグントゥムと同盟し、さらにカルタゴとは同半島中部のエブロ川をカルタゴの進出の北限とする条約を結んだ。

ところがハンニバルは満を持して、前二一八年エブロ川をこえ、サグントゥムを攻略、激怒したローマは宣戦を布告、第二次ポエニ戦争、いわゆるハンニバル戦争が始まった。ハンニバルは五万人の歩兵、九〇〇〇人の騎兵、三七頭の象を率いて進発。ローマ側の予想だにしないアルプスをこえてのイタリア侵入をねらい、かつローマの支配に反感をもっているであろうガリア人などの民族による支持獲得をもくろんでいた。ピレネーの山越えでガリア人の意外な抵抗にあって兵若干と象の多くを失ったが、冬のアルプス、おそらく今いうジュネーヴ峠をこえて、ここではガリア人のインスブレス族の協力をえて、つぎつぎにローマ植民市を占領した。

ローマもイベリアとシチリアに軍を送り、一時はガリア・キサルピーナを奪回した。しかしトレビア川でローマ軍三万五〇〇〇人が全滅、トラシメネス湖の戦いではコンスル、C・フラミニウスがハンニバルの包囲作戦によって全軍とともに討ち死にし、ローマの敗色が濃くなった。ディクタトルとなったファビウス・マクシムスは作戦を変え、決戦を回避、ゲリラ戦法でハンニバル軍の消耗を待った。ところがローマ市の民衆は彼をクンクタートル(じらし屋)と呼んで非難した。現にハンニバル軍は、カンパーニアの農地をあらすなどイタリアのかなりの部分を侵略した。前二一六年ローマは南イタリアのカンナエであらたな召集軍四軍団を加え九万人の兵でカルタゴ軍と正面で立ち向かったが、完敗し、計七万人が戦死した。

この結果サムニテスとカンパーニア人の一部がローマから離反した。またアルデア、ノルバ、ナルニアなど一二のラテン植民市が連名でローマに、これ以上の人的・財的協力は不可能だと陳情するありさまであった。ローマの命運は定まったかにみえたが、ハンニバルの戦況もこれが絶頂であった。故国を遥か離れて補給は占領地とローマからの離反者に頼るほかないカルタゴ方の兵力は漸減し、イタリア全域で戦線を展開する余裕はなかった。ハンニバルがローマ市の門に迫って市民をおおいに脅えさせた(「門口にハンニバル!」の諺)とされるが、そもそもハンニバルにローマ市を攻略することは不可能であったろう。

ローマ元老院は今回もねばり強く反撃の手を打っていった。先にふれた、ローマに陳情した一二のラテン市には懲罰をくだし、シチリアではふたたびカルタゴと同盟したシラクサをマルケルスが占領した。父コルネリウス・スキピオのもとでハンニバルに敗れた経験をもつ同名のスキピオ(大)が余望を担い、二十四歳の若さながら特別にコンスルの命令権をえてヒスパニアに渡り、前二〇九年にここを征圧した。ハンニバルは弟ハスドルバルをイベリアからイタリアに呼び寄せ合流しようとしたが、ローマ方が両者間の密書を奪って二人を分断し、メタウルス川の戦い(前二〇七年)でハスドルバル軍を全滅させた。

大スキピオの活躍は民衆のあいだに急速な人気をえることになり、元老院はしぶったものの、コンスルに選ばれた大スキピオは前二〇四年自ら主張してカルタゴ本国に遠征した。ヌミディアと結んでカルタゴに圧力をかけると、ついにハンニバルがイタリアから帰還、最後の決戦が、この年(前二〇二年)ディクタトルに任じられたスキピオとのあいだで、ザマにおいて戦われた。スキピオはこの決戦に圧勝、カルタゴ軍二万人を戦死させ、戦いを終わらせた。

今回の条約内容は、イベリア(ヒスパニア)をローマ属州とすること、五〇年年賦一万タラントンの賠償金、艦船をローマに引き渡し、以後象軍と傭兵の使用禁止、ローマの許可なく軍事行動をとらぬこと、という厳しいものであった。ローマは離反した諸都市・部族には過酷な罰を与えた。カプアからは都市の資

ローマ市の大戦車競走場(キルクス・マクシムス)　パラティヌスとアウェンティヌスの丘のあいだに広がる，ローマ市最古最大のキルクス。これを見おろす位置にあるのが皇帝宮殿。10万人の観客を収容できた。共和政期から古代末期まで，市民を熱狂させた。

格を奪った。土地を没収し、支配層を処刑した。ルカニ、ブルッティなども同様であった。

大スキピオはローマに凱旋、民衆たちの歓呼をあび、大アフリカヌスと称された。他方ハンニバルはなおアフリカにおいて地位を保ち、改革に着手した。しかしこの二人の英雄は共通して暗い末路をたどることになる。ハンニバルは、ローマと結ぼうとする敵党派に追われて、シリアのアンティオコス王のもとに亡命、反ローマ戦争に協力したが、その後ローマの追及を逃れて各王国を転々とするうち、最後はビテュニア王国で自殺した。他方大スキピオは勝利直後から、彼の権力増大をねたみ、あるいは共和政の伝統護持の立場から警戒する元老院によって冷遇され、ハンニバルと同じころ、謎めいた死をとげた。

イタリア社会の変貌

ローマの地中海世界における威信は高まり、今度は東方のヘレニズム諸国とギリシア・ポリスが抗争に際してローマの介入・支援を要請することになる。マケドニアのフィリッポスがシリアのアンティオコスやギリシア諸市と対立した際にはマケドニア攻撃に向かい、T・クインクティウス・フラミニヌスが、キュノスケファライの戦いでこれを破って、コリントスにおいてギリシア人の自由を宣言してギリシア・ポリスを熱狂させ、撤退した。

イタリア内においては大規模な植民市建設が前二〇〇年から前一八〇年にかけて続いた。除隊したか土地を失った下層市民対策が目的のひとつであったろう。コサ、ボノニア、ウェヌシア、ハドリア、ムティナなどがそれで、一人当りに配分される土地も従来より大きくなった。ローマ市民権・ラテン市民権植民市両方があり、区別は小さくなっていったようだ。フォルミアエ、アルピヌムなど、それまでのラテン植民市に完全ローマ市民権が与えられるなど、「イタリアのローマ化」の端緒がみいだせる。

あいつぐ征服戦争の勝利、富の流入はイタリア社会全体に大きな変化をおよぼさないではおかなかった。勝利将軍が主催する剣闘士や野獣のショー、そしてまた宗教祭典も盛んになり、数もふえた。ギリシア文化が流行となり、リウィウス・アンドロニクスやナエウィウスがギリシア劇を翻案、上演した。土地を失った農民のなかには、植民にも加わらず、ローマに移り住んで商・手工業や公共建築(水道、橋梁、神殿、バシリカなど)の日雇労働で暮し、有力者によるショーの提供を楽しむ傾向をもつ者があった。前一六八年の法により、イタリア在住のローマ市民の土地は免税とされたが、この特権をこうむったのは中小農民ではなくすでに大土地所有を形成していた元老院議員と騎士であった。

第二次ポエニ戦争中(前二一八年)にクラウディウス法が制定されて、元老院議員に三〇〇アンフォラ(九〇〇〇リットル)以上の荷を積載しうる船舶の所有を禁じた。商取引を低くみるローマ貴族の心性が議員のあくなき商業意欲にブレーキをかけたものと考えられている。しかし議員たちはこのような船を何隻もってもよく、おそらくこの法は精神のみを示すザル法だったと思われる。

前一八六年には、ギリシアから流入していたバッカス礼拝者の、ワインによるいかがわしい密儀に元老院議員が耽溺《たんでき》しているとしていっせいに逮捕・処刑される事件があり、選挙の不正禁止法(コルネリア・バエビア法、前一八一年)や贅沢禁止法(ファンニア法、前一六一年)が定められ、ギリシア人哲学者のローマ市からの退去の決定もなされている。

イタリア都市パエストゥム　ナポリの南，ルカニア地方のギリシア植民市ポセイドニア。ドーリア系ギリシア人が前600年ころ建設した。前３世紀にラテン植民市パエストゥムとなる。写真は女神ヘーラーの神殿。

ローマだけでなく、イタリアの都市のうち、港をもち街道沿いの交易の拠点などにあった都市、オスティア、プテオリ、ポンペイ、パエストゥム、プラエネステ、南部のギリシア都市なども発展した。

カルタゴとギリシアの征服

ローマは二世紀を通じてしだいに地中海周辺各地域に侵略の度を強めていった。第二次ポエニ戦争後、再度復興に成功したカルタゴは前一九一年には賠償金の完済前倒しを申し出るほどとなった。ローマには、大カトーの口癖「それにつけてもカルタゴは滅ぼされるべき」に代表される反カルタゴの空気が、むしろカルタゴを存続させることでローマに緊張感を与えると説く立場を圧倒するにいたる。ローマはヌミディア王マシニッサに反カルタゴ行動をとるよう示唆した。マシニッサの挑発にのったカルタゴの軍事行動をローマは条約違反として前一四九年、宣戦を布告した。カルタゴ側はローマへの叛意はないとして和をこうたが、ローマは甘言を弄して、有力カルタゴ人を人質にとり、武装解除すらおこなわせたうえで、攻撃した。ローマは完全にカルタゴの滅亡を意図するにいたったのである。

カルタゴは必死に抵抗した。ローマはプブリウス・コルネリウス・スキピオ・アエミリアヌス(小スキピオ)を、規定年齢より若いまま前一四七年のコンスルに選出し、包囲戦に向かわせた。スキピオは城壁を破壊、徹底抗戦を決意したカルタゴでの二週間にわたる凄惨な戦いののち、カルタゴの司令官はその妻とともに自決した。スキピオは都市を完全に破壊、更地にして悪神に捧げ、以後都市として再建されぬよう呪いをかけた(実際にはローマ都市が再建される)。カルタゴは歴史から消え去った(前一四六年)。

この前一四六年、ローマはマケドニアを再度征服し、ついにローマの属州とした。ギリシアでは先にローマに服していたアカイア同盟が反乱を起こし、ローマはこれを鎮圧、ギリシアの一部を属州マケドニア領とし、かつてのポリスには、民主政体をとることを禁じた。同盟の中心であったコリントにはカルタゴと同様、徹底的破壊を加えた。

いまや地中海世界に乗り出し、北アフリカ、ギリシア、そして小アジア(アナトリア半島)にまで支配領域を広げたローマを、「帝国」と呼ぶことができるであろう。

3　改革と内乱の一世紀

前二世紀のイタリア社会

ローマ市には豪華な神殿やモニュメントが建てられ、水道、それに公共浴場などの施設もふえていった。また新しい祭典の始まりが確かめられる。前一五三年にはコンスルの就任式が一月一日に挙行され、祝われるようになった。町の四つ角でおこなう、本来は農耕儀礼であったコンピタリア祭、死者を祀るパレンタリア祭、浄めのためのルペルカリア祭などが盛んになった。古くからの祭典に加え、凱旋将軍のセレモニーも多く、ローマ市の祝祭日は年一〇〇日をこえたといわれる。このような都市のはなやかさや賑わいの様子はイタリアの諸都市でも同様であったろう。ポンペイのフォルム、劇場、浴場もこの世紀に多くが建設された。プラエネステのフォルトゥナ神殿も同様であった。

騎士身分の進出についてここで述べておこう。ローマの強大化により、主として経済構造の拡大にともなって、市民団の財産所有の上下差が大きくなるなかで生じた現象のひとつであった。元来ローマは二身分から成り立っていたが、しだいに平民の上層が富を背景に政治参与の志向を強めて、戦時に騎兵として参加するとともに(前四〇一年、ウェイイとの戦いに初出の例あり)、公職にも就き、歩兵ケントゥリアから騎士ケントゥリアに移っていったと思われる。前三世紀のうちにこの騎士ケントゥリアに属する市民たちが、平民とは区別される上級社会身分とされ、戦時に騎兵として従軍することなしに特定財政基準を満たし、ケンススで承認されるなどして、形式上、官給馬と指輪を与えられる人々となった。原則としてはパトリキも平民出身元老院議員もこの騎士身分に含まれていたのだろうが、非軍事的な平民騎士の占める位置が大きくなっていった。ことに前三世紀後半、経済の発展で海上交易に進出する平民騎士の活躍がめざましくなるなかで、先述のクラウディウス法によって、元老院議員の大商業従事が禁じられ、平民騎士との区分は明確になった。平民騎士は、ローマ拡大によるさまざまな国家の実務のための新しい人材集団としても役立ったといえる。その実務とは、戦時における物資の徴発や公共建築、財産税・奴隷解放税・関税・公有地放牧税などの徴集、塩の専売、鉱山採掘などであり、このような実務は請負とされた。これを担えたのは、担保の土地を有し、徴税などの場合、国庫に前納することのできる富者のみであり、かつ元老院議員にはほかの公務が求められたため、もっぱら平民騎士があたることになったのである。

これら公的事業を請け負う者はプブリカーニと呼ばれ、その後属州地域で彼らは悪徳搾取商人の代名詞となった。彼らは何人かで会社組織をつくって、特定属州の徴税を請け負い、定額は国庫におさめるものの、しばしば定額以上の税を属州の都市を単位として収奪したのである。そのほかの騎士たちは商人として、ときにサルデーニャや小アジア山地などで奴隷狩りによる人身略奪にも関与し、またしばしば高利貸をおこない、属州人には法外な利子によってここでも収奪を重ねた。前八八年に、対ローマの戦争を起こしたポントス王国のミトリダテスは八万人のローマ商人を殺したとされているが、その背景にはこのような騎士商人の非道な行動があったことは間違いないのである。

元老院議員や騎士、それ以外でも富裕な市民たちは、所有地の拡大をめざして農民の土地を買いあさった。一般農民たちが土地を手放す理由として大きかったのは戦死した市民の残された家族たちが土地を手放さざるをえなくなったことであり、無事帰国した者たちも、打ち続く戦争で兵役が長引き、しかも多くが小アジアやギリシアのヘレニズムのもとで繁栄していた王国や都市での生活にふれる体験をしてきていた。彼らのなかには留守中あれた土地で苦しい農耕を再開する意欲を失う者も少なくなかったろう。労働力が奴隷によってまかなわれていくなかでは、自由な市民であっても、土地を失い、田園にその基盤をもてなくなっていく。彼らはローマ市へ、そしてイタリアの大小の都市へと流れ込んでいった。

ティベリウス・グラックスの改革

プルタークによる「グラックス伝」の有名な一節はこうである。「グラックスはエトルリアの農耕地で働いているのが、自由民ではなく奴隷たちばかりであるのを見て驚き嘆いた……」と。このほかにもアッピアノスなどの記述を根拠にしばしば問題とされるのは、土地所有を基盤とする市民団が危機に瀕していたということである。最低の歩兵第五級の財産資格は一万一〇〇〇アス以上である。それが一五〇〇アスまで引き下げられた、との伝承もある。このような時期に、危機感をもって改革に立ち上がったのがティベリウス・グラックスであった。

ところで、いまや地中海世界最大の勢力となったローマの政治と、支配者集団たる市民団の維持、強化の路線を元老院のとりわけ有力なリーダーたちはやはり競い合って進めようとした。そのためにはコンスル、プラエトル、護民官などの公職選挙に立候補、当選することが前提であるという点で都市国家体制は尊重されつづけていた。しかしこれらリーダーたちのあいだには政治の進め方において明白な相違が生じてきた。

ひとつがオプティマテス(最善者たちの意)と称され、より権威主義・伝統主義的で、元老院の主導性のもとに、ローマ本来の貴族共和政を進めようとする、民衆・平民の権利やラテン市民・同盟市民へのローマ市民権付与には消極的な人々である。これをわが国では閥族派と称する。彼らの支持基盤は仲間の議員に加え名門ゆえにかかえてきたクリエンテスの平民を含む市民たちであった。これにたいして、同じ元老院議員であり、有力氏族・家門の出自ながら、比較的伝統批判的で騎士や平民の政治参加を進め、彼らを支持基盤として政治の主導権を握ろうとする人々であり、これは史料でポプラレスとされ、民衆派と訳す。

民衆派のティベリウス・グラックスその人は小スキピオの甥にあたる、名門貴族の出身であった。少なくとも彼自身がローマ市民団の中核としての市民団崩壊の危機を実感したことを疑う理由はない。そのための政策を、彼は民衆・貧農を守り、率いるイメージをもつ護民官職に就き、この職の権限を梃《てこ》に遂行しようと考えた。ローマ軍団の兵士層補充のための策としては、リキニウス・グラックスとガイウス・ラエリウスのような人々がすでに前一四五年に貧農への直接的な土地分配を提案したが、元老院のなかからの強い反対でそれは撤回されていた。

前一三三年、護民官としてのティベリウスは平民会にいわゆる農地法を提案した。彼は分配する土地の資源として、イタリアの、富者たちによる占有公有地に着目した。すなわち、反故《ほご》同然となっていた前三六七年のリキニウス・セクスティウス法を再現させ、公有地の一人当り占有面積を市民一人につき五〇〇ユゲラ以下、息子一人分二五〇ユゲラ、全体でも一家族一〇〇〇ユゲラ以下に制限し、その範囲で税を免除した。それ以上の占有地を政府が没収し、無産市民に分配する。その分配地は売買や譲渡を禁じることとした。

元老院議員の多くはこの法案に反対し、オプティマテスは当時一〇名いた護民官の一人オクタウィウス・カエキナをだきこみ、同僚護民官として拒否権を行使させた。しかしティベリウスを支持する議員もおり、民衆の多くも支持した。ティベリウスは強引にオクタウィウスを罷免、法案をとおして、弟ガイウスと義父アッピウス・クラウディウスの三人で土地分配委員会を設置、没収と分配に着手した。ローマが騒然となるなか、おりしもヘレニズム王国のひとつペルガモンのアッタロス三世が没して、国土をローマに遺贈するという出来事が起こった。ティベリウスはこのペルガモンの富を農民のために用いることとし、さらにペルガモンの旧領土に属州アシアを設置することを元老院の意向を問わずに強行しようとした。加えて元老院の逆鱗《げきりん》にふれたのは、慣例に反してティベリウスが翌前一三二年の護民官選挙に再任をめざして立候補したことであった。

強硬派のスキピオ・ナシカが元老院に非常事態宣言を求める。コンスルはこれに応じなかったので、ナシカは自分の奴隷、それに民衆のなかでも彼のクリエンテスとなっている者たちを動員してティベリウス派を急襲し、三〇〇人を虐殺、ティベリス川に死体を投じた。ティベリウスの改革は性急すぎたのである。ローマの歴史上はじめて、市民のあいだでの大量の流血事件が生じたのである。いわゆる内乱の一世紀の始まりである。

ガイウス・グラックスの改革

シチリアに奴隷反乱が生じ、シリア出身の奴隷エウヌスが王となって、ローマ人を奴隷のように使役し、国制らしきものすら樹立したが、ローマはコンスルのルピリウスを送って前一三二年にようやく征討した。

市民団の危機的状況は変わらぬまま、ティベリウスの弟ガイウス・グラックスが前一二三年の護民官となり、兄の遺志を継いで改革を再開した。公有地の過度の占有制限と無産市民への分配については兄のとき以来の委員会によって作業を進めた。ガイウスはより広範な支持を獲得するために多様な施策を進めようとした。まず騎士身分のために、不当取得法廷の陪審から元老院議員を排除し、すべて騎士身分に担当させることとし、属州アシアの徴税方式をも騎士商人に有利なように定めた。都市の民衆のために食糧供給の確保につとめ、ローマ市に穀倉を建設するとともに、あらたな穀物法により安価な供給を定めた。

これらの法案も成立し、実行に移された。支持の声のあがるなかガイウスは翌年の護民官選にも当選した。ガイウスはこれらの政策でポプラレスとしての立場を明確にしたが、ローマにおける政治家としても新しい手法をとった。ガイウスは演説のとき、激情的になり、大げさな身振りを取り入れ、扇動政治家の要素を発揮した。

ガイウスが打ったつぎの手は、ラテン市民権者などへのローマ市民権の付与であった。ローマは戦力の不足を補うためにこれら都市の人的・物的協力をなかば強制的に調達していた。ローマ市民権をもたないこれら都市市民には、戦利品の見返りや植民による土地の配分などの恩恵がとどかなかった。このことにたいする潜在的な不満は、一部のポプラレスに、イタリア住民へのローマ市民権付与が必要と感じさせ、また自派の支持勢力として期待できる政策と映じたのである。しかしこの策はまだ元老院はもちろん民会全体にも支持をえられず挫折していた。そしてガイウスのこの再度の提案にたいしても、オプティマテスは同僚護民官リウィウス・ドルススに、ガイウスへの反対をおこなわせた。騎士もローマ市の民衆も、まだローマ市民権のそこまでの拡大は望まず、法案はほうむりさられた。

ガイウスは最後に、海外植民を提案、自らアフリカに赴いた。ガイウスが七〇日間ローマを留守にしたあいだに反対派が巻返しをはかる。ドルススが、実現性は薄いにもかかわらずイタリアでの一三植民市建設という目先の案で民衆の気を引き、減税をも提案した。そこにガイウスが帰国する。オプティマテスはガイウス支持の熱気の冷却を利して暴力をもってガイウス一派を襲い、多くを殺しガイウスを自殺させた。

無産市民への土地分配は停止した。一時禁じられた土地の売買が再開し、ついには前一一一年のある法律で売買は自由とされることになる。他方、不当取得法廷を騎士が担当する、という改革と、貧民対象の穀物法のみは有効のまま残された。要は有力者の土地の買漁りと公有地の私有化に歯止めはかからず、騎士身分はいよいよ優遇されることとなり、土地を失った貧民は生活の保障はえられることとなっただけで中産市民再建のほうは放棄された、ということである。

アフリカのヌミディア王国の王位をめぐっての争いでも、ユグルタとローマの元老院とのあいだの買収事件が生じてポプラレスがこれを糾弾する。北のほうではアルプスのこちらでも向こうでもガリア人のアルウェルニ、そしてゲルマン人のキンブリがローマに敵対し、あいついでコンスル率いるローマ軍を打ち破った。ローマ軍団の弱体化はいよいよ明白であった。

マリウスの軍制改革

このころ急速に注目を集めた政治家がガイウス・マリウスである。彼はイタリアの小さなラテン都市アルピヌムの出身で、小スキピオのもとヒスパニア遠征で軍人としても頭角をあらわした人物だった。ポプラレスに与《くみ》して護民官となり、前一一五年のプラエトル選挙に無名の家系ながら当選、民衆を味方につけて前一〇八年コンスルとなる。アフリカに遠征するが、そのとき、慣行を破って、マリウスは無産市民の若者に軍隊を志願させ、自費でこれに訓練をほどこし、強力な兵士に仕立てて勝利し、ローマの積年の敵ユグルタを破り、ついにはヌミディアを属州とした。

その間、ガリアのナルボネンシスで、コンスルのカッシウス・ロンギヌスは敗退、はては前一〇五年、ゲルマン人とのアラウシオの戦いで二人のコンスルとローマ軍八万人が全滅する事態となった。前一〇四年、ポプラレスの勢いが強まり、マリウスが第二回目のコンスルに選出される。連年の就任は異例であったが、状況はいまや慣例を破ってでも、傑出した、そして現実に即応しうる人材に強力な権限を付与せざるをえないものとなっていた。

マリウスはローマで凱旋式を挙行して、捕えたユグルタをさらし者としたあと、またも慣例に反して連続してコンスルに当選して、ガリアに遠征、結局二年かけてガリア南部の平定に成功、また華々しい凱旋式を挙行、連年のコンスル就任も紀元前一〇〇年の六回までにいたった。彼は実質上自分のクリエンテスとなっていた無産市民が帰国して退役したのち、彼らをガリア、マケドニア、アカイア、シチリアへの植民に送り出し、また協力したイタリア人にはオプティマテスの反対を無視してローマ市民権を与えるなどの措置をとった。

それでも戦乱はやまなかった。前一〇四年にはシチリアに二度目の大規模な奴隷反乱が生じる。キリキア人アテニオンが王となり、第一次とは異なり都市によらず、より組織的に兵農分離をおこない、何度もローマ軍を破って、前一〇一年に降伏するまで手こずらせた。

マリウスは前一〇〇年に政界から引退し、つぎのコンスルはオプティマテスがとった。その一人はマリウス派に殺され、これにたいするオプティマテスの逆襲でマリウスは東方に亡命せざるをえなかった。

同盟市戦争

不穏が続くなか、前九一年、護民官ドルススが騎士をおさえるため不当取得法廷にふたたび元老院議員を加え、一方民衆のためには穀物供給と植民市建設、イタリア人への市民権付与という、ガイウス・グラックス改革の再開をめざしたが、暗殺された。

ここにいたってついにイタリアのサムニテスやマルシ系の同盟市が連合し、アスクルムで偵察におとずれた元コンスルのセルウィリウスを殺害した事件をきっかけにローマに宣戦を布告、同盟市戦争が勃発した。同盟市側はコルフィニウムにおいて、同市をイタリアと称し、コンスル二、プラエトル一二を選出、五〇〇人の元老院をも設けた。有力なギリシア都市などは反乱に加わらなかったが、同盟市軍は精強で、ローマはマリウスをも呼び戻して戦ったが、前九〇年にはコンスルのルプスが戦死、全体に譲歩の空気が強まっていった。

前九〇年の終わり、ローマはイタリア在住のすべてのラテン人と、反乱に加わらなかった同盟市民にローマ市民権を付与し、前八九年にはプラウティウス・パピリウス法により、ポー川より南で、戦争をやめる同盟市民にローマ市民権を与えることを定めた。多くの同盟市が武器をすて、翌前八八年サムニテスとルカニ系同盟市を除いてローマと和を結び、戦争はほぼ終結した。

こうしてイタリアのすべての自由人はローマ市民団の構成員となった。しかしローマ市在住以外の人々はそれまで属していた共同体の住民であった。それら共同体は、いまやラテン市、同盟市という名称は消滅し、都市と認められたものはムニキピウムとコロニアの二種となった。都市の資格をもたない共同体は、キウィタスなどと史料では表記されるが、そのなかにはのちに都市への昇格を認められたものもある。ローマは個々のイタリア住民を把握するのではなく、これら都市その他を通じて支配した。マリウスのように地方の都市からローマの政治リーダーとなっていく者がおり、文人としてローマの有力者と交わり名を残す人々にも、同様の人々が多くなってくる。喜劇のプラウトゥスはウンブリアのサルシナ生まれ、農書のウァローはサビニ人の地レアテ出身、ウェルギリウスは北イタリアのマントヴァ出身であった。

スルラの元老院復権体制

マリウスののち主導権を握ったのはオプティマテスのスルラであった。彼が対ミトリダテス戦争のため東方に赴こうとしていたとき、スルキピウス・ルフスが護民官としてスルラの軍指揮権を剝奪し、引退していたマリウスにそれを与えた。両派が対立し、ローマは騒然となる。そこへスルラは東方に率いる予定であった軍隊をつれて、ローマに進軍してきた。ローマの町は市街戦場となり、民衆派が殺されマリウスはアフリカに逃亡した。スルラがふたたび東方に向かうと、反スルラでコンスルとなっていたキンナが主導権を握る。マリウスはイタリアからクリエンテスを動員、ローマに進撃してスルラ派の元老院議員多数を殺し、スルラの財産を没収した。

前八六年にマリウスが病死、前八三年に戻ったスルラがマリウス派残党との内戦をへてついに勝利した。マリウスを支持していたイタリアの都市、ポンペイなどには報復がおこなわれ、有力市民が追放され、スルラの退役兵たちが植民した。ローマにおいてスルラは独裁官の地位に就き、一連の元老院復権の政策を開始した。平民会での立法をおこなわせずケントゥリア会に重点を戻し、護民官権限を削減した。また自分を支持した騎士たちを議員に昇進させた。プラエトルを一〇名に、クアエストルを二〇名に増員した。属州総督職をコンスル、プラエトル経験者に限り、高位公職の就任順序と間隔も慣例となっていたものを公式に定めるなど、元老院政治を規律化する一方、属州総督の不正を裁く常設査問所の陪審人を、騎士から元老院議員に移した。また貧民のための穀物配給をも停止した。

前七三年、ふたたび奴隷所有者支配のもとにあるローマ・イタリア社会を震撼させる反乱が生じた。ローマ人たちの享楽生活に奉仕していた剣闘士奴隷の養成所のあったカプアから、トラキア人スパルタクスを頭に奴隷たちが脱走し、大土地経営の農耕・牧畜奴隷だけでなく小農民をも集めまたたくうちに数万、最大時八万人の反乱軍となったのである。スパルタクスたちは故郷への帰還をめざし、北のアルプス越えを企図したが、クラッススとポンペイウスによって全滅させられた。

スルラの体制はこれら新興勢力の手によってすぐに崩壊する。制度の改革はある程度残ったが、穀物法が復活し、護民官の権限も旧に復した。ローマの権力争いはあらたな人物が加わって存続する。頭角をあらわしてくるのはポンペイウスで、アフリカやシチリアで戦って戦功をあげ、ヒスパニアでセルトリウスが反乱の動きを示したのでこれを制圧し、剣闘士奴隷の反乱をも封じて一挙に声望を高めた。それに加えてクラッスス、そしてマリウスの甥でアシアやヒスパニアで軍才を発揮し始めたユリウス・カエサルもいた。

共和政末期イタリアの社会と経済

前二世紀のローマの地中海支配の過程でイタリアへの富の流入はすさまじいものがあった。前一八六年グナエウス・マンリウス・ウルソがガラティア王国を破って凱旋したが、そのときの戦利品は金の王冠二一二、銀二二万リブラ、金二〇三リブラ、一二七万アッティカ・テトラドラクマなどであった。属州となった地域からは毎年の十分の一税、鉱山、関税など種々の収入が流れ込んだ。同盟市戦争後は、イタリアの住民すべてがこれら収入のおこぼれにあずかることになった。

イタリアと地中海諸地域との人の往来もまた激しかった。軍団兵としてイタリアを離れる者は、多いときはラテン市民・同盟市民も加えて一二万人に達した。それも男ばかりであり、残されたイタリアの労働力と生殖面のマイナスは小さくなかったろう。公共事業や商売のために外にでる者も劣らず多く、結局二〇万から三〇万人のイタリア人が海外にいたと考えられる。デロスが自由港となって一層市場に人々が引きつけられた。この時代デロス出土の碑文二二〇が知られるが、ローマのアエミリウス、クラウディウスなどの氏族名とともにカンパーニアの都市、サムニテスの家名、プテオリ出身のギリシア人の名がみいだされる。

イタリアへの流入人口として最大のものはもちろん奴隷たちであった。前一六七年にエペイロスから一五万、前一四七年ヒスパニアから一万、前一〇四年キンブリ・テウトニ族一四万、そしてカエサルはガリアからじつに一〇〇万人の奴隷をイタリアにもたらしたといわれる。前一世紀のイタリアの人口は七五〇万、うち奴隷の数は二〇〇万から三〇〇万にのぼったであろうと考えられている。彼らの労働力はイタリアの生産構造に革命的な変化をもたらしたが、社会的・文化的なインパクトにもはかりしれないものがあった。さまざまな民族からなる奴隷たちがイタリアに住むようになった。そして農村のイタリア人が都市に流入し、あいた農村で奴隷が働かされる。奴隷たちは徐々に解放され、ローマ市民権を与えられていく。イタリアの人的構造が変動したのも当然である。奴隷たちの多くはギリシア語を話していたろう。彼らはいやおうなくラテン語にもならされた。こうして、ラテン語とかなりの程度のギリシア語が通じる、イタリアの新しい一体性というものができていくことになる。

さて、経済面における大量奴隷投入の影響はどうであったか。当然のことながら、農業でも手工業でも、奴隷が直接生産にたずさわるところでは生産規模の巨大化と労働の専門化が進み、大量の市場向け規格品の生産が促進された。奴隷は安価に大量に入手でき、大土地経営(ラティフンディア)はいまやもうかることになった。一円的な巨大農場は一般的ではなかったようで、個々の所有者はある程度の大きさの農地を集積していった。

一方、前二世紀から顕著にあらわれてくるのがもうひとつの大土地所有のタイプといえる、ウィラであった。元来は文字どおり海辺や高原の別荘としてつくられたものだが、所有者が使う住宅部分に農地と奴隷小屋、作業所もある、一種自給的な農場邸宅となった。一般にウィリクスと呼ばれる奴隷の管理人が経営を任され、数十名の奴隷を働かせるとともに、農場を近辺の小農民に小作させることもおこなわれていた。生産物は基本的に所有者一族と使用奴隷たちのためであったが、しだいに商品作物や手工業製品も生産し、それによる収益が期待されるようになった。都市に住む所有者はときどきウィラをおとずれ、ウィリクスから経営状況を聞き、儲けを徴集した。多くの富者はいくつものウィラを所有するようになる。

大土地所有の形態はこのように多様で、ラティフンディアとウィラの境界もあいまいであった。南イタリア、シチリア、サルデーニャでは典型的なラティフンディアが発展し、所有者は不在地主として、大量の奴隷に穀物生産をおこなわせた。

オリーヴ油も商品として生産され、前二世紀からは地中海各地に輸出された。よりさかんに生産されたのはワインで、ラティウム、カンパーニアから南部までブドウ園は一挙にふえた。いわゆる銘柄ワインも産出されてくる。紀元一世紀ガリアやヒスパニアのワイン生産が上昇するまで、イタリアのワインは地中海のみならずヨーロッパ、東方でも有名であった。

手工業製品も多種多様につくられた。陶器ではとくに、高品質の規格品が大量につくられた。エトルリアからカンパーニアにかけて、はじめはアルレーティウムの、テルラ・シギラータと呼ぶ高品質の赤陶などの製品が市場を席巻した。ついではピーサ、プテオリなどの、より光沢のある薄手のテルラ・シギラータが出回った。前二世紀には貨幣もゆきわたっていた。

このように、前二〜前一世紀のイタリアは政治上・社会上の混乱はあったが、経済活動はきわめて活発であった。都市化が進み、都市人口がふえて需要を喚起したし、上層市民によって商業利益をめざしての投資が盛んになった。港々に地中海各地の物資が、輸入であれ戦利品であれもたらされた都市は、建物が立ちならんではなやかになり、劇・剣闘士・野獣のショーなどの娯楽も有力者の資金によって提供され、市民たちの文化的・知的レヴェルも豊かになった。このような富裕な上層市民による、自分の共同体のための自発的な奉仕行為はエヴェルジェティズムと称される。彼らの貢献もあってポンペイやパエストゥム、シチリアのカターニアなどがこの時代、はなやかな都市へと成長した。

4　カエサルの独裁

ポンペイウスの権力

スパルタクスの反乱を鎮圧したクラッススとポンペイウスは、前七〇年のコンスルに当選した。彼らは敵対する人々を追放し、護民官権限を旧に復させ、常設査問所の陪審を元老院議員の独占から解放した。ローマ、イタリアの民衆の支持を取りつけようとしたのである。他方カエサルはヒスパニアでクアエストルを務め、ルクルスはアシアでミトリダテスとの戦いに加わっていた。それぞれに第一人者となり、イタリアでのしあがろうと考えていた。

ローマ市の状況が彼ら有力者にとってなにより重要だった。前六八年から翌年にかけてローマ市は穀物不足に陥った。エーゲ海の海賊がイタリアへの穀物供給路を妨げているとの声があがり、ルクルスの失態だとの糾弾がなされる。すかさずポンペイウスの友人、護民官ガビニウスが、地中海沿岸から内陸五〇マイルの全領域で属州総督の権限を三年間行使できる権限をポンペイウスに委ねるとの提案をおこなった。元老院に反対は大きかったが民衆がこれを熱狂的に支持し、決議した。ポンペイウスは迅速に海賊討伐に成功した。

ルクルスの対ミトリダテス作戦はふたたび苦境に陥り、マンリウスがこれの指揮権をもポンペイウスに与えることを提案、元老院もこれを支持せざるをえず、彼には宣戦と停戦のためのさらに広大な権限が付与された。ポンペイウスはただちにミトリダテスを破り、アルメニアから黒海東岸まで進撃してついにミトリダテスを自殺せしめて、ヘレニズム諸王国の領域を征服することに成功した。シリア、ビテュニア、ポントスが新しい属州とされた。

ポンペイウスの人気が高まるなかで、クラッススも征服による名声をえようと考える。このころから頭角をあらわしてきたのがユリウス・カエサルであった。かつてマリウスに可愛がられ、スルラの誘いを拒んで「この男のなかにたくさんのマリウスが潜んでいる」といわしめたという野心的青年で、まだ高官職もえていなかった。クラッススと組んだカエサルは前六五年の按察官に当選、クラッススがエジプト遠征の指揮権をえられるよう支援した。クラッススはケンソルとなってガリア・トランスパダナの住民にローマ市民権を付与して、自己のクリエンテスに取り入れようとしたが、エジプト出陣は認められなかった。前六四年のコンスル選挙も緊張が高まった。キケローが立候補し、対立候補がカティリナであった。キケローは無名の平民家系だが、元老院では伝統護持派の立場にあった。カティリナはパトリキ出自でスルラの部下となりプラエトルをも経験していた野心家だった。結局キケローがコンスルとなった。

カティリナは民衆の直接的支持をえようと、債務の帳消しなどを提案、さらにイタリア各地の中小土地所有者の体制批判分子を扇動した。カティリナ派の一部が武装蜂起の動きを示した、もしくはその噂が生じ、これを危惧したキケローが一挙に一味を逮捕したが、キケローはただちに元老院での裁判を開き過大にカティリナ一派の行動を糾弾、民会は開かずに一派の処刑に持ち込もうとする。小カトーらが同調、カエサルだけが裁判の異常性を指摘し、追放にとどめるよう弁護した。結局キケローの主張がとおり、一派は死刑となった。エトルリア地域で追いつめられ挙兵したカティリナらはコンスル指揮の軍隊によって殲《せん》滅《めつ》された。国家の危機を未然に防いだとしてキケローは元老院から「国家の父」の尊称を与えられた。

状況は好転しなかった。プブリウス・クロディウスという貴族の出ながら派手で乱暴な若者が、ローマ市を騒がせる。前六二年十二月の豊穣の女神ボナ・デアの女性だけでおこなう祭りのとき、この年の法務官カエサルの公邸での祭事にクロディウスは女装して侵入、発見されて彼がカエサルの妻ポンポニアに言い寄るためだと喧伝されて一大スキャンダルとなった。カエサルは妻を離縁、小カトーやキケローら保守派がクロディウスを処罰しようとしたが、民衆がクロディウスに喝采を送り、結局彼は無罪となった。

ポンペイウスが帰国した。彼は元老院に凱旋式の挙行を求め、偉大なリーダーたることを公式の栄誉で確認させようとする。他方で彼は指揮下で戦った兵士たちを退役させ、褒賞として土地を与えてやらねばならず、そのための立法を必要としていた。

カエサルとポンペイウス

前六〇年、翌年のコンスルに当選したカエサルは元老院によって制約を受けることをきらい、同様の立場にあるポンペイウスとクラッススにひそかに働きかけ、海外への遠征軍指揮権を獲得し、自分に有利な諸立法を進めるために同盟することに成功した。いわゆる三頭政治の成立である。彼らはポンペイウスの退役兵への土地配分や、彼がこれまで東方でとった諸措置を承認すること、ちょうど知らされたガリアのアロブロゲス族の反乱鎮圧のため、カエサルにガリア・キサルピーナ総督職を与えること、などを民会で決定していった。

カエサルはガリアで苦戦しながらも、アエドゥイ族など親ローマ的なガリア人有力者をクリエンテスに取り込んで、征服地域を広げた。また娘のユリアをポンペイウスの妻として盟約を固め、貴族家系をすてて平民となっていた先のクロディウスを用いるため、護民官職に押し込んで民衆向けの政策をとらせようとした。

クロディウスはこの期待に背かず、職人たちの組合への規制緩和策などによって民衆の心をつかみ、元老院と民会で小カトー、キケローを攻撃し、とくに後者については先のカティリナ一派の裁判の不当性を糾弾してついに追放に追い込んだ。この間カエサルはガリアでアリオウィストスを敗死させて勝利の報をつぎつぎに知らせてくる。ポンペイウスはこれに動揺したのか共和派に接近し、民会でキケローの召還を決定させた。

カエサルは前五六年になってポンペイウスらに会談を要請した。エトルリアの北、カエサル管轄のガリア・キサルピーナ属州の南端の町ルカ(ルッカ)まで戻ったカエサルのところへポンペイウス、クラッススの二頭と元老院議員二〇〇名が馳せ参じた。カエサルの要求は満たされ五年間のガリア軍事権延長が認められ、ポンペイウスとクラッススを前五五年のコンスルとし、前者はヒスパニアとアフリカ、後者はシリアで軍事指揮をとることとされた。軍才に欠けるクラッススは前五三年春パルティア軍に敗れて没した。三頭政治は六年で瓦解した。

前五三年には一月から七月までコンスルが選出できないほど混乱した。前五二年一月、クロディウスの撲殺死体がアッピア街道で見つかったため、クロディウス派は元老院の建物に放火するなどした。ポンペイウスは元老院派の働きかけで行動を起こし、秩序を取り戻すことを理由にクロディウス派を含むカエサル派の一連の暴力事件を処断し、前四九年にガリア統治権が切れるカエサルが、ガリアにとどまったままではローマ市のコンスル選挙に立候補はできないよう立法をおこなった。

カエサル　前44年3月15日に暗殺されたカエサルの像。額の突起は，カエサルが死後昇天して星になったしるしを示すとされる。ヴァティカン博物館所蔵。

前五一年のコンスル、マルケルスはカエサルの軍事行動の逸脱を糾明するため召喚を要求、ナポリにいたポンペイウスに軍団を与えローマ市の守護を依頼した。カエサルは前五〇年末、ガリアから冬営地のラヴェンナまで引き返した。元老院は、七月までにカエサルが軍隊を放棄するよう要求、守らなければ公敵とみなす、と宣言した。

カエサルはついにラヴェンナから軍隊を率いて進発した。前四九年一月ルビコー川を渡る。この川は当時属州ガリア・キサルピーナの南の境界で、ここをこえればこの時代の「イタリア」領域となり、それは国家に対する反逆罪を意味する。カエサルがギリシア詩人メナンドロスの句「賽《さい》は投げられた」を口にしたのもそのような決断を要したからであった。しかしローマからはカエサルを慕う元老院議員らがつぎつぎと馳せ参じた。

ポンペイウスはローマを早くから退去して、イタリアでカエサルと対決することを避け、東方に移っての反攻をねらった。カエサルは空白となったローマへ三月に到着、ただちに独裁体制を確立した。独裁官に就任し、前四八年のコンスル選挙を主宰して自ら当選、同年一月からは独裁官を辞し、コンスルとしてポンペイウスとの対決に出立した。ギリシアで激戦のあげくファルサロスの戦いでポンペイウス軍を撃滅、ポンペイウスはエジプトに逃れたが後難を恐れたプトレマイオス十三世の手で刺殺され、カエサルの宿敵は舞台を去った。

カエサルはエジプトの内乱に介入してクレオパトラとひととき夫婦のようにして過ごし、ようやく前四七年九月イタリアに戻った。この間ローマは部下のマルクス・アントニウスが統治していたものの経済状態は悪化し、民衆の借財問題も深刻なままであった。反カエサル派護民官ドラベラは負債と家賃の帳消立法を提案してこれをめぐってふたたび暴動も生じていた。イタリアの外に逃れていた共和派の小カトーやポンペイウスの子セクストゥスも反攻をねらっていた。カエサルはドラベラの案を受け入れて家賃を軽減、富者への課税は強化した。翌前四六年のコンスルに自らが連年就任するとともに、シチリアからアフリカに遠征してポンペイウス派を破り、小カトーをウティカで自殺せしめた。

ディクタトル・カエサル

ローマでは過激なカエサル派が彼の権限をさらに拡大する提案(一〇年間の独裁官職、高官選挙立候補者指名権の付与など)をおこない、共和派と、穏健なカエサル派との反発を強めていた。帰還したカエサルは兵士より一般市民にいたるまで金と小麦、オリーヴ油の現品を配って満足させる一方、自派提案の独裁官就任は辞退した。

彼は保守・共和両派に目配りした改革をつぎつぎに断行していく。職人組合を解散させたのは、先のクロディウスの暴力の手先となったことで保守派に嫌悪されていたのを解消するためであった。田園からの貧農の流入でふくれあがったローマ市の大量の貧民のためにおこなった無料穀物の配給対象者を三二万人から一五万人に減らしたことも保守派を安心させた。

退役兵や無産貧民のためにイタリアではカンパーニア、海外ではコリントなどに大量の植民者を送り出した。負債の一部取消しもおこなった。アフリカからの野獣と剣闘士奴隷多数を投入したショーや戦車競走などを、勝利の記念その他を名目に史上空前のスケールで催し、無料で市民に提供した。またカピトル丘のふもとの、カエサルのフォルムの建設などはローマ市を彼の名で美化する効果とともに日雇労働者対策という意味ももっていた。

カエサルはこのほかにも元老院の議事録を公開し、日報として掲示した。伝統宗教のために神殿の建築・改修をおこなった。新しい暦の制定(前四五年)も周知のことである。

カエサルはローマで政治に専念できなかった。前四五年にはコンスルと同時に一〇年任期の独裁官となり、ついでパルティアへの遠征をめざすことが明らかにされた。ローマ市ではカエサル派が彼の連年コンスル就任と独裁官職の終身化、彼が月桂樹の冠を公の場でかぶることなどを提案する。しかしカエサル独裁化への警戒の念は強くなり、毎年二月に催されるルペルカリア祭でカエサルの部下が君主に接するかのように月桂樹の冠を捧げる機会があったが周囲の市民たちの反応が冷たく、カエサルが冠を拒むポーズをとると喝采が生じるという出来事もあった。

カシウスやブルトゥスなどが独裁化に危機感をもってカエサル暗殺の計画を練り始め、かなりの数の元老院議員が加わったものと思われる。そしてアウレリウス・コッタが三月十五日に元老院でカエサルを属州においてのみだが、王と称することを認めるよう提案するとの噂が流れた。

かくして前四四年三月十五日、マルスの野のポンペイウスの名にちなむ劇場に元老院が招集される。暗殺の動きが察知されてカエサルのもとに警戒するようにとの情報は伝わっていたと思われるが、彼はあえて出席、トゥリウス・キムベルが嘆願するふりをして近づいてカエサルをおさえるのを合図に、カスカ、ブルトゥスらがつぎつぎに彼を刺し、独裁者は倒れた。

第三章　ローマ帝政下のイタリア

1　アウグストゥスの元首政

内乱の終結

カエサル子飼いのマルクス・アントニウスはカエサル派の将校、兵士を糾合したので、共和派はカピトルのユピテル神殿をアジールとしてたてこもるほかなかった。ローマ市の民衆のあいだには、人気者のカエサルの死を悼み、暗殺者に怒りを向ける者が多かった。キケローはこの間元老院のリーダーとして主導権を握った。彼はカエサルの諸政策を続行することと、暗殺者の罪を問わぬことで妥協をはかり、カエサルを暗殺したカシウスらは神殿をでた。アントニウスがカエサルの遺言書を公開する。このとき留学先のギリシアからの帰途にあったカエサルの甥ガイウス・オクタウィウスを養子また財産継承者とし、ローマ市民一人一人に遺贈金を与えるなどという内容だった。市民のカエサル愛惜の念は一層募り、カシウスらは蒼惶《そうこう》としてイタリアを去った。

これらの状況は前四四年四月、ローマに戻ったオクタウィアヌス(オクタウィウスから改名)にきわめて有利に働くことになる。名前もガイウス・ユリウス・カエサル・オクタウィアヌスと改める。なきカエサルをなつかしむ元兵士やイタリア民衆にとってはもっとも好ましいリーダーであった。

アントニウス、オクタウィアヌスの二有力者の対決の様相が呈されるなかで、もはや元老院がリーダーシップをとりうる状況ではなかった。キケローはアントニウスへの批判姿勢を強め「フィリッピカ」と題する演説を公にする。キケローはオクタウィアヌスをアントニウス牽制のために利用しようと、彼に向こう一〇年間のコンスル職権を与える一方、両ブルトゥス、カシウス、セクストゥス・ポンペイウスに公的地位を認めて、元老院支配体制をなんとか進めようとした。

オクタウィアヌスは、カエサルの旧部下との連携のほうを有効とみ、ガリアにいたレピドゥスを誘い、アントニウスとも和解を策す。この三者のあいだで公に盟約を結び、元老院に国家再建三人官の地位をあらたに認めさせる。これは立法・行政・軍事から貨幣鋳造にいたる全権を握る役職とされた。前四三年十一月、第二次三頭政治の成立である。アントニウスはキケローの死を求め、その他多くの、共和派を中心とした元老院議員・騎士が処刑あるいは追放され、財産を没収された。富裕な解放奴隷にも財産税が課された。元老院ではカエサル派が火葬に付したカエサルの魂が昇天して神ユリウスとなったことを承認した。

アントニウスはブルトゥス、カシウスを倒し、全東方とガリア・ナルボネンシスの統治権をとり、オクタウィアヌスはヒスパニアと、イタリアを受け持つことになった。レピドゥスはアフリカを任されたのみだった。三頭体制は前三七年から五年更新された。しかしレピドゥスはあとの二人に伍するには非力で、最高神官職のみ残して退いた。二頭政治となってオクタウィアヌスはイタリアの戦後復興につくすようになる。カエサル時代の兵士たちを退役させ、イタリア各地に植民させる手当を、反対派の没収財産を費やしておこなった。それを一段落させてから、内乱時に課されていた税を廃止し、かつて反対にまわった者への処罰に大赦をおこなった。そのうえでオクタウィアヌスは三頭政治の解消と共和政の回復を宣言した。この結果彼は帝国の本拠イタリアと西方の最有力者となったのである。

アントニウスはクレオパトラとの生活にひたり、ローマの正妻オクタウィア(オクタウィアヌスの姉)とは離別状態となった。しかしアルメニアを征圧し、パルティア遠征を申し出て元老院に軍隊徴募と課税の許可を打診してきた。オクタウィアヌスは反アントニウス宣伝に着手し、自らを元老院の第一人者(プリンケプス)と称することを認めさせた。

前三二年アントニウスはオクタウィアとの離婚を宣言、オクタウィアヌスは彼をローマにたいする裏切者と表明し、ウェスタ神殿に預けられていたアントニウスの遺言状を公開して、彼がクレオパトラとの子小プトレマイオスのことのみに執着していることをあげつらう。そのうえで元老院から、オクタウィアヌスにたいする全イタリアの忠誠誓約を取りつけ、プトレマイオス朝にたいして正式に宣戦を布告した。前三一年九月アクティウム沖の海戦で、クレオパトラの十分な協力がえられず戦意を喪失したアントニウスはアレクサンドリアに逃亡し、取り残された艦隊はオクタウィアヌスとアグリッパ指揮のローマ方に降伏した。

アントニウスは自殺し、自分がローマに連行され、さらし者とされることを知ったクレオパトラも自殺してここにオクタウィアヌスは最後のライヴァル、アントニウスとプトレマイオス朝エジプトを滅ぼし、戦乱に終止符を打った。ローマ帝国の地中海世界統一が達成されたのである。

元首アウグストゥスの統治

オクタウィアヌスはエジプトを属州とし、多額の財産没収と課税をおこない、一年余りを過ごしてから前二九年にイタリアに帰還した。八月、ローマでは三度にわたる大凱旋式が彼のために挙行され、内乱の終結、平和の到来が宣伝された。終戦の象徴である、ヤヌスの神殿の扉を閉じる儀式もおこなわれてオクタウィアヌスへの国民の賛美と尊敬の念が公に表明された。

オクタウィアヌスは、共和政・貴族政への共感の念が幅広く存在することをみてとり、完全な独裁権力を握りはしたものの、それをむきだしにすることは慎重に避けようとした。王のごとき新しい地位はもちろん、独裁官への就任は一切ふれずもっぱら共和政の復興、自由の回復をうたった。女神ローマを持ち出しローマの道徳、祖先の教え、これまでの栄光の歴史を、神殿や神像の修復・設置、詩人・歴史家たちの作品奨励を通じて宣伝した。

元老院のほうがむしろオクタウィアヌスに迎合的であった。前二七年一月十三日オクタウィアヌスは、戦争中の非常時大権を返還することを申し出る。元老院はこれを受けると同時にオクタウィアヌスに全軍団の最高指揮権、シリア、ガリア、ヒスパニアなど、軍団が駐屯する属州の属州総督の職自体ではなく、その命令権を一〇年間の期限で与えた。またひきつづき、コンスル選挙に立候補し、その任に就くことを求めた。加えてオクタウィアヌスが護民官の職権のうち神聖不可侵権をつねにおびることも認めた。

そして一月十六日、オクタウィアヌスにたいしてアウグストゥスなる尊称が与えられた。オクタウィアヌスにたいして元老院は抽象的な呼称というかたちで実質的君主の地位を認めたといえよう。この前二七年をもってアウグストゥスという最高権力者(在位前二七〜後一四)による統治の体制の成立をローマ帝国が宣言したのである。このレジームはしばしば、元首政(プリンキパトゥス)と呼ばれる。君主的な、皇帝という新しい地位が生み出されたのではなかった。彼はただ自らを国家の第一人者(プリンケプス)として位置づけることにとどめていたために造語されたものである。

アウグストゥスはその部下や解放奴隷に命じて現実に即した政策を遂行させた。戦後対策がつぎつぎに着手された。戦争の終結で多くの退役兵がイタリアに帰還した。元老院については、内乱期に議員数が一〇〇〇人以上にまでふくれあがっていたのを最終的に六〇〇まで削減した。一方で貧窮に陥った名門の元老院家門には財物の支援を与え、内乱時に富を奪われた者への手当もおこなわれた。詩人ウェルギリウスもその恩恵をこうむった一人である。退役兵のためにはイタリア、そしてヒスパニア、アシアなどの属州への植民を用意した。

アウグストゥス　イタリアのプリマ・ポルタ出土。鎧をまとう理想化された皇帝像。ローマやイタリア諸都市の広場や道沿い，公共建築にアウグストゥスとそれ以後の皇帝像が立ちならんでいた。

イタリアの北、アルプスの峠に向かうアオスタの勝利記念碑をはじめ、ローマのマルス神殿など多数の建築が進められた。これらはアウグストゥスの権力と崇高さを市民たちに実感させる政策の一環でもあった。彼自身や妻、娘とその家族たちを名目にした戦車競走・剣闘士や野獣のショー・模擬海戦などの催しがローマ市で繰り返し開かれ、市民に提供されたこともアウグストゥスの存在をイタリア住民に印象づけることとなった。アウグストゥスの友人マエケナスが庇護していたラテン文人たち、ことにホラティウス(『世紀の歌』)、ウェルギリウス(『アエネーイス』)らの詩人が平和の時代が新しい神的権力者のおかげであることを高らかにうたった。リウィウスは『ローマ建国以来の歴史』を著わした。

外地や内乱の勝利でえた戦利品が、彼がカエサルから受けたユリウス家の財産(パトリモニウム)につけ加えられた。その後の属州での収奪やローマ貴族を含め多くの人々からの贈与や彼を相続人に指定した遺産なども加えられた。そして前二七年以後彼がえた属州総督命令権によって、エジプトなどのいわゆる元首管轄属州の税がもうひとつの巨大な財源となった。おそらくこの税のために元老院管轄の国庫に対置される元首金庫が設けられた。

イタリアの状況は完全に落ち着いたわけではなかった。ことに、いよいよ多くの流入者を集めたローマ市はおそらく人口一〇〇万をこすにいたり、治安は悪く、多数の貧民は狭い高層住宅につめこまれて住環境も悪化し、水道施設も不十分だった。なによりも食糧の確保に貧民はつねに不安をかかえていた。前二五年、アウグストゥスが重病にかかり、市民の前に姿をあらわさないときに、しばしば大衆は食糧要求の行動を起こした。

このような背景で前二三年にアウグストゥスの支配体制の手直しがはかられた。元老院管轄であった属州についても、それらの総督命令権がアウグストゥスの権力に付与された。またこれまで一部のみおびていた護民官職権を、元老院・民会を主宰する権限を加え完全な職権としてこれを保持することとされた。そのかわり、これまで毎年就任してきたコンスル職は辞した。コンスル命令権もまた属州総督命令権と同様に選挙・任命をへない恒久的権限として与えられた、とする解釈もあるが、史料の裏付けはない。イタリアにおける統治権限としてコンスル命令権は必要なく、護民官職権で十分であったかもしれない。明らかにアウグストゥスはこの職を重視した。彼の称号のうち、護民官職権は、この前二三年を第一回とし、毎年回数を加えられていくことになり、その後の皇帝もこれを踏襲して、この回数が皇帝在位年数の表示となったのである。

B. C.	508	130,000人
	340/39	165,000
	252/1	297,797
	247/6	241,712
	159/8	328,316
	115/4	394,336？
	70/69	910,000
	28	4,063,000
A. D.	14	4,937,000
	48	5,984,072

ローマ市民ケンスス記録（一部）
C. Nicolet, *Le métier de citoyen dans la Rome républicaine*, Paris, 1976, p.69などから作成。

アウグストゥスは本格的なイタリアの社会政策に乗り出していく。なおも生じる飢餓の不安、ローマ市民衆の騒動に対処するために、穀物供給長官職を設置する。属州産小麦を毎年イタリアに供給する任をおわせたのである。また、戦争終結後に最終的に残した二八の軍団は属州のみにおかれ、イタリアには帝国の軍隊としてはラヴェンナとミセヌムの艦隊の四五〇〇人しかなかった。このために彼はローマ市に二万人程の首都警備隊と、おそらく解放奴隷を中心とした夜警隊七〇〇〇人をおいた。しかしこの程度の警察力では不十分であり、ローマ市においても騒《そう》擾《じょう》はしばしば生じた。アウグストゥスの身辺警護と政策遂行のための直接的実行部隊が設けられた。いわゆる親衛隊九〇〇〇人である。この軍隊はイタリアの青年市民からのみ選択され、隊長には騎士があてられた。親衛隊は一世紀のあいだ皇帝権力のかたわらにあり、皇帝位を左右する力すらふるうようになっていく。

アウグストゥスは倫理・道徳の退廃の阻止にも乗り出した。前二世紀以来のローマ人の生活の豊かさ、一方での内乱による不安は市民たちの倫理・結婚・家庭観を不健全にしてきた、と彼は考えた。そのための諸法(一連のユリウス法)が制定され、正規の結婚、出産が奨励され、姦通や、ことに元老院議員の内縁関係などが禁止された。

イタリアの市民たちの階層がしだいに明確化された。おそらくアウグストゥスのもとで元老院議員の財産資格一〇〇万セステルティが定められた。彼らは公職に就き、イタリアの各地に広大な所領をもつ大地主でもあった。騎士身分はアウグストゥスのときからさらに多様になっていった。財産資格は四〇万セステルティと定められた。軍務において実戦の指揮官となる者、商人・資本家として通商・金融・徴税ほか公共事業請負をおこなう者は共和政期にすでに活躍していたが、アウグストゥスは直属の部下たちを騎士身分とし、エジプトなど元老院議員に担当させない属州の総督、イタリアの穀物供給長官、親衛隊長などの要職、それからローマ市とイタリアのための種々の業務の責任者に任命していった。

アウグストゥスは前一七年にはローマ市で世紀の祭典を挙行、市民をさまざまな催しで楽しませた。前一二年には平和の祭壇の建立が元老院において決議され、前九年に完成しマルスの野に設置された。彼のもたらした平和を称え、彼とその一族の神聖さを公に示すものであった。前一二年には最高神官の任にあったレピドゥスが没し、アウグストゥスがこれを襲った。そして元老院はアウグストゥスのために彼の四つの徳(勇徳・正義・寛容・敬虔)を称える文言をきざんだ黄金の楯を元老院議場に設けた。また彼の家に月桂樹と神木カシワの冠をかざりつけることをも決議した。その仕上げの称号は、前二年に付与された「国家の父」であった。すべてのローマ帝国人にとってアウグストゥスは父とされた。これまたローマ共和政期のキケローなど国難を救った英雄に捧げられた称号ではあったのだが。

共和政末期から元首政期にかけてのイタリア社会

政治的な激変期のイタリア社会にも大きな変化が生じた。内乱から地中海支配の完成にいたるまでのあいだ、人と物との移動はイタリアにおいてめまぐるしかった。その結果は「イタリアのローマ化」であった。例をあげるなら、前九一年の記録では、サムニテスはラテン語ではない自分たちの言語を用い、貨幣も独自にギリシア風のものを用いていたし、エトルスキは独自の暦を前六七年までは用いていた。ウンブリは文章を、ラテン語と異なり右から左へという方向で書いていた。ところが前一世紀末、イタリア全域にユリウス暦を用いることが求められ、ローマのコンスル名による紀年方式がゆきわたった。

マグナ・グラエキアやシチリアのギリシア都市にはギリシア語とその文化がなお存続していたが、全体としてイタリアは住民の移動が激しかった。新しい植民市が多数生まれた。ローマ市のかつての住民がウンブリアやサムニウムの山中に移住し、山地住民がガリア・キサルピーナに、ヒスパニア出身者がアスクルムに、などの証拠が墓碑から知られる。

① ユピテル神殿
② フォルム・ロマヌム
③ クリア・ユリア（元老院議事堂）
④ トラヤヌス記念柱
⑤ トラヤヌス広場
⑥ アウグストゥス広場
⑦ カエサル広場
⑧ ネルウァ広場
⑨ コンスタンティヌスのバシリカ
⑩ ローマとウェヌス神殿
⑪ ドムス・ティベリアナ（ティベリウス帝の邸宅）
⑫ ドムス・アウグスタナ（皇帝宮殿）
⑬ キルクス・マクシムス（大戦車競技場）
⑭ コンスタンティヌス凱旋門
⑮ コロッセウム
⑯ トラヤヌス浴場
⑰ ディオクレティアヌス浴場
⑱ コンスタンティヌス浴場
⑲ オスティエンシス門
⑳ ポルティクス・アエミリア（アエミリウスの回廊）
㉑ カラカラ浴場
㉒ 親衛隊軍営
㉓ アウグストゥス霊廟
㉔ アラ・パキス（平和の祭壇）
㉕ マルクス・アウレリウス記念柱
㉖ アグリッパ浴場
㉗ パンテオン
㉘ ネロ浴場
㉙ ポンペイウス劇場
㉚ ポンペイウス回廊
㉛ アポロ・ソシアヌス神殿
㉜ マルケルス劇場
㉝ ハドリアヌス霊廟

ローマ市街図（帝政期）

都市の制度からみても、統一性が顕著になってくる。都市が都市法を制定する共通の動きがみられた(キングルム前四九年、アルピヌム前四六年など)。さまざまな名で呼ばれていた小共同体がムニキピウム(自治都市)へ昇格していった。都市の公職では二人官が共通し、ローマの元老院にあたる参事会のメンバーについてもデクリオネスという呼称が共通し、カエサルあるいはアウグストゥスによる法の命令があったことを思わせる。各都市ではローマ市からの指示に従いつつ自治をおこなった。都市法に従って役人と参事会員が定められ、ケンススの場合は都市単位でおこなってローマに報告したようだ。タレントゥムの都市法によると、公共施設や催し事のための支出の枠が定められ、都市の治安、道路・上下水道の維持などについても定められている。もちろんイタリアの地方都市もある程度の裁判権をもち、警察にあたる機関はもっていた。プラエネステやブルンディシウムに夜警隊宿所や武器庫の跡が残っている。オスティアも内乱時には自分たちの軍事力で敵の攻撃をしのいだ。

言語・文化の面でも、ローマ中心の統合の流れが著しい。ラテン語の普及が進み、タレントゥムの都市法もラテン語できざまれた。エトルスキや、オスクなどのイタリキ系の言語群は消滅していった。アウグストゥスはイタリアを一一の区に分けたがそれは共和政期の民族分布をかなり無視するにいたっている。これもまたイタリアの均質化がもたらした結果だといえるだろう。もっとも、それがすべてではない。クラウディウスとその先妻がエトルスキ語をよく解したとか、二世紀末マルクス・アウレリウスが、イタリアにヘルニキの言語が残っていると語った、という事例も指摘される。

2　帝政初期のイタリア

ユリウス・クラウディウス家皇帝の時代

アウグストゥスはユリアを嫁がせたアグリッパに先立たれ、孫のガイウス、ルキウスをもなくし、妻リウィアの連れ子の長子ティベリウスに後四年、自分と同等の権利を与えて、次期皇帝として推す姿勢を明らかにした。そのうえで一四年八月、七十六歳で息を引き取った。「煉瓦《れんが》造りのローマを大理石造りにして残した」とアウグストゥス自身自賛し、そのことは事実であった。属州から収奪しつつ、また晩年は市民の相続に五％の税をかけるなど、強圧的姿勢をとったが、ローマ市とイタリア、市民のために消費した富も膨大であり、国庫に貯えは残っていなかった、といわれた。

ティベリウス(在位一四〜三七)は称号も諸々の権力もアウグストゥスのものをすべて継承した。統治初期は元老院にたいしては謙虚で、君主的な振舞いを抑制した。アウグストゥスのようにはなやかな祭典や建築事業はおこなわず、住民にははなはだ不人気であった。政治もしだいに一部の元老院議員と騎士たちによる専断に傾き、民会の実質的機能は停止した。コンスルと法務官は、なお選出されたが、選出される場は民会ではなく、元老院と騎士のみの集会から、となった。

ローマでは皇帝周辺で一族、元老院議員、騎士のあいだに対立、陰謀が生じてくる。ティベリウスが一時カプリ島に隠棲すると、親衛隊長セイヤヌスが政治を専断するにいたる。ティベリウスの一族を政界から葬り、自分の党派を拡大させた。ティベリウスが事態を察してセイヤヌス派は一掃されたが、その後ティベリウスは疑心暗鬼に囚われ、有力者を何人も処分した。

恐怖と不人気につつまれてティベリウスが没する。少なくとも神的権威を強化しようとはしなかった彼は死んでも神格化されなかった。つぎの皇帝カリグラ(在位三七~四一)は市民に人気のあったティベリウスの甥ゲルマニクスの子であり、就任当初は各層の期待をあび、祭典を催したり民衆と兵士への施与をおこなうなどした。しかしカリグラは急速に専制に傾き、自らが神であるなどと公言した。このため財産の没収や処刑の危険を恐れた勢力により暗殺された。皇帝の地位は、血筋あるいは家系による継承によって三代続いてきたが、ここで元老院は共和政の復活を視野にいれた、とスエトニウスが伝える。しかし親衛隊がパラティヌスの宮殿で「カーテンの陰でふるえていた」カリグラの叔父でゲルマニクスの弟クラウディウス(在位四一~五四)をかつぎだし、皇帝に推戴した。タキトゥスのいう「帝権の秘密」つまり親衛隊という軍事力の後ろ盾のない皇帝位などありえないことが明白にされたのである。

クラウディウスの政治はティベリウスのそれを受け継いで元老院を重んじ、民会も開かせた。地味で緊縮財政を旨とした。ローマとイタリアは都市を中心に安定を続けた。しかし皇帝周辺では相変わらず権力闘争がたえなかった。ことにクラウディウスが重んじたナルキッソス、パッラスら解放奴隷が、名門の女性と結び、女好きの皇帝の再婚問題と絡めて政治権力の中枢を握ろうと暗躍した。ゲルマニクスの娘でクラウディウスの姪にあたる小アグリッピナがネロを連れ子として帝妃におさまる。

おそらくアグリッピナらの手によってクラウディウスは暗殺され、母の庇護のもとネロ(在位五四~六八)が皇帝となる。アウグストゥスの血を引くネロは市民のあいだに人気があり、また側近として元老院議員でストア哲学者セネカと親衛隊長ブルスという識見ある補佐役が政治を指導し、統治は順調であった。しかしネロはしだいに暴君的性格をあらわにしていく。派手な催しで市民を喜ばすことを好み、ギリシア風の娯楽を異常なほどに好んだ。母アグリッピナを暗殺、妃のオクタウィアと離婚してこれものちに殺害、ブルスの死後、セネカの制御もきかなくなった。六四年にローマ市に大火が生じたときには、火に興じて「イーリアス」の詩句をうたって見物し、ネロが放火したとすら噂された。この噂を打ち消すためにローマ市で一般に嫌悪感を与えていたキリスト教徒を放火犯として処刑した。

ネロは大火後のローマに大建築事業を敢行、巨大な黄金宮殿を建設した。資金調達のためのアウレウス金貨、デナリウス銀貨の質の低下の措置が不満を招いた。また、ルカヌスら詩人、セネカ、ペトロニウスら気骨ある議員、富者などへの処刑命令の濫発、ショーに自ら出演するだけでなく元老院議員にまで戦車御者の扮装をさせるといった悪ふざけが元老院議員の反発をあおった。六五年には議員ピソによる陰謀事件も生じた。六八年、ガリア総督ウィンデクス(ガリア人貴族の出)の反乱をきっかけに、各地の軍隊指揮官の動きが活発になった。まずヒスパニア総督ガルバが、イタリアに進撃を開始した。ネロは静養していたナポリからローマに戻ったが、ほとんどの人々にみすてられ、逃亡もならず自殺した。

フラウィウス家皇帝の時代

一般市民はネロの派手さに好感をもっていたから、南イタリアでネロが生きていて帝位回復をねらっているという噂が信じられたほどである。一方ゲルマニアでは軍隊が将軍ウィテリウスを推戴する。そしてガルバは不人気のまま即位二カ月後に親衛隊に暗殺され、これを背後で操ったとみられる元ルシタニア総督のオトが帝位を宣言する。しかしウィテリウスがイタリアに侵入し、これを迎え討とうとしたオトは敗れて自殺、六九年四月にウィテリウスがローマで皇帝として統治を始めた。この間東方でユダヤ人の反乱制圧にあたっていた将軍ウェスパシアヌスがあとを息子のティトゥスに委ねて、ドナウ地方やエジプトの軍団の支持をも取りつけてイタリアに向かう。先発隊がローマで激しい市街戦を展開したあげく、ウィテリウスは殺され、ウェスパシアヌスが入城した。

ウェスパシアヌスはアウグストゥスの統治スタイルを踏襲した。ウェスパシアヌスの命令権などを列挙した青銅板が出土している。正式の称号は護民官職権も国父称号も付し、基本的にユリウス・クラウディウス家諸帝と同じである。ネロについてはその立法の取消し、彫刻や銘文の破壊抹消などをおこなった。

ウェスパシアヌス(在位六九～七九)、長子ティトゥス(在位七九～八一)、次子ドミティアヌス(在位八一～九六)と、フラウィウス家の三名があいついで皇帝となる。同家はイタリア北部、レアテの平民出自であった。従来よりも積極的な政策が目立ってくる。皇帝が、側近の元老院議員、騎士を顧問団とし、解放奴隷、奴隷などを加えて幅広い実務を担当するシステムが確立していった。彼らは元老院議員の資格審査を強行して、かなりの議員を除名し、富裕な属州人を議員に迎え入れた。ガリア、ヒスパニア、アフリカなど、古い属州の出身者たちである。

ローマ市にユダヤ戦争勝利を記念してティトゥスの名の凱旋門がフォルムの東端に、のちコロセウムの

ポンペイの舗装道路　ポンペイはもとはサビニ人の都市であったが，前１世紀にローマの植民市となった。後79年に埋没したときには人口１万余り，イタリア都市の当時の日常生活を保存している。

愛称で親しまれる闘技場がネロの宮殿跡地に建設されるなど盛んな建設事業が進められ、イタリア全域で道路、水道の設備が整えられた。それら事業のために課税も強化された。ネロが免税特権を与えていたアテネなどギリシア諸都市の市民の属州税を復し、その他の廃止されていた税を再課税し、屎尿《しにょう》処理税のようなものまで設けた。

ウェスパシアヌスはきわめて勤勉に執務する皇帝であり、イタリアの都市への配慮はよくおこなわれ、繁栄が維持された。七九年六月ウェスパシアヌスが没し長男ティトゥスが継ぐ。父を神格化し、フォルムの一画に、現存するその神殿建設を開始した。わずか二年余りでティトゥスは没する。その治世中の出来事としては七九年八月のウェスウィウス(ヴェズヴィオ)火山の大噴火と、それによるポンペイ、ヘルクラネウム二都市の壊滅という悲劇があった。現在、これらの発掘によってこの時代のイタリア全域の都市に高度な施設、闊達な市民生活が展開したことがよくわかる。博物学者のプリニウスは、この噴火時、調査に手間取って生命を落とした。

ティトゥスの弟ドミティアヌスが皇帝となるがしだいに専制化していった。ユリウス家の皇帝たちよりもコンスルに就任することが多く(ネロは四回、ウェスパシアヌス九回、ドミティアヌス一七回)、ドミティアヌスは八五年から終身ケンソル職すら宣言した。これらのことは元老院議員にたいする支配の強化を意味した。すでにウェスパシアヌスのころから特定の議員の追放・処刑がおこなわれていたが、ドミティアヌスの代になって、ユニウス・ルスティクスら共和政の自由を謳う気骨の士がつぎつぎに弾圧を受けた。小プリニウス、タキトゥス、スエトニウスはこの時代を生き、ドミティアヌス没後、その恐怖政治を強調する文書を著わすことになる。曰く、ドミティアヌスは「主にして神」という称号を名乗り、イタリア住民にすら彼にたいする崇拝を強要した、などと。彼はまたパラティヌス丘の宮廷を豪華に建て直した。詩人スタティウスがこの宮殿の偉容を称えている。マルスの野には新しい体育場(現在のナボーナ広場)をもつくった。専制化のあげく九六年九月、ドミティアヌスは、彼に反感をいだく元老院議員を背景に、宮廷人や親衛隊兵士らの陰謀によって宮殿で暗殺された。

五賢帝——トラヤヌスの時代

元老院が主導権をとり、後継者にかなり高齢でさしたる将軍歴もないネルウァ(在位九六～九八)を選んだ。称号はまったく同様のものを受け継いだが、元老院階級はとくに、この政権交代を歓迎した。ネルウァは追放された人々を召還し、元老院議員を逮捕・処刑しないことを誓った。しかしネルウァの統治能力は脆弱《ぜいじゃく》であった。先帝に愛着をもつ親衛隊が暗殺容疑者の引渡しを求めてローマ市のただなかでネルウァを拘束し、彼はこれに従わざるをえなかったのである。

屈辱を受けたのちネルウァはこのときゲルマニア総督で軍団を率いていたトラヤヌスに自らと同等の権限を与え、かつ養子とした。この措置によってトラヤヌスは次期皇帝と認められたことになる。トラヤヌスはゲルマニアにネルウァへの反抗を企てた親衛隊の首謀者を呼びつけて処刑、ネルウァはその後まもなくローマで、平穏のうちに没した(九八年)。

トラヤヌスはゲルマニアから東方を視察して二年程してイタリアに戻った。彼以後、帝国全体に安定した時代が半世紀にわたって続くことになる。トラヤヌス(在位九八～一一七)からハドリアヌス(在位一一七～一三八)、アントニヌス・ピウス(在位一三八～一六一)、マルクス・アウレリウス(在位一六一～一八〇)まで、養子縁組で皇帝位が継承される。あたかも血統ではなく、最優秀の人物を各帝が後継者に選んだような観があり、かつまたネルウァを除く四帝がそれぞれ長い統治期間にめぐまれ、ローマ帝国全域がおおむね平和で都市の繁栄も絶頂に達したという状況とあいまって、ことにギボンの強い影響も手伝い、五賢帝の至福の時代、というイメージが定着することになった。帝国の繁栄が現出したことと、各皇帝の資質が優れていたことは否定できないが、皇帝の家系の優先という考えはあった。ネルウァからアントニヌスまでの四人には男子の跡継ぎがいなかったのであり、五人目のマルクスはためらわず息子のコンモドゥスを共治帝として跡継ぎとした。

さて、イタリアにとっての五賢帝の時代はどうであったろう。一口でいうなら、安定と繁栄は維持されたが、ローマ帝国におけるイタリアの地位は急速に低下していった。トラヤヌスは、自身はヒスパニアの生まれであり、属州出身としてははじめての皇帝ではあったが、祖先はイタリアからの移住者であった。元老院を尊重すると表明し、適材を活用し、助言に耳を傾け、無記名投票をおこなわせて、元老院は彼を最良の元首と公に表現した。しかし彼が皇帝権力をやわらげ、元老院政治にゆずったとはいえない。政治の決断と軍事権において彼は果断で強力な独裁権力者であった。元老院議員のタキトゥス、そしてなかんずく小プリニウスなどは、ネルウァとトラヤヌスの皇帝支配をドミティアヌスのそれに比しておだやかで明るいものだと絶賛したが、トラヤヌス皇帝そのものは、いぜんとして君臨する支配者であり、主人（ドミヌス）と受けとめられていたのである。

トラヤヌス像と「トラヤヌスの市場」　トラヤヌス広場の一角を占める市場は，弓型のユニークな建造物で，多数の店舗が含まれ，史上最大となった帝国と，外の世界からもたらされる物産が取引された。

そのような皇帝としてトラヤヌスはイタリアの手当をおこたらなかった。ローマ市では、古いフォルムの外に、カエサルからネルウァまでの諸皇帝が空隙をうめるように自分のフォルムをおいていた。立錐の余地もなくなり、トラヤヌスは新しい平地を開いて、新しいフォルムをつくった。バシリカと、ギリシア書、ラテン書のための二つの図書館、そしてダキア人との戦争勝利と属州ダキア設立の記念柱がローマの新しい名所となった。ギリシア人建築家アポロドロスらに命じて計画はなお推進され、フォルムの一画に弓型の市場も建設された。市場は煉瓦造りの少なくとも三階建て以上の大きなビルで、なかには一五〇の店があり、世界各地から首都ローマに集まってくる物資が取引された。

トラヤヌスのローマ市への配慮は手厚く、オスティア新港の建設もそのためであったし、ローマ市内の騒音禁止命令や、アパートの高さ制限などの生活上の指示が知られる。また、イタリア住民対象の育英制度アリメンタはネルウァが着手したといわれるが、本格化させたのはトラヤヌスである。これは都市ごとに設けられ、現地の大土地所有者に土地を担保として皇帝が金を貸与し、利子を中下層市民の青少年に与えるという制度であった。この制度はウェレイア市などの碑文から実態が知られ、イタリアのかなりの数の都市で実施されたらしい。

ハドリアヌスからマルクス・アウレリウスへ

トラヤヌスはパルティアへの遠征中病に倒れ、イタリアに戻る途次没した。このときシリア総督だったハドリアヌスがまず軍隊の歓呼を受けて皇帝となった。彼の一族アエリウスもヒスパニアに移住した家系で、元老院議員を代々輩出していた。ギリシア文芸を好み、占星術に凝り、少年愛で知られるなど、その皇帝像はきわめて個性的である。彼は就任直後に、おそらくトラヤヌスと親しかったためか四名の元老院議員を処刑して暴君的な振舞いを示し、以後元老院との関係は総じて冷ややかであった。

ハドリアヌスはトラヤヌスのときの帝国の最大版図を守ることに主眼をおいた。その帝国を彼は自ら巡回して、均質な帝国をめざし、よく目をゆきとどかせようとした。したがってハドリアヌスはイタリアには統治期間の半分も滞在しなかった。彼の、属州ことにギリシア、小アジア(アシア)の都市重視策は帝国における中心としてのイタリアの地位を相対的に弱める方向を示した。しかし彼はローマ市の巨大建設事業において先の皇帝たちにひけをとらなかった。フォルム近くのウェヌス神殿、マルスの野のアグリッパの創設になるパンテオンを再建した。加えてティベリス川の岸に巨大な自らのマウソレウム(霊廟カステ

ローマ帝国

ル・サンタンジェロ）を、そして今のティヴォリ近く（ティブルティナ）に豪華なヴィラをも建てた。

イタリアの行財政の面でハドリアヌスは、効率化をめざした。植民市の数はふやさなかったが、既存の都市への配慮と介入の度は強めた。彼の時代に帝国全体に皇帝の直轄下にさまざまな任務を担うプロクラートルがあらたに数多く設けられた。彼らはいわば帝国の官僚の役割をはたすことになった。この職を務めたのは騎士身分であるが、そのもとで解放奴隷が下級官僚として働いた。またいくつかの元老院議員が務める役も新設された。イタリアを直轄領域とする四名の裁判官がそれである。帝国規模でいうなら官僚の数はまだ多いとはいえないが、これまでは都市や市民個々に委ねられていた徴税請負など属州の任務を、帝国の業務として皇帝直属の部下が担当する傾向が明確になったのである。

ハドリアヌスはその死に際してマルクス・フルウス・アントニヌスを養子、後継者としたが、そのアントニヌス・

ピウスにマルクス・アウレリウスとルキウス・ウェルスの二人を養子とすることを命じた。

アントニヌス・ピウスはじつに二三年間の統治期間をめぐまれることになった。おそらくこれまでの諸帝のなかでももっとも温和で凡庸な皇帝であった。ただ死後ハドリアヌスにたいして噴出した元老院からの憎悪の表出(同帝の神化宣言の拒否、「記憶の抹消」の実施)をおさえこみ、首尾よくハドリアヌスを神とし、その神殿をも建てた。彼の添え名ピウスは義父へのこのような篤実な扱いから付されたといわれる。彼は統治のあいだ一度もイタリアを離れなかった。

アントニヌスの死後、ハドリアヌスの遺志どおり、マルクス・アウレリウス・アントニヌスとルキウス・アンニウス・ウェルス(在位一六一～一六九)の二人が皇帝となった。二人皇帝は異例のようにみえるが、これまでもアウグストゥス・ピウス生前のティベリウスのように、同等の権利を付される次期皇帝がおかれたことはあり、広大な帝国統治のためにはむしろ望ましいことであった。

マルクス・アウレリウスの登場とともに東のパルティア、北のマルコマンニなどゲルマン人の不穏な動きが知らされる。マルクスは北方、ルキウス・ウェルスが東方の防衛にあたる。辺境での長い戦争は国内からの軍事調達を加圧させた。ローマやイタリア都市からの戦時調達も厳しかったと思われる。ついに何度目かの対ゲルマン人遠征に際しマルクスは宮殿の財物をローマの町で競売に付して現金化しなくてはならなかった。マルクスも留守がちながらローマ市への配慮をおこたったわけではない。フォルムにアントニヌスと妻ファウスティナの神殿を建て、一七六年にはクァディ、マルコマンニなどを一時的に打ち破った記念の柱をトラヤヌス記念柱にならってマルスの野に建てるなどした。またイタリアを対象にあらたな裁判人を元老院議員から任命した。しかしルキウス・ウェルスのパルティア遠征軍が持ち帰った疫病が帝国中に蔓延するという出来事も起こった(一六五年)。死者は無数で、イタリアもその難をまぬがれなかったと思われる。

マルクスは治世の後半は帝国の勢威回復の奔走に追われ、一七七年、実子コンモドゥス(在位一七七～一九二)を皇帝としたのちにゴート人との戦いの最中ウィンドボナで没した(一八〇年)。コンモドゥスへの継承はスムーズであったが、彼の統治期にローマ市に深刻な不穏が生じた。そのことはこの皇帝の暴君的姿勢と無関係ではあるまい。一九〇年に親衛隊長のクレアンデルが殺されたのである。たまたまローマ市に穀物不足が生じ、在任時の彼の横暴と財物の横領を糾弾する者の扇動でローマ市民衆が暴力をふるったためであった。

コンモドゥスの政治はこのような反乱に象徴されるように安定を失い破綻する。一九二年、サトゥルナリア祭の賑わいのなかで彼は暗殺される。ついに五賢帝時代の安定のときは終わり、ローマ市に政争の混乱がしばらくよみがえる。元老院はただちに有力軍人で議員のペルティナクスを皇帝と認めた。しかしコンモドゥスをなつかしむ親衛隊がペルティナクスを殺し、ふたたび皇帝選出の主導権を握る。これをみてとった議員のスルピキアヌス(ペルティナクスの義父)とディディウス・ユリアヌスが親衛隊の支持取りつけのために皇帝位の「競売」をおこなう前代未聞の事態となった。ユリアヌスが「落札」してローマ市で皇帝位を宣したものの、しばらく放置されていた属州の総督らがその軍団に推戴されてつぎつぎに皇帝位を僭称《せんしょう》した。そのうち、パンノニア総督だったセプティミウス・セウェルスが他を圧してイタリアに進入、元老院はこれをみてユリアヌスを処刑し、セウェルスにローマ市を明け渡した。かくして、北アフリカ、レプティス・マグナ出身のセム系のセウェルス(在位一九三〜二一一)が皇帝位を確保した。ローマ市は大きな転換期をむかえ、なかでもイタリアの運命は大きく変化することになる。

一〜二世紀のイタリア社会

イタリアの都市化は頂点に達し、その数は数百におよんで、それ以上ふえることはなくなった。広義の都市領域をなす市域と、その支配する田園領域がイタリア全域に占める割合、つまりは都市化の割合はおそらく現代以上に高かったと思われる。ポンペイ、オスティア、パエストゥムなどの古代遺跡が都市そのままの姿で保存されているのはその象徴である。

イタリアが帝国の中心であり、みごとな繁栄を示していたことはプリニウス、ストラボンら多くの文人によって記されている。都市のたたずまい、道路・湾岸設備などの生活条件、文化水準において、属州民にとって驚嘆すべき場所と映ったろう。

皇帝はイタリアにあるときは親衛隊に守られ、宮殿で顧問団と高官に指示を与える権力者であったが、ローマ市の住民と直接顔をあわせること、彼らの生活を安んじせしめることを至上の課題としていたし、イタリアの住民への手厚い政策を旨としていた。

皇帝を輩出するのは定員六〇〇名の元老院議員であった。全体として富と高官職をもつ最上層市民であった。議員の出自は帝政が進むとともに属州各地からの参入傾向を示した。まずローマ支配下にはいった時期の早い南ガリア、地中海岸ヒスパニア、北アフリカの都市上層民が騎士身分をへたり、直接皇帝の引きをえて昇格してきた。彼らはイタリアに移り住み、ローマ市に居を構えて、価値観においても古きローマに同化しようと努力した。しかししだいにイタリアへの執着をもたない新参者もでたためかトラヤヌスは議員がイタリアに土地をもつことを義務づけた。マルクスのとき、議員の半数が属州出身者となる。イタリアの相対的低下の傾向はぬぐえなくなった。

議員はウィラの農業生産物や敷地の一部の作業場で生産した諸産品を市場にだして利益をあげた。彼らはその富でローマ市の公の場に記念物を建てたりして市民にサーヴィスするとともに自らの栄誉を誇ろうとした。イタリアの地方都市出身の議員、たとえば小プリニウスは故里の北イタリア、コムムの市民のために図書館の建設資金や青年男女の育英資金を寄付するなどの貢献をなした。

騎士はイタリアにおいては三つのタイプがあった。富をもち土地経営をおこない地方都市の名士として共同体に貢献する者、どこかの都市民ではあってももっぱら商人あるいは手工業経営者・資本家・実業家として活躍する者、そして皇帝のもとでイタリアの行財政その他種々の任務を遂行するなど、実質的な上級官吏を務める者、である。いずれのタイプについても、豊かになった平民市民や解放奴隷の息子などが有力者やときに皇帝の伝手《つて》をえて騎士に上昇していくことが可能であった。

都市には八〇人から一〇〇人の参事会員がおり、身分のうえでは元老院議員、騎士につぐ「身分」の持ち主であった。財産資格は都市によって異なったと思われるが数万セステルティ以上であったろう。ほとんどは大土地所有者であり、都市の名士として町の行財政にたずさわり、公職を務め、その資財を投じて町のさまざまな事業を支え、公共事業の責任をおった。彼らなしではイタリア都市の公建築のみごとさは説明できない。彼らが先述のアリメンタ(九四頁参照)に応じてその所有地を提供したのである。五四のイタリア都市に実例が知られる。

身分をもつ三種以外のローマ市民は平民であった。彼らのうちローマ市に住む一〇〇万人の平民はその多くが商人、職人、労働者などであり、貧民が多かった。

田園にも集落がありそこに定住する農民市民もいた。ウィラによる大土地所有が進展したのが帝政期イタリアの特色であったが、自作農は数多くいた。ネルウァは六〇〇〇万セステルティの土地を開放して土地のない市民に配分した。マルクスもマルコマンニ数千人に土地を与えて農業振興策とした。集落は都市に所属する小共同体であった。農民のあいだにも貧富の差はあり、自分の所有地で自立できる者、他人の土地の小作をもおこなう者、小作人の取仕切りをおこなう総小作人、もっぱら大地主の小作人としてウィラで奴隷管理人のもとで働く者、などであった。山地をつねに移牧して暮す牧人もいた。

解放奴隷は多数いた。前一世紀から購買奴隷の数が急増したから、解放奴隷の数もふえたわけである。彼らはほとんどすべてローマ市民権を与えられた平民として、生来自由人たる平民と平等ではあったが、かつて奴隷であったというレッテルをまぬがれることはなく、旧所有者への隷属性をすてることもできず、むしろ法的にはしだいに旧主人への義務が強められていった。しかしなかには、富んで大土地所有者や大商人となる解放奴隷もいた。『サテュリコン』のトリマルキオは架空の人物としても、大プリニウスが伝える文法家レンミウス・パラエモンは農業経営で財を成した実在の人物である。また皇帝に仕え、解放された奴隷でイタリアの諸都市に永住した者は、子の代までは騎士身分になれないが、地方名士として貢献し、神格諸帝の礼拝祭儀の担い手となった。

奴隷は帝政期にはいるとともに漸減する傾向にあったが、それは平和による戦争捕虜の消失が理由ではなく、徐々に農業において奴隷使役をきらう習慣が進んだことによると考えられる。しかし都市におけるさまざまな知的・肉体的労働、有力者の召使などに奴隷の需要はいぜんとして大きかった。

一～二世紀のイタリアの経済

ローマ市の人口急増で前一世紀以来、イタリアは定期的にエジプト、小アジア、北アフリカからの穀物輸入なくしては小麦が不足した。イタリアの土地は大地主たちの手に集中していったが、最大の所領主は皇帝であった。大所領の経営については大農場とウィラ経営に分れるとはいうものの、大農場が一円的な巨大所領をなすとは限らなかった。さまざまな規模の土地を買収・没収・寄贈などによって徐々に集積していったためである。皇帝と大地主による、ラティフンディアの労働者は奴隷とは限らず、自由小作人も働いていたと思われる。管理人には奴隷か解放奴隷があたった。これらの点でラティフンディアとウィラの区別はあいまいになっていたのである。

そもそも皇帝もウィラを経営していた。代表的なものは先に述べたティブルティナのハドリアヌスのウィラである。アウグストゥスはウェスウィウス山麓ノラのウィラで世を去った。ティベリウスはカプリ島にウィラ・ヨウィスを造営しここにひところ隠棲した。二世紀なかばまでウィラの隆盛は続いたようだ。

小プリニウスが書簡の多くでイタリアの数カ所に所有するウィラの経営について言及していることはつとに知られている。

近年は考古学によるウィラ発掘が進み、生産規模や時代的変遷の詳細がしだいに多数明らかにされつつある。最大の成果はローマ北西一四〇キロ、フサ近郊のセッテフィネストレのウィラである。建設は前七五年とされる。非常に豊かなブドウ畑をもち、年四二六〇アンフォラ(約一三〇キロリットル)のワインを生産したとみられている。大きなブタ飼育場もあり食肉生産もさかんにおこなった。近隣に売りさばかれたものと思われ、SESの銘のアンフォラから、所有者はセスティウス一族、元老院議員と想定される。

ウィラの商業作物生産はかなり活発であった。その一部はイタリアの外に輸出されることもあった。ワイン、オリーヴ油のほか、都市に近いウィラは野菜、切花、食用小鳥なども生産した。ワインなどのためのアンフォラも自家生産であり、煉瓦、タイルもつくられ、一部が市場にだされた。

イタリアの物流は活発だった。皇帝にはとくに経済政策があったわけではないが、ローマ市とイタリアへのさまざまな配慮が経済活動を刺激したのである。ローマ市に向けてはオスティア、プテオリの港に、またその他イタリア半島の多くの港に地中海各地から膨大な物資が搬入された。小アジアからは羊毛、木材、ヒスパニアからのワイン、オリーヴ油はイタリアの生産を圧するほどとなるがこのほか鉱産物が、エジプトからは小麦のほかにパピルス、亜麻布、シリアからはガラス製品、ガリアから高級陶器のテルラ・シギラータや水産物が、それぞれ大量にもたらされた。穀物は政府管轄だが、ほかの物資の取引は商人たちの手に委ねられた。貨幣経済はかなり進展し、資本を投入して取引をおこなうことや一種の会社(ソキエタス)や銀行家の活動も盛んになった。このようなイタリア経済をきわめて高度に発達したものととらえ、資本主義と呼びうるとする研究もあるほどである。政府は貨幣経済を利用してさまざまな物産の取引に名称も多様な税を課して、収入をえようとした。しかし自然経済が後退することはけっしてなかったようだ。田園地帯では一貫して自給自足と物々交換が残り、貨幣は補足的、もしくは収蔵貴金属の役割しかはたさなかった。

キリスト教徒迫害

ユダヤ人はローマを中心にイタリアには紀元前から住んでおり、本国ユダヤの王ヘロデがアウグストゥスと交誼を結んだこともあって、平時は普通に生活していた。しかしティベリウスやクラウディウスの時代に何度かイタリアからの追放を命じられている。その宗教を守り閉鎖的な集団を維持するユダヤ人にたいし、イタリアの都市住民は一般に敵意をもち、ときに迫害が生じユダヤ人がこれに抵抗することがあったのであろう。六六年からのユダヤ反乱時はしかしイタリアのユダヤ人に弾圧はなく、反乱鎮圧後ウェスパシアヌスは一定の税を払うことでユダヤ人の存在を認めた。

最初のキリスト教徒は、このユダヤ人の群からあらわれたと思われる。ユダヤからおとずれた者のなかに、パウロがローマにくるより先に宣教した教徒がいたことは間違いない。彼らはローマに原初的な教会を、おそらく四〇年代にはつくっていた。皇帝や有力者の解放奴隷も含まれていたかもしれない。ローマ以外のイタリアのキリスト教徒については資料が乏しい。

彼らはしだいにユダヤ教徒から異端視される、独自のグループをつくる傾向にあったが、キリスト教徒はユダヤ教の習わしからなかなか離れることはなかった。ローマのキリスト教徒のもうひとつの特色は、文書も礼典もギリシア語でなされたということである。イタリアにいたユダヤ人の多くが、ヘレニズム圏からの移住者であり、彼らユダヤ人の改宗者がキリスト教徒の中心となったからである。

六四年、ローマ市の大火をきっかけに、皇帝ネロによってキリスト教徒が放火犯の濡衣をきせられ、処刑された、とタキトゥスが伝えている。非キリスト教史料によるキリスト教徒への言及として最古のひとつであり、迫害自体の史実性は疑いえない。キリスト教徒は破廉恥な迷信にとりつかれ、「人類を敵視する」罪人とみなされていたから、たとえ濡衣であっても人々は処刑されて当然と考えた、とタキトゥスは記す。

タキトゥスは二世紀の冒頭にこれを記した。六四年の時点でキリスト教徒が皇帝やローマの民衆たちにどう認識されていたのかは、タキトゥスの記述どおりであるとは限らない。ただ確実なのは、ローマ市にキリスト教徒が存在していたこと、政府から、ユダヤ教徒とは別の一派だと特定されうる人々で、周囲から好意をもってみられてはいなかったことである。そして、「ネロの迫害」と呼ばれるこの出来事は、キリスト教自体を処罰対象としたものではなく、教徒は放火犯の疑いで逮捕され、処刑されたが、追及は一時的なもので、逮捕をまぬがれた教徒はその後礼拝などを守ることができた。ローマ市以外の場所に迫害が波及することもなかった。

キリスト教徒はその後もイタリアにおいてさしたる増加は示さなかったが、ローマの教会はほぼ平穏のうちに徐々に成長していった。ローマの教会は東方の教会との連絡をたやさず、一致した正統教義を守る努力をおこたらなかった。

一一〇年ころ、小アジアのビテュニア・ポントス州のアミススなどの都市で、キリスト教徒は市民から、「キリスト教徒である」というだけの理由で、総督小プリニウスにたいして告発されている。彼の記録によると、教徒であると主張しつづけた属州民を処刑し、ローマ市民権をもつ者は皇帝のもとに送致している。この措置自体は彼が書簡を送ったトラヤヌスも是認している。ローマ帝国はこの時点で明確にキリスト教徒を、死刑にあたる犯罪者と認定していることになる。このことはおそらくローマ・イタリアにおいても同じであった。ペトロとパウロは、その早い例として六〇年代に殉教したものと考えられる。

しかしながら、キリスト教徒を有罪と定めた規定のようなものを探ることはむずかしい。キリスト教徒に偏見と反感をもつ一般市民の感情や行動が社会の安定上、危険だと判断した当局は、キリスト教徒を除くことで安泰がもたらされると判断すれば彼らを法の根拠なしに処刑できたと考えるべきであろう。ローマでの殉教伝として最古のものは、一五〇年代のユスティノスのものである。彼はギリシア哲学から改宗したキリスト教徒で、その教説で人気があり、これを敵視した人物によって告発され、ローマ市総督の裁判で六名の仲間とともに処刑された。

このように、キリスト教徒が小さい閉鎖的な集団を形成し、町の神殿や神々、皇帝らの像に軽蔑的な態度を示したりすることがあって、日常的に市民のあいだに反感が蓄積され、教徒の礼拝や聖餐式、接吻の習慣などが冒瀆的行為と誤解され、死人の復活を主張する教義がいかがわしい迷信とみなされるなどして、キリスト教徒にたいする悪意に満ちたローマ帝国人の見方というものが醸成されたのであろう。

二世紀、ペトロ、パウロという使徒の存在が全キリスト教界におけるローマの威信を徐々に高めたと思われる。この世紀のうちにペトロはヴァティカン丘、パウロはオスティア道にそれぞれ墓所があるとの伝承が確立した。二世紀末成立といわれる「ヘルマスの牧者」は黙示文学的文書であるが、その舞台はローマであり、富んだ解放奴隷で、一般信徒たるヘルマスが、その属するローマ教会の姿を垣間見させてくれる。そこには複数の教会指導者がおり、正統信仰を保つべく努力している。富裕な信者が教会の財政を強固に支えている。

ローマ教会は東方のキリスト教諸教会とも対等に連絡をとり、発言権を強めていった。ユスティノスのような有力教父がタティアノスや初代教会史家ヘゲシッポスを招き寄せ、ローマ教会の教義を豊かなものとした。一五〇年ころ、司教アニケトスは復活節の期日にかんし東方の教会と見解を異にして論争をいどみ、アレクサンドリア教会を同意させたが、小アジアの教会は反対を続けたのでローマで会議を開催した。三代後のウィクトルは、ローマ教会でのラテン語使用を進めた。そのころウァレンティノス、モンタノス派などの異端もローマにはいってきていたが、ウィクトルはこれらに断固たる排撃の姿勢をとった。

ローマ教会の発展は着実で、司教カリストゥス(在位二一七〜二二二)は、皇帝の解放奴隷の奴隷として金融業にたずさわり、不正を働いて罰せられ、鉱山労働を科されたのち、司教となった人物だった。彼の信徒指導は注目すべきである。彼は迫害にあって偶像への礼拝強制などに屈服した教徒には若干の悔改めの期間を科しただけで復帰させ、配偶者と死別した女性教徒の再婚を認め、女性教徒が自分より身分の低い男性教徒と、正規の結婚をあげないで同棲することも許容した。この最後の措置は、ローマ法の規定で女性の身分が転落することを防ぐためであったと思われ、彼のすべてにわたる寛容な姿勢は、ローマにおけるキリスト教徒が社会と折合いをつけながら、安定して成長している様子をうかがわせるものである。エウセビオスによれば、三世紀なかばのローマ教会は一人の司教のもと、長老(司祭)四六人、執事七人、副執事七人、侍者四二人、祓魔師《ふつまし》・読師・守衛計五二人の役職を有し、日々給食をほどこす寡婦・貧民は一五〇〇人以上であったという。

キリスト教徒を眺めるローマ民衆のまなざしはまだ冷淡ではあったが、キリスト教徒が地歩を固めていたことは間違いないところである。二五〇年にデキウス帝が全帝国民にローマの神々への祭儀参加を強制し、これが皇帝命令による最初のキリスト教徒迫害を結果したとされる。しかしローマにおいては、司教ファビアヌスが殉教したと伝えられるが、とくに厳しく実施されたようにはみえない。以後四世紀初頭の大迫害のときまで、ローマのキリスト教徒は増加の度を強めていったと思われる。

3　古代末期のイタリア

セプティミウス・セウェルスによるイタリアの変革

セウェルスの統治は、ローマ帝国の都市国家的・共和政的要素の残滓《ざんし》を完全にぬぐいさり、強力な皇帝権力のもと、諸階層を固定させる政策に着手した。イタリアが占める位置はこうしてはなはだしく低下することになる。生産力・経済力いずれにおいてもイタリアは自力ではやっていけない、巨大な消費体であり、帝国には桎梏《しっこく》となっていた。属州の生産力はおおいにふえたが、それはイタリアよりも広大な辺境の軍団供給にまわされなくてはならなかった。

セウェルスが一九三年に帝位に就いてからローマに凱旋したのは、ようやく二〇二年になってのことであった。もっとも、彼は首都ローマへの手当をおこたったわけではなかった。フォルムの元老院議場のかたわらに凱旋門を建て、パラティヌス丘には競技場も設けた。跡を継いだカラカラ(在位一九八〜二一七)がつくった公共浴場は当時、世界最大級のものであった。

しかし政策面ではセウェルスはイタリアの地位を一変させた。まずイタリア自体を属州の格に等しくし、四〇〇年近く続いていたイタリア住民所有地の免税特権を取り上げた。皇帝直属官僚による都市の財政監督を強化した。軍事上の改変も大きかった。イタリア人のみで編制されてきた親衛隊を解散し、あらたにイリュリクム出身兵による編制とした。ローマ市の警備隊・夜警隊の人員を増強し、アルバ丘にイタリアではじめてとなる正規軍団をひとつ配置した。

セウェルスの軍事優先策はまた、元老院議員を政治と軍事の中枢から遠ざけ、騎士をもっぱら登用することとなった。そして軍事費調達のための税収の増強をもおこなった。さまざまな税目が設定され、特定の商取引が国家独占とされた。貨幣の質は逓減《ていげん》され始めた。職人の組合加入は強制的なものとなり、税収強化の対象とされた。オスティアの碑文などから、船舶業者・鍛冶《かじ》工・オリーヴ油商人・パン焼業・養豚業者などの組合の存在が確認される。これらのことにより、商人たちの自由な商業活動は萎縮することになった。

カラカラが父セウェルスを引き継ぐが、北方でゲルマン人、東方でパルティアとの戦いに明け暮れる。二一二年に発したアントニヌス勅法(カラカラ勅令)は、ごく一部の者(反ローマの行動により「降伏者」と称された者)を除き、帝国居住のすべての自由民にローマ市民権を付与するものであったが、その真意は市民あげてローマの神々の礼拝に向かわせようという宗教政策の面と、市民に課される相続税など税収強化をめざす面とがあった。

カラカラは暴君的な振舞いが多く、結局、親衛隊長マクリヌスらに暗殺された。セプティミウス・セウェルスの姪の子でセム系シリア人バッシアヌスが皇帝となった。彼はエメサの太陽神の神官という人物で、その神名エラガバルス(在位二一八～二二二)を皇帝名とした。彼は太陽神の神殿をローマに建てることには熱心であったが、政治・軍事を顧みず、兵士に暗殺され、従兄弟のアレクサンデル・セウェルス(在位二二二～二三五)が跡を襲う。セウェルス家の皇帝たちは、セム系のゆえか妻や母親の発言に重きをおいた。アレクサンデルも母ユリア・ママエアを後見としていたが、軍隊への配慮をおこたり、兵士に殺され、セウェルス家はとだえた。

カラカラ像と「カラカラ浴場」　カラカラはセウェルスの息子。ローマ帝国のすべての自由人にローマ市民権を与えた皇帝として知られる。ローマ市には収容人員2000人の，巨大な浴場を建設した。

軍人皇帝の時代

こののち、皇帝位をめぐり軍人たちが抗争する混乱の時代にはいる。ゲルマニアで軍団を率いていたトラキア人将軍で、まだ騎士身分でしかなかったマクシミヌス(在位二三五〜二三八)がまず皇帝に推戴される。アフリカでは総督ゴルディアヌス(在位二三八)も帝位を宣言する。彼はすぐ現地で殺され、ローマでは元老院がプピエヌスとバルビヌスの二人を立てるが、ローマ市の民衆はゴルディアヌスの孫を皇帝にかつぎ、暴動を起こして親衛隊と交戦した。混乱は、この孫がゴルディアヌス三世(在位二三八〜二四四)として単独皇帝となって収拾された。

しかし安定は続かず、帝国はあいついで皇帝たちが位を奪っては短期間のうちに殺されるという事態が繰り返された。二三五年から、ディオクレティアヌスが登極するまでの五〇年間に二〇人余の皇帝があらわれることになる。うち病死はわずか一名。イタリアに足を踏み入れるいとまもない者もいた。

ローマはこれら軍人皇帝たちからも伝統ある首都として尊重されつづける。神殿などの建築、食糧や水の供給も配慮されていた。フィリップス・アラブス帝(在位二四四〜二四九)はローマ建国一〇〇〇年祭を挙行した(二四八年)。アウレリアヌス帝(在位二七〇〜二七五)は、パルミラを滅ぼしたのち、ローマで凱旋式をおこない、女王ゼノビアを捕虜として行進させたといわれる。

ローマ帝国の中央権力の混乱と呼応したのが外民族の圧力の増加であった。波状的なゲルマン人の侵入により、デキウス帝らが戦死した。ゲルマン人は二五〇年代にはしばしばイタリアにも侵入するようになり、ガリエヌス帝のときにはゴート人、マルコマンニ人が侵入、ミラーノもラヴェンナも攻撃を受けた。

このような不安を反映するのが、アウレリアヌス帝が建設した、ローマ市を囲む頑丈な城壁である。

二八四年、ディオクレティアヌス(在位二八四～三〇五)が皇帝となる。彼によってようやく皇帝位が安定し、ローマ帝国は強力な専制君主による支配体制のもと、再建される。ディオクレティアヌスは帝国分治をおこない、まず僚友マクシミアヌス(在位二八六～三〇五)を第二の皇帝に任じてから、イタリアはこのマクシミアヌスの支配下にはいることになった。

三世紀のイタリア社会

「三世紀の危機」と称されてきたこの時代ではあるが、イタリアにかんしては戦乱の悪影響はさほど強調できないとする説が近年は有力である。皇帝たちは短い期間ではあれ行財政・軍事の改革を進め、法や徴税・通貨発行などの中央システムは権力の交代があっても、着実に機能をはたしつづけたのである。

元老院議員は権力の表舞台を去った。彼らはギリシア・ラテンの古典文学を守る役割をはたすことになる。騎士身分は皇帝の文武の側近や法学者から、諸役人、大商人・手工業経営者まで幅広く存在し、身分としての絶頂期をむかえた。これら上層民がプテオリなど諸都市において建築物や娯楽のエヴェルジェティズム(自発的奉仕行為)をおこなうこともまだみられた。

農業生産においてはスペインのオリーヴ油やワインがイタリアに搬入され、イタリア農地の商業作物生産を圧迫するようになった。この時代にイタリアの田園ヴィラが多数放棄されていることからもそれがうかがえる。大所領では奴隷労働が減少し、さまざまな負担をおう小作人(コロヌス)を働かせる度合が高まった。貧困化した農民だけではなく、解放された奴隷たちの多くが小作人となったと思われる。全般的に経済活動が萎縮し、都市が税負担に窮屈さを覚え、都市の発展に翳りがみえた面は否定できなかった。

文化の面では、田園に定住地を求めた元老院議員たちが、そこに文人を養い、あるいは客として招いて詩の朗読や哲学論議に耳を傾けることが目立った。シチリアの現ピアッツァ・アルメリーナ近郊のウィラのはなやかな床モザイクはアフリカ職人の手になるものだが、ホメロスやギリシア神話の図柄があらわれる。

ギリシア語を用いるソフィストたちの活躍がこの時代の特色をなしたが、彼らがローマに、研鑽と生活上の支えを求めてくることも目立った。新プラトン主義が主要な思潮となるが、その代表者であるプロティノスは二四〇年ころローマに来住し、皇帝たちとも親交を結んだ。

宗教にかんしては、ギリシア・ローマの伝統の神々と皇帝礼拝が後退し、ローマや大きい都市に外国系の多様な神々礼拝が導入され、小都市や田園でも古い祭祀や宗教慣習の復活がみられた。またそれらがいわゆるシンクレティズム的性格を示す傾向もあった。一世紀以来導入されていた地母神キュベレ、アルテミスに続いて東方の太陽神ミトラ、エジプトのイシス、セラピスなど、密儀をともなう神々の礼拝が流行し、神殿・聖所・集会所などの建設が盛んであった。キリスト教もこの世紀に急速に伸長した。

ディオクレティアヌスの専制君主政

ディオクレティアヌスは二八五年にマクシミアヌスと二帝体制とし、二九三年にはコンスタンティウス

(在位・正帝三〇五〜三〇六)とガレリウス(在位・正帝三〇五〜三一一)を副帝としてそれぞれの統治領域を分担する四分治制(テトラルキア)を創始した。イタリアはマクシミアヌスの管轄であったが、ディオクレティアヌスの首位権は強力であり、ローマでの即位一〇年の記念式典などに出席し、彼の名でカラカラのものをしのぐ浴場を建設し、焼失していたフォルムの元老院議場を再建した。

マクシミアヌスのもとでのイタリア統治の状況はよくわからないが、皇帝自身はミラーノを拠点とした。行政区画の刷新で、イタリアはヒスパニア、アフリカとともに一道を形成し、そのなかで一管区をなした(シチリアを含む)。さらにその下に一六の属州がおかれた。

貨幣の質の低下もあって商品価格の高騰が常態となり、ディオクレティアヌスは三〇一年に最高価格令を発しておさえようとした。その効果は薄く、かえって商品市場の不振を招いたといわれる。イタリアも同様の状況が生じたであろう。軍事費を必要とする皇帝たちは増税を不可欠とし、全帝国対象の税制変革をおこなった。イタリアにもはじめて、人頭税と土地税を統合したカピタティオ・ユガティオ制が適用されたと思われる。おそらくそのために、三〇六年ころ、イタリアで久しぶりにケンススがおこなわれた。税負担は強まり、イタリアの都市参事会員の疲弊はつのっていった。

ディオクレティアヌスは三〇三年、ニコメディアから、キリスト教の教会の破壊、集会の禁止を命ずる勅令を発した。この迫害は、帝国が大規模におこなうはじめての事例といえるもので、三一三年まで続いた。イタリアでは、三〇三年から三〇五年にかけて迫害が実施された。教会は土地を没収され、聖書を引き渡すなどさせられ、ローマ司教マルケリヌスら何名かの殉教者がでた、と伝えられている。しかしイタリアの迫害は短期間で終わった。

三〇五年、ディオクレティアヌス、マクシミアヌス両帝の退位によりイタリアは、あらたに正帝となったガレリウスの部下から副帝となったセウェルスの担当とされた。しかし、この体制に不満なマクシミアヌスの子マクセンティウスが翌三〇六年、ローマ市で蜂起した。彼は親衛隊を味方とし、民衆の支持もえて正帝位を宣言した。同じとき、新正帝となっていたコンスタンティウスがブリタニアで病死し、これを看取った息子コンスタンティヌスも正帝を宣言した。

第一正帝となったガレリウスはこれら両者ともに認知せず、セウェルスにマクセンティウスを攻撃させた。マクセンティウスがラヴェンナでこれを破ると、ガレリウス自らがイタリアに侵入したがやはり敗れ、撤退した。マクセンティウスはかくしてイタリアからヒスパニア、アフリカをも一時支配下においた。

マクセンティウスはローマ市に自らの名を残すべく、フォルムの一角に巨大なバシリカの、またアッピア街道沿いに戦車競技場などの建設に着手し、市民への振舞いもおこなった。注目すべきは、キリスト教対策であった。彼は迫害の終結を明確にし、教会での礼拝を許し、没収されていた財産を返還するなどの寛容策を、どの皇帝にも先駆けて実施した。これはガレリウスらの迫害続行に対決姿勢を示し、現に多数になっていたと思われるローマのキリスト教徒の支持をえるためであったと推測される。

コンスタンティヌスの勝利とキリスト教

ガレリウスは三〇八年、新正帝にリキニウス(在位三〇八〜三二四)を抜擢したが、マクセンティウスを認知はせず、コンスタンティヌスを副帝とした。マクセンティウスはコンスタンティヌスと結んでその地位を守ろうとした。ガレリウスは三一一年病死し、以後事態は混乱の度を強める。

マクセンティウスと父との関係が破綻し、マクシミアヌスはコンスタンティヌスとの接近をはかる。しかし、コンスタンティヌスはリキニウスと結び、マクシミアヌスをアルルに攻め滅ぼし、三一二年秋にはイタリア侵入をはかった。マクセンティウスは防戦一方でローマ市の北、ミルウィウス橋に文字どおり背水の陣をしいた。コンスタンティヌスはこのとき、キリスト教の神の加護のしるしの幻を見たとされるが、決戦に勝利してマクセンティウスを二〇〇〇人の兵もろともティベリス川に沈め、ローマに入城した。

コンスタンティヌス(在位・正帝三一〇〜三三七)はこれまでの例に従わず、カピトル丘のユピテル神殿に詣でず、元老院にも敬意を表さなかった。一方で、勝利はキリスト教の神のおかげだと公言して教会への支援を開始する。

コンスタンティヌスは東方のマクシミヌス・ダイアがただ一人迫害を続行していたため、その停止を求め、パンノニア方面にいたリキニウスを三一二年冬ミラーノに招いて会談をおこない盟約を結んだ。キリスト教にかんしては、帝国においてキリスト教を含めすべての宗教の自由を宣言するというかたちでこれを公認する文書をつくった。これが「ミラーノ勅令」で、公示は翌三一三年、小アジアでマクシミヌスを破ったリキニウスがニコメディアでおこなった。迫害中に受けた損害が教会に補償された。コンスタンティヌスは三一五年、コロセウムのかたわらに凱旋門を建設したが、その碑銘には「至高の神的存在により勝利した」ときざませた。

コンスタンティヌスの母ヘレナは早くよりキリスト教徒となっていたらしく、彼女やホシウスなどの司教たちが側近にいて助言したものと思われるが、彼はキリスト教ゆかりの地をさがさせ、そこに教会建設を命じていった。ローマではヴァティカヌス丘にペトロの墓地があるとして教会建設が始まった。

コンスタンティヌス家皇帝下のイタリア

コンスタンティヌスがリキニウスにしだいに圧力をかけ、三二四年にこれを謀殺して独裁を確立し、以後は息子を各地に配置する体制をとった。イタリアは結局かつての首都ローマのある土地、というにすぎない状況のままであったというほかない。そのうえ、独裁が実現するやコンスタンティヌスは帝国の中心を東方にあると見定めるようになった。この背景には、ローマの元老院の保守的・反キリスト教的空気を彼がきらったということもあったろう。結局三三〇年に、旧ギリシア都市ビュザンティオンの隣地、ヨーロッパとアジアの境の地に新首都が定められた。コンスタンティノポリスと呼ばれる。このことをもってイタリアが帝国において占める役割は政治・軍事・財政においてさらに低下していく。

イタリアはコンスタンティヌスの息子の一人コンスタンスが統治を委ねられた。彼はミラーノを主たる在所とした。イタリアの都市全般にたいしては、都市ごとにデフェンソルという、皇帝から派遣される役職が設けられ、行財政を監督するようになった。都市が帝国にたいしておう義務と、都市自体の繁栄を担ってきた参事会員たちのなかには、従来どおりの負担をはたしえなくなる者があらわれる。

コンスタンティヌス一族の皇帝たちは社会階層の固定化による安定をめざした。イタリアにおいても職人たちは組合に加入するのみならず職の世襲化も要請されるようになった。大所領の労働の主力はコロヌスとなっていたが、彼らの土地への緊縛が法制化され、移動は禁止された。国民への負担は一部上層やキリスト教会を除いては強められる一方だったから、都市参事会員層から脱落する者、自作農で土地を失い、大土地所有者の保護を求めてコロヌスへ転落する者、都市から田園へ移る者はむしろ増加し、社会的な流動性はなくならなかった。上層民のあいだでの階層分化も目立つ現象であった。都市参事会員層のなかからも皇帝権力と結びつき、高官となっていく者がおり、彼らはしだいに田園所領主として都市を離れる傾向ももった。

ユリアヌス(在位三六一〜三六三)まで、コンスタンティヌス一族の皇帝が続いた。イタリアは中心をはずれたままである。ただ、キリスト教にかんしてはひとりローマ教会が帝国全域のキリスト教のみならず政治状況とも少なからず密接な関係をもつことがあった。

ローマ元老院には皇帝権力に反抗的なグループも存在していた。彼らが陰謀や反乱にはしることもあった。三五〇年、ガリアでマグネンティウスがコンスタンスを倒したときにはイタリアの非キリスト教徒有力者はこれを支持した。コンスタンティウス二世(在位三三七〜三六一)がマグネンティウスを滅ぼして三五七年ロ

マクセンティウスとコンスタンティヌスのバシリカ　簒奪帝マクセンティウスがローマのフォルムに建設を着手し，彼を滅ぼしたコンスタンティヌスが完成した。「バシリカ」は神殿ではない建物で，キリスト教徒迫害をやめたこの2人にはふさわしい呼称である。

ーマで即位二〇年記念式を挙行してこれらの動きをおさえつけたが、元老院議員の反抗心は潜在して続く。

コンスタンティウス二世はキリスト教の正統異端の争いに積極的に関与し、アリウス主義による統一を求めた。ローマ教会は一貫してアタナシオス説を支持し、三六六年ダマススが司教のときアタナシウス派が東方でも主導権を取り戻し、ローマ教会首位権の主張も強められた。

イタリアの多くの都市に教会が建設され、それぞれの都市市民の生活の中心に位置するようになった。教会財産は免税とされ、市民の遺産を教会が受け取ることも許されるようになった。コンスタンティヌスのときから司教たちには、世俗の訴えにかんしても民事裁判権が委ねられた。司教の社会的な地位は急速に上昇していった。司教たちは都市参事会層から多く選出されるようになった。アムブロシウスは、イタリア北部リグーリア州総督職にあるとき、まだ洗礼直後であるにもかかわらず市民から司教にかつぎあげられた。

グラティアヌス帝(在位三六七～三八三)はアムブロシウスの勧めにより、ローマの元老院議場にこれまでおかれていた勝利の女神ウィクトリア像を撤去し、皇帝がおびる慣わしとなっていた称号のひとつである最高神官職をも取りやめた。帝はアタナシウス説支持を明確にし、アリウス派聖職者を追放し、多神教禁止の勅令を発し(三七九年)、その祭礼の実行を禁じた(三八一年)。伝統を守ろうとする元老院議員でローマ市総督のシュンマクスがウィクトリア像撤去に抗議する詩文を公にし、これにアムブロシウスが反論した。古代末期を象徴する精神史的対決であった。

4　ローマ帝国の分裂

混迷するイタリア

イタリアの政情は安定せず、グラティアヌスはブリタニア総督マクシムスの反乱によってガリアで殺され(三八三年)、マクシムスは数年イタリアを支配したが、ウァレンティニアヌス二世(在位三七五〜三九二)が東ローマ帝国に逃れた後、フランク人将軍アルボガストがマクシムスを殺した(三八八年)。アルボガストは、元老院議員で修辞学者のエウゲニウス(在位三九二〜三九四)を皇帝に推戴した。エウゲニウスは異教復興をめざし、ウィクトリア像を議場に戻させた。これは異教と元老院勢力の最後の抵抗であった。

グラティアヌスによって東方の皇帝とされていたテオドシウスが西方に進出して混乱を収拾する。ゲルマン人傭兵を用いてエウゲニウスとアルボガストを滅ぼした。彼はカトリック教会への支持をさらに強め、再度異教を禁じ、熱狂的なキリスト教徒が神々の神殿を破壊するのを容認した。

この時期の皇帝はミラーノやラヴェンナを居所とし、北部のアクイレイアなどの都市においては、宮殿建設や皇帝、貴族の生活と大教会の活動が展開し、繁栄の時代が現出した。ローマ司教は市第一の有力者となり、市民の生活上の責任をもおうようになった。しかし中南部のイタリアでは多くの都市が衰えた。都市人口は減ったが、田園の大所領は発展したから、総人口自体はあまり変わらなかったろう。

テオドシウス(在位三七九〜三九五)はミラーノで没し、次子アルカディウス(在位三八三〜四〇八)が東方、

ラヴェンナ，ガラ・プラキディアの霊廟のモザイク
数奇な運命をたどった皇妃ガラ・プラキディアだが，最後は皇帝ウァレンティニアヌス３世の母として首都ラヴェンナで死んだ。モザイクの図柄は４福音書と殉教者ラウレンティウス。

ホノリウス(在位三九五～四二三)が西方の統治を受け継いだ(三九五年)。以後帝国がひとつに合することはなかった。ホノリウスはラヴェンナを正式に西ローマ帝国の首都と定めた(四〇一年)。ラヴェンナには宮殿やサン・ヴィターレ教会などの、古代末期ローマ文化の粋を集めた建築物が造営されていく。

ゲルマン人は波状的にイタリアに侵略してくるようになったが、そもそも西方の帝国の軍事力が彼らに頼らざるをえなくなっていたのである。西ゴートのアラリックがミラノを攻撃したが、ローマ側の指揮は、ヴァンダル人将軍スティリコがとった。彼はブリタニア駐屯の軍団をイタリアに引き揚げ、西ゴートを撃退し(四〇二年)、ついで東ゴートの侵入をも押し返した。ところがこの功績あるスティリコをホノリウスは、兵士の讒言《ざんげん》を真に受けて処刑してしまった(四〇八年)。

弱体化したローマ軍をあざ笑うように、四一〇年ふたたび西ゴートがイタリアを襲い、たまたま北アフリカ、ヒッポの司教で高名な教父アウグスティヌスが滞在していたローマ市に乱入、略奪の限りをつくした。アラリック王はホノリウスの姉ガラ・プラキディアを奪い去った。しかしアラリックはすぐ没し、ローマの将軍コンスタンティウスが、西ゴートの新しい王アタウルフを破り、その妃とされていたガラを取り戻す。コンスタンティウスとガラは結婚し、そのあいだに生まれた子がホノリウスの死後、ウァレンティニアヌス三世(在位四二五～四五五)として即位したが、幼なかったため、東のテオドシウス二世(在位四〇八～四五〇)が一時支配し、やがて母ガラが将軍アエティウスを用いて後見した。

テオドシウス二世もガラも没してのち、ローマ帝国の脅威となったのはアジアからきた遊牧民で、その中心がフン族のアッティラであった。彼らは東ローマ帝国を攻撃してから西に向かった。ウァレンティニアヌス三世はアエティウスを派遣し、彼はローマと同盟するガリア人、ゲルマン人とともにガリアでアッティラを破った。アッティラは態勢を立て直してイタリアに侵入し、ローマに迫った。アエティウスの軍隊は間に合わず、ローマ司教レオがアッティラと面談し、市内への侵入をやめるよう説得した。東ローマからの軍勢が背後に迫っていたためもあってか、アッティラはあっさり撤退した(四五三年)。

ゴート人支配下のイタリア

ウァレンティニアヌス三世に皇帝としての能力はなく、アエティウスの力に脅えてこれを暗殺したあげく、自らも宮廷内の陰謀で殺されてしまう。このとき、ヴァンダル人がゲンセリック王のもと、イタリア侵入をはかった。ヴァンダルは西ゴートに続いてガリアからヒスパニアに進出していたところ、西ローマ帝国の内紛でガラがそのヴァンダルを利用しようとしてアフリカ進出の手引をしたのであった(四二九年)。ところが逆にヴァンダルがローマ側の混乱に乗じてアフリカからシチリアに侵入して占領、イタリアをうかがったのである。ふたたび司教レオがゲンセリックの説得を試みたが失敗し、彼らはローマ市を一四日間にわたって略奪しつくした(四五五年)。

この間ガリアでは西ゴート人将軍アウィトゥスが皇帝位を宣言するが、スエヴィ人の将軍リキメルがイタリアにはいったアウィトゥスをプラケンティアで破って退位させ、かわりに元老院議員マヨリアヌスを皇帝にすえた。その後も実権を握ったのはリキメルで、つぎつぎに皇帝の首をすげかえていった。ヴァンダルは何度もイタリアを襲い、リキメルは東ローマのレオに応援を求めた。レオから派遣されたアンテミウスが西皇帝となるが、ヴァンダルに敗れ、リキメルによってローマで処刑された。最後の手段としてリキメルは、ヴァンダルとも西ゴートとも気脈を通じていた元老院議員オリブリウスを皇帝とした。しかしすぐにこの二人とともに病死して西ローマはまったく無力と化した。

東ローマのゼノン帝(在位四七四～四九一)がこのときユリウス・ネポス(在位四七三～四七五)を西方皇帝として送り込んだ(四七四年)。しかし翌年、パンノニア出身のゲルマン人将軍オレステスがネポスを追放、自分の息子ロムルス(在位四七五～四七六)を皇帝とした。安定はえられず、今度は親衛隊長のスキリ人オドアケルらが、オレステスを殺し、ロムルスを退位させた(四七六年九月四日)。「小アウグストゥス(アウグストゥルス)」と、初代ローマ皇帝の名をもって呼ばれたこの皇帝の退位をもって、西のローマ帝国は滅んだのである。

オドアケルは自らは帝位に就かず、東皇帝ゼノンに西の皇帝の紋章を返して、ゼノンからは西方の代理官パトリキウスの地位を与えられた。居城はラヴェンナであった。ところがゼノンはこれを長くは許さず、東ゴート人の有力者テオドリックをパトリキウスに任じて、彼にイタリア征服を示唆した。四九三年テオドリックはパヴィーアで勝利したのち、ラヴェンナを占領しオドアケルを謀殺した。東皇帝となっていたアナスタシオス一世(在位四九一〜五一八)はテオドリックを正規のイタリア統治者と認めた。総じてローマ貴族は東ゴートの統治に期待したのである。

イタリアでは、人口の二%にすぎないゲルマン人が三分の一の土地を奪うことになったが、テオドリックはローマ法をそのまま用いさせるなど、弾圧はおこなわなかった。彼自身はアリウス派キリスト教徒となったが、カトリックにも寛容で、総じてイタリアの現状は守られた。都市では水道、浴場、城壁の建設が進められ、民衆のためのショーや施しもローマ時代にならっておこなわれた。テオドリックはローマ文化の振興にも配慮した。カッシオドルスはコンスルなど高官職を歴任し、引退後は修道院で百科事典編纂などを通じ、古典文学の伝統維持に貢献した。またボエティウスも、コンスルから行政最高官を務め、哲学者としてアリストテレス『論理学』のラテン語訳などをはたし、ギリシア・ラテンの古典が中世に伝達されていくうえで大きな功績をなした。

テオドリックの死後(五二六年)、東ローマのユスティニアヌス(在位五二七〜五六五)はローマ帝国の旧支配領域の回復に着手する。五三四年にテオドリックの甥テオダハドの即位を機にユスティニアヌスはベリサリウスをイタリアに派遣した。遠征軍はシチリアに上陸し、ついでナポリを占領した(五三六年)。テオダハドは内紛で殺され、ウィティギスが王位に就く。フランクがウィティギスを支援してブルグント傭兵を送ってゴート方が守りを固め、東ローマ軍のあいだでは、あらたに派遣されてきた宦官《かんがん》ナルセスとベリサリウスが対立し、戦いは長引いたが結局ベリサリウスがラヴェンナを攻略して東ゴート王国は一時倒された。

ローマ帝国のイタリア支配が再現したが、北部イタリアの諸都市はなお東ゴート方につき、トティラが王位を宣言して形勢を逆転させ、ナポリを奪還した。ベリサリウスはこれをおさえられず、ローマ市をもトティラに奪われて、失脚した。ナルセスがかわって指揮をとり、五五二年にトティラを敗死させ、一〇年かけてついに東ゴート勢力をイタリアから一掃した。

イタリアの荒廃

イタリアの戦火は五世紀から六世紀にかけての一〇〇年間ほとんど消えることはなかったが、とりわけ東ローマによる再征服にいたる二〇年の戦争による荒廃ははなはだしいものであった。人口は減少し、都市のみならず農村も破壊された。ローマ市の人口も激減し、一時は廃墟と化した。

ナルセスがイタリアをローマ帝国の一属州とし、最高司令官の地位で、ラヴェンナから統治し、再編につとめた。彼はトティラのとった戦時の措置は無効にしたが、テオダハドまでの東ゴート王たちの法は有効とした。ローマ市民への穀物無料配給を復活させ、教師・医師の俸給制や都市上層民の公共建築や水道設備の修理義務をも復活させた。

このような努力にもかかわらず、結局南イタリアでは六世紀から七世紀にかけて都市の半分が滅んだと考えられる。ローマとともに外港オスティアもしだいに放棄された。しかし北方、ことにトスカーナ地方では都市がよく残り、その四分の三は近世まで存続する。しかしどの都市でも、古典的なローマ都市の中枢部分(フォルム・民会議場・都市参事会議場・神殿・劇場・闘技場などの市民的な領域)が、放棄されたり破壊されて一般住宅や商店が建てられたり、多神教神殿がキリスト教会や高官邸宅に流用されていることが認められる。都市参事会の活動もほとんど消滅するのである。

混乱する時代、ひとりキリスト教はその地歩を固め、イタリア住民の精神的な支えとなっただけでなく、政治・社会・文化の諸側面で崩壊をつなぎとめる役割をはたした。司教たちはいまや都市でもっとも顕著にそびえる建物となった教会にあり、礼拝と、その後の市内行進などによって市民の一体感を強めようとした。南イタリアやシチリアで滅びるのをまぬがれたのは、司教をもつ教会のある都市であった。

ローマ教会はニカイア会議の決定においてすでに、イタリアのほかの教会の司教選任権をもつと明記され、三八一年のコンスタンティノポリス会議のカノン(第三)ではローマ司教が首位、とも記された。しかし実際の教会間の関係においてローマ教会が大きな指導権をふるう事例はまだない。ようやくローマ司教レオ一世の時代に、自他ともにローマ教会の上位権、他教会・他司教を指導し、あるいは裁く役割が認められるにいたったといえよう。ウァレンティニアヌス帝が四四五年の勅令で改めてローマ教会の上位権を確認し、四五一年のカルケドン会議においてはレオ主導のもと、アタナシウス説(三位一体説)が正統とされるにあたり、レオの文章がそのまま信条に盛り込まれ、ローマ司教の首位権も第二八条に明記された。

しかしながら、ローマ司教の権威は東ローマ皇帝にたいしてはけっして強いものとはいえず、六世紀、異端の単性説の扱いをめぐり、これを容認するユスティニアヌスにたいし、司教ウィギリウスは抵抗を貫けず譲歩せざるをえなかった。そのウィギリウスをミラーノとアクイレイアの司教は公然と批判してはばからなかったのである。

都市中心であったキリスト教から、しだいにイタリアの都市郊外に祈りと禁欲の生活を志向する修道院的な集団があらわれるようになったことも指摘される。イタリアでも三六〇年代に、エジプトなど東方にならって集団および孤住の修道士たちがあらわれたらしい。ヒエロニュムスは三八〇年代に、ローマの上層の婦人たちがアウェンティヌスの丘の一角で修道女のような生活を送っていた、という(『書簡』一二三)。またアウグスティヌスは三八三年ころアフリカからローマに渡り、ミラーノのアムブロシウスのもとにも身を寄せたが、修道士たちとも交わりをもったことが彼自身のことばで語られている(『告白録』六―一四)。

東ローマのイタリア・レコンキスタによる安定も長くは続かなかった。新手のゲルマン部族ランゴバルドの出現である。この部族は四八八年ころドナウの北方にあらわれ、ヘルリ族のもとに服していたが、五一〇年これを破って強力な部族となり、ユスティニアヌスが彼らを対フランク作戦のために利用すべくドナウ渡河を許し、パンノニアを与えた。ユスティヌス二世(在位五六五~五七八)はランゴバルドを敵視したので彼らはアヴァールと同盟して南下し、ついにアルボイーノ(アルボイン)王のとき、五六八年イタリアに侵入し、ミラーノを占領してそこに王国を立てた。ローマ側はローマとラヴェンナを守ったが、東から軍隊を送ることができず、フランクにランゴバルドを攻撃させた。ランゴバルドではアルボイーノが暗殺されたあとアウタリ王がフランクと戦い、賠償金を払って撤退させ、ポー川流域の、のちにロンバルディーアと呼ばれる地を中心にイタリア中部までの支配を確立した。彼らはそれまでのゲルマンとは異なり、ローマ的慣習をとらず、自分たちの文化を推し進めていった。

東ローマは、ローマとラヴェンナを結ぶ線より南のイタリアをかろうじて確保しつづけた。ことにローマはローマ教会が支配することとなり、ローマ市長官をも務めたグレゴリウス一世(大教皇、在位五九〇～六〇四)は強力な指導力でランゴバルドと対峙するとともにローマ教会の首位権をも確実なものとした。

第四章　三つの世界

1　ビザンツ帝国、ランゴバルド王国、教皇、フランク王国

ランゴバルド王国の成立とビザンツ帝国の危機

五六八年、イタリアに侵入し、王国を建設したランゴバルド族は、人口三〇万、うち武装兵は四万から五万と推定される。各地に分散定住した彼らは、ビザンツ勢力をイタリアから完全に駆逐することはできず、ヴェネツィアとその周辺部、ラヴェンナ総督領、マルケ(旧名ペンタポリス)、ウンブリアの一部とローマ軍管区、ナポリとその周辺部、プッリア(旧名カラーブリア)、カラーブリア(旧名ブルッティア)、シチリア、サルデーニャ、リグーリアなどがビザンツの支配地として残った。半島部のほぼ三分の二を占めるランゴバルド族の支配地は、ラヴェンナとローマを結ぶビザンツの枢軸により、族民が広範に定着した北部のランゴバルド王国と、飛び地状に定着した中部のスポレート公領および南部のベネヴェント公領とに分断された。両公領は、名目上は国王に従属するが、事実上は独立したそれぞれの公によって支配された。

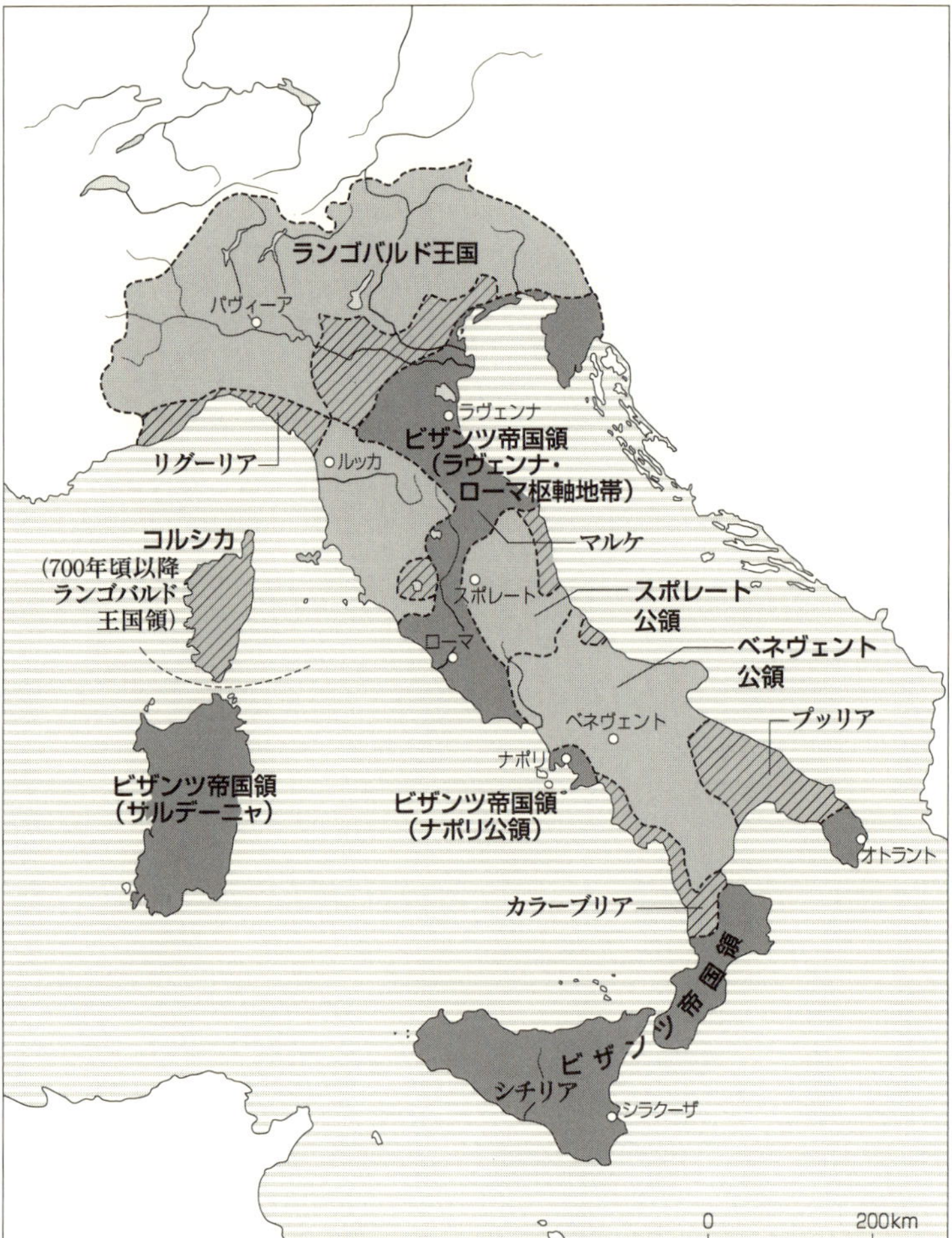

700年ころのイタリア ランゴバルド王国は，建国当初より700年ころまでに，斜線部分を支配領域として拡大した。

文化水準の低い少数のランゴバルド族は、イタリアに文化的にも人種的にもたいした変化をもたらさなかったが、しかし、政治的には決定的な変化をもたらした。以後、イタリアは、十九世紀に国民国家として統一されるまで、分裂したままにとどまることになるのである。

ランゴバルド王国では、初代の国王アルボイーノ(アルボイン)と第二代のクレーフィが、おそらくビザンツと共謀した族内有力者たちによって暗殺された。続く五七四～五八四年の国王空位時代、族内有力者たちは、それぞれの独立した領地を実力によって形成した。しかし、ビザンツがこの機会を利用し、フランクと連携して反撃にでると、有力者たちはひとまず分立状態を解消し、第三代のアウタリを選出した。彼の治世に、首都パヴィーアを中心に王国としてまとまり、ビザンツとフランクの侵略も減少し、族民のカトリックへの改宗も作用して、ローマ人との平和共存体制が成立した。王国としてまとまったとはいえ、中部および南部の二つの公領はもちろん、北部でも首都から離れた東方にあるフリウーリ公領およびトレント公領の独立性は強かった。第四代のアジルルフォの時代、すなわち六世紀末期から七世紀初期に、ようやく制度が整備されて国家としての体裁がととのった。

アジルルフォがローマ攻略をはかったのにたいし、ビザンツのローマ軍管区長官やラヴェンナ総督などは対処しえず、教皇グレゴリウス一世(在位五九〇～六〇四)が同王と直接交渉して、講和によって約二〇年間の平和とランゴバルド族の撤退とを実現した。ビザンツ役人がローマとその周辺の住民を放置するなかで、グレゴリウス一世は教会収入を投入して積極的にその保護に乗り出したので、住民たちは彼を真の指導者として認めるようになった。ようやく六〇五年に、アジルルフォとラヴェンナ総督との和平により、王国と帝国とのおおよその境界が定められた。

ビザンツ帝国にとり、七世紀は危機の時代であった。バルカン領域では、五七八年にスラヴ人が、七世紀初めにはアヴァール人が、それぞれドナウ川をこえて侵入した。地中海東部では、長期にわたってササン朝ペルシアと戦い、ついでペルシアを打倒して進出してきたムスリムと戦ったが、このイスラーム勢力の急速な拡大は阻止しえなかった。皇帝ヘラクレイオスは、六二六年、首都に迫ったアヴァール人とスラヴ人を撃退し、ついでペルシアに遠征して、六二八年、首都クテシフォンを征服したが、六三六年、ムスリムにシリアのヤムルークで大敗した。続く数年のうちに、シリア、メソポタミア、エジプトをムスリムによって奪われ、帝国領土は、バルカン、アナトリア、クリミア、イタリア、マグリブだけに縮小したのである。ランゴバルド国王ロターリは、このような苦境にあるビザンツから、リグーリア、コルシカ、ヴェネツィアの周辺部を奪い取った。六四三年、ランゴバルド最初の部族法典「ロターリ法典」が編纂されるなど、ロターリの治世に王国は繁栄したが、その死後、国内では内紛があいついだ。

六五五年、単性論者の皇帝コンスタンス二世は、単性説を弾劾した教皇マルティヌス一世(在位六四九～六五五)をローマで逮捕させ、コンスタンティノープルに連行させて罷免し、流刑地クリ

シラクーザ　この都市は，ヴァンダルついで東ゴートに征服されたのち，ビザンツ帝国が535年に奪回した。878年にムスリムによって占領され，その支配下でパレルモに島内首位の座を奪われた。

ミアに追放した。キリスト教の正統な神学説は、三二五年、ニカイア公会議で採択された、父なる神と子なるキリストは同質であるとするアタナシウス説である。単性説は、キリストにおける神性と人性のうち、神性をきわめて重視する説であるが、五世紀後半以降シリア・エジプトに普及したので、この地域を帝国に確保するために、皇帝はこの説にたいして宥和《ゆうわ》策をとった。一方、ゲルマン人には人性を重視するアリウスの異端説が普及していたので、ゲルマン人への布教をはかるローマ教皇は、このアリウス説に真っ向から対立する単性説に反対したのである。コンスタンスは、六六三年、軍隊を率いてイタリアに進入したが、ランゴバルド族に敗北し、シチリアの都市シラクーザに退いた。彼は、シラクーザに遷都して、そこを拠点にイタリアとマグリブをムスリムから防衛するという計画を立てたが、六六八年、準備が整わないままにシラクーザで暗殺され、この遷都計画は実現しなかった。

六九三年、皇帝ユスティニアノス二世は教皇セルギウス一世(在位六八七〜七〇一)の逮捕を命じたが、教皇の逮捕は、今度は帝国イタリア領の軍隊と民衆によって阻止された。セルギウスは、コンスタンティノープル公会議の決定に反して、教皇(ローマ司教)はほかの司教に優越すると主張したのである。七一七年、皇帝レオン三世(在位七一七〜七四一)は、再度コンスタンティノープルを包囲したムスリムをようやく撃退したが、彼の時代の帝国では、聖画像禁止問題が大きな社会的・政治的問題となった。キリスト教では、信徒の教育手段として一般に聖画像が容認され、それ自体を信仰対象とする民間信仰も発生したが、イスラームでは、偶像崇拝をもたらすとして聖画像は厳しく禁止されていた。イスラームの勢力拡大に直面したビザンツでは、この事態は偶像崇拝を容認するキリスト教徒への神罰であるという意識が拡大したので、レオンは七二六年以降、聖画像崇拝を禁止し、七三〇年、聖画像破壊を命令した。聖画像を擁護する教皇グレゴリウス二世(在位七一五~七三一)は、皇帝に反対し、教皇を支持するイタリア領の住民は、対ムスリム戦費の必要から課された重税への反発もあって帝国役人に反抗した。七三三年、レオンがグレゴリウス二世を継承した教皇グレゴリウス三世(在位七三一~七四一)から、イタリア半島南部、シチリア、サルデーニャの教会管轄権を取り上げたことにより、皇帝と教皇との聖画像禁止問題をめぐる対立は頂点に達した。

教皇領の成立とフランク王国

ランゴバルド国王リウトプランドは、ビザンツ側のこの内部対立を好機とみて、ラヴェンナ・ローマ枢軸地帯への侵入をはかった。皇帝からの支援のないグレゴリウス三世は、七三二年にトゥール・ポワティエ間の戦いでムスリムを打破していたフランクの実力者、カロリング家のカール・マルテルに援助を求めたが、彼はリウトプランドと対ムスリム同盟を結成していたので、彼の教皇への援助は実現しなかった。七五一年、ランゴバルド国王アストルフォがラヴェンナ総督領を占領したので、教皇ザカリアス(在位七四一~七五二)はカール・マルテルの息子ピピン(在位七五一~七六八)に援助を求めた。この教皇は、同年、ピピンがクーデタによってメロヴィング家の国王を廃位して、自身を国王に選出させていたのをすでに承認していた。さらなるランゴバルドの攻撃にたいして、教皇に即位したステファヌス三世(在位七五二~七五七)は、ビザンツ皇帝の援助を求めたが失敗し、今度はピピンの援助を求めて自身でフランスを訪問した。

七五四年、教皇ステファヌス三世から王位を確認されたピピンは、教皇とともにイタリアに進入し、ランゴバルドを撃破して、アストルフォがビザンツ側から奪った領土を、ビザンツ皇帝にではなく、この教皇に返還させた。ピピンが帰国すると、ランゴバルドが再度ローマを攻撃したので、七五六年、ピピンは再度イタリアに遠征し、ランゴバルド族を討伐して、彼らが占領した領域を奪回し、ラヴェンナ総督領、マルケ、ウンブリアの一部、ローマ軍管区からなる旧ビザンツ領、すなわちラヴェンナ・ローマ枢軸地帯を教皇に贈与した。この「ピピンの寄進」が、「教皇領」の起源となった。ビザンツ皇帝は、この贈与に抗議し、自身への返還を要求したが、効果はなく、既成事実を黙認するしかなかった。教皇の周辺では、教皇領の存在を正当化するために、まもなく、偽書『コンスタンティヌスの定め』が作成された。周知のように、コンスタンティヌス大帝が、三三〇年、コンスタンティノープルへの遷都に際して、都市ローマとイタリア以西の統治権を、教皇シルウェステル(在位三一四～三三五)とその後継者たちに委譲した、という内容のものである。

イタリアは、アストルフォの死後、混沌とした状況にあった。ランゴバルド王国には昔日の勢いはなく、教皇領ではまだ秩序が成立せず、ビザンツ領はムスリムの攻撃にさらされていた。フランクでは、ピピンの死後、王国は二人の息子カールマンとカールに分割されたが、七七一年、カールマンが没し、カール一世(大帝、在位七六八～八一四)の単独相続が実現した。ランゴバルド国王デジデーリオは、カールマンの妻子を保護し、その息子たちの王位継承権を主張して、フランクの政治に干渉した。カールは、デジデーリオの娘である妻エルメンガルダと離婚して、デジデーリオに領土を侵略された教皇ハドリアヌス一世(在位七七二〜七九五)を擁護し、この領土を教皇に返還することを求めた。拒否されると、七七三年、イタリアに進入してランゴバルドを撃破し、翌年、その首都パヴィーアを陥落させて独立を奪い、自身でその国王をかねて「フランク人とランゴバルド人の王」と称したが、七八一年には、息子のピピンをイタリア国王とした。この「イタリア王国」は、カールが支配した北部のランゴバルド王国と中部のスポレート公領からなったが、南部のベネヴェント公領は、この王国には帰属せずに独立した。カールは、「ピピンの寄進」を確認するとともに、「ローマの保護者」となり、ローマにたいする宗主権を主張した。

八〇〇年のクリスマスに、カール一世は、ローマで教皇によって皇帝として戴冠された。この事件は、西欧の統合をめざすフランク王国と、ビザンツ皇帝からの独立をはかる教皇との合作であり、キリスト教

パヴィーア大聖堂正面(上)と部分
ランゴバルド王国が創建し，1117年以降に再建。イタリア王国の首都の大聖堂であったので，11世紀初めまで歴代のイタリア国王の戴冠式が挙行された。

を公認したコンスタンティヌスの後継者、すなわちビザンツ皇帝がキリスト教「世界」を支配するという、これまでの理念を解体させた。教皇にとり、イタリアに利害をもつ諸勢力から自己を保護しうるのは、ピピン以来教皇を保護してきたフランクの現国王、西欧の覇者であるカール以外にはなかった。カールにとり、西欧のキリスト教徒を統合し、ムスリムをはじめとする各地の異教徒と闘争するには、教皇との連携は有益であった。しかし、この戴冠にはビザンツの政情も大きな役割をはたした。ビザンツ皇帝コンスタンティノス六世の摂政イレーネは、聖画像破壊令を停止したが、後継者問題で対立したこの息子の皇帝を廃位し、七九七年から八〇二年まで彼女自身が皇帝となっていた。フランクの聖職者は、女性が皇帝になるのは違法であり、したがって帝位は空席であるとして、カールこそこの空席をうめるべき人物としたのである。カールの戴冠後、帝国すなわちカールの支配領域と、教皇の影響下にある西方のキリスト教世界とが同一視され、この戴冠で「西ローマ帝国の復興」が実現した、とする理解が一般化した。

2 イタリア王国

フランク帝国の分裂

カール一世は、八一二年、ビザンツ皇帝から西方の帝位を正式に承認され、まもなく八一四年に没した。フランク帝国は、法律や制度に基づく客観的な統治機構がなく、男系長子による単独一括相続の原理も確立していなかったので、彼の死後、その統治と相続とをめぐる子孫たちの抗争により、錯綜した経過をたどりながら分裂した。カールの息子ルートヴィヒ一世(敬虔王、在位八一四〜八四〇)は、父の死以前に兄弟が没していたので帝国全体を相続したが、帝国内部の統治権をめぐって自分の息子たちと対立した。ルートヴィヒの死後、息子たちのあいだで相続争いが生じた結果、八四三年、ヴェルダン条約によって帝国の等価的三分割が実現した。皇帝とイタリア国王の称号をもつ、長子ロタ ーリオ(ロータル一世、在位八四〇〜八五五)にはイタリア王国を含む帝国中部が、父と同名の息子ルートヴィヒ二世(ドイツ人王、在位八四三〜八七六)にはその東部が、シャルル二世(禿頭王、在位八四三〜八七七)には西部が帰属した。八五五年、ロターリオが没すると、その領土は彼の三人の息子に分割され、皇帝とイタリア国王の称号を継承した長子ロドヴィーコ(在位八五五〜八七五)がイタリアを、ロターリオ二世がアルプス以北の中部(彼にちなんでロタリンギア、ロートリンゲンと呼ばれた)を、カルロが低地ブルゴーニュ(低地ブルグント、プロヴァンス)と高地ブルグントを相続した。八六三年、このカルロが没すると、その領土のうち低地ブルゴーニュは長兄ロドヴィーコに、高地ブルグントは次兄ロターリオ二世に帰属した。八六九年、ロターリオ二世が没すると、アルプス以北のその領土は、全部が叔父シャルル二世のものとなったが、八七〇年、メルセン条約によって改めて二分され、一部がシャルルに、残りがもう一人の叔父ルートヴィヒ二世に帰属した。周知のように、のちのイタリア、フランス、ドイツ三国の領域の基本的な境界がここに形成された。

八七五年、皇帝とイタリア国王の称号をもつロドヴィーコが正統な後継者なしに没すると、叔父の西フランク国王シャルル二世が、教皇の承認をえてその二つの称号を獲得した。シャルルは、兄の東フランク国王ルートヴィヒ二世が没すると、さらにライン右岸のその領土をも獲得しようとしたが、ルートヴィヒ二世の次男ルートヴィヒ三世を中心とする東フランク王国の軍隊に大敗し、八七七年、フランク帝国再興の夢が消えて失意のままに没した。東フランク王国では、八八二年、ルートヴィヒ二世の息子たちのうち、ただ一人だけ生き残ったカール三世(肥満王、在位八七六~八八七)が、その全域を支配することになった。カール三世は、さらに皇帝とイタリア国王の称号を獲得したのみならず、西フランク国王のあいつぐ急死によって、西フランク国王の称号をも獲得した。名目的かつ一時的なものにせよ、偶然にもここにフランク帝国の再統一が実現した。

カール三世は、国難となったノルマン人をフランス北部から撃退するのに失敗した。東フランク王国では、八八七年、諸侯が無能な国王カールを廃位し、ルートヴィヒ二世の長男(カールマン)の庶子アルヌルフ(在位八八七~八九九)を国王に選出した。西フランク王国では、八八八年、国王カールが没し、国王に選出されたロベール家のパリ伯ウードは、強大な勢力をもつアルヌルフに托身し、その宗主権を認めた。アルヌルフは、カールのもとで事実上いくつかの小国に分裂した西フランク王国には、関心をもたなかったのである。以後、西フランク王国では、王位をめぐるロベール家とカロリング家との複雑な対抗関係をへて、九八七年、女系でウードの血を引くユーグ・カペーにより、カペー朝が開始される。

独立イタリア王国の時代

イタリア王国では、八八八年、女系でカロリング家の血を引くフリウーリ公ベレンガーリオ一世(在位八八八~九二四)が、アルヌルフに托身し、王国諸侯の一部の支持をえて、トレント(トリエント)で国王に選出された。イタリア王国については、八八八年から九六二年までを、「独立イタリア王国」の時代という。八八八年は、国王カール三世の死によってこの王国がフランク帝国から独立した時点であり、九六二年は、オットー一世(大帝、在位九六二〜九七三)がこの王国を神聖ローマ帝国と結合した時点である。さて、翌八八九年、やはり女系でカロリング家の血を引くスポレート公グイード(在位八八九〜八九四)が、ベレンガーリオと戦って勝ち、ほかの王国諸侯の支持をえて、パヴィーアで国王に選出され、八九一年、ローマで皇帝戴冠をおこなった。国王の並立によって政局が混乱するなかで、グイードの圧迫を受けた教皇フォルモスス(在位八九一〜八九六)は、八九四年、アルヌルフに救援を求めたが、イタリアに進出したアルヌルフは、イタリア諸侯の敵対に出会い、いったんはドイツに退いた。同年、グイードが没すると、アルヌルフは、グイードから皇帝の称号を継承したその息子ランベルト、およびベレンガーリオ一世の二人の敵対にもかかわらずローマを制圧し、八九六年、そこで皇帝戴冠をおこなった。この事件は、強力な勢力をもつ東フランク国王がイタリアの政局に介入する先例となった。

ランベルトとアルヌルフがあいついで没したので、ベレンガーリオ一世は、八九九年、改めてイタリア国王として宣言され、九一五年、教皇による皇帝戴冠をおこなった。しかし、この間に、トスカーナ辺境伯などイタリア王国の有力諸侯の一部が、低地ブルゴーニュ国王ルイをベレンガーリオの対抗馬としてかつぎだした。低地ブルゴーニュ王国とは、西フランク王国から分離した小国のひとつであり、ルイは、女系でカロリング家の血を引く人物である。九〇〇年、パヴィーアでイタリア国王に、翌年、ローマで皇帝に即位したルイは、勢力を回復したベレンガーリオに敗北し、九〇五年、盲目にされたうえで故国に送還された。ベレンガーリオに敵対するイタリア諸侯は、九二一年、今度はやはり最近独立した高地ブルグント王国の国王ルドルフをかつぎだした。ルドルフ(在位九二四〜九二六)は、翌年、パヴィーアでイタリア国王に選出され、九二三年、ベレンガーリオを戦いで打ち破った。翌九二四年、ベレンガーリオは家臣によって暗殺され、以後九六二年まで、西方では皇帝の称号をもつ人物が不在となった。

ルドルフは、九二六年、低地ブルゴーニュ国王ユーグと同盟して、イタリア北部と低地ブルゴーニュ(プロヴァンス)に進入したマジャール人を撃退した。しかし、同年、ルドルフと対立するにいたったイタリア諸侯が、このユーグ(在位九二六〜九四六)をパヴィーアでイタリア国王に選出したので、ルドルフは高地ブルグントに帰国した。ユーグは、九二八年、ルドルフに低地ブルゴーニュを移譲し、その見返りにイタリアでの地位を確保した。九三三年、高地ブルグントと低地ブルゴーニュが統合されて、ブルグント王国が成立した。ユーグは、イタリア中部にまで勢力を拡大し、一族のテオバルドをスポレート公に、また兄弟のボゾーネ、ついで息子のウベールトをトスカーナ辺境伯にした。さらに、女系でベレンガーリオ一世の血を引くイヴレーア辺境伯ベレンガーリオを圧迫して、東フランク王国に亡命させた。この辺境伯領の拠点イヴレーアは、ピエモンテの都市であり、アオスタ渓谷への入り口にある。

辺境伯ベレンガーリオは、九四五年、ユーグの敵対者の支持を期待してイタリアに帰還し、その結果、ユーグは、自分の息子ロータル(二世、在位九四六〜九五〇)に譲位せざるをえなくなった。ロータルは、ベレンガーリオを顧問として迎え入れ、彼による事実上の王権行使を容認した。九五〇年、ロータルが没すると、ベレンガーリオはパヴィーアで国王(二世、在位九五〇〜九六二)に選出された。しかし、翌九五一年、東フランク国王オットー一世が、ロターリオの寡婦アデライデの求めに応じて進入し、パヴィーアでイタリア国王を自称した。九五二年、ベレンガーリオ二世は、フリウーリ辺境伯領を取り上げられた残余のイタリア王国を、オットーから改めて封土として授与された。その後、ベレンガーリオは、以前の独立した地位を回復しようとしたが、イタリア諸侯と教皇に反対されたのみならず、九六一年、その動きがオットーのイタリア遠征を招き、九六三年、ついに降伏して捕虜となり、九六六年、連行先のドイツで没した。

3　ビザンツ領域、イスラーム領域、ランゴバルド領域

イスラーム世界・ビザンツ世界とイタリア

七五〇年に成立したアッバース朝は、七六二年に着工し五年後に完成したバグダードに遷都したが、この都市は地中海から離れていた。ビザンツ帝国は、この機会に乗じて海上覇権を回復し、ムスリムからアナトリアを防衛するのに成功した。しかし、バルカンでは、八世紀後半、その中心部にまで勢力を拡大したブルガール人にたいして苦戦を強いられ、八一一年には皇帝が戦闘で敗死するまでになる。一方、イタリアでは、この間にラヴェンナ・ローマ枢軸地帯を喪失し、北部のヴェネツィア、南部のプッリア、バジリカータ、カラーブリア、および島部のシチリア、サルデーニャを維持するにとどまった。北部のヴェネツィアは、八一二年、ビザンツ皇帝とカール大帝が締結したアーヘンの和約で、ビザンツへ帰属することになったのである。八一五年に再度発布された聖画像禁止令は、八四三年、皇帝ミカエル三世の母である

摂政テオドラによって停止され、ここに聖画像破壊運動が最終的に終結したが、この間に東方教会と西方教会との乖離《かいり》はさらに進行した。

カール大帝死後の九世紀中葉、イタリア半島のビザンツ領は、ヴェネツィアを除けば、南部の限られた部分でしかなかった。カラーブリアとプッリアとに設置された二つのテマは、コンスタンティノープルから派遣されるそれぞれのテマ長官によって統治された。テマとは、ムスリムへの対抗手段として七世紀にアナトリアで創出され、帝国各地に漸次普及した、民政と軍政とを一人の長官《ストラテーゴス》に委任する統治組織であり、強大な権限をもつ長官が中央政府に反乱しやすくなる危険とひきかえに、外敵への抵抗力を増強したものである。十世紀には、この二つのテマが一人のイタリア総督《カテパノー》によって統括されたが、テマ体制自体は維持された。カラーブリアでは、ギリシア系住民が多く、ギリシア語が使用され、ギリシア系修道院が多く存在した。プッリアでは、住民構成はより複雑であり、ランゴバルド系の人々が流入し、その部族法も使用され、ローマ系の教会も存在した。プッリアのこのような混沌状態が、八四〇年以降三〇年にわたり、ムスリムによるその中心都市バーリとその周辺部の支配を可能にした要因である。

カンパーニアでは、ガエータ、ナポリ、アマルフィの三都市は、いずれも名目上はビザンツに所属したが、実質的にはそれぞれが独立し、住民もギリシア化してはいなかった。ビザンツ帝国が、バシレイオス一世(在位八六七~八八六)以降のいわゆるマケドニア朝のもとで繁栄すると、これらの諸都市は、同様に実質的に独立していたヴェネツィアとともに、ビザンツ都市として帝国やイスラーム地域との商業によって発展した。

シチリアでは、八二七年、イスラームのアグラブ朝が進入を開始し、約半世紀後の八七八年、全島の征服をほぼ完成した。ムスリムの地理学者ムカッダシーが、九八五年にイランで著述したイスラーム世界地誌には、シチリアが西方イスラーム世界の一部として記述されている。アグラブ朝とは、アッバース朝のチュニジア(イフリキーア)総督が、八〇〇年にカイラワーンを首都として樹立した独立政権である。シチリア住民は、税負担が軽く、信仰には寛容なムスリムの支配を進んで受け入れた。シチリアの東部では、多数がキリスト教徒としてとどまったが、ムスリムが移住してきた西部では、パレルモを中心にイスラーム化が進行した。九〇九年、シーア派のファーティマ朝がアグラブ朝を打倒すると、シチリアはその支配下にはいり、ファーティマ朝カリフの任命する総督に統治された。九四八年以降は、総督職をカルブ家が踏襲したので、シチリア史ではカルブ朝時代という。

ファーティマ朝がカイロに遷都した九七二年以降、すでにアグラブ朝時代から自立性の強かったシチリアのムスリムは、ファーティマ朝からの自立性をさらに強めた。カイロへの遷都に際して、チュニジアの統治を委任されたジール朝は、チュニジアに自立性の強いジール朝政権を樹立したが、一〇三〇年代には、カルブ朝がこのジール朝と対立したことにより、シチリアではカルブ朝の権威が低下し、各地に諸侯《アミール》が割拠する状態が出現した。一〇四四年、カルブ朝が滅亡すると、シチリアでは諸侯同士の抗争が激化した。

サルデーニャでは、七一一年から約三世紀間にわたり、マグリブ、バレアレス諸島、さらにはシチリアから進出したムスリムによって、海岸部が侵略され、支配された。コルシカの状況は、サルデーニャと同様であった。

イタリア半島南部には、イタリア王国から独立した、ランゴバルド系のベネヴェント公国も存在した。この公国では、相続原理が確立せず、フランク帝国と同様、相続をめぐる抗争が展開した。八三九年、西方皇帝ルートヴィヒ一世(敬虔王)の調停により、このベネヴェント公国《ドゥカート》が解体して、ベネヴェント侯国《プリンチパート》とサレルノ侯国が出現した。このサレルノ侯国では、八六一年、辺境の有力者が独立して、さらにカプア侯国を創設した。ここにランゴバルド系の三侯国が鼎立した。サレルノ侯国は、勢力を回復したビザンツ帝国の宗主権を受容した。ベネヴェント侯国は、八九一年、ビザンツ帝国によって占領され、八九五年、ビザンツ勢力を駆逐したフランク系スポレート公によって支配され、八九七年、ランゴバルド系侯国として再度独立し、九〇〇年、カプア侯によって支配された。カプア侯およびベネヴェント侯となったパンドルフォ(鉄頭侯)は、九六七年、中部のスポレート公領(イタリア王国)をも支配し、九七八年、同名の息子をサレルノ侯として、サレルノ侯国をも実質的に支配した。しかし、九八一年、パンドルフォが没すると、この一時的な統一は終わった。

三つの世界の辺境として

九～十世紀、イタリア南部と島部は、政治的にはこのように幾重にも分裂していた。シチリアは、イスラーム世界の辺境であった。イスラーム世界の中心は、シリア、エジプト、イラク、ヒジャーズ(メッカ、メディナを含む地方)を中心とする、マシュリク(東方)である。マグリブ(西方)、すなわち狭義ではリビア以西の北アフリカをさし、広義ではこれにイベリアのアンダルス地方とシチリアとを含む領域は、ムスリ

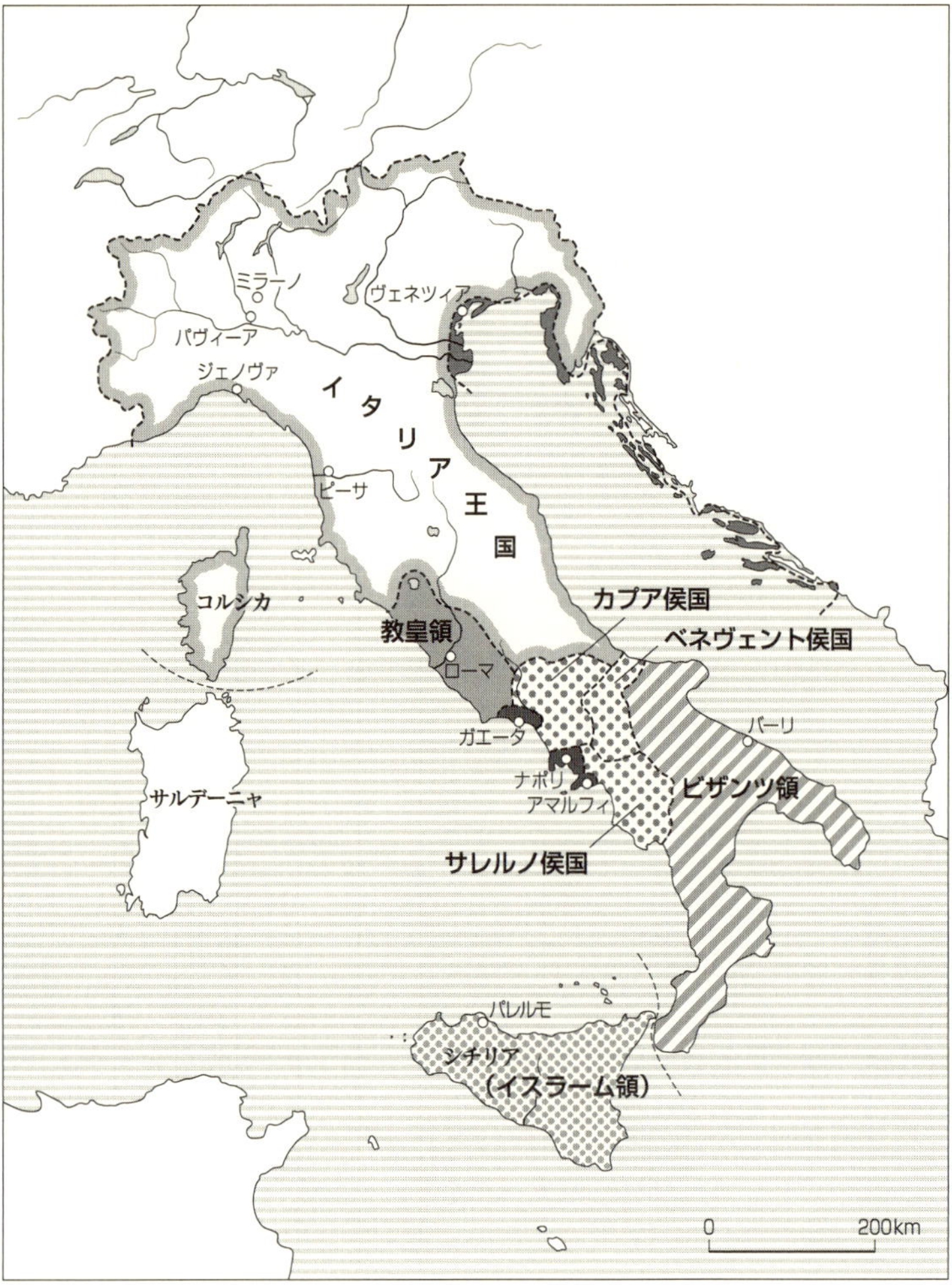
ミラーノ
ヴェネツィア
パヴィーア
ジェノヴァ
イタリア王国
ピーサ
コルシカ
教皇領
ローマ
カプア侯国
ベネヴェント侯国
ガエータ
バーリ
ナポリ
アマルフィ
ビザンツ領
サルデーニャ
サレルノ侯国
パレルモ
シチリア
（イスラーム領）
0
200km

1000年のイタリア

ムによる征服が遅く、アラブ化が遅れたので、マシュリクからは周辺とみられていた。シチリアは、この広義のマグリブにおける辺境の地であった。

イタリアのビザンツ領域は、バルカンとアナトリアに中心をおくビザンツ世界においても、やはり辺境の地であった。マケドニア朝は、帝国の勢力を一時的に回復したとはいえ、イタリア領を拡大することはできなかった。ランゴバルド系のベネヴェント公国、およびその解体後に出現した三侯国は、イスラーム世界にもビザンツ世界にも属さず、イタリア王国すなわち西欧世界からも独立していた。いずれにせよ、それは三つの世界が対立する狭間《はざま》に生息する小国でしかなかった。

教皇領では、名目的な主権者である教皇は、フランクの国王ないし皇帝の保護なしに、独力でローマ内外の有力者の圧力に対抗するのが困難であった。中部のスポレート公領を含むイタリア王国では、カロリング朝が断絶すると、王位は各地で自立した諸侯たちに妨害されて安定せず、国内は混乱をきわめたので、強力な東フランク国王の支配を直接間接に受けるようになった。イタリアの北部・中部は、イタリア王国にせよ、教皇領にせよ、東フランク王国の政治的影響力のもとにおかれるようになったのである。

この間に、イタリア国王が皇帝になる状況はしだいに過去のものとなり、今度は東フランク国王が皇帝になり、さらにはイタリア国王をもかねる状況が形成されていく。かつてローマ地中海帝国の中心であったイタリアは、地中海が政治的にビザンツ世界、イスラーム世界、西ヨーロッパ世界に分裂した結果、この三つの世界の境界が接する辺境の地になってしまった。

第五章　二つのイタリア

1　政治の北と南

神聖ローマ帝国

東フランク国王オットーは、九六二年、ローマで教皇より帝冠を受け、九六三年、イタリア国王ベレンガーリオ二世を廃位し、イタリア国王をかねた。周知のように、この皇帝戴冠によって、「神聖ローマ帝国」が成立したといわれる。その実態は、フランク族を中核にして形成され、理念的に「西ローマ帝国」の再現として理解された帝国の帝位に、九二四年以降約四〇年にわたる空位ののち、カロリング家出身でもフランク族出身でもない、ザクセン族出身の東フランク国王が即位したというだけのことである。神聖ローマ帝国という名称は、「ローマ帝国の復興」と「神聖なる皇帝」という二つの理念が合体して出現し、十三世紀中葉以降、西方の皇帝によって正式に使用されたものであり、この名称が、便宜上、九六二年にさかのぼって使用されているのである。この帝国の領域は、理念的には、境界を特定されることのないキリスト教世界全体であったが、実質的には、西方の皇帝による支配がその時々において実現している地域でしかなかった。

さて、東フランク王国では、それ以前の九一一年にカロリング朝が断絶し、同朝と姻戚関係にあるフランク族出身の大公が国王に選出されたが、九一九年にはザクセン族出身の大公ハインリヒ一世(在位九一九~九三六)が国王に選出され、ここにはじめて非フランク族出身の東フランク国王が出現した。ハインリヒは、解体寸前にあった東フランク王国を再統合したのみならず、王位単独継承の原則を導入して王国分割の危険を排除し、統一王国の連続を保証した。九三六年、ハインリヒを継承した息子オットー一世(大帝、在位九六二~九七三)は、九五五年八月、レヒフェルトでマジャール人に大勝し、同年十月、レクニッツで蜂起したスラヴ人を撃破した。オットーは、それ以前の九五一年に第一回イタリア遠征をおこない、パヴィーアでイタリア国王を自称し、またイタリア国王であったロータルの寡婦アデライデと結婚して、それに基づいて帝位をも請求していたが、そのときには教皇によって拒絶された。しかし、かがやかしい戦勝後におこなった第二回遠征では、九六二年、教皇による皇帝戴冠が実現し、翌年、改めてイタリア王位を獲得した。皇帝オットーは、「ピピンの寄進」を更新して教皇領を保証する一方、教皇には教皇への被選出後、聖別前に皇帝への忠誠誓約をするように義務づけた。また、都市ローマとローマ教会を保護し、支配するというカロリング家の伝統を継承した。以後、東フランク国王が連続して皇帝となるが、それは「当時の西方世界にザクセン朝以外の有力な政治権力がなかったという特殊な歴史状況によって規定された偶然の結果」であり、また「東フランクにおけるオットーの後継諸王が、とぎれることなく、こうした皇帝の任務を実際にになないつづけた結果、東フランク＝ドイツ王位と皇帝位とが切り離しがたく結びつくという伝統」（いずれも山田欣吾、世界歴史大系『ドイツ史』第一巻第三章）が形成された。

オットー一世の息子オットー二世（在位九七三〜九八三）は、九七二年、ビザンツ皇帝の娘で才媛のテオーファノと結婚したが、九七三年、父の死後帝位を継承すると、妻の影響もあって、アルプスの北と南をひとつの帝国に融合することを目標とした。九八〇年、イタリアの南部に侵入し、ビザンツ都市ターラントをムスリムから救出した。九八二年、カラーブリアのコロンネ岬の戦いではムスリムに惨敗し、オットーはかろうじて戦場を脱出した。翌年、ヴェローナの帝国議会で息子オットー三世（在位九九六〜一〇〇二）を東フランク国王としたあと、再度南部に軍事遠征する途上、オットー二世はローマで病死した。イタリア南部を支配するという彼の計画は挫折した。

幼児オットー三世の摂政となった母テオーファノは、オットー一世および二世の政策を継承し、イタリアに滞在して、皇帝の任務を精力的に遂行した。九九四年、親政を始めたオットー三世は、教皇がローマ貴族の横暴にたいして救援を求めたので、九九六年、イタリアに遠征し、ローマで皇帝戴冠を挙行した。オットー三世は、神聖ローマ皇帝はビザンツ皇帝と同格であると主張する一方、「ピピンの寄進」を更新したオットー一世の特許状を更新せず（父帝は更新した）、『コンスタンティヌスの定め』は偽書であると主張した。神聖ローマ皇帝は、古代ローマ皇帝およびビザンツ皇帝のように、聖俗両権をもとうとしたのである。オットー三世は、ローマを帝国の恒常的な首都にするために、九九八年、古代皇帝の宮殿があったパラティーノの丘に皇帝の宮殿を造営した。東フランク王国では、この帝国政策に協力する過程で、諸侯のドイツへの帰属意識が醸成され、また政策遂行にともなう重い負担の見返りに諸侯の領域支配権が拡大された。イタリアでは、教皇権を否定する皇帝の主張は教皇との不和をもたらし、皇帝のローマ居住はドイツ人への住民の反発をもたらした。一〇〇一年、ローマ住民が蜂起してオットー三世を追放し、翌年、この皇帝はローマ奪回への途上で病死した。ちなみに、「ドイツ人」(テオディスクス、テウトニクス)ということばは、九世紀以降、すでにロマンス語を話すようになっていたイタリアのゲルマン人と区別して、ゲルマン語を話すアルプス以北のゲルマン人をさすものとして、イタリア住民が使用していた。オットー一世以降は、イタリアで作成される皇帝文書にもこのことばが使用され、オットー三世以降になると、ドイツ(東フランク)の住民もこのことばを使用するようになった。

オットー三世の後継者ハインリヒ二世(在位一〇一四〜二四)は、壮大なローマ帝国理念から決別し、支配の拠点をローマからドイツ王国に移した。しかし、帝国支配の伝統と、聖俗両権をもつ皇帝という理念は継承し、この理念に基づいて教会、とりわけ司教座教会を帝国支配の手段とする体制を確立した。彼が任命(叙任)した政治に有能な司教は、皇帝権からの自立をはかる世俗諸侯への対抗手段として保護育成され、やがて有力化した司教は、世俗諸侯と同等の権力をもつようになる。イタリア王国では、オットー三世の死後、イヴレーア辺境伯アルドゥイーノ(在位一〇〇二〜一三)が、一部のイタリア諸侯によってパヴィーアでイタリア国王に選出された。アルドゥイーノに敵対するイタリア諸侯の求めに応じたハインリヒは、一〇〇四年、イタリアに遠征し、パヴィーアでイタリア国王に即位したが、住民の反乱に出会ってドイツに帰還したので、アルドゥイーノは権威を回復した。ハインリヒは、一〇一四年、ローマで皇帝戴冠を挙行したが、ドイツ人支配に反発するアルドゥイーノ派の諸侯、とりわけトスカーナ辺境伯とミラーノ司教との反抗に出会った。しかし、南部におけるビザンツ勢力の拡大を阻止するために、一〇二一年、ハインリヒはイタリアに遠征し、翌年、カプア侯国とサレルノ侯国を占領して目的をある程度達成した。

一〇二四年、ハインリヒ二世の死後、ザクセン朝が断絶すると、ドイツ王国では、ザーリアー家のコンラート二世(在位一〇二七～三九)が国王に選出された。イタリア王国では、この王朝の断絶により、ドイツ国王によるイタリア王国の支配が終焉したと思い、首都パヴィーアでは、住民がドイツ人支配の象徴であった王宮を破壊した。しかし、国王になるだけの実力をもつイタリア諸侯は存在せず、諸侯の一部がフランスのアキテーヌ公を国王に選出しようとしたので、コンラートは、ミラーノ司教の求めに応じ、一〇二六年、イタリアに遠征して、(パヴィーアではなく)ミラーノでイタリア国王に即位し、翌年、ローマで皇帝戴冠を挙行した。コンラートは、さらにブルグント王国の帝国への編入をはかり、一〇三二年、ブルグントを撃破し、翌年、ブルグント国王に即位して、計画を実現した。これにより、イタリア諸侯とフランス南部の大諸侯との連携は困難となり、イタリア諸侯と帝国との関係が強化された。また、教皇の求めに応じて半島南部に遠征し、ランゴバルド系の諸国に自己の宗主権を承認させた。イタリア王国北部では社会構成が複雑化し、ミラーノでは司教とその封臣との対立が深刻となったが、コンラートは、一〇三六年、司教を罷免し、翌年、「封についての制定法」を発布して、王国の下級封臣の封の世襲権を保証した。聖俗諸侯と利害の対立する下級封臣の支持をえて、皇帝の権力基盤を拡大しようとしたのである。

コンラート二世の帝位を継承したハインリヒ三世(在位一〇三九～五六)は、一〇四六年、イタリアに遠征し、鼎立抗争する三人の教皇をいずれも廃位して、ドイツ人司教をクレメンス二世(在位一〇四六〜四七)として教皇に任命し、その後も三人のドイツ人を教皇に任命した。同年、南部のランゴバルド系諸侯国に自己の宗主権を確認させたが、一〇五〇年代になると、ハインリヒの専制にたいする不満が各地で表面化してきた。一方、半島南部の各地で無秩序に略奪を始めたノルマン人にたいし、教皇が救援を求めてきたので、ハインリヒは、一〇五五年、それに応じてイタリアに遠征したが、ノルマン人の活躍にたいしては有効に対処しえなかった。

ノルマン朝シチリア王国

十一世紀の半島南部は、政治権力が幾重にも分裂し、文化的にも宗教的にも錯綜していた。このとき、騎士が篤く尊崇する戦いの大天使ミカエルに奉献された、ガルガーノ岬にあるモンテ・サン・タンジェロ教会の巡礼におとずれたノルマン人騎士が、現地の政治抗争に介入したのである。ノルマンディでは、社会体制の確立にともなって出現した身分保障のないノルマン人が、イベリアのレコンキスタなど各地の冒険事業に乗り出していた。プッリアで、ランゴバルド系貴族がビザンツ帝国からの独立運動を展開すると、ノルマン人の一団がこの運動に加勢した。一〇一八年、カンネーの戦いで、独立派はビザンツ軍に大敗したが、ここでノルマン人の勇猛さが広く認められ、以後、各地の権力者によって傭兵として雇用された。この戦いに大勝したビザンツ帝国は、南部諸侯に自己の宗主権を確認させたが、この状況に対抗して、一〇二一年、ハインリヒ二世が南部に遠征したのである。ハインリヒの死後、南部における抗争が再度活発となった。このなかで活躍したノルマン人レイヌルフは、一〇三〇年、傭兵としての功績によってカンパーニア都市アヴェルサを獲得し、アヴェルサ伯として南部諸侯の一角に食い込んだ。レイヌルフは同胞を歓迎したので、アヴェルサはノルマン人の拠点となった。

一〇三五年ころ、ノルマンディからアヴェルサにオートヴィル家の三兄弟、ギョーム、ドゥローゴ、オンフロワがやってきた。レイヌルフの配下として、ビザンツ帝国による最後のシチリア奪回計画にも参加したが、ムスリム諸侯の分裂抗争にもかかわらず、一〇四〇年、ビザンツの内紛によってこの計画は失敗した。その後、プッリアで再燃したランゴバルド系住民によるビザンツからの独立運動に協力した結果、三兄弟を含む一二人のノルマン人傭兵隊長はプッリアへの進出拠点メルフィをえた。ノルマン人部隊は、一〇四一年、ビザンツ軍を打破してプッリアに進出したが、紆余曲折をへて独立運動から乖離《かいり》し、翌年、三兄弟の長兄ギョームを指導者とする独立集団を編成した。ギョームを支援するサレルノ侯兼カプア侯は、彼らがプッリアですでに獲得した土地と、今後獲得する土地との領主権を承認した。一〇四六年、ギョームの死後プッリアのノルマン人の指導者となった弟ドゥローゴは、プッリアでの支配領域を拡大する一方、アヴェルサ伯レイヌルフの後継者問題にも介入した。一〇四七年、南部に進出したハインリヒ三世は、このドゥローゴを「イタリアの公にして、すべてのプッリアおよびカラーブリアのノルマン人の伯」とした。

ドゥローゴの異母弟ロベールは、ギスカール(狡猾な男)と呼ばれるほどの男であったが、三人の兄に遅れてやってきて、ビザンツ領カラーブリアを切り取った。一〇五一年のドゥローゴの暗殺後、ノルマン人は南部各地で無秩序に略奪を始めたので、ランゴバルド系諸侯、教皇、ビザンツ勢力、ドイツ勢力が、従来の対抗関係をこえて反ノルマン同盟を結成した。これに対抗してノルマン人も団結し、一〇五三年、チヴィタ―テの戦いで大勝した。その後、ドゥローゴを継承したオンフロワも没し、一〇五七年にプッリア伯となったロベールは、対立教皇にたいする援助を求めてきた教皇ニコラウス二世(在位一〇五九〜六一)から、五九年、メルフィで「プッリア、カラーブリアおよび将来のシチリア公」とされたが、この封地には今後征服すべき土地も含まれていた。このとき、ニコラウスは、ノルマン人アヴェルサ伯リッカルドによるカプア侯国の支配も承認したらしい。ここで教皇が行使した授封権は、『コンスタンティヌスの定め』を理論的根拠とするものであったが、その行使を可能にしたのは、すでに東西両帝が南部において現実の支配権を失っていたからである。いずれにせよ、教皇とノルマン人とのあいだに封建的な君臣関係が成立したことは、ノルマン人には自分たちの支配権の公認を意味し、教皇には強力な軍隊をもつことのみならず、東方教会の犠牲においてローマ教会の勢力が拡大することをも意味した。

オートヴィル家の一二人兄弟の末弟ロジェールは、兄ロベールとともにカラーブリアの征服に従事した。一〇六〇年、その征服が完成すると、ロベールはプッリアの平定に、ロジェールはシチリアの征服に赴いた。ロベールは、プッリアの反乱鎮圧後、一〇七一年にバーリを占領し、ここに南部におけるビザンツの支配が終わった。同年、ビザンツ帝国は、マラーズギルドの戦いでセルジューク朝に大敗し、南部奪回の余力は残っていなかった。ロベールは、一〇七三年にアマルフィをえ、七六年にサレルノ侯国をえて、以後サレルノに宮廷をおいた。一〇八一年、反ロベール運動の拠点バルカン都市デュラキオン(ドゥラッツォ)の攻略に出征し、ビザンツと同盟したヴェネツィアの艦隊に攻撃されたが、この都市を陥落させた。

南部とシチリアのノルマン人

パレルモのノルマン人の宮殿　9世紀にムスリムが創建したものを，12世紀にノルマン人が拡張。2階にはノルマン時代を代表する絢爛豪華な，ビザンツ様式のモザイク画をもつ王宮付属礼拝堂がある。

一〇八五年、再度のバルカン遠征の途中で客死した。

一方、ロジェールは、内部分裂しているシチリアで着実に支配地を拡大した。一〇七二年、シチリアの中心都市パレルモを征服し、完全な征服にはなお二〇年を要するとはいえ、ここにシチリアにおけるノルマン人の覇権が確立した。ロベールは、ロジェールをシチリア伯とした。ロジェールは、ロベールの死後生じた後継者争いに介入し、シチリアとカラーブリアの完全な支配権の譲渡を条件に、ルッジェーロ・ボルサを支援して後継者とした。ロジェールは、名目上はルッジェーロ・ボルサの臣下であるが、実力はこの主君をしのいでいた。一〇九一年、シチリアにおけるムスリム最後の都市ノートを占領した。三〇年にわたる征服戦争のあいだ、多数のムスリムがシチリアを脱出したので、その脱出をくいとめて経済や文化の水準を維持するために、ムスリムと協調関係をもつ必要があった。役人に多数のムスリムを登用したのみならず、一〇八七年のジェノヴァとピーサによるチュニジア(ジール朝)遠征にも、九六年に始まる第一回十字軍遠征にも参加しなかった。

一一〇一年、ロジェールの死後、息子ルッジェーロ二世が父の支配権を継承した(フランス語表記のロジェールは、イタリア語表記ではルッジェーロとなる)。ルッジェーロは、チュニジアに関心をもったが、一一二三年、マフディアへの遠征が失敗すると、以後、プッリアに関心を向けた。プッリアでは、ルッジェーロ・ボルサの息子グッリエルモのもとで政治秩序が弛緩し、各地で諸侯が自立していたのである。ルッジェーロは、一一二七年、グッリエルモの死後プッリア公となり、諸侯をつぎつぎに打倒したあと、二八年、教皇によってプッリア公位を承認された。一一三〇年、二人の教皇、インノケンティウス二世(在位一一三〇～四三)とアナクレトゥス二世(対立教皇)が並立すると、同年、アナクレトゥスは、支援をえる交換条件としてルッジェーロに王位を認めた。この王国にはまだ支配の確立していない地域も含まれていたが、ここにシチリアと半島南部とからなる「シチリア王国」が成立したのである。

インノケンティウスはこの事態に脅威を感じた神聖ローマ皇帝、ビザンツ皇帝、ヴェネツィア、ピーサと同盟し、ルッジェーロはこの同盟と九年にわたって戦争をおこなった。ルッジェーロが優勢を確立したので、一一三九年、アナクレトゥスの死後、インノケンティウスも「シチリア王にして、プッリア公、カラーブリア公」として彼の王位を承認した。この間に、ルッジェーロは、支配をまだ確立していなかったナポリ公国、ターラント侯国(プッリア公国より分立)、カプア侯国にたいして、武力行使によって支配を確立した。それぞれが独自の公を支配者とするビザンツ系の三つの都市国家、すなわちガエータ公国、ソレント公国、アマルフィ公国は、すでにそれまでにランゴバルド系のカプア侯国に統合されていたという。いずれにせよ、ここに南部全体とシチリアが、一人の支配者のもとにはじめて統一されたのである。なお、ベネヴェント侯国は、一〇五一年に教皇領に編入されたが、その後紆余曲折をへて、教皇領の飛び地となった都市ベネヴェントを除いてシチリア王国に編入された。

ルッジェーロは、シチリアをこの地中海王国の中心にするために、チュニジア方面にも関心を向け、一一四八年までには、ボーナ(アルジェリア)からトリポリ(リビア)にいたる海岸に支配地を獲得した。しかし、このアフリカ領は、彼の没後まもない一一六〇年、ムワッヒド帝国の進出によって消滅した。一方、一一四七年、ビザンツ帝国からケルキラ(コルフ)、ケファリニア(ケファロニア)を奪い、この帝国のイタリア回復の希望を最終的に断ち切った。

シチリア王国は、非均質的な諸地域から構成された。半島南部では、以前に国家としてまとまっていたそれぞれの地域が、固有の制度や組織に基づく一体性をもっていたので、王国はこれを行政区として利用した。プッリア公領、カプア侯領などがそうであり、国王はその名目的な公や侯に息子たちを任命した。これ以外に公や侯はなく、したがって王国における現実の諸侯は、伯以下の称号をもつことになった。一一四〇年以降、王権が王国全域で確立し、重要な直轄地には国王役人が派遣されるようになると、伯の数は三〇程に固定された。伯は、ほとんどがノルマン系であり、伯領の中心都市を拠点とし、バロン(家臣をもつ)や騎士(家臣をもたない)を従え、国王と公ないし侯とに忠誠誓約をした。国王に直属する都市も少なくなかったが、国王は都市を従属させるとき、状況に応じて個別に条約を結んだので、都市がもつ特権の内容、とりわけ自立性の強弱は多様であった。

一方、シチリアでは、すでにロジェールが支配を確立していた。征服の過程で一円的所領をもつ諸侯の創出はせず、直属軍隊と広大な直轄領とによって強力な王権を確立していたのである。ロジェールは宮廷をまだミレート(カラーブリア)においていたが、その死後摂政となった妻アデラシアはそれをメッシーナに移し、一一一二年、ルッジェーロ二世はパレルモに移した。ルッジェーロは、王権が確立し、財政収入の多いシチリアを拠点にして、王国の建設に乗り出したのである。王権の確立した一一四〇年以後、伯はシチリアには存在せず、カラーブリアにも少数しか存在しなかったが、それ以外の半島南部のうち、南方には小所領をもつ伯が、北方には大所領をもつ伯が存在した。シチリアから遠くなるにつれて、伯が多く、また強くなっていき、王権が弱くなっていった。都市の自立性についても同様のことがいえる。司教座ないし主教座のある教会は、王国に一五〇前後あったが、その所領はサレルノ、ナポリ、レッジョ（カラーブリア）などごく少数を除いて一般にきわめて小さく、その経済基盤は脆弱《ぜいじゃく》であり、聖職者は王権に従順であった。一一五六年に国王と教皇が結んだベネヴェント条約では、国王は司教選出において拒否権をもつこと、教皇特使はシチリアには派遣されないことなどが取り決められた。

王国の住民は、宗教および言語を基準にすると、シチリア全体ではムスリム、その北東部ではムスリムとギリシア人、カラーブリアではギリシア人、それ以外の半島南部ではラテン人、とりわけランゴバルド系のラテン人がそれぞれ多数を占めた。支配者層はラテン人、とくにノルマン系のラテン人が圧倒的に多数を占めたが、国王の役人はムスリム、ギリシア人、ラテン人のすべてからなり、三者の比率は地域によって変化した。時代とともにムスリム役人は減少し、ノルマン朝末期にムスリムを保護・利用してきた王権が衰退すると、ムスリムにたいする攻撃・排斥運動が起こり、ムスリムはシチリアから消滅していく。

一一五四年のルッジェーロ二世の死後、グッリエルモ一世とグッリエルモ二世は、草創期のルッジェーロとは違い、二人とも国政を重臣に委ねた。パレルモでは、グッリエルモ一世の宰相マイオーネが、アフリカ領の回復を断念して、シチリアと半島南部からなる王国の中央集権化を推進した。半島南部の諸侯や都市が東西の皇帝と連携して自立するのを防ぐために、国王役人による統制を強めたが、これがマイオーネへの反感をつのらせ、一一六〇年に彼は暗殺された。翌年、半島南部の反乱軍は、パレルモの王宮を襲撃し、ムスリムを殺戮《さつりく》した。一一六二年、グッリエルモ一世は、反乱を平定し、複数の大臣からなる王国最高顧問団を形成したが、以後、原則としてこれが国政の最高機関となる。この顧問団のもとに行政役人がおかれ、両者によって中央政府が構成された。中央政府では諸侯は排除される傾向にある反面、多数のムスリムが役人として登用されたが、このことは中央政府がムスリムの多いシチリアにおかれたこと、ムスリム役人によって諸侯権力を抑制しようとした結果である。パレルモにおかれた王室財務局《ドゥアーナ・デ・セクレティース》は、シチリアとカラーブリアの土地行政をおこなう機関であったが、ムスリムの土地台帳を管理するために、すでにルッジェーロによって創設されていたものである。一一六八年ころ、中央政府に従属する諸侯財務局《ドゥアーナ・バーローヌム》が創設されたが、サレルノにおかれたこの中央政府の出先機関は、民政・軍政を含む半島南部(カラーブリアを除く)の行政全般を担当した。

一一六一年の反乱では、ホーエンシュタウフェン家の神聖ローマ皇帝フリードリヒ一世は、シチリア国王に対抗する半島内部の反乱軍を援助した。しかし、一一七六年、この皇帝がロンバルディーア都市同盟に大敗し、翌年、グッリエルモ二世を支持する教皇と和約すると、皇帝はこの政策を転換し、八六年、息子ハインリヒとグッリエルモ二世の叔母(ルッジェーロの娘)コスタンツァとの結婚を実現させた。一一八九年、グッリエルモ二世が嫡子不在のまま没すると、王位をめぐる後継者争いが出現したが、九〇年には王家の血を引き、反ドイツ勢力に支持されたタンクレーディが即位した。九一年、ハインリヒ六世は神聖ローマ皇帝に即位した。一一九四年、タンクレーディの死後、ハインリヒは、ピーサとジェノヴァの支援をえて遠征し、パレルモでシチリア国王に即位した。ここにノルマン朝は終焉し、シチリア王国は、ホーエンシュタウフェン家出身の皇帝を国王としてもつことになったのである。

教皇の自立

イタリア王国では、皇帝や世俗諸侯による教会支配が長く続いた結果、教会の秩序が紊乱《びんらん》し、聖職売買などの悪弊が横行していた。皇帝ハインリヒ三世は、一〇四七年、ドイツ人教皇クレメンス二世とともにローマで教会会議を開催し、悪弊を矯正する教会改革の口火を切ったが、皇帝がドイツに帰還すると改革運動は下火になった。しかし、一〇四九年、この皇帝が従兄弟をレオ九世(在位一〇四九〜五四)として教皇に任命すると、教皇とその周囲に参集した有能な人材が、聖職売買と聖職者の妻帯との禁止を旗印とする教会改革の主導権を握った。一〇五九年、「教皇選挙教令」により、教皇の選出は枢機卿の投票によるという原則が確立され、ここに教皇権の皇帝権からの自立性が法的に保証された。

教会改革運動は民衆のあいだにも広がっていた。ミラーノは皇帝のイタリア支配の拠点となり、その司教は皇帝によって任命されることが多かった。一〇四五年、ハインリヒ三世が司教を任命したとき、この司教に反対する住民が団結して抵抗した。都市民衆を巻き込んだために、古物商人という蔑称の「パタリア」と呼ばれたその組織は、おりからの教皇による教会改革運動と結合して、一〇五七年以降、都市を二分する激しい政治的・宗教的な運動を展開した。教皇権に干渉する皇帝権の支柱であり、教皇から乖離する姿勢をもっていたこの司教座を弱めるために、改革派の教皇たちによって支援されたこの民衆運動は、近隣都市にも飛び火し、ミラーノでは住民による自治政府の形成にまで発展する勢いをみせたが、一〇七五年、運動の指導者の戦死によって終わった。しかし、この運動を契機にミラーノ司教の教皇への従属が確定し、司教と結合した上級封臣の権力が衰退して、都市住民による自治への展望が開けてきた。このパタリア運動の影響により、フィレンツェなどでも、聖職を売買した司教を住民が追放する事件が起こった。

一〇五三年にチヴィタルーテの戦いで反ノルマン同盟が大敗した結果、ビザンツ皇帝は、ノルマン人を共通の敵とする教皇との連携をはかった。このとき、東方教会が、プッリアの教会ではローマ教会の典礼をしないよう求めたのにたいし、改革の意気にもえる教皇庁は、『コンスタンティヌスの定め』を根拠に、そこでの教皇の管轄権を主張する回答をした。翌五四年、東の帝国と西の教会との連携を実現させるために、この回答の立役者フンベルトゥスがコンスタンティノープルを訪問したが、教皇レオ九世自身が出陣したチヴィタルーテの戦いにビザンツ軍が参戦しなかった遺恨もあって、交渉は決裂し、東西の教会は分裂した。その結果、教皇はノルマン人と和解して、プッリアでのローマ教会の勢力拡大をはかったのである。一〇五九年、改革派教皇ニコラウス二世は、「教皇選挙教令」の発布に際して、それに反対する皇帝権に対抗するために、ロベールに公位を授与し、その支持を取りつけた。イタリアでは、教皇領を挟んで神聖ローマ帝国(イタリア王国)とノルマン人勢力とが対峙したが、教皇とノルマン人は、連携することにより、神聖ローマ皇帝とビザンツ皇帝とにたいして、それぞれが現実的および理念的に自己の立場を強化したのである。

教皇グレゴリウス七世(在位一〇七三〜八五)は、一〇七五年、「教皇訓令書」により、教皇はすべての教会にたいして絶対的な命令権をもつとし、皇帝を含む俗人による司教任命を公然と否定したのみならず、教皇権は俗界にもおよぶものであり、皇帝を廃位する権限をもつと主張した。同年、皇帝ハインリヒ四世が反パタリア派の人物をミラーノ司教に任命したので、教皇と皇帝は正面から衝突することになった。翌年、ハインリヒが、ヴォルムスのドイツ司教会議でグレゴリウスを廃位し、グレゴリウスは、これに対抗してローマの教会会議でハインリヒを廃位し、破門した。周知のように、ハインリヒは、これが皇帝権にとって危険であることを察知し、一〇七七年、妻子とともに冬のアルプスをこえ、教皇派のトスカーナ辺境女伯マティルデの城カノッサにいたグレゴリウスに、三日間城門の前にたたずんで赦免を乞い、ようやくそれが受け入れられた。その後、ドイツでの勢力を回復したハインリヒは、一〇八〇年、対立教皇を擁立し、翌八一年、イタリアに遠征したが、グレゴリウスは、ロベールの宮廷のあるサレルノに避難した。一〇八四年、ハインリヒはグレゴリウスのいるローマを包囲したが、グレゴリウスは救援にかけつけたロベールに救出され、翌年亡命先のサレルノで没した。

一〇八八年、グレゴリウス派のウルバヌス二世(在位一〇八八～九九)が教皇に選出された。ノルマン人と連携し、一〇九〇年、イタリアに遠征したハインリヒ四世を避けてローマを脱出して、南部の教会を再編する一方、北部やドイツ、フランスでも教会改革を進展させた。皇帝が任命したミラーノ、ピーサ、ピストイアの司教も教皇の側についた。一〇九二年、再度遠征したハインリヒは、トスカーナ辺境女伯マティルデの軍隊に敗北し、翌九三年、教皇派のミラーノ、ローディ、ピアチェンツァ、クレモーナが結成したロンバルディーア都市同盟と対立した。同九三年、ウルバヌスは、ノルマン人の援助により、皇帝が擁立した対立教皇を追放し、ローマに帰還した。優勢を確立したウルバヌスは、一〇九五年、クレルモン公会議において強硬路線に転換して、俗人による司教任命を改めて禁止し、王や諸侯も教皇に忠誠誓約することを要求し、さらに十字軍を宣言した。十字軍遠征を契機とする精神的高揚を背景に、教皇の西ヨーロッパにおける権威は大きく拡大した。一方、一〇九七年、ハインリヒはようやくドイツに帰還したが、そこでは聖俗諸侯による領域支配の萌芽がみられた。

一一〇六年以降の皇帝ハインリヒ五世の時代には、教皇と皇帝との闘争は、高位聖職者の任命権問題に収斂《しゅうれん》していたが、問題解決のための理論が、この間にフランスの教会法学者によって案出された。聖職者の権力は俗権(世俗領主権)と教権(信仰指導権)とからなるとして、両者を区別し、聖職者の任命においては、皇帝ないし国王には俗権についての任命権を、教皇には教権についての任命権を認めて、両者の協調をはかるものである。これにより、任命権問題によって危機にあった国家と教会との関係が、フランスでは一一〇四年、イギリスでは〇七年に修復された。教会を帝国政策の支柱としてきた帝国では、決着までにはなお紆余曲折があったが、ドイツの司教にも改革理念が浸透したこと、皇帝には諸侯の反乱を防止する必要があったことから、一一二二年、「ヴォルムスの政教協約」により、皇帝は教皇と合意した。

この協約により、教皇は、皇帝が支配してきた教皇領とそこでの俗権を回復した。高位聖職者の任命については、帝国を構成する三国のうち、イタリアとブルグントでは、教権を授与したあとに俗権が授与されること、ドイツでは、俗権を授与したあとに教権が授与されることなどが確定した。なお、ブルグントは、九三三年に成立したブルグント王国であり、その支配権を入手した皇帝コンラート二世が、一〇三三年、その国王に即位し、王国を神聖ローマ帝国に併合した。しかし国王(皇帝)には実権がなく、国家としての統一もない状態が継続したので、のちにはフランス国王が諸地域に支配権を徐々に伸張させていき、十四世紀の過程で王国は有名無実化していくが、十二世紀末以降は通常アルル王国と呼ばれるようになっていた。さて、教皇と皇帝は、ともに絶対的な任命権を主張してきたので、これは双方にとって妥協的解決であったが、ここに長期の闘争がひとまず終わった。司教選出における皇帝の権利は、ドイツでは実質的に存続したが、イタリアとブルグントではきわめて限定されてしまった。これを契機に、帝国内部では、ドイツとイタリアおよびブルグントとの区別が明確となり、以後、国際関係でもこの区別が表面化していく。従来の帝国秩序が解体して、皇帝にたいする教皇の自立が確立し、それを契機に、教皇領は名実ともに帝国から独立した固有の政治領域になったといえるであろう。

2　都市国家の発展とシチリア王国の分裂

海港都市

ヴェネツィアは、一〇八一年、ロベールのデュラキオン攻略にたいしてビザンツに救援艦隊を派遣し、翌年、代償としてその帝国全域における広範な商業特権をえた。ヴェネツィアの位置するアドリア海北端の潟湖《せきこ》のなかの島々に形成された諸集落は、ランゴバルド族の侵入時に本土からの避難民によって住民が増大したが、六九二年、単一の行政単位となり、やがて住民の選出する公(ないし統領、ドージェ)を中心とする事実上の自治体制を創出した。八一二年、フランク帝国とビザンツ帝国が締結したアーヘンの和約により、この地域はビザンツ領としてとどまることになった。その後まもなく、都市集落ヴェネツィアが現在地に形成され、その住民は活発な商業活動を展開し始めた。九世紀末、ポー川水系商業から競争相手のコマッキオを排除し、九九九年から翌年にかけて、公の指揮下に海上遠征をおこない、ダルマツィアの支配権とアドリア海商業の覇権をえた。一〇八一年には、アドリア海の一大勢力となっていたのである。一一四三年ころ、有力者たちからなる評議会が公の権力を制限し、彼ら貴族を中心とする自治政府が出現した。

ローマによって建設されたピーサは、ランゴバルド王国のトスカーナ公領がカロリング時代にトスカーナ辺境伯領として再編されると、その領土の一部となった。一〇〇四年、ムスリムの略奪を受けたが、翌年以降、ジェノヴァと連合して西地中海のムスリムを打倒していった。一〇〇五年のレッジョ(カラーブリア)、一〇一五〜一六年のサルデーニャ、三四年のアンナーバ(アルジェリア)、六三年のパレルモ(ノルマン人との共同作戦)における勝利がそれであり、獲得した戦利品は海上事業を発展させる資金となった。軍事遠征と並行して海上商業も発展し、それが周辺から人口を引きつけたが、急速に増加した住民は、市内の各地区を基盤とする政治的・軍事的な組合を組織した。一〇五〇年ころ、司教、王や辺境伯の代官とならんで、この組合から選出された住民代表が史料に出現し、八〇年以降、この住民代表たちをコンソリ(複数の執政官)とする住民の自治組織が漸次的に成立した。十一世紀から十二世紀にかけて、ランゴバルド時代以降トスカーナの中心都市であったルッカを追いこして、ピーサがトスカーナ最大の都市となった。壮麗な大聖堂は一〇六三年に着工され、完成する十二世紀には付属の洗礼堂と鐘楼(ピーサの斜塔)も着工された。

古代から西地中海の要港であったジェノヴァは、カロリング時代にはムスリム海賊との闘争拠点のひとつとなり、十世紀前半には三回にわたってその略奪を受けた。独立イタリア王国時代、ジェノヴァはオベルテンガ辺境伯の領土の一部となり、辺境伯のジェノヴァ代官の家系から都市貴族が形成される一方、市壁内部の支配権の一部が司教に与えられた。一〇五六年、司教と都市貴族との協定が成立し、続いて辺境伯がその裁判権を放棄したことにより、ジェノヴァの自立性が確立した。この間に市内の各地区で組織された住民組合が、政治的・軍事的な性格の組織に移行し、一〇九八年以降、これを基盤に選出された住民代表たちをコンソリとする住民の自治組織が漸次的に成立した。ジェノヴァは、ピーサとともに西地中海の一大勢力として発展し、一〇八七年には、ピーサと共同でチュニジアに遠征してジール朝を攻撃するまでになった。

ピーサの大聖堂(1063年着工，12世紀末に完成)，**洗礼堂**(1152年着工)，**鐘楼**(ピーサの斜塔，1173年着工)

一〇九六年に西欧を出発した第一回十字軍は、九八年から一一〇二年にかけて、レヴァントでイェルサレム王国など四つの十字軍国家を建設した。その後、十字軍士の多くは帰国したが、敵地に建設された十字軍諸国家では戦士の消耗が激しく、武器など必要物資の現地調達も十分ではなかったので、人員と物資を補給する必要があった。この補給を引き受けたのが、西ヨーロッパの地中海への出口として格好な位置にあり、すでに独力で海上に進出していたヴェネツィア、ジェノヴァ、ピーサであった。これらが事実上の独立都市であり、その内部では住民たちの自治が発展していたことは、王や諸侯の錯綜する政治的対抗関係に束縛されずに、また都市君主からも束縛されずに、住民が自由に海運に従事することを可能にした。周辺から流入した下級貴族は、冒険をともなう海上活動に必要な資金と人材との一部をもたらした。これらの都市は、十字軍諸国家の拠点都市に自治区画を与えられたが、それは現地における商業活動の拠点として発展した。十一世紀は、地中海における海上勢力交代の転機となった。西地中海では、ジェノヴァとピーサがムスリムを駆逐しつつ発展し、東地中海では、ヴェネツィアが商業特権によってビザンツ帝国の海域を支配したが、十字軍諸国家の成立を契機に、これらイタリアの海上勢力は、さらにファーティマ朝が支配してきたレヴァント海域でも覇権を確立したのである。

内陸都市

皇帝が支配権を行使してきたイタリア王国と教皇領では、教皇との闘争による皇帝権の弱化が、内陸都市でも権力構造の転換をもたらす契機となった。都市を支配してきたのは、皇帝の任命した伯や司教、あるいはその代官であったが、皇帝権が弱化すると、教皇の主導する教会改革を支持し、十字軍によってさらに精神の高揚した住民は、教皇の任命した司教と連携して、皇帝の任命した伯や司教、すなわち従来の都市領主にたいする不服従運動を展開した。住民に支持された改革派の司教は、住民の協力なしには都市を支配できず、都市支配における住民の参加を承認した。現実に支配に参加したのは、従来の都市領主のもとで支配実務を経験してきた都市貴族であった。

十一世紀のミラーノにおける都市貴族は、カピタネイ、ウァルウァッソーレス、キーウェスの三種類からなっていた。カピタネイは、司教からコンタード(次頁参照)の小教区を授封され、その徴税権と裁判権によって一円的な支配権を創出した騎士層である。ウァルウァッソーレスは、都市に移住した一部のカピタネイからその封地を再授封された陪臣層であり、一〇三七年に封の世襲権を承認されてカピタネイと同等の地位をえた。以後、カピタネイと社会的に同化し始め、一部は都市に移住した。キーウェスは、一般には「市民たち」という意味であるが、当時は「都市に居住しコンタードに土地をもつ商人、両替商、裁判官、公証人など」、すなわち騎士層や陪臣層ではない、都市住民の上層を意味したようである。一〇六七年、カピタネイおよびウァルウァッソーレスとキーウェスとが、暴力行使の放棄、司教選出への共同参加を相互に誓約し、以後、この三者は社会的に同化した。こうして形成された都市貴族が、一〇九七年、この誓約に基づく住民の自治共同体(コムーネ)のコンソリを選出したので、ここにミラーノの権力は三重構造となった。皇帝の権力は、皇帝の派遣する巡察使によって行使された。司教の権力は、十分の一税徴収権と異端裁判権に基づいて、都市の裁判権の一部を行使した。コムーネの権力は、慣習法に基づいて、司教権力と競合しつつ、都市の下級裁判権を行使した。やがて、コムーネの権力が皇帝の承認なしに実力で他の権力を侵食するようになり、一一五五年、皇帝フリードリヒ一世はそれを理由にコムーネを断罪するのである。

教会の理念上は教皇領に属する都市ボローニャでは、一〇九六年ころ、伯や司教の封臣層、陪臣層、商人からなる住民上層の誓約団体が、住民下層に形成させた下層団体に自己への服従を誓約させ、同時にこの下層団体への保護を誓約した。上層と下層の二つの団体が相互に誓約するかたちで、上層主導のもとに住民全体の共同体が組織されたのである。ボローニャ住民は、改革派の司教を支持し、一一一五年、皇帝役人の拠点であった要塞を破壊した。翌一六年、イタリアに遠征したハインリヒ五世は、この住民勢力を無視できずに宥和《ゆうわ》政策をとり、破壊についての住民の謝罪を受け入れて、皇帝の直接保護下においたボローニャの住民にたいし、住民共同体の自治を承認する特許状を発布した。このコムーネの「出生証明書」により、都市を支配するのが、もはや伯や司教ないしその代官ではなく、その権力を継承したコムーネの構成員、すなわち市民たちとなった。一一二三年、コムーネのコンソリが史料に初出するが、コンソリを輩出するのは特定の有力家族に限られ、それが事実上の都市貴族であった。コンソリとともに権力を担った都市評議会の会員も、都市貴族から輩出された。兵役義務のある市民(男性)全体からなる市民総会は、和戦の決定など、コムーネの重要事項を決定する場合に招集された。

コムーネは、コンタードの領主や集落共同体に従属を要求した。コムーネの歴史に固有なコンタードは、つぎのような過程をへて形成された。古代ローマ帝国の地方行政では、政治的拠点となる都市が周辺地域を都市管区として支配する方法がとられたが、教会行政もこれに基づき、その都市に司教座をおく司教が都市管区を司教区として支配した。ランゴバルド時代に司教座の移動が多少はあったが、カロリング朝イタリア王国の地方行政もこの方法を踏襲し、司教座都市に配置された地方行政官の伯(コンテ)が司教区を伯管区(コンタード)として支配した。その後、権力秩序が混乱した独立イタリア王国時代、あるいは司教を帝国政策の支柱とした当時の神聖ローマ帝国時代には、司教が世俗権力たる伯権力を自主的に吸収し、あるいは皇帝から政策的に賦与されて、司教伯として伯権力を行使することがあった。皇帝権の衰退により、いまや伯や司教伯にかわって都市の支配者となったコムーネは、伯権力の後継者としての資格に基づいて、コンタードの領主や集落共同体に服従を要求し、拒否したものにたいしては武力を行使した。コムーネの市民にとり、コンタードの支配は、コンタードにおける所有地の保護、流通の維持、食糧・原料・労働力の供給、市場の統制などの確保のために必要であった。十二世紀に開始され終了までに数十年を要した「コンタードの征服」の過程で、司教区は司教座都市のコムーネに従属する固有の支配領域、すなわち(この固有の意味における)コンタードであるという理念が形成された。コンタードの征服は、兵役義務のある市民によって編制される、コムーネの市民軍によっておこなわれた。

ボローニャは四つの市区に区分され、各市区はいくつかの街区に細分されたが、街区ごとに一〇人編制の騎兵隊と二五人編制の歩兵隊が編制され、各人は武装負担能力に応じていずれかの兵員名簿に登録された。四つの市区が総動員されるのは例外的な場合だけであり、通常はつぎつぎに順番でひとつの市区が動員され、ときには必要な数の部隊だけが動員された。服従したコンタード住民は、輜重《しちょう》兵などの補助部隊員として召集された。コンタード支配の拠点には、城塞など防備施設を建設し、土地と免税特権を与えられた住民からなる自由集落(ボルゴ・フランコ)を建設した。

コムーネは、コンタードの領主を制圧すると、租税収入を折半し、城塞の建設や修復を禁止するなど、その封建的諸権利を折半あるいは制限する一方、彼らに下級支配権の行使を容認し、これを利用してその土地にたいするコムーネの支配権を間接的に実現した。まもなく、領主の服従を確実なものにするために、都市における一定期間の居住と住居の所有を義務づけた。コンタードの集落、とりわけ都市的な性格をもつ大集落のなかには、その住民共同体が自治をおこなうものがあった。これが農村コムーネといわれるものである。コムーネは、この自治集落を制圧すると、領主の場合と同様に、その自治権を制限したうえで、集落自体が選出する役人にその統治を委任し、集落にたいする支配権を実現した。コムーネの支配地域が拡大し、コンタード支配が確立すると、コムーネは、領主や自治集落に容認していた特権や下級支配権を廃止して、コンタード支配の単位として再編した大小の集落を、役人を派遣して直接に支配するように志向した。十二世紀の過程で、コムーネは、コンタードの征服をおおいに進展させたが、ミラーノのように強力なコムーネは、コンタードの領域をこえて近隣のコムーネを帰順させるまでになった。

コムーネと皇帝

皇帝にとり、特権を賦与していないところで諸侯、教会、とりわけコムーネが事実上行使する租税など各種財政収入の徴収権、造幣権、裁判権、役人任命権などは、レガーリア(皇帝の権利)を不法に侵害するものであった。とりわけ経済が発展した北部では財政収入が多額となり、その帰属が皇帝にもコムーネにも重要な問題となった。また、コムーネから圧迫された伯、司教、領主(下級封臣)、自治集落、あるいは近隣の弱小コムーネは、皇帝に救援を求めてきた。皇帝フリードリヒ一世は、一一五八年、各地のさまざまな紛争を処理するために、ロンカリアに帝国議会を開き、復活したローマ法学の成果に基づいてレガーリアを明確にした。その結果、コムーネが現実に行使する各種の権力は、本来は皇帝に帰属するものであり、皇帝はそれを回復するのが原理的に可能であるとされた。これ以後、権利関係を明示するために、皇

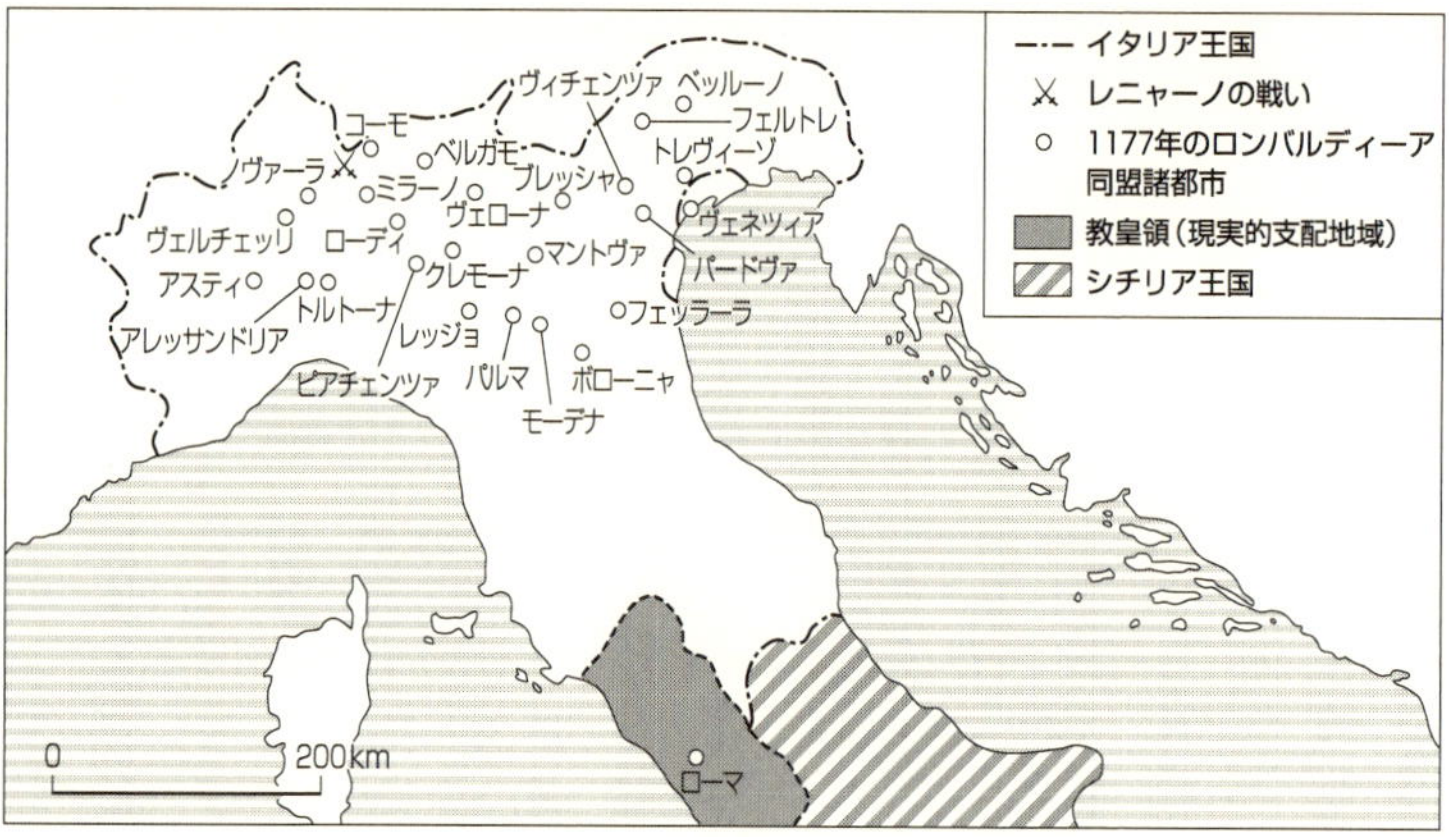

12世紀後半のイタリア

帝からコムーネへのレガーリア授与証書の発給が増加し、コムーネは自己の条例を編纂してその複写を皇帝に献呈した。ミラーノを中心とする皇帝に反抗的な北部都市の強力なコムーネは、皇帝からレガーリアの返還を厳しく要求されたが、そのほかの皇帝に従順な都市のコムーネは、貢租支払いと執政官選出における皇帝の影響力との承認とひきかえに、皇帝からレガーリアが改めて授与された。

フリードリヒ一世は、コムーネの支配する北部の都市集団との対立を深める一方で、教皇との対立も深めた。トスカーナ辺境女伯マティルデの遺領の帰属問題、中部における皇帝の支配領域と教皇領との境界画定問題、教皇領以外での教会支配問題がその原因である。マティルデは、一一〇二年、イタリア中部の各地にある広大な所領を教会に寄進する遺言を作成したが、九年後、それを皇帝に寄贈する遺言に変更したので、死後、皇帝と教皇はその帰属をめぐって対立していた。一一五九年の教皇選挙では、多数派の親シチリア国王派の枢機卿たちがアレクサンデル三世（在位一一五九～八一）を選出し、親皇帝派が対立教皇を選出した。一一六二年、フリードリヒはアレクサンデルが支援するミラーノを征服し、この都市を破壊したが、六四年、皇帝がイタリアに遠征すると、ヴェローナ、ヴェネツィア、パードヴァ、ヴィチェンツァがヴェローナ都市同盟を結成して皇帝に反抗した。一一六六年、皇帝のつぎの遠征にあたり、ミラーノを含む都市同盟が結成され、翌年、皇帝軍がローマ周辺でマラリアのために壊滅すると、同盟は拡大して、中部の都市をも含む「ロンバルディーア都市同盟」が結成された。一一六八年、同盟共同の要塞都市として、教皇「アレクサンデルの都市」という名称のアレッサンドリアが建設された。一一七六年、皇帝軍と同盟軍はレニャーノで決戦をおこない、皇帝軍が大敗した。和平交渉において、皇帝は策略で教皇を同盟から切り離したので、同盟は単独で皇帝と交渉した。一一八三年、皇帝と同盟が締結した「コンスタンツの和約」では、事実上、同盟都市にはレガーリアの自由な行使が承認された。

これを契機に、コンタードでも、領主や自治集落によるコムーネ権力の承認が進行した。同盟都市は、それぞれが事実上の主権をもち、コンタードを支配する都市国家となったのである。まもなく、トスカーナの都市も同様の権利をえた。ここに、イタリア北部・中部の各地では、コムーネが都市とコンタードの支配を確立し、市民の支配する都市国家が成立した。その多くの都市では、十二世紀末から十三世紀初めにかけて、市民の自治の象徴たる市民政府の庁舎が建設された。市民の自治都市が、コンタードの下級封建貴族を従属させ、さらに事実上の国家主権を獲得すると、そこにはビザンツ社会、イスラーム社会、北西ヨーロッパ社会のどこにもみられない、イタリアの北部・中部に特有な社会状況が出現した。商業は、その支配階層にとって不名誉な、軽蔑すべきものではなくなり、商業利害は、国家財政のために犠牲にされることなく、国家権力によって保護されたのである。

おおよそ都市国家が成立したころから、各地の都市では、コムーネの執政官制度が、複数のコンソリによる体制から、一人のポデスタによる体制へと移行し始めた。移行は漸次的におこなわれ、ポデスタ制が確立するのは十三世紀中葉である。移行の背景には、閉鎖的な既成の都市貴族が独占するコンソリ制では、発展によって複雑化した都市社会への対応が困難になったという事情がある。既成の都市貴族のほかにも、最近多数が流入してきたコンタードの貴族、経済活動で急速に実力をえた庶民が出現し、既成貴族のコンソリがおこなう裁判や税負担の配分における不公平、公共財産の私有化をめぐり、新旧の有力者間の対立が深刻化したのである。新旧の有力者たちは、同族結社を形成し、紛争は自力救済する、すなわち実力行使で解決する傾向をもっていた。同族結社をもたない庶民は、これに対抗して、街区やさらには職業を基盤に庶民固有の政治的・軍事的組織を形成して団結し、自己防衛をはかるようになった。街区は、市民軍の編制をはじめ、課税、治安の維持、風俗の取締り、井戸の管理の単位であり、庶民の日常生活の基盤であった。また、経済の発展によって庶民の職業が細分化すると、職業ごとに同職者の組織が形成され、この組織も庶民の日常生活の基盤になった。

コンソリ制では、各種利害の対立するこのような状況への対応が困難となり、各種の社会集団から中立の立場にある一人のポデスタに、コムーネの執政権、すなわち行政権と裁判権を委任するポデスタ制に移行した。ポデスタは、かつては皇帝が任命する都市役人であったが、コムーネが任命する執政官になったのである。この制度の細部はコムーネごとに異なったが、一般には、ポデスタを選出するコムーネ評議会は、市区を基盤に選出される各種の有力者からなり、立法権の中核部分をもった。ポデスタは、都市内部の対立から中立を確保するために、ほかの友好都市の市民のなかから選出された。ポデスタの独裁を防ぐために、任期は半年から二年と短く限定され、任期終了時には権限濫用の有無について評議会による審査を受けた。社会が複雑化し、固有の条例が整備されてきた都市のポデスタには、高度な法律知識と実務能力とが求められたので、ポデスタを職業として都市から都市へと渡り歩く一群の人々が出現した。

コムーネの支配する都市は、十三世紀中葉には、コンタードの征服をほぼ終了し、隣接都市や辺境地帯に根を張る大領主と直接に対立するようになったが、この闘争は、これまでとは違って長期にわたる困難なものとなった。その負担は、不公平な税制と軍役による生業の中断とに苦しむ庶民には過酷であり、彼らは、貴族からなる支配層への不満をつのらせた。ヴェネツィアを除く多くの都市では、貴族の同族結社が皇帝派と教皇派の二派に収斂するかたちで再編され、両派は権力闘争を展開した。両派が近隣の皇帝派や教皇派と同盟した場合には、闘争は都市内部だけにはとどまらず、近隣一帯を巻き込む激烈なものとなった。勝利をえた党派は、相手を都市から追放し、追放された党派は、同盟党派の支配する都市に亡命し、その援助をえて母市復帰の機会をうかがった。この闘争が、庶民の生業を妨げ、その日常生活に被害を与えたのはいうまでもない。多くの都市では、庶民は貴族に対抗するために、貴族を排除した固有の組織を形成し、自己の利害を防衛した。とはいえ、庶民内部では多少とも階層分解が進行しており、分解は経済の発展した大都市では激しく、とりわけ輸出向け大工業が発展した都市では、商人・織元と毛織物労働者の関係のように、雇用者と被雇用者として利害が対立した。十三世紀中葉の都市社会は一般に複雑化し、それぞれの都市の人口規模や経済構造の差異が拡大して、都市社会の個性が明確化してきていた。その結果、都市は個性に応じた固有の政体を創出するが、都市のこのような自由な展開を可能にしたのは、十三世紀後半以降、皇帝、シチリア国王、教皇の強力な権力がつぎつぎに衰退し、強力な都市の発展を抑圧しうる勢力が崩壊したからである。

シチリアの晩禱

一一九七年、皇帝兼シチリア国王ハインリヒ六世は、息子フリードリヒ(フェデリーコ)が三歳のときに急死し、翌年、妻のコスタンツァもあとを追った。シチリア国王フリードリヒ一世の後見人となった教皇インノケンティウス三世(在位一一九八〜一二一六)は、ホーエンシュタウフェン家による南北からの教皇領の包囲状態を解消するために、皇帝権とシチリア王権の切断をはかり、一一九八年、二重に選出されたドイツ国王のうち、ハインリヒの弟フィリップではなく、ヴェルフェン家のオットーを承認した。一二〇八年、フィリップが暗殺され、今度は一致して国王に選出されたオットーが、翌年、皇帝(四世)として戴冠された。しかし、オットーは、戴冠前後から、教皇とのあいだで帰属が争われていたイタリア中部の領域を帝国に帰属させることをはかり、シチリア王国にも侵入した。一二一一年、教皇はオットーを破門し、反ヴェルフェン派はフリードリヒ二世(在位一二一二〜五〇)をドイツ国王に選出した。フリードリヒは、一二一二年、シチリア王国にたいする教皇の授封権を確認して、教皇に忠誠誓約をおこなうとともに、ドイツ国王として戴冠し、翌一三年には、マティルデ遺領を含む中部諸領が教皇に帰属すること、シチリア王国の教会事項は教皇に上訴しうること、などを確認した。なお、一二三〇年ころには、スポレート公領も教皇領に編入された。ドイツに遠征したフリードリヒとオットーの対立は膠着《こうちゃく》状態となったが、一二一四年、フリードリヒと同盟したフランス国王が、ブーヴィーヌの戦いでオットーとイングランド国王とに大勝した結果、フリードリヒのドイツ王位が確定した。しかし、王位をめぐるこの闘争の過程で、ドイツ国王の領地や権利が、支持をえるために諸侯に授与され、あるいは諸侯によって簒奪された。

ドイツでの勢力を確立したフリードリヒは、一二二〇年、イタリアに帰還し、ローマで皇帝(二世)として戴冠された。フリードリヒは、ドイツ王国とシチリア王国とを法的には峻別するが、両国の統治権は約束に反していずれも自分がもつと主張した。皇帝による十字軍遠征を優先した教皇は、それを承認し、ひきかえに翌年の遠征を誓約させた。フリードリヒは、誓約にもかかわらず遠征を延期し、長期間不在にしたシチリア王国の秩序回復に専念した。ノルマン朝が断絶した一一八九年以後に、諸侯などへ授与した特権は撤回し、諸侯が建設した城塞は破壊したのみならず、半島南部の反抗的な諸侯は打倒し、王国の教会は専制的に支配した。シチリア南部に独立集団を形成したムスリムは降伏させ、プッリア北部のルチェーラに集団移住させて、そこから国王直属のムスリム部隊の兵士を徴集した。国王の役人組織を拡大し、一二二四年には役人養成のためにナポリに大学を創設した。一二三一年、メルフィで公布した『シチリア王国勅法集成』では、諸侯や騎士の慣習的権利を抑制し、都市の自治は徹底的に抑圧して、王権の絶対的優位という理念を表明した。

こうして王権を回復し、軍役義務に基づく封建軍隊を中核とする軍隊により、イタリア北部・中部にお

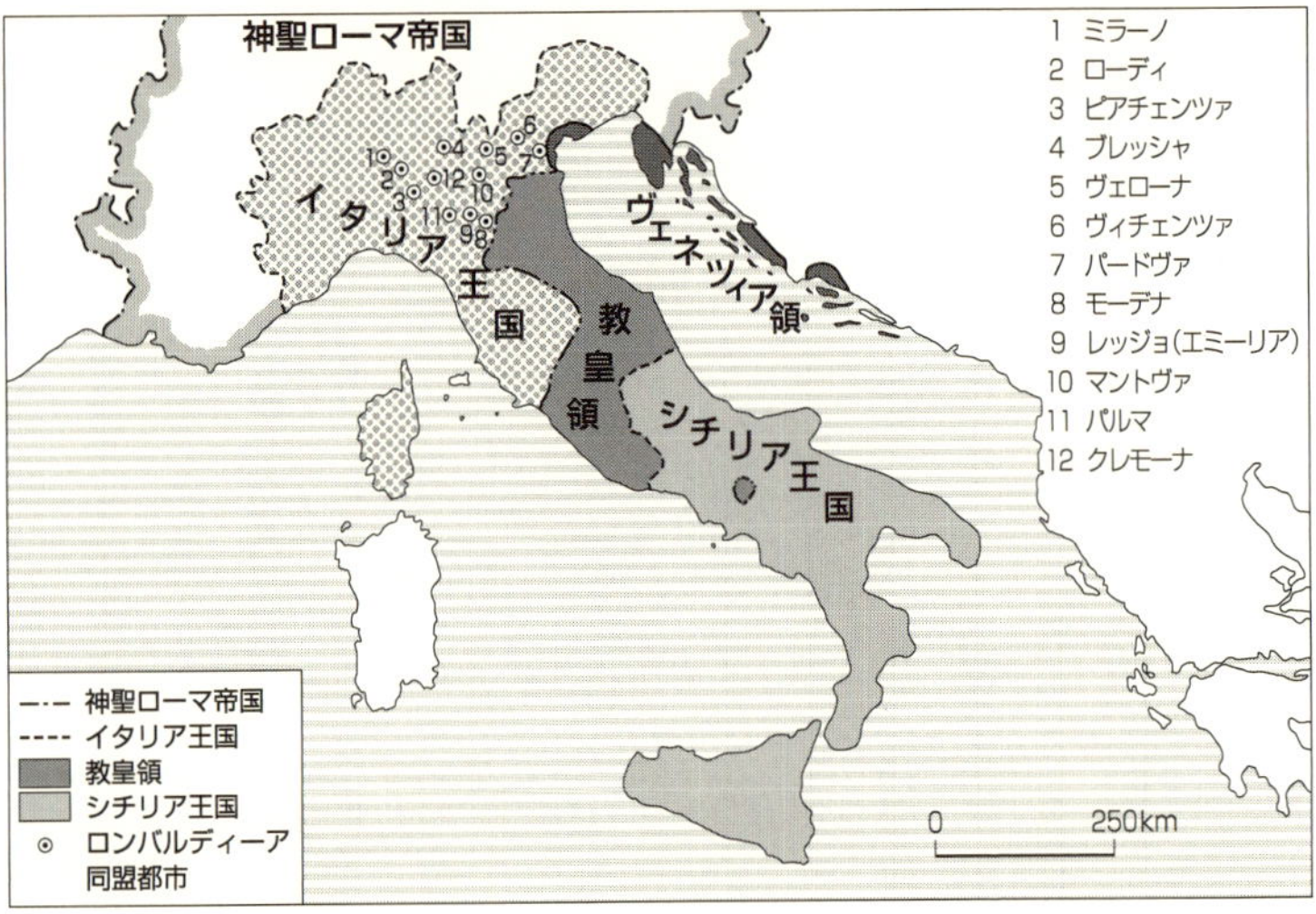

13世紀前半のイタリア

ける皇帝権の回復をはかった。王国北辺のアブルッツォに構想した要衝都市ラークイラの建設は、死後の一二五四年に実現した。ラークイラとは、ホーエンシュタウフェン家の紋章の「鷲」である。フリードリヒの財政資金は、国王役人によって自治を抑圧された王国都市への重税と、ピーサ、ジェノヴァ、ヴェネツィアの商人からの融資に依存した。王国都市の工業は重税と国王の独占企業とによって衰退し、商業は特権をえた外国商人に支配された結果、王国では北部・中部都市の製品を輸入し、そこへ食糧・原料を輸出する経済構造が成立した。

北部では、皇帝の拡大政策に対抗して、一二二六年、ミラーノを中心とする第二次ロンバルディーア都市同盟が結成された。翌二七年、教皇グレゴリウス九世(在位一二二七〜四一)が十字軍遠征の遅延を譴責《けんせき》したので、フリードリヒ二世は遠征軍をプッリア諸港に召集したが、伝染病の発生によって出発を翌年に延期し、これを口実に教皇から破門された。一二二八年、破門のまま聖地に遠征し、戦争することなくアイユーブ朝スルタンと交渉して、一〇年間の休戦協定を締結し、キリスト教徒の聖地巡礼の権利をえて、二九年、シチリアに帰還した。一二三一年、ラヴェンナで開いた帝国議会にロンバルディーア同盟都市は参加せず、フリードリヒは、この事態に対処して、ドイツ諸侯に広範な自治権を授与してその支持をえた。この皇帝は、帝国内部ではドイツ王国より、イタリア王国を重視したのである。

一二三二年、ドイツ勢力のイタリア進出の拠点となる都市ヴェローナが、都市同盟から脱落した。皇帝の支援で同市の支配権を確立し、近隣のヴィチェンツァ、パードヴァ、トレヴィーゾを征服したエッツェリーノ・ダ・ロマーノが、北部における皇帝派の指導者となった。ドイツから皇帝軍が南下すると、マントヴァ、フェッラーラが、さらにトスカーナでもピーサとフィレンツェが皇帝派となった。一二三七年、皇帝軍はコルテノーヴァ（ブレッシャ近隣）の戦いで同盟軍に大勝したが、降伏条件をめぐる皇帝と同盟との交渉は紛糾しつづけた。皇帝は、同盟の中心ミラーノを屈服させることができず、皇帝の勢力拡大を恐れた教皇グレゴリウス九世は、都市同盟と連携し、さらにジェノヴァやヴェネツィアとも同盟して、皇帝と対決し、一二三九年、皇帝を再度破門した。一二四三年に即位した教皇インノケンティウス四世（在位一二四三～五四）は、リヨンに避難して徹底抗戦し、四五年、フリードリヒの廃位を宣言した。北部の皇帝派都市は、ヴェローナでさえ、自治や他都市支配の承認などとひきかえに皇帝を支援していたにすぎなかった。一二四八年、皇帝は都市同盟に敗北し、五〇年、失意のうちに没した。

フリードリヒ二世の死後、帝位とシチリア王位を継承した息子コンラート四世は、父の庶子マンフレーディが実力で統治するシチリア王国を回復するために、ドイツからイタリアに進入したが、回復を実現しないまま一二五四年に急死した。シチリア王国の支配を確立したマンフレーディは、一二五八年、国王に即位し、六〇年、娘コスタンツァをアラゴン王国の後継者ペドロと結婚させた。教皇は、自己のイタリア政策に従う者にシチリア王国を授封しようと、イングランド国王やフランス国王と再三交渉した結果、一二六三年、フランス国王ルイ九世の弟シャルル・ダンジューに授封した。イタリア北部・中部都市の商人から調達した資金で遠征したシャルルは、一二六六年、ベネヴェントの戦いでマンフレーディを敗死させ、六八年、ドイツから遠征してきたコンラートの息子コンラーディンをタッリアコッツォの戦いで捕虜とし、ナポリで処刑した。ここにホーエンシュタウフェン朝は断絶した。シャルルは、ナポリに宮廷をおいて、フランス人を高級役職に登用し、諸侯領の一部を没収して彼らに分配する一方、北部・中部都市の商人には王国財政の実務を担当させた。現地人を犠牲にした外国人支配体制を確立すると、一二六一年に崩壊していたラテン帝国の復興計画に着手し、ヴェネツィアと連携してビザンツ帝国への遠征を準備した。

イタリアに亡命した最後のラテン皇帝ボードゥアン二世は、一二六七年のヴィテルボ条約により、すべての権利をシャルルに譲渡して見返りに年金を受給した。一二七四年のボードゥアンの死後、息子フィリップは、ラテン皇帝としての権利を主張したが、同年、シャルルの娘ベアトリーチェと結婚した。いずれにせよ、シャルルはこの帝国にたいする権利をえたのである。シャルルは、現地人に過酷な負担を強いて調達した資金により、一二八二年、遠征艦隊をメッシーナに集結した。一方、アラゴン国王ペドロ三世は、妻コスタンツァの権利によってシチリア王位を請求したが、その宮廷ではシチリア王国の亡命貴族が王位獲得の実現を計画し、バルセローナ商人は地中海での勢力拡大のためにこの計画を支援し、ビザンツ皇帝はシャルルに対抗してペドロと同盟した。一二八二年三月三十(あるいは三十一)日、メッシーナにシャルルの遠征艦隊が集結していたとき、パレルモでは現地女性に戯れたフランス人兵士が夫に殺害されたのを契機に、王国の首都の座をナポリに奪われたうえに過酷な負担を強いられた住民の反フランス感情が一挙に爆発し、フランス人にたいする大量虐殺が始まり、島内各地にも飛び火していった。これが「シチリアの晩禱《ばんとう》」と呼ばれる事件である。

ところで、ここにいうアラゴン王国とは、アラゴン連合王国の略称であり、その実体はいくつかの国家の連合体である。一一三七年、(狭義の)アラゴン王国の王位継承者(同年即位)とカタルーニャ地方を支配するバルセローナ伯とが結婚し、アラゴン連合王国が成立したとされるが、六四年、両者の息子アルフォンソが伯国と王国との二つの国家を同時に支配することにより、両国は同君連合となった。一二三〇年代には、レコンキスタで獲得した領土をマリョルカ王国およびバレンシア王国という二つの王国に再編し、合計四つの国家によって同君国家連合体を形成した。一二七六年、アラゴン連合王国の国王ハイメ一世がマリョルカ王国を次男に、ほかの三国を長男に相続させたので、以後一三四三年にマリョルカ王国が征服され、同君連合に復帰させせられるまでのあいだ、この一国は連合体から分離していたことになる。封建貴族の支配が強固なアラゴンと、バルセローナに強力な商人階級をもつカタルーニャ(バルセローナ伯国)とでは、国家の経済的・社会的な構造が異なるように、構成各国は固有の性格をもっていたが、連合王国はそれぞれの性格を尊重するゆるい連合体であった。十三世紀以降、バルセローナの海上商業が発展し、カ

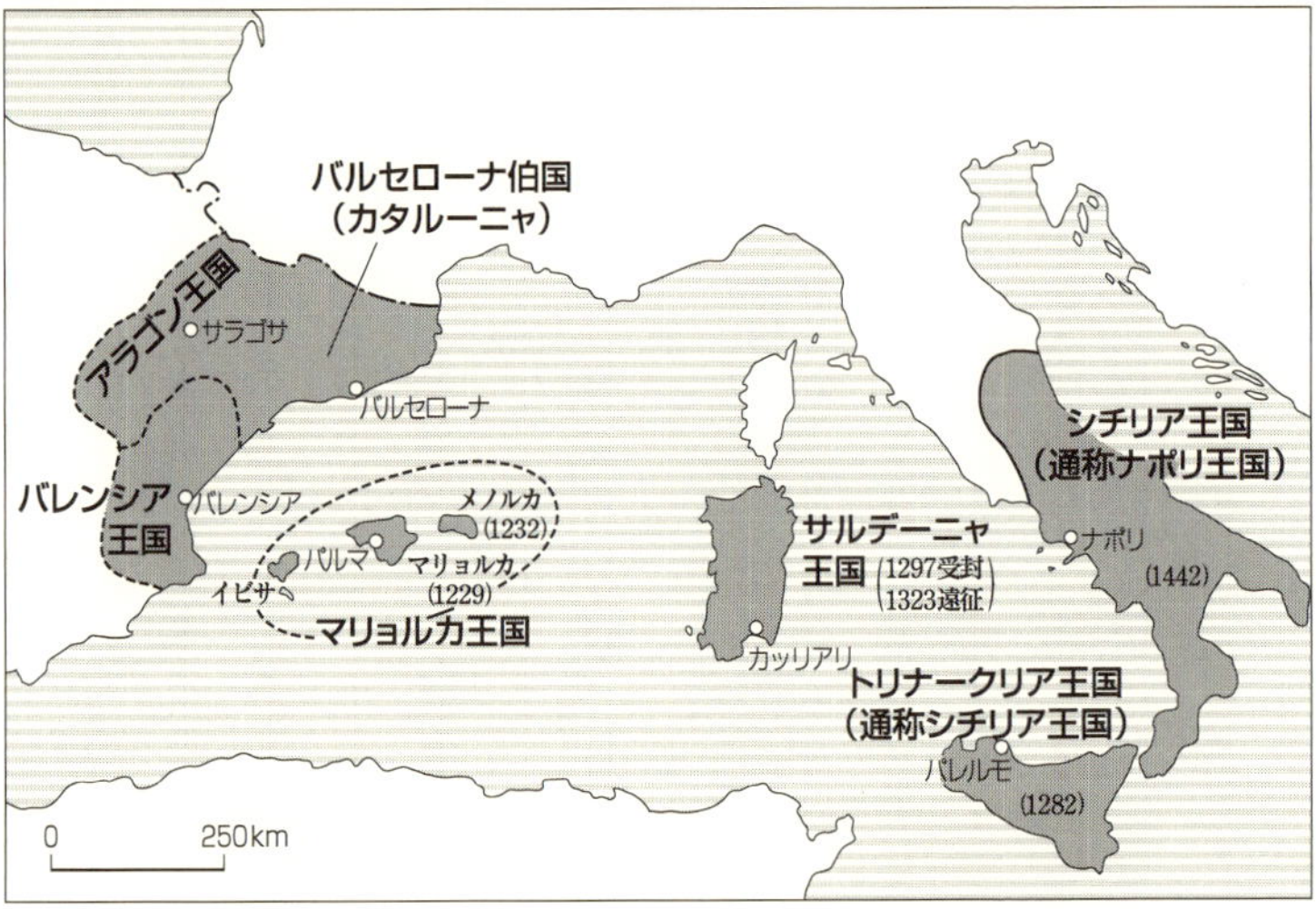

アラゴン(連合)王国の拡大

タルーニャが連合王国のなかで優勢となった結果、連合王国は、地中海進出を優先課題とするにいたり、バルセローナ商人の支援のもとに、バレアレス諸島(マリョルカ王国)のみならず、シチリア、さらにはサルデーニャにも進出することになったのである。

「シチリアの晩禱」により、フランス勢力を一掃したシチリア各地の有力者は、教皇の宗主権のもとで自治都市の連合体を形成する許可を請願したが、教皇に拒否され、やむなくアラゴン(連合王国)国王ペドロに保護を求めて王位を提供した。一二八二年九月、ペドロはパレルモで国王に即位したが、シャルルの兵力が温存された半島南部の征服はできず、ここに両者は海峡を挟んで対立し、以後断続的に九〇年間も続く「晩禱戦争」が始まった。一二八五年、シャルルとペドロが没した。同年、父のシチリア王位を継承したハイメ(ジャコモ)は、一二九一年、兄が没したのでその後継者としてアラゴン国王(二世)となったが、アンジュー家とそれを支援する教皇の圧力に屈し、九五年、シチリアの権利を放棄して、ひきかえに教皇からサルデーニャとコルシカを受封するというアナーニ協定を締結した。そして、一二九七年、実際に王位を授封され、シャルル(カルロ)の後継者カルロ二世の息子ロベルトと姉妹ヨランダ(ヴィオランテ)を結婚させた。シチリアの有力者たちは、この取決めに反対し、すでに一二九六年に次兄ハイメにかわってシチリア国王に推戴していた弟フェデリーコ二世のもとで、ハイメ二世の派遣したアラゴンの遠征軍に抵抗し、この取決めを事実上無効にした。以後ほぼ一世紀間、アラゴン王位はハイメの系統が、シチリアの王位はフェデリーコの系統が継承する。

一三〇二年、シチリアの王フェデリーコと、翌年義父となる半島南部の王カルロ二世とが、教皇には秘密のまま、カルタベロッタ(シチリア)で和約を結んだ。その内容は、シチリアは存命中はフェデリーコが支配するが、死後はシャルル・ダンジューの子孫に返還されるとし、代償としてフェデリーコの子孫は、サルデーニャかキプロスの支配権をえるというものであった。シチリアを法的にはアンジュー家のものとするこの条約を、教皇も結局は追認した。条約では、カルロの称号はシチリア国王、フェデリーコの称号はトリナークリアの王とされたが、トリナークリアとは「三つの岬」というギリシア語で、シチリアを表現するものである。なお、このフェデリーコは、フェデリーコという名前をもつシチリア国王としては二番目の人物であるが、自分は神聖ローマ皇帝フェデリーコ(フリードリヒ)「二世」の継承者であると主張し、フェデリーコ「三世」と自称した。

ともあれ、一三三七年のフェデリーコの死後、二〇年以降共治者であった息子ピエトロが王位を継承し、

イタリア王国
チヴィダーレ
アクイレイア
イヴレーア
ミラーノ
マントヴァ
ヴェネツィア
トリーノ
パヴィーア
アスティ
レッジョ
フェッラーラ
ジェノヴァ
モーデナ
ボローニャ
ヴェネツィア領
フィレンツェ
ピーサ
メローリア
シエーナ
教皇領
クルツォラ
コルシカ
(ジェノヴァ領)
ローマ
タッリアコッツオ
ベネヴェント
ナポリ
シチリア王国
(通称ナポリ王国)
(アンジュー1268年)
サルデーニャ(王国)
(アラゴン1297年)
パレルモ
メッシーナ
シチリア王国
(アラゴン1282年)
0
100km
13世紀末期のイタリア

この条約は無視された。以下、便宜上、アンジュー家が現実に支配する半島南部の王国を「ナポリ王国」、アラゴン家(分家)が支配する王国を「シチリア王国」と通称で呼ぶことにするが、「シチリアの晩禱」以前のシチリア王国とは違い、この(通称の)シチリア王国には半島南部は含まれていない。

九〇年間続いた「晩禱戦争」は、ナポリ王国とシチリア王国の国力をともに消耗させた。莫大な戦費を融資し、商業特権をえた外国商人は、両国の経済を支配した。ナポリ王国では、トスカーナやヴェネツィアの商人が優勢であり、シチリア王国では、トスカーナ商人にかわってしだいにカタルーニャ、とりわけバルセローナの商人が優勢となった。両国の貴族は、外部(フランス、イベリア)からきた貴族であれ土着の貴族であれ、忠誠誓約や軍役奉仕の代償にさまざまな特権をえて、十四世紀の過程でしだいに強大な権力をえていく。一方、イタリア北部・中部では、一二五四年から七三年までの「大空位時代」と、それに無力な諸帝が続いたことにより、皇帝による抑制のなくなった都市国家同士が弱肉強食の争いを展開していく。

3　都市国家の政体

コムーネの展開

十三世紀中葉以降、北部・中部の都市国家が自由に発展して、それぞれが固有の政体を模索したとき、三つの要素が政体の決定に重要な役割をはたした。ひとつは、貴族の同族結社が、イタリアにおける教皇とホーエンシュタウフェン家の皇帝・シチリア国王との対立をめぐり、それぞれが一方を支持する二つの党派に収斂し、闘争したことである。一二四〇年代に、グエルファ党(いわゆる教皇党)、ギベッリーナ党(いわゆる皇帝党)という名称が出現した。グエルファは、教皇と連携してホーエンシュタウフェン家に敵対した、バイエルン公ヴェルフの名前に由来し、ギベッリーナは、ホーエンシュタウフェン家の拠点城塞ヴィーベリンゲン(ヴァイプリンク)に由来する。フリードリヒ二世の時代からアンジュー家によるシチリア王国征服の時代まで、この二つの名称は、それぞれ教皇党、皇帝党として現実の意味をもっていたが、以後しだいに名称が独り歩きし始め、ついには教皇あるいは皇帝との同盟の有無とは関係なく、多様な動機で対立する二派の一方をグエルファ党、他方をギベッリーナ党と呼ぶのが実態に近くなる。ギベッリーナ党が教皇と連携したり、グエルファ党が教皇と対立するという事態も出現するのである。

もうひとつは、庶民(ポーポロ)が固有の組織を形成し、貴族に実力で対抗し始めたことである。この庶民組織は、自己防衛のための武力組織として出現し、ついで貴族が独占するコムーネの権力機関に対抗して、それを模倣する固有の権力機関を創出した。コムーネのポデスタに対応するのが、カピターノ・デル・ポーポロ(庶民ないし平民の指導者)であり、またコムーネの評議会に対応して、庶民ないし平民の評議会が設置された。とりわけ大都市では、庶民内部の階層分解が激しく、その上層と下層との利害の対立が明確となり、下層は貴族の一派と結託することもあったので、庶民上層は、下層をこの固有の組織から排除するようになった。庶民上層が貴族を抑圧し、コムーネの実権をえて、下層を政権から排除した場合には、もはや庶民上層と下層の乖離は決定的であり、庶民という概念で両者を一括するのは無理である。

政権を担う庶民上層は「平民」(これもポーポロ)、そこから排除された下層は「下層民」ないし労働者層と呼ぶのが適当であろう。一般に、平民資格の要件は平民からなる同職組合の成員であることであり、下層民は彼ら自身の同職組合の結成を平民によって禁止された。ともあれ、大都市では、貴族内部の対立、庶民の階層分解という複雑な状況のなかで権力闘争が展開した。

最後のひとつは、この権力闘争に決着がつかず、秩序維持が困難になった場合に、諸集団の調停者としてシニョーレが出現したことである。シニョーレ(あえて意訳すれば非常大権執行官)とは、危機克服のために、通常はコムーネが諸役職に分散している諸権限を多少とも集中して委託した人物、ないしその地位のことである。法的には共和制の枠内の存在ではあるが、非常に広範な権限を委託されるので、事実上の独裁者になる可能性をもっていた。ポデスタは、通常時において、非市民が就任する、規定に基づく一定の権限と任期をもつ役職である。これにたいしてシニョーレは、非常事態において、市民か否かを問わず事態克服の力量をもつ者に授与される、必要な権限と柔軟な任期をもつ地位である。ポデスタとシニョーレは、このように異なるとはいえ、集団で執政するコンソリとは違い、一人で執政するという共通点をもち、ポデスタがなしくずしにシニョーレになることがあった。庶民ないし平民が貴族を抑圧し、実権がポデスタではなく、カピターノ・デル・ポーポロにあったコムーネでは、カピターノ・デル・ポーポロがシニョーレになることがあった。シニョーレが統治する政体をシニョリーアという。シニョーレは、コムーネの内部に出現するだけではなく、コムーネが弱体な場合には、外部から押しつけられることがあった。シニョリーアが出現し始めるのは、おおむね十三世紀中葉である。シニョリーアが確立すると、「共和政」は消滅し、さらにコムーネの「共和制」機構が形骸化して、事実上の「君主政」に移行するが、やがてシニョーレが皇帝あるいは教皇から爵位を授与され、市民から君主として承認されると、ここに正真正銘の「君主制」が成立する。

都市貴族、ポーポロ(庶民・平民)、シニョーレの三者のうち、誰が主役になるかで政体が決定し、ひとつのコムーネでも時期によって変化することがあったが、特定の政体が定着するに従い、その社会に固有の政治文化が形成された。政体を類型化するとつぎ(1)・(2)・(3)のようになるが、どの類型でも内実は多様であり、ここにあげる事例(a)・(b)だけにはとどまらないであろう。

(1)　都市貴族の支配　(a)　(都市)貴族の中核が大土地所有者であり、住民にも多数の農民がいるような、圧倒的に農業的な経済をもち、商工業の発展が限定された小都市では、ポーポロの組織はたいして成長せず、貴族によるコムーネ支配が存続した。フリウーリ地方やラツィオ地方などに多い。(b)　商工業が非常に発展したにもかかわらず、均質的な貴族が分裂せずに団結し、ポーポロの最上層部を吸収同化したコムーネでは、これによって貴族の権力がむしろ強化された。ヴェネツィアがその好例である。

(2)　ポーポロの支配　(a)　商工業が発展する一方、貴族が分裂したコムーネでは、ポーポロが貴族を抑圧して権力を獲得した。ロマーニャ地方、トスカーナ地方、ウンブリア地方に多い。フィレンツェとボローニャはその典型であるが、両市ともポーポロは、貴族の一派と連携して他派を打倒したのち、貴族を排除して単独で権力を獲得している。(b)　貴族が分裂したとはいえ、ポーポロは、単独で権力を獲得するにはいたらず、貴族の一派と連携して他派を打倒したのち、連携する一派と共同でコムーネを支配した。ジェノヴァがその一例であるという。

(3) シニョーレの支配　ピエモンテ地方、ロンバルディーア地方、ヴェーネト地方、エミーリア地方、マルケ地方に多い。(a) 貴族とポーポロのどちらも、相手を決定的に打倒することができず、闘争に決着がつかないので、両者の調停者として出現したシニョーレがコムーネを支配した。ミラーノが著名である。シニョリーア成立の契機は一様ではなく、貴族がポーポロを抑圧させるために、あるいはポーポロが貴族を抑圧させるために、シニョーレを導入することがあった。(b) 弱体なコムーネは、外部の強力なシニョーレや諸侯・君主に征服されると、彼を自己のシニョーレとして受け入れた。ピエモンテ地方では、サヴォイア家などの封建諸侯が、ポーポロの運動を支援して、コムーネを支配する貴族の権力を弱化させ、自分をシニョーレとして押しつけた。

都市貴族の支配やポーポロの支配を政体とする都市でも、危機克服のために一時的にシニョリーアを導入することがあった。十四世紀前半、フィレンツェでは、ポーポロの支配が確立していたが、戦争や企業の集団的倒産で危機に陥ると、ポーポロは、友好関係にあるナポリ王国から三回にわたり、国王ロベルト、カラーブリア公(ロベルトの息子)、アテネ公(二三五頁参照)をシニョーレとして迎え入れている。一三〇〇年前後には、イタリア北部・中部のコムーネは二分され、アッペンニーノ山脈の北部・東部ではシニョリーアが普及し、南部・西部では、貴族の支配であれポーポロの支配であれ、共和政が普通であった。十四世紀後半には、山脈の南部・西部にもシニョリーアが拡大し、十五世紀になると、そこでも共和政はしだいに消滅していく。トスカーナでは、シニョリーアの萌芽はあったが、その確立以前にフィレンツェによって征服されたという都市が少なくない。シニョリーアが確立したコムーネでは、十四世紀末以降、ミラーノのように、シニョリーアが君主制に移行することがあった。

従来、イタリア北部・中部の都市については、市民たちの担う共和政が、シニョリーアよりも「より自然な形態」だとされてきた。しかし、それではなぜ、シニョリーアがこれほど普及したのか。政治の危機が常態となったとき、それを解決するためには、権限分割と合議制に基づく共和政より、強大な権力をもつ一人の支配する政体が有効であったからであろう。政治の危機は、都市内部の社会集団の対立が深刻となり、集団同士の勢力が均衡して権力闘争に決着がつかない場合にも、強力な外部勢力の攻撃によって、都市国家の存立自体が危機に陥った場合にも出現した。共和制の形式と君主政の実態をもつシニョリーアを出現させたのは、コムーネの制度ではなく、それを必要とする社会の現実であった。シニョリーアこそ、内部闘争が常態となる一方で、都市同士の弱肉強食が激化した段階以後、「より自然な形態」になったというべきであろう。問題となるのは、なぜシニョリーアが出現したかではなく、むしろ、なぜ共和政が存続しえたかであろう。シニョーレにたいする評価は、利己的で暴力的な専制君主、市民の自由の剝奪者として、当時も現在も一般に厳しい。しかし、シニョーレの地位を長期にわたって保持するためには、市民たちの支持が必要であり、コムーネの制度や政治を担ってきた有力市民への配慮も必要であった。シニョーレは、都市や支配領域の有力者の支持をえるために、聖俗の役職を授与し、婚姻関係を結ぶと同時に、市民一般に善政という印象を与えるために、著述家や芸術家を保護し、都市を美化した。その一方で、権力の簒奪者という非難を回避し、地位を強化するために、帝国領域(イタリア王国)では皇帝の、教皇領では教皇による地位の正統化を求めたのである。

フィレンツェ

フィレンツェでは、平民の支配が成立した。フィレンツェが飛躍する契機となったのは、シャルル・ダンジューによるシチリア王国の征服である。その遠征資金を調達した教皇派のフィレンツェ商人は、一二六〇年代後半、シャルルの勝利が確定すると、シチリア王国、教皇領、フランス王国、イギリス王国などで教皇の徴税人としての地位を確立した。十字軍運動とともに権威の拡大した教皇は、西欧各地から多額の教会税などをえるようになっていたが、教皇はこの収入を担保としてシャルルの遠征を支援し、資金を融資した商人たちはその地位を確立したのである。のみならず、教皇との連携を背景に、キプロスやロードスなど、地中海の各地にも進出していった。皇帝派のピーサは、これとは反対に打撃を受け、さらに一二八四年、メローリアの海戦でジェノヴァに完敗すると、没落への道をたどった。皇帝派のシエーナは、同じく打撃を受け、さらに十三世紀以降の過程で、シエーナをとおるフランス街道がしだいに活気を失ったので、この「街道の娘」には以前の元気がなくなった。フィレンツェは、経済の飛躍的な発展とシャルルの軍事的な保護により、トスカーナにおける覇権を確立した。

教会税の徴収業務は金融業を発展させ、国王や諸侯への金融は商業特権をもたらした。教会税の徴収権をめぐり、十三世紀末以降、教皇はフランス国王と対立するが、そのときにはすでに、フィレンツェ経済は自立した発展の軌道にのっていた。商業の拡大は、取引商品を増大させ、各種の職場を提供し、各地か

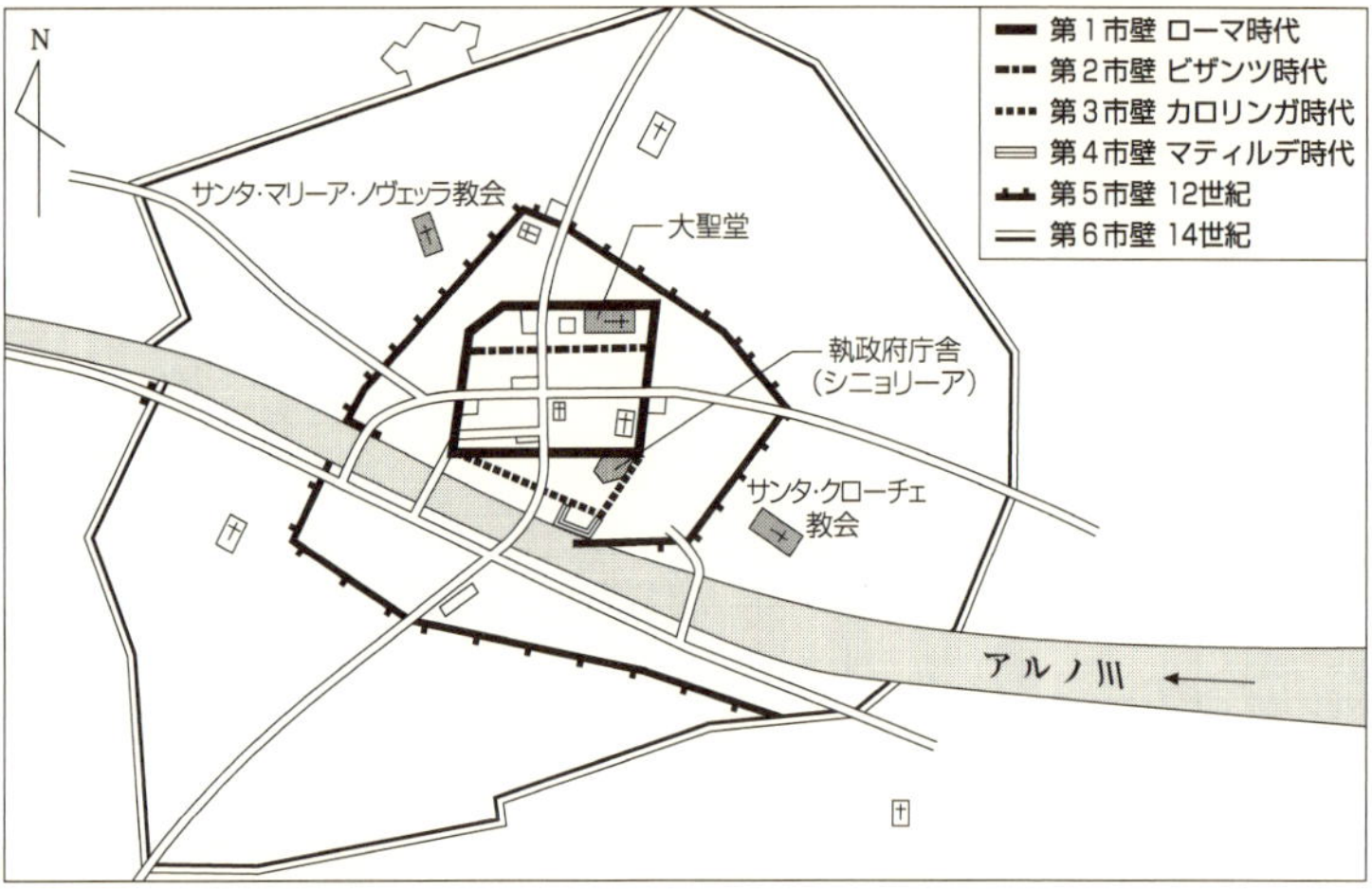

フィレンツェ市壁の変遷

ら人口を吸引した。豊富な労働力は、原料や食糧の輸入とあいまって、諸工業とりわけ毛織物工業を発展させた。一三二〇年代、フランドル毛織物工業の危機を契機に、フィレンツェ商人は、商業特権を利用してイギリスからフランドルに輸出していたイギリスの良質羊毛を母市に輸出し、フランドルの高級毛織物を模倣したフィレンツェ製品を生産し始めた。十四世紀後半、イタリアおよび地中海世界の高級毛織物市場では、フィレンツェ製品の独占状態が実現する。フィレンツェは、短期間に金融業、商業、輸出向け毛織物工業からなる固有の経済構造をもつ、一大経済都市に成長した。

フィレンツェにおける経済の飛躍は、その社会構造に変革をもたらした。一二六六年、シャルルの勝利により、フィレンツェでは、皇帝派貴族が亡命し、ともに教皇派である貴族と遠征費用を調達した平民商人とが亡命先から帰国した。フィレンツェの平民上層は、自己防衛のために、彼らの同職組合(アルテ)を、経済的・相互扶助的な性格の旧型の組合から、貴族に対抗する政治的・軍事的な性格をもつ新型の組合へと再編した。ここに、裁判官・公証人、金融業者、毛織物商人、絹商人、毛皮商人、毛織物工業の織元、医者・薬屋、の七つの新型組合(七大組合)が出現した。シャルルの過大な勢力を危惧するようになった教皇が両派貴族の融和を進めたのを契機に、一二八〇年に皇帝派貴族の大量帰国が実現した。一二八二年、「シチリアの晩禱」によってシャルルの勢力が一挙に弱化すると、その保護のもとにあった教皇派貴族の勢力が衰退した。これを契機に、同年、平民中層からなる五つの新型組合(五中組合)が編成された。新型組合は、それぞれがある程度の政治的・軍事的な力をもつために、いくつかの旧型組合を集合して編成したものが多く、その場合には、ひとつの新型組合は、それぞれが多少とも自律性を保持するいくつかの旧型組合の集合体であった。合計一二となった新型組合の組合員のなかから選出された代表たちからなる、プリオーリ(代表者たち)と呼ばれる平民固有の権力機関が創出された。一二八二年以後、このプリオーリが、コムーネの実権を、貴族を中核とする従来のコムーネ機関から剝奪し、自己の手中に確保した。なお、プリオーリは、最初三人制であったが、年内に六市区一人ずつの六人制に移行し、一三四三年には、新市壁の完成による市区の変更にともない、四市区二人ずつの八人制になった。

貴族の一部、とりわけ経済活動をおこなって平民上層と同化した人々は、プリオーリの権力を承認したが、ほかの貴族はその権力を否認し、プリオーリの権力行使には実力で反抗した。一二八八〜八九年、さらに平民中層・下層からなる九つの新型組合(九小組合)が編成されて、この平民組織は合計二一となり、貴族の反抗を抑圧するに十分な実力が形成された。一二九三年、プリオーリは、反抗する貴族を新型組合の武力によって抑圧し、「正義の規定」を制定した。規定の要点は三つある。ひとつは、プリオーリの権力行使に反抗する人々を「豪族」として指定し、プリオーリをはじめとする平民機関から排除して、権力の中枢から隔離したこと。もうひとつは、二一の新型組合以外の同職組合の存在を否定し、平民の権力機関への参加資格を、公認された二一組合の組合員だけに限定したこと。したがって、豪族とならんで、自分たちの新型組合をもてなかった下層民が、権力から排除されたのである。最後は、七大組合の組合員のなかから各市区ごとに順番に選出される一人の「正義の旗手」が、プリオーリの議長となり、正義の旗手とプリオーリからなる機関が、シニョリーアと呼ばれる平民の最高権力機関となったこと。なお、先述のように、イタリア史では一般に、シニョーレを統治者とする政体をシニョリーアというが、フィレンツェのこの機関も、同名異義のシニョリーア(執政府)と呼ばれる。フィレンツェのシニョリーアの構成員の選出は、組合単位にではなく、組合員のなかから市区単位におこなわれた。組合ごとに選出権の大小が規定されてはいないが、現実には、圧倒的多数が七大組合から選出されることになった。

結局、フィレンツェでは、経済の飛躍によって勢力を拡大した平民が、一方では自己と政治利害の対立する豪族を、他方では経済利害の対立する労働者層を、権力の中枢から排除したことになる。さらに、平民運動の中核をなした上層は、その中層・下層と連携して陣営を強化したが、事実上は権力をほぼ独占し、中層・下層には名目的な分け前しか与えなかった。一言にしていえば、大商人を中核とする平民上層が、実権を獲得したのである。

ヴェネツィア

ヴェネツィアでは、貴族の支配が存続した。中世初期に起源をもつこの都市は、きわめて特異な歴史条件をもつ。コンタードをもたず、名目的とはいえビザンツ帝国に属してきたので、貴族が皇帝派と教皇派に分裂することがなく、単独の最高執政官ドージェ(統領)は自国貴族から選出される終身職であった。一二〇四年、第四回十字軍の参加者が旧ビザンツ帝国領を分割したとき、ヴェネツィアはその「八分の三」をえたが、参加諸侯のえた部分と同様に、そこには未征服の土地も含まれていた。クレタ支配の権利をある諸侯から購入し、ジェノヴァの干渉や島民の抵抗を排除してこの島を征服した。都市イラクリオン(カンディア)とその周辺を直轄地とし、ほかの部分は一八〇の封地に分割して入植者に授封した。受封者は、軍役奉仕、穀物納入、労働力提供など規定の義務を遂行した。ヴェネツィアは、クレタ支配に全力を投入したので、権利のあるエーゲ海諸島を直接征服する余力がなく、私人が独力で征服した土地を封地として承認し、間接支配のもとにおいた。こうして本格的に形成された海外領土は、東地中海における商業拠点としてのみならず、食糧および原料の産地としても開発された。ヴェネツィアの海上商業は、第四回十字軍を契機にさらに大きく拡大したのである。

ヴェネツィアにはコンタードの領主の都市への移住がなく、その貴族は、ほぼすべてが海上商人であり、協力して広大な海外領土を運営したので、団結が強固であった。商業の発展した十三世紀には、ドージェと市民総会の権力はいずれも衰退しており、貴族からなる大評議会がコムーネの権力をほぼ独占していた。庶民からなる同職組合は、貴族の就任するコムーネ機関に従属したが、庶民の人口と富の増大を背景に、

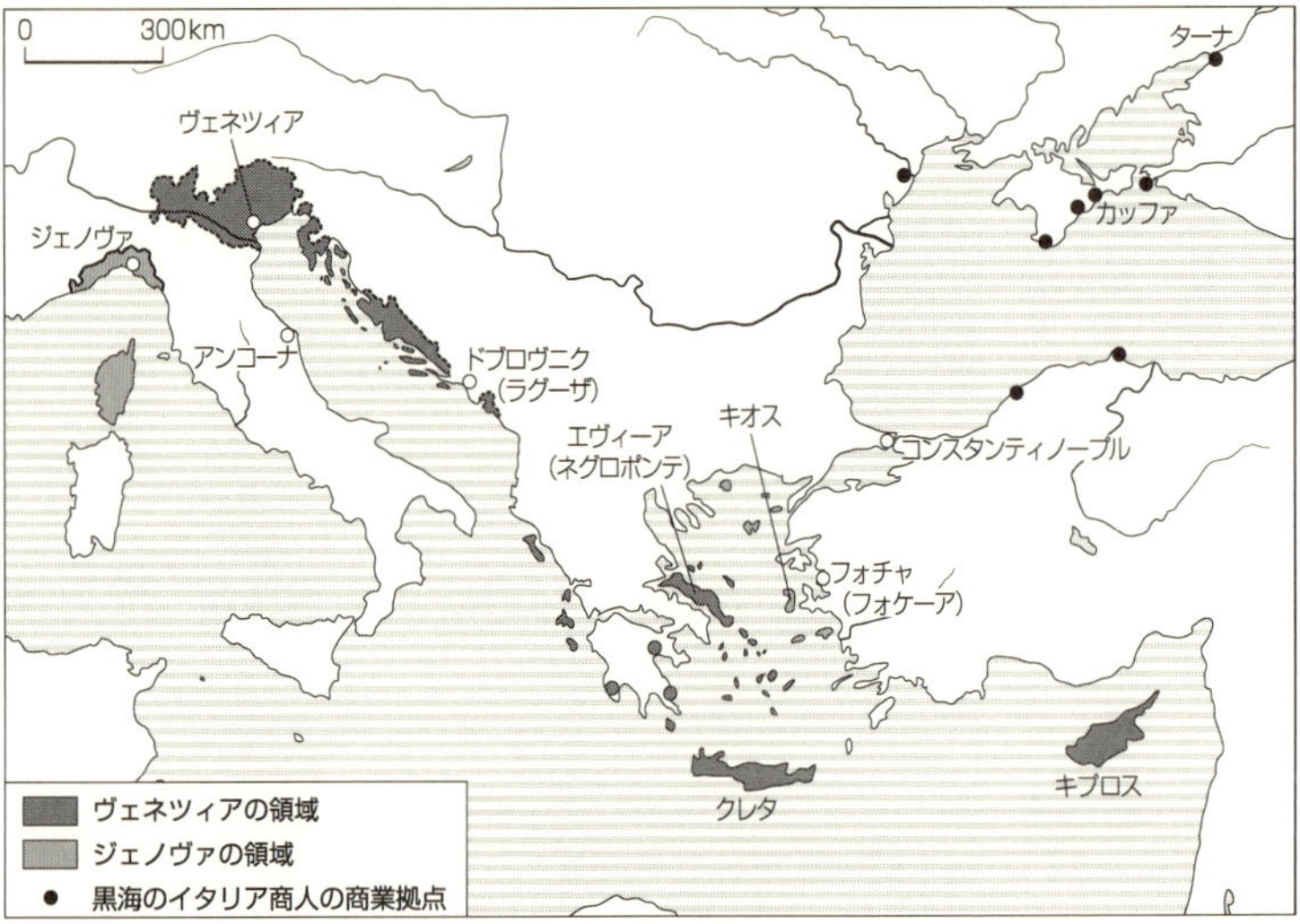

中世後期におけるヴェネツィアとジェノヴァの領域

ヴェネツィア，商人貴族フォスカリ家の宮殿　ヴェネツィアの目抜き通りである「大運河」に面している。現在，ヴェネツィア大学の一部として使用。

一二六〇年代ころ、ある程度の自治権をえたらしい。庶民上層は、大評議会への参加権を要求し、一二八〇年代には、貴族との摩擦が増大した。しかし、一二九〇年代に、東地中海の覇権をめぐってジェノヴァと闘争し、国内の緊張緩和と指導者層の拡大が必要になると、大評議会の改革が実現した。

一二九七年に着手され一三二三年に完成したこの改革の要点は三つある。ひとつは、評議員が貴族より選出される任期制から、資格審査の合格者よりなる終身制へ変化し、評議員だけがコムーネ機関の要職に就任できることになったが、資格審査の結果、従来の貴族と庶民最上層部とが評議員になり、両者の同化が進展したこと。もうひとつは、庶民最上層部の吸収同化が完了し、拡大した新支配者層の地位が確立した時点で、審査基準が厳格になり、一三二三年には、評議員を以前だされなかった家族は以後だせなくなり、また評議員資格が世襲になったこと。「大評議会の閉鎖」が実現したわけである。三つ目は、評議員資格をもつことが法的な身分指標となり、その所有者が「貴族」となって、コムーネの権力を独占したこと。最上層部を取り上げられた庶民は、強化した貴族に対抗するだけの力をもたず、その支配を甘受するしかなかった。結局、団結した均質的な貴族が、ほぼ同質の庶民最上層部を吸収同化して、権力の独占を維持したのである。なお、大評議会の閉鎖後も庶民の階層分解は進行し、そのなかから出現した庶民上層は、「市民権所有者」というヴェネツィア固有の身分呼称のもとに、海上商業への参加権、下級官職への就任権などいくつかの社会的特権をえたが、大評議会への参加権、すなわち権力中枢への参加権は拒否された。

ヴェネツィアの同職組合は、貴族の加入しない、庶民だけの組織であり、フィレンツェの新型組合のような機能をもたない、旧型組合であった。貴族からなる海上商人や裁判官、あるいは多人数からなる船員は、いずれも同職組合をもたず、コムーネ機関によって直接に統制された。経済的・社会的・人口的に重要な職業には、同職組合がなく、同職組合をもつ職業は、大工、毛織物職人、床屋などのような、重要性のない職人や小商人の従事するものであった。当時、人口約一〇万のフィレンツェと大同小異の人口をもつヴェネツィアには、同職組合が一〇〇以上もあったといわれるが、いずれもコムーネの機関によって厳重に統制された。ドージェが任命してきた組合役員は、十三世紀中葉以降、組合員自身が選出するようになったとはいえ、コムーネ機関はその罷免権をもったのである。組合加入は一般に義務ではなく、営業独占による生活物資の高騰を防ぐために、非加入者でも営業が可能であった。このいわば旧型の組合は、政治的・軍事的機能をもたず、組合員の経済利益の保護機能も十分にはもたなかったので、相互扶助機能が肥大し、兄弟会のような性格が濃厚になった。

ミラーノ

ミラーノでは、シニョリーアが成立した。一一八三年、ミラーノのコムーネは、コンスタンツの和約で事実上の主権をえ、八五年、コンタードにおけるレガーリア(皇帝の権利)が、司教にではなくコムーネに譲渡された。一二〇六年、ポデスタ制が単一の制度として確立し、一六年、『ミラーノ慣習法集成』が編纂されたが、これは立法権をもつ主権国家としてのコムーネを象徴した。ミラーノの社会・経済構造は、十三世紀のものは詳細が必ずしも明確ではない。この都市は、南北と東西との主要街道の交点にあり、一二七〇年ころにアルプス越えのゴッタルド(ゴットハルト)街道が整備されたので、以後ドイツとの商業がいちだんと活発になり、商工業が発展して人口がさらに増大した。社会の底辺では平等主義思想の異端、すなわちヴァルド派に近い教義をもつ「ロンバルディーアの貧者たち」が増大した。しかし、教皇と連携したフィレンツェのような巨大企業は発展せず、大きな勢力をもつ大商人層が形成されなかったので、それを中核に平民が結集して貴族を抑圧することがなく、貴族と平民との対立状態が解消されずに継続した。

一二四〇年以降、デッラ・トッレ家は、カピターノ・デル・ポーポロとしてミラーノの平民勢力を指導し、貴族との抗争を有利に展開して、コムーネの実権をえた。デッラ・トッレ家によるミラーノ司教区の教会財産の収奪を阻止するために、一二六二年、教皇はオットーネ・ヴィスコンティをミラーノ司教に任命したが、この司教は任務に失敗して亡命した。ナポレオーネ・デッラ・トッレは、大空位時代の終わった一二七三年、皇帝ルドルフ一世から皇帝代官に任命されたので、その権力は、平民(ポーポロ)組織の長と皇帝代官という二重の基礎をもつことになった。ナポレオーネによって追放された貴族は、オットーネのもとで団結し、一二七七年、デージオの戦いでナポレオーネの指揮するミラーノ軍を打破した。貴族とともに帰国したオットーネは、シニョーレに任命され、貴族の復権をはかって都市規約を修正した。しかし、近隣都市ローディに拠点を移したデッラ・トッレ派の圧力に対抗するために、翌年、西隣の強力な封建諸侯モンフェッラート伯をシニョーレとして導入せざるをえなかった。

一二八二年、デッラ・トッレ派と連携したシャルル・ダンジューの勢力が失墜し、同派の脅威が減少したので、オットーネはこの伯からシニョーレの地位を取り戻した。以後、オットーネは、貴族の復権をはかる一方、平民の組織制度も承認し、両者を対抗させて、調停者として自己の権力を強化した。ミラーノとそのコンタードの二〇〇の貴族家系の名簿を作成し、そこから司教区支配のための役職者を任命することにしたが、これは司教座教会の改革という名目のもとに、貴族をヴィスコンティ家の廷臣にするのが目的であった。さらに、修正した都市規約に基づいて、ポデスタとカピターノ・デル・ポーポロの任命権を獲得した。

ヴィスコンティ家は、十世紀末ころ、ミラーノ司教の騎士となり、その後、司教のもとで副伯(ヴィスコンテ)を世襲し、やがてこの称号を家名(複数形のヴィスコンティ)にしたが、一族が多数の家系に分岐して各地に分散したので、それぞれの家系の勢力は弱体であった。オットーネの家系は、ミラーノに居住し、近辺に封地をもったが、勢力が強大になったのはオットーネが司教になってからである。司教オットーネは、獲得した権力をヴィスコンティ家に継承するために、弟の孫マッテーオを、一二八七年、カピターノ・デル・ポーポロとポデスタとに任命し、九四年にはロンバルディーアの皇帝代官に任命させ、その翌年に没した。マッテーオは、近隣都市の支配権をも獲得したが、デッラ・トッレ派と同派を支援する都市との執拗な抵抗にあい、一三〇二年、デッラ・トッレ家の帰国と入れ違いに亡命した。一三一〇年、イタリアに遠征した皇帝ハインリヒ七世に支援されて帰国し、翌年、皇帝代官に復帰した。

一三一五年には、彼と息子たちが、ピアチェンツァ、ベルガモ、ローディ、コーモ、クレモーナ、アレッサンドリア、トルトーナ、パヴィーア、ヴェルチェッリ、ノヴァーラを支配していた。一三一七年、マッテーオは、帝位継承抗争の影響などによって皇帝代官を辞任する一方、平民組織によってシニョーレに任命されたので、皇帝代官であることからシニョーレであることに、権力の多分に名目的な法的基礎を移した。この間に、北部の覇権をめぐってマッテーオと対立した教皇ヨハネス二十二世(在位一三一六〜三四)は、ヴィスコンティ家がミラーノ司教座教会の財産や権限を横領したと非難したため、マッテーオの腹心が、修道院に保管されていたこの教会の権利証書を破棄した。

マッテーオが没した一三二二年、教皇はミラーノにたいして十字軍を派遣したが、シニョリーアを継承した息子ガレアッツォは皇帝の援軍をえて撃退した。その後、紆余曲折をへて、一三二九年、ガレアッツォの息子アッツォーネがシニョーレおよび皇帝代官となり、彼の治世にヴィスコンティ家の権力が確立した。市内では内戦用の防備施設が破壊され、市壁や道路や宮殿などが整備されて、平和で壮麗な景観が出現し、領域内部では武装盗賊集団が退治され、道路や水路が整備されて、交通が活発となった。ヴィスコンティ家の支配する広大な領域の中心となったミラーノは、そのシニョリーアのもとで繁栄した。以後、同家のシニョリーアは連続し、やがて一三九五年には皇帝から公位をえて君主制へ移行する。

4 経済の北と南

商業の発展

イタリアの人口は、五賢帝時代の約七〇〇〇万を頂点として以後減少し、ランゴバルド時代初期の約三五〇万を最低点として以後増大したが、十世紀ころより増加速度が上昇して十二世紀末ころには約七〇〇〇万、十四世紀中葉の大黒死病(ペスト)流行の直前には約一〇〇〇〇万になったという。数字には異論もあるが、動向には異論がない。南北に長く、地形の複雑なイタリアの自然条件はきわめて多様であり、各地の条件に応じた各種の農法がすでにローマ時代に経験されていた。中世の農業復興は、とりわけロンバルディーア平原において顕著であり、そこではローマ時代には放置されていた沼沢地や急傾斜地までもが耕地とされた。農業の発展にともない、都市人口が増大し、人口の多い都市が北部・中部に多くなった。

十世紀以前の地中海では、ビザンツ商人やムスリム商人が活発な商業をおこなっていた。ビザンツ都市のアマルフィとヴェネツィアは、その立場を利用して海上商業に進出した。九九六年、旧カイロ(フスタート)の反キリスト教徒暴動では、アマルフィからきた人々が多数殺害されたという。アマルフィは、一〇七三年以後のノルマン人支配のもとで、重税とノルマン人を敵視する海外での特権喪失とによって衰退し始め、一一三五年にはピーサの攻略を受けるまでになった。ヴェネツィアは、一〇八二年、海上支援の見返りにビザンツ帝国における免税特権をえ、その商人は、帝国本土の商人よりも有利な地位をえたのである。以後、彼らは帝国各地でわがもの顔に振る舞ったので、彼らが首都のジェノヴァ人居留区を攻撃したのを契機に、一一七一年、ビザンツ皇帝は帝国全土におけるヴェネツィア人の拘束と財産没収を命令するまでになった。とはいえ、またヴェネツィアの援助が必要となった帝国は、一一八三年、以前の特権の回復を約束した。一方、イタリア王国都市のピーサとジェノヴァは、十一世紀初期以降、連合してティレニア海からムスリムを駆逐し、一〇八七年にはアマルフィの協力をえて、マフディア(チュニジア)を略奪した。これらのイタリア海港都市は、十字軍を契機に地中海での覇権を確立したことにより、十字軍国家はもちろん、ビザンツ帝国やイスラーム諸国でも、商業における有利な立場をえた。

海上商業に比べて、イタリアの内陸商業は、自然条件でも社会条件でも制約が多かった。イタリアの河川は、一般に距離が短く、水量が少なく、傾斜が急なので、ポー川やアーディジェ川の水系以外は、河川交通の発展に限界があった。道路は、各地で山岳・丘陵と出会い、多数の権力によって分割されていた。その改善は緩慢であり、九世紀以降、ラバが使用され始めたとはいえ、荷車で輸送できる範囲はまだ限定されていた。アルプスの峠道で荷獣や荷車が通行可能になるのは、ようやく十三世紀以降のことである。とはいえ、農業復興により、内陸都市が発展し、内陸商業も拡大した。内陸商業の発展は、ヴェネツィア、ジェノヴァ、ピーサのある北部・中部では、海上商業の刺激を受けて加速した。その都市がコンタードを征服し、道路を改善するに従い、そこでの内陸商業はさらに発展した。

イタリア商業は十三世紀に大きく発展した。まず商業圏が拡大した。東方では、一二〇四年、ヴェネツィアの協力でラテン帝国が成立すると、黒海がイタリア商人にたいして解放された。その後、「モンゴルの平和」が黒海を包摂する一方、一二九一年に十字軍国家が崩壊すると、一時、東西商業の幹線がシリア・エジプトから黒海へ移動した。黒海には、ターナ(アゾフ)やカッファ(フェオドシア)のような、イタリア商人の拠点が出現した。シリア・エジプトとの商業が再度活発になっても、オスマン帝国が黒海をヨーロッパ人にたいして閉鎖するまで、黒海は重要な市場でありつづけた。西方では、キリスト教徒が、一二一二年、ラス・ナバス・デ・トローサの戦いでムスリム(ムワッヒド朝)に大勝したのを契機に、レコンキスタを急速に進め、同世紀末には、ジブラルタル海峡を支配した。イタリア商人は、イベリアとの商業を拡大し、直接・間接にマグリブとの商業にも進出し、地中海から北海まで直接に航海するようになった。

すでに一二七四年には、ジェノヴァ船が北海に出現している。

北西ヨーロッパでも、イタリア商人の活動が活発となった。一二一五年、教皇インノケンティウス三世は、第四回ラテラノ公会議で、十字軍遠征のために多額の教会税の徴収を決定したが、イタリア商人は、人口と経済の発展が急速な北西ヨーロッパで、やがて教皇の徴税人としての地歩を確立した。徴税人となったのは、トスカーナを経由してシャンパーニュ方面に向かう、「フランス街道」沿いの内陸都市の商人であった。このイタリア商人は、ユダヤ人金融業者を駆逐しつつ、アルプス以北の国王や聖俗領主に融資し、見返りにえた商業特権により、北西ヨーロッパでの商業の規模と範囲を拡大した。一二九三年、パリの納税者(貴族と聖職者は免税)の番付では、上位六人のうち、一位を含む五人がイタリア商人であった。ルッカ商人は、グリーンランドでアザラシの皮革などで支払われる教会税を徴収し、フィレンツェ商人は、イングランドでユダヤ人にかわって国王の金融業者となった。

商業圏の拡大にともなって商業交通も発展した。地中海では、従来の船舶に加えて、それぞれ積載量、航続距離、防衛力、操縦性の増大した各種の船舶が出現し、イタリア船舶は、イングランドやフランドルにも恒常的に航海するようになった。航海技術も向上し、曇天での航海や沖合での航海が可能となり、従来の厳しい航海上の制限が緩和された。ヴェネツィアでは、十四世紀に、国家所有のガレー商船団が定期的に特定市場とのあいだを往復する制度が成立した。行き先は黒海・エーゲ海、シリア・エジプト、イギリス・フランドルであったが、十五世紀には、南フランス・バルセローナ、マグリブ・バレンシア、北東アフリカ一帯が加わった。当時のドージェ(統領)によれば、一四二三年、ヴェネツィアには、小船(潟湖・

河川用船を含む)が三〇〇〇隻、大型帆船が三〇〇隻、ガレー船が四五隻あったという。ジェノヴァでは、ガレー船の比重はヴェネツィアより低く、アナトリアのフォケーア(フォチャ)の明礬《みょうばん》(媒染剤)を直接フランドルに輸送するなど、大型帆船による輸送が海運の特徴であった。一方、内陸では、コムーネ、シニョーレ、君主によって道路、橋梁、河川の改修がおこなわれ、荷獣や荷車、川船による輸送が拡大した。国家同士が商業協定を締結し、交通の安全が確立した。海上、陸上を問わず、商業交通のための条件が整備され、その組織化がおこなわれたのである。

定着商業

十三世紀後半、イタリア商業は、遍歴商業から定着商業へと移行した。遍歴商業では、商人は商人仲間と隊商をくみ、商品とともに目的市場まで旅行(遍歴)し、その販売代金で購入した商品を、今度は母市まで持ち帰る。定着商業では、商人は旅行せずに母市や特定市場にとどまり(定着)、各地に設けた代理人(ないし支店)に指示して、現地市場で自分にかわって取引してもらう。遍歴商人は、海陸の輸送業者でもあり、武器を携行して自分と商品を防衛する。定着商人は、商品の輸送を商人から分離した専門の輸送業者に任せて、自分は店舗でペンを片手に通信文書を作成し、代理人によって各地でおこなった取引の結果を帳簿に記入する。武器をペンに持ちかえた商人は、冒険的な性格を希薄にしたが、さらに十四世紀にイタリアで誕生した海上保険は、海上商業につきまとう危険をある程度緩和した。通信には時間がかかったので、変化する市況に対応するために、代理人に広範な権限を委託する必要があり、代理人には現地にいる親類縁者、知人、同胞市民など信頼できる人物を指名した。定着商業が成立したとはいえ、遍歴商業は消滅したわけではなく、定着商業の成立に必要な条件がない状況では以後も根強く存続する。

定着商業では、代理人にたいする取引の指示、取引に必要な情報収集が通信でおこなわれ、通信は定着商業の神経や触角となった。通信により、商人は、同時に複数の市場を相手にする、多角的な取引が可能になった。十三世紀後半以降、商業通信が発展し、十四世紀には、多数の飛脚と広範な通信網をもつ、企業家としての飛脚親方が出現した。以後、この私的な通信企業が商業通信の主役となり、主要市場間では飛脚を定期的に往復させる定期便が発展し、十五世紀には、そこに馬が組織的に利用されるようになった。とはいえ、輸送業者や旅行者などに文書を委託することも継続した。海上では、商船の船長や書記に、寄港地宛、寄港地経由の文書が委託された。緊急事態にたいして一人の飛脚、一隻の船舶を借り切って配達させる特別便、とりわけ船便は、料金がきわめて高く、その利用は限られたが、商人が通常利用する普通便は、配達料金が低く、頻繁に利用された。

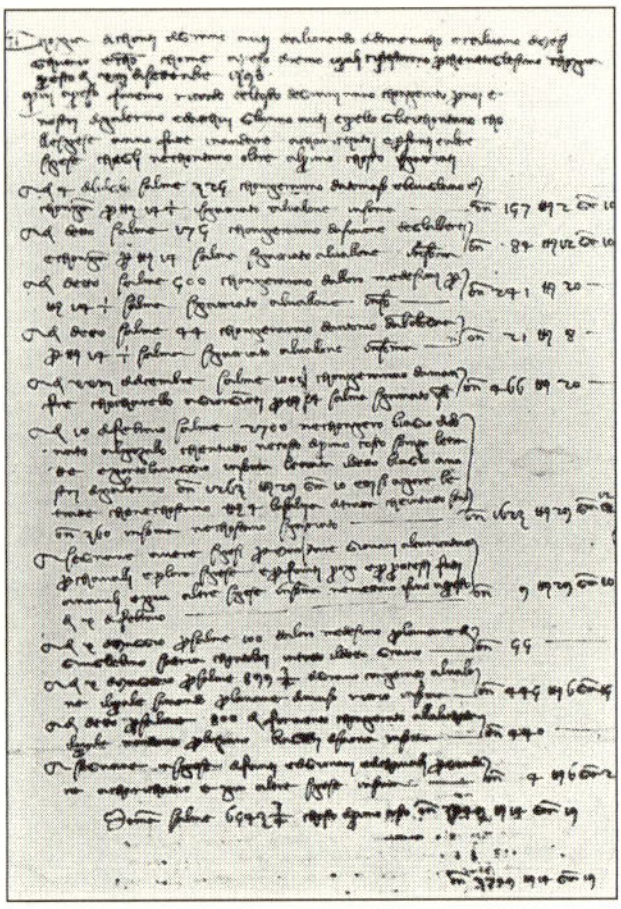

パレルモからピーサにあてた商業書簡(1390年)　シチリア各地からピーサに大量の小麦を送ったことについての会計報告。

商業の企業組織は、ローマ・ビザンツ起源、イスラーム起源、中世イタリア起源のものがあった。遍歴商業で普及したコンメンダ(委託)契約では、委託者が商品などの資本を旅行にでかける被委託者に委託し、商業旅行が完結した時点で、この資本によってえた利潤が契約に従って両者で分配され、企業は解散した。定着商業の出現にともない、会社(コンパニーア)が誕生した。会社では、数人の会社仲間が資本をもちよって企業を設立し、役割を分担して経営にあたり、社員を雇用して労働させ、えた利潤を会社契約に従って分配した。同時に、経営規模を拡大するために、会社外部の人々からそれぞれ個別の契約によって資金を借り入れたが、この借入資金には利子を支払い、契約期限には元金を返済した。借入資金により、会社規模はいくらでも拡大しえたが、会社が倒産すると、会社仲間のみならず、借入資金を貸しつけた人々も被害にあった。

十四世紀前半のフィレンツェのバルディ会社やペルッツィ会社は、ロンドンからコンスタンティノープルにいたる各地に多数の支店をもつ巨大な商社であった。両社とも、ロンドン支店を通じてイングランド国王に巨額の融資をしていたが、一三四〇年代、百年戦争の開始で国王が支払不能になったために破産し、多数のフィレンツェ市民が被害にあった。この経験により、十四世紀後半には、本店と各地支店の連鎖倒産を防ぐために、連帯責任のある支店の設立をやめ、出資者は重複しても法的には独立した別個の会社(一種の持株会社)を設立し、相互に代理店契約を結ぶようになる。会社の継続期間は、会社契約で規定(一般に三年)されるが、期限後も仲間が了承すれば自動的に延長されたので、実際は長期にわたることが多かった。定着商業の成立により、企業の多角経営が可能になったが、会社の出現により、企業の経営規模および存続期間が拡大したのである。

南北関係

レヴァント商業とは、一般に、レヴァント(東方)の非西ヨーロッパ地域を相手に、西方(イタリア以西)のヨーロッパ地域がおこなう商業のことであり、レヴァントとは、ビザンツ領域と、とりわけシリア・エジプトをさすといってよいであろう。その取引商品としてよくあげられるのが、東方の胡椒《こしょう》、絹織物であり、西方の(高級)毛織物、銀である。このような商品は、高価軽量であり、輸送費の負担が軽いので、交通が発展する以前から取引されていた。しかし、イタリア商人は、レヴァントだけで活躍したのでも、高価軽量の商品だけを取引したのでもない。十三世紀以降、黒海にも、西地中海の深部にも、北西ヨーロッパにも進出した。高価軽量の商品も、低価重量の商品も、また製品も、原料も、食糧も取引した。十四世紀の過程で、海上交通の発展によって海上輸送費が低下した。なかでも低価重量商品の輸送費が、高価軽量商品に比べて相対的に低下し、輸送費は商品の重量に比例するものから、相対的にその価格に比例するものへと移行した。その結果、低価重量商品の海上輸送が以前に比べておおいに進展した。

十四世紀前半には、内陸都市のフィレンツェでも、恒常的にシチリア産の小麦が大量に消費され、地中海各地の羊毛から毛織物が大量に生産されていた。ヴェネツィアのような海港都市では、各種の食糧や原料が海外から大量に輸入されていた。地中海・黒海地域で生産された日常的な各種の食糧・原料が、低価重量のものでも船舶によって大量に輸送されたのである。イングランドやフランドルへの航海では、胡椒、絹織物のみならず、地中海各地のワイン、オリーヴ油、明礬を往路に積み、帰路には羊毛、毛織物、銅、錫《すず》を積んだ。イタリア商人にとり、いわゆるレヴァント商業は、地中海・黒海商業の一部でしかなく、北西ヨーロッパ商業は、地中海商業の延長線上にあったといえるであろう。

イタリア北部・中部の都市は、食糧や原料を後背地からだけではなく、地中海・黒海の農業・牧畜地帯からも輸入し、そこに工業製品その他の必要物資を輸出するようになった。地中海・黒海では、物資の相互依存関係が、より日常的な物資の水準にまで深化したのである。イタリアでは、北部・中部の都市が、ナポリ王国、シチリア王国、サルデーニャ王国に各種製品を輸出し、そこから食糧・原料を輸入した。いわゆる「小麦と毛織物の交換」であり、その結果、後者は前者の経済的植民地になった。これにともない、シチリアなどには、ピーサやフィレンツェなどの商人、公証人、さらには各種の職人が多数移住し、現地に同化したということが確認されている。ヴェネツィアのクレタ植民地では、受封者は小麦を政府に納入する義務をもったが、そこではさらにワイン、砂糖、綿、生糸などの生産が発展し、クレタは食糧・原料の重要な供給地のひとつとなった。黒海から輸入した奴隷を使役して、プランテーション経営もおこなわれた。地中海・黒海でヴェネツィアやジェノヴァがもった植民地は、本国にとって多少ともクレタと同様の役割をはたした。ここにみられるのは、たんなる特産物の交換ではなく、経済的な支配関係をともなう「南北」商業である。北部・中部の都市は、国王への融資の見返りにえた特権を利用して、南部・島部の王国を経済的に支配したのである。

この意味での「南北」関係は、地中海・黒海では、南北間だけではなく、東西間でも発展した。十一～十二世紀には、エジプトやチュニジアの毛織物が、南ヨーロッパにも輸出されていた。西ヨーロッパの毛織物のレヴァントへの輸出は、十字軍時代に始まり、十四世紀末には、その安価な毛織物が大量に輸出されたので、現地の毛織物工業はもとより、綿織物工業や麻織物工業までもが衰退したという。レヴァントでは、マムルーク権力による重税や財産没収のために私企業が没落し、マムルークたちの特権企業が技術水準を低下させたので、西ヨーロッパの活発な私企業の製品に対抗できなかったのである。良質綿の産地シリアでは、以前は綿織物をエジプトや南ヨーロッパにも輸出したが、十四世紀中葉以降、イタリア北部など西ヨーロッパの綿工業のための原綿供給地に移行したという。西ヨーロッパとりわけイタリアとシリア・エジプトとの関係は、繊維工業では製品輸出と原料輸出との関係が逆転したことになるが、このような逆転現象は繊維工業だけではなく、ほかの諸工業でも同様に実現した。ここにみられるのは、「レヴァント商業」のもうひとつの顔である。

イタリア北部・中部の都市は、このような経済活動により、多数の人口と巨大な富をえた。中世人口の頂点となる一三〇〇年前後、八万ないし一〇万以上の人口をもつヨーロッパ都市は、フィレンツェ、ミラーノ、ヴェネツィア、ジェノヴァ、それにパリだけであった。一三三八年ころ、フィレンツェの財政収入は、ナポリ王国、シチリア王国よりも多かったという。都市国家の軍制は、十三世紀から十四世紀にかけて、民兵制から民兵・傭兵混合制をへて傭兵制へと漸次的に移行した。経済活動が大規模かつ複雑になり、市民が恒常的にそれに束縛されたことが、兵役をたえがたいものにする一方、都市国家の財政が、職業化し組織化した傭兵の雇用を可能にしたのである。戦闘技術の高度化や、市民内部の分裂や分解も、民兵制の維持を困難にした。いずれにせよ、傭兵制の確立によって、経済力のある北部・中部の大都市は、独力で強大な軍事力をもつことができるようになった。

第六章　五大国とスペイン

1　ナポリ王国、島部の二王国、教皇国家

ナポリ王国

ナポリ国王ロベルトは、一三〇九年に即位し、教皇のアヴィニョン捕囚ののちは、イタリアの教皇派勢力の指導者となって、イタリアに遠征した皇帝ハインリヒ七世と対立し、一三一三年のハインリヒの死後は、イタリアでもっとも強力な政治的影響力をもった。とはいえ、十四世紀のナポリ王国では、四階層からなる貴族の勢力が拡大した。ターラント公のような王族領をもつ王族。サン・セヴェリーノ伯家のような王権と結合して大所領を形成する大貴族。王権の保護を受けるナポリ、サレルノ、スルモーナ、ラークイラ、トラーニ、バーリの都市貴族。三四五五の封地の受封者(うち聖職者の封地は二二一のみ)からなる中小貴族。ロベルトを継承した孫娘ジョヴァンナ一世の治世(一三四三〜八一年)のあいだに、王権は著しく衰退した。彼女自身の加担が疑われる陰謀で最初の夫が暗殺されると、一三四七年、この夫の兄であるアンジュー家

のハンガリー国王ラヨシュ(ルイ)がナポリ王位を要求して侵入してきたので、彼女はプロヴァンスのアンジュー家領に避難したが、アヴィニョンの割譲とひきかえに教皇から無実を宣言してもらい、五二年、ラヨシュと和解して帰国した。アンジュー家のラヨシュは、ジョヴァンナと同様、父の意向でハンガリー王女と結婚したナポリ国王カルロ二世の曾孫であり、一三七〇年にはポーランド国王を兼任する。この間の内戦で破壊された秩序は、フィレンツェ商人出身の大家令ニッコロ・アッチァイウオーリによってある程度回復され、一時はシチリアの奪回さえ実現するかにみえたが、この大家令の努力によっても完全な再建は無理であった。ジョヴァンナは、一三七八年の教会大分裂では対立教皇を支持したので、八〇年、教皇ウルバヌス六世(在位一三七八〜八九)によって破門された。教皇から王国を受封したデュラキオン公カルロによって、翌年廃位され、幽閉されたまま八二年に殺害された。

アンジュー家出身のデュラキオン公であった新国王カルロ三世も、ジョヴァンナと同様、ナポリ国王カルロ二世の曾孫であり、一三八六年にはハンガリー国王を兼任する。ジョヴァンナの治世の終焉とともに、王国の秩序は内乱で再度崩壊し、貴族の勢力がいちだんと伸張した。カルロ三世の息子ラディズラーオ(ウラースロー)は、一三八六年に即位し、九九年、ジョヴァンナ一世の養子ルイージ(ルイ)一世の息子ルイージ二世との戦いに勝って、ようやく王権を確保した。ルイージ一世は、フランス国王ジャン二世の息子で、アンジュー公となったが、デュラキオン公カルロに対抗していたジョヴァンナの養子になった。一三八一年、ルイージ一世はアヴィニョンで対立教皇からナポリ王国を授封され、イタリアに遠征したが、初期の成功もむなしく八四年に没した。父からナポリ王位を継承したルイージ二世は、ラディズラーオが反デュラキオン派によってナポリから追放されたのち、一三九〇年にナポリに上陸していたのである。ラディズラーオは、ハンガリー王位獲得のためにおこなったダルマツィアのザラ(ザダル)遠征が失敗した一四〇三年以後、ナポリ王国の貴族の反抗が激化したので政策を転換し、教会大分裂で混乱していた教皇領に進出して、ローマやペルージャなどを占領した。

一四一四年、ラディズラーオの死後、妹ジョヴァンナ二世が即位したが、前王が外征に専念した結果、すでに国内の混乱が進行していた。ジョヴァンナ二世は、結婚後まもなくブルボン家出身の夫がナポリ貴族の反乱で追放されたので、後継者としてアラゴン国王アルフォンソ五世を指名したり、ルイージ二世の息子ルイージ三世を指名したり、後継者の指名を再三変更した結果、一四三四年、ルイージ三世の弟レナート(ルネ)を最終的に指名した。一四三五年、ジョヴァンナ二世を継承したレナートは、三八年、ナポリに乗り込んだが、四二年、侵入してきたアラゴン国王アルフォンソ五世に敗北してフランスに逃げ帰った。

シチリア王国

一方、シチリア王国では、王領が「晩禱《ばんとう》戦争」の過程でつぎつぎに貴族に譲渡され、貴族の権力は、ナポリ王国の場合よりも拡大した。一三四二年、「暗愚王」ピエトロ二世の死後、幼児ルイージが即位すると、摂政に前王の弟を推すアラゴン系貴族と、前王の寡婦を推す現地既存の貴族とが戦闘し、後者が勝利をおさめたが、両派貴族は以後同化していく。一三四〇年代には、ヴェンティミーリア家、キアラモンテ家、パッサーネト家の三大貴族が勢力をふるい、ヴェンティミーリア家は、キアラモンテ家との流血抗争に敗北して一時亡命し、ナポリのアンジュー家と同盟するありさまであった。この三大貴族のほかに、六七家の中貴族、一四四家の小貴族があり、また十四世紀後半には、二一の国王直轄都市にたいし、貴族に支配される都市が五八もあったという。一三五五年にルイージを継承した弟フェデリーコ三世(四世)は、キアラモンテ家の扇動する反乱と、同家と結託した大家令アッチァイウオーリの指揮するナポリ王国軍の攻撃とに苦しめられたのち、七二年、同じく内政に精力を集中しようとするナポリ女王ジョヴァンナ一世とのあいだに和約を結んだ。内容は、教皇の宗主権下にあるジョヴァンナがフェデリーコの封主であり、フェデリーコのシチリア王国支配とその娘マリーアの相続とは承認するが、マリーアが後継者なしに没したときには、アンジュー家がシチリア王国を相続するというものであった。シチリアが法的にはアンジュー家に帰属することを確認したフェデリーコは、以後「単純王」と呼ばれることになるが、ともかく一二八二年以来の「晩禱戦争」はここに終結した。

一三七七年、単純王を父とし、アラゴン国王ペドロ四世の娘を母とする十五歳のマリーアが即位すると、この祖父ペドロがシチリア王位を要求した。マリーアの摂政は、ペドロの要求に反対する有力貴族と協議して、それぞれがシチリアの四つの地域のひとつを代表する貴族四人が地域総督となり、マリーアの名のもとに王国を分割統治することにした。この決定を不満とする貴族たちとペドロが結託して、マリーアをアラゴンに連行し、ペドロの息子(老)マルティン(マルティーノ)の同名の息子(若)マルティンと結婚させた。一三八七年、ペドロの死後、息子フアンがアラゴン国王に即位した。一三九一年までには、あいつぐ総督たちの死でシチリアの総督体制が弱化していたので、九二年、両マルティンはマリーアとともにシチリアに上陸した。一四〇一年のマリーアの死後、共治王から単独王となったマルティン一世(若マルティン)は、貴族を抑圧して王権をある程度回復した。一三九六年の兄フアンの死後、アラゴン国王となっていた老マルティンは、一四〇九年の息子若マルティンの死後、息子を継承してシチリア国王(マルティン二世)になり、アラゴン国王とシチリア国王とを兼位したが、翌一〇年に没した。ここにアラゴン(バルセローナ)朝は断絶し、続く国王空位期間にシチリアの秩序は再度混乱した。

一四一二年、国王空位のアラゴン連合王国では、カスペに招集された九人の調停者により、トラスタマーラ家のカスティーリャ国王フアン一世の息子フェルナンド(フェルディナンド)一世が国王に選出された。フェルナンドの母は、アラゴン国王ペドロ四世の娘、すなわち老マルティンの妹であった。その結果、フェルナンドは、(狭義の)アラゴン国王、バルセローナ伯、バレンシア国王、マリョルカ国王を兼位する(広義の)アラゴン国王(一世)になるのみならず、サルデーニャ国王(二二〇～二二二頁参照)、さらにはシチリア国王ともなった。シチリアの貴族は、内紛で消耗してアラゴン国王に対抗する余力はなく、翌年、カターニアの王国議会でこれを受容した。ここに、シチリア王国は、一二九六年以来再度、アラゴン国王が支配する同君国家連合体の一員になった。シチリア王国議会は、シチリアを統治する「副王」に国王の相続者である長男アルフォンソを要望したが、次男フアンが副王として派遣されてきた。一四一六年、フェルナンドを継承したアラゴン国王アルフォンソ五世は、弟フアンを帰国させ、かわりに自分の副官とレリダ司教をともに副王として派遣した。以後、シチリア王国は、イベリアから派遣された役人の統治する属国となった。

アラゴン連合王国下のナポリ王国

一四二一年、シチリア滞在中のアラゴン国王アルフォンソ五世は、ナポリ女王ジョヴァンナ二世から援助を求められてナポリを訪問し、ナポリ王位の継承者に与えられるカラーブリア公位をえたが、前述のように女王の後継者指名は再三変更された。シチリア再訪中の一四三二年、および三五年のジョヴァンナの死後、ナポリ王位をえようとしたが、アラゴンの勢力拡大を警戒した教皇、ミラーノ公フィリッポ・マリーア・ヴィスコンティ、ジェノヴァ、ヴェネツィア、フィレンツェの反対によって実現しなかった。一四三五年、アルフォンソはポンツァの海戦で敗北し、ミラーノ公の捕虜になったが、ヴェネツィアおよびフィレンツェと対立するミラーノ公は、アルフォンソと相互支援の密約を結び(四二年更新)、アルフォンソを釈放した。一四四二年、アルフォンソは、ナポリを奇襲によって征服し、ナポリ国王に即位したが、翌年、教皇によってこれが承認された。ここに、ナポリ王国は同君国家連合体に編入され、アルフォンソが宮廷をおいたナポリは、連合体全体の政治的中心となった。アルフォンソは、メッシーナ海峡のこちら側のシチリア王国(通称ナポリ王国)とあちら側のシチリア王国とを同時に支配したので、「両シチリアの王(レックス・ウトリウスクエ・シキリアエ)」と名乗った。

アルフォンソは、ナポリ王国の貴族の支持をえるために、さまざまな特権を授与し、あるいは既得権をそのまま承認したので、貴族の勢力がさらに拡大した。イタリアではミラーノ公につぐ有力者と同時代人が評した、ジョヴァンニ・アントーニオ・ディ・バルツォ・オルシーニなる人物は、ターラント公、バー

15世紀後半のナポリ　1442年のアラゴンによる征服後，ナポリは政治的・経済的に強力となり，海軍力も成長した。右方にみえるカステル・ヌオヴォ(新城)は，新しく強化された軍事力を象徴する。

リ公、レッチェ伯、コンヴェルサーノ伯を兼任し、一四四四年のある報告書によると、ナポリ王国の一五五〇の封地のうち三〇〇をもっていたが、七つの大司教区、三〇の司教区を含むその所領には、国王直轄地の三倍の集落、四〇〇の城塞、独自の造幣所があり、ナポリからターラントまで所領伝いにいくことができたという。このような貴族は「小王」と呼ばれたが、小王たちの権力の実態は、まだほとんどなにも解明されていない。アルフォンソは、一四四七年にフィリッポ・マリーア・ヴィスコンティが後継者なしに没すると、ミラーノ公位をえようとさえしたが、フィレンツェやヴェネツィアの妨害によって失敗した。一四五八年、アルフォンソの死後、弟フアン二世が同君国家連合体を継承したが、ナポリ王国だけは庶子フェルディナンド一世が相続したので、ナポリ王国はその系統のもとに再度独立王国となった。

一四九四年、国内をほぼ平定したフランス国王シャルル八世(在位一四八三〜九八)は、アンジュー家に由来する自己の権利に基づいてナポリ王位を要求し、イタリアに侵入して、ほとんど抵抗のないままに、翌年、ナポリを数カ月間占領したが、これに反対して諸国が結成した同盟に敗退し、フランスに退却した。一五〇〇年、フランス国王ルイ十二世とアラゴン国王フェルナンド二世は、両者によるナポリ王国の分割を協定し、〇一年、ナポリ王国を攻略したが、〇二年、両者は分割をめぐる対立によってイタリアで開戦し、〇三年、フェルナンドの軍がフランス軍を打倒したので、〇四年、両者は条約によってナポリ王国のアラゴン(スペイン)王国への帰属を確認した。以後、ナポリ王国は再度同君国家連合体の一員になったが、その実体は、サルデーニャ王国やシチリア王国と同様、イベリアに拠点をおくアラゴン国王が任命し、派遣する副王によって支配される属国であった。

ところで、アラゴン国王フアン二世の息子フェルナンドは、一四六九年、カスティーリャ王国の王位継承者イサベルと結婚し、七四年、カスティーリャ国王に即位したイサベルの共治者となり、七九年、自身がアラゴン国王(フェルナンド二世)となった。ここに、カスティーリャ王国とアラゴン連合王国とは、両王の婚姻関係によって結合したので、やがてイベリアにおける両国の構成領域は一括して、イベリアをさす古地名ヒスパニアにちなむスペイン(エスパーニャ)王国という通称で呼ばれるようになる。両王の娘フアナは、一五〇四年のイサベルの死後、カスティーリャ国王となり、ハプスブルク家の皇帝マクシミリアンの息子である夫フィリップを共治者とした。一五〇六年にフィリップが急死すると、衝撃で精神を病んだフアナはやがて幽閉され、カスティーリャ王国の実権は、フアナの父アラゴン国王フェルナンド二世が、また一六年の父の死後は、フアナの長男カール(カルロス)が把握した。カールは、一五一六年、祖父を継承してアラゴン国王に即位したので、カスティーリャ王国とアラゴン王国とはともにカールを国王(一世)とする同君連合となり、ここにハプスブルク家の支配するスペイン王国が出現した。イタリアのナポリ王国、シチリア王国、サルデーニャ王国は、いずれもこのスペイン王国の属国となった。

サルデーニャ王国

すでに述べたように、サルデーニャは、『コンスタンティヌスの定め』を根拠とする権利に基づいて、一二九七年に教皇がアラゴン国王に授封し、一三〇二年のカルタベロッタの和約により、この授封が確認された。アラゴン国王ハイメ二世(ジャコモ)は、一三二三年、受封でえた支配権を実現するためにこの島に遠征したが、各種の抵抗によって征服は部分的なものにとどまった。サルデーニャでは、ビザンツ帝国の支配が名目化したのち、住民の自治体制が形成されていた。九世紀中葉までは全島が統一され、ビザンツ帝国へ従属していたが、以後しだいにカリアリ、トッレス、ガッルーラ、アルボレーアという、四つの裁判区(ないし王国)という名称の自治区が形成され、各自治区は裁判官(ないし国王)という名称の現地人支配者によって統治された。裁判官のもとにある法廷(ないし宮廷)が、各自治区の中央政府の役割をはたし、その地方行政の単位となる軍区は、軍区長官のもとに組織されたいくつかの集落からなった。この体制のもとでは封建制は成立しなかった。八世紀以降、ムスリムが侵入してきたが、沿岸の一部を占領したにとどまった。十一世紀以降、ピーサとジェノヴァが連合して侵入し、ムスリムを追放したが、両市の支配も内陸深部には浸透しなかった。両市による商業・植民活動の結果、十三世紀初期には、カリアリやイグレシアスのような集落がはじめて都市として成長したが、この植民都市は経済的のみならず、政治的にも母市と強固に結合していた。ピーサの植民都市カリアリでは、市壁内部にはピーサ人のみが居住し、サルデーニャ人を含む非ピーサ人は外部に居住した。両市の進出により、すでにアラゴンの遠征以前に、カリアリとトッレスの二つの自治区は消滅していた。

このような実態にもかかわらず、教皇は、政策のために同島を一個の王国とみなし、シチリアをアンジュー家に返還させる見返りに、アラゴン国王に授封したのである。アラゴンの遠征隊は、各地でサルデーニャの先住民、ピーサ人、ジェノヴァ人の抵抗にあった。以後、ほぼ一世紀にわたる征服戦争の過程で、各種の現地住民は、イベリア人に対抗することにより、サルデーニャ人として同化していく。ピーサは、一二八四年のメローリア（ピーサ沖）の海戦でジェノヴァに大敗して衰退し、ジェノヴァも、一三七八〜八〇年のキオッジア（ヴェネツィア南方の海港都市）の戦いでヴェネツィアに大敗して昔日の勢力を喪失した。この間、アラゴン国王は、抵抗を排除しながら支配地を拡大し、一三五五年、最初のサルデーニャ王国議会を招集した。一四〇九年、内陸サンルーリの戦いでアルボレーア自治区の軍隊を撃破し、一七年、この地域の支配を確立した。アラゴン国王は、重要都市のみを直轄して、そのほかはカタルーニャ人などに授封し、すでに一三三五年ころには三五の大封地があったという。直轄都市以外では、領主支配から自由な住民は存在せず、封地での領主と住民とりわけ農民との関係は、領主の恣意《しい》が貫徹するイベリア型であった。領主は、ほとんどがイベリアないしサルデーニャの都市に住み、封地を管理人に委託したが、管理人は、封地の疲弊を考慮することなく、住民とりわけ農民を徹底的に搾取した。サルデーニャ王国は、同君国家連合体の一員ではあったが、実体はカタルーニャ（バルセローナ伯国）の植民地であった。なお、ジェノヴァとピーサが支配したコルシカは、一二八四年以降、ジェノヴァが単独で支配し、教皇からコルシカを授封されたアラゴン国王も、ついにこれを征服することはなかった。

教皇国家

教皇領は、教皇が他人に委任せずに自身で支配したが、支配の実態は複雑であり、現実の支配関係からいえば、都市ローマ、ローマ周辺(ラツィオ)、その他(ウンブリア、マルケ、ロマーニャ)の三つに分類できる。都市ローマでは、一三〇九年以降、教皇のアヴィニョン捕囚の結果、教皇とその宮廷の不在により、経済の衰退と秩序の混乱にみまわれ、そのなかから市民の自治が出現した。ローマの居酒屋の息子コーラ・ディ・リエンツォは、公証人になったが、古代ローマの栄光に憧れ、自分を皇帝ハインリヒ七世の落《らく》胤《いん》とみなす夢想家であった。一三四二年、ローマの住民代表の一人としてアヴィニョンにいき、教皇にローマ帰還を訴えたが、ローマに内部抗争があった翌四三年、今度は庶民代表として単独で派遣され、教皇不在による貴族の横暴と経済の衰退とを訴えた。教皇からローマの都市官職を与えられ、帰国すると庶民の反貴族感情の代弁者となった。一三四七年、庶民を扇動して都市評議会を召集し、護民官などの称号をえて、事実上のシニョーレとなった。平和と安全のための会議を広く呼びかけたところ、混沌とした政情に不安を覚える二五の都市の代表が参集した。望外の成功に有頂天となり、ローマ市民の世界支配権などを宣言したので、疑念をもった教皇は彼から離れ、教皇特使は貴族と結合してローマから追放した。今度は皇帝を説得しようとプラハを訪問したが、異端の名目で投獄され、さらに教皇の牢獄へ送られたのち、教皇国家の再建に利用するために釈放された。教皇によって元老院議員という名称のローマ執政官に任命され、一三五四年、ローマに帰還したが、誇大妄想の言動で人心を失い、約二カ月後、反乱したローマ住民によって処刑された。これが悲劇か喜劇かはともかく、背景には、政治秩序が混乱したローマにおける住民自治のある程度の発展をみることができる。

教皇庁は、フランス国王が百年戦争で苦戦しているあいだに、アヴィニョンで巨大な官僚組織を創出する一方、それを可能にした莫大な収入により、イタリアの教皇領における秩序再建にもつとめた。一三五三年以降ほぼ一〇年にわたり、教皇特使となったカスティーリャ人枢機卿アルボルノスは、ローマをはじめとする教皇領各地で教皇の支配権を拡大し、教皇がローマに帰還するための基礎を築いた。

一三七七年一月、教皇がアヴィニョンから帰還すると、ローマでは教皇とコムーネとの二重権力が出現した。教皇は、同年四月、ローマの北方を支配する豪族ダ・ヴィーコと和約したが、コムーネは、十一月、この豪族と独自に改めて和約したのである。翌年から一四一七年まで続く「教会の大分裂」により、ローマでは教皇の支配権が安定せず、コムーネは自治権を保持した。一三七九年、ローマ住民は、教皇による自由抑圧の象徴サン・タンジェロ要塞を破壊した。一四〇四年、ローマの守護者を自称したナポリ国王ラディズラーオは、教皇とコムーネとの対立を調停し、コムーネの自治権を承認したが、〇八年、ローマを軍事占領し、以後、教皇領における支配をさらに拡大した。一四一四年のラディズラーオの死後、ナポリ王国は混乱したので、教皇はこの機会に教皇領における支配の回復をはかった。ローマのコムーネは内部抗争によって脆弱《ぜいじゃく》であり、一四四七年から五五年にかけて在位したニコラウス五世以降、ローマが教皇の所在地として定着し、そのおかげで経済状況が好転したので、コムーネの機関はしだいに教皇のローマ支配の手段となった。ローマの人口は、十四世紀末には一万七〇〇〇、十五世紀中葉には三万五〇〇〇、一五一七年には八万五〇〇〇である。

ローマの周辺とりわけラツィオの丘陵地帯は、そこに所領、城塞、従者をもつ豪族、コロンナ家、オルシーニ家、カエターニ家、ダ・ヴィーコ家、アングイッラーラ家によって支配されていた。これらの豪族は、ローマ市内にも家屋、要塞、従者をもって勢威をふるい、相互に対抗し、あるいは同盟してほかの豪族と抗争しつづけた。その多くは、ナポリ国王と封建関係を結び、ナポリ王国に爵位と所領をもつことはあったが、教皇国家では、アングイッラーラ伯家を除いては爵位がなく、教皇とは封建関係をもたずに実力で支配した。戦略地点に城塞をもつ豪族は、ローマ進出をはかる外国勢力にとり、同盟相手として利用価値があったのである。ローマに定着した教皇の権力が伸張すると、豪族にたいする教皇の優勢が拡大した。しかし、コロンナ家出身の教皇マルティヌス五世(在位一四一七~三一)が、同家に特権や所領を授与したり、インノケンティウス八世(在位一四八四~九二)が、没収したアングイッラーラ伯領を自分の息子に授与したりしたので、それ以後は教皇と結合した豪族が勢力を拡大することもあった。

教皇領には、ラツィオのほかにも、ウンブリア、マルケ、ロマーニャの三つの地方があったが、教皇の支配権は、ローマからの距離にほぼ比例して名目化した。教皇権が強化されるまでのあいだ、各地を現実に支配したのは現地の有力者である。海上商業都市アンコーナだけは、一五三二年に教皇の傭兵軍に征服されるまで、ほぼ一貫してコムーネが支配した。有力者のあり方は、時代や地域によって多様であり、ボローニャのベンティヴォッリョ家やペルージャのバッリョーニ家のように、有力市民のなかの第一人者として影響力をふるう者もいたが、多くはシニョーレであった。十四世紀以降、教皇領内に同盟者を求めた教皇は、シニョーレに教皇代官の称号を授与し、見返りに貢納金や軍事援助などを求めた。教皇代官という地位は世襲ではなく不安定であったので、シニョーレは、世襲に基づく安定した地位を求めた。

モンテフェルトロ家は、十二世紀にモンテフェルトロ(ウルビーノ近隣の山岳地帯)の伯となり、一二三四年にウルビーノのシニョーレとなり、一四四三年には教皇よりウルビーノ公位をえた。エステ家は、ランゴバルドの名門を先祖にもち、十三世紀にポデスタ、さらにシニョーレとしてフェッラーラでの権力を確立し、一三三二年に同市における教皇代官となった。一四五二年、シニョーレとして支配してきた帝国領域のモーデナとレッジョ(エミーリア)にたいして皇帝からその公位をえ、七一年、フェッラーラにたいして教皇からその公位をえた。帝国領内のモーデナ公領と教皇領内のフェッラーラ公領とは、エステ家による同君連合を形成したのである。モンテフェルトロ家とエステ家はともに、正統な君主として善政をしき、宮廷でルネサンス文化を開花させたとして高い評価をえている。君主の地位を保持した両家は、有能な傭兵隊長を輩出したのみならず、その領地が国境地帯の辺境にあったのである。両家の君主は、傭兵隊長として貧困地域の領民には傭兵の職を与え、傭兵契約の相手からは自己の領地の安全保障をえた。

教皇にとり、ヨーロッパでの自己の地位が低下するに従い、教皇領の政治的・経済的な重要性が上昇した。その支配を確実にし、収入の増大をはかるために、ローマ定着後の教皇は、できるだけシニョーレを排除し、直接支配の確立をはかった。領内各地の都市の上層市民は、シニョーレの支配より、大きな自治を享受できる教皇の支配を歓迎した。教皇の支配権は、十五世紀中葉以降、着実に拡大し、教皇領は、教

ローマのサン・ピエトロ大聖堂　初代教皇ペトルス(ペトロ／サン・ピエトロ)の墓の上にローマ皇帝コンスタンティヌスの建てた教会があった。その老朽化が進んだので，1506年，教皇ユリウス２世がこの新大聖堂に着工，1626年に完成し，献堂式がおこなわれた。

皇を現実の支配者とする国家へと変貌した。教皇権が確立したとはいえ、教皇国家における中央集権は、なお幾多の紆余曲折をへる。権力の拡大した歴代の教皇は、授封権を利用して、自分の親族に教皇国家の内部に封地を与え、自身および出身家門の勢力拡大をはかったが、つぎの教皇には、前の教皇のこの親族は排撃の対象となる。

ウルビーノ公領をみよう。一五〇三年、教皇アレクサンデル六世(在位一四九二〜一五〇三)は、モンテフェルトロ家最後のウルビーノ公グイドバルドから公位を剥奪し、ロマーニャ公とした実子チェーザレ・ボルジアにその領地を与えた。チェーザレの死の翌年の一五〇八年、教皇ユリウス二世(在位一五〇三〜一三)は、自分の弟と前公グイドバルドの妹とを両親とする、フランチェスコ・マリーア・デッラ・ローヴェレをウルビーノ公とした。一五一六年、フィレンツェのメディチ家出身の教皇レオ十世(在位一五一三〜二一)は、彼から公位を剥奪して、それを自分の兄の息子ロレンツォに与え、一九年のロレンツォの死後には、レオ自身が直接にこの公領を支配した。一五二一年、レオの没後、新教皇は、フランチェスコ・マリーアに再度公位を与えた。ようやく一六三一年に、ウルビーノ公領は教皇の直轄地となったのである。

2 ミラーノ、ヴェネツィア、フィレンツェ、その他の北部諸国家

ミラーノ

教皇国家の北は、ヴェネツィアを除いて、神聖ローマ帝国の領域(イタリア王国)であった。そのうち、北西部と北東部は封建諸侯によって支配され、それ以外はおおむねコムーネによって支配された。とはいえ、多くのコムーネではシニョリーアが成立し、なかにはシニョリーアから君主制に移行するものもあった。

ミラーノのヴィスコンティ家は、ミラーノのシニョーレの世襲化に成功し、多数のロンバルディーア都市のシニョーレを兼任して、支配領域を急速に拡大した。一三五四年、同家の支配領域は家族内部で分割され、以後、それぞれの領域がさらに拡大しつづけたが、八四年、ジャン・ガレアッツォによって再度統一された。ジャン・ガレアッツォは、支配領域をロンバルディーア以外にも拡大し、一三九五年、多額の貢納金とひきかえに皇帝から公位をえ、ミラーノ公国の君主となった。ジャン・ガレアッツォは、西はアスティ、東はパードヴァ、ヴィチェンツァ、ベッルーノ、さらに南はピーサ、シエーナ、教皇領のボローニャ、ペルージャを獲得し、それぞれのシニョーレとなった。ヴェネツィアとフィレンツェは包囲され、とりわけ窮地に陥ったフィレンツェでは、これを契機に「反専制君主」の政治宣伝が始まった。しかし、一四〇二年に彼は急死し、同一人物による各地のシニョリーアの寄集めでしかない政治的統一は瓦解して、

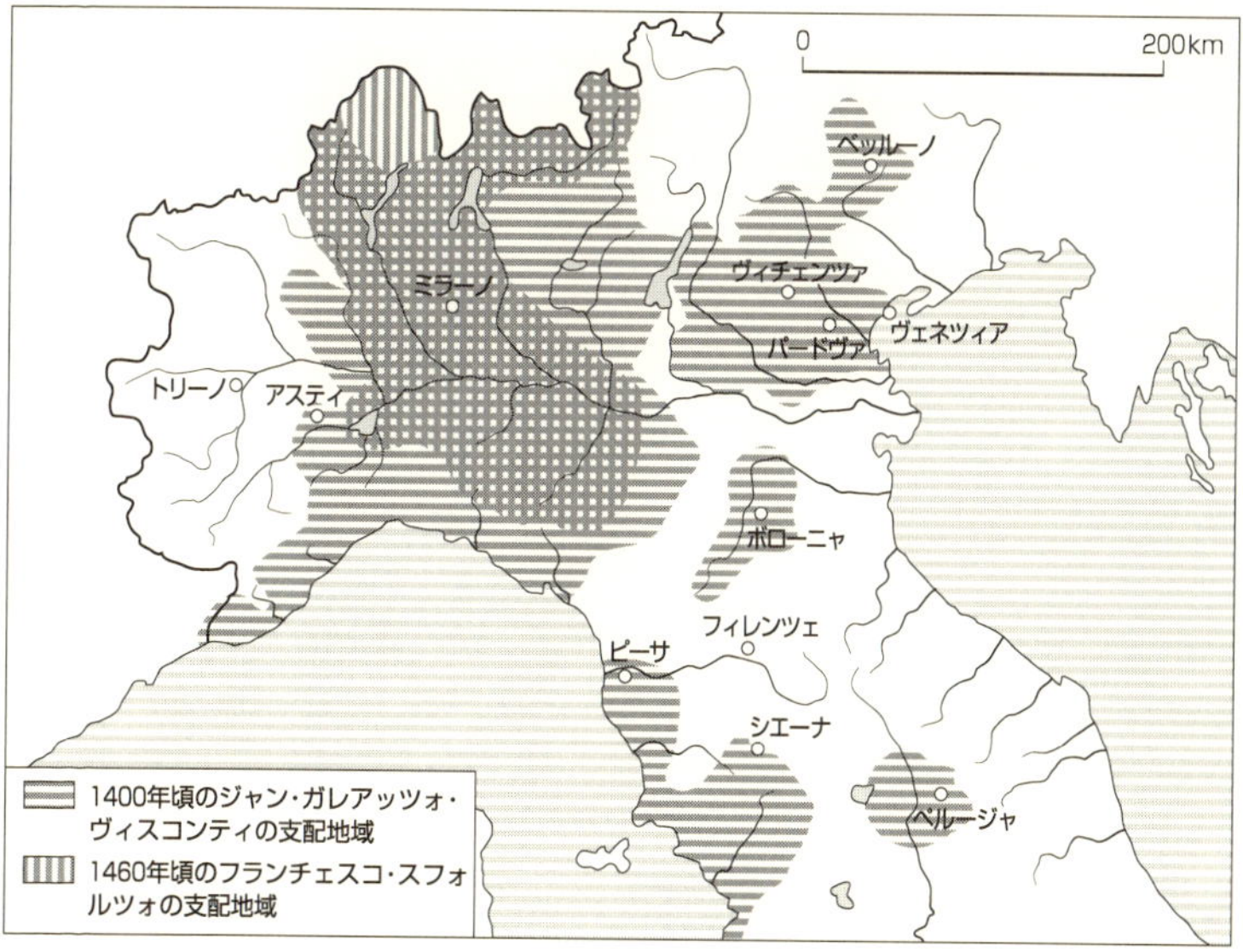

ミラーノ公国の領土

北部・中部における統一国家形成の機会は失われてしまった。公位を継承した息子ジョヴァンニ・マリーアは、残酷な性格のために周囲に多くの敵をつくり、一四一二年に市民上層の陰謀によって暗殺された。公位を継承したその弟フィリッポ・マリーアは、父ジャン・ガレアッツォの旧領の中核部分を回復したが、ミラーノの強大化を警戒するヴェネツィアとフィレンツェの同盟に妨害されて、それ以上の回復はできなかった。フィリッポ・マリーアには、男子後継者がなく、庶出の一人娘は、有能な傭兵隊長フランチェスコ・スフォルツァと、また姉は、フランス王シャルル五世の次男オルレアン公ルイと結婚した。

一四四七年、フィリッポ・マリーアの死後、ミラーノでは市民上層を中核とする共和制が復活し、同市の守護聖人アンブロシウスの名前に由来するアンブロージオ共和国が成立した。しかし、この共和国には外部勢力に対抗する能力がなく、一四五〇年、フランチェスコ一世・スフォルツァが、武力でミラーノを占領して義父の公位を継承した。この公位の獲得は、実質的には彼自身の政治的・軍事的能力によるが、名目的には妻の相続権によるものであり、そのことを市民に納得させるためにミラーノのコムーネによる形式的な承認を必要とした。一方、自身がそのシニョーレとなり、彼の代官を派遣してシニョリーアを実現する従属コムーネについては、その住民たちの請願をできるだけ受容して懐柔した。この公位継承を、コムーネは承認したが、皇帝は承認しなかった。しかし、スフォルツァによる公位継承は、一四五四年、彼がヴェネツィア、フィレンツェ、教皇と締結したローディの和約により、国際的に承認された。公位は、フランチェスコの没後、息子ガレアッツォ・マリーアが継承し、その死後は、未成年の息子(フランチェスコの孫)ジャン・ガレアッツォ・マリーアが継承したが、一四八〇年以後、摂政となった叔父(フランチェスコの息子)ルドヴィーコ・マリーア(通称イル・モーロ)が実権を獲得した。

ルドヴィーコ・マリーアは、権力維持のために同盟相手をつぎつぎに取り替え、フランス国王シャルル八世と同盟する一方では、皇帝マク

ミラーノのスフォルツァ城　1368年ころ，ヴィスコンティ家によって着工され，アンブロージオ共和国はその完全な破壊を宣言したが，不徹底に終わり，1450年に公位に就いたフランチェスコ・スフォルツァによって再建・拡大され，ほぼ現形になった。

シミリアンとも友好関係をもち、一四九四年のジャン・ガレアッツォ・マリーアの没後、マクシミリアンから公位をえて、名実ともにミラーノ公となった。同九四年、彼の同盟相手のシャルルがイタリアに侵入すると、豹変して反シャルル同盟に参加し、九五年にシャルルが帰国すると全盛期をむかえた。一四九八年、ルイ十二世がフランス国王になると形成が逆転した。国王ルイは、オルレアン公ルイの同名の孫であり、祖母に由来する権利によってミラーノ公を自称して、ミラーノ公国の分割をはかるヴェネツィアや教皇と同盟し、一四九九年、軍隊を派遣してミラーノを占領した。ルドヴィーコ・マリーアは亡命し、一五〇〇年、一時ミラーノを回復したが、同年、捕虜となってフランスに送られ、〇八年、そこで没した。

ジェノヴァ

ジェノヴァは、国内政治が不安定で、十四世紀後半以降、しばしば外国の支配を受けた。一三五三〜五六年、ミラーノのヴィスコンティをシニョーレとし、一三九六〜一四〇九年、フランスの支配を受け、二一〜三六年、ヴィスコンティをシニョーレとし、五九〜六二年、フランスの支配を受け、八七〜九九年、ミラーノのスフォルツァ家をシニョーレとし、一四九九〜一五〇六年、フランスの支配を受けた。以後、抗争するフランス国王と皇帝のうち、その時々の勝者の支配を受けたが、強力な私的艦隊を統率するジェノヴァ人アンドレーア・ドーリアは、一五二八年、奉仕相手をフランス国王から皇帝にかえ、皇帝陣営最強の艦隊の提供とひきかえに、ドーリア自身の創出した寡頭政《かとうせい》による母国の自治を皇帝に承認させた。一五六〇年の彼の死後、内紛が再燃して内乱にまで発展したが、七六年、制度改革により対立党派間に妥協が成立した。

政治の不安定は、都市内部の諸階層の対立が常態となり、支配の構造が不安定で、権力の所在が流動的であったことによる。十四世紀初期、内部分裂していた都市貴族に対抗して、平民が政治運動をした結果、一三三九年、都市の役職を貴族と平民とがほぼ均分する体制が成立した。とはいえ、平民内部では、配分役職のうち要職を独占した上層にたいし、下層の不満が増大した。この複雑な対抗関係のなかから、貴族であれ平民であれ有力家族を中心に組織された、アルベルゴと呼ばれる同族結社に類似した結社が発展した。アルベルゴとは、有力家族の成員のみならず、その追随者や隣人をも含み、同一の族姓と紋章をもち、近隣に集住する人々の利益集団である。集住区域に固有の教会、会館、倉庫をもち、固有の規約に基づいて各種の業務をおこなった。アルベルゴ同士の、あるいはアルベルゴ内部の対抗関係から派生した政治党派が、外部勢力を巻き込みつつ、権力闘争を展開しつづけたのである。

海上勢力としてのジェノヴァは、一二六一年、ニンファイオン条約でニカイア(ニケーア)皇帝と同盟し、ヴェネツィアの支援するラテン帝国を打倒して、ヴェネツィアと敵対関係にはいった。ニカイア帝国は、旧ビザンツ帝国の有力者が、ラテン帝国に対抗してアナトリアに建設した国家である。一二八四年、メローリアの海戦でピーサに完勝し、ティレニア海の覇権を確立した。一二九八年、クルツォラ(ダルマツィア沖)の海戦でヴェネツィアを撃破したが、この戦争で消耗したジェノヴァは、この勝利を政治的な勝利に結びつけることができなかった。一三五三年、ロイエーラ(サルデーニャのアルゲーロ沖)の海戦でヴェネツィア・アラゴン同盟に敗北し、アラゴンによるサルデーニャ支配を容認した。一三七八〜八〇年のキオッジァの戦いでは劇的な逆転によってヴェネツィアに完敗し、翌八一年、トリーノ条約により、ヴェネツィアとのいわゆる「百年戦争」がジェノヴァの劣勢をもって終結した。

この間の一三七八年、財政困難となったジェノヴァ政府は、毎年の貢納金とひきかえに、植民地コルシカの経営を企業組合に請け負わせた。この組合は、島民の抵抗、アラゴンの干渉、組合員ロメッリーニ家のアルベルゴがもつ同島支配の野望に直面した。レオネッロ・ロメッリーニは、ジェノヴァの支配者となったフランス国王からコルシカ伯位をえたが、経営に失敗して貢納金を支払えず、一四〇七年、同島を政府に返還した。政府もその経営に失敗し、一四五三年、強力な企業組合サン・ジョルジョに移譲した。この組合は、すでに一四〇七年に、本国と植民地との財政収入を担保とする各種公債を整理統合し、年利七%の単一長期公債にしたものを管理するために設立されていた。政府財政と植民地経営を委託されたこの組合は、翌〇八年に銀行業務を開始し、以後サン・ジョルジョ銀行という通称で呼ばれるようになる。たび重なる外国による政治支配と、債権者を代表するサン・ジョルジョ銀行による政府財政と植民地との管理、十五世紀には、これがジェノヴァの現実となっていた。

ヴェネツィア

ヴェネツィアは、同じく海上勢力ではあったが、ジェノヴァとは対照的に、権力の所在が一定し、支配の構造が安定していた。キオッジァの戦いでは、パードヴァのシニョーレやアンジュー家のハンガリー国王がジェノヴァと同盟して、本土からヴェネツィアを攻撃した。この戦いで勝利をえたヴェネツィアは、戦後、イタリア本土(潟湖《せきこ》の島々に立地するヴェネツィアでは、それを「堅固な立地」〈テッラフェルマ〉と呼んだ)における商路の安全や食糧の供給を確保するために、海上利害を最優先する従来の方針を転換して、本土に進出し、ジャン・ガレアッツォ・ヴィスコンティと対立した。彼の急死後の混乱を利用して、急速に支配領域を獲得し、短期間に本土における一大領域国家となった。ヴェネツィアは、本土、すなわち神聖ローマ帝国(イタリア王国)の内部に支配領域をえたことになり、やがては教皇国家にも支配領域をもつことになる。トレヴィーゾは一三八八年、ヴィチェンツァは一四〇四年、ヴェローナとパードヴァは〇五年、ブレッシャは二六年、ミラーノ近隣のベルガモは二八年に獲得した。帝国領域におけるヴェネツィアの領土支配は、ローディの和約により、国際的な承認をえた。一方、十五世紀後半にはオスマン帝国がバルカン西部にまで進出してきたので、一四六三年、ダルマツィアの領有をめぐって交戦し、以後長期にわたって断続的に同帝国と戦争をおこない、一五四〇年までは公然たる戦争にならないときも敵対関係にあった。

ヴェネツィアの海上商業がオスマン帝国との敵対で困難が増大する一方、同帝国の保護を受けるダルマツィアの都市国家ラグーザ(ドゥブロヴニク)、およびラグーザと密接な商業関係をもつ対岸のアンコーナの海上商業が、ヴェネツィアの困難を利用して飛躍的に発展した。教皇国家の都市アンコーナは、一五二〇年代に国際商業都市としての地位を確立した。教皇は、一五三二年にコムーネの支配する同市を軍事占領したが、同市市民の支持をえるために、その商業を手厚く保護した。アンコーナは、十六世紀中葉には、西ヨーロッパ商業の東地中海への出口としてヴェネツィアに比肩するまでになったが、一五五五年の教皇による市内の隠れユダヤ教徒の弾圧を契機に、オスマン帝国領内のユダヤ商人の一部が同市での取引を忌避したので、それまでの急成長が終わった。ラグーザは、拡大するオスマン帝国において商業特権を享受し、とりわけ十六世紀後半の全盛期には、その商船団はヴェネツィアにとって大きな脅威となった。ポルトガルによるインド洋での香辛料商業の独占は、早くも一五三〇年代には崩壊し、東地中海を経由する旧来の商路が復活した。とはいえ、十六世紀のヴェネツィア商業は、オスマン帝国との戦争、アンコーナおよびラグーザとの競争により、同世紀の中葉と末期の一時回復を除けば低迷し、さらに末期以降は、同帝国と友好関係にある西ヨーロッパ諸国の地中海への商業進出によって衰退に向かった。商業の低迷と衰退にほぼ並行して、商業資本の一部が、毛織物工業や印刷出版業に移動した。一六三四年、レヴァント商業の占有率は、オスマン帝国の関税収入からみると、イギリスが四〇％、フランスが二七％、ヴェネツィアが二六％、オランダが七％であった。

ヴェネツィアでは、十五世紀に本土での領域支配が安定すると、そこでの貴族の土地所有が始まり、十六世紀に海上商業での困難が増大すると、土地所有が飛躍的に発展した。十六世紀には地中海世界の人口、とりわけ都市人口が増加し、食糧不足が深刻となり、飢饉の回数が増加し、その程度が拡大した。ヴェネツィア人口は、一五四〇年には約一三万、六二年には約一七万である。小麦を輸入してきたバルカンの穀倉地帯がオスマン帝国に征服されたので、ヴェネツィアにとっては食糧基地としての本土の重要性が増大した。一五二〇年代以降、小麦価格が上昇し、土地所有は、資産の安全と社会的威信のみならず、多大な利益をもたらすようになった。土地需要の増大と土地価格の上昇とによって、開墾が活発となったが、個人による干拓・灌漑工事には限界があり、十六世紀中葉以降、政府も担当機関を設置して開墾に乗り出した。一五七〇年代以降は、市内に輸入される小麦のうち、本土の小麦が海外の小麦を凌駕《りょうが》した。キプロス領有をめぐるオスマン帝国との戦争を契機に、一五七〇年代から一六三〇年代まで、貴族による土地投資が流行するまでになった。この間に、ヴェネツィア貴族は商人から地主へ変質し、貴族につぐ「市民権所有者」が商業や工業に進出した。貴族は本土の農村に土地経営のための実用的な別邸を建造し、農書の流行にみられるように農本主義的な思想が出現した。

フィレンツェ

フィレンツェは、一三四〇年前後から深刻な危機に陥った。一三三九年の百年戦争の開始後、フランスでのフィレンツェ商人の経済活動は停滞し、イングランド国王はフィレンツェ商人への債務支払を停止した。ナポリ国王も莫大な戦費の必要から債務支払を停止し、他方、フィレンツェ自体の長期にわたる対外戦争が市民に多大な出費を強いた。この経済危機による政治不安を抑制するために、一三四一年、ナポリ王国に亡命していたフランス系のアテネ公をシニョーレとしてむかえた。アテネ公は、民衆と民衆から危機の責任を追及された大商人層との対立を調停する一方、この対立を利用して、一三四二年、「終身のシニョーレ」となり、独裁者として苛政をしいたので、四三年、市民蜂起によって追放された。一三四八年の大黒死病は、年代記によるとフィレンツェ人口の「五分の三」を奪い、危機にあった社会の混乱に拍車をかけた。この間に大商人層の一部は没落あるいは引退し、かわって進出した「新参者」と呼ばれる新興商人層が、既成勢力と権力闘争を始めた。市内人口の激減は、市外からの人口流入を促進し、新参者の陣営を強化した。

一三七五年から七八年にかけて、フィレンツェはローマ帰還を準備し実現した教皇と領土をめぐって戦ったが、これがフィレンツェの経済活動を停滞させ、民衆の生活を直撃したので、市内で革命騒動がおこった。一三七八年六月、新参者が親教皇の傾向をもつ既成勢力を駆逐して政治の実権をえたが、七月、新参者を含む上層に有利な税制に反対する中層・下層が蜂起し、新参者を抑圧して、中層を中核とする執政府(シニョリーア)を誕生させた。このとき労働者層は、彼ら自身の三つの同職組合(アルテ)を新設し、それを基盤にはじめて執政府へ参加した。住民の階層分解の激しい大都市で、政治的に無権利であった下層の労働者層が政権に参加する体制が成立したのは、まさに革命的なことであった。八月、失業状態が続くなかで生活を圧迫された労働者層は、雇用を求めて示威運動を展開し、これに危険を感じた中層の七月政権によって武力で弾圧された。この一連の運動にはチォンピと呼ばれた毛織物工業の労働者が多数参加していたので、この革命騒動は「チォンピの乱」と呼ばれている。支柱のひとつを自ら排除した中層の政権は、一三八二年、既成勢力と新参者との連合勢力によって打倒された。この乱を契機に、既成勢力と新参者との二つの上層勢力の同化が進み、そのなかから都市の実権を握る有力家族が出現する。

フィレンツェは、十四世紀中葉以降、近隣都市をつぎつぎに従属させ、一四〇六年、長年の競争相手ピーサをも従属させた。一方、一三七〇年代以降、教皇国家、教皇国家に進出したラディズラーオのナポリ王国、ミラーノ公国など、トスカーナ外部の大国との抗争の段階にはいり、一四五四年、ローディの和約でイタリア諸大国との和平が成立するまで、諸大国と断続的に戦った。大国との戦争は、納税義務をもつ市民やコンタード住民にも、また貢納金を課せられた従属領域の住民にも非常な負担となった。市内では下層ほど負担の重い間接税中心の税収では間に合わず、一三八〇年代以降は、富裕な市民上層から調達する公債が収入の基本となった。公債負担の公正配分が社会問題となり、世帯の申告資産に基づいて負担させるカタスト(資産登録)制度が、一四二七年に導入された。一四三〇年までに、資産申告制度は支配領域全体にも導入された。この一種の国勢調査によれば、人口分布はフィレンツェが一四%、一六の中小都市が一九%、農村が六七%であり、資産分布は同順で六七%、一六%、一六%である。フィレンツェは、すでにこの時点では、都市人口でも資産分布でも突出している。フィレンツェ市内では、上位一〇%の市民に資産の六八%が、上位一%の市民に資産の二七%が集中しており、その資産形態は、不動産が四一%、動産が三四%、公債が二五%である。資産の集中した上層は、商人・織元であるのみならず、農村の地主でもあり、フィレンツェの「株主」(公債所有者)でもある。フィレンツェの上層の資産は、市内のみならず領域全体でも突出している。彼らこそ、法的な身分規定のないフィレンツェ共和国において、十五世紀の過程で確立する事実上の都市貴族であった。

国家財政の膨張を契機に、それを把握する政府の権力が拡大し、同職組合や豪族の同族結社など、市内の各種団体の権力が縮小した。ここに、団体の保護を喪失した個人が出現したが、個人の多くは、今度は私的な人間関係のなかに保護を求めた。有力者同士の友人・親族関係を中核として、利権のある役職への就任、公債割当の軽減などをめぐる利益団体が形成され、その裾野は保護・追従関係(クリエンテリズモ)によって中層・下層にまで拡大した。自然発生した利益団体はやがて行動的な政治党派に発展し、諸党派は権力闘争を展開したが、一四三四年、メディチ家を中心とする党派が勝ち残った。共和主義が強固なフィレンツェで、メディチ派は、共和制の機構を巧みに利用して、形式上は合法的に権力を独占した。諸大国との断続的な戦争を背景に設置され、強大な権限を与えられた合法の非常大権委員会を掌握して、政敵の弾圧、自派の要職就任をおこない、さらに元来は臨時かつ短期のこの委員会を常設機関に変えて、自派による恒常的な権力独占を実現したのである。

メディチ家の(老)コジモは、自派の権力が安定すると、市民の反感を避けるために官職には就任せず、市民の歓心をかうために公共事業にも私費を投じた。一四六四年、コジモの死後、息子ピエロが同家の当主になると、その地位をめぐって同派の分裂をともなう深刻な抗争が起こったが、ピエロは、私的に多額の融資をしていたミラーノ公フランチェスコ・スフォルツァの軍事力を背景に乗りきった。一四六九年、ピエロの没後、当主になった息子ロレンツォは、七八年、都市貴族のパッツィ家を中心とする反メディチ家の陰謀を乗りきり(ロレンツォの弟は刺殺された)、八〇年、自派からなる七〇人評議会を設置したが、これは執政府の役割を代行するだけの強大な権限をもつものであった。以後、ロレンツォは事実上のシニョーレ、無冠の君主となったが、共和制を形骸化したその言動は、ひそかに市民の反感を招いた。一四九二年、ロレンツォの没後、息子ピエロ二世が当主になった。

一四九四年、ピエロがナポリ遠征途上のシャルル八世に屈服すると、市民の反メディチ感情が爆発した。ピエロは亡命し、メディチ派の評議会は廃止され、約三二〇〇人からなる新設の大評議会が再生した共和国を象徴したが、やがて要職に復帰したメディチ派の政治家たちと、都市貴族出身で新設の「終身の」正義の旗手となった、民衆を支持基盤とするソデリーニとの対立が表面化した。一五一二年、イタリア戦争(二四五〜二五〇頁参照)におけるフランスの敗北により、親フランス派のソデリーニは失脚し、ハプスブルク家と組んだメディチ家の支配が復活した。とはいえ、メディチ家の中心は同家出身の二人の教皇、レオ十世とクレメンス七世(在位一五二三〜三四)であり、メディチ家の君主政か、都市貴族の寡頭共和政か、という問題の解決は先送りされた。クレメンスが皇帝に敵対することになったので、一五二七年、皇帝軍による「ローマ劫掠《ごうりゃく》」が起こり、その直後に、フィレンツェではメディチ家が追放され、大評議会をもつ共和国が復活した。

しかし、クレメンスが皇帝と妥協し、メディチ家のフィレンツェ復帰の約束をえたのち、皇帝と教皇の連合軍はフィレンツェを一〇カ月間包囲し、一五三〇年、フィレンツェ共和国は降伏した。皇帝はクレメンスの庶子アレッサンドロを「共和国の政府・国家・体制の長」とし、さらに一五三二年の国制改革では、従来の執政府が廃止されて、「フィレンツェ共和国の公」と、名門貴族からなる終身制の元老院などが創出され、君主政と貴族共和政の折衷体制が成立した。フィレンツェ「共和国の公」とは、ヴェネツィア共和国のドージェ(統領、原義は指導者)に類似の地位である。

一五三七年、アレッサンドロの暗殺後、名門貴族はメディチ家弟脈(老コジモの弟の家系)のコジモ一世を後継者とした。コジモは、同年、皇帝から「フィレンツェ共和国の公」の称号と「共和国の政府と支配領域の長にして第一人者」の地位をえると、法的には根拠のない「フィレンツェ公」を自称した。以後、徐々に貴族から権力を剥奪し、事実上の君主政を創出したが、貴族は廷臣となることで特権的な地位を保証された。コジモは、共和制的な伝統的役職とは権限内容が競合する、公の任免権下にある君主制的な新役職を創設し、とりわけ従属都市出身の非フィレンツェ人有力者をそれに登用して、新役職の権限を拡大した。経済政策でもフィレンツェ優先主義を抑制して、領域全体の経済振興をはかった。

コジモは、一五五五年、皇帝と連合して親フランス派のシエーナ共和国を降伏させ、五七年、その領域を帝国封地として皇帝から授封されると、「フィレンツェとシエーナの公」と自称した。教皇は、ハプスブルク家の政治的影響力からの解放を求めるコジモにたいし、授封権を行使して、一五六九年、皇帝には従属しない「トスカーナ大公」の称号を授与し、ここにトスカーナ大公国が成立した。皇帝は、トスカーナは帝国に帰属するとして、教皇の越権行為を非難し、一五七六年、臣従の承認とひきかえに、同じ称号をコジモ(七四年没)の息子フランチェスコに授与した。大公国は、その中核をなす旧フィレンツェ共和国領、旧シエーナ共和国領、大公を封建領主とするいくつかの領地、大公の封臣となった封建領主たちの領地、という制度上は相互に独立し、それぞれが大公に直属する四つの要素が、大公によって統合される同君連合であった。この分裂を補ったのが、一五六二年、ティレニア海まで進出してきたオスマン海軍の撃退を目的としてコジモが創出したサント・ステーファノ騎士団であり、大公を団長とする騎士団には、大公国各地の有力家族の家長が入団して団結した。さらに、代々の大公は、フィレンツェ貴族の末裔《まつえい》を中心とする有力者に爵位を授与し、僻地においてとはいえ領主貴族をあらたに創出して、大公権力の支柱のひとつとした。

北部辺境の封建諸侯国

イタリアの北部辺境には、封建諸侯が存在した。北西部のサヴォイア家は、元来はブルグント王国のサヴォワ(サヴォイア)伯であった。一〇四六年、トリーノ伯領の相続者と婚姻関係を結び、それを契機に、アルプスのこちら側のイタリア王国にも、もうひとつ伯領をえた。一二九四年以降、領土は家族内部で分割され、本家と分家がそれぞれの領地を相続したが、一四一八年、本家によって再度統一された。統一したアメデーオ八世は、すでに一四一三年、隣接するサルッツォ侯国の封主権をえ、一六年、皇帝からサヴォイア公位をえていたが、さらに三四年には、隣接のモンフェッラート侯国から領土の一部割譲をえた。広大なサヴォイア公国の領土は山岳で分断され、宮廷は各地を巡回したが、ヴァル・ダオスタのような固有のまとまりをもつ地方、トリーノやニース(ニッツァ)のような都市、それに各地にいる多数の下級封建貴族は、自治権ないし領主権を享受していた。この公国には、公国全体の等族議会があり、さらにピエモンテ(トリーノ)とサヴォワ(シャンベリー)は、それぞれの等族議会をもった。地方の等族議会では、免税特権のある聖職貴族と高級貴族とは、財政負担の審議には参加しなかった。この封建国家の支配には、等族による「協議と同意」が必要であり、一四六六年、アメデーオ九世は等族の自由の尊重を誓約した。十五世紀後半には、未成年者の即位や短期の在位が連続し、国内が混乱して、ミラーノ公国やフランス王国という強力な近隣勢力の干渉を受けることになった。

北東部には、アクイレイア総大司教と、トレント司教という二つの聖界諸侯が存在したが、後者はもとは前者の属司教であった。総大司教は、一〇七七年、皇帝から公の称号とフリウーリ伯領とを授与され、

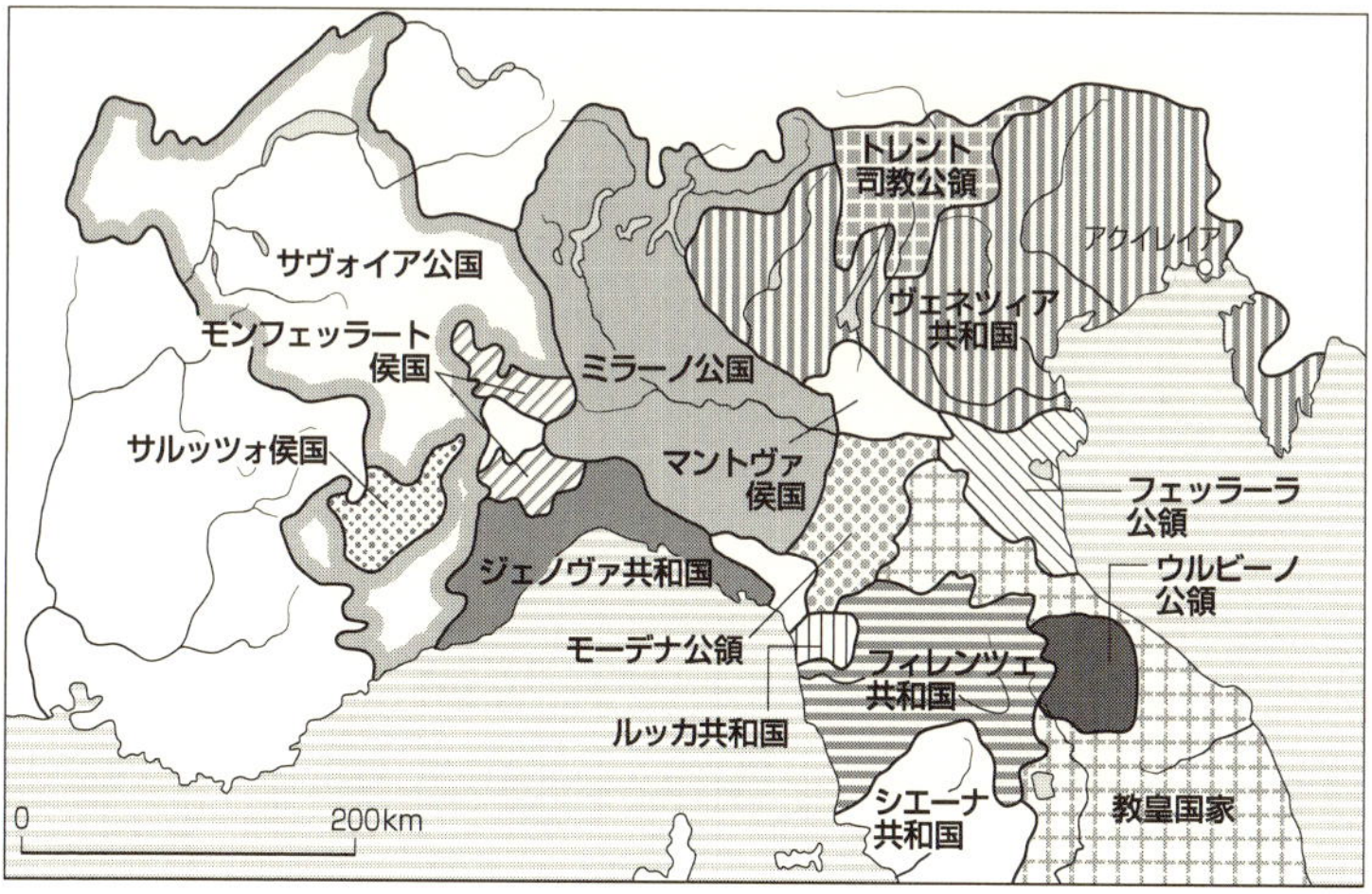

15世紀中葉のイタリア北部・中部

ここに世俗権力をもつ総大司教の領土が形成された。領内ではウーディネやチヴィダーレのような都市が発展し、各地に多数の下級封建貴族がいたが、なかでもサヴォルニャン家はウーディネの政治に大きな影響力をもった。領内の海港都市トリエステは、一二〇二年、ヴェネツィアの支配を受け、一三七九年、総大司教によって回復されたが、八二年、ハプスブルク家の支配のもとにおかれた。領内では十四世紀までに等族議会が確立し、総大司教と等族とが協議した結果、一三八六年にフリウーリ基本法が制定されたが、それによって後世の人々からは「等族たちの共和国」という評価すら受けた。十四世紀末以降、領内の都市や下級封建貴族のあいだでの相互対立を利用して外部勢力が進出し、十五世紀にはヴェネツィアが領土の大部分を支配するにいたった。

一方、トレント司教は、一〇〇四年、皇帝からトレント伯領を授封された。一〇二七年、その領地は、皇帝によって拡大され、公領とされた。この司教伯ならぬ司教公の権力は、下級封建貴族に移譲ないし簒奪され、農村集落もかなりの自治をもつにいたった。一三六三年、司教公領はハプスブルク家の支配を受けることになり、司教公の権力はさらに衰退し、司教にはドイツ人が送り込まれてきた。司教によるドイツ人封臣優遇策は、一四〇七年の現地人による反乱の原因となり、〇九年の鎮圧後、現地人の自治が確認された。ヴェネツィアは、一四〇五年にヴェローナを獲得したのち、商路として重要なアーディジェ渓谷を遡上《そじょう》し、この司教公領にも進出したが、カンブレー同盟戦争の結果、この獲得地をハプスブルク家に返却した。

3　五大国の均衡からスペインの支配へ

五大国の同盟による平和

以上、各国の状況を個別にみてきたが、つぎにイタリアの状況を全体としてみてみよう。一四五〇年、フランチェスコ・スフォルツァによるミラーノ公国の継承を契機に、戦争が始まった。継承に反対するヴェネツィア、ナポリ、サヴォイア、モンフェッラートの同盟と、ミラーノ、フィレンツェ、ジェノヴァ、マントヴァの同盟とが戦った。しかし、一四五三年、オスマン帝国がコンスタンティノープルを陥落させると、背後に深刻な状況が出現したヴェネツィアは、五四年四月、フィレンツェ以外には秘密のまま、ローディでスフォルツァと「ローディの和約」を締結して、公位継承を承認し、アッダ川をもって両国国境とした。この条約を確固たるものにするために、同年八月、ヴェネツィアでスフォルツァの主導のもとに、

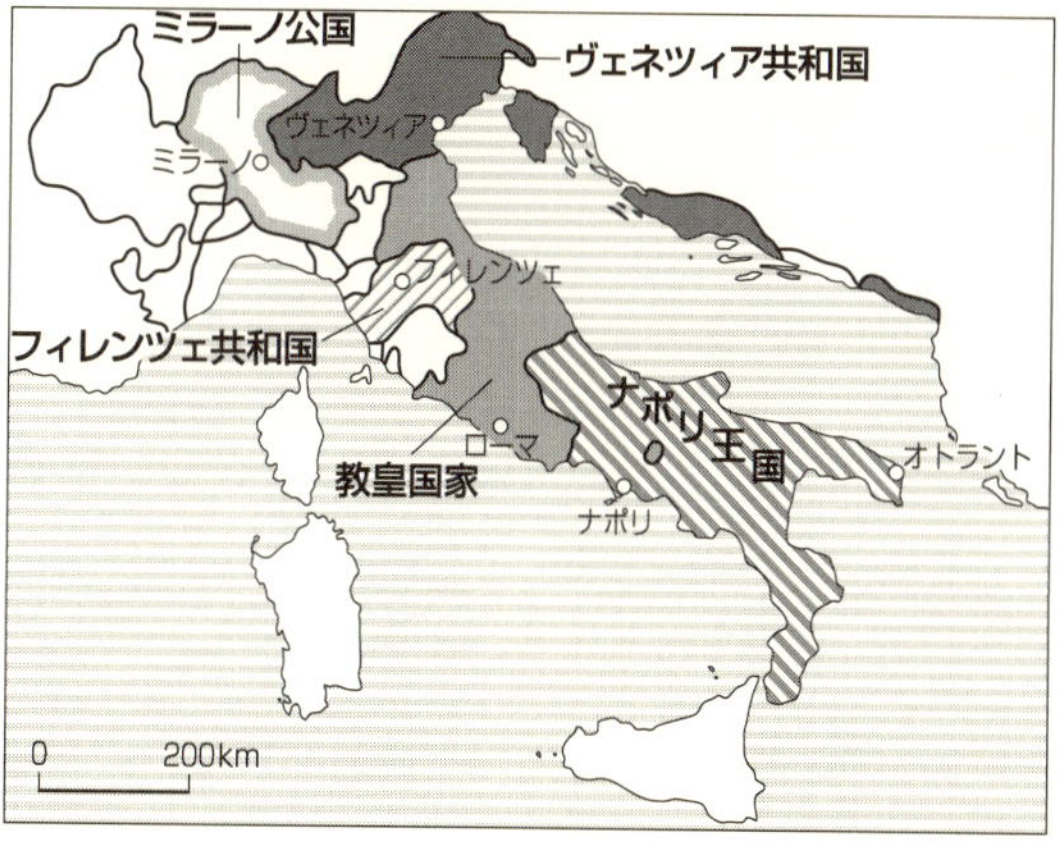

1454年の「ローディの和約」当時のイタリア五大国

ミラーノ、ヴェネツィア、フィレンツェが「イタリア同盟」を結成したが、オスマン帝国の拡大を危惧する教皇もすぐに同盟に参加し、翌五五年、同帝国の攻撃を警戒するナポリも教皇の説得によって参加した。

ミラーノ公国、ヴェネツィア共和国、フィレンツェ共和国、教皇国家、ナポリ王国という当時の五大国が締結したこの同盟により、イタリアの大国同士の覇権闘争は終わり、以後四〇年にわたって、五大国の勢力均衡という現状の維持を原則とする相対的に平和な時代が出現した。この二五年期限の防衛同盟は、数回更新され、一四八〇年のオスマン帝国軍のオトラント上陸にたいしては効果を発揮したが、領土をめぐる教皇とヴェネツィアの対立、教皇とフィレンツェの対立など、同盟内部に緊張がなかったわけではない。いずれにせよ、ここにおいてイタリアでは、神聖ローマ帝国(イタリア王国)は現実の意味を完全に喪失し、そこに存在するのは、すでに教皇国家やナポリ王国と互角の実力をもち、皇帝権から離脱した領域国家、すなわちヴェネツィア共和国(本土領土)、フィレンツェ共和国、ミラーノ公国をはじめとする諸国家であった。これに対応して、神聖ローマ帝国は、十五世紀、とりわけその後半の過程で、「ドイツ国民の神聖ローマ帝国」という表現が確立されていくのに並行し、その領域からイタリア王国を事実上排除し始めた。

イタリアで平和が実現したのは、他方では、フランス国王、神聖ローマ皇帝、アラゴン(スペイン)国王のような近隣勢力が、それぞれの国内問題に没頭し、イタリアに介入できない状況にあったからでもある。強大な近隣勢力がひとつでも介入すれば、五大国間の微妙な均衡は一挙に崩壊する。フランスの国王たちは、百年戦争の終結以後、王権のもとに国内各地を確保することに努力した。それが一段落したとき、国王シャルル八世は、一四九四年、イタリアに遠征し、翌九五年二月、ナポリを占領した。フィレンツェではメディチ家が追放され、ナポリ国王はシチリアに逃走した。ここにイタリアの平和は崩壊し、近隣の大国同士がイタリアの覇権を求めて一五五九年まで断続的に闘争する「イタリア戦争」が始まった。

一四九五年三月、教皇アレクサンデル六世は、ヴェネツィア、ミラーノ、さらにスペイン、神聖ローマ帝国と反フランス同盟を結成した。シャルルは、七月、この同盟との戦闘に敗北し、十一月、包囲を恐れてイタリアから撤退した。シャルルを継承したフランス国王ルイ十二世(在位一四九八～一五一五)は、一四九九年、ミラーノを占領した。以後、二転三転する同盟関係のなかで、ミラーノ公国をめぐって、フランス国王、スフォルツァ家、ハプスブルク家出身の神聖ローマ皇帝の三者が争奪戦を展開し、ついに一五三五年、ミラーノ公国はハプスブルク家領に編入される。この間に、ミラーノ公国は大国の地位から転落した。一五〇四年、ルイ十二世は、スペイン国王との条約で、ナポリ王国のスペイン王家への帰属を承認した。スペインの属国となったナポリ王国も大国の地位を喪失した。フィレンツェは、シャルル八世の遠征を契機にメディチ家が追放されて以来、政権が安定せず、その地位は低下する一方であった。一五一三年、メディチ家出身の教皇レオ十世が即位すると、前年フィレンツェに帰還していたメディチ家の当主（教皇の甥）ロレンツォ二世は、この教皇に従属した。

五大国のうち、大国の地位を保持したのは、ヴェネツィアと教皇国家だけになってしまった。しかし、ヴェネツィアの地位も一時は危機に直面した。一五〇八年、教皇ユリウス二世は、教皇国家を侵略するヴェネツィアの領土拡大政策に対抗して、ルイ十二世、皇帝マクシミリアンなどとカンブレー同盟を結成した。教皇はロマーニャの都市を、皇帝はヴェーネト地方を、フランス国王はロンバルディーアを、それぞれヴェネツィアから回復ないし奪取する意図をもっていた。一五〇九年、ヴェネツィアは、アニャデッロの戦いでフランスに大敗し、その本土における領域支配が一挙に瓦解した。しかし、ロマーニャの都市を回復した教皇は、イタリア北部におけるフランス勢力の拡大を恐れ、一五一〇年、ヴェネツィアと和約し、一一一年、今度はヴェネツィアおよびスペインとフランスに対抗する「神聖同盟」を結成した。以後、ヴェネツィアは、諸国間の抗争を利用して、短期間に本土の旧支配領域を回復していく。

この間、教皇は、巧みな外交政策によって、強国同士を抗争させながら、ロマーニャのみならずエミーリアの都市をも回復した。一五一三年、ユリウス二世が没し、一五一五年、ルイ十二世を継承したフランソワ一世は、この教皇の死に乗じてヴェネツィアと同盟し、スイス連邦と同盟したスフォルツァ家にマリニャーノ（メレニャーノ）の戦いで大勝して、一二年以降放棄していたミラーノを一時回復した。以後、スイス連邦は拡大政策を放棄し、イタリアに介入するのはフランス国王、皇帝、スペイン国王となったが、スペイン国王と皇帝とを兼位する人物が出現し、その前には教皇の外交政策も威力を喪失する。

スペインの支配による平和

ハプスブルク家のカールは、皇帝マクシミリアン一世の息子フィリップを父に、カトリック両王(アラゴン国王フェルナンドとカスティーリャ国王イサベル)の娘フアナを母にもった。一五一六年、カルロス一世としてスペイン国王に即位し、一九年、皇帝選挙でフランス国王フランソワ一世に勝って、カール五世として皇帝に即位した。以後、イタリア戦争は、カールとフランソワの四回にわたる戦争の段階をむかえた。フランソワは、一五二五年、パヴィーアの戦いで大敗して捕虜になり、二六年、マドリードの和約によって、ミラーノとジェノヴァを放棄し、ナポリ王国とブルゴーニュ公領(十四世紀のブルグンド王国崩壊過程でフランス国王が創出した公領が後に再編されたもの)のカールへの帰属を承認した。しかし、同年、釈放された直後に和約を破棄し、カールの勢力拡大を危惧するメディチ家出身の教皇クレメンス七世とともに、フィレンツェ、ミラーノなどと「コニャック同盟」を結成し、カールに再度対抗した。一五二七年、カールの軍隊は、「ローマ劫掠」をおこない、教皇を監禁した。多くの民族からなるこの軍隊は、あいついで指揮官を二人失って統率のないままに、略奪、破壊、放火、殺戮《さつりく》、凌辱をおこない、ローマは一〇カ月ものあいだ生気を失った。カールは、一五二九年六月、オスマン帝国のウィーン攻撃を目前にして、教皇と和約し、ナポリ王国の自己への帰属を承認させ、ローマ劫掠の直後に追放されていたメディチ家のフィレンツェ復帰を約束した。さらに八月、フランソワと「カンブレーの和約」を締結し、ブルゴーニュ公領のフランスへの割譲とひきかえに、イタリアでの自己の覇権を承認させた。

イタリアでは、五大国の勢力が均衡する状態は過去のものとなり、彼一人が覇権を握る状態へと変化したのである。覇者カールは、一五二九年十一月から三〇年二月にかけて、ボローニャにイタリア諸国の代表を招集して会議を開き、領土の画定や支配者の確定など、未解決の問題について決定をくだした。ミラーノ公国は、回復可能な帝国封土としたうえで、スフォルツァ家のフランチェスコ二世に授封した。一五三〇年二月、ボローニャで教皇による最後の皇帝戴冠をおこない、同年八月、教皇クレメンスと連合してフィレンツェ共和国を降伏させ、メディチ家を復帰させた。一五三三年から三四年にかけての冬、再度ボローニャにイタリア諸国の代表を招集し、ヴェネツィアの加盟はないままに、前回の会議での決定を確認する「ボローニャ同盟」を結成した。

カール五世を盟主とするこの同盟により、イタリアの新しい政治秩序が形成され始めた。カールは、皇帝であり、スペイン国王であり、妻の父ポルトガル国王の同盟者でもあった。教皇はローマ劫掠以降、イタリアの政治的主導権を喪失したので、カールはその強力な立場を背景に、単独でイタリアを直接間接に支配することができた。サルデーニャ王国、シチリア王国、ナポリ王国はいずれもスペインの属国であり、一五三五年以降、ミラーノ公国はハプスブルク家の所領となった。三王国には副王を、公国には総督を派遣して統治させたが、これら代官たちは、現地の状況に対応しつつ、政策の形成と遂行をおこなった。独立を維持した諸国には駐在大使が派遣されたが、カールの支援によって成立したフィレンツェ公国(のちにトスカーナ大公国)、独立を回復したジェノヴァ共和国をはじめ、そのほかの独立国も、大使の伝えるカールの意向は無視できなかった。ボローニャ同盟の加盟国は、協調してイタリアの防衛と自国の保全をはかったが、先のイタリア同盟（ローディの和約）とは違い、そこにはカールという強力な調停者が存在し、加盟国はヴェネツィアを除くイタリア諸国全体に拡大したのである。カールによるこの支配は、フランスやオスマン帝国の侵入による混乱を防ぐものとして、おおむね是認された。以後、加盟諸国は駐在大使の互換制度を整備し、それぞれが一人の枢機卿を選出する権利をもつようになり、その支配者たちは相互に姻戚関係を構築するようになる。

その後、フランソワ一世は、フランス勢力の回復をはかり、一五三四年、ドイツのプロテスタント諸侯と秘密同盟を結成し、三五年、バルカンと地中海においてカール五世と敵対するオスマン帝国とのあいだに攻守同盟を結成した。同三五年、カールがミラーノ公国をハプスブルク家領とすると、三六年、フランソワはサヴォイア公国を占領したが、三八年、両者はニースで休戦条約を結んだ。しかし、一五四二年、フランソワのネーデルラント侵入により、今度はアルプス以北を舞台にして、両者の戦争が再開された。北のネーデルラントも南のブルゴーニュ公領も、一四七七年に解体した旧ブルゴーニュ公国の一部であり、フランス国王とハプスブルク家は、この旧公国の遺産をめぐって対立していたのである。フランソワはオスマン帝国と、カールはイングランドと同盟して闘争したが、一五四四年、両者はクレピーの和約を結び、イタリアにおけるカールの覇権が再度確認された。カールは、一五五四年、ナポリ王国、シチリア王国、サルデーニャ王国を、また五五年、ミラーノ公国とネーデルラントを息子フェリーペに譲渡し、翌五六年、自身は引退して、スペインはフェリーペ二世に相続させ、帝位は弟のフェルディナント一世に継承させた。かつて神聖ローマ帝国のイタリア政策にとってミラーノは重要な拠点であったが、ミラーノ公国は、皇帝ではなく、スペイン国王に帰属することになった。一五四七年にフランソワを継承した息子のフランス国王アンリは、五一年、アルプス以北を舞台にしてカールとの戦争を再開したが、五七年、サン・カンタンの戦いで大敗し、五九年、フェリーペとカトー・カンブレジ条約を結んだ。イタリア戦争を終結させたこの条約により、スペインはフランスへの内政干渉を中止し、フランスはイタリアから軍隊を撤退し、フランスから領土を回復したサヴォイア公は両者のあいだでの中立を約束した。ここに、スペインによるイタリア支配体制が最終的に確立したのである。

スペイン国王フェリーペ二世は、カール五世から継承したイタリアの覇権を維持した。叔父フェルディナント一世の統治下にあるドイツでは、アウクスブルクの宗教和議の成立した一五五五年以後も、和議の中途半端な性格のためにカトリック・プロテスタント両教徒の対立が継続した。フランスは、一五六二〜九八年にわたって断続的におこなわれたユグノー戦争で、国力が低下した。オスマン帝国は、一五七一年のレパント(ナヴパクトス)の海戦で、スペイン、教皇、ヴェネツィアの連合軍に大敗した。このように、スペイン以外の近隣大国は、イタリアに介入する余力を失っていた。フェリーペは、一五六一年にブルゴスから遷都した首都マドリードを拠点に、スペイン帝国を統治したが、イタリアにある属国の統治は、マドリード政府の一機関として五五〜五六年に創設された「イタリア諮問会議」に検討させた。これらの属国を統治する代官は、カールの時代には、イタリアを含むカールの支配地域の各地から選出され、長い任期で現地の事情に精通し、それを統治に反映させていた。しかし、フェリーペの時代には、もっぱらカスティーリャから選出され、短い任期で任地を頻繁に交替するようになった。

モンフェッラート侯国
スイス連邦
マントヴァ公国
神聖ローマ帝国
ヴェネツィア共和国
ハンガリー王国
サヴォイア公国
ミラーノ公国
パルマ公国
モーデナ公国
フェッラーラ公国
オスマン帝国
マッサ侯国
サン・マリーノ共和国
ルッカ共和国
フィレンツェ公国
ウルビーノ公国
サルッツォ侯国
ジェノヴァ共和国
教皇国家
コルシカ
（ジェノヴァ領）
警備国家
ヴェネツィア領
ナポリ王国
サルデーニャ王国
シチリア王国
スペイン王国の属国
ヴェネツィア共和国領
教皇国家
ジェノヴァ共和国領
0
200km

1559年(スペイン支配体制確立)のイタリア

スペインの覇権のもとで、外部にたいするイタリアの防衛が保証される一方、イタリア内部では戦争にかわって外交が、各国内部では暴力にかわって法が、それぞれ政治問題の解決手段となった。スペインの戦費を負担させられたとはいえ、イタリア諸国はおおむね平和な時代をむかえたのである。

十六世紀のイタリア経済

イタリアでは、一五三〇年以後、平和の回復によって人口が増大し、十六世紀末には、ヨーロッパ最高の人口密度が回復した。これとほぼ並行して、イタリアの経済も回復した。繊維工業をみると、毛織物の生産量は、フィレンツェでは一五二七年の一万九〇〇〇反から七二年の三万反へ、ベルガモでは四〇年の七〇〇〇〜八〇〇〇反から六一年の二万七〇〇〇反へと増大し、またフィレンツェ、ナポリ、コーモでは絹織物の、カラーブリアでは生糸の生産量が増大した。銀行業をみると、フィレンツェのひとつの銀行だけで、スペイン国債を引き受けるトスカーナ大公に全額の五六万五〇〇〇ドゥカートもの大金を融資し、多数の小銀行が各地に創設された。サン・ジョルジョ銀行を中心に結束したジェノヴァの銀行家たちは、あいついでリヨン、ブザンソン、ピアチェンツァに国際金融の決済市場を組織し、それを支配したが、その結果として、当時最大の債務国スペインの財政を支配することになった。スペインはイタリアの政治的覇権を握ったが、ジェノヴァの銀行家はスペインの財政的覇権を握ったのである。

商業をみると、一五三〇年代以降、ヴェネツィアではリスボン経由に匹敵する大量の香辛料が取引され、アンコーナも国際市場として発展した。フィレンツェなど内陸都市の商人も、リヨン、バリャドリードなど、各地の市場に進出した。さらに、ヴェネツィア、ヴィチェンツァなどの出版業、ファエンツァ、ペーザロなどの製陶業のように、新産業も興隆した。とはいえ、イタリアの造船業は、近隣の木材資源の枯渇と製造費用の高さとによって競争力を喪失し、ヴェネツィアは、一五七三年、従来の政策を転換して、自国商人の商品を外国船に積載することを許可した。

イタリア、とりわけ北部・中部の経済は、地域および部門によって動向に偏差はあるが、全体としてみると、十六世紀にはまだ繁栄していたが、十七世紀になると衰退する。十七世紀の初期にはヨーロッパの先進地域であったが、末期には後進地域になってしまう。史料の豊富なヴェネツィア、フィレンツェなど大都市の繊維工業をみれば、十七世紀における生産反数、従事者数などの減少はまさに劇的である。たしかに、繊維工業では、大都市での衰退とは反対に、周辺の小都市や農村において、少ない規制と低い賃金によって成長した事例もある。とはいえ、この成長は、大都市での生産とは質的に異なったものとなった。大都市を立地とする銀行業、海運業などサーヴィス産業も衰退したが、これらは小都市や農村では成長しえなかった。北部・中部経済の繁栄の基礎は、商業、工業製品の輸出、サーヴィス業(銀行、保険、海運など)にあったが、十六世紀後半にそれを発展させたイギリス、フランス、オランダが、十七世紀の過程でイタリアを追い抜き、その市場をつぎつぎに奪い取ったのである。イタリアの敗因は、製品や業務の価格が相対的に高いことであり、その原因は、過度の産業規制による競争・革新の排除、労働組織と十七世紀の人口減少とによる高い賃金水準、スペイン支配や対オスマン帝国戦争による重税であった。さらに、自国と対立するスペインの支配下にあるイタリアを排除した、イギリス、フランス、オランダによる大西洋

ヴェネツィアの本土領土にあるヴェネツィア貴族バルバロ家の別邸　商人貴族から地主貴族への変質を物語る。

商業の発展が、イタリア経済の没落に拍車をかけた。

北部・中部の市民上層は、衰退する商業、工業、サーヴィス業から、経営が安定し、利潤率が相対的に上昇した農業へ資本を移動した。フィレンツェ、ヴェネツィアでは、貴族が商人貴族から地主貴族へと変質した。フィレンツェ公国・トスカーナ大公国でも、銀行業者、商人、織元が、公・大公のもとで騎士号や爵位をもつ土地貴族へ移行した。土地と農産物の価格が上昇し、地主は生産性の向上をはかって、共同経営方式を採用したり、有能な農場管理人を雇用したり、農業労働力を再編したりした。南部・島部のみならず、北部・中部でも小麦、オリーヴ油、ワイン、生糸、羊毛などの食糧や原料が主要輸出品となり、対価としてイギリス、フランス、オランダから工業製品が輸入されるようになった。トスカーナ大公たちが建設・整備した海港都市リヴォルノは、十七世紀に地中海に進出したイギリス、フランス、オランダの船舶の最大の、さらには自由港となったあとは指定された寄港地として、例外的に飛躍的な発展をとげる。下降するイタリアの経済とではなく、上昇する諸国の経済と結合したのである。

リヴォルノでは、とりわけ一五九三年の「リヴォルノ憲章」の発布以来、国際的な商業網をもつイベリア系ユダヤ人が、憲章の約束する広範な特権によって誘致され、商業の振興に大きな役割をはたした。イベリアのユダヤ人は、一四九二年にはスペインから、九七年にはポルトガルからも追放され、各地に分散したが、その一部はオスマン帝国領内に移住し、スルタンの臣民となった。やがて相互の連絡網を利用して、国際商業に進出してきた。イタリアの内部では、ユダヤ人は、スペインの属国から、彼らを誘致する独立国へと移動した。アンコーナは、一五一四年、イタリア都市としては最初にユダヤ人に商業特権を与え、二〇年代には、ユダヤ人の支援もあって国際商業都市に発展した。ヴェネツィアは、一五二四年までには、ヴェネツィア人がオスマン帝国領内で取引するのとひきかえに、同帝国のユダヤ人がヴェネツィアで取引するのを承認していたが、八九年以降は、それ以外のユダヤ人にも海上商業への参加を承認していく。十六世紀末期には、トスカーナでもヴェネツィアでも、商業の振興のためには、ユダヤ人に商業特権を与えざるをえなくなったのである。

4　都市文化とルネサンス文化

都市文化

中世後期のイタリアでは都市文化が発展した。とりわけ北部・中部の都市で市民によって発展させられた学問や芸術は、十五世紀にフィレンツェを主要舞台として、内容や様式をめざましく革新した。この革新は、古代のローマやギリシアの文化を意識的に規範とした結果実現したので、この文化は、ルネサンス

(再生)文化と呼ばれている。ルネサンス文化の母胎フィレンツェを中心に、イタリアの都市文化の発展をみていこう。

都市や商業の発展に対応しうる法律知識の必要から、ローマ法の伝統が存続したラヴェンナに近い交通の要衝ボローニャに、十二世紀後半、ローマ法学を勉強しに参集していた学生たちが大学を組織した。十三世紀には、北部・中部の各地に大学が派生し、あるいはナポリに王立大学が設置されて、普遍法たるローマ法のみならず、この間に発展した都市国家や王国の固有法についての研究も進展した。初期のボローニャ大学を保護したのは、皇帝に続いて教皇であったが、十四世紀には北部・中部でも都市国家の大学への介入が激しくなり、都市国家や王国に従属した大学からは、初期のボローニャ大学にあった国際性が失われていく。

十三世紀のイタリアでは、都市国家や商人は、もはや否定できない存在であった。北部・中部の都市では、十二世紀以降、市民の作成する都市賛美の書があらわれ、十三世紀以降は、それが歴史叙述と結合してできた都市年代記が出現する。都市年代記は、都市国家の権力の正統性を主張し、その根拠を歴史のなかに求めるものである。一方、教会側の思想家は、人間社会を聖職者(祈る人)、騎士(戦う人)、農民(耕す人)からなり、神が選別した君主の統治するものとしてきたが、十三世紀以降になると、商人や商人たちの支配する都市国家を肯定し始めた。イタリア生まれの十三世紀の神学者トマス・アクィナスは、都市での教化運動を推進するドメニコ(ドミニコ)会の修道士であったが、アリストテレスの思想を取り入れて、都市で商業や都市国家の利点を承認したのである。とはいえ、フィレンツェ市民ダンテは、十三世紀末期から十四世紀初期にかけて都市国家相互およびその内部における苛烈な闘争を体験し、対立を仲裁するものとしての皇帝、平和を実現するものとしての普遍的帝国を渇望した。

シャルル・ダンジューの兄フランス国王ルイ九世(在位一二二六～七〇)は、異教徒征服の意欲にもえ、十三世紀中葉、二回の十字軍遠征をおこない、いずれも失敗したが、キリスト教君主の模範であるとされ、死後に列聖された。生前に破門されたフリードリヒ二世は、偏狭な十字軍精神とは無縁であり、スルタンとの平和的な交渉によって、キリスト教徒の聖地巡礼を承認させた。両者の心性の違いは、閉鎖的なフランス(北部)と開放的なイタリア(南部)という、両者の生育環境に大きく左右された。トスカーナ出身の商人の息子ボッカッチォは、十四世紀中葉の俗語作品『デカメロン』において、西方キリスト教聖職者の実態を暴露し、揶揄《やゆ》している。そのなかの「三つの指輪」という小話は、キリスト教、イスラーム、ユダヤ教の優劣をいうことは意味がないという主旨である。異教徒たちから進んだ商業文化を摂取し、異教徒や東方キリスト教徒との日常的な取引に慣れたイタリア商人は、人間や社会を教義によって観念的に断定することはせず、現実に基づいて経験的に判断することができた。そこには、観念的・閉鎖的ではない、現実的・開放的な思考の形成があった。

商人ジョヴァンニ・ヴィッラーニは、十四世紀前半、母市フィレンツェについて、俗語で都市年代記を作成した。その後半部分は彼が直接見聞した同時代史であり、一三三八年ころのフィレンツェの繁栄を物語る記事には、人口九万、毛織物生産量(年間)七万～八万反、外国毛織物の輸入量一万反などの数字とならんで、学校についての数字がある。「(俗語の)読み書きを習う子どもは男女あわせて、八〇〇〇人から一万人。六つの学校で、算盤《そろばん》とアラビア数字による加減乗除を習う男の子は、一〇〇〇人から一二〇〇人。四つの大学校で、（ラテン）文法と論理学を習う者は、五五〇人から六〇〇人」。多数の子どもが、六〜七歳ころから読み書きを学習し始め、その修了後も一部はさらに、十一〜十二歳ころから数年間、算術学校やラテン語学校で学習した。

商社などの会計記録には、複雑な貨幣計算をするための高度な算術が必要であり、各種の公文書には、実践的なラテン語の能力が必要であった。定着商業は、読み書きと計算の能力を要求したが、とりわけフィレンツェでは、大量の商業文書が作成された。ジェノヴァ商人は、小さな取引でも、公証人によって文書に（ラテン語で）記録してもらうことが多かったが、フィレンツェ商人は、大きな取引でも、自分でそれを帳簿などの会計記録に（俗語で）記録した。ヴェネツィア商人は、ひとつの商業航海を単位とする比較的単純な帳簿記入をしたが、フィレンツェ商人は、長期にわたる多角的な取引について詳細な帳簿記入をした。いずれにせよ、フィレンツェでは、商人が各種の取引を詳細に記録し、上層市民のあいだでは、帳簿、書簡、公証人文書、訴訟文書などを調べて、家族の記録を覚え書として記録する習慣が普及し、やがてそこには個人的な思念も記述されるようになる。

都市国家は、力と富を誇示するために市壁、大聖堂、政庁舎、大教会などを建設したが、強力かつ裕福な都市国家は、それをできるだけ壮麗なものにしようと競い合った。飛躍的な発展をとげたフィレンツェでは、一二八〇〜九〇年代に、経済の成長、覇権の確立、平民の勝利を記念するような巨大な公共建造物、サンタ・マリーア・ノヴェッラ教会、新市壁、大聖堂、サンタ・クローチェ教会、政庁舎（シニョリーア宮殿)があいついで着工された。以前の数倍の面積を囲む新市壁は一三二八年に完成するが、その建設と並行して都市が計画的に改造された。以前は、貴族の狭くて粗野な石造の要塞家屋の周囲に、庶民の大小の木造家屋が雑然と密集していたが、計画に基づいて中心区画の一部を取り壊して、そこに大聖堂と政庁舎を建設し、道路や広場を整備した。家屋は煉瓦《れんが》造りや石造りが多くなり、はじめて市壁で囲まれることになった区画では、直線道路で街区が形成された。

十四世紀以降、上層市民の邸宅は広く、大きく、美しく、居心地のよいものになり、ローディの和約で平和が実現し、公債の負担が減少した十五世紀中葉以降は、有力門閥が巨大で威圧的な、居心地よりはむしろ外観を優先する、公共建造物にも匹敵するような宮殿を建設した。公共建造物にせよ、私的な住居にせよ、建物が完成すると、家具が配置され、内部や外部が装飾される。フィレンツェは、十三世紀末以降、多数の人口をもつ壮麗な都市に変身したが、この過程で建築、彫刻、絵画など美術の一大中心地になった。上層市民の住宅の部屋数がふえ、個人寝室や書斎が普及すると、そこには書物や書見台がおかれるようになり、この聖域によって保証された個人生活が、個人の思索や感性の発展をうながした。

ルネサンス文化

教育や文書の普及、都市や住宅の美化、精神生活の成熟は、市民による学問や芸術の発展をもたらした。美術家には手仕事になじむ職人階層の子弟が多く、著述家や学者には高等教育の費用をまかなえる貴族、大商人、専門的職業人(法律家、公証人など)の子弟が多かった。フィレンツェは、工芸品のような高級品

アルベルティの作品，リーミニのサン・フランチェスコ教会，通称「マラテスタ家聖堂」正面(1450年頃)　ローマの凱旋門の形態を聖堂の正面部に取り込んでいる。

を製造する毛織物工業をはじめ、各種の手工業をもつ有数の工業都市であり、多数の優秀な職人にめぐまれていた。文書を作成する商人は、聖職者や封建貴族のもつ観念的・閉鎖的なものとは異なる現実的・開放的な思考をすでにもっていたが、教会の権威によって正統とされた思想との摩擦を避けるために、それを体系的な思想として提示することはなかった。しかし、ラテン語を必要とする職業の人々、とりわけ都市国家の書記として外交文書などを作成する公証人は、修辞すなわちことばによる表現技術を学習するために古典作品を研究するなかで、市民として存在する人間、すなわち聖職者の説く悲惨さだけではなく、高貴さをもあわせもつ人間を肯定する古代思想に共鳴し、その古典としての権威に依存しながら、自分たちとその社会を肯定する思想を明示し始めた。亡命フィレンツェ人公証人を父にもつペトラルカのように、市民のなかから、古典の修辞のみならず思想をも研究する、人文主義者と呼ばれる人々が出現したのである。このような人々の思想によれば、人間の幸福とは家族や一族が繁栄することであり、そのためには富が重要な手段となる。運命の作用も、人間が理性に従って慎重に行動すれば、それを抑制することが可能である。さらに一方では、ラテン語の学習により、彼らの日常語であるトスカーナ語が、洗練され、やがてイタリアの各地でラテン語にかわる標準的な文語の地位をえていく。

フィレンツェでは、ミラーノ公ジャン・ガレアッツォ・ヴィスコンティによる国家存亡の危機を契機に、一四〇〇年前後に、政府の書記官長である人文主義者ブルーニが、共和政は君主政よりも優越するという政治宣伝をおこなった。独裁者の圧政にたいして市民の自由を守る共和国として、共和政ローマの思想家に依拠しつつ、母国の政治的立場を明示したのである。このような思想によれば、人間の尊厳は、自由であることによって実現するが、自由を保障する社会を維持するためには、市民の政治への積極的な参加が必要である。高貴な人間とは、出自によるものではなく、人間としてのあり方による。危機脱出後のフィレンツェでは、古代文化への嗜好が急速に普及し、美術でも古代ローマの様式や題材、すなわち非キリスト教的な題材を取り入れた作品が制作された。

この新興都市では、学問でも、美術でも、思考や様式を束縛する伝統の重圧は希薄であった。その政治制度では、美術家の属する職人階層も、同職組合を通じて政治に参加することが可能であった。美術家のこのめぐまれた地位は、大学で学びラテン語で喜劇を書いた十五世紀の人、都市貴族出身のアルベルティのように、上流階層の出身者が美術家になることをも可能にした。人文主義の教養と合理的な知性をもつ美術家によって、神学的な真実を象徴的に表現する美術から、現実の自然を合理的・科学的な技法で把握する人文主義的な美術への変革がおこなわれた。このような美術家たちは、もはや親方の手法を経験的に学習するだけの職人ではなく、数学、詩学、歴史学などの知識に基づいて理知的に創作する芸術家であった。十五世紀前半、フィレンツェでは、写実的人間表現、幾何学的遠近法、比例原理による造形をはじめとする、革新的な表現技法がつぎつぎに開発された。イタリアの美術におけるこの都市の地位は、突出したものになったのである。

しかし、メディチ派の権力独占が確立するに従い、フィレンツェ社会は変質した。政権を担う一員として、社会の改善・防衛に参加した人文主義者は、権力と富の集中が急速に進む事態のもとで、支配党派、とりわけメディチ家の保護を受けるお抱え文化人へと変質した。共和政の自由の価値が低落するなかで、政治を有能な人物に委託して、都市の喧噪から逃避して田園の静謐《せいひつ》に沈潜し、高邁な思索に耽溺《たんでき》して宇宙を観照することが、新しい理想として出現してくる。このような人文主義者の学問は、現実の社会から遊離し、個人の魂の救済を問題とする神秘主義的な傾向を深めていった。一四三九年、おりから東方教会と西方教会との合同公会議が、フィレンツェで開催された。オスマン帝国に包囲されたビザンツ皇帝が教皇に救援を求めたのを契機に、教皇エウゲニウス四世(在位一四三一〜四七)は、前年の三八年、両教会合同のための会議を教皇国家のエステ家がシニョーレを世襲するフェッラーラで開催したが、メディチ家のコジモが、開催費用の提供などによって開催地をフィレンツェに変更させたのである。

東方教会の一行には多数のギリシア人古典学者がおり、彼らの滞在を契機に、フィレンツェではギリシア語による古典の研究が活発となった。やがてコジモは、侍医の息子フィチーノに、プラトンの全作品のラテン語訳を依頼した。フィチーノの周囲に形成されたプラトン・アカデミーは、同市の私的な文化同好会のなかでも傑出し、その後継者となるピーコ・デッラ・ミランドラのような知識人を各地から引きつけた。この同好会では、コジモはプラトンのいう哲人政治家とされ、その知恵の継承という論理によって、メディチ家の世襲支配が正当化された。ピーコによれば、神の創造した宇宙は人間の知性では理解不能なものに満ちており、人間は信仰と知性に分裂して不安のなかにいるが、その一方を選択する意志のなかに人間の自由があり、この自由によって人間は宇宙の中心におかれているのである。

美術家は、十五世紀後半、フィレンツェの政治的・社会的自由が縮小するなかで、都市貴族の保護を受ける存在となり、あるいはフィレンツェの美術家を求める外国、とりわけ君主の宮廷へと流出した。ヴェネツィア、ミラーノのような繁栄する都市、教皇や君主の保護のあるローマ、ナポリ、ウルビーノのような宮廷都市への流出があいついだ。フィレンツェの技法や様式が各地に普及するとともに、フィレンツェの優位はしだいに低下していく。

一四九四年以降、政治的激動期のフィレンツェでは、政治における知恵の役割とか、宇宙の中心におかれた人間とかいう、以前の思想が根底から動揺し、政治と人間の現実を理解するために、政治的・歴史的な思想が活発になった。マキァヴェッリは、自分が体験した現実政治を考察し、またラテン古典作品の政体論を検討して、あるべき政体の姿を追求していくなかで、独裁的な権力者のもつ利点や、住民の力を結集する民主政の利点について、冷徹に考究した。若い友人グイッチァルディーニは、人間とその可能性を信頼せず、理想主義を幻想として拒否し、社会を左右するのは個人の私的利害のみであると主張した。一五三〇年以降、君主政が確立していくなかで、フィレンツェの有力者層は、政治参加への積極的な意欲をしだいに喪失し、君主に追従することにより、宮廷貴族の地位とそれにともなう富と安全をえる努力をした。共和主義の伝統が強いフィレンツェでは、この事態にたいする知識人の苦悩は深刻であった。共和主義の理想が崩壊し、従来の価値が否定されていくなかで、彼らは懐疑主義のとりこになり、精神的な混乱のなかに取り残された。

一五四五年から六三年にかけてスペイン支配体制のもとで断続的に開催されたトレント(トリエント)公会議の結果、反動(対抗)宗教改革に基づいて自由を抑圧するローマ教会の政治的・宗教的な検閲が拡大した。この状況において、人々は政治的・社会的な問題には沈黙して、個人の内面を救済する神秘的な宗教思想に傾倒したり、自然学に傾斜したり、あるいは刹那主義の快楽に埋没したりした。他人への不信から、自分の能力のみに依存する心理が増幅し、強烈な自我意識が拡大する一方、君主や教会のやり方に疑問を感じても、その法的手続きの正当性ゆえに自分を納得させるという、精神の二重生活が展開した。そこには、以前の思想にみられる、人間としての自信と誇りに満ちた理想主義は、跡形もなかった。美術では、一五二〇年代以降、写実、遠近法、比例の原理に基づく均衡や調和に束縛されることなく、美術家が内面で創造する美の理念を効果的に表現しようとして、誇張や奇矯に傾斜するマニエリスムが出現し、この様式による作品が、宮廷の装飾や娯楽のために制作されるようになる。

フィレンツェの社会と文化

都市文化が発展したのは、フィレンツェだけではない。いわゆるルネサンス期、すなわち十五〜十六世紀の代表的な美術家や著述家、六〇〇人の出身地の分布は、つぎのようであるという。トスカーナ(イタリア人口の一〇%を占める)の出身者は二六%、ヴェーネト(二〇%)は二三%、教皇国家(一五%)は一八%、ロンバルディーア(一〇%)は一一%、南部(三〇%)は七%、ピエモンテ(一〇%)は一・五%、リグーリア

（五％）は一％、イタリア以外は七％。不明は五・五％。出身地が判明するイタリア出身者五二五人のうち、トスカーナとヴェーネトだけでその五六％を、これに教皇国家とロンバルディーアを加えた、四つの地方は八九％を占める。住民人口と対比した美術家や著述家の人数をみると、トスカーナの数値は突出しており、文化の発展にとってこの地方がめぐまれた状況にあったことを示唆している。トスカーナの文化の中心はいうまでもなくフィレンツェである。教皇国家では、ローマの出身者はフェッラーラ（エステ家の宮廷がある）やウルビーノ（モンテフェルトロ家、一五〇八年以降はデッラ・ローヴェレ家の宮廷がある）より少なく、ローマは文化の生産地ではなく消費地であった。人口一万以上の都市は、イタリア人口の一三％を占めるにすぎないが、美術家や著述家の少なくとも六〇％を輩出した。美術家には中層の、著述家には上層の出身者が多かったが、この対照は明白であり、一般に手仕事をする美術家は上層から賤業視されていた。農民には美術の技法を習得する機会がなかった。

文化のめざましい革新が実現した十五世紀前半のフィレンツェは、どのような社会であったのか。要約すれば、人文主義者は、共和政が国是とされるなかで、古典の権威に依存しつつ市民という存在を明示的に正当化し、国政を担う「市民」を君主に従属する「臣民」よりも上位において、上下の身分秩序を理念的に否定できる社会であった。同時に、美術家は、国政参加を可能にする国制によって制度上他国におけるよりもめぐまれた地位を享受し、市民としての幸福な一体感が多少とも存在するなかで、人文主義者と活発に交流した結果、古典作品を規範とし、古典学問の成果を吸収することにより、従来の規範に隷属することなく、科学的な思考に基づいて創作することができる社会であった。人文主義者が身分秩序を否定し、美術家が人文主義者と交流する大都市が、当時、フィレンツェ以外にあったであろうか。ヴェネツィアは、共和国であるとはいえ、厳格な身分秩序が支配していた。しかし、フィレンツェにおいて、この状況はまもなく消滅し、社会が変質するなかで、その文化もそれに対応して様相を変化させた。フィレンツェの文化は、様相が多様であり、どの様相においても高質であることにより、イタリアの都市文化のなかでも傑出していたといえるであろう。

十五世紀後半以降、フィレンツェ文化の地位が相対的に低下したのは、フィレンツェ自体の地位の低下の反映でもある。一般に中世人口の頂点となった十四世紀初期のトスカーナ都市の人口は、フィレンツェが一〇万、ピーサとシエーナが四万から五万、ルッカとアレッツォが二万前後、ほかに一万以上の都市が四つ。トスカーナは、ロンバルディーアとならんで、イタリアでもっとも都市化された地方であった。大黒死病ののち、人口がおおむね最少となった十五世紀初期には、フィレンツェが三万七〇〇〇、シエーナが一万七〇〇〇、ピーサが八〇〇〇弱(フィレンツェの征服により有力市民などが多数亡命)。ロンバルディーアの都市は、十五世紀初期から人口が回復に向かい、十六世紀前半には、その多くが十四世紀初期の最高水準を回復した。しかし、トスカーナの都市は、ようやく十五世紀後半から回復に向かったが、十六世紀に以前の最高水準を回復したのは、絹工業が発展したルッカだけであった。十六世紀のトスカーナでは、フィレンツェへの一極集中がさらに進行したが、その人口は五万から六万しかなく、五万五〇〇〇以上のローマにはようやく比肩しえたが、一五万のヴェネツィア、八万から一〇万のミラーノ、二〇万以上のナポリには大きく引き離された。トスカーナでは、フィレンツェを含む都市の人口回復力よりも、農村のそれが遥かに強かったので、もはや昔日の都市化された地方ではなく、農村的な性格の濃厚な地方になってしまったのである。

ヴェネツィアは、ルネサンス文化の、もうひとつの創造的な中心であった。そのルネサンス美術の特徴は、建築や彫刻よりも絵画において創造的であること、絵画の特質はフィレンツェの理知的な線的造形にたいして官能的な色彩表現にあること、各種の異質な要素を柔軟に吸収してヴェネツィア的特質に融合すること、宗教的な寛容に基づいて世俗的な性格が強いことにあった。ヴェネツィアの美術家はもちろん貴族ではなかった。貴族出身の人文主義者とは、いわば対等に近い立場での交流の経験がなく、身分のみならず気質のうえでも、芸術家というよりは職人としての性格が一般に強く残っていたのではないであろうか。美術家は、一般に、貴族の支配する国家機関の厳重な監督のもとで、政府、各種の兄弟会、教会や修道院、貴族や裕福な「市民権所有者」の要求にたいして、同職組合の規約に従って制作しなければならなかった。フィレンツェとは異なって、政体の変化を経験しなかったヴェネツィアでは、マキァヴェッリもグイッチァルディーニも出現せず、かわりに貴族のコンタリーニが、一五二〇年代前半、母国の貴族は個人の利害よりも国家の利害を優先するとして、その政体を賛美する『ヴェネツィアの行政官と共和国』を著述した。

イタリアで覇権を確立したスペインは、十六世紀末以降になると没落の過程を歩む。一五八一年にはオランダがスペインからの独立を宣言し、八八年にはイギリスがスペインの無敵艦隊を撃破する。スペインにたいして共同戦線を結成した両者は、スペインの没落が決定的になった十七世紀後半には、海上覇権をめぐって三回にわたるオランダ・イギリス戦争に突入する。地中海商業において覇権を喪失したイタリア諸国は、次第に重要性をます東西両インドとの商業にはもはや参加しえなかった。

一方、イギリスの劇作家シェイクスピア(一五六四〜一六一六)は、イタリアを舞台にして、ローマ史劇のほかにも、同時代のヴェネツィアとその領土を舞台にした戯曲を書いている。『ヴェニスの商人』(ヴェネツィア)、『ロミオとジュリエット』(ヴェローナ)、『オセロー』(キプロス、ただし一五七一年以降はオスマン帝国領)などである。彼が活躍した時代のロンドンの人々にとり、同時代のイタリアは興味関心の的だったのであろう。約二世紀後の人、ドイツの詩人ゲーテ(一七四九〜一八三二)は、人生の転機になったイタリア旅行について『イタリア紀行』を書いたが、そこでは同時代の建築や美術作品よりも、古代やルネサンスの作品に強い関心を示している。この間に国際社会におけるイタリアの地位は激変した、といってよいであろう。

第七章　スペイン支配期のイタリア

1　北イタリア諸国

十七世紀のイタリア

十七世紀をむかえたイタリアの諸国家の配置は、一五五九年のカトー・カンブレジ条約のときとほぼ同じである。北部から中部イタリアにかけてはサヴォイア公国、ミラーノ公国、ジェノヴァ共和国、ヴェネツィア共和国、トスカーナ大公国(一五六九年までフィレンツェ公国)、教皇国家があり、さらにそれらの国に挟まれるようにしてゴンヅァーガ家の支配するマントヴァ公国とモンフェッラート公国(一五七五年まで侯国)、ファルネーゼ家のパルマ公国、エステ家のモーデナ公国、それにマッサ侯国、ルッカ共和国、サン・マリーノ共和国などが存在した。エステ家が領有していたフェッラーラ公国は、一五九八年に教皇クレメンス八世(在位一五九二〜一六〇五)が取得して教皇国家領になった。

南イタリアにはナポリ王国があり、さらに島国としてシチリア王国、サルデーニャ王国があるが、これら三王国はミラーノ公国とともにスペイン王国に従属し、スペインはほかにもトスカーナ地方沿岸部とエルバ島に警備国家《スタート・ディ・プレジーディ》(一五五七年建設開始)をもち、またジェノヴァ共和国とも密接な関係にあって、イタリア全体に大きな影響力をもった。

十七世紀のイタリアについて、これまでの研究史は衰退と危機の時代ととらえ、その主要な原因をスペインの支配にあるとしてきた。十八世紀の啓蒙改革期から始まり、十九世紀の歴史家たちをへて二十世紀の七〇年代まで、十七世紀のイタリアは政治的にも経済的にも暗く描かれるのが常であった。一六三〇年前後のスペイン支配下のミラーノ公国をテーマにした、十九世紀の文学者マンゾーニの小説『いいなずけ』は、学校教育におけるイタリア語学習の基本文献として読み継がれているが、この作品も反スペイン史観を広めるのに一役かっていた。一九七〇年代以降、制度史と経済史の両面からようやくこれまでの通説が見直されるようになり、最近の研究は、スペインの統治システムについて、その抑圧的な面のみを強調するのでなく、イタリア諸国で現地の貴族層と共存体制を築いていたことを明らかにし、また当時の都市経済の衰退をただちにイタリア社会の停滞に結びつけるのでなく、農村経済の発展による都市と農村のあらたな関係に注意を向けている。

ミラーノ公国

スペイン国王のもとには専門的な諮問会議が多くあり、多元会議制を特徴としていたが、フェリーペ二世(在位一五五六~九八)はスペイン国王即位前後の一五五五~五六年に、ミラーノ公国、ナポリ王国、シ

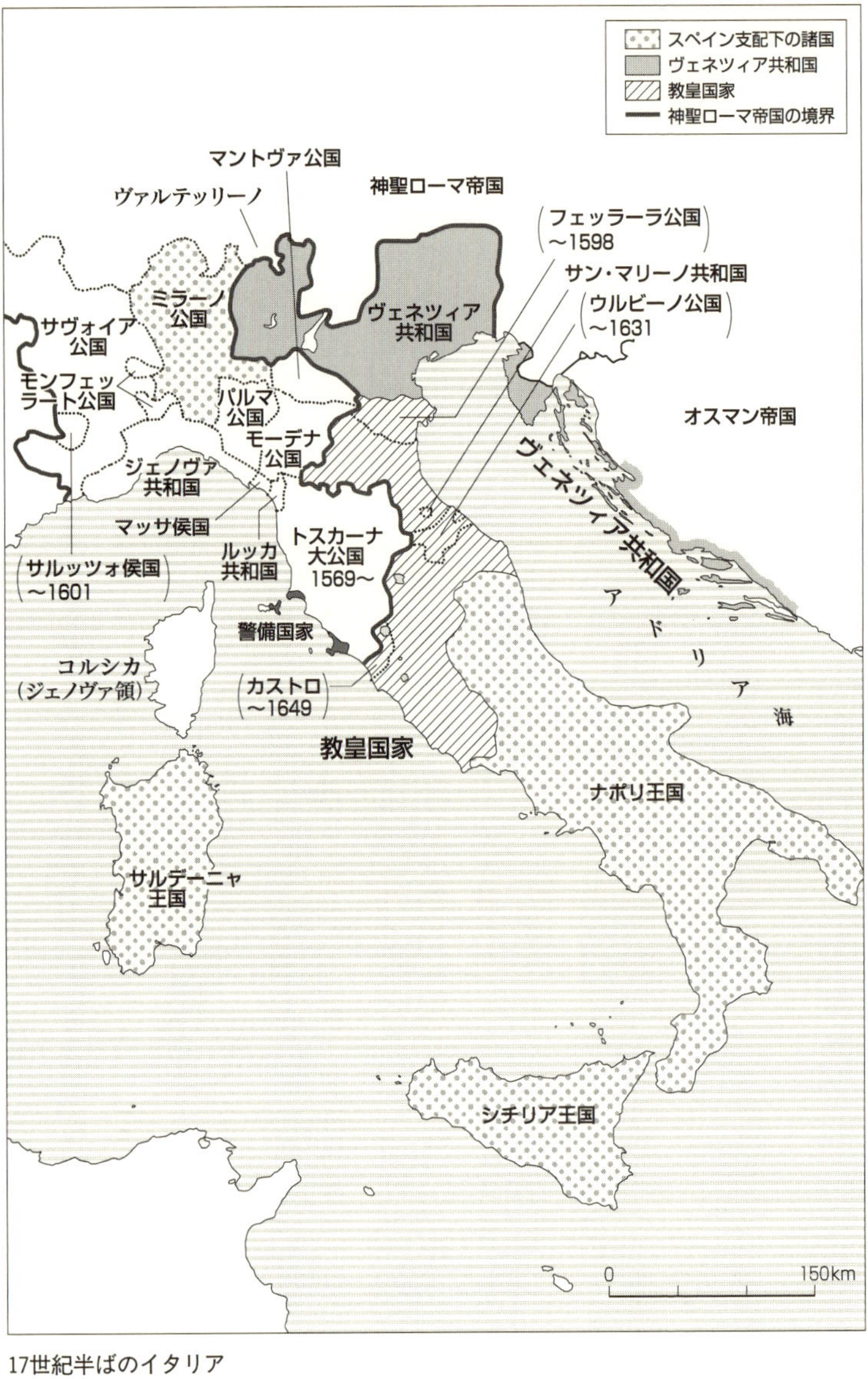

17世紀半ばのイタリア

チリア王国にかんして、あらたにイタリア諮問会議《コンセーホ・デ・イタリア》を設置した。メンバーはスペイン人三名とミラーノ、ナポリ、シチリア各国の代表一名ずつからなる六名で、三国の情勢を分析して政策を検討し、国王に報告書を提出した。この会議は諮問のための組織で、三国の人事や政策の決定権は国王が握っていた。国王は三国に副王ないし総督をおき、多くの役人・軍人を派遣して統治したが、人事異動も頻繁になされた。三国の統治方法は同一ではなく、各国の制度と実情にそった仕方でなされた。サルデーニャ王国にかんしてはひきつづき、以前から存在したアラゴン諮問会議が管轄した。

スペインにとって、支配下のイタリア諸国はそれぞれに重要で、たとえば小さな警備国家にしても、ティレニア海の制海権を確保し、あわせてトスカーナ大公国を監視するのに大きな役割をはたしていた。諸国のなかでもミラーノ公国は、スペインがヨーロッパ政策を展開するうえで戦略的な位置にあり、ひときわ重要な拠点国家として扱われた。スペインは、相対的にではあるがミラーノ公国に過度の負担を課すことを避けて、大陸での戦争に必要な兵士と資金は本国とナポリ王国で調達してミラーノ公国に送り込むようにした。

ミラーノ公国に派遣された総督は、公国に駐留するスペイン軍の最高司令官もかねていた。総督につぐ地位には、これもスペイン貴族の大法官《グラン・カンチェリエーレ》がいて、司法・行政の監督にあたり、軍の遠征で総督が不在のときは代理を務めた。総督を補佐する機関として、スペイン人およびイタリア人の高官と軍首脳からなる枢密会議《コンシリオ・セグレート》があり、政治・軍事・司法・財政などの重要事項を審議した。一方、財政・金融を司るのは正会計法院《マジストラート・オルディナーリオ》で、通貨と市場の管理、税業務などをおこない、毎年の国家予算を作成した。正会計法院とは別に特別会計法院があって、穀物不法取引の監視、運河の管理、密輸の取締りなどを業務とし、違反者の財産没収を執行した。十七世紀初めから正会計法院の院長はイタリア人、特別会計法院の院長はスペイン人が占め、大法官が両院を監督した。

ミラーノ公国には、フランスが占領中の十五世紀末に設置された元老院《セナート》が存在した。元老院は、フランスの高等法院に相当する機関で、最高裁判所の機能と同時に王令の登録権をもち、また公国内の都市行政を支配した。定数一五人のうち三ポストがスペイン人枠だったほか、ミラーノ以外の都市貴族からも選出されたが、元老院はミラーノ貴族の拠点だった。国王は元老院の権限に深く介入せず、またミラーノ貴族の側でもミラーノ在住のスペイン貴族との良好な関係を望み、両者のあいだには協調して共存をはかる関係がみられた。

ミラーノ公国ではミラーノ、パヴィーア、クレモーナ、コーモなど主要九都市がそれぞれの周辺地域の支配権をもち、都市に従属したこれらの地域はコンタードと呼ばれ、都市によるコンタード支配の体制が成り立っていた。各都市が支配するコンタードの広さはまちまちで、公国全体で二二〇九を数える大小の共同体《コムニタ》のうち、ミラーノ市のコンタードには一〇九四の共同体が属し、パヴィーア市のコンタードに三八四、クレモーナ市に二八四、コーモ市に六〇の共同体が属していた。都市の首長はポデスタで、元老院が任命するが、ポデスタは都市評議会を主宰し、初級裁判権をもち、食糧調達と治安維持の責任をおった。ポデスタの権限はコンタードにもおよんで初級裁判権の行使のほか、都市の食糧確保のために穀物の流通および価格の規制をおこなうなど、各共同体の司法・行政を管理した。スペイン軍の宿営地は長らくコンタードに限られ、都市はその負担を免除されていたが、三十年戦争のさなかの一六三三年に、都市にも宿営が割りあてられることになった。

共同体のなかには封地《フェウド》として封建領主の支配に服しているものもあり、この場合は領主裁判権が行使されたが、領主には初級裁判権だけが認められていた。スペインがミラーノ公国の支配を始めたときに、すでに一一〇〇程の共同体が封地となっていたが、戦費がかさんで財政の逼迫したスペインは、十七世紀に貴族位や共同体を売りにだす政策をとり、スペイン支配の終わる十八世紀初めまでに封地は一六〇〇程に達していた。都市ではなく封建領主に従属する共同体の数がふえており、一九六〇年代の研究ではこの現象を再封建化の進行と説明することもあったが、封建領主は王権による種々の規制を受けており、ミラーノ公国では領主権は必ずしも強いものではなかった。

十七世紀のミラーノ公国は、周辺での戦争、ペストの流行、たびたびの凶作など社会生活が安定していたわけではないが、大規模な民衆反乱は起こらなかった。社会に種々の対立要因を含みながらも、反乱として表面化しなかったのは、ナポリ王国やシチリア王国との大きな違いで、これはスペインがミラーノ公国を重視して過度の収奪を避けたことと、ミラーノ貴族が両王国の貴族よりも国内の統合力にまさっていたことを示すものであった。

サヴォイア公国と第一次モンフェッラート戦争

サヴォイア公国はカトー・カンブレジ条約で、一五三六年以来フランスに占領されていた領土を回復したが、フランス軍の駐留が六二年まで続いたため、エマヌエーレ・フィリベルト公(在位一五五三〜八〇)がトリーノに凱旋入城したのは六三年だった。このときに公国の首都はシャンベリーからトリーノに移されたが、当時のトリーノは人口一万五〇〇〇に満たない城邑だった。サヴォイア公国は、アルプス山地からしだいにピエモンテの平野部に勢力を拡大してきた、イタリアの辺境に位置する国で、北・中部イタリアの他の地域と違って、領土内に発達した都市は存在しなかった。

エマヌエーレ・フィリベルトは、フランス占領期に導入された会計院や高等法院(のち元老院《セナート》と改称)を継承・再編し、また行政制度を整えて官僚の登用を進め、宮廷を中心とする統治の体制を築いていった。兵制改革においては徴兵と傭兵を強化するとともに、村落共同体で志願兵をつのって地方防衛を任務とする民兵組織を創出し、軍事面での貴族への依存度を減少させた。宮廷の規模と機能の拡大、要塞の建設、商業の奨励などによって兵士や商人がトリーノに集められ、そのなかにはユダヤ人商人も含まれ、人口は十七世紀初めに二万四〇〇〇に達し、十七世紀末には四万をこえるまでになった。彼の統治期に、公用語をラテン語からフランス語とイタリア語の二言語にすることが決まったが、貴族や上層市民のあいだでは十九世紀にいたるまでフランス語の使用が好まれた。

彼を継いだカルロ・エマヌエーレ一世(在位一五八〇〜一六三〇)は、一六〇八年、娘をマントヴァ公兼モンフェッラート公ヴィンチェンツォ一世(在位一五八七〜一六一二)の長子フランチェスコに嫁がせ、両家の友好をはかる一方で、サヴォイア公国に食い込むようなかたちで存在するモンフェッラート公国の相続をねらった。一六一二年に公位に就いたフランチェスコ四世が、この年に男子相続者を残さずに死亡すると、弟のフェルディナンド(在位一六一二〜二六)がマントヴァ公とモンフェッラート公を継いだ。これにたいして、カルロ・エマヌエーレ一世がモンフェッラート公の相続権を主張して、一六一三年に兵を起こした。これが第一次モンフェッラート戦争で、十七世紀イタリアにおける最初の主要な戦争となった。スペインは、モンフェッラート公国に隣接するミラーノ公国が紛争に巻き込まれるのを恐れ、ミラーノ公国に駐留するスペイン軍を動員してサヴォイア公国と敵対した。一進一退の戦いのあと、一六一七年にスペインがサヴォイア公国のヴェルチェッリを占領して、カルロ・エマヌエーレ一世に和平を受け入れさせ、モンフェッラート公国はゴンザーガ家の手にとどまった。

ヴァルテッリーナ戦争とマントヴァ継承戦争

三十年戦争として知られる一六一八年からのヨーロッパ規模の戦争で、スペインは同じハプスブルク家の神聖ローマ皇帝の側に立って参戦するが、スペインには「スペイン街道」と呼ばれる軍事輸送路の確保が重要だった。この街道は、スペイン本国やナポリ王国で徴用されてジェノヴァに到着した兵士を軍事物資とともに戦地へ運ぶ、スペインにとって生命線ともいえる軍用路で、一六二一年にスペインとオランダの休戦期間が終わって、両国の戦争が再開されるととりわけ重要となった。サヴォイア公との関係が悪化していた一六二〇年前後の主要なスペイン街道は、ミラーノを起点にコーモ湖を経由してアルプス山脈のヴァルテッリーナ渓谷にはいり、さらにステルヴィオ峠をこえてチロルに達したところで、ウィーンからの皇帝軍と合流し、西へ向きを変えてファルツにそってフランドルに達するルートをとった。

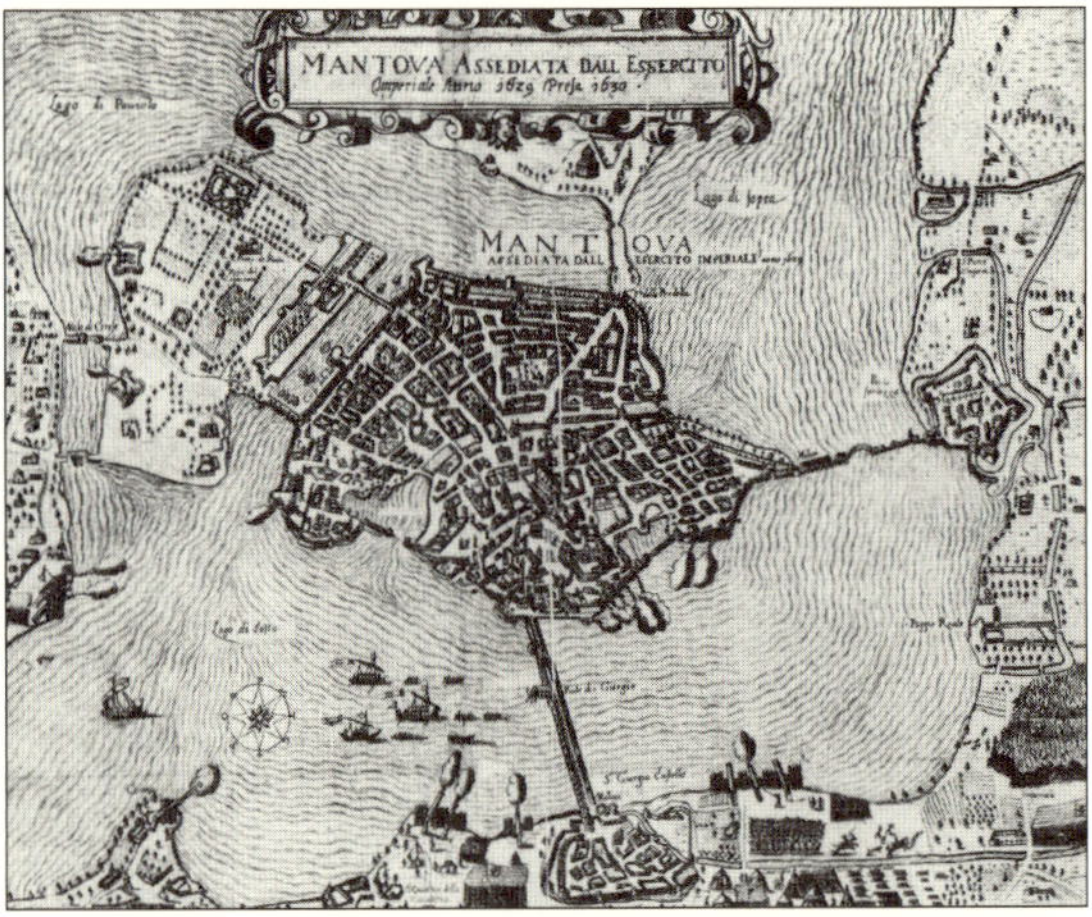

皇帝軍に包囲されたマントヴァ(1630年)　湖水に囲まれたゴンザーガ家の宮廷都市マントヴァは，公位相続をめぐって3万人の兵と6000頭の騎馬を擁する皇帝軍に包囲・略奪された。おりからのペスト禍も重なって，市の人口は激減した。

スペイン街道が通過するヴァルテッリーナ地帯はカトリック系住民の地だが、プロテスタント系が多数を占めるスイスの自治邦グラウビュンデン(グリゾン)に属していて、カトリック系住民は抑圧されていた。報復にでたカトリック系住民は、ミラーノ公国総督の支援を受けて、一六二〇年七月、数百人のプロテスタントを殺害する「聖なる虐殺」事件を起こした。その後、総督は、イタリア兵を含むスペイン軍をグラウビュンデン一帯に配置し、スペイン街道の安全を確保し、同時にヴェネツィアの孤立化をはかった。これにたいして、ヴェネツィア共和国は反スペインの態度を強め、また新宰相リシュリューをむかえたフランスとサヴォイア公国は共同してスペインへの反撃を企て、一六二五年、スペインの軍事輸送の中継地であるジェノヴァに攻撃を加えた。ヴァルテッリーナをめぐる戦いは、翌二六年のスペインとフランスのひそかな交渉で、ヴァルテッリーナをもとどおりグラウビュンデン領に戻し、かつ住民の信仰の自由を保障するという妥協によって終息した。

ヴァルテッリーナ戦争が終息したのも束の間、すぐにマントヴァ継承戦争(第二次モンフェッラート戦争)が勃発する。フェルディナンドを継いでマントヴァ公兼モンフェッラート公となったヴィンチェンツォ二世(在位一六二六~二七)には嗣子がなく、分家にあたるフランスのゴンヅァーガ・ヌヴェール家のカルロ(シャルル)を相続者に決めていた。一六二七年、ヴィンチェンツォ二世が没すると、サヴォイア公はふたたびモンフェッラートの相続権を主張し、またスペインも、フランスが後押しするカルロの公位継承に反対した。そこで今回は、サヴォイア公とミラーノ公国総督が協定を結んで、それぞれモンフェッラートに軍を進めた。

フランスはモンフェッラート支援のため軍を動かし、マントヴァのカルロの軍勢とあわせて、ミラーノ公国を東西から挟撃し、スペインを追いつめようとした。フランス軍に数カ所の地を占領されたサヴォイア公国は、領土上の取引をして途中でフランス側に移ったが、事態を悪化させたのは、マントヴァの宗主権を主張する皇帝が、一六二九年に三万人の兵を投入してきたことだった。皇帝軍はマントヴァ市を数カ月間包囲したあと、一六三〇年七月に市内に突入し、殺戮《さつりく》と略奪にはしった。この年は北イタリアにペストが蔓延《まんえん》する不幸も重なり、三万を数えたマントヴァ市の人口は戦火と疫病で一万以下に減少した。

おりしも、グスタフ・アドルフの率いるスウェーデン軍がドイツへの侵入を開始し、皇帝は兵を北方に移動させる必要に迫られ、北イタリアを舞台としたサヴォイア公、ハプスブルク家、フランスの争いは、一六三一年のケラスコ協定によって収束がはかられた。カルロ(一世)はモンフェッラートの一部をサヴォイア公国に譲渡することで、マントヴァ公国とモンフェッラート公国の相続を認められ、フランスはサヴォイア公国の首都トリーノに程近いピネローロを獲得したうえ、モンフェッラート領内のカサーレに軍を駐屯する権利をえた。

サヴォイア公国の内乱と復興

北イタリアに活動拠点をえたフランスは、さらにミラーノ公国の獲得をねらい、一六三五年、三十年戦争に参入してハプスブルク家との全面的な対決にはいった。フランスはミラーノ公国を取り囲むようにして、ルイ十三世の妹マリーア・クリスティーナを妃としたサヴォイア公ヴィットーリオ・アメデーオ一世、マントヴァ公カルロ一世、それにパルマ公オドアルド・ファルネーゼと結んだが、パルマは隣接するエステ家のモーデナ公の圧力を受け、またサヴォイア公国は内紛に陥って反スペイン連合はうまく働かなかった。

サヴォイア公カルロ・エマヌエーレ2世と母后(摂政)マリーア・クリスティーナ

サヴォイア公国ではヴィットーリオ・アメデーオ一世が一六三七年に没すると、長男のフランチェスコ・ジャチントが跡を継いだが、三八年に死亡したため、次男のカルロ・エマヌエーレ二世(在位一六三八〜七五)が四歳で公位に就き、母后マリーア・クリスティーナが摂政となった。これにたいして、ヴィットーリオ・アメデーオ一世の弟たちが反旗をひるがえし、前者(マダム派)をフランスが、後者(公弟派)をスペインがそれぞれ支援して、両派ともに軍を動かし内乱となった。内乱は、公弟派がマダム派に協力することで妥協がなり一六四二年に終わるが、この間の争いで人心は乱れ、国土は荒れ、中央の支配権が弱まった。

一六四三年にフランスの宰相となったマザランは、リシュリューの政策を継承して、イタリアにおけるスペイン支配への挑戦を続けた。三十年戦争は一六四八年のウェストファリア条約で終結したが、フランスとスペインの戦いはなお続き、五九年のピレネー条約でようやくおさまった。四半世紀におよぶ戦いだったが、イタリアにかんするかぎり、フランスがえたものはなく、現状維持にとどまった。

サヴォイア公国では、母后マリーア・クリスティーナが一六六三年に没すると、カルロ・エマヌエーレ二世が即位後二五年にして親政を開始した。彼は首都トリーノの拡張工事によって東側のポー川方向に市域を伸ばし、また地方共同体の改革をはかって中央の支配権の回復につとめるなど内乱の傷跡からの復興に指導力を発揮した。彼が一六七五年に没すると、息子のヴィットーリオ・アメデーオ二世が九歳で公位に就いたが、八四年までは母后のマリーア・ジョヴァンナ・バッティスタが摂政として亡夫の事業を継いだ。

十七世紀のピエモンテは、たびたび凶作にみまわれて救貧対策に追われたが、一六七五年から数年間の凶作はとくに深刻だった。マリーア・ジョヴァンナ・バッティスタは首都拡張政策を進めるなかで、救済・保護システムの再組織化をはかって、慈善救護所を設置し、また身障者・老齢者用の新施療院を設立した。そしてプロテスタントからの改宗者の救済所と貧民救済所を合併し、さらにそれまで自由に居住できたユダヤ人をゲットーに強制移住させ、これら四つの施設をすべて同一区域に集中して、救済・保護とともに管理・監視を強めたのである。

この時期、イタリア諸国で「モンテ」(山の意味)と呼ばれる資金調達方式がさかんに活用されるが、これは政府が特定事業の資金を必要とするとき、一定の利払いを保証して広範囲の人々から出資をつのる方法で、サヴォイア公国でも財政難の一六八一年に、ヴィットーリオ・アメデーオ二世の結婚資金調達のためにモンテが開設された。モンテ方式はこのあと戦費調達にも用いられ、しだいに国家財政における公債制度として定着し、銀行家に依存する借入れ方式から解放され、トリーノをあらたな金融センターとして発展させた。

財政難に苦しむ公国は、一六八〇年にピエモンテ南部のモンドヴィ地方に塩税を課した。この地方は、十四世紀末にサヴォイア家の所領となるのとひきかえに塩税免除の特権を与えられており、塩税の導入に抵抗した住民の「塩戦争」が発生した。住民の抵抗はあらたな課税にたいしてと同時に、地方特権の侵害にたいするものでもあって、中央権力にたいする地方特権の擁護の性格をおびていた。塩戦争は断続的に一六九九年まで続いたが、最後には軍隊の激しい弾圧によって中央が地方を屈服させた。この間に親政を始めたヴィットーリオ・アメデーオ二世は、一六八六年に塩戦争を中断して軍隊をヴァルド派の弾圧に向け、ルイ十四世と共同してフランスとの国境近くにある「ヴァルドの谷」を攻撃した。ヴァルド派は谷から一掃されたが、苦難の末ジュネーヴに逃れた生存者の一団が、一六八九年に「栄光の帰還」をはたし、フランスとの敵対関係に転じたサヴォイア公が、ヴァルド派を容認し和解した。

2 ジェノヴァ共和国、ヴェネツィア共和国、中部イタリア

ジェノヴァ共和国の繁栄と衰退

かつて地中海の覇を競ったヴェネツィアとジェノヴァの両国のうち、ヴェネツィアはオスマン帝国の進出を脅威としつつも、国際関係のなかで自立性の維持につとめたが、地中海貿易から後退したジェノヴァは、早くにスペインとの結びつきを強めた。イタリア戦争のさなかの一五二八年、ジェノヴァの名門貴族家の提督アンドレーア・ドーリアが、同盟先をフランスから神聖ローマ帝国＝スペイン側に劇的にかえたことで、ハプスブルク家は地中海と中部ヨーロッパを結ぶ絶好の中継基地を獲得し、またジェノヴァの銀行家や商人はスペインの財政・経済と一層密接な関係をもつことになった。

この年ドーリアは、皇帝カール五世の同意をえて、ジェノヴァ共和国の制度改革を断行し、アルベルゴに法人格を与え、二八のアルベルゴを中心とする貴族寡頭政《かとうせい》の支配体制を築いた。そして年ごとに、富裕な平民一〇家を貴族に列する約束をして、貴族と平民の抗争をおさめようとした。だが、一五二八年から七五年までにあらたに貴族となったのは年平均四〜五人で、貴族位を望む裕福な平民のあいだには不満が残った。また、政権を握る旧貴族と要職から排除されている新貴族のあいだの対立が続き、さらには旧貴族内部の主導権争いもあり、政治は安定しなかった。これに加えて、共和国の支配層はコルシカ島の反乱にも対処しなければならなかった。

一五七五年、旧貴族、新貴族、平民の三者の抗争は内乱にまで達したが、翌七六年、スペイン王フェリーペ二世の仲介による妥協がなって、内乱はしずまった。新貴族は旧貴族と同等の資格を認められて貴族の一体化がなり、アルベルゴは廃止され、また年ごとの平民一〇人の貴族身分への昇格も改めて確認された。貴族身分への昇格は、その後審査基準が厳しくなり、水面下での貴族と平民の抗争は続いたものの、新旧両貴族の妥協はこの先五〇年間の政治の安定をもたらした。この半世紀間は、国際金融業での銀行家の活躍をはじめとするジェノヴァ人の内外での活動によるジェノヴァの繁栄の時期であった。

ジェノヴァの銀行家は、アメリカから運ばれてくる銀取引のために、一五三五年以来ブザンソンにおかれた手形交換所を管理して利益をあげたが、手形交換所が七九年にジェノヴァ近くのピアチェンツァに移されると、国際為替市場の支配者としての立場をいちだんと強めた。彼らは、スペイン王室に多額の貸付をしている債権者であり、王室のたび重なる破産宣告(国庫支払停止宣言)にあっても、スペイン、ナポリ、シチリアの諸王国で官職、領主権、収税権などを入手して損失を補った。国際的な活動は銀行家だけではなく、ジェノヴァ貴族の伝統的なディアスポラ(離散)的性格にもよっており、彼らはスペインに限らず諸国に出向いて軍事、商業、海運、外交に従事し、富と地位をえたのである。

ジェノヴァとスペインの密接な関係は、一六二七年の二つの事件によって転機をむかえる。スペインはたびたびの破産宣告の際に、短期借款を利子率の低い長期公債に切り替えてきたが、この年の破産宣告での措置はとりわけジェノヴァ人債権者に打撃となり、そのうえこれまでスペイン財政にはたしてきたジェノヴァ人の役割を、ポルトガルのマラーノ(ユダヤ教からの改宗者)に委ねる方針がとられたことで、ジェノヴァ銀行家のスペインからの撤退の動きが出始めた。もうひとつには、この年ミラーノ公国総督が、モンフェッラートの相続をめぐって、サヴォイア公と協定を結んだことが、ジェノヴァに衝撃を与えた。隣接するサヴォイア公国の膨張政策は、ジェノヴァにとって大きな脅威であり、スペインが自分たちの頭ごしに同国と手を結んだことに、ジェノヴァは不信感をつのらせた。

一六二七年の事件がすぐにジェノヴァとスペインの関係を悪化させたわけではないが、両国のあいだに溝ができたのは確かであり、この溝は二国間の問題というより、国際社会における両国の位置がともに変化してきたことの表れだった。ジェノヴァでは、一六三〇年代〜四〇年代に革新派貴族が台頭し、国外投資や為替業務でなしに、商業と海運業の再建による「大ジェノヴァ」構想が打ち出されるが、現実にはそれを担う経済主体が存在しなかった。地中海貿易のための外国商船の寄港地はリヴォルノに移っており、さらに一六五六〜五七年のペスト禍は、およそ八万を数えた市の人口を半減させた。人口の回復は進んだものの、政治的・経済的な立直りは困難で、ジェノヴァ共和国の国際的地位の低下はいかんともしがたかった。一六七〇年代にサヴォイア公の干渉をはねのけたが、八四年五月には、ルイ十四世のフランス艦隊に一〇日間にわたる砲撃をあびる屈辱を味わわねばならなかった。

ヴェネツィア共和国とオスマン帝国の戦い

一五七一年、オスマン帝国にキプロス島を占領されたヴェネツィアは、教皇とスペインとともにキリスト教徒連合艦隊を編成して、レパントの海戦でオスマン帝国艦隊に勝利した。だがこの戦いは、オスマン帝国海軍にとっては決定的な敗北でなく、すぐに力を回復してイオニア海に姿をあらわした。ヴェネツィア共和国は、一五七三年にオスマン帝国との和平に踏み切り、同国との抗争をひとまずおさめたが、キプロス島を譲渡する高い代償を払った。

ヴェネツィアは、一時香辛料貿易をポルトガルによる喜望峰回りのインド航路に奪われたけれども、十六世紀半ばには以前の紅海・地中海経路が復活して、香辛料貿易の活気を取り戻していた。毛織物産業、印刷・出版事業、ガラス工芸なども好調で、十七世紀初めまでは経済的な活況を呈していた。だが、オーストリアに保護・支援されたウスコッキと呼ばれる海賊（もともとはオスマン帝国の進出に抵抗したバルカン

パオロ・サルピ　ヴェネツィアの神学者・歴史家。『トレント公会議史』(1619年)を著わし，トレント公会議は教皇絶対主義を確立した政治的会議であると批判した。

17世紀初めのヴェネツィア市鳥瞰図

半島のキリスト教徒)がアドリア海に出没して、ヴェネツィアの海上活動を妨げるなど、地中海の覇者としての昔日の面影はなかった。貴族は、内陸部の土地の投資に向かい、この動きは開墾・開拓による農地の拡大をともなって農業生産の増大に結びついた。

かねてヴェネツィア共和国とローマ教皇のあいだでは、司教任命権をめぐって対立が続いていた。一五八〇年代に、パードヴァ大学の科学的・世俗的精神による教えを受けた「青年派」の貴族グループが政府の要職に進出すると、聖職者の活動を制限する措置をとり、ローマ教皇との対決姿勢を強めた。教皇は、一六〇六年、宗教施設の設置制限の撤廃および一般犯罪で逮捕された二人の聖職者の教会裁判所への引渡しを要求し、それが拒否されると、ヴェネツィア共和国に聖務停止令を発動した。これにたいしてヴェネツィア側は、教会にたいする国家の優位を主張し、イエズス会を追放処分にした。対立は、フランスの仲介で一六〇七年におさまるが、ヴェネツィアは青年派の論客であるパオロ・サルピの発言をとおして、宗教的精神の再生がどうあるべきかを広くヨーロッパ諸国に印象づけたのだった。

思想闘争において毅然とした態度をみせたヴェネツィアであったが、都市経済はしだいに衰退に向かい、これに追討ちをかけたのが一六三〇~三一年のペストの流行で、十七世紀初めに一五万を数えた市の人口は一〇万以下に減少した。人口は、世紀末までに一四万弱に回復したが、この間にヴェネツィア共和国は、オスマン帝国との長期にわたるカンディア戦争(クレタ戦争)に取り組まねばならなかった。一六四五年、オスマン帝国軍がクレタ島に上陸してカンディア(イクラリオン)を除く全島を制圧し、ヴェネツィアが死守するカンディアに海陸両面からの攻撃を繰り返した。ヴェネツィアは、包囲されたカンディアを二四年間守りぬいて、キリスト教世界の同情を誘ったが、最後には力つきて、十三世紀初頭以来保持していた地中海の要衝クレタ島を一六六九年に手放した。

自立主義を守ってきたヴェネツィアだが、ウィーンを包囲していたオスマン帝国軍が敗退したのをきっかけに、一六八四年、神聖同盟に加わってオーストリアと結び、オスマン帝国にたいしてモレーア(ペロポネソス半島)奪回の戦争をしかけた。一六九九年のカルロヴィッツ条約でモレーアの取得が認められ、それはそれで輝かしい戦果といえたが、ヴェネツィア共和国の当時の国力からすればモレーアの維持は負担の増大でしかなかった。

十八世紀初めのスペイン継承戦争でヴェネツィアは中立を貫いたものの、一七一四年のオスマン帝国によるモレーア攻撃に直面して、ふたたびオーストリアとの提携をよぎなくされた。そしてこの提携は、ヴェネツィアのオーストリアへの従属に道を開くものとなった。一七一八年、オーストリアはオスマン帝国軍に勝利してパッサロヴィッツ条約を結び、領土を拡大したが、ヴェネツィアはモレーアを失い、海外領土はアドリア海沿岸のダルマツィア地方とイオニア諸島が残るだけとなり、貿易港としてのヴェネツィアの役割も、オーストリアが一七一九年に自由港の宣言をしたトリエステにおされ、国際性を失っていった。

教皇国家・トスカーナ大公国

カトリックの普遍的な権威であるローマ教皇は、また世俗的な教皇国家の首長でもある。教皇シクストゥス五世は短い在位期間(一五八五〜九〇年)に、ローマ市の改造を計画すると同時に教皇庁の改革にも取り組み、枢機卿の数を七〇人に定めるとともに聖省を改組・新設し、これまでの枢機卿会議にかわって一五の聖省による教会と国家の統治システムを導入した。一五聖省のうち六聖省が教皇国家にかんするもので、これら聖省を通じて国内の行政、司法、財政を運営する仕組みがつくられた。食糧の調達および道路・橋・水道の管理を担当する聖省も設置され、とくにローマ市の食糧の確保と都市改造がめざされた。シクストゥス五世の教皇庁改革で導入されたシステムは、一九〇八年のピウス十世による改革のときまで基本的に続いた。

十七世紀初めのローマ市の人口は約一一万だが、男女の比率が六割対四割と男性多数の社会であり、女性人口の五％は修道女だった。ローマ市には多くの巡礼者がおとずれ、さらに浮浪者や物乞いが市中に集まり、都市の食糧を常時蓄えておく必要があった。教皇庁は課税のほかに、モンテ方式を多用して各種の事業のための資金を調達した。聖省による中央集権的な統治が強まる一方、農村部では重税や飢饉による疲弊が進行し、野盗の横行が社会不安をもたらした。また、地主たちが羊の飼育のために耕地を牧草地に変える動きをとったことで、しだいにマラリアの発生する荒地がふえ、環境悪化が進んだ。

一五九七年にエステ家のアルフォンソ二世(在位一五五九～九七)が嗣子なしに没すると、アルフォンソ一世の庶子の子であるチェーザレがフェッラーラ公(在位一五九七～九八)・モーデナ公(在位一五九七～一六二八)を継いだ。しかし、教皇クレメンス八世はチェーザレのフェッラーラ公の継承を認めず、一五九八年にフェッラーラ公国を教皇国家に編入して領土を拡大し、ヴェネツィア共和国と国境を接するまでになった。教皇国家のボローニャ、ラヴェンナ、フェッラーラの各地域は、教皇の派遣する教皇特使《レガート》が統治し、行政上これらの地域はレガツィオーネと呼ばれる。

一六三一年にウルビーノ公フランチェスコ・マリーア・デッラ・ローヴェレ二世が男子相続者なしに没すると、ウルバヌス八世(在位一六二三〜四四)はウルビーノ公国を教皇国家に編入した。親族三人を枢機卿にすえるなどネポティズモ(閥族縁故主義)を復活させたバルベリーニ家出身のウルバヌス八世は、彫刻家・建築家のジャン・ロレンツォ・ベルニーニを重用してローマ市にバロック建築の景観をそえた反面、軍事費に莫大な支出をいとわない最後の武人教皇でもあった。彼は、ラツィオ地方北部の穀物産地であるパルマ公の封地カストロを奪取するため軍事力を行使し、一六四一年にこの地を占領した。これにたいして、パルマ公オドアルド・ファルネーゼはトスカーナ大公国、モーデナ公国、ヴェネツィア共和国と同盟を結んで教皇軍に反撃し、教皇国家内に兵を進めた。このカストロ戦争は、一六四四年の和平でいったんおさまったが、つぎの教皇インノケンティウス十世(在位一六四四〜五五)が四九年にあらたに兵を起こし、カストロを徹底的に破壊したあと教皇国家に編入して終わった。

トスカーナ大公国では、第三代大公フェルディナンド一世(在位一五八七〜一六〇九)が、初代大公コジモ一世の進めたトスカー

教皇クレメンス８世のフェッラーラ入市式　1598年，教皇クレメンス８世はエステ家の男系断絶を理由にフェッラーラ公国を教皇国家に編入した。

ナ諸地域の統合の事業を継承し、大公国の安定につとめた。コジモはまだフィレンツェ公だったとき、公に直属する枢密会議《プラティカ・セグレータ》や最高裁判所に相当する司法会議《コンスルタ》を設置して、側近官僚たちの司法・行政の権限を強め、これら官僚の庁舎としてジョルジョ・ヴァザーリの設計になるウフィッツィ宮(現美術館)を建設した。フェルディナンド一世は、父コジモや兄の第二代大公フランチェスコの集権政策をやや緩和して、コジモの導入した新機関と国内諸地域の旧制度との調整をはかり、さらには兄のスペイン一辺倒の外交を修正してフランスとの友好を保つため、姪のマリーア(マリ・ド・メディシス)とフランス国王アンリ四世の婚礼を整えた。

第五代大公のフェルディナンド二世の在位期間(一六二一〜七〇年)は半世紀におよんだが、この間トスカーナ大公国はカストロ戦争を別として戦乱に巻き込まれることなく平和のうちにすぎた。だが表面上の平和の背後で、中継貿易で繁栄する港湾都市リヴォルノを除くと経済活動は停滞し、民衆の貧困化が進んで、手工業者や商人も救貧組織や慈善団体に依存する度合がふえた。土地への投資で地主化した富裕な貴族にしても、農業改善への取組に熱心とはいえず、この点はロンバルディーアやヴェーネトの場合との大きな違いだった。以前は国内各地から人材を集めた官僚集団も、しだいに大公一族と宮廷貴族に取ってかわられ、行政機能の低下も否定しがたい事実となった。

3　ナポリ王国とシチリア王国

首都ナポリの光と影

スペイン王によるナポリ王国の支配は一五〇三年から始まり、スペイン継承戦争期の一七〇七年まで続いた。国王の派遣するスペイン貴族の副王が統治にあたり、副王の任期は三年だったが、通常二期続けて在任した。十六世紀前半に七期二一年間副王の座にあったペドロ・デ・トレードは例外で、彼の統治期にナポリ市の市壁の拡大、ヴォーメロの丘にあるサンテルモ城の大改築、スペイン兵の駐屯するスペイン街区の開発、市の目抜き通りである「トレード通り」の建設など都市拡張が進んだ。

スペインはナポリ市に行政・司法の権力を集中して王国を統治する政策をとり、十六世紀のあいだにナポリ市の人口は倍増して、十七世紀初めにはイタリア最大の約二八万に達した。ナポリ市の居住者には市税以外の直接税が免除される特権と、凶作の年でもパンを公定価格で提供する市の食糧管理が、地方の人人を引きつけた。地方貴族が従者の一団を率いて移住してきたのをはじめ、官職や法曹関係者の急増、商人・職人の増大、そしてなによりも免税と食糧の恩恵にあずかろうとする人々の流入が顕著だった。

この結果、市街に人があふれ、当時にはまれな六階建て、七階建ての高層住宅が建築されたが、それでも間に合わずに路上生活者が多くでた。こうして現代にまでつながるナポリ特有の貧民層が生まれるが、市当局は祭りや催し事を奨励して彼らに精神面での支援をはかり、物質的貧困を精神的充実で補う政策をとった。風光明媚な温暖の地であるナポリは、この時期から貧しいけれども陽気な民が騒がしく賑やかに生活を送る街と化し、「悪魔に棲まわれた天国」とも評されるようになった。

スペインによるナポリ王国統治の最高機関は、副王が主宰する枢密会議《コンシリオ・コッラテラーレ》で、マドリードのイタリア諮問会議と連絡を保ちながら、王国の軍事・行政・司法にかかわる重要事項を審議した。司法組織にかんしては中央から地方までいくつもの段階に分れ、諸機関の裁判権が重なり合っていたが、頂点にある聖王評定院《サークロ・レージオ・コンシリオ》が最高裁判所に相当し、その下に司法代官大法廷《グラン・コルテ・デッラ・ヴィカリーア》があって民事・刑事の裁判をおこなうと同時にナポリ市の治安維持を担当した。財政・金融については幅広い権限をもつ王国最高会計院《レージア・カーメラ・ソンマーリア》があり、課税(間接税)、食糧管理、王領地経営などをおこなったほか、封土および共同体(ウニヴェルシタ)の経済紛争にかんする裁判権も有した。会計院の地方機関として収税庁がおかれ、収税官《ペルチェットーレ》のもとで各種の徴税請負人が活動したが、徴税職は売買されて、少なからぬジェノヴァ商人がこれを手にした。王国は、十三世紀前半のシチリア国王フェデリーコ(フリードリヒ)のとき以来、一二の行政区に区分されており、これら行政区に地方統治の機関として聴訴庁《ウディエンツァ》がおかれ、地方長官のもとで司法・行政・軍事の諸業務がなされた。収税庁と聴訴庁のかたわらには、他の地方諸機関が網の目のように入り組んで存在した。

都市の行政権は有力貴族が握っていた。王国の主要都市には有力貴族の組織する「集会《ピアッツァ》」(あるいは「座《セッジョ》」)があり、これに加入している貴族は「集会所属貴族」、非加入だと「集会外貴族」とされて、両者のあいだには大きな溝があった。「集会」は入会条件の厳しい閉鎖的な組織で、市政に参加できるのは集会所属貴族だけだった。ナポリ市には五つの「集会」があったが、十七世紀前半に集会所属貴族の数は一二〇程にすぎなかった。ナポリ市ではこの五つの「集会」から選出される貴族五名とポーポロ一名の六人で構成される代表者評議会《ジウンタ・デッリ・エレッティ》が、いわば市政府として大人口をかかえる都市行政を運営した。

評議会に一人の代表権をもつポーポロとは市民層《チエート・チビーレ》をさしており、当時の分類で貴族風の暮しをする裕福な者、官職保有者や法曹《トガーティ》、それに商人と一部の職人(印刷工、貴金属細工師、絹織物工、絵師、建築工)が、この市民層の構成員とされた。ポーポロの下が民衆《プレーベ》で、大部分の職人がここに分類されたが、民衆階層の多数を占めたのは、このころからラッザロあるいはラッザローネと呼ばれ始める下層民だった。ポーポロには全市でひとつの「集会」しかなかったが、二九の街区に分れ、そこで選出された候補者のなかから副王が代表者《エレット》一名を決めた。副王はポーポロ代表者の指名権をもつことで、貴族が支配するナポリ市政への介入の手掛りを少しでもえようとしたのである。

代表者評議会は下部諸機関を通じて市の生活全般を統轄したが、とくに食糧の調達に力を注ぎ、また治安の維持につとめ、さらには祝祭の催しにも配慮した。食糧調達のための流通と価格の管理は、王国の経済全体に影響をおよぼすとともに、有力貴族の私服を肥やす機会ともなった。代表者評議会は本来はナポリ市の機関だが、王国のなかで重要な位置を占め、一六四二年に身分制議会が召集されなくなると、王国全体の新税の承認と割当の権限を手にいれ、慢性的な財政危機に悩む国王側との交渉の切り札とした。

マザニエッロの反乱

ナポリ王国の行政上の単位はウニヴェルシタと呼ばれ、十七世紀にその数は二〇〇〇程で、うち一五〇近くが都市だった。都市となるのは国王あるいは教皇の認可状をえたウニヴェルシタで、おおむね司教座のあるところだったが、戸数一〇〇以下、人口一〇〇〇以下で都市とされている場合も珍しくなかった。現実には都市の発達はみられず、大都市ナポリへの一極集中が実情で、ナポリにつぐバーリなどですらせいぜい人口二万前後だった。それぞれのウニヴェルシタは自治権をもち、自立性をもって行政運営のできる法的地位にあったが、ほとんどの場合貴族と個別に契約を結んで封建的支配のもとにおかれた。王領のウニヴェルシタは一〇〇程しかなく、その大部分は都市で、それ以外のウニヴェルシタは、ナポリ貴族か地方貴族あるいはスペインやジェノヴァなど外国貴族が領有し、これら貴族は封建領主として、上級裁判権をもつ領主的諸権利を行使して所領を経営した。ナポリ王国では、北・中部イタリアにみられるような都市が周辺地域をコンタードとして支配する関係は成立せず、北・中部と南部では都市‐農村関係に大きな違いがあった。またナポリ王国では、教皇国家におけると同様、野盗の横行が農村の治安を深刻なものとしていた。

王権は中央から地方の末端にいたる統治機構を備えたものの、貴族層はナポリ市政を握り、またウニヴェルシタの大部分を封建的支配のもとにおいて王権を制約しており、ナポリ王国はミラーノ公国とは違ったかたちでの王権と貴族層の二元的支配の構造をもった。この構造のもとで王国の諸制度・諸法規は複雑化して煩瑣な手続きを要し、諸レヴェルでの係争がたえなかった。このため裁判官、法律家、弁護士、公証人など法曹が重要な役割を演じ、法曹人口とその社会的比重がしだいに増大し、王国内で独自の勢力を築いた。

マザニエッロの反乱(1647年)　スペイン王の新税導入に憤激して，マザニエッロを指導者に，メルカート広場に集まったナポリ民衆。後景はヴェズヴィオ山。

十七世紀前半のスペインは、三十年戦争、オランダ独立戦争の再開、北イタリアの諸戦争などで戦費の調達に追われた。スペインは、戦略的拠点であるミラーノ公国に派遣する兵士と軍事費をナポリ王国で調達しており、ちなみに一六三〇～三五年の六年間にナポリ王国は五万人の兵を提供し、ミラーノ公国の財政支出の三分の一を負担した。このために爵位、官職、領主権を売却して収入増をはかったほか、これまでの重税に加えてさらなる増税策をとった。直接税の増徴には貴族をはじめ富裕層の反発が強く、それにナポリ市民や聖職者は課税を免除されていたので、直接税による増収の見込みは薄く、増税はいきおい食料品などの間接税《ガベッラ》に向けられた。

一六四七年七月、果物税があらたに導入されると、民衆《プレーベ》のあいだで圧倒的な人気をもつ魚屋のマザニエッロ(本名トンマーゾ・アニエッロ)を指導者とする反乱がナポリ市で起きた。副王は、反乱勃発の一〇日後に刺客を放ってマザニエッロを暗殺した。だが、反乱はおさまるどころか地方に波及し、ポーポロ層も加わって法曹を中心に制度改革のプランが練られるなど、王国全体を巻き込んで長期化した。この間、フランスの保護のもとにスペインから独立して共和政を樹立する動きもみられたが、目標や利害をめぐる反乱側内部の統一が乱れてスペイン軍に制圧され、反乱は一六四八年四月に終息した。

スペインの統治体制は反乱後もさほどの変化なしに続いたが、副王は法曹を統治機構の内部に積極的に取り入れる政策をとったことで、法曹の勢力がさらに伸張した。一六五六〜五七年にジェノヴァ、ローマ、南イタリアがペストの流行に襲われ、ナポリ市では人口が半減して商人・職人の多くを失った。ナポリ市の商業・手工業は、この打撃から回復するのに困難な道を歩まねばならず、都市の性格にも影響をおよぼすものとなった。

シチリア王国の新村建設

シチリア王国もスペインの支配下にあったが、その関係は多くの点でナポリ王国とは違っていた。シチリアでは、一〇九八年に教皇ウルバヌス二世(在位一〇八八〜九九)がロジェール(ルッジェーロ一世)に与えた教皇代行権《レガツィーア・アポストーリカ》に基づき、国王が聖職者にたいする任命権と裁判権をもって教会を支配する体制が続いていた。また一四八七年に王権直属の異端審問所が導入され、この機関は十六世紀の一時期、副王をしのぐ権限を行使した。スペインの異端審問所はサルデーニャ王国にも設置されたが、ミラーノ公国とナポリ王国では抵抗にあって導入されなかった。

シチリア人は、シチリアはナポリ王国のように武力で征服されたのでなく、契約によってスペイン国王のもとにあるという意識をもち、国王との交渉あるいは取引を重視した。シチリアにおける中央行政の役職は、副王顧問《コンスルトーレ》と王室財産管理官を除くとシチリア人を登用するのがしきたりだった。これはシチリア人を重用するというより、幾代にもわたる姻戚関係を通じてシチリア貴族とスペイン貴族の融合が進み、縁者のあいだで保護と恩顧の関係が広がっている状態をあらわし、任期は通常二年と短かった。またシチリア王国では、ミラーノ公国やナポリ王国のような枢密会議が設置されておらず、それにかわる役をはたしたのがスペイン人の副王顧問だった。

行政的な単位はシチリア王国でもウニヴェルシタと呼ばれ、その数は十六世紀末におよそ一九〇だったが、十八世紀初めには三一〇にふえた。ウニヴェルシタは国王直轄地と封建領主である貴族の所領に分れるが、国王直轄地の数はどちらの時期も五〇前後でほとんど変わらず、一二〇程の増加数は国王の認可をえて領主が建設した新村だった。一二〇村のうち九〇村が十七世紀半ばまでに建設されており、シチリアでは十六世紀末から十七世紀半ばにかけて新村の建設ラッシュがあったことになる。

新村建設は人口増加とそれにともなう穀物供給の必要から生じた。シチリア島の人口は十六世紀初めに約六〇万、十七世紀初めは約一一〇万で一世紀間にほぼ倍増した。シチリアは十六世紀後半にはジェノヴァ、トスカーナをはじめ諸地域に小麦を輸出していたが、十六世紀末の凶作をさかいにイタリア諸国は北ヨーロッパからの安い穀物を輸入するようになり、またシチリア島内の人口増による消費量の増大のために十七世紀にはいって輸出量は減少した。島内需要を満たすためには小麦生産量のさらなる増大が必要となり、そのことが貴族層を新村建設に向かわせた。新村は、他の領主所領と同様、上級裁判権を含む領主的諸権利によって経営されるが、植民者に家屋を準備して耕地を永代小作で貸与したり、旧居住地での犯罪を帳消しにするなどの好条件があり、貧困農民が島内各地から移り住んで穀物生産に従事した。

シチリアにはノルマン朝時代から議会が存在し、最初は貴族部会と聖職者部会の二部会だったが、その後国王直轄地の部会が加わって三部会となった。スペイン支配期の議会は三年ごとの召集で、開会地は首都パレルモに限定されず、メッシーナやカターニアなど他都市で開かれることもあり、審議は部会別になされた。最大の審議事項は、税に相当する上納金《ドナティーヴォ》の決定と、その負担額を各身分と各都市・ウニヴェルシタに割りあてることだった。新村を建設して領地を経営する貴族は貴族部会のメンバーになることができ、貴族を新村建設に向かわせた理由のひとつには、この資格をえようとする目的があった。複数の領地を経営する貴族は議会で複数分の代表権を行使できたのである。

パレルモとメッシーナの主導権争い

十七世紀初めのシチリアの都市の数は三五で、そのほとんどが国王直轄都市であり、うち一九の都市が人口一万をこえていた。シチリア王国ではナポリ王国と違って諸都市が競い合い、なかでもともに人口一〇万を数えるパレルモとメッシーナの首都の座をめぐる争いは激しかった。シチリア島西部は穀物生産地帯で、新村も西部に多く建設され、パレルモはこの「穀物のシチリア」の中心として領主貴族、穀物商人、法曹の活動する舞台だった。一方、島の東北部は生糸の産地で、メッシーナは生糸の輸出港として栄え、貴族も商業に従事する傾向にあった。国王直轄都市は多かれ少なかれ自治権をもっていたが、「生糸のシチリア」の中心であるメッシーナは諸特権をえて自由都市の性格であるうえに、一五九一年に多額の上納金を提供して国王から生糸輸出の独占権を取得し、大学開設の認可もえた。さらには副王が任期三年の半分の期間はメッシーナに居住することも認めさせた。こうしたメッシーナの動向に反発したパレルモは議会を通じて圧力をかけたが、メッシーナはマドリードの国王に直接働きかけて対抗した。両都市の争いは他の都市にもそれぞれの特権確保の動きをもたらし、シチリアの社会は多極的な性格を示した。

一六四七年、パレルモで反乱が起きた。前年の凶作でパン価格が高騰したのをきっかけに蜂起した民衆は、不人気な五つの税、つまり小麦粉、ワイン、チーズ、肉、オリーヴ油への課税の廃止などを要求した。副王と貴族が市外へ逃れたあと、民衆反乱を統制して秩序の回復を策したのは同職組合《マエストランツェ》(ギルド)だった。市の治安力の一端を担うギルドは、民衆の要求を部分的に取り入れた改革プランで事態の収拾をはかったが、貴族の抵抗に加えてギルド間の分裂もあり、結局は副王の支配に戻った。反乱は一部の地域を除いて島内に広がらず、とくにメッシーナでは反乱は未然に防止されて寡頭《かとう》支配の体制が保たれた。

そのメッシーナは一六七〇年代に争乱が続いた。世紀後半にはいって生糸の生産・輸出に翳りが見え始めたところに、一六七〇年代初めの凶作が重なり、七二年春に食糧暴動が発生した。それとともに、副王が任命して王権を代表する市長官《ストラテゴート》(通常スペイン人)と自治権の拡大を求める市の上層グループのあいだの確執が表面化し、一六七四年に後者がフランスに援助を要請したことから紛争は国際化した。さらには市民層《ポーポロ》が、貴族と同等の資格で市政に参加する権利を要求して、市は内乱状態に陥った。王権への抵抗はパレルモをはじめ他都市の支持をえられず、シチリア特有の地域的分裂のなかでメッシーナは孤立し、またフランスも手を引いて、紛争は七八年に終息した。メッシーナは自治権の拡大に成功するどころか、逆に諸特権を剥奪され、大学も閉鎖に追い込まれ、衰退への道に向かった。

4 経済、宗教、文化

都市経済

イタリアは十六世紀に四五〇万の人口増があり、十七世紀初めの人口はおよそ一三五〇万だった。十七世紀は二度の大きなペスト禍にみまわれて人口は伸びず、世紀半ばにはむしろ減少して一一七〇万となり、世紀末にやっと一三六〇万に達した。一六三〇～三一年のペストは北・中部の諸都市を襲い、ミラーノの人口が一三万から六万に減じたのをはじめヴェネツィア、ボローニャ、ルッカなどで三〇%前後の人口減となった。一六五六～五七年のペストはサルデーニャ島からジェノヴァ、ローマ、南イタリアに広がり、ジェノヴァとナポリ両市の人口は半減した。ペスト以外にも、一六四八～四九年には凶作にチフスの流行が重なってやはり多くの犠牲者をだした。

一九八〇年代ころまでの研究は、都市経済の衰退およびヨーロッパ経済のなかでのイタリアの没落を指摘して、イタリア経済にとって十七世紀が危機の時代であることを強調してきた。だが近年の研究は、経済全体が衰退したわけではないことを説き、十七世紀のイタリア経済を危機や没落としてよりも構造的変化の局面としてとらえ、とくに都市と農村における経済関係の変化に注目しようとしている。

十七世紀に衰退が顕著だったのは都市の毛織物工業だった。ミラーノ公国では、ミラーノで一六〇〇年に一万五〇〇〇反だった毛織物の生産量は、四〇年に三〇〇〇反、六〇年に一〇〇〇反、一七〇五年に一〇〇反に激減し、コーモ、クレモーナなど他の都市の生産量も減少した。ヴェネツィア共和国では、ヴェネツィアが一六〇二年に二万八七〇〇反を記録したあと減少の道をたどり、二〇年代の年平均一万六六〇〇反をへて、七〇年代に年八〇〇〇反、世紀末には年産二二〇〇反に落ち込んだ。パードヴァやヴェローナでも生産量は減少したが、低品質の地域市場向けの生産は維持された。トスカーナ大公国では、フィレンツェで一五七二年の三万反から十七世紀初頭の年産一万三〇〇〇反、一六三〇年代の年平均六二〇〇反、そして一七二〇年の一五〇〇反へと減少した。

毛織物の生産量が各都市で軒並み減少したのに比べて、絹織物の場合は都市ごとに違いをみせた。十六世紀に活発だったミラーノの絹織物生産は十七世紀にしだいに衰退し、ヴェネツィアも同様だった。ヴェネツィア共和国では内陸都市での絹織物生産を禁止していたが、一五六一年にヴェネツィア市産よりも低品質であることを条件に生産が許可されると、十七世紀にヴィチェンツァ、ヴェローナなどで品質のやや劣る絹織物の生産量が増大した。ルッカは生産量を減じたが、ピーサは安定を保ち、またボローニャは撚糸生産が好調でフランスとイギリスに輸出した。フィレンツェは毛織物にかわるようにして絹織物生産が増大し、中・東欧市場に輸出した。イタリアの絹織物は、十七世紀には外国市場でフランスにつぐ地位を占めており、とくにイギリスが得意先だった。イギリス商船は自国産の安価な毛織物を運んでリヴォルノに寄港し、帰路にはイタリアの絹織物を積荷とした。

織物工業の衰退の原因にはギルド規制が強く残り、伝統技術へのこだわりや高品質と高賃金の維持などのために外国製品との競争に後れをとったことがあった。だが一方、諸都市の奢侈《しゃし》品工業は健在で家具、ガラス製品、レース編みなどの需要は外国市場で衰えることがなかった。織物工業の従事者は減少したが、労働力は奢侈品工業、食品業、小売業、家事サーヴィス業などに吸収されて、都市経済は破綻することなく一定の水準を保った。

農村経済

原材料、燃料、水資源の近くに立地する農村工業は以前から存在した。ヴェネツィア共和国のブレッシャ近郊には製鉄所がおかれて農具や武器が製造されたが、この地で製造される品質優良の武器は、戦乱の続いた十七世紀にヨーロッパ諸国からの注文がたえなかった。ガルダ湖畔のサロとジェノヴァ西方のヴォルトリの製紙業も国際的評判が高く、良質のヴォルトリ紙は十七世紀に輸出量を大幅に伸ばした。また、ベルガモ北方のアルプス渓谷(ヴェネツィア共和国領)の毛織物生産は十六世紀から増大傾向にあり、一六三〇年のペストで一時落ち込んだものの、十七世紀末には年産四万反にまで達した。

これら既存の農村工業のほかに、ギルド規制から逃れ、低賃金で労働者の雇用が可能な農村に工場を設置する動きが、ミラーノ公国やヴェネツィア共和国で広まった。この動きは十七世紀以前から、つまり都市の織物工業の衰退以前から始まっていたが、十七世紀を通じて都市と農村の経済関係に変化をおよぼした。たとえば毛織物、綿織物、亜麻織物（リンネル）、ファスチャン（綿と亜麻の交織）などの繊維工業がおかれたミラーノ北西部の農村地帯は、ミラーノ公国の諸都市のギルドが強い政治力に欠けていたこともあり、自立的な発展をとげつつ都市の繊維工業を凌駕《りょうが》し、のちのち産業革命の牽引力ともなった。

北イタリアの農業にかんしてみれば、一五九〇年代の凶作後、十七世紀初めに一時好転するが、世紀前半は気候の不順に加えてたび重なる戦乱やペストの流行で不振が続き、回復は一六六〇年代からになる。ミラーノ公国では都市の発意で運河が網の目のように張りめぐらされ、輸送・交通とともに灌漑の用に供された。灌漑設備の整った平野部では穀物栽培と牧畜の混合農業が盛んとなり、ミラーノ南東部の肥沃な大土地所有地では農業労働者を雇用しての大借地農による資本家的経営がしだいに広まった。サヴォイア公国のピエモンテとヴェネツィア共和国では共通して一六六〇年代以降、前世紀に導入された米とトウモロコシの栽培が一般化したほか、桑の栽培と養蚕も普及し、サヴォイア公国は十八世紀にはヴェネツィア共和国についでイタリア第二の生糸産地となった。都市の貴族や商人の土地への投資は、以前の研究では「再封建化」とみなされていたが、北イタリアでのこの現象は、復古的というよりもあらたな農業経営の企てであって、土地所有者が利潤を求める企業家精神をもって土地経営にあたったことを見落としてはならないのである。

中部イタリアのトスカーナやエミーリアでは、地主が農民に土地と家屋を貸与して収穫物を折半する折半小作制《メッツァドリーア》が普及しており、小作農《メッツァードロ》は穀物、オリーヴ、ブドウ、野菜など多種の作物栽培と家畜の飼育のために家族全員が四季を通じて労働に従事した。十七世紀のトスカーナではとくにブドウ栽培が進み、この時期にワイン産地としての評判が確立した。この地域は、いわば労働集約度の高い農作業の展開のために、北イタリアに比べて農村工業の導入は限定されており、なかではプラートの毛織物工業が十七世紀後半から発展し、フィレンツェの衰退を補ったが、当初は品質で劣る地域市場向けの生産にとどまった。

南イタリアとシチリアでは、十六世紀には人口増による内需の拡大とともに北・中部都市への穀物、ワイン、オリーヴ油、生糸、羊毛などの輸出が順調で、農村経済は活気があった。だが、十七世紀にいくつかの事情が重なって変化が生じた。一六一一〜一二年の冬の寒波でプッリアの羊の七〇%近くが死んで、羊毛生産は大打撃を受け、プッリアから羊毛を輸入していた北イタリア都市の毛織物工業にも影響がおよんだ。北イタリアで生糸生産がふえる一方、カラーブリアからの生糸輸出は十七世紀前半、シチリアからの輸出は世紀後半に落ち込んで重要性を失った。北イタリアで農業生産が回復した十七世紀後半には穀物輸出も減少した。シチリアの例をとると十六世紀後半に年四万四〇〇〇トンあった小麦輸出量が、一六三〇〜四〇年代には年平均二万二〇〇〇トンになり、七〇年代にはその一〇分の一の二二〇〇トンまで落ち、八〇年代にやや持ち直して年平均五〇〇〇トンとなり、九〇年代の平均は一万二〇〇〇トンにまで戻したが、前世紀と比べると四分の一の輸出量にすぎなかった。ひきつづき輸出が好調だったのはオリーヴ油で、南イタリアにまで毛織物を持ち込んだイギリス商船は、オリーヴ油を積んで帰路についた。

ナポリ王国では、一六四七〜四八年のマザニエッロの反乱と五六〜五七年のペストの流行で農村が疲弊したあと、農業経営の改善の努力がみられなかった。北イタリアで農業改良が進んだのと対照的に、南イタリアでは封建領主は土地経営に意欲を示さず、新技術や灌漑設備の導入はなされなかった。それに加えて、重税政策で徴収された税金が南イタリア社会に還元されずに、ミラーノ公国に送られたことも障害になった。この時期、北イタリアが独自の農業生産に取り組み、食糧や原料の南イタリアへの依存度が弱まったことで北と南の経済的結びつきはうすれ、両地域の経済的格差が広がり始めた。

カトリック改革

十七世紀のイタリアでは前世紀に始まった、プロテスタントの宗教改革に対抗するカトリック改革がひきつづき進められた。一五四五年から六三年まで断続的に開かれたトレント(トリエント)公会議でカトリックの教義の確定と教会に聖書の解釈権のあることの確認がなされたが、教皇パウルス三世(在位一五三四〜四九)は公会議の直前に検邪聖省を設置して異端審問に取り組み、また教皇パウルス四世(在位一五五五〜五九)は禁書目録を作成してカトリックの教義と道徳に反する書物を禁書とした。

教皇庁のもとの異端審問所は、スペイン王権直属の異端審問所が導入されたシチリア王国とサルデーニャ王国以外のイタリア諸国に適用されたが、プロテスタントの浸透の恐れがほぼなくなった一五八〇年代から、審問の主たる対象は異端よりも哲学・科学思想と呪術・魔術に向けられるようになった。異端審問をめぐっては「暗黒裁判」的性格が強調され、宇宙の無限性を唱えたジョルダーノ・ブルーノの処刑、ユートピア社会を構想した『太陽の都』の著者トンマーゾ・カンパネッラの投獄、天体観測で地動説を確信したガリレオ・ガリレイにたいする有罪判決などは、その代表例とみなされてきた。

しかし最近の研究は、この暗黒的側面は否定しえないけれども、それを異端審問にのみ帰すのでなく、当時の非寛容の広まりという社会的脈絡を見落とすことのないよう注意をうながしており、また教皇庁の審問自体も、この時期のヨーロッパのなかでは裁判手続きが比較的よく守られていて、いわれているほど拷問が多くなかったことを指摘している。このことは、迷信や悪行と結びつく呪術・魔術にたいする審問に力が注がれたにもかかわらず、イタリアでは魔女裁判が広がらなかったこととも関連している。異端審問に関連して、歴史家カルロ・ギンズブルグは『ベナンダンティ』という書で、豊穣祈願の農業儀礼が異端として審理される過程を裁判記録に基づいて興味深く分析しており、また別の書『チーズとうじ虫』でも独特の宇宙観をいだく粉挽屋メノッキオと異端審問官のやりとりを明らかにしながら、この時代のエリートの文化と民衆文化の相互のあり方にも光をあてている。

カトリック改革の根底にあるのは、すべての民をキリスト教化するということで、このためには抑圧だけでなく、民を神に導く諸方策が重視され、その導き手である司教・司祭の質の向上がまずはかられねばならなかった。聖職者の質の向上にはさまざまな措置が講じられ、たとえば各司教区に聖職者養成の機関として神学校《セミナーリオ》の設置が義務づけられたが、これを運営する財政的保障と系統だった教育プランを欠くところが多く、必ずしも成果をあげたわけではなかった。とくに南イタリアの農村部では、特設教会《キエーゼ・リチェッティツィエ》というう独自の制度の教会が多数を占めていて教会改革を困難にしていた。特設教会というのは、もともと地元共同体の平信徒の寄進で設立され、司祭は共同体の有力者が地元出身者から選ぶ慣行で、教会の財産・収入も司祭と共同体が管理して司教の介入を許さなかった。

教区司祭の質の向上は諸種の理由ではかどらなかったが、その不備を補って活動したのが修道会であり信心会だった。トレント公会議以前にすでにカプチン会やイエズス会などのあらたな修道会が設立されていたが、カトリック改革と布教にとりわけ熱心に取り組んだのがイエズス会だった。イエズス会は宗教分野にとどまらず、社会諸分野のエリートの養成を目標に寄宿学校を各地に設立して、いわば全人教育をめざすカリキュラムによって多数の人材を輩出した。彼らは布教のための伝道を重視し、社会の上層と下層、都市と農村、さらにはヨーロッパとアジアを結ぶ架け橋となることにつとめたのだった。

平信徒組織の信心会や信徒団もこの時期にあらたに活性化し、また新設もされた。これらの組織は信仰活動の一環として慈善活動に力をいれるようになるが、それは社会をキリスト教的生活に変えていくという理念の実践を示していた。慈善による救いの対象は災害、疾病、貧窮など不幸な状態の人々すべてに向けられたが、安い利子で生活資金や結婚資金を貸し与える「穀物モンテ」や「結婚モンテ」などで人々に便宜をはかったりもした。

こうしたカトリック改革が進んだ十六世紀から十七世紀にかけて、音楽ではヤーコポ・ペーリが、最初のオペラとされる『エウリディーチェ』をアンリ四世とメディチ家のマリーアの婚礼祝賀の際にフィレンツェで上演(一六〇〇年)しており、そのあとモンテヴェルディがマントヴァで『オルフェーオ』を上演(一六〇七年)して好評を博した。絵画ではカラヴァッジョが自然主義と明暗の対比を使った斬新な画風で注目をあび、彫刻・建築ではベルニーニがローマの各所にバロック様式の豪壮で華麗な装飾をほどこした。

第八章　十八世紀改革期からナポレオン改革期へ

1　十八世紀前半の政治地図

スペイン継承戦争とイタリア

一七〇〇年、スペイン国王カルロス二世が嗣子なしに没すると、フランス国王ルイ十四世の孫フィリップがフェリーペ五世(在位一七〇〇〜二四、二四〜四六)として即位し、スペイン王位はハプスブルク家からブルボン家に移った。諸国は当初これを承認したが、フェリーペがフランス王位継承権の放棄を撤回すると、一七〇一年九月にオーストリア、イギリス、オランダが同盟を結び、〇二年五月、フランスとスペインに宣戦、全面的なスペイン継承戦争が始まった。これより前の一七〇一年四月、ハプスブルク家のオーストリアは、スペイン新国王に忠誠を誓うミラーノ公国の奪取のためロンバルディーアに軍を進めていた。

この戦争でサヴォイア公国とマントヴァ公国はフランス・スペイン側についたが、他のイタリア諸国は中立の態度をとった。サヴォイア公国のヴィットーリオ・アメデーオ二世は、十七世紀末のアウクスブルク同盟戦争から抜け出してフランスと和解したばかりであり、また娘がフェリーペ五世に嫁いでブルボン家と姻戚関係にあった。だが、ロンバルディーアへの進出に野心を示す彼は、ルイ十四世がそれに色よい返事をしないでいるあいだに、オーストリアからロンバルディーアの一部を譲渡するという誘いを受け、一七〇三年十月にオーストリア側に移ってフランスと敵対した。

これにたいしてフランス軍はピエモンテに侵入して各地を占領、一七〇六年五月にサヴォイア公国の首都トリーノを包囲した。ヴィットーリオ・アメデーオ二世はかろうじて脱出したものの、トリーノは陥落寸前の危機にさらされた。この事態に、イタリア戦線のオーストリア軍最高司令官で、ヴィットーリオ・アメデーオ二世の従弟《いとこ》にあたるサヴォイア家系のエウジェーニオが援軍を率いてロンバルディーアから駆けつけた。二人はトリーノ郊外のスペルガの丘からフランス軍の動きをつぶさに観察して、同年九月七日に総攻撃をしかけた。双方に多数の死傷者がでる激しい戦いののち、フランス軍が敗れ撤退した。この戦闘は、サヴォイア公国の危機を救ったばかりでなく、イタリアにおけるブルボン家(フランス・スペイン)とハプスブルク家(オーストリア)の命運を分けることになり、スペインにかわってオーストリアのイタリア支配に道を開くものとなった。オーストリアは攻めあぐねてい

トリーノ郊外のスペルガの丘に建つ聖堂　スペルガの丘はサヴォイア公ヴィットーリオ・アメデーオ２世にとって1706年の対フランス戦ゆかりの地で，シチリアから招いた建築家ユヴァッラに聖堂を建立させた。内部にサヴォイア家の霊廟がある。

たミラーノとマントヴァを一七〇七年三月に征服したあと、中立を保つ教皇国家領を侵犯してナポリ王国に達し、同年八月、スペインからナポリ王国を奪った。

スペイン継承戦争は、一七一三年のユトレヒト条約および一四年のラシュタット条約で終了し、その結果オーストリアはミラーノ公国、マントヴァ公国、ナポリ王国、サルデーニャ王国それに警備国家を領有することになった。サヴォイア公国はモンフェッラートなどを取得して東方に領土を拡大したほか、一七〇六年九月の対フランス戦の勝利による戦局転換への貢献が認められ、とくにイギリスの意向が働いてシチリア王国を与えられた。

待望の王位を手にいれてシチリア国王となったヴィットーリオ・アメデーオ二世は、シチリア島には戴冠式で短期間滞在しただけだったが、この機会にメッシーナ出身の建築家フィリッポ・ユヴァッラをトリーノに招いて、都市改造を託した。ユヴァッラは数々の建築を手がけて要塞都市の趣きだったトリーノを、王国首都にふさわしいバロック様式の都市に変貌させ、また対フランス戦の勝利をもたらした記念の地であるスペルガの丘にみごとなクーポラを備えた聖堂を建立し、サヴォイア家の霊廟とした。

ブルボン朝ナポリ王国・シチリア王国の成立

スペイン王フェリーペ五世は一七一四年に再婚し、パルマ・ピアチェンツァ公フランチェスコ・ファルネーゼの姪のエリザベッタ・ファルネーゼを后にむかえた。エリザベッタはフェリーペ五世とのあいだに生まれた幼児ドン・カルロスのためにイタリアのいずれかの国の君主の地位を確保することを望み、スペインは兵を動かして一七一七年にサルデーニャ、一八年にシチリアを奪回した。だがオーストリア軍が反撃し、イギリスとフランスも介入してスペインの行動はおさえられ、一七一八年のロンドン協定および二〇年のハーグ条約でシチリア島はオーストリアが、サルデーニャ島はサヴォイア家が領有することになった。サヴォイア家はシチリア王位のかわりにサルデーニャ王位をえて、このときサヴォイア・ピエモンテ・サルデーニャを領土とするあらたなサルデーニャ王国が成立するが、王国の中心地域はピエモンテで、歴史書ではサルデーニャ王国をピエモンテ国家と記すことが多い。また、ドン・カルロスは一七三一年にファルネーゼ家が断絶したあと、十五歳でパルマ・ピアチェンツァ公を継いだ。

一七三三年にポーランド継承戦争が起こると、フランスはオーストリアに対抗するためサルデーニャ王国およびスペインと同盟した。このときのサルデーニャ国王カルロ・エマヌエーレ三世は、フランス軍とともにロンバルディーアに攻め入り、一七三三年十一月ミラーノに入城してミラーノ公を名乗った。一方、スペインはドン・カルロスが軍を率いてナポリ王国を攻め、一七三四年五月に市民の歓呼のなかをナポリ市に入城し、同年末までにシチリアも制圧した。フェリーペ五世はドン・カルロス(イタリア名カルロ)にナポリとシチリアの王位を与え、ここにブルボン家のカルロ(ナポリ王としては七世)を国王とする独立国のナポリ王国とシチリア王国が成立した。

この戦争にかんしては一七三五年の和平予備協定でほぼ以下の取決めがなされ、三八年のウィーン条約で確定した。オーストリアはナポリ王国とシチリア王国を手放すかわりに、ミラーノ公国とマントヴァ公国の保持を認められ、ほかにパルマ・ピアチェンツァ公国を取得した。サルデーニャ王国はミラーノ公国の領有は認められなかったが、ノヴァーラなどを獲得して東方にさらに領土を拡大した。また、スペイン王がナポリ王・シチリア王をかねることはなくなり、フェリーペ五世の子カルロによるナポリ王国とシチリア王国の支配が認められ、両王国の独立が確認された。警備国家もカルロの支配下に移った。

メディチ家が一七三七年に断絶したトスカーナ大公国は、皇帝カール六世の娘マリア・テレジアの夫であるロートリンゲン公フランツ・シュテファン(ロレーヌ公フランチェスコ・ステーファノ)に与えられ、独立を保ちつつハプスブルク家の影響のもとにおかれた。なお、オーストリアは一七一三年に、イタリアにおける旧スペイン領全体を継承し統治する意図でスペイン諮問会議をウィーンに設置していたが、その計画が最終的にくずれた三八年、同会議をイタリア諮問会議に改組して現実的に対応する方針に切り替えた。

ジェノヴァ共和国とコルシカ独立革命

一七四〇年に今度はオーストリア継承戦争が勃発した。今回もフランスとスペインの両ブルボン家が結び、イギリスの支援するオーストリアと対抗した。サルデーニャ王国ははじめ反オーストリア側だったが、ブルボン勢力がミラーノ公国の奪取をねらっていることに反発して、一七四二年二月にオーストリアと提携するにいたった。イタリア諸国は、ナポリ王国とモーデナ公国がスペイン側についたほかは中立を選んだ。

北イタリアを舞台として、オーストリア・サルデーニャ王国軍とスペイン・フランス軍が激しく戦ったが、中立のジェノヴァ共和国が途中から後者に加担したことで、同共和国領の通過が可能となったスペイ

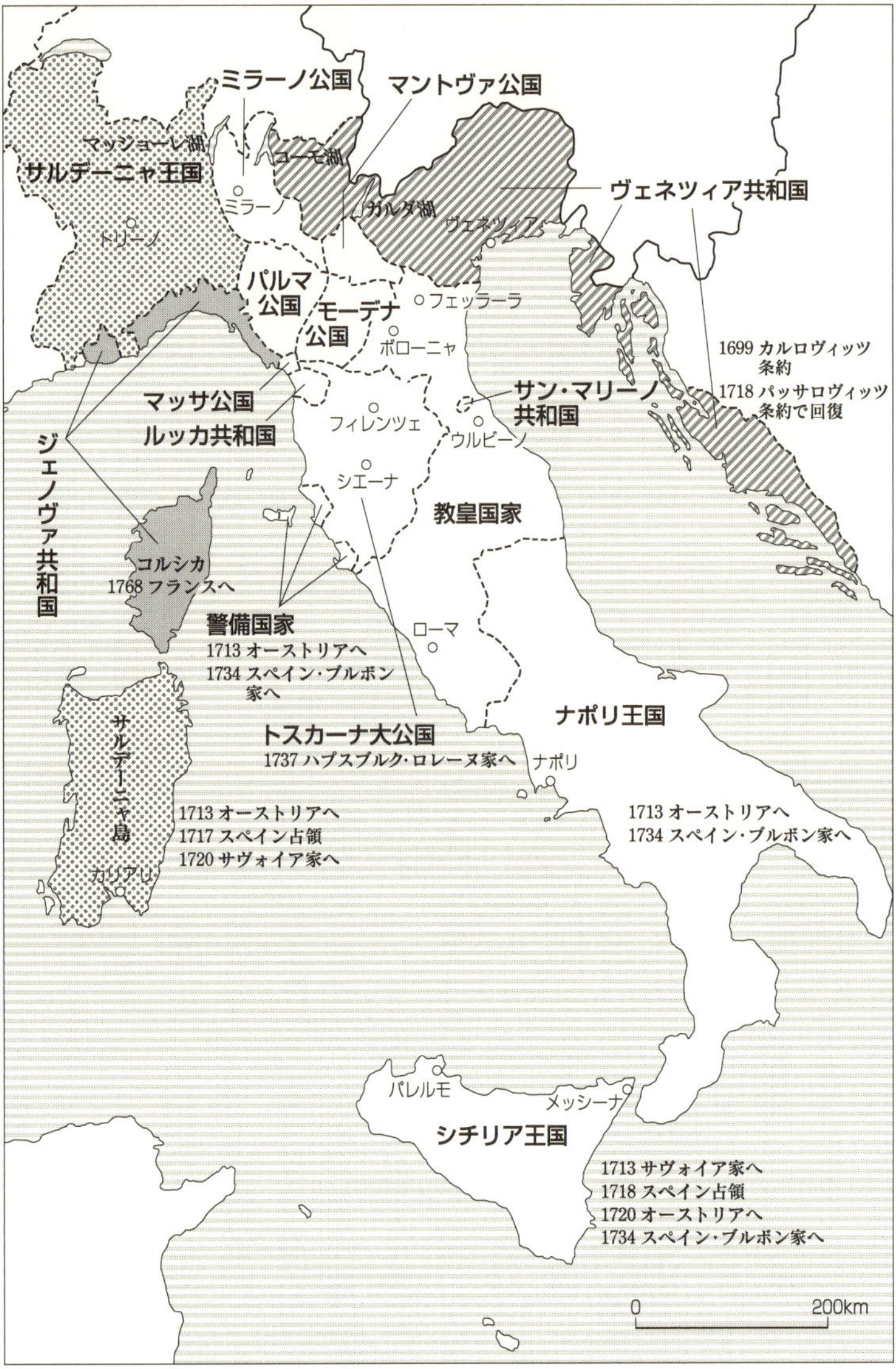
ミラーノ公国
マントヴァ公国
マッジョーレ湖
コーモ湖
サルデーニャ王国
ミラーノ
ガルダ湖
ヴェネツィア
ヴェネツィア共和国
トリーノ
パルマ公国
モーデナ公国
フェッラーラ
ボローニャ
1699 カルロヴィッツ条約
1718 パッサロヴィッツ条約で回復
マッサ公国
ルッカ共和国
サン・マリーノ共和国
フィレンツェ
ウルビーノ
ジェノヴァ共和国
シエーナ
教皇国家
コルシカ
1768 フランスへ
警備国家
1713 オーストリアへ
1734 スペイン・ブルボン家へ
ローマ
ナポリ王国
トスカーナ大公国
1737 ハプスブルク・ロレーヌ家へ
ナポリ
サルデーニャ島
1713 オーストリアへ
1717 スペイン占領
1720 サヴォイア家へ
1713 オーストリアへ
1734 スペイン・ブルボン家へ
カリアリ
パレルモ
メッシーナ
シチリア王国
1713 サヴォイア家へ
1718 スペイン占領
1720 オーストリアへ
1734 スペイン・ブルボン家へ
0
200km

1748年のイタリア

ン・フランス軍が攻撃にでて、一七四五年十二月にフィリッポ(スペイン王妃エリザベッタの次男でカルロの弟)の軍隊がミラーノを占領した。その後、反撃にでたオーストリア・サルデーニャ王国軍が形勢を挽回し、一七四六年九月にイギリス艦隊の援護を受けてジェノヴァを占領した。オーストリアは過酷な賠償金を課してジェノヴァを圧迫したが、同年十二月の民衆反乱がオーストリア軍を市外に追い返し、ジェノヴァの危機を救った。オーストリア軍への最初の投石でジェノヴァ反乱の口火を切ったとされるバリッラ少年の伝説が十九世紀に生まれ、二十世紀のファシズム政権はこの伝説をよみがえらせて、バリッラの名を冠した少年組織を設置することになる。

北イタリアを舞台に激しい攻防があったものの、オーストリア継承戦争を終結させた一七四八年のアーヘン条約では、パルマ・ピアチェンツァ公国がオーストリアからブルボン家のフィリッポの手に移ったほかは、イタリアにおけるハプスブルク家とブルボン家の勢力範囲に変動はなく、三八年のウィーン条約の境界がほぼ維持された。ただサルデーニャ王国(ピエモンテ)は今回もまた東方に領土を拡大し、ティチーノ川まで進出した。十八世紀前半のイタリアは、三つの継承戦争による大国の勢力均衡策の煽りを受けて政治地図がめまぐるしく変わったが、国境の変動は一七四八年でひとまずおさまった。

この結果、ミラーノ公国とマントヴァ公国(一七八四年ミラーノ公国に合体)がオーストリアの直接の支配下におかれたのを除くと、他のイタリア諸国はかたちのうえでは独立国となったが、サルデーニャ王国と教皇国家、それにヴェネツィアとジェノヴァの両共和国以外は、多かれ少なかれ外国王家の影響下にあった。イタリアには大国といえる国はなく、ヨーロッパのなかで周縁化する傾向が強まったが、イタリア諸国のそうした状態がこののち半世紀間、戦争に巻き込まれることなく、平和を保つことを可能にした。そしてこの平和な状態のもとで啓蒙思想が議論され、国ごとの改革の動きが生まれた。

例外はジェノヴァ共和国領のコルシカ島で、ここでは独立運動が起こった。二年続きの凶作に端を発した一七二九年の農民反乱はしだいにコルシカ独立革命に転じ、五〇年代に島の指導的地位に就いたパスクァーレ・パオリは憲法の発布をはじめ、司法・行政・立法の諸制度を整えて独立の動きを強めた。ルソーをはじめ同時代のヨーロッパの思想家たちは、パオリの統治システムに注目して独立革命を期待をもって見守った。だが、ジェノヴァ共和国はフランス軍に頼んで抑圧策をとり、一七六八年ついに島をフランスに売却し、翌年フランスはコルシカを征服して自国の領土とした。コルシカは独立の希望をたたれ、またイタリアとの結びつきも切れ、フランス領として現在にいたるのである。

2　ハプスブルク家支配下の国家

国権主義から啓蒙改革思想へ

十八世紀最初の三〇年間は、イタリアにおけるオーストリアの影響が強まった時期だった。オーストリアのイタリアへの進出は皇帝権の復活の期待をもたらし、これと結びついて教会(教権)にたいする国家(国権)の優位を説く国権主義《ジュリスディチオナリズモ》が広まった。国権の優位を強く主張した人物に、ナポリ王国の歴史家・法学者のピエトロ・ジャンノーネがいた。彼は著書『ナポリ王国政治社会史《イストーリア・チヴィーレ》』(一七二三年)で国家と教会の関係を歴史的に考察して教会の世俗的支配を批判し、イタリアの内外で評判をえたが、迫害を受けてウィーンに亡命し、その後はかられてサルデーニャ王国内で逮捕され、一七四八年にトリーノで獄死した。そのサルデーニャ王国では、貴族出身のアルベルト・ラディカーティ・ディ・パッセラーノが教権主義を鋭く批判する文書を刊行し、宗教のみでなく社会の改革も唱えたが、彼もまた亡命をよぎなくされ、一七三七年にオランダで貧窮のうちに客死した。

二人の不幸な死は教会との正面からの対決がきわめて困難な状況をあらわしていたが、歴史家のルドヴィーコ・アントニオ・ムラトーリは、二人とは違って穏健な立場から現実的な改革への取組みを提唱した。モーデナ出身の聖職者だったムラトーリは、大部の史料集の編纂による実証的な歴史研究によって国家の権能を明らかにするとともに、『公共の福利について、善き君主たちの目標』(一七四九年)を著わして人文主義的カトリシズムに立つ社会改革の道を論じ、次世代の改革思想に影響をおよぼした。同じころ、ナポリ大学のジャンバッティスタ・ヴィーコは『諸民族の共通の性質にかんする新しい学の諸原理』(一七二五、三〇、四四年)でデカルト的合理主義に疑問を呈し、「真なるものはつくられたものである」とする命題を立てて、人間のつくりあげた歴史を考察する方法を論じた。

十八世紀なかばになると、イタリア各地で出版活動が盛んとなり、社会の現状を批判したり改革の必要を論ずる書物や定期刊行誌などが増加し、また教養人たちのあいだではサロン、クラブ、コーヒー店などでの議論が活発となった。こうした環境のなかから新世代の啓蒙思想家たちが登場した。彼らは、イギリスやフランスの思想家たちとも交流を深めながら、もはやたんに国権主義を主張するだけでなく、より広い観点から社会の現状を分析して諸領域にわたる改革のプランを提起し、しばしば自らも政府の改革事業に加わった。

ミラーノとナポリがこのような動向の二大拠点となった。ミラーノでは貴族出身のピエトロ・ヴェッリを中心に二十〜三十歳代の青年が、議論の激しさから「拳《こぶし》の会」と呼ばれたサークルに集まり、機関誌『イル・カフェ(コーヒー店)』(一七六四〜六六年)を刊行した。『イル・カフェ』はフランスの啓蒙思想家たちの『百科全書』と同じ役割をイタリアではたすことをめざし、広い分野のテーマを取り上げながら社会改革の課題を訴え、世論の形成をはかった。メンバーの一人であるチェーザレ・ベッカリーアは、拷問と死刑の廃止を唱えた『犯罪と刑罰』(一七六四年)を著わし、イタリア内外で大きな反響を呼んだ。『イル・カフェ』自体は短期間の刊行で終わったが、メンバーはこののちそれぞれの立場から政府機関に加わるなどして改革への取組みを続けた。

IL CAFFÉ
OSSIA
BREVI E VARJ DISCORSI
DISTRIBUITI IN FOGLJ PERIODICI
Dal Giugno 1765.
PER UN ANNO SEGUENTE.
IN BRESCIA. MDCCLXVI.
CON LICENZA DE' SUPERIORI.
Si vende in Milano da Giuseppe Galeazzi.

『イル・カフェ』2巻本の表紙(1766年)　「拳の会」の機関誌『イル・カフェ』は旬刊で74号だされ，のち2巻本に製本された。

ナポリでは後述するように、サークルではなく、ナポリ大学のアントニオ・ジェノヴェージの講義を通じて若い思想家が育ち、いわゆるジェノヴェージ学派が形成されていく。

ミラーノ公国の諸改革

オーストリアの直接支配下におかれたミラーノ公

国では、ハプスブルク家君主と開明的官僚、それに啓蒙思想家たち三者の緊張をはらんだ共同作業を通じて改革が実施された。一般に官僚が国元を離れて他国の君主に仕えるのは珍しいことでなく、ミラーノ公国で改革を推進したのも、地元のロンバルディーア出身者であるより他国の官僚たちだった。

皇帝カール六世が一七一八年に着手した土地台帳作成の作業は、ポーランド継承戦争の勃発で中断したあと、マリア・テレジアのもとで四九年に再開され、トスカーナから招かれた改革的官僚のポンペーオ・ネーリの努力で五九年に終了した。土地台帳の完成は、これまでの特権による免税措置を見直し、土地資産の評価額に基づく一律の課税を可能にして、財政整備に著しい成果をあげた。課税は土地利用からえた収益を対象とせず、最初に記録された土地評価額を基準に税額が固定されたので、農業企業家にとって有利な税制となり、土地改良と生産活動を刺激して農業生産の増大につながった。

課税基準の一律化にあわせて地方行政制度が改革され、都市や領主が共同体を支配する体制がくずれた。土地台帳の完成に先立つ一七五五年、一五〇〇程の共同体それぞれに、台帳に登録された土地所有者全員で構成する「コンヴォカート(集会)」をおき、このコンヴォカートが予算の審議や役員の選出をはじめ共同体の運営にかかわる諸問題を討議・決定するという地方自治の制度が導入された。ただし、これは制限された自治で、中央から資産登録監察官が派遣され、この監察官が共同体を監督する任務をおびた。コンヴォカートの設置は、身分や門閥の権威だけではもはや地方行政にたずさわることはできず、共同体の運営の主体は土地所有者であることを明確にする措置だった。

ハプスブルク家の方針は、公共の福利の理念のもとに、ウィーン政府が直接に統治しうる機構をミラーノ公国に築くことにあり、それにはミラーノ貴族が握る諸機関の力を弱めることが必要で、一連の改革はこの課題と結びついていた。オーストリア宰相カウニッツは、一七五七年にイタリア諮問会議を廃して、自分の管理下にイタリア局を設置し、全権大使を派遣してミラーノ公国への介入を深めた。この傾向は一七六五年にヨーゼフ二世が皇帝に即位して、母マリア・テレジアとの共同統治者となることでさらに強まった。

一七六五年に、ウィーン政府に直属する経済最高評議会が設置されるが、九人の委員のうちミラーノの貴族は二人だけで、その一人は旧貴族層を批判する「拳の会」のリーダーのヴェッリだった。この評議会は、旧来の会計法院《マジストラート・カメラーレ》(正会計法院と特別会計法院が一体化)にかわり、行政と司法の両権限をもって経済・財政・金融の全分野にわたる政策を審議し、ヴェッリが強く主張した徴税請負制の廃止などを実現した。ここでの活発な議論は改革の気運を高めたが、内部の意見の相違や外部の抵抗も強く、ウィーン政府は一七七一年に司法と行政の分離をはかる改革に際して評議会を解散し、同時に会計法院とミラーノ貴族の拠点だった元老院を抜本的に改組して、会計法院には行財政の執行のみを委ね、元老院の権限は民事・刑事・財務の三分野の最高裁判所の役割に限定する措置をとった。

一七八〇年、母マリア・テレジアが没してヨーゼフ二世の単独統治になると、改革はより多くの分野に広がったが、専制的・集権的性格が強まり、啓蒙思想家たちとの距離が開いた。一七八六年の諸改革で元老院と会計法院はついに廃止され、かわりに統治評議会《コンシリオ・ディ・ゴヴェルノ》がおかれ、そのもとに行財政を担当する各部局が編成された。司法にかんしては初級審、控訴審、最高裁の三段階の裁判制度が整えられ、警察制度も導入された。また公国を八管区に分けて、各管区に政府の派遣する長官をおき、地方の行財政と治安を監督する権限を与えた。管区の設置は、都市による地方支配に終止符を打ち、また地方自治を制限しつつ国家による管理を強めようとする措置だった。

さらに教会にたいする闘争も継続され、聖職者特権の制限や修道院の解散に加えて、貧民救済や慈善事業を聖職者施設から国家機関へ管理替えしたり、教育を政府の統制下に移す政策などが抵抗を受けながらも進められた。一七九〇年にヨーゼフ二世が没して、トスカーナ大公だった弟のレオポルト(イタリア語表記レオポルド)が皇帝になると、過度の集権化政策は修正されるが、まもなくナポレオン遠征軍の到来によって、あらたな変革の波に洗われることになる。

なお、モーデナ公国はオーストリア継承戦争のあいだオーストリアに占領されていたが、戦後、モーデナ公フランチェスコ三世はハプスブルク家と密接な関係を結び、ミラーノ公国を範とする改革につとめた。

トスカーナ大公国の諸改革

トスカーナ大公国は一七三七年、前ロレーヌ公でマリア・テレジアの夫フランチェスコ・ステーファノが継承したが、本人はウィーンにとどまって、フィレンツェに設置した摂政会議を通じて統治にあたった。摂政会議で主導権をとったのは、ロレーヌからきた臣下リシェクールで、彼は、フィレンツェ国家(旧国家)とシエーナ国家(新国家)の未統合など複雑な機構のトスカーナ大公国をカオス的状態と批判して、制度改革に乗り出した。しかし、特権を守ろうとする地元勢力の反発が強く、思うように改革は進まなかったが、教会の出版検閲を緩和させるなど教会との闘争にはある程度の成功をおさめた。

一七六五年、フランチェスコ・ステーファノが没すると、彼とマリア・テレジアの子でヨーゼフ二世の弟のピエトロ・レオポルドが十八歳で大公を継いだ。レオポルドはフィレンツェに移り住んで大公国の独立性を高め、国内をくまなく視察して社会状態の把握につとめた。彼はモンテスキュー、百科全書派、ムラトーリの著作から学んで、公共の福利の実現が君主の使命であるとの自覚をもって統治に臨み、フランチェスコ・マリーア・ジャンニ、アンジェロ・タヴァンティ、それにミラーノ公国から戻ったネーリなどトスカーナ出身の有能な官僚を重用した。フィレンツェでは、ミラーノやナポリのような啓蒙思想家集団の誕生はみられなかったが、盛んな出版活動と印刷物の流通による公共圏の形成があり、またイタリアで最初のフリーメーソン支部が一七三〇年代につくられており、こうした環境のなかでレオポルドは、討議を重んじながら穏健で段階的な方法による諸改革に取り組んだ。

フィレンツェ市に隣接した農耕地(18世紀前半の図)　整然と区画された農耕地の向こうにフィレンツェ市街が見える。

レオポルドが即位した前後の数年間、トスカーナは凶作にみまわれ、これまでの食糧管理政策を維持するか、それとも穀物の流通を自由化するかで意見が分れた。重農主義者のネーリやタヴァンティは後者の意見に立ち、一七六七年、輸出入に一定の制限を課しつつ、国内の穀物流通を自由化する法を制定した。穀物流通の自由化はイタリア諸国のなかでははじめてで、食糧管理政策で保護されていた都市民衆から不満の声があがったが、自由な流通で価格水準を保とうとするタヴァンティらの政策が推進され、一七七五年には全面的な自由化にいたった。これと並行して徴税請負制の廃止や都市のアルテ（同職組合）にたいする規制もなされた。労働と営業にかんする裁判権などアルテが伝統的にもつ権限が徐々に弱められ、新設の商業監査院の管轄に移されたのち、最後にはアルテ自体が廃止された。

また一方では、ジャンニの主導で永代小作政策が進められた。これは、国有地や教会関係の大所領を分割して永代小作契約で貸し出し、借り受けた小作農が事実上の土地所有者として農業生産を担い、社会の安定と平等をはかろうとする試みだった。このいわば自営農創出政策と関連して、地方行政制度も改革された。これまで共同体は、錯綜する諸機関の監督のもとにおかれていたが、一七六九年の共同体令がだされ、一五年程かけて共同体の設置で監督機関が統一され、また七二年からは地区ごとに共同体監査院制度が整えられた。すなわち、共同体に住民の代表からなる行政部と評議会をおいて、行財政について一定度の自治的な運営を認め、それを中央が任命する共同体監察官が監督するという体制がつくられた。

共同体改革には、都市経済が衰退して久しく、フィレンツェ中心の国家機構ではもはや立ちいかなくなっている事態を前に、農業生産を担って富を生み出す階層に地方行政の主体の地位を与えて、あらたな社会体制を築こうとする意図がこめられていた。そしてこの改革の延長上にレオポルドは、実現はしなかったけれども憲法の制定を準備した。こうして制度改革は進んだが、現実には永代小作地にだされた土地は大土地所有者の手に集中する結果となって自営農創出は失敗し、折半小作制が維持された。また土地台帳の作製も、課税強化につながることをきらう土地所有者層の反発で完成にはいたらなかった。トスカーナ社会は都市中心の世界から農村的世界へと移行していくが、主導権を握ったのは土地貴族たちで、彼らの拠点である一七五三年設立の農事家アカデミー《ジェオルゴーフィリ》は、一方で農業技術の改良などに寄与しつつ、他方で政治的・社会的な影響力をこののち強めていくのである。

レオポルドの改革でもうひとつ注目しておくべきなのは、一七八六年の死刑と拷問を廃止した刑法の制定である。トスカーナではベッカリーアの『犯罪と刑罰』が版を重ねて広く受け入れられた状況があり、新刑法の制定にはこうした世論の背景があった。

総じてミラーノ公国における兄ヨーゼフ二世の改革が、中間諸団体を廃して集権化を強める性格だったのにたいして、レオポルドの場合は、モンテスキューにならって中間団体を重視し、それを媒介に社会諸部門が結びつくような国家機構の建設がめざされた。だが、一七九〇年にレオポルドが皇帝に即位してウィーンに移ると、食糧政策や宗教政策への民衆の不満が表面化して改革の一部は取り消され、この地にも社会不安の様相があらわれた。

3　サルデーニャ王国およびブルボン家支配下の国家

サルデーニャ王国における官僚・軍事国家の形成

サヴォイア公ヴィットーリオ・アメデーオ二世は、短期間のシチリア王をへて、一七二〇年からサルデーニャ王となったが、王国の中心はピエモンテで、ピエモンテを基盤とする国家の改革につとめた。改革の狙いは、一方で貴族と教会の権限を弱め、他方で官僚制を整えて中央集権を強めることにあり、一七一七年に国王直属の国務会議《コンシリオ・ディ・スタート》を設置するとともに、従来の国務卿の職を内務卿、外務卿、軍事卿の三つに分けて責任範囲を明確にした。地方にたいしては中央から派遣する地方長官《インテンデンテ》の権限を強め、正当な記録を提示できない封土は没収し、官僚制に基づく王権強化の体制を築いた。

つぎの国王カルロ・エマヌエーレ三世も父王の路線を継承し、即位直後の一七三一年、父王が長年準備してきた土地台帳を適用して課税の基準を整備した。これにより、貴族や聖職者の半数前後が課税免除を取り消されて打撃を受ける一方、国家財政は収入増の効果をあげた。宗教政策でも、父王が一七二七年にローマ教皇と政教協約を結んで国家と教会の妥協をはかったのを継いで、四二年に再度政教協約を結び、反教権主義の亡命者ジャンノーネを獄死させるにいたった。国内で思想と文化は抑圧され、首都トリーノにフリーメーソン支部ができるのは一七六五年で、イタリアの他都市よりだいぶ遅かった。王国では十八世紀を通じて貧民対策が進められるが、それは宗教団体の慈善行為から世俗権力による秩序維持のための行為に変わり、たび重なる救貧施設の整備を通じて貧民や浮浪者にたいする規制が強まった。両国王の政策は、ミラーノ公国やトスカーナ大公国の啓蒙専制君主の改革とは違い、絶対君主による官僚・軍事国家の形成という性格をおびていた。

王国の官僚政治の中心となったのは、一七四二年から軍事卿を務めるジャンバッティスタ・ロレンツォ・ボジーノだった。彼は新領土であるサルデーニャ島の改革に力を注ぎ、貴族と聖職者にかわる地域指導層の育成のために、カリアリとサッサリの両大学を再建して島内の人材の養成をはかった。また「穀物モンテ」と呼ばれる農業公庫の設立や植民による開発政策によって農村・農業の改良に取り組んだ。カタルーニャ語とサルデーニャ語の文化圏であるサルデーニャ島に、イタリア語の導入も始められた。サルデーニャ島にたいするボジーノの姿勢は、啓蒙改革のそれというより、ムラトーリのいう公共の福利の考え

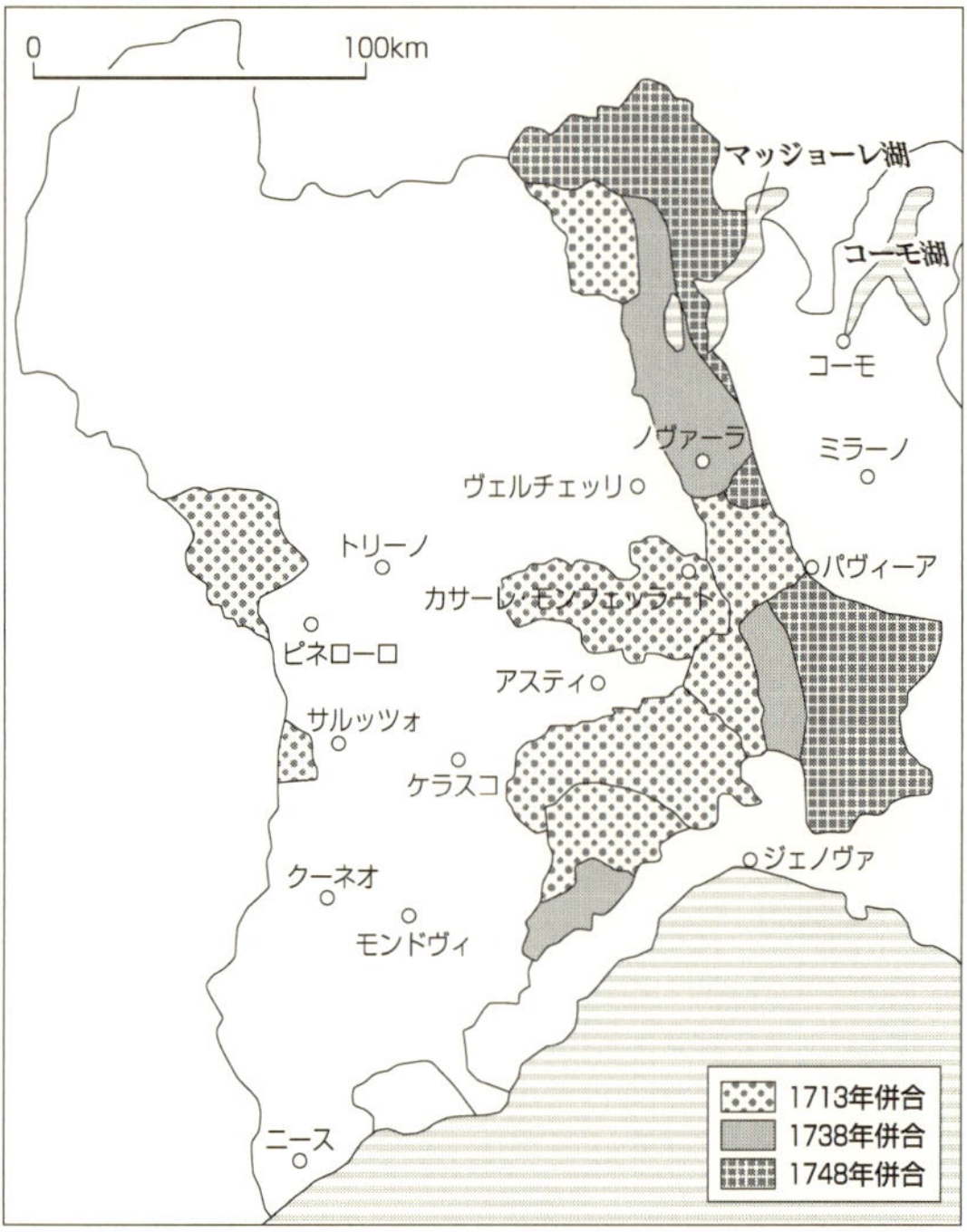

サヴォイア公国・サルデーニャ王国の領土拡大(18世紀前半)

に近い人文主義的カトリシズムの立場を示していた。

一七七三年、カルロ・エマヌエーレ三世が没して、ヴィットーリオ・アメデーオ三世が四十七歳で即位した。皇太子のときに官僚政治のもとで長く不遇だった新国王は、即位するとすぐにボジーノら官僚を罷免して、側近の貴族による宮廷政治を復活させた。政策も軍事強化を中心とする復古的な内容だったが、他方では文化と思想にたいする官僚の統制が取り除かれたことで、国内のクラブ、サークル、フリーメーソンがいっせいに活気づいた。印刷物の流通が急速に拡大して議論が活発化し、公共圏といえるものが形成され始め、一七八三年に公認された王立科学アカデミーは政治と文化の両面で権威をもつようになった。

両シチリア王カルロとパルマ公フィリッポ

一七三四年、ナポリ王国とシチリア王国を征服して両国の国王となったブルボン家のカルロは、両シチリア王を名乗った。十二世紀にノルマンのもとで成立した、シチリア島とイタリア半島南部にまたがるシチリア王国は、一二八二年のシチリアの晩禱《ばんとう》事件によってアラゴン支配地(シチリア島)とアンジュー支配地(半島南部)に分裂し、アンジュー朝は、自己の支配地域を「メッシーナ海峡のこちら側のシチリア王国」とした。分裂状態が定着すると、半島南部のシチリア王国は人々のあいだで自然にナポリ王国と呼ばれるようになるが、この間「両シチリア王国」という国が存在したことはない。ただ、十五世紀なかばにアラゴン国王アルフォンソ五世がシチリア島と半島南部の両地域を同時に支配した際に「両シチリア王」を名乗っており、これがカルロの先例である。

カルロは両シチリア王を称したが、ナポリ王国とシチリア王国を統一して単一国家にしたのではなく、このとき両シチリア王国が成立したわけではない。二つの王国の制度と諸法はそれぞれ別個のままで、対等な王国による同君連合の関係だった。だが、宮廷と中央諸機関はナポリ市におかれ、外国使節もナポリに駐在し、ナポリから派遣される総督がシチリアを統治したため、シチリアではしだいにナポリに従属化されたという感情が生まれ、この感情はのちに自治主義あるいはシチリア主義の思想として政治的意味をおびてくる。

カルロの直接統治が始まるとすぐに、ナポリ王国の最高機関だった枢密会議にかわって、国王の主宰する国務会議《コンシリオ・ディ・スタート》が新設され、国務長官のほか外交、軍事、司法、財務、聖務担当の各長官が出席した。カルロを補佐したのはスペインおよびトスカーナ出身の政治家や官僚たちで、その中心にいたのはトスカーナ出身で元ピーサ大学教授のベルナルド・タヌッチだった。タヌッチはカルロがパルマ公だったときからの腹心で、司法長官に任命された。複雑に重なり合う裁判制度ならびに国家と教会の緊張した関係をもつナポリ王国で、司法長官は最重要のポストだった。

タヌッチは、スペイン人の国務長官モンテアレーグレと共同して、反教権政策を進め、とくに教会の不輸不入権の制限をはかった。これまで教会は財産の免税特権をもち、聖職者は世俗の裁判権に服さない特権をもち、また聖職者施設は世俗の司法権がおよばないアジール(聖域)として犯罪者を庇護していた。一七四〇年にアジールで庇護されている者は約二万人いたとみられ、犯罪の温床となり司令部ともなっていた。ナポリ王国には、亡命の道をたどったジャンノーネを思い起こすまでもなく、知識人のあいだに国権主義の伝統が根づいていたが、タヌッチは教会との徹底的な対決は避け、一七四一年にローマ教皇と政教協約を結んで、教会の諸権限をある程度制限するだけで妥協をはかった。この協約の締結には、一七四〇年にローマ教皇に即位したベネディクトゥス十四世(在位一七四〇~五八)が、前任者の頑迷な姿勢と違って人文主義的カトリシズムの立場をとり、世俗権力との妥協を求めた事情も働いていた。

カルロ王の最初の一〇年間、反教権政策のほかに領主裁判権の制限や法曹勢力の弱体化をねらった裁判制度の改革、商業最高裁判所の設置による商業上の規制の簡素化、土地台帳の作製と税制改革など諸種の改革が試みられたが、都市貴族、封建領主、法曹、教会など諸勢力の抵抗にあってほとんど実現せず、その後は改革への取組みは弱まった。

カルロの弟フィリッポが支配するパルマ・ピアチェンツァ公国でも改革がみられたが、小国で財政難に悩むこの国はスペインとフランスの両ブルボン家に多くを依存した。ちなみにフィリッポ公の妻はフランス王ルイ十五世の長女ルイーズ・エリザベートで、公国の改革を推進したのはフランス人の国務長官ギヨーム・デュ・ティヨだった。パルマはイタリア諸国のなかでも教会勢力がとりわけ強く、聖職者は財政特権をもち富をたくわえていた。デュ・ティヨの改革政策はとくに教会に向けられ、聖職者の諸特権を制限し、イエズス会の追放を実施した。またフランスの啓蒙思想家を招いてサロンを開き、教育改革にも力を注いで文化の興隆につくした。しかし、フィリッポ公が一七六五年に没して、父の跡を継いだフェルディナンド公がマリア・テレジアの娘マリア・アマーリアを公妃とし、公妃の介入で七一年にデュ・ティヨが罷免されると、改革はとだえた。

大飢饉とジェノヴェージ学派

一七五九年、カルロは異母兄のフェルナンド六世を継いでカルロス三世(在位一七五九～八八)としてスペイン国王に即位し、八歳の息子フェルディナンドがナポリ王国とシチリア王国を継いだ。ナポリ王としてはフェルディナンド四世、シチリア王としてはフェルディナンド三世となるが、カルロと同じく両シチリア王を名乗った。摂政会議が王国の運営にあたったが、カルロス三世を後ろ盾とするタヌッチが実権をもち、彼はフェルディナンドの親政が始まる一七六七年に国務長官となった。この間の一七六四年、ナポリ王国は深刻な飢饉にみまわれ、それに続く疫病によってナポリ市人口約三五万の一割近くが死亡し、王国全体では人口約四〇〇万のうちおよそ二〇万の死者がでた。この出来事はナポリ王国の悲惨な現実をうつしだして、とりわけ知識人に衝撃を与えたが、タヌッチもまたその対応に迫られた。

これより前の一七五四年、イタリアで最初の経済学講座がナポリ大学に設置され、初代教授にアントニオ・ジェノヴェージが就任した。経済改革を通じてナポリ王国の社会状態の改善を説くジェノヴェージの講義から啓蒙思想家たちが育ち、南イタリアの各地で活動した。これらジェノヴェージ学派の思想家たちは飢饉に直面して、社会から飢えと貧しさを取り除くことを課題に、領主支配、土地所有形態、共同体(ウニヴェルシタ)行政などの改革の方策をめぐってさまざまに議論を展開した。

タヌッチは国権主義を信念としており、啓蒙思想の摂取にまではいたらなかったが、飢饉の惨状を経験してあらたな改革に着手した。第七章でみたように、ナポリ市の行政を握っているのは集会所属貴族からなる代表者評議会《ジウンタ・デッリ・エレッティ》で、この評議会は大人口をかかえるナポリ市の穀物確保のための流通と価格の管理によって王国の経済全般を左右していた。タヌッチは、王国で最有力の貴族集団である集会所属貴族の権限縮小を機会あるごとに策していたが、飢饉に直面して食糧管理委員会を設置し、この国家機関によって穀物調達を監督する措置をとった。ジェノヴェージの唱える穀物流通の自由化には程遠かったが、この措置は他の施策ともあわせて、集会所属貴族の権限にわずかではあるが制約を課した。

一七七三年、ローマ教皇クレメンス十四世(在位一七六九~七四)はイエズス会の解散を命じたが、ナポリ王国とシチリア王国ではそれより早く六七年に、イエズス会の追放と財産の没収がなされた。ジェノヴェージは、社会改革のためには農民が土地所有者となることが必要だと説いていたが、タヌッチはこの主張を受けて、イエズス会から没収した土地を農民に分配する方針をとった。土地分配はとくにシチリア王国で広く実施され、およそ三万ヘクタールの土地が平均一〇ヘクタール程の土地に分割されて農民に与えられた。またイエズス会の追放後、教育施設は国家が直接管理し、世俗の国立学校がはじめて両王国各地に設立された。

一七八〇年代の改革

フェルディナンド王は一七六八年に、マリア・テレジアの娘マリア・カロリーナを后にむかえたが、かねてタヌッチを通じての、スペイン国王カルロス三世の介入を不快としていた。オーストリアからきたマリア・カロリーナもスペインの干渉を好まず、タヌッチは一七七六年に罷免された。ナポリ王国はスペイ

海に面したナポリの高級住宅地(1790年頃の図)　左上はヴォーメロの丘に建設されたサン・マルティーノ修道院とサンテルモ城。

ン一辺倒から多極外交へと外交政策を転換し、海軍増強をはかって招いたアイルランド人の海軍将校ジョン・アクトンが、こののちマリア・カロリーナに重用されて要職に就いた。

タヌッチ後の体制のもとで、一七八〇年代はあらたな改革期となった。一七八二年、財政最高評議会が設置されるが、この組織はミラーノ公国の経済最高評議会の場合と同様に、経済・財政の諸制度を見直して経済発展の方策を検討しようとするもので、ドメーニコ・グリマルディ、ガエターノ・フィランジェーリ、ジュゼッペ・パルミエーリなどの啓蒙思想家たちも加わった。改革構想は啓蒙思想家たちのあいだでもさまざまで、フィランジェーリやフランチェスコ・マリオ・パガーノは、封建制の社会構造自体への批判を強めていた。この二人はフリーメーソンで、パガーノの場合はさらに、バイエルンに本拠をおく秘密結社「イルミナーティ」の使者が一七八六年にナポリにきたとき、この結社の急進的な教義に共鳴してナポリ支部を設立し、その後啓蒙的改革をこえて世紀末のナポリ革命に加わっていく。

一七八一年、ドメーニコ・カラッチョロがシチリア総督に任用された。カラッチョロはナポリ王国大使としてパリとロンドンに長く駐在し、両都市の啓蒙思想家たちと親交を結ぶ開明貴族だった。彼はシチリアで異端審問所を廃止したあと、貴族権力の制限に取り組み、とくに領主的諸権利からの農民の解放と上納金のかたちをとる税制の改革に意を注いだ。シチリア王国には貴族部会、聖職者部会、国王直属地代表者部会の三部会で構成される議会があり、これはナポリ王国との国制上の大きな違いで、シチリア貴族はこの議会を拠点に王権と対抗してきた。カラッチョロは、土地台帳の作製によって税制と生産諸関係の改革を同時にはたそうとしたが、議会での貴族部会と聖職者部会の強い反対で、土地台帳の作製は挫折した。こうした抵抗にあいながらも、カラッチョロは農民の移動の自由や共同体行政の改革などの成果をあげ、一七八六年にナポリ王国の国務長官に転じてシチリアを離れた。老齢のカラッチョロは一七八九年に没し、アクトンが国務長官を継ぐが、この年に起きたフランス革命はしだいにナポリ王国にも影響をおよぼし、世紀末のナポリ革命に導いていく。

なお、ジェノヴァ共和国とヴェネツィア共和国にかんしていえば、それぞれ国内に諸問題をかかえていたが、系統立った改革の動きは起こらず、両国ともに寡頭《かとう》支配の構造が続いて活力を失っていた。また教皇国家では、歴代教皇の守旧的な態度のなかで、ベネディクトゥス十四世やピウス六世(在位一七七五～九九)の内政改革の試みがあったが、成果に乏しかった。対外的にも、各国家が国家主権を確立するにつれ、教皇が有していた国際的権威はうすらぐばかりだった。

4　ナポレオン支配と諸改革

啓蒙改革からパトリオットの運動へ

一七八九年に始まるフランス革命とナポレオンの登場は、イタリアを大きな変革の波に巻き込んだ。一七九二年四月、フランス革命政府はオーストリアと戦端を開き、同年九月にサルデーニャ王国のサヴォイアとニース(ニッツァ)を占領・併合し、また九四年四月にジェノヴァ共和国の沿岸地域を占領した。この間、ルイ十六世の処刑や革命の急進化に脅威を感じたイタリア諸国はフランスへの敵意を強め、改革の動きもとまった。

他方、フランス革命に触発された活動家グループがイタリア諸都市に出現し、クラブやサークルの結成が盛んとなった。これはいくつかの流れからなり、ひとつには各地のフリーメーソン支部の政治化が進んで革命的クラブに生まれ変わる動きがあった。またひとつには、啓蒙思想をこえて自由と平等の実現を求める若い世代の活発な動きがあった。啓蒙思想家のあいだにも、ミラーノのヴェッリやナポリのパガーノのようにあらたな状況のもとで改革をさらに進めようとする者がいた。

これら活動家は総じてパトリオットと呼ばれるが、十八世紀から十九世紀前半にかけてのこの語の意味は、たんに愛国者をさすのでなく、自分が一体感をもつ社会空間＝国(パトリ)を専制政治から解放して自由の国＝共和政とすることを求める人々、そして自由で平等な市民を主権者とする民主政治を求める人々をさしている。多くの場合、パトリとしては地域的世界や現存国家の範囲が意識されていたが、なかには地域的な枠をこえてイタリア全体をパトリとする意識も芽生えていた。各地でクラブが弾圧されて、逮捕を逃れた者はパリやフランス占領地に亡命したが、イタリアをパトリとする意識はこれら亡命者のあいだで早くに生じた。イタリアの一体性はこれまで文化的意味において理解されていたが、イタリアをパトリとする意識は、イタリアの一体性を政治的にあらわそうとすることであり、ここからイタリアの政治的統一の目標が生まれてくる。つまり、この時期のパトリオットの運動のなかではじめて、イタリアの政治的統一という課題が提起されるのである。

パトリオットはみなが同じ思想だったわけではない。憲法、人民主権、所有権、社会的平等、宗教、教育等々の問題をめぐってさまざまな立場が表明され、実践的目標にも差があった。おおまかに急進派と穏健派に分けられ、急進派はジャコビーノと呼ばれたが、フランスのジャコバンとイタリアのジャコビーノがまったく同じ性質だったということではない。穏健派は所有権の尊重を唱えて、土地所有者層の離反を招かないことを重視した。

パトリオットの思想には啓蒙思想から継承したものもあるが、両者にはつぎの二点で決定的な違いがあった。啓蒙思想家は専制君主のもとでの上からの改革に期待したが、パトリオットは専制を否定して下からの変革をめざした。また、啓蒙思想家はイタリア内の諸国家の枠組みを問題とすることはなく、諸国家ごとに改革をはかったが、パトリオットはこの枠組み自体の変革を唱えて、政治的統一の問題を提起した。ちなみに啓蒙思想家として活躍したヴェッリらは、パトリオットのなかでもっとも穏健な立場に位置した。

ナポレオンのイタリア遠征

一七九六年三月、フランス総裁政府はナポレオン・ボナパルトをイタリア方面軍司令官に任命し、ナポレオンの遠征が始まった。総裁政府にとって、対オーストリア戦の主戦場はドイツ戦線にあり、イタリアへの遠征はオーストリアを背後から牽制するための二次的な作戦だった。かねてピエモンテのパトリオットは革命政権の樹立を計画しており、遠征軍に革命政権の支援にあたるよう求めていた。この計画の中心にいたのはピーサ出身でフランスの市民権をえたフィリッポ・ブォナッローティだった。ブォナッローティは、フランスにおける革命の深化とイタリアの解放は密接に結びついているとして、パリでバブーフら平等主義者の陰謀に加わる一方、総裁政府や友人の遠征軍付き政府委員サリセッティに働きかけて、自らもイタリア行きを準備していた。

だが、ピエモンテに進入したナポレオン遠征軍は、四月末にサルデーニャ国王ヴィットーリオ・アメデーオ三世とケラスコで休戦協定を結んで、サルデーニャ王国の存続をそのまま認めたため、ピエモンテのパトリオットは失望を味わった。遠征軍

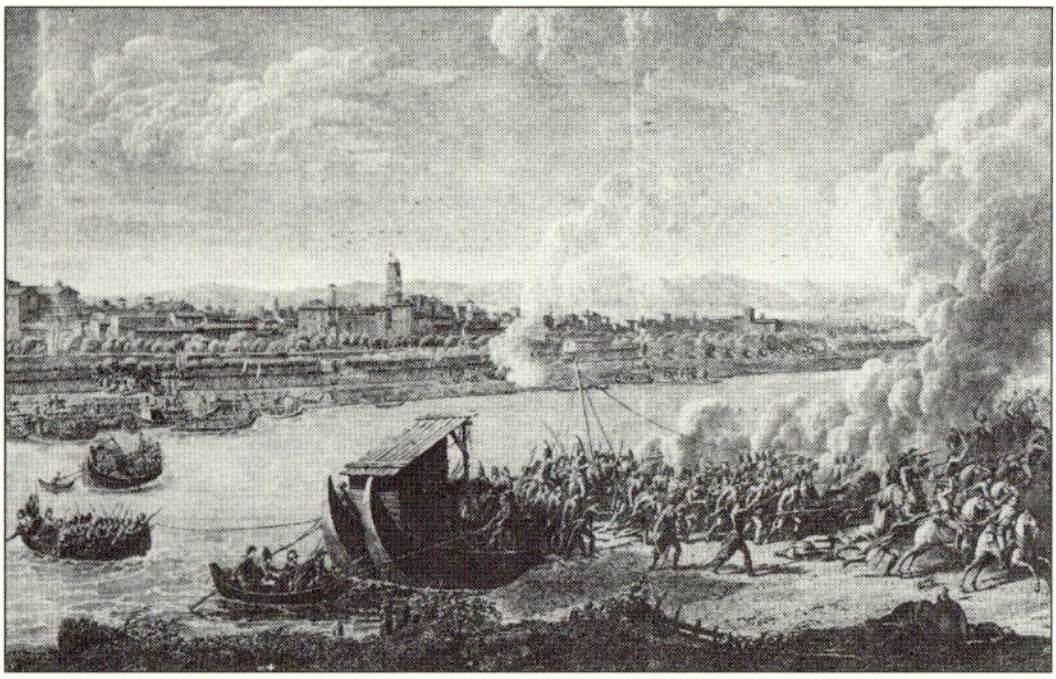

1796年５月７日ピアチェンツァ近くでポー川を渡るナポレオン遠征軍　このあとローディの戦いでオーストリア軍を破り，５月15日ミラーノに入城した。

は進撃を続けてロンバルディーアに攻め入り、パリでバブーフの陰謀が発覚してブォナッローティらが逮捕された同じ五月十日、ローディの戦いでオーストリア軍を破り、十五日にはミラーノに入城した。ナポレオンはさらに軍を進めたが、オーストリア軍はマントヴァの堅固な要塞で防衛態勢をとった。

旧ミラーノ国家をほぼ征服したナポレオンは、ミラーノに軍事行政府を設置し、そのもとでオーストリア支配期の行政諸機関と地方行政体をひきつづき機能させたので、ロンバルディーアのパトリオットはミラーノ市庁を刷新して活動の拠点とした。軍事行政府は一七九六年八月に廃止されて、かわりにロンバルディーア行政府が設置され、ミラーノ市庁の活動的なパトリオットもそこに加わった。この行政府は、はじめはフランスから割りあてられた賦課金など財政問題を業務としたが、すぐに事実上の臨時政府の性格をおびた。賦課金と遠征軍による物資徴発は住民に過酷な負担を強いて、フランス支配の続くあいだ、イタリア各地で民衆反乱がたえなかった。ただし、これらの反乱はたんなる反フランスの要因だけでなく、社会問題や地域紛争が絡んだ複合的要因によるものが多かった。

一七九六年九月、ロンバルディーア行政府はナポレオンの同意のもとに、「イタリアの福利にもっとも適した自由な政体はなにか」と題する賞金付き論文コンクールを実施した。ヴェッリが委員長の審査委員会は、翌年六月、フランスの一七九五年憲法をモデルとした単一不可分の共和政を唱えるメルキオッレ・ジョイアの論文を第一席に選んだ。ジョイアは、当時のもうひとつの有力な構想の連邦制による統一に批判的だったが、イタリアの統一は過激な方法でなく漸進的に進めるべきことを説いて穏健主義に立っていた。この時期、ミラーノにはイタリア各地からの亡命者が集まって、パトリオットの活動の中心地となっていた。ナポレオンは反動勢力との闘争にあたって、穏健派パトリオットと手を結ぶ方針をとったが、急進派にたいしては警戒心をみせ、コンクールの結果もそうした事情を反映していた。

北イタリアの諸共和国

ナポレオンは一七九六年六月、レガツィオーネ（教皇国家北部地域）を侵略してボローニャとフェッラーラを占領した。八月にモーデナ公国から分離したレッジョを保護下におき、十月にモーデナを占領した。このころ、ドイツ戦線のフランス軍は苦境にあり、ナポレオンも軍事的な立直しを必要として、十月にイタリア兵からなるロンバルディーア軍団を創設した。またボローニャ、フェッラーラ、レッジョ、モーデナの四都市の代表者会議を招集して、軍事同盟の「チスパダーナ連合」を結成させ、イタリア軍団を創設した。両軍団とも緑・白・赤の三色旗を軍旗とし、この三色旗はのちにイタリアの国旗となる。四都市代表者会議は十二月に、チスパダーナ連合を発展的に解消して「チスパダーナ共和国」の建国を宣言し、フランスの一七九五年憲法をモデルとする憲法を制定した。

一七九七年二月、ナポレオンはマントヴァの要塞を攻略すると、中立を表明していたヴェネツィア共和国領をとおって一気にオーストリア内に侵入し、ウィーンの南西一六〇キロ程のレオーベンに達した。四月十八日、レオーベンで予備講和条約を結び、オーストリアにミラーノ国家とベルギーを放棄させるかわりに、ヴェネツィア共和国領のヴェーネト、イストリア、ダルマツィアの支配権を認めることで戦争を終結させた。だがこのときヴェローナで反フランスの民衆反乱が起き、この弾圧をきっかけにフランス軍はヴェネツィア共和国全域を占領して、同国の寡頭《かとう》支配体制を崩壊させ、ヴェネツィア市をはじめ同共和国の諸都市では、パトリオットの加わった臨時市政府がつくられた。

当初、総裁政府はイタリアを二次的とみなし、ロンバルディーアを征服して、この地域をオーストリアとの取引材料にする考えだったが、ナポレオンの大勝利によって取引の対象はヴェーネト地域に移り、イタリアにたいする意味づけが変化した。総裁政府からの自立を強めたナポレオンは、自らの手でイタリア政策を進め、政治的立場を強化した。一七九七年六月、ジェノヴァのパトリオットの反乱に介入して、穏健派の臨時政府を樹立し、ジェノヴァ共和国の寡頭支配を崩壊に導いた。ジェノヴァ共和国はリグーリア共和国となって、同年十二月の人民投票で憲法が制定された。

ナポレオンは同じ六月、ロンバルディーア地域にチザルピーナ共和国を樹立する宣言を発して、一七九五年憲法とほぼ同一の憲法を定め、七月にチスパダーナ共和国をチザルピーナ共和国に併合した。ナポレオンはこの共和国を自らの管理下におき、政府と二院制立法府のメンバーを主として穏健派から選んで任命した。ミラーノで力をもつ急進派パトリオットには、反オーストリア活動に力を注がせて政治の中枢から遠ざけた。二二カ月間存続したチザルピーナ共和国は、封建的特権の廃止や教会の権限を制約する法を制定したほか、聖職者からの没収地など国有財産を売却して土地所有者層の富を増大させた。

一七九七年十月、ナポレオンはオーストリアとカンポフォルミオ条約を結んで、オーストリアにチザルピーナ共和国を承認させるのとひきかえにヴェネツィア共和国の大半を譲渡した。この条約は、チザルピーナ共和国とヴェネツィア共和国の合併を求めていたパトリオットの深い失望と怒りを誘ったが、ヴェネ

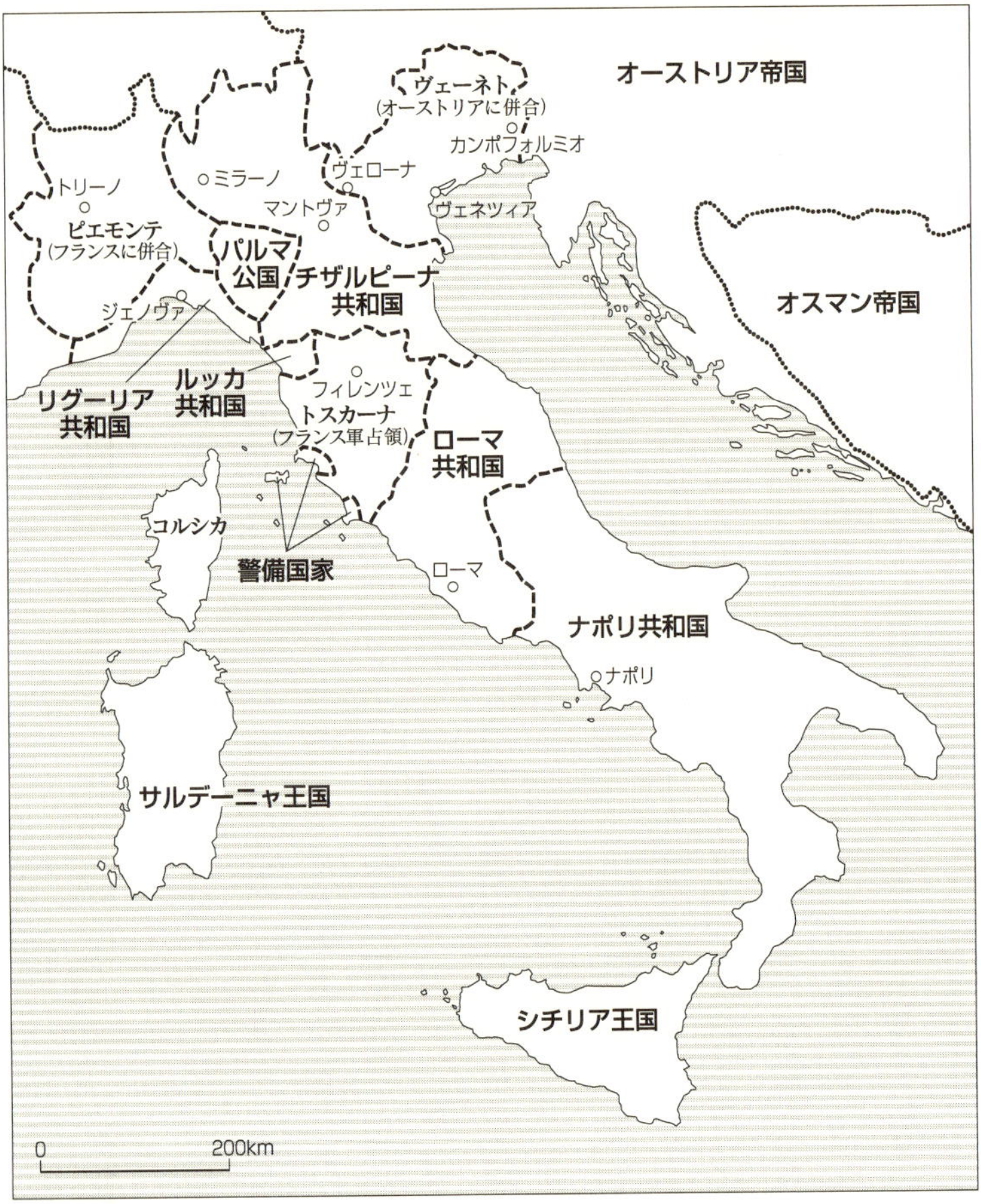

オーストリア帝国
ヴェーネト
(オーストリアに併合)
カンポフォルミオ
ヴェローナ
ミラーノ
トリーノ
マントヴァ
ヴェネツィア
ピエモンテ
(フランスに併合)
パルマ
公国
チザルピーナ
共和国
オスマン帝国
ジェノヴァ
ルッカ
共和国
リグーリア
共和国
フィレンツェ
トスカーナ
(フランス軍占領)
ローマ
共和国
コルシカ
警備国家
ローマ
ナポリ共和国
ナポリ
サルデーニャ王国
シチリア王国
0
200km

1799年前半のイタリア

ツィア共和国の滅亡を演出したナポレオンは、イギリス侵攻計画のために同年十一月イタリアを離れてフランスに戻った。

ナポリ革命

ナポレオン出発後のイタリア政策として、フランス政府はトスカーナ大公国、教皇国家、ナポリ王国などがチザルピーナ共和国にたいする脅威とならないよう、これら諸国をフランスの支配下におこうとした。一七九八年二月、ローマ市の騒乱を口実にフランス軍はローマに兵を進め、市内ではパトリオットがフォロ・ロマーノに集まって共和政の宣言をした。このあとフランス軍はヴァティカンを占領して、教皇ピウス六世はトスカーナに亡命し、教皇の世俗支配がくずれた。ローマ共和国でもまたフランスの一七九五年憲法とほぼ同じ憲法が制定され、立法府も設置されるが、実情はフランス軍の軍事支配に近かった。

ナポリ王国は、一七九八年五月にオーストリアと同盟を結び、反フランスの態度を強めていたおり、アブキール湾の戦いでフランス艦隊に壊滅的打撃を与えたイギリスのホレイショ・ネルソン提督が、九月にナポリに到着した。王妃マリア・カロリーナ、アクトン、ネルソン三者の強い勧めで、フェルディナンド王は十一月、軍隊を率いてローマ市に攻め込んだ。だがすぐにフランス軍の反撃にあい、敗走してナポリに帰り着いたあと、王家はネルソンの旗艦でシチリア王国のパレルモに逃れた。フランス軍がナポリに近づくと、同地のパトリオットはサンテルモ城を占拠して、一七九九年一月、共和国の成立を宣言した。一方、ラッザローネと呼ばれるナポリの貧民大衆は、親フランス的とみられる貴族や市民を襲撃して家財を略奪し、フランス軍にたいしても激しく抵抗した。フランス軍とパトリオットはラッザローネとの市街戦ののちナポリ市の制圧に成功し、臨時政府を樹立した。

亡命から戻ったジャコビーノと呼ばれるパトリオットが多数を占める臨時政府は、フランス軍の管理下にあったが、フランス軍司令官シャンピオンヌや、かつてバブーフの陰謀に関与し、臨時政府の国務長官となったマルク・アントワーヌ・ジュリアンらはフランス革命の精神を保持して、ナポリ共和国の建設を支援した。しかしフランス総裁政府は、遠征軍による共和化政策を承認せず、南イタリアでは資金と物資の徴発に集中することを指令して、シャンピオンヌを本国に召還した。一七九九年三月、フランス軍はトスカーナ大公国を占領したが、共和化政策はとらず、軍事支配下においた。

フランス軍司令官の交代はあったものの、ナポリのパトリオットは立法委員会で諸法制定の審議を進めた。封建制の廃止をめぐって、領主の人的諸権利を無償で廃止することで一致したが、土地にかかわる物的諸権利については意見が分れ議論が長引いた。憲法にかんしては、亡命から戻ったパガーノらが中心になって草案を作成した。共和政には有力貴族や農村ブルジョワジーの支持もあり、革命の波は地方にも広まったが、反革命派の組織化も進行した。

この間、第二回対仏大同盟が結成され、オーストリア・ロシア連合軍は、一七九九年四月、ロンバルディーアを攻めてチザルピーナ共和国を崩壊させ、続いてピエモンテ、トスカーナを制圧した。これにあわせて経済問題、地域紛争、宗教感情、反フランスなどの動機のいりまじった民衆反乱が各地で勃発し、トスカーナではアレッツォに出現した「マリーア万歳」を唱える集団がフィレンツェなど諸都市を一時占拠する事件が起きた。

五月にフランス軍の主力が北イタリアに向けて出発し、軍備の手薄となったナポリ共和国では、反革命派の枢機卿ファブリーツィオ・ルッフォの率いる「聖なる信仰」団が農民や王党派軍人を糾合して、カラーブリアからナポリに向かって進撃し、六月、ナポリ市内に突入した。パトリオットは、市の三つの城にたてこもって抵抗したが、ルッフォとの交渉で、共和派の身の安全と亡命を保障した降伏文書に調印した。しかし、そのあとに到着したネルソンがこの文書を無効として、亡命直前の共和派の主要メンバーほぼ全員を捕えて処刑する悲惨な結末となった。この時期にナポリ王族に力添えしたネルソンは報奨として、フェルディナンド王からシチリア島エトナ山麓のブロンテ領を与えられ、ブロンテ公の称号をえた。国王はまた、貴族たちがナポリ革命に際して貴族共和政を画策したとして、有力貴族の伝統的な組織である「集会《ピアッツァ》」(「座《セッジョ》」)を閉鎖した。

一七九六年から九九年の期間は、通常ジャコビーノ革命の三年間と呼ばれ、革命の性格にかんしては、ナポリ共和国に参加したヴィンチェンツォ・クオーコが、革命直後に発表した書『ナポリ革命史論』で論じた「受動革命」という評価が受け入れられてきた。クオーコは革命の理念がフランスからの輸入であることと、パトリオットの思想が民衆の現実からかけ離れていることをあげて受動革命と評したのだが、近年の研究は、イタリア各地のパトリオットが民衆のためのパンフレットや思想問答書《カテキズモ》を作成して、現実を踏まえた宣伝と教育に力をいれていたことを明らかにし、この三年間を「ジャコビーノ革命」と呼ぶよりも「共和革命」と名づけるのがふさわしいとしている。

ナポレオンによる諸国家再編

一七九九年十一月、ナポレオンはブリュメール十八日のクーデタで統領制を発足させ、第一統領となった。一八〇〇年五月、オーストリアとの戦争を再開し、サン・ベルナール峠をこえてイタリアにはいり、六月十四日、マレンゴの戦いでオーストリア軍に勝利した。フランスはチザルピーナ共和国とリグーリア共和国を再建し、ピエモンテを軍事占領して北イタリアの支配権を回復した。翌〇一年二月、カンポフォルミオ条約とほぼ同内容のリュネヴィル条約をオーストリアと結んだあと、三月にスペインとアランフェス協定を結び、ハプスブルク家のトスカーナ大公を追放して、トスカーナにはエトルリア王国を建て、パルマ公フェルディナンドの子ルドヴィーコ、ついでその幼児のカルロ・ルドヴィーコを国王とした。フランスはそれとひきかえに、パルマ公国の支配権をえた。また同じ三月、ナポリ王国とフィレンツェ協定を結び、ナポリ王国領の警備国家《スタート・ディ・プレジーディ》をエトルリア王国に帰属させた。

一八〇二年一月、チザルピーナ共和国はイタリア共和国に改組され、同年九月にピエモンテがフランスに併合された。一八〇五年三月にイタリア共和国はイタリア王国となり、同年六月にはリグーリア共和国がフランスに併合された。また同年十二月のプレスブルクの和平で、オーストリア支配下のヴェーネト地域東部がイタリア王国に編入されるとともに、この和平でオーストリアは、神聖ローマ皇帝が伝統的に有していたイタリアの宗主権を公式に放棄した。一八〇七年から〇九年にかけて、フランスはエトルリア王国、パルマ公国、教皇国家を順次併合し、ローマ教皇ははじめサヴォーナに、ついでフランスに移された。

一方、南イタリアでは一八〇六年、ブルボン王家がナポリ王国を去ってシチリア王国のパレルモに逃れ、ナポレオン一族を君主とするあらたなナポリ王国ができた。

こうしてイタリアはフランス帝国領、イタリア王国、ナポリ王国に三分割されたが、このほかルッカ共和国がナポレオンの妹エリザに与えられてルッカ侯国となり、フランスの支配をまぬがれたのはサルデーニャ島とシチリア島だけとなった。両島はイギリスが保護し、サルデーニャ国王カルロ・エマヌエーレ四世と両シチリア王フェルディナンドがそれぞれの島に宮廷を移してかろうじて支配を続けた。

イタリア共和国・イタリア王国

イタリア共和国大統領にはナポレオンが就任し、副大統領にはミラーノ貴族のフランチェスコ・メルツィ・デリルが任命された。啓蒙改革期に思想形成し、ヴェッリの義兄弟でもあるメルツィは、土地所有者層を基盤とする穏健派の代表的人物で、フランスに協力しながら官僚機構を整えた立憲制の独立国家を北イタリアに建設することを目標とした。だが、同共和国が皇帝ナポレオンを国王とするイタリア王国に改組された際に要職からはずされ、王国の副王には皇后ジョゼフィーヌの子ウジェーヌ・ドゥ・ボーアルネがなった。

フランス帝国に併合された地域にはフランスの諸法・諸制度がそのまま適用されたが、イタリア王国の場合もフランスをモデルとした諸制度が導入された。すでにイタリア共和国の時期に内務、財務、軍事など七省の行政機関による国家建設がかなり進められていたが、イタリア王国はこれを継承して行政主導に

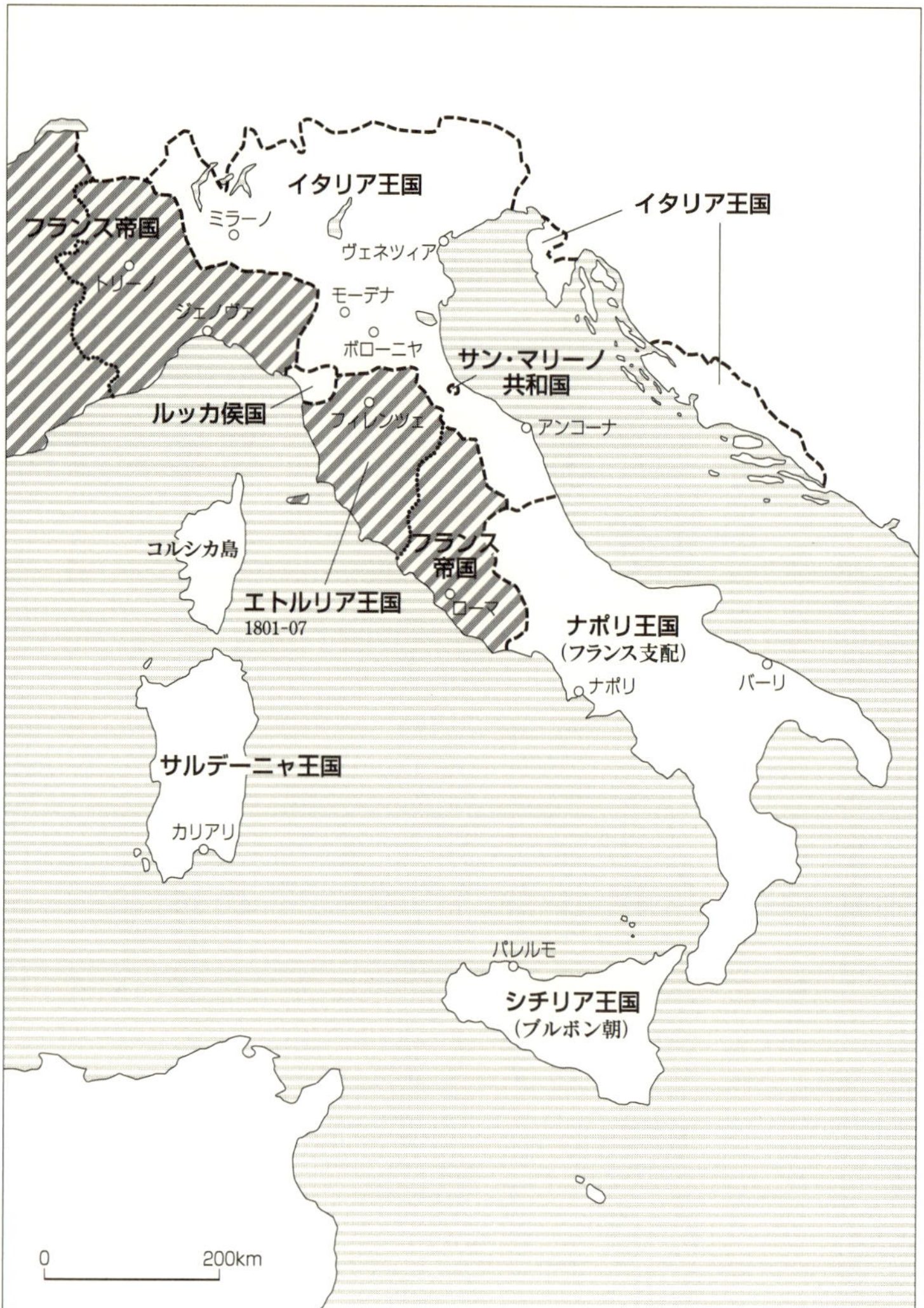
イタリア王国
ミラーノ
フランス帝国
トリーノ
ジェノヴァ
ヴェネツィア
モーデナ
ボローニャ
イタリア王国
サン・マリーノ
共和国
ルッカ侯国
フィレンツェ
アンコーナ
コルシカ島
フランス
帝国
エトルリア王国
1801-07
ローマ
ナポリ王国
(フランス支配)
ナポリ
バーリ
サルデーニャ王国
カリアリ
パレルモ
シチリア王国
(ブルボン朝)
0
200km

1809年のイタリア

よる中央集権体制の形成をいちだんと進めた。地方行政制度にかんして、一八〇二年七月の法令でフランスと同様に県・郡・コムーネ(市町村)に行政区分する措置がとられたが、〇五年六月の勅令では、それぞれの首長を任命制にして上位機関による下位機関の管理を強め、とりわけ政府直属の県知事が大きな権限をもつようになった。民法、刑法、商法もフランスとほぼ同じものが適用され、法の前での平等と私的所有権の確認、警察制度と裁判制度の整備、通貨と度量衡の統一や国内関税の廃止などがなされた。一八〇三年九月、イタリア共和国はカトリックを国教とし、かつ信教の自由を認め、司教の任命権は国家がもつとする政教協約をローマ教皇と結んだ。

ナポレオン体制のもとで、行政機構とならんでとくに強化されたのが軍隊だった。一八〇二年八月に徴兵制が定められ、〇四年に二万人だった兵士は一二年には七万人に増大した。イタリア人兵士は国外の戦争にかりだされ、スペインに三万人、ロシア遠征に二万七〇〇〇人が派遣された。このうちスペインから帰国した兵士は九〇〇〇人、ロシアからはわずか一〇〇〇人だった。スペインでは、相手のゲリラ戦による抵抗になやまされたが、帰国した将兵から伝えられたゲリラ戦法を、のちにマッツィーニなどがイタリアの解放戦に適した形態として取り入れた。徴兵に反発してこれを忌避する若者も多く、山岳に逃れて野盗集団に加わる者もでたが、徴兵忌避の取締りは中央から地方の末端まで組織的におこなわれ、中央諸機関がコムーネ行政に浸透する機会ともなった。

イタリア王国の毎年の国家予算の半分が、二万五〇〇〇人の駐留フランス軍の維持費を含めた軍事費に支出され、ほかには道路・運河など公共事業と国債利払いが主要な支出だった。財政を担当したのは、元サルデーニャ王国官僚のジュゼッペ・プリーナで、一八〇二年から一四年まで連続して財務相を務めた。最大の収入源は土地税であったが、プリーナはもっとも重要な社会的基盤である土地所有者層を優遇して土地税を低くおさえる政策を貫いた。税収増には塩税、タバコ税、印紙税や生活必需品への消費税など間接税の増税や新設に頼り、民衆に負担を強いた。聖職者財産の没収と国有財産の売却も続けられ、貴族とブルジョワの土地所有が増大した。

国内関税の廃止や度量衡の統一、それに道路整備は商業活動を盛んにしたが、ナポレオンの大陸封鎖政策による国内経済への影響は一様ではなく、部門ごとに違っていた。イギリス製品との競争から保護された毛織物工業・綿織物工業は、軍隊からの需要もあって活発だったが、絹織物工業はフランス製品の流入で打撃を受けた。生糸と農産物を主とする輸出品のおかげで貿易収支は赤字をまぬがれたけれども、ヴェネツィア、リヴォルノ、アンコーナなどの港湾都市は貿易量が激減して沈滞した。

フランス支配下のナポリ王国

一八〇六年、フランス軍がナポリを征服して、ナポレオンの兄ジョゼフ・ボナパルトがナポリ国王となった。ジョゼフは、コルシカ時代から親交のあるサリセッティなど行政経験豊かなフランス人を大臣にすえて、ただちに改革に取り組んだ。まず同年八月、封建制廃止令をだして、領主権のうち人的諸権利は無償で完全に廃止されるが、物的諸権利は買い戻さねばならぬとした。この法令に続いて九月に共有地分配令がだされ、旧封建領主の所領のうち、農民が共同用益権を有していた部分はコムーネ(市町村)に割譲して共有地とし、コムーネはこの共有地を農民に分配することとし、それ以外の土地にかんしては旧領主に私的所有権を認めて農地個人主義の原則を立てた。

しかし、この共有地分配令は諸種の問題を引き起こした。旧領主とコムーネのあいだの係争は別として、貧しい農民はわずかな土地をえても経営を維持することができずに土地を手放さざるをえなくなり、土地分配よりも共同用益権の復活を求めるようになる。一方、しだいに力を増してガラントゥオーミニ(ジェントルメン)と呼ばれるようになった農村ブルジョワジーは、共同体行政にたずさわる立場を利用して共有地分配の執行から利益をえたほか、農民の手放した土地を買い取って旧領主層とならぶ大土地所有者となった。

封建制の廃止にともない、司法・行政・財政の諸改革がなされたが、ブルボン朝期の複雑な裁判制度の改革は、特権を失うことを恐れる法曹勢力の強い抵抗で困難をきわめた。行政制度にかんしては、フランスをモデルとする中央集権制がとられ、地方における王領地と封土の区別は消滅して県・郡・コムーネに一様に行政区分された。ただし、コムーネをさす法的用語にはウニヴェルシタが使われ、また県首長の名称は知事《プレフェット》でなく長官《インテンデンテ》とされた。首都ナポリにも地方行政法が適用されて、ナポリ市が伝統的にもっていた政治・経済・行政上の諸特権は廃止された。財政改革については、一〇〇をこえる種類の徴税を簡素化して、直接税を資産税に統一したが、土地への課税は土地所有者層の優遇や土地台帳の未整備などであまり効果をあげられず、他の種類の課税が強化されていった。

ジョゼフがスペイン国王に転じたあと、一八〇八年七月、ナポレオンの妹カロリーヌの夫のミュラ将軍がナポリ国王となった。ミュラはひきつづき改革を進めるとともにナポリ王国の自立を望み、民法典の早期導入や大陸封鎖令の厳格な実施を迫って介入するナポレオンとしばしば衝突した。ミュラは王国の自立をはかるため、要職に南イタリア出身者を登用し、一七九六年にフランス遠征軍の政府委員を務めて以来、イタリアのパトリオットと広い交友関係をもつサリセッティは、人選にあたってナポリ革命に参加した共和派やフリーメーソンのメンバーを少なからず復帰させた。

秘密結社のカルボネリーアがこのころ南イタリアに誕生するが、その誕生には反ナポレオン派のフランスの軍人や官僚がかかわったとみられる。カルボネリーアははじめ原始平等主義の傾向だったが、しだいに地方の官僚や軍隊の下士官のあいだに浸透して、一八一三年ころから憲法と独立を求める自由主義的性格をとり始め、ミュラはこれを弾圧するようになった。カルボネリーアが憲法制定の要求を掲げた背景には、一八一二年にスペインとシチリアで憲法が制定されたことがあったが、どちらかといえばシチリア憲法よりも自由主義的とみなされたスペイン憲法(カディス憲法)を範にしていた。

ナポリ王ミュラ将軍の肖像画
(1813年製作)　ナポレオン体制のもとでナポリ王国の自立をはかり，死後も南イタリアにミュラ派の勢力を残した。

イギリス保護下のシチリア王国

一八〇六年、ブルボン王家はナポリを逃れて、イギリスの軍事的な保護下にあるシチリア王国のパレルモに移った。イギリス軍の食糧調達による穀物価格の上昇やイギリスへのワインの輸出、それに大陸封鎖で排除されているイギリス製品を島から密輸出するなどで、シチリアは経済的な利益をあげていた。だが、フェルディナンド王がシチリア議会に上納金を課し、これに貴族が反発するという古くからの対立の構図があらわれて島内の争いを招いた。

シチリアの事態は、一八一一年にイギリスの全権大使および地中海方面軍司令官としてウィリアム・ベンティンクがパレルモに着任してから新方向に急展開をとげた。ベンティンクは、シチリアにイギリスと同様の国制を導入することで国王と貴族の争いを調停し、あわせて立憲主義をナポレオン体制にかわる選択肢として提示して、イタリアにおける反フランス派自由主義勢力の思想的基盤にしようとした。一八一二年七月、シチリア議会(三部会)はベンティンクの働きかけを受けて、封建制の廃止、二院制議会の設置など一五の条項を定めて、これをもとに憲法を制定した。憲法の性格は自由主義的というより貴族主義的だったが、シチリアにとって重要だったのは、シチリア国王とナポリ国王を同時にかねることができないことを明確にした点だった。この条文によって、シチリア王国はナポリ王国との同君連合の関係を解消し、この先ナポリ王国に従属する可能性を取り除こうとした。

ナポレオンのロシア遠征が失敗すると、ミュラはナポレオンから離れてオーストリアと交渉を始め、外交折衝を重ねたあと一八一四年一月に、オーストリアと同盟を結んだ。この間、オーストリアはイタリア王国を攻め、副王ウジェーヌの指揮するフランス・イタリア王国連合軍と戦ってヴェーネト地域を奪った。一八一四年三月、ミュラは中部イタリアに兵を進めてウジェーヌ軍と敵対した。同時期、ベンティンクはイギリス・シチリア連合軍を率いてリヴォルノに上陸し、リグーリア地域を占領した。四月、ナポレオンが退位し、五月のパリ協定で、トスカーナはハプスブルク家のフェルディナンド三世に返還され、そのほかフランスに併合されていた諸地域は原則として以前の君主の手に戻された。ただし、ジェノヴァ共和国の復活は認められず、ピエモンテを回復したサルデーニャ王国に帰属した。ミラーノでは、四月に市民の暴動で財務相プリーナが殺害され、ウジェーヌはロンバルディーアをオーストリアに明け渡して、イタリア王国は崩壊した。

ナポレオン後のヨーロッパの秩序回復のため、一八一四年九月からウィーンで国際会議が開かれ、会議ではナポリ王国をめぐってブルボン朝の復帰を求める声が強まった。このためミュラは、一八一五年三月、ナポレオンがエルバ島を脱出してフランスに上陸した機会に、オーストリアとの同盟を破棄して宣戦布告し、中部イタリアに進撃した。そしてリーミニで、イタリアの独立と統一のためにすべてのイタリア人が結集することを呼びかけたが、反響は少なく、結局五月にオーストリアと休戦協定を結んでコルシカに亡命し、ナポリ王国はブルボン家フェルディナンド王の手に戻った。ミュラは十月に再度兵を興してカラーブリアに上陸したが、ブルボン軍に捕えられて処刑された。

第九章　リソルジメントと国家統一

1　ウィーン体制下のイタリア

イタリアの諸国家

ナポレオン後のヨーロッパの秩序回復のためのウィーン国際会議は、一八一五年六月、フランス革命以前の君主支配の正統性とヨーロッパ諸国の勢力均衡を二大原則とする議定書に調印し閉会した。サン・マリーノ共和国を除いて、ナポレオン体制のもとで三分割されていたイタリアは、ウィーン会議をへて九カ国に再編成された。

サルデーニャ島に逃れていたサヴォイア家のヴィットーリオ・エマヌエーレ一世はピエモンテを回復したほか、旧ジェノヴァ共和国領を獲得して、サルデーニャ王国の領土を広げた。オーストリア領となったロンバルディーアとヴェーネトには、あらたにロンバルド・ヴェーネト王国が形成された。ジェノヴァ共和国とヴェネツィア共和国には正統性が適用されず、両国の「復古」はなかった。ブルボン家領だったパ

ウィーン体制下のイタリア

ルマ公国は、オーストリア皇帝フランツ一世の娘でナポレオンの後妻のマリ・ルイーズに与えられ、かわりに以前のルッカ共和国がブルボン系の旧パルマ公家に委ねられてルッカ公国となった。ただし一八四七年にマリ・ルイーズが没すると、ルッカ公だったブルボン家のカルロ・ルドヴィーコがパルマ公となり、ルッカ公国はトスカーナ大公国に併合された。

マッサ・カッラーラ公国はエステ家のマリーア・ベアトリーチェに、モーデナ公国は彼女の息子のフランチェスコ四世(オーストリア・エステ家)に与えられ、マリーア・ベアトリーチェが没した一八二九年にマッサ・カッラーラ公国はモーデナ公国に併合された。旧警備国家を併合したトスカーナ大公国には、皇帝フランツの弟フェルディナンド三世が大公に復帰した。教皇国家は、イタリア王国に編成されていたボローニャやフェッラーラを取り戻して、フランスから帰国したピウス七世(在位一八〇〇～二三)によって再建されたが、オーストリア軍が教皇国家領内のフェッラーラとコマッキオに駐留して、いつでも介入できる態勢だった。

ナポリ王国にかんしては、オーストリア軍がミュラを退位に追い込んで、ブルボン家のフェルディナンド王が復帰したが、オーストリア軍が一八一七年まで駐屯して守った。重要なのは、ウィーン会議後の一八一六年十二月、フェルディナンドが勅令によってナポリ王国とシチリア王国を合体して、「両シチリア王国」を樹立したことである。「両シチリア王国」という国名は、一二八二年のシチリアの晩禱《ばんとう》事件以来、メッシーナ海峡の「向こう側のシチリア王国」と「こちら側のシチリア王国(ナポリ王国)」に分裂していた二つのシチリア王国をあわせたことを意味している。フェルディナンドはこれまでの「両シチリア王」

からあらたに「両シチリア国王」となり、フェルディナンド一世を名乗った。

以上のような諸国家の編成において、あらたにサルデーニャ王国に併合されたジェノヴァと両シチリア王国に編成されたシチリア、それに教皇国家に再吸収されたボローニャは、それぞれの国家内で従属した位置におかれ、こののち地域的不満が種々のかたちで表明されるようになる。ヴェネツィアは、イタリア王国のもとでミラーノに従属した位置にあったが、ロンバルド・ヴェーネト王国では行政的にミラーノと対等の立場となり、両者のあいだで優位を争う都市間の対立は起こらなかった。

復古とリソルジメント

ウィーン会議によるヨーロッパの新体制は、正統主義に基づくフランス革命以前への復古を基本とし、イタリアでもウィーン会議から一八四八年革命までは復古《レスタウラツィオーネ》期として時期区分される。復古したイタリア諸国家がまず当面したのは、フランス支配期に導入された諸法・諸制度および官職・軍職の人材について、これを受け継いで統治するか、あるいはこれらの遺産を一掃して旧体制に戻るか、その選択の問題だった。

結論的にいえば、ナポレオン時代の遺産を完全に一掃した国はなかったが、その継承の仕方と度合は国ごとに違っており、パルマ公国が諸制度の大部分をそのまま引き継いだのにたいして、サルデーニャ王国とモーデナ公国はフランス支配期の制度も人事も一新して旧体制に戻そうとする方針が顕著だった。両シチリア王国と教皇国家はこの中間的立場で、ナポレオンの遺産を継承しながら、それを旧体制と組み合わせる穏健路線を模索した。ロンバルド・ヴェーネト王国はフランス支配期の諸制度を継承しつつ、部分的にマリア・テレジア時代の制度を復活させ、トスカーナ大公国の場合はより一層、十八世紀のレオポルド改革の成果の復活に熱心だった。

どの国でも基本的にナポレオン時代の集権的な官僚制は維持され、名称はさまざまだが県知事に相当する中央直属の役人による地方管理のシステムはとくに活用された。諸君主は、フランス支配期に登用された人物を官職・軍職から追放する傾向にあったが、これは官僚と軍人の質を低下させることになり、また追放した者たちを自由主義的反対派に追いやることになった。復古期の君主は、貴族と教会に基盤を求めたが、以前の諸特権を奪われたままの貴族層にも不満は蓄積した。君主は、自由主義的な官僚・軍人と保守的な貴族の両派から「専制的」とみなされ、革命や反乱にたびたびみまわれることになる。イタリア全体に影響力をもったオーストリアは、革命にたいしては軍事介入をいとわなかったが、平時においては諸君主に極度の反動を避けることを求めていた。

復古期のこうした状況との関わりで、イタリアの近代化をはかるための変革の動きがさまざまに進行した。この変革の動きはリソルジメントと名づけられ、イタリア史ではこのあと一八六〇年の統一国家の形成までの期間をリソルジメントの時代と呼んでいる。リソルジメントは「再興」という意味で、この語はイタリアの過去の繁栄をよみがえらせることへの期待をあらわしており、その過去の繁栄として意識されたのは、古代ローマの時代であるよりも、中世の都市国家の時代であった。

リソルジメントについて、これを国家統一運動と理解する仕方がしばしばみられるが、それは正しくない。リソルジメントはなにか特定の目標に向けての運動をさすのでなく、イタリアをより良い状態にしようとする政治、社会、経済、文化の動き全体をあらわしている。国家統一は、リソルジメントのなかのひとつの課題にすぎず、しかもこれを強く掲げたマッツィーニのような場合を別とすると、中心的な課題ではなかった。またリソルジメントの意識は、ウィーン会議後にはじめて生じるのではなく、十八世紀の啓蒙改革およびフランス支配期の諸改革を経験する過程でしだいに形成され、ウィーン体制のもとでそれがイタリア各地および諸分野においてさまざまな形態をとって表現されるのである。議会を欠いた復古期の政治体制のもとで、開明的貴族やブルジョワジーは出版活動やクラブ、サークル、アソシエーションの活動を盛んにし、そうしたなかでリソルジメントは進行して、しだいに公論の形成を導くことになる。

両シチリア王国とナポリ革命・シチリア革命

先に述べたように、一八一六年十二月にナポリ王国とシチリア王国が合体して両シチリア王国が成立したが、実情はナポリ王国によるシチリア王国の吸収で、シチリアのナポリへの従属度が深まった。シチリアの一八一二年憲法と議会は廃止され、フランス支配期に制定されたナポリの諸法・諸制度が部分的な修正をほどこされてシチリアにも導入された。ナポリ王国で一八〇六年に始まった共同用益権の廃止とそれにともなう共有地分配の措置もシチリアに適用されるが、旧領主貴族、コムーネ(市町村)の行政権を握る農村ブルジョワ、それに大多数は土地をもたない農民の三者の争いが南イタリア以上に深刻となり、共同用益権の復活を要求する農民の運動が十九世紀を通じて激しく繰り返されることになる。

両シチリア王国では、ミュラ体制を一掃してフランス色をなくそうとする反動派の警察大臣アントーニオ・カノーサにたいして、青年期に啓蒙改革を経験し、フランス支配期に導入された諸制度を維持しようとする穏健派の財務大臣ルイージ・デ・メディチが政治的に優位に立ち、ミュラに仕えた官僚・軍人とブルボン家に従った役人の両者の協調に基づく混合策《アマールガマ》がとられた。メディチは、教会の支持をえるため、一八一八年にローマ教皇庁と政教協約を結ぶが、この内容は従来の教会政策から後退していた。協約は、これまでになされた聖職者財産の没収を有効とするかわりに、教会裁判権の復活、司教の出版物検閲権の復活、修道院の再建を認めるなど教会に大幅に譲歩しており、ナポリの国権主義が十八世紀に苦労してえた成果の多くを手放した。財政的には、対ミュラ戦でのオーストリア軍の戦費の補償やその後の駐留費の負担などの出費のかさみを、公共事業費の抑制でしのいだため、のちのちインフラ整備に遅れをとった。

他方、自由主義的要求を掲げ立憲政治を求める人々はカルボネリーア結社(三四九頁参照)に活動の場をみいだした。この結社には専門自由職の弁護士や医師、商人・職人、農村ブルジョワ、下層聖職者、開明的官僚、それに下級士官など広範囲の職業の人が結集した。憲法については、貴族的性格の強いシチリアの一八一二年憲法よりも、一院制議会で王と貴族の権限を制約しているスペインの一八一二年憲法(カディス憲法)をより自由主義的とみて、これをモデルとしていた。

一八二〇年七月、ナポリ近郊でカルボネリーアの反乱が始まり、国王はすぐに譲歩してスペイン憲法と同一の憲法の発布を約束し、新政府が形成された。ナポリ革命の報がシチリアに届くと、おりからのパレルモの守護聖女サンタ・ロザリーアの祭りが反乱に転化した。シチリアではカルボネリーアの活動は弱く、反乱の担い手はパレルモに伝統的な七二の同職組合《マエストランツァ》で、無血革命だったナポリと違って、民衆暴動の様相を呈した。パレルモに統治委員会が設置され、独自の憲法の制定とナポリからのシチリアの分離を要求する代表団がナポリに派遣された。だが、反乱の内部では同職組合と上層市民のあいだに対立があり、また古くからの都市間の対抗意識が再燃し、メッシーナとカターニアはパレルモの主導権をきらってナポリとの統一の維持を表明するなど島内の分裂があった。同年十月、憲法に基づいて開設されたナポリ議会はシチリアの分離を認めず、ナポリ政府は軍隊を増派して、島内の分裂を利用しつつシチリアの革命を抑圧した。一方、ナポリではさしたる抵抗もなく革命が成功したとはいえ、革命勢力内部のカルボネリーア諸派およびミュラ派のあいだでの主導権争いがあり、政府も議会も確固たる基盤を築けないでいた。

ナポリ市カプア門の賑わい(19世紀前半)　歴史上の多くの貴人がカプア門をとおってナポリにはいったが，行商の屋台が立ちならぶ日常的な賑わいの場でもある。

ナポリ革命が北イタリアに波及することを恐れるオーストリアのメッテルニヒは、一八二〇年十月、五国同盟会議をトロッパウで開催し、神聖同盟を結ぶオーストリア、ロシア、プロイセンの三君主は干渉の原則を宣言した。メッテルニヒはさらに翌二一年一月、ライバッハ(リュブリャーナ)会議を開き、会議に出席した両シチリア国王フェルディナンドの要請を受けるかたちで、ナポリへの干渉を決めた。北イタリアに駐屯していたオーストリア軍は、二月初めポー川をこえてナポリに向かい、ナポリ政府はほとんど抵抗を組織できずに、三月下旬、オーストリア軍に屈して革命は終息した。

このあと憲法と議会は廃止され、警察大臣に返り咲いたカノーサが厳しい弾圧政策をとるが、メディチが政権に復帰すると穏健路線が復活した。革命後、南イタリアのカルボネリーアは衰退するものの、ナポリ革命に加わったフランス人がこの結社をフランスに移入したことで、かえってカルボネリーア(フランス語でシャルボネリ)の国際化が進んだ。

サルデーニャ王国とピエモンテ革命

一八〇二年からフランス領となっていたピエモンテを回復したサルデーニャ王国は、モーデナ公国とならんでフランス色の一掃にもっとも熱心で、一四年五月の王令によってフランス支配期に導入された諸制度を廃止した。行政と軍事の上級職にはフランスに協力しなかった貴族たちが就き、保守的な貴族政治が復活した。教会も力を取り戻して教権主義が復活し、イエズス会の活動が再開される一方で、ヴァルド派とユダヤ人への管理が強められ、ロシア駐在大使から帰国して大法官となったジョゼフ・ド・メーストルの権威主義的カトリック思想が強い影響力をもった。経済においても規制が強められ、同職組合が復活したほか、高率の輸出入税と内国関税による保護主義政策は商品流通を著しく制限して、貿易港ジェノヴァに打撃を与えただけでなく、ピエモンテ経済全般の停滞をもたらした。

こうした体制に不満をもつ自由主義的青年将校グループは、ナポリ革命が危機をむかえつつあった一八二一年三月九日夜、アレッサンドリア市で蜂起し、この動きはただちに首都トリーノに波及した。蜂起の主要な目標は憲法の制定だったが、ほかにもロンバルディーアとヴェーネトをオーストリアから解放する目標が含まれていた。つまり自由の要求とともに独立の課題が提起されていた。蜂起した青年将校たちは秘密結社とも接触を重ねており、反乱は軍隊と秘密結社の共同行動という性格をおびていた。

当時、北イタリアにはいくつかの秘密結社があり、その中心にいたのはブォナッローティだった。彼は、バブーフの陰謀事件で逮捕・流刑となったあとジュネーヴに移り、そこで国際的な秘密結社を組織していた。ブォナッローティの秘密結社は、革命独裁の方法で平等社会を建設することを究極の目標としていたが、組織を三段階の構造に分け、現実の運動の目標にあわせながら段階を追って活動する組織論を特徴としていた。それと同時に、自分の結社のメンバーを他の結社に加入させて影響力をおよぼす方針をとり、今回の革命には、オーストリアからの解放をめざすフェデラーティという結社を通じて関与していた。

革命の広がりに直面した国王ヴィットーリオ・エマヌエーレ一世は、青年将校グループに理解あるとみられていた第二王位継承者のカリニャーノ親王家のカルロ・アルベルトを摂政に指名して退位した。カルロ・アルベルトは憲法を発布して新政府を樹立したが、他方で、このときモーデナに滞在していた第一王位継承者の王弟カルロ・フェリーチェの意向に従うことも表明した。強硬な非妥協主義者のカルロ・フェリーチェは、カルロ・アルベルトのとった措置を認めず、革命を抑圧するため王党派軍隊の動員を命じた。さらに、ライバッハ会議に出席中の神聖同盟の三君主に干渉を要請し、これに応えたオーストリアが軍隊を出動させ、ピエモンテ革命は発生から一カ月後の四月十日に鎮圧されて終わった。このあとカルロ・フエリーチェがサルデーニャ国王に即位するが、彼はサヴォイア朝の伝統的な支柱である貴族と軍隊にも不信を示して、カトリック教権主義に依拠し、一八三一年までのその統治は、この時期のイタリアのなかでもっとも反動的な性格をおびた。

ロンバルド・ヴェーネト王国

ロンバルディーアとヴェーネトを領有したオーストリアは、一八一五年四月両地域をあわせて、皇帝直轄のロンバルド・ヴェーネト王国を建てた。ガルダ湖からマントヴァをとおってポー川に合流するミンチョ川を行政上の境として、ロンバルディーア側の首都をミラーノ、ヴェーネト側の首都をヴェネツィアとし、それぞれに総督《ゴヴェルナトーレ》をおいた。ミラーノとヴェネツィアには中央協議会が設置され、そのメンバーは土地所有貴族、非貴族土地所有者、都市代表者が三分の一ずつで、皇帝が任命した。この協議会は立法権のない諮問機関で、臨時課税の負担、水路・道路の管理、慈善事業などの問題にかんして答申した。

地方行政制度についてはイタリア王国期の県・郡・コムーネ(市町村)の区分が継承され、ロンバルディーアは九県、ヴェーネトは八県となったが、かつてヴェネツィア共和国領だったベルガモとブレッシャはロンバルディーア側に編入された。県首長は国王使節《レージオ・デレガート》と呼ばれて皇帝が任命し、各県には中央協議会と同じ性格の県協議会がおかれた。コムーネにかんしては、土地所有者全員の集会であるコンヴォカートが復活するが、ヴェーネトではコンヴォカート制ははじめての経験だった。ただし、都市など人口の多いコムーネではコンヴォカートでなく、評議会が設置された。評議会メンバーは県協議会が選出し、メンバーの三分の二は土地所有者、三分の一は商工業事業主と定められた。コムーネはコンヴォカートや評議会の審議に基づいて行政運営がなされ、一定の自治が保障された。サルデーニャ王国が、政府直属の県首長である地方長官《インテンデンテ・ジェネラーレ》が強い権限をもつ、ナポレオン時代と同様の中央集権制をまもなく復活させたのにたいして、ロンバルド・ヴェーネト王国では、コムーネ自治をある程度認めたマリア・テレジア時代の地方行政制度が復活ないし導入されており、地方自治をめぐる問題はのちの国家統一に際して大きな争点となる。

都市でも農村でも、イタリア王国期については厳しい重税と徴兵の記憶と結びついており、フランス支配からオーストリア支配への移行にあたって、民衆はこの二つの負担から解き放たれることを期待した。

ミラーノ市中心街(現在のヴィットーリオ・エマヌエーレ通り，1836年の図)　ナポリ市とは対照的なモダンなたたずまいのミラーノの商店街。

しかし、土地税と個人税などの直接税および塩税・タバコ税など消費税を中心とする間接税の負担は、オーストリア支配下でもひきつづき重くのしかかった。ただオーストリアは、ロンバルド・ヴェーネト王国の税収入の約三分の一を王国内の行政、教育、衛生、公共事業費として支出しており、フランス支配の時代に比べて現地への還元率は増大した。徴兵にかんしても、徴兵制が存続したことで民衆の不満は消えなかったが、徴兵割当人数は減少した。

ロンバルディーアの経済発展と文化活動を背景として、『調停者《コンチリアトーレ》』と題する定期刊行物が自由主義的知識人によって一八一〇年代末にミラーノで出版された。『調停者』は、十八世紀の啓蒙思想家たちの雑誌『イル・カフェ(コーヒー店)』と同じ役割をはたすことを目標に文芸評論、経済分析、科学技術、社会問題などの論考を掲載して世論の形成をはかり、またイタリア中世史に関心を示して、イタリアのネーションの起源を中世に求めようとした。だが、オーストリア当局の介入で『調停者』は短期間の刊行で終わり、その後、この雑誌にかかわった文学者のシルヴィオ・ペッリコや貴族のフェデリーコ・コンファロニエーリは、別の秘密結社活動の容疑で逮捕され、悪名高いシュピールベルクの監獄に幽閉された。

トスカーナ大公国と教皇国家

皇帝フランツの弟フェルディナンド三世が大公に復帰したトスカーナ大公国では、フランス支配期の改革は、彼らの父レオポルドがトスカーナ大公時代に着手した改革の延長にあるが、その一部は逸脱した改革とみなして、ナポレオンの遺産の振分けをおこない、前世紀の改革の成果を強調しつつレオポルド神話を強めた。

トスカーナ大公国の復活から一八四四年までのあいだ、この国の政治を指導したのは外務大臣のヴィットーリオ・フォッソムブローニで、以前にレオポルドに仕えた経験があり、水力学の科学者として干拓事業に通じ、政治的には穏健保守派の人物だった。彼は、レオポルド時代の人材を復帰させ、またナポレオン時代の有能な官僚をその職にとどまらせ、両者を融合することで比較的安定した統治を続けた。この統治は警察力に依存した面もあり、レオポルド時代に設置された警察長官の職務を整備して、社会生活全般に監視をいきわたらせた。また、やはり前世紀に設立された農事家《ジェオルゴーフィリ》アカデミーの権威が増して、経済問題にかんする審議会の性格をおびた。このアカデミーは、北イタリアでの資本家的農業経営の広がりにたいして、トスカーナにおける折半小作制の農業形態を擁護し、その維持に力をつくした。

ミラーノの『調停者』の終刊後、『調停者』とほぼ同じ性格の雑誌『アントロジーア』が、スイス出身のジョヴァン・ピエトロ・ヴィユッソウを編集者としてフィレンツェで刊行された。創刊は一八二一年で、経済、法律、地理、歴史、科学、技術、教育など広範なテーマを活発に論じて、この時期のイタリアの文化活動の中心となるとともに、トスカーナ大公国の自由主義的な政治運動の温床となった。一八二四年にフェルディナンド三世が没して、息子のレオポルド二世が大公となり、マレンマ湿地帯の干拓事業をはじめ、衛生施設の整備や建築など公共事業を盛んにした。『アントロジーア』誌周辺の穏健自由主義者たちは、こうした政策を評価して政府に協力する姿勢を示したが、一八三一年の中部イタリア革命後、オーストリアの圧力が加わって『アントロジーア』誌は三三年に終刊となった。

ピウス七世の復帰した教皇国家では、一八一六年七月の教皇勅令で行政制度が整えられた。地方行政は一七県に区分されたが、このうちイタリア王国に編入されていたボローニャ、フェッラーラ、ラヴェンナなど北部五県の首長には枢機卿が教皇特使《レガート》として任命され、行政区分上レガツィオーネと呼ばれた。他の県の首長は教皇使節《デレガート》と呼ばれ、聖職者が任命された。中央の役職者と県首長の人事を聖職者に限ったことは、フランス支配期との違いだが、ほかの多くの点では教皇国家はナポレオンの遺産を継承した。

政権を担った国務卿のエルコレ・コンサルヴィは啓蒙思想のもとで育った枢機卿で、ナポレオン改革に一定の理解を示して、反動的な復古派の要求を斥けつつ穏健路線による教皇国家の再建をはかった。しかし、自由主義思想にも批判的で、フランス支配期の聖職者財産の没収にたいしては、宗教団体に補償金を支払って財産の回復を援助する措置をとり、国家財政に負担を強いた。コンサルヴィの穏健路線は、一八二三年に強硬な復古派のレオ十二世(在位一八二三～二九)が新教皇に選ばれたことで終止符を打ち、コンサルヴィ自身も翌年に没した。

2　ナショナルな意識と運動

中部イタリア革命

モーデナ公国は旧制復古にあたって、サルデーニャ王国とならんでフランス色の一掃にもっとも熱心だったが、この国で一八三一年に革命が起こった。モーデナ公フランチェスコ四世は、宮廷貴族と教会の権限を復活させて両者を基盤に統治したが、同時に領土拡大の野心をいだいていた。フランチェスコ四世は、ブルジョワ青年のエンリーコ・ミズレイという人物と計略をめぐらし、ミズレイはたびたびパリをおとずれて、フランスのシャルボネリやイタリア人亡命者グループと接触し、イタリアの現状打破について意見を交換した。

オーストリア軍によるボローニャ制圧　1831年３月，オーストリア軍はモーデナとパルマを制圧したあと，ボローニャ市内にはいって革命を鎮圧した。

フランスの七月革命をへて、ミズレイの誘いで地元の自由主義的な実業家チーロ・メノッティがこれに加わり、メノッティは国境をこえたボローニャの自由主義者とも連携して立憲革命の構想を練った。この一連の経過は、フランチェスコ四世の陰謀ともミズレイの二重スパイともみなされる不透明なもので、一八三一年二月、メノッティは蜂起寸前に仲間の四三人とともにフランチェスコ四世に逮捕された。だが、教皇国家のボローニャで革命が勃発すると、身の危険を感じたフランチェスコ四世はウィーンに逃れた。

このあと、ボローニャに続いてモーデナ公国とパルマ公国に反乱が広がり、それぞれ臨時政府が樹立されるが、革命の中心はボローニャだった。ボローニャの臨時政府は、ローマ教皇の世俗的支配権の廃止を宣言して、五四人のメンバーからなる名士会議を設置し、暫定憲章の作成を委ねた。臨時政府の支持基盤は、フランス支配期の官僚経験者および同時期の国有地売却で土地所有をふやした貴族やブルジョワジー、それに商工業者や自由業者たちだった。名士会議は三月初め、暫定憲章を発表して憲法制定議会の召集を告げたが、この間にもオーストリアが軍事介入を準備し、まずモーデナとパルマの臨時政府を倒し、ついで教皇国家領にはいって、三月末にボローニャの革命も鎮圧した。

中部イタリア革命の失敗は、イタリアの政治運動にいくつかの面で転換をもたらすことになった。まず、この革命にも影を落としていたカルボネリーア的な秘密結社による運動の限界がはっきりしてきた。また、それぞれの国家ごとの変革でなく、諸国家を横断してイタリア全体の解放を視野におく運動の必要が自覚されてきた。このことは、イタリア意識、つまりイタリアのナショナルな意識の形成に深くかかわる問題だった。こうした課題を掲げて登場してきたのがジュゼッペ・マッツィーニであり、また穏健自由主義派のあいだでも、マッツィーニの登場に対抗するかたちであらたな思想と運動の試みが生じた。

マッツィーニと「青年イタリア」

一八〇五年、ジェノヴァに生まれたマッツィーニは、大学卒業後カルボネリーアに加入するが、この結社の行動力の欠如と政治的目標の不明確さに不満をいだいた。一八三一年二月に国外追放の刑を受けてマルセイユに亡命したマッツィーニは、当地のイタリア人亡命者たちとの接触を通じて、同年六月ころ「青年イタリア」結社を結成した。そして、これまでの自由主義運動が個々の国ごとの立憲君主政を目標としていたのと違って、共和政による統一国家の形成を目標に掲げ、共和主義と統一主義の立場を鮮明にした。この目標を実現する手段を教育と蜂起に求め、教育は出版・宣伝活動によって青年イタリアの思想を民衆のあいだに浸透させることをさし、蜂起はゲリラ方式で民衆とともにねばり強く活動することを意味していた。

青年イタリアの明確な政治目標と行動的な運動論は、すぐにイタリア国内の青年層を引きつけ、一八三三年前半にピエモンテでの蜂起計画が立てられた。この計画は事前に警察に知られて大弾圧をこうむり、マッツィーニもフランスを追放されてジュネーヴに移った。しかしこれに屈することなく、一八三四年初めにジェノヴァとサヴォイアでの同時蜂起の計画を立て、ジェノヴァでは、〇七年生まれのニースの船員ジュゼッペ・ガリバルディが計画に加わった。結局、蜂起は両方とも失敗して、ガリバルディは欠席裁判で死刑判決を受け、マルセイユから南アメリカに渡った。

これより先、老革命家ブォナッローティの指導する結社「真のイタリア人協会」とマッツィーニの「青年イタリア」とのあいだで協定が結ばれていたが、ブォナッローティは、近い将来パリとフランスに共和革命の起こる見通しがないことを理由に、青年イタリア単独の蜂起計画に反対していた。ブォナッローティにとって、イタリアの解放はヨーロッパの普遍的な解放の一環としてあり、その解放を主導するのは革命の母国フランスでなければならなかった。一方のマッツィーニは、歴史はフランス革命をへてナショナリティ形成の時代にはいっており、この時代を主導するのはもはやフランスではなく、ネーション形成の課題をもつ諸民族であると主張し、普遍的な革命理念にたいして諸民族に固有の解放の課題を訴えた。

その後、マッツィーニはスイスから追放されて、一八三七年初めにロンドンに移り、この地で議会改革を求めるチャーティスト運動に接して労働者の役割についての認識をあらたにする。イタリアではさらにいくつかの蜂起が試みられるが、すべて失敗に終わり、マッツィーニ自身も犠牲の多い蜂起に一時慎重な態度を示した。だがその間にも、マッツィーニの協力者だったニコーラ・ファブリーツィが、北イタリアよりも両シチリア王国に蜂起の条件があるとして、シチリアでの運動の組織化を試みたり、またヴェネツィア出身のオーストリア海軍士官だったバンディエーラ兄弟が、ファブリーツィにならって南イタリアでの蜂起を計画してカラーブリア地方に上陸するが、捕えられて処刑されるなどの事件が起きた。

穏健派の動向

青年イタリアのはなばなしい登場で、イタリアの解放をめぐって共和主義と統一主義の立場が打ち出されたが、これは少数の活動家たちのあいだのことで、市民生活の場では穏健なプログラムが多数を占めていた。マッツィーニは、蜂起によるナショナルな意識の形成という急進的な方法を唱えたが、イタリアの大多数の人にとってのアイデンティティは、「イタリア」であるよりも、自分たちの生活圏をなすそれぞれの地域だった。そうしたなかで、教養市民層のあいだで徐々にイタリア意識が芽生えつつあった。彼らは文学作品や評論誌を手にしながら、日常会話のことばとは違うイタリア語を身につけ、ダンテ以来のイタリア語の伝統を感じとり、イタリアという文化的一体性の空間を意識した。

イタリア各地から集まった科学者会議が、一八三九年にピーサで開かれ、その後四七年まで毎年、場所をかえて開催されたが、この会議もイタリア意識の形成に寄与した。会議には科学者、医師、法曹、経済学者、行政官など各分野の専門家が毎回数百人、多いときには二〇〇〇人前後が参加し、農業改善、地質調査、医学、保健衛生、病院、監獄、貧困、福祉、教育、鉄道など当面する社会問題を議論した。会議では、これらの問題がイタリア諸国家に共通する課題であることが認識され、国境をこえた改革プランが議論された。

社会生活の場でクラブ、サークル、サロンなどの活動も盛んになったが、この時期に穏健なプログラムでイタリアの改革を論ずるいくつかの著作が発表され、なかでも注目されたのはヴィンチェンツォ・ジョベルティの書『イタリア人の道徳的文明的優越』(一八四三年)だった。ジョベルティはトリーノ出身の聖職者で、自由主義思想を問われて亡命し、当時はブリュッセルにいた。彼はこの書で、現存のイタリア諸国家の連合というゆるやかな方式でのイタリア統一を提案して、国家連合の首長にはローマ教皇がふさわしいと論じ、普遍的な性格のローマ教皇にナショナルな課題を託すかたちでイタリアの統一を構想した。この構想は、マッツィーニの急進主義に対抗する穏健派の政治的指針となるとともに、教会とその影響下の民衆をナショナルな問題に向き合わせる役割をはたした。

おりしも一八四六年六月、ピウス九世(在位一八四六〜七八)が新教皇に選出され、教皇国家の改革を手がけた。政治犯の恩赦、出版検閲の緩和、諸課税の軽減、行政職・司法職への平信徒の登用、内閣の設置などを矢継ぎ早に実行して、たちまち改革教皇の評判をえた。階層をこえた人々のあいだに教皇神話が広まり、ピウス九世を祝福する集会がイタリア各地で開かれた。ジョベルティの構想とピウス九世の改革があいまって、ネオ・グェルフ主義の高揚をもたらしたが、穏健派の動きはサルデーニャ王国でもうひとつの流れを生んでいた。なおネオ・グェルフ主義とは、教皇の主導権に期待をよせた中世のグェルフ派にちなむ表現である。

一八四〇年代のピエモンテ社会

サルデーニャ王国では、一八三一年、カルロ・フェリーチェが没して、カリニャーノ親王家のカルロ・アルベルトが国王となった。この時期のサルデーニャ王国は、絶対主義的君主のもとで貴族、軍人、教会が力をもつ社会で、のちに自由主義の中心としてイタリアの国家統一を主導することになるとは想像だにできず、行政組織や法整備においてロンバルド・ヴェーネト王国やトスカーナ大公国はもとより、両シチリア王国よりも劣っていた。カルロ・アルベルトは即位後一〇年程のあいだに、国務院を設置し、民法、刑法、商法などを制定したが、改革に取り組むというより、法制度を他のイタリア諸国家なみに整えた程度の措置で、絶対君主的統治の性格は変わらなかった。この間、年平均して国家予算の四〇％前後が軍事費に支出され、公共事業費は三％にも達しなかった。

政治的な保守性とは別に、カルロ・アルベルトの統治期は経済発展の時期だった。乏しい公共事業のなかでなされた灌漑用運河の拡張工事はピエモンテ平野部の農業発達をうながし、大借地農経営による穀物生産と酪農を盛んにした。また、一八三五年に生糸輸出を解禁するなど輸出入の規制を徐々に緩和してヨーロッパ諸国と通商協定を結び、経済の活性化をもたらした。一八四四年に同職組合が廃止されるが、このころから労働者・職人のあいだで相互扶助協会を結成する動きが強まり、当初これらの相互扶助協会は貴族やブルジョワの恩顧や慈善に依存したが、しだいに労働組合的性格をおびていった。

ピエモンテ社会の知的・経済的生活の向上を目的に、トスカーナの農事家アカデミーに類似した農業協会が、一八四二年、国王の認可をえて設立された。農業家だけでなく、商工業者や専門自由業者、それに官僚も加わったなかば公的な組織で、会員は開明貴族とブルジョワを中心にすぐに二〇〇〇人をこえる数となった。協会では農業問題にとどまらず、貿易政策、信用制度、鉄道など社会問題全般におよぶ議論が繰り広げられ、社会諸部門の意見が集約される場となった。そうした議論を通じて、また協会の主導権争いをめぐって、協会内部に民主派と穏健自由主義派の潮流が生まれ、政治的意見の表明の場ともなり、いわば議会的機能をもつようになった。

こうしたなかで、一八一〇年生まれの若い貴族カミッロ・ベンソ・カヴールが、穏健自由主義派のリーダーとして頭角をあらわした。カヴールは青年期にフランスとイギリスを旅して、これらの国の政治と経済の実情をつぶさに観察し、中庸の精神をもって自由と進歩を達成すべきことを学んだ。ちなみに彼は、イタリアにかんしては生涯を通じてフィレンツェより南のローマやナポリをおとずれることはなく、また当時のピエモンテの上流階層の人々がそうであったようにフランス語を母語とした。カヴールは、一〇〇〇ヘクタールにおよぶ大所有地に技術革新と土地改良をほどこし、農業労働者を雇って自ら経営したが、

カヴール

この農業改良家としての性格は、トスカーナのベッティーノ・リカーソリやボローニャのマルコ・ミンゲッティなど穏健自由主義派の指導者に共通していた。カヴールをとくに有名にしたのは、「イタリアにおける鉄道について」(一八四六年)という論文で、鉄道を経済と文化の双方の観点から論じ、鉄道が各地の人々の経済的かつ文化的な結びつきをもたらし、ナショナルな意識の向上にはかりしれない力をもつだろうことを

強調した。

サルデーニャ王国がナショナルな運動の中心となるには、ピエモンテの貴族チェーザレ・バルボの書『イタリアの希望』(一八四四年)がある種の役割をはたした。この書は、ジョベルティのプランに欠けていた独立の課題を取り上げて、オーストリアをオスマン帝国領の奪取に向かわせ、その機会にロンバルディーアとヴェーネトの独立をはかるという構想で、それにはサルデーニャ王国の軍事力が重要になると論じた。この構想は、サヴォイア朝の伝統的なロンバルディーア進出政策をイタリア独立というナショナルな課題に結びつける実践的な見通しを示し、世論の関心をサルデーニャ王国の動向に向けさせた。

3 一八四八〜四九年革命

改革要求と反オーストリア感情の広がり

イタリアでは一八四五〜四六年の二年続けての凶作で食糧価格が高騰し、民衆の生活は苦しくなった。食糧を適正な価格で販売することを求める街頭行動が各地で起こった。一八四七年後半には穀物生産が回復して価格が低下に向かい、食糧デモは減少するが、他方で新教皇ピウス九世が刺激を与えた改革の気運が、各地での改革要求の行動を盛んにした。この要求におされてトスカーナ大公国では、レオポルド二世が出版検閲をゆるめ、また民法・刑法の改定のための委員会を設置した。サルデーニャ王国でも、カルロ・アルベルトが出版規制を緩和し、行政・司法改革に取り組むことを宣言した。先に出版検閲を緩和した教皇国家とあわせてこれらの国々では新聞、評論誌の発刊があいつぎ、イタリアの諸問題をめぐって活発な議論がなされた。

教皇国家で一八四七年七月、自由主義改革に批判的な聖信仰団の陰謀の噂が流れ、この混乱に乗じて、フェッラーラの要塞に駐屯するオーストリア軍が同市を占拠し、教皇国家に圧力をかけた。教皇国家では、かねて有産市民層から市民衛兵の設置を求める請願がだされていたが、これはたんに財産と秩序を自分たちの手で守ろうとするだけでなく、治安対策を含めたこれまでの統治システムへの批判を含んでおり、経済力を身につけた市民層が自ら武器を所持して政治的発言を強めようとする意図があった。七月初めにローマ市で認可された市民衛兵は、オーストリア軍のフェッラーラ占拠という事態があって、教皇国家全域でその創設が認められた。市民衛兵の性格は設立当初からナショナルな課題と結びついたのである。市民衛兵制は、トスカーナ大公国でも同年九月に認められた。

フェッラーラ問題をきっかけに、イタリア各地で反オーストリアを掲げる街頭行動がふえ、国際外交の場でもイギリスがオーストリアにたいする警戒心を強めた。イギリスのパーマストン外相は九月末、ホイッグ党の有力者ミント卿をイタリアに派遣し、オーストリアの干渉にたいしてイギリスは強い態度で臨むことを伝えた。イタリア諸国を歴訪したミント卿は、この機会に各君主に改革政策を進めるよう助言し、穏健自由主義者たちとも接触した。オーストリア支配下のロンバルド・ヴェーネト王国では、重税と徴兵に苦しむ民衆や、通商活動においてトリエステ港よりもサルデーニャ王国領のジェノヴァ港の利用を望む商工業者のあいだで、オーストリアの統治への不満が強まっていた。

この間、ピウス九世は教皇国家の経済状態を改善するため、ドイツの関税同盟と同様の関税同盟をイタリア諸国のあいだで結ぶことを提案し、トスカーナ大公国とサルデーニャ王国と交渉の末、一八四七年十一月に三国間で予備協定を締結した。三国は、交通の要衝にあたるモーデナ公国に同盟への参加を働きかけたが拒絶され、両シチリア王国とは交渉の準備中に同国で反乱が生じ、イタリアの一八四八年革命が始まった。

シチリアの反乱と諸国の憲法制定

両シチリア王国でも一八四七年後半、改革要求の街頭行動が盛んとなったが、国王フェルディナンド二世は頑なな姿勢で改革を拒んだ。一八四八年にはいって、国王誕生日の一月十二日、亡命から戻ったジュゼッペ・ラ・マーザの率いる民衆反乱がパレルモで起き、反乱はしだいに島内の諸階層に広がった。シチリアの動きは王国の半島部にも波及して、危機感をいだいた国王は内閣を改造し、一月二十九日に憲法制定を約束する王令を発した。憲法は二月十日に制定、翌日発布された。

両シチリア王国の反乱とそれに続く憲法の発布は、ただちに他のイタリア諸国に反響を呼び起こし、各国で憲法制定を要求する動きが強まった。諸君主はそれぞれに憲法制定の準備を告げ、こうしてトスカーナ大公国では二月十七日、サルデーニャ王国では三月四日、教皇国家では三月十四日に憲法が発布された。各国とも短時日で制定した憲法は、フランスの一八三〇年憲法とベルギーの一八三一年憲法を範としており、共通して上院は君主の任命による終身議員、下院は制限選挙で選出される議員からなる二院制議会を設置した。立法権は議会のほかに君主ももち、行政権は君主に属した。宗教にかんしては各国ともカトリックを国教としたが、教皇国家を除いて信教の自由が認められ、サルデーニャ王国では憲法発布と前後してヴァルド派とユダヤ人にたいする法的差別が撤廃された。

一八四八年革命の口火を切ったシチリアでは、パレルモをはじめ多くのコムーネ(市町村)に委員会が結成され、行政権を握った。都市の反乱を推進したのは無産大衆の集団《スクァードラ》で、これには監獄から解放された罪人なども加わり、統制のとれた運動とはいいがたかった。農村では製粉税の支払い拒否、土地証書の焼却、共有地の占拠が広がった。一方、秩序の維持と財産の安全のための国民衛兵《グァルディア・ナツィオナーレ》が有産市民によって創設され、大衆集団を抑圧する役割を担った。二月初め、国民衛兵に依拠するパレルモの委員会がシチリア臨時政府の樹立を宣言し、自由主義派の長老ルッジェーロ・セッティモが首相となった。

この臨時政府は穏健派が多数を占めていたが、シチリアの自立の見地からフェルディナンド二世の発布した憲法を認めずに、シチリア独自の一八一二年憲法の復活と議会の招集を要求した。イギリスはシチリアに深い関係をもち、このときナポリに滞在していたミント卿がパレルモに赴いて、フェルディナンド二世とシチリアのあいだの調停にあたった。しかし調停は成功せず、三月二十五日にシチリア議会が開かれ、シチリアは立憲君主国として独立する方針を確認し、ブルボン家の王位を剥奪して新国王を別の王家から選ぶことを決めた。そして七月十日、シチリア議会は新憲法を制定し、サルデーニャ国王カルロ・アルベルトの次男をシチリア王にむかえることを希望した。しかし、サヴォイア家はこの申し出を断り、シチリア王国は王位空席のままとなった。

ヴェネツィアとミラーノの蜂起

イタリア諸国で憲法制定の動きが進む二月から三月、フランスで共和革命が発生し、続くウィーン革命でオーストリア宰相メッテルニヒが失脚し、これらの事件を受けてイタリアでもさらなる展開をみた。ロンバルド・ヴェーネト王国の両首都ミラーノとヴェネツィアで、三月十八日から二十二日までの五日間にたような経過をたどって臨時政府が樹立された。まず市民の街頭行動があり、これを規制するオーストリア軍との衝突が生じ、衝突は市民衛兵を中心に武装した市民とオーストリア軍との戦闘に転化し、市民は拠点の建物を占拠するとともに、オーストリア軍を市外へ撤退させて臨時政府の樹立へと進んだ。

ヴェネツィアでは市民衛兵と造船労働者の決然とした行動により、オーストリア軍は戦闘を回避して撤退し、改革運動の指導者ダニエーレ・マニンを首相とする臨時政府が形成され、ヴェネツィア共和国の再建が表明された。ミラーノでは、蜂起した市民に周辺地域の農民も加わって、ラデツキー元帥の指揮するオーストリア軍と激しい市街戦を繰り広げたのち勝利をおさめた。オーストリア軍はヴェローナとマントヴァを結ぶ要塞地帯まで撤退し、この蜂起は「ミラーノの五日間」として長く記憶されることになる。

『ポリテークニコ』誌などを刊行して歴史・経済の研究で著名な民主派のカルロ・カッターネオは、連邦制共和主義思想を同じくするエンリーコ・チェルヌースキらとともに、ミラーノ蜂起のさなかの三月二十日、オーストリア軍にたいする戦いを組織化するために軍事評議会を設置した。一方、ミラーノ市長ガーブリオ・カザーティを中心とする穏健自由主義派は、軍事闘争よりも政治的主導権の掌握に力を注いで、二十二日に臨時政府を樹立し、軍事評議会を軍事委員会に改組して臨時政府のもとにおいた。翌二十三日、サルデーニャ国王カルロ・アルベルトはオーストリアとの戦争を決断し、軍隊を出動させるが、これはミラーノ蜂起の支援というより、サヴォイア朝の伝統的なロンバルディーア進出政策によっており、ロンバルディーアを獲得して北イタリア王国を形成する意図があった。

カザーティら穏健派は、サルデーニャ王国への軍事的な依存だけでなく、サルデーニャ王国との合併を策して、北イタリア王国形成の道を探った。これにたいしてカッターネオら民主派は、サヴォイア朝の膨

1848年3月22日ヴェネツィアのサン・マルコ広場での三色旗掲揚　ヴェネツィアではオーストリア軍が撤退して市街戦は回避され，マニンはサン・マルコ広場の集会で共和政の復活を訴えた。

1848年3月22日バリケードを築いてオーストリア軍と戦うミラーノ市民　ミラーノではオーストリア軍と激しい市街戦が繰り広げられ，市内各地に2000前後のバリケードが築かれた。

張主義の性格をもつ戦争を批判するとともに、連邦主義と共和主義の立場からサルデーニャ王国との合併に反対した。イタリアの一八四八年革命ではどの地域でも自由主義派(穏健派)と民主主義派(急進派)の主導権争いが演じられるが、この二つは十九世紀には対抗的な概念で、自由主義は財産と教養を基準にして民衆の政治参加を制限する考えであるのにたいして、民主主義は民衆の政治参加を広げて共和政をめざそうとする考え方だった。ただし民主派には、共和政によるイタリア統一をめぐって連邦国家論と統一国家論の立場があり、後者の立場を代表していたマッツィーニは、亡命から戻って四月初めミラーノに到着し、独立と統一を優先する見地からサヴォイア朝主導の戦争への支持を表明して、カッターネオらと対立した。

対オーストリア戦争が続くなか、ミラーノ臨時政府はサルデーニャ王国との合併問題にかんして、合併後の北イタリア王国の諸制度については憲法制定議会を開いて定めるという条件で、合併の賛否を住民投票に問うこととした。マッツィーニを含めた民主派の反対をおさえて、五月に実施されたロンバルディーアの住民投票の結果は、合併賛成票が圧倒的多数を占めた。一方、ヴェネツィアでは共和国の復活が宣言されたが、ヴェネツィア市と内陸諸都市との関係は良好といえず、内陸部のヴェーネト諸地域はロンバルディーアにならって住民投票を実施し、サルデーニャ王国との合併を選択した。サルデーニャ王国議会は六月末、これらの地域の併合を承認し、合併後の立憲君主国家の諸制度については制憲議会で定めることを確認した。

第一次独立戦争

オーストリアにたいするサルデーニャ王国の開戦は、その動機がロンバルディーア進出にあったとしても、イタリア諸国に大きな反響を呼び起こした。教皇国家ではすぐに義勇軍が組織され、正規軍とともに北方の国境に配置された。教皇は軍隊に国境をこえることを禁じたが、総司令官ドゥランドは、オーストリアとの戦いはナショナルな戦いであるだけでなく、神の認める戦いでもあるとして国境をこえて参戦した。ナポリ政府とトスカーナ大公国も軍隊の派遣を決定し、志願兵も各地からはせ参じて、イタリアの独立戦争というナショナルな性格を濃厚にした。

この戦争をめぐって教皇ピウス九世は、カトリック首長としての普遍性の立場とイタリアのナショナルな課題に取り組む立場のあいだで揺れていたが、四月二十九日、前者の立場からしてオーストリアとの戦争には加われないことを宣言した。これまでの教皇への期待が高かっただけに、この宣言への世論の失望と怒りは大きく、民意は急速にピウス九世から離れた。四月二十九日の宣言は、教皇を首長とするイタリア連邦の構想を消滅させただけでなく、こののちイタリアのナショナルな運動が反教皇の性格をおび、また教皇がナショナルな運動の前に立ちふさがる転換点となった。

シチリアが分離を宣言した両シチリア王国では、四月下旬に半島部で選挙が実施され、五月十五日に議会が召集された。しかし、国王と議員のあいだで憲法の理解をめぐって調整が続けられているあいだに、ナポリで市民衛兵を含む市民の反乱が生じた。国王フェルディナンド二世は、ナポリの反乱を鎮圧して議会と市民衛兵を解散したが、地方では憲法の発布を世の中の変化の兆しと感じとった農民が、年来の要求である共同用益権の復活を唱えて共有地を占拠する行動を広げた。国王は、国内の秩序維持のために、対オーストリア戦に派遣した部隊に帰国を命じて、ローマ教皇と同じくナショナルな運動から身を引き、これ以降改革に背を向けて反動的立場を強めた。

戦争は、はじめサルデーニャ王国軍が攻勢だったが、ラデツキー元帥は本国からの援軍を待って逆襲に転じ、七月下旬、クストーザの戦いでオーストリア軍が勝利した。ミラーノでは市民が徹底抗戦の構えを示したが、サルデーニャ王国軍が戦闘を回避して、八月五日ミラーノから撤退したため、報復を恐れた市民六万人もそれに従い、翌六日、オーストリア軍はなかばゴーストタウンと化したミラーノに入城して支配権を回復した。八月九日、サルデーニャ王国はオーストリアと休戦協定を結んで、併合した諸地域との関係は解消され、北イタリア王国の形成は実現せずに終わった。戦争のさなかの六月下旬、南アメリカに亡命していたガリバルディが一四年ぶりにイタリアに戻り、義勇軍を組織してオーストリア軍への抵抗を続けたが、情勢を好転させるにはいたらなかった。オーストリアでは戦勝を祝して、ヨハン・シュトラウス(父)が「ラデツキー行進曲」を作曲し、元帥を称えた。

フィレンツェとローマの民主派政権

ローマ教皇のナショナルな課題からの撤退、フェルディナンド二世の反動化、独立戦争の敗北などによって、穏健自由主義派の主導権に翳りがでた。一八四八年夏から秋にかけて、トスカーナ大公国のリヴォルノやフィレンツェ、教皇国家のボローニャやローマで労働条件や生活不安をめぐる民衆の街頭行動が活発となり、民衆サークルの政治化が進んだ。民主派はこれら民衆サークルに依拠したり、あるいは指導したりして、穏健派との政治的対抗を強めた。マッツィーニはサヴォイア朝主導の戦争を支持した誤りを反省し、王朝戦争が終わった今、民衆の戦争が始まると蜂起をうながし、民主派の中心に返り咲いた。

トスカーナ大公国では十月に、穏健派の政府にかわって、独立戦争で捕虜となっていた民主派のジュゼッペ・モンタネッリが帰還して首相となった。モンタネッリは、イタリア全地域で普通選挙を実施して、ナショナルな規模の憲法制定議会を開催することを提案し、これはマッツィーニの考えとも一致して、民主派の共通のプログラムとなった。だが、十一月に実施されたトスカーナ大公国の選挙では穏健派が多数を占め、また民主派政府の内部で首相モンタネッリと、穏健派との協調を探る内相グェラッツィの確執があり、効果的な政策がとれなかった。

教皇国家では、議会の休会があけた十一月十五日、穏健派の首相ペッレグリーノ・ロッシが登院したところを、独立戦争帰還兵と民衆サークルの一団に殺害され、同月二十四日教皇ピウス九世はローマを脱出して、両シチリア王国領のガエータに逃れた。民衆諸サークルは憲法制定議会選挙を要求し、一八四九年一月に男子普通選挙が実施された。二月五日に開会した制憲議会は、九日に教皇の世俗的支配権を否定してローマ共和国の成立を宣言し、憲法制定の作業に着手するとともに、聖職者財産の国有化、諸制度の改革など種々の措置をとった。補充選挙で議員に選出されたマッツィーニも、三月初め議会活動に加わった。

この間、一八四九年一月にフィレンツェで大規模な民衆デモがあり、事態を恐れた大公レオポルド二世は二月、ピウス九世のあとを追ってガエータに逃れた。モンタネッリは議会を解散し、共和政の樹立とローマ共和国との合併の方針を打ち出して、新議会で承認をえようとした。だがこのとき、サルデーニャ王国の開戦と敗戦のニュースが届いて、ローマとフィレンツェの政府はそれぞれあらたな対応に追われることになった。

前年の対オーストリア戦に敗北したサルデーニャ王国は、政府のたびたびの交代で安定を欠いていたが、共和派がナショナルな規模で勢いを増してきたことから、立憲君主国としての立場でこれに対抗するなんらかの行動の必要に迫られていた。王国内の諸勢力の思惑はさまざまだったが、国王カルロ・アルベルトはサヴォイア朝の威信をかけ、そしてイタリア諸国の信頼を勝ちとるため、ふたたびオーストリアと戦う決断をくだした。三月二十日に戦端を開いたが、わずか三日後の二十三日、自国領のノヴァーラの戦いで敗北し、カルロ・アルベルトは同日夜退位をよぎなくされ、ポルトガルに亡命した。王位は息子のヴィットーリオ・エマヌエーレ二世が継ぎ、ラデツキーと直接会談して休戦協定を結んだ。

革命の終息

トスカーナ大公国では、三月二十五日開会の新議会が、サルデーニャ王国の敗戦のニュースを受けて、モンタネッリのライヴァルのグェラッツィに全権限を一定期間委ねることを決め、共和政の宣言を見送った。この間にフィレンツェで勢力を盛り返した穏健派が、四月中旬、リヴォルノを基盤とするグェラッツィにかわって臨時委員会を結成し、立憲君主政の復活を目標に全権限を握ることを宣言した。しかしこれでおさまらず、四月下旬にオーストリア軍が侵攻してトスカーナ全域を占領し、七月にレオポルド二世の統治が復活した。この国の憲法が公式に廃止されるのは一八五二年だが、復活したレオポルドの統治は絶対君主ににた反動的なものとなり、オーストリア軍の駐留は五五年まで続いた。

ローマ共和国では、サルデーニャ王国敗北の報が届くと、非常事態として三頭執政体制を導入し、行政権の集中をはかった。三頭執政の一人にマッツィーニも選ばれたが、彼の生涯をとおして権力を行使できる地位をえた唯一の機会だった。共和政のもとで司法・教育制度など諸種の改革が進んだが、とくに注目されたのは聖職者財産の国有化と、国有化した土地を分割して農民に与え、小農経営を創出しようとしたことだった。共和国が短命で崩壊したため、土地分配は実現されなかったが、この方針はイタリアの一八四八〜四九年革命における農民政策のなかでもっとも急進的なものだった。

ヨーロッパ諸国はローマ教皇の復権を画策して、オーストリア軍とナポリのブルボン軍がそれぞれ北と南から国境をこえてローマ共和国に侵入し、フランス大統領に就任したばかりのルイ・ナポレオンは、より直接的にローマ市を制圧するための軍隊を派遣した。フランス軍は、一八四九年四月末に第一陣がチヴィタヴェッキア港に上陸し、六月初めまでに三万五〇〇〇人の兵を投入した。ローマ共和国は、ガリバルディらの軍事指導のもとに正規兵、市民衛兵、義勇兵など約二万人の兵で防衛態勢をとった。一カ月におよぶ攻防のあと、七月初めフランス軍が勝利してローマ共和国は崩壊した。敗色が決定的となった七月一日、人民主権をうたった共和国憲法が宣言されたが、まもなくフランス軍の駐留下でローマ教皇の世俗的支配権が復活し、共和国憲法は破棄され、教皇国家が再建された。

ローマから脱出したガリバルディらは、イタリア革命の最後の砦であるヴェネツィア共和国の支援のためアッペンニーノ山脈をこえてヴェネツィアへ向かったが、オーストリア軍に阻まれた。ガリバルディはこのときまで無名に近かったが、ローマ共和国の防衛と身重の妻アニータの病死を招いたアッペンニーノ越えの行軍によって名が広まった。マニンを指導者として職人や船頭に支えられ、一年以上もちこたえていたヴェネツィア共和国だったが、一八四九年春にオーストリア軍は海上を封鎖し、陸地からの攻勢をかけた。孤立したヴェネツィアは、コッシュートの率いるハンガリー革命政府と同盟を結んだものの、食糧の欠乏に加えてコレラの発生になやまされ、八月下旬、力つきて降伏した。

独立を宣言していたシチリアも、ブルボン軍に制圧されて、両シチリア王国に復した。ナポリ政府は一八四八年九月、軍隊を派遣してメッシーナを占領した。イギリスとフランスの仲介で十月に休戦協定が結ばれ、その後パレルモ政府とナポリ政府の交渉が続いたが、一八四九年三月、交渉は決裂してブルボン軍の攻撃が再開された。五月にパレルモが陥落してシチリアの抵抗は終わり、多数の政治家や知識人が島をあとにして亡命の途についた。

4　統一国家の形成

ピエモンテ――自由主義社会への変容

一八四八～四九年革命の波が引くと、イタリア諸国は革命以前の体制に戻ったが、サルデーニャ王国だけは憲法と議会を存続させて独自の道を歩んだ。新国王ヴィットーリオ・エマヌエーレ二世は、一八四九年五月に著名な穏健自由主義者マッシモ・ダゼリオを首相に任命し、八月にオーストリアと講和条約を結んだ。多額の賠償金など厳しい内容の講和条約に議会が反発したため、国王とダゼリオは議会を解散し、十一月二十日に王城の所在地モンカリエーリで宣言を発して、講和条件をたえしのびながら立憲体制を維持して王国を復興させる決意であることを選挙民に訴え、新議会で条約の承認をえた。

十八世紀に啓蒙改革を経験していないサルデーニャ王国では、教会がいぜんとして諸権限を保持しており、ダゼリオ内閣は条約問題がかたづくと、社会発展を期す経済政策とあわせて教権の抑制策を講じた。法相の名に由来するシッカルディ諸法、つまり聖職者裁判権の廃止、教会と宗教団体のもつアジール(庇護権)の廃止、宗教的祝祭日の削減などを定めた一連の法を制定し、議会内外の保守派・教権派の激しい抵抗や教皇庁の介入を招きながらも、これらの法により教会の影響力を弱め、社会の世俗化の方向に大きく進んだ。

一八五〇年十月、ダゼッリオ内閣にカヴールが農商大臣として入閣し、イギリスをはじめヨーロッパ諸国と通商条約を締結して輸出入関税の引下げを実行し、保護主義から自由貿易主義への政策転換をはたした。中道右派に位置したカヴールは、一八五二年に中道左派のウルバーノ・ラッタッツィと提携して議会の多数派を形成し、首相に任命された。中道右派と中道左派の提携は、保守派から「結婚《コンヌービオ》」と揶揄《やゆ》されたが、一方で守旧派の抵抗を排し、他方で民主派の活動を封じ込めながら自由主義的改革を進めるうえで、カヴールは議会を中心とする政治の展開を重視し、議会運営での多数派の確保に執着した。

議会は国王任命の終身議員からなる上院と制限選挙による下院の二院制で、下院議員は二〇四の小選挙

		1800	1821	1841	1861
サルデーニャ王国	大陸部	2,815	2,916	3,380	3,536
	サルデーニャ島	362	421	532	588
	小計	3,177	3,337	3,912	4,124
ロンバルド・ヴェーネト王国	ロンバルディーア	1,830	2,210	2,552	3,262
	ヴェーネト	1,750	1,875	2,106	2,310
	小計	3,580	4,085	4,658	5,572
パルマ公国		415	412	484	475
モーデナ公国		388	384	510	631
トスカーナ大公国		1,224	1,383	1,510	1,826
教皇国家		2,310	2,422	2,872	3,210
両シチリア王国	南イタリア	4,960	5,267	6,193	6,787
	シチリア	1,670	1,682	1,974	2,398
	小計	6,630	6,949	8,167	9,185
合　計		17,724	18,972	22,113	25,023

イタリア諸国家の人口(単位=1000人)

トリーノ	93,000(1797) 65,000(1813)	101,300(1824) 137,300(1848)	205,000(1861)
ミラーノ	121,600(1816)	158,300(1848)	184,900(1859)
フィレンツェ	102,100(1817)	108,300(1850)	120,000(1861)
ローマ	138,510(1824)	170,000(1850)	184,000(1860)
ナポリ	328,900(1809)	381,300(1848)	417,500(1861)
パレルモ	140,600(1798)	178,900(1850)	194,500(1861)

主要都市人口(カッコ内は年度)

年度	サルデーニャ王国	ロンバルド・ヴェーネト王国	教皇国家	トスカーナ大公国	両シチリア王国	合計
1839	—	—	—	—	8	8
1840	—	13	—	—	—	13
1841	—	—	—	—	—	—
1842	—	33	—	—	—	33
1843	—	—	—	—	33	33
1844	—	—	—	19	31	50
1845	—	—	—	20	—	20
1846	—	66	—	19	12	97
1847	—	—	—	26	—	26
1848	8	—	—	72	—	80
1849	49	80	—	64	—	193
1850	56	—	—	—	—	56
1851	12	54	—	16	—	82
1852	—	3	—	—	—	3
1853	107	—	—	7	—	114
1854	194	85	—	—	—	279
1855	52	72	—	—	—	124
1856	146	—	—	2	15	163
1857	58	50	20	10	—	138
1858	168	27	—	—	—	195
1859	—	39	81	2	—	122
合計	850	522	101	257	99	1,829

1839〜59年の鉄道の発達（単位＝km）

区から選出された。選挙権は納税額四〇リラ以上の男性にのみ与えられ、その数は九万人前後で、王国の人口約四〇〇万人の二％、成人男性の八％程に相当し、平均すると一選挙区の有権者数は五〇〇人前後だった。この選挙制のもとで選出される下院議員の多くは土地を所有する地元の有力者や名望家であり、また内閣は議会にではなく、国王に責任をおった。

カヴールの目標は、先進的な西ヨーロッパ文明社会と緊密な関係を築いて、農業社会のピエモンテをその文明社会の一員とすることにあり、自由貿易を進めて農産物の輸出と工業製品の輸入を盛んにする政策もそうした意図の一環だった。カヴールは、農業生産の増大とあわせてインフラ整備に力を注ぎ、鉄道建設、海運事業、灌漑設備、銀行業務などの拡大と充実のため公的資金を積極的に投入した。その財源は課税強化やパリとロンドンの金融市場での資金調達によったが、一八五九年時点のサルデーニャ王国の負債額は一人当りに換算して一五六リラに達した。この負債額は国家統一後のイタリア王国に引き継がれ、統一イタリアの新国家に財政的困難をおわせることになった。

地方行政や司法制度において、ロンバルド・ヴェーネト王国やトスカーナ大公国のほうが合理的で民主的といえる制度を備えていた面もあったが、一八四九年以降のサルデーニャ王国は、イタリアのなかで憲法と議会が機能する唯一の国として、以前の貴族と教会の支配する社会から自由主義的改革の進む社会へと変容をとげていた。一八四八〜四九年革命後、迫害と追及を逃れて亡命を選ぶ政治家や知識人がイタリア諸国で多くみられたが、彼らはかつてのパリやロンドンにかわってサルデーニャ王国を亡命地として選択し、同王国も亡命者の受入れ策をとった。多いときには五万人をこえる亡命者がトリーノやジェノヴァに滞在して政治的議論を重ね、また文化的交流を深めながら改革とナショナルな意識の形成につくした。

民主派の動向とイタリア国民協会

革命の敗北後、民主主義派のあいだでは、イタリアの解放をめぐる目標と運動方針について論争があった。カッターネオは、自由を保障する共和政のあり方は多様であるから、イタリアの統一は連邦主義によるべきだと改めて論じたのにたいして、ロンドンに亡命したマッツィーニは、蜂起を通じての独立と統一の実現という自分の方針の正しさを強調し、統一をめざす運動に社会革命の課題を持ち込むべきでないと主張した。マッツィーニ派の行動は、ラデツキー元帥が総統治官をかねて抑圧が厳しくなったロンバルド・ヴェーネト王国に向けられ、一八五三年二月、カーニヴァルの祭日にあわせてミラーノで蜂起を試みたが弾圧された。マッツィーニはこのあと行動党を結成して、なお蜂起を追求するが、無謀ともいえるマッツィーニの方針を批判して、彼から離れるグループもでた。

マッツィーニ

ナポリ出身のカルロ・ピサカーネは、ナショナルな運動の成功には社会的矛盾の大きい南イタリアでの社会革命が必要だと唱えて、マッツィーニとは見解を異にしていたが、二人は北と南の同時革命を準備することで合意し、一八五七年にピサカーネは両シチリア王国のサープリに遠征した。しかし、期待した農民の反乱は起こらず、彼自身が死に追い込まれる悲惨な結末となった。マッツィーニがひそかにジェノヴァに潜入して準備したジェノヴァとリヴォルノの蜂起もあっけなく失敗に終わり、マッツィーニへの批判が強まった。

この間、一八五三年に発生したロシアとオスマン帝国のクリミア戦争に、イギリスとフランスがオスマン帝国側で参戦し、英仏両国の要請でサルデーニャ王国も五五年に約一万八〇〇〇人の兵を派遣した。一八五六年三月のパリ講和会議に出席したカヴールは、外交の場でも才能を発揮して英仏両国への接近をはたし、とくにフランスのナポレオン三世と友好的な関係を結んで、対オーストリア外交をめぐる意見を交換した。

マッツィーニの運動論が、犠牲をともなうわりには成果に乏しい現状を前にして、そして立憲君主制のもとで自由主義改革が進行し、国際的な舞台にも進出したサルデーニャ王国の動向を前にして、サルデーニャ王国に期待する現実論が民主派の一部に生まれた。彼らは、オーストリアからの独立のためにはサルデーニャ王国の軍隊が必要だと判断するとともに、同王国がふたたびナショナルな運動の先頭に立ってサヴォイア朝の君主のもとでイタリア統一が実現されるなら、共和政にこだわらないとする態度に傾いた。

こうした考えは、古い活動歴をもつミラーノからの亡命者パッラヴィチーノ・トリヴールツィオ、ヴェネツィアからパリに亡命したマニン、シチリアの一八四八年革命で活躍後フランスをへてトリーノに亡命したジュゼッペ・ラ・ファリーナらによって表明された。彼らは、しばらくの準備期間ののち、一八五七年八月に「イタリア国民協会」を発足させ、ガリバルディもこれに参加した。国民協会は自由主義派と民主主義派、あるいは穏健派と急進派の対抗関係のなかで第三の道を提示して、イタリアの独立と統一に向けての独自の役割を演じた。この政治的アソシエーションの活動は、北・中部イタリアに浸透して世論の形成を導き、のちの諸地域における住民投票の動向に少なからぬ影響をおよぼした。

第二次独立戦争

一八五八年初めパリで、マッツィーニ派の活動歴をもつフェリーチェ・オルシーニが仲間三人とナポレオン三世の乗った馬車に爆弾を投げ、皇帝は無事だったものの死者八人をだした。この行為はフランス世論の憤激を招き、オルシーニは裁判で死刑判決を受けて処刑された。彼は処刑前にナポレオン三世に宛てて、イタリアの解放に力をつくしてほしい旨手紙を残し、これが公表されるとイタリアではオルシーニの遺志を継ぐかたちで、ナポレオン三世にイタリア解放への理解を求める声が広がった。

ヨーロッパの覇権をねらうナポレオン三世は、同年七月、スイスの保養地プロンビエールでカヴールと会談し密約を結んだ。その内容はイタリアからオーストリアの影響力を排して、サルデーニャ王国がロンバルド・ヴェーネト王国、パルマ公国、モーデナ公国、教皇国家のレガツィオーネ地域をあわせて北イタリア王国を樹立し、トスカーナ大公国と教皇国家領の一部で中部イタリア王国を形成し、ローマとその周辺を教皇国家とし、それに両シチリア王国を加えてイタリアを四国家に再編するプランだった。フランスはそれを援助する見返りに、サルデーニャ王国領のサヴォイア(サヴォワ)とニース(ニッツァ)を譲り受け、また皇帝の従弟《いとこ》とサヴォイア家王女を結婚させて両家を姻戚とすることが取り決められた。一八五九年一月、この密約をもとに協定が締結されて両国は同盟を結び、オーストリアとの戦争に備えた。

オーストリアは両国の動きにたいして、一八五九年四月二十三日、最後通牒を手渡し、二十七日にロンバルディーアを舞台とする戦争が始まった。この戦争はサルデーニャ王国・フランス同盟軍とオーストリア軍の戦争であり、イタリアにとっては第二次「独立戦争」になるが、イタリア統一にかかわる性格はもたず、これを「イタリア統一戦争」と呼ぶのは適切でない。サルデーニャ王国軍の兵力は義勇兵を含む約六万五〇〇〇人で、ガリバルディの率いる義勇軍「アルプス猟歩兵隊」も加わっていた。フランス軍は約一二万八〇〇〇人、オーストリア軍は二〇万人前後の兵を動員した。

サルデーニャ王国・フランス同盟軍は戦いを優勢に進め、六月八日ミラーノに入城し、同月二十四日のソルフェリーノとサン・マルティーノの戦いで勝利をおさめた。一方、オーストリアはヴェローナからマントヴァにかけての要塞地帯で防衛態勢を強化した。この戦争はフランス国内で不人気なことに加え、戦闘での犠牲も大きく、長期化とプロイセンの介入の恐れもでてきて、ナポレオン三世は早期終結を決断した。七月十一日、彼はヴィッラフランカでオーストリア皇帝フランツ・ヨーゼフと会談し、講和予備協定を結んだ。協定は、オーストリアがロンバルディーアをフランスに譲渡し、フランスはそれをサルデーニャ王国に譲渡すること、ヴェーネトはオーストリアの支配下にとどまることを定めた。

ナポレオン三世が戦争の早期終結に踏み切った理由には、ほかに中部イタリアにおける予測外の展開があり、当初のプランをこえたイタリア諸国家の動きへの警戒があった。トスカーナ大公国では、開戦日の四月二十七日、民衆デモがあってレオポルド二世が国外に脱出し、穏健派と国民協会の提携による臨時政府がつくられた。同国の穏健派は、サルデーニャ王国との合併に慎重だったが、強い個性をもつリカーソ

1859年初め

1859年７月以降

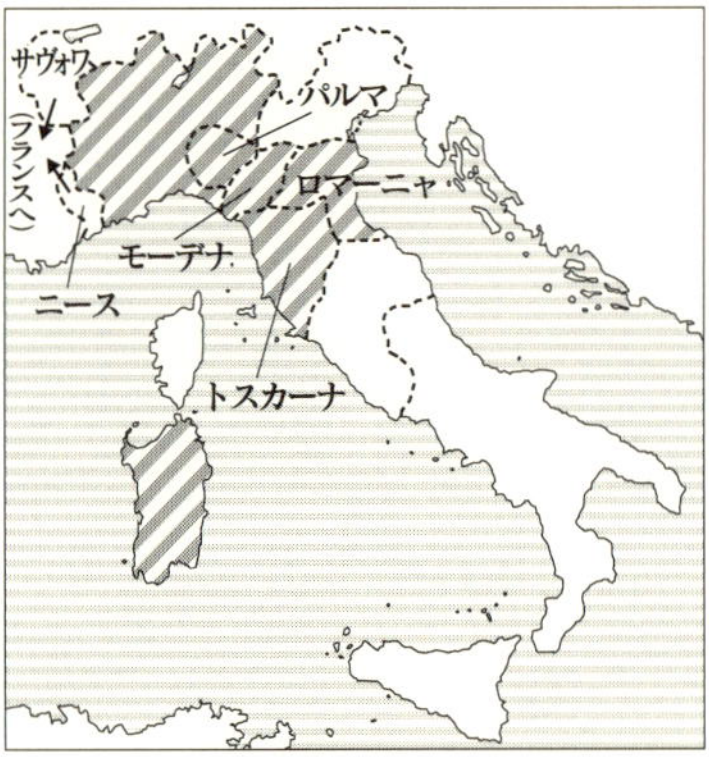

1860年３～４月以降

1860年11月以降

サルデーニャ王国によるイタリア統一

りのリーダーシップと国民協会の働きかけで合併派が力を増した。トスカーナ臨時政府の要請を受けて、五月にサルデーニャ王国から派遣された全権大使がフィレンツェに着任し、新内閣を設置して統治した。

パルマ公国とモーデナ公国でも同様に君主が国外に去り、サルデーニャ王国から派遣された統治官が全権限をもって支配し、また教皇国家では国民協会の勢力の強いボローニャで臨時政府委員会がつくられた。これにたいして、ヴィッラフランカ講和予備協定はトスカーナ大公国とモーデナ公国における君主の復権を明記して、中部イタリアの動きを牽制した。

サルデーニャ王国によるロンバルディーアの併合

フランスとオーストリアの和平は、イタリアにとってヴェーネトの独立の断念と北イタリア王国建設の挫折を意味した。サルデーニャ国王ヴィットーリオ・エマヌエーレ二世は和平を受け入れたが、カヴールは当初の戦争目的を放棄することに抗議して首相を辞任した。後任の首相にはラ・マルモラが任命されたが、新内閣の実力者は内相のラッタッツィだった。もともとカヴールは、軍人肌の国王とそりが合わず、この時期も国王の愛人問題をいさめて不仲だったのにたいし、ラッタッツィは国王と個人的に良好な関係にあった。

この和平で北イタリア王国建設の構想はくずれ、サルデーニャ王国がロンバルディーアだけを併合するかたちになった。両者の合併それ自体は、一八四八年革命の際の住民投票で合意に達しており、既定方針として了解されていた。しかし、政治的統一はただちに実現しうるにしても、両者が合併した新国家の諸制度を決めるには憲法制定議会の開催が求められ、完全な統合までには過渡期が必要と考えられていた。たとえば両地域の地方行政制度は、サルデーニャ王国が中央集権的性格なのにたいして、ロンバルディーアではコンヴォカート(土地所有者全員の集会)が存続していてある程度の地方自治が認められており、両者のあいだにかなりの開きがあった。カヴールはこの調整のため、戦争が始まるとすぐに、過渡期におけるロンバルディーアの地方行政制度のあり方を検討する諮問委員会を設置した。諮問委員会は、ロンバルディーア出身の穏健派で構成され、ロンバルディーアの自立性を保持する見地から、過渡期には基本的に現行制度のままとする結論を答申していた。

ヴィットーリオ・エマヌエーレ２世とその愛人　王妃没後，国王は下級士官の娘を愛人とし，貴賤結婚(配偶者が身分・財産の継承権を認められない結婚)の手続きをした。

だが、当初の構想とは違ったかたちでの合併問題の具体化と、カヴールからラ・マルモラへの首相の交代とが同時に発生して事態が変わり、新政府のラッタッツィ内相は過渡期をおかずに即時統合する方針をとった。サルデーニャ王国では開戦直前に、戦時期の全権限を国王に委任することを議会が決議しており、国王の了解のみで政府は法を制定できた。政府は一八五九年十～十一月に、県・コムーネ法、治安法、公共事業法、公衆衛生法、刑法、刑事訴訟法、民事訴訟法、それに公教育法(カザーティ法)

など重要な諸法を、大体は現行法を手直しするかたちで制定した。このうち地方行政制度を定めた「県・コムーネ法」は通称ラッタッツィ法と呼ばれ、政府の任命する県首長の統治官《ゴヴェルナトーレ》(のち知事《プレフェット》の名称)が強い権限をもち、地方自治を否定した中央集権的性格の濃い内容だった。

政府が、議会の閉会中に諸法を急いで制定したのは、先のヴィッラフランカの講和予備協定で合意された内容、すなわちサルデーニャ王国へのロンバルディーアの譲渡が、十一月十日に調印予定の講和条約で正式に承認される前に諸制度を整えておき、合併の時点でもはや制度上の選択の余地のない状態をつくりだしておこうとする意図だった。この結果、両者の合併は、それにともなうべき憲法制定議会の開催なしに、サルデーニャ王国がロンバルディーアを吸収する形式でなされた。こうした合併の形式にたいして、ロンバルディーアの民主派はもちろん、穏健派からも批判の声があがったが、これがモデルとなって、その後のサルデーニャ王国と諸地域の合併もすべて同じ形式をとることになった。

ヴィッラフランカの和平後、トスカーナ、モーデナ、パルマ、それにロマーニャ(教皇国家領レガツィオーネ地域)の各地域で議会選挙がおこなわれ、それぞれの議会とも、サルデーニャ王国との合併の意志を表明した。だが、ラ・マルモラ‐ラッタッツィ政府は、合併に強く反対するナポレオン三世の圧力を受けて、こうした中部イタリア諸地域の動向に適切に対処できず、一八六〇年一月、カヴールが首相として再登場することになった。

カヴールはナポレオン三世との交渉で、ニースと王家発祥の地サヴォイアをフランスに割譲するのとひきかえに、サルデーニャ王国と中部イタリアの合併を認めさせた。一八六〇年三月、中部イタリア諸地域で「国王ヴィットーリオ・エマヌエーレ二世の立憲君主国と合併」か、それとも「分離王国」かの二者択一を問う住民投票が実施され、サルデーニャ王国への併合が決まった。同月、併合地域を含めた議会選挙がおこなわれ、一八五九年四月以来休会中だった議会も再開された。ニースとサヴォイアは、同年四月、住民投票をへてフランスに編入された。

ガリバルディのシチリア遠征

独立戦争からサルデーニャ王国による中部イタリア併合までの経過で、主導権をとったのは各地の穏健自由主義派で、国民協会がそれに協力したが、この段階でイタリアの統一は主たる課題ではなかった。しかし、一八六〇年五月のガリバルディのシチリア遠征によって事態は大きく展開し、イタリア統一が日程にのぼると同時に、それをめぐる穏健派と民主派の主導権争いが激化した。

ガリバルディ

かねてマッツィーニは、ローマの解放によるイタリア統一を唱え、外交に依存せずにイタリア独自の実践を重視していた。ガリバルディも基本的にこれと同じ考えだったが、マッツィーニと違って統一を共和政でなく、サヴォイア王家のもとで達成する方針を強めていた。ただし、国民協会を指導するラ・ファリーナがカヴールの路線に密着しすぎていることを批判して、国民協会の会長は辞任していた。この時点で民主派の多くも、

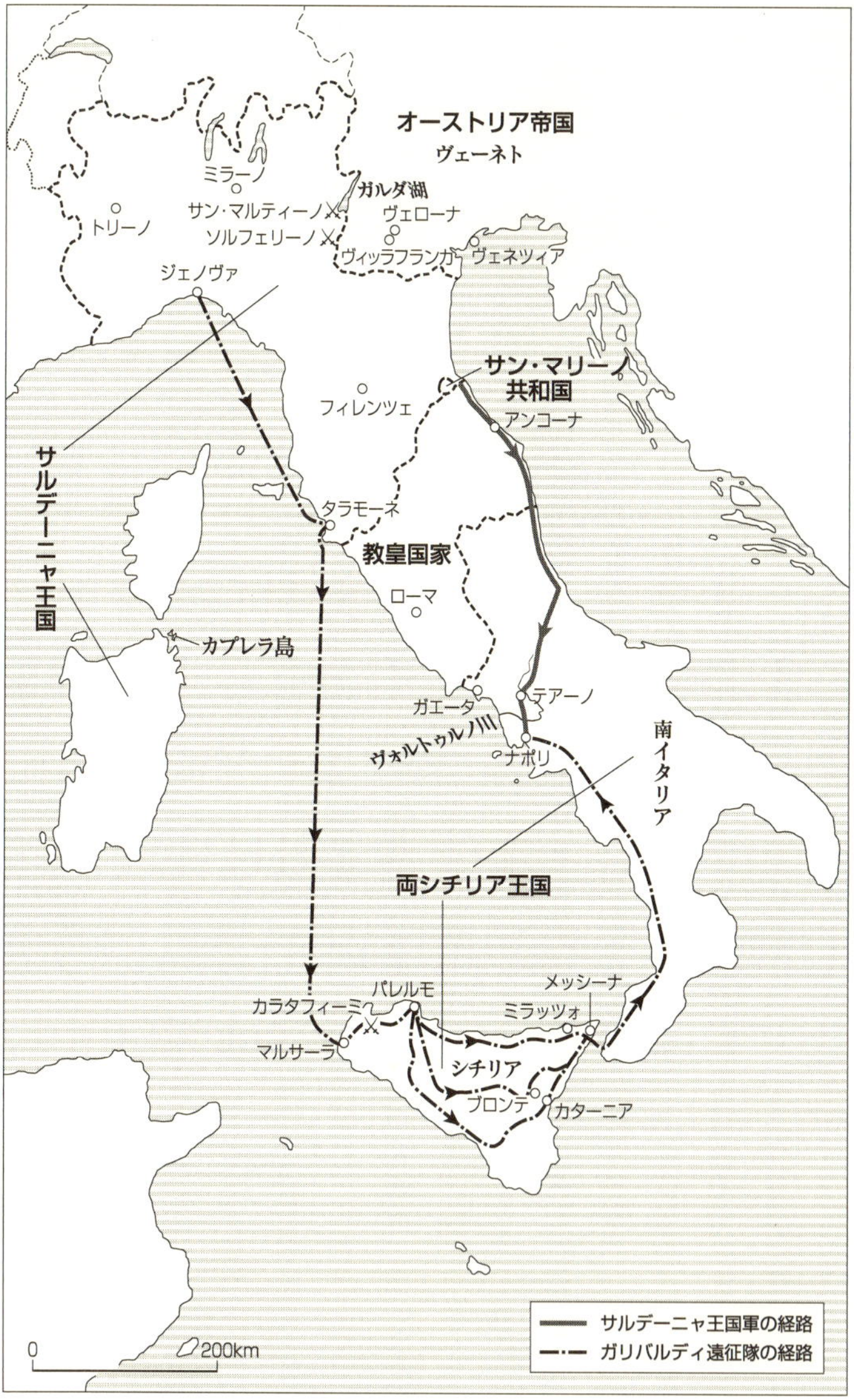

ガリバルディのシチリア・南イタリア遠征

統一の実現のために共和政にこだわることなく、統一後の国家のあり方については憲法制定議会を召集して討議すべきとする方針に傾いて、ガリバルディの周囲に結集した。

両シチリア王国のシチリア島では、ナポリ政府からの自立の要求がいぜんとして強く、また社会的抑圧からの解放を求める民衆の動きも根強かった。シチリア出身の亡命者フランチェスコ・クリスピは、マッツィーニ派の共和主義者だが、シチリアを解放してナショナルな運動と結合するには、共和政にとらわれない行動が必要だとして、島内の活動家と連絡を保ちつつ蜂起計画を練っていた。一八六〇年四月、シチリアから蜂起のニュースが届くと、支援のための遠征をガリバルディに働きかけた。ガリバルディは、しばらくためらったのち、「イタリアとヴィットーリオ・エマヌエーレ」のスローガンで遠征を敢行する決断をくだした。ガリバルディは、シチリアの反乱を助けながら両シチリア王国に打撃を与え、そこからさらにローマに達してイタリア統一を実現することを意図し、その行動を統一イタリアの国王となるべきヴィットーリオ・エマヌエーレの名においてはたそうとした。

こうして五月六日未明、ガリバルディの遠征隊はジェノヴァ近くの港から二隻の船で出航し、同月十一日、シチリア島西海岸のマルサーラに上陸した。後年、上陸した人物一〇八九人が特定され、「千人隊」と呼ばれるようになるが、遠征隊の正式名称は「アルプス猟歩兵隊」だった。この名称が示すように、遠征隊は前年の独立戦争に義勇兵として参加した北イタリアの民主派のメンバーが中心で、ほかに両シチリア王国からの亡命者一〇〇人程がいた。一〇〇〇人余りのメンバーは厳選された者というより、遠征の出発に間に合った者たちで、ジェノヴァには後続隊を組織するためのスタッフが残された。

農民反乱

上陸後、首都パレルモに向かって進む途中の五月十四日、ガリバルディは「イタリア王ヴィットーリオ・エマヌエーレの名においてシチリアの独裁権を掌握する」ことを宣言し、翌十五日、カラタフィーミにおけるブルボン軍との最初の戦闘で勝利をおさめた。そして五月二十七日、遠征隊は地元民衆の集団《スクアードラ》とともにパレルモ市内に突入し、呼応した市民も蜂起して、およそ二万人のブルボン軍と市街戦が繰り広げられた。数日間の戦闘後、ブルボン軍は休戦を申し入れ、海路メッシーナへ撤退した。ガリバルディはシチリア政府を組織して統治体制を整え、政治の運営はクリスピに委ねた。この間、シチリアの一八四八年革命の諸措置を復活させ、民衆の憎悪の的だった製粉税を廃止し、遠征隊とともに解放闘争に参加した者にはくじ引なしで共有地を配分することを布告した。

共有地の配分それ自体は新しいことでなく、数十年にわたって繰り返し法令で定められながら係争となっていた問題で、今回の措置は解放戦参加者にくじ引なしで優先的に配分するとしたことに新しさがあった。これは、ガリバルディ政権の農民保護のための社会政策というより、遠征隊の兵力を少しでも増強しようとする軍事的必要による措置といえた。だが、土地問題に苦しんできたシチリアの農民は、ガリバルディの意図とは別に、村々でこの布告の即時実施を要求して、貴族とブルジョワの土地所有者および行政役人にたいする反乱を強めた。

リソルジメントにおける民主派は、政治革命を課題としていて社会革命の思想はもたなかった。今回の遠征もシチリアの社会問題の解決が目的ではなく、イタリア統一のために両シチリア王国を崩壊に導くことだった。遠征隊は、両シチリア王国に打撃を与えるかぎりで農民の運動と提携したが、後続部隊がつぎつぎと到着して軍事力が補われると、農民との提携を必要としなくなった。農民反乱はむしろ社会不安の要因とされ、このあと増強された遠征隊は、三隊に分れてパレルモからメッシーナに向かう途中、農民反乱を抑圧し、秩序の維持をはかった。以前にイギリス提督ネルソンが拝領して、ネルソン家の所領のあるエトナ山麓のブロンテ村では、農民反乱にたいする弾圧がとりわけ厳しくなされ、即決裁判で五人が処刑されたほか多数に実刑が科された。

メッシーナで待ち受けるブルボン軍との戦闘をひかえて、ガリバルディ政権は、農民反乱とは別に、穏健派の政治工作にも対処しなければならなかった。カヴールは、ガリバルディの行動をおさえるために、ラ・ファリーナをシチリアに送り込んで、シチリアのサルデーニャ王国への併合を画策させた。ガリバルディは、イタリア全体が解放されたあかつきに、国王ヴィットーリオ・エマヌエーレのもとで統一国家を建設して憲法制定議会を召集するのが望ましく、それ以前にシチリアが個別にサルデーニャ王国に吸収されてはならないと考えていた。それにシチリアを民主派の基盤として確保しておく必要もあった。シチリアの政治家たちは、民主派と穏健派のどちらがシチリアの自治をよりよく保障し、どのように社会を安定させるかを見極めようとしていた。

民主派と穏健派の抗争

遠征隊とブルボン軍の決戦は、七月二十日、メッシーナ近くのミラッツォでおこなわれた。それぞれ五〇〇〇人程の兵を投入した戦闘ののち、遠征隊が勝利してシチリア島全体を掌握した。ブルボン側はメッシーナ海峡の対岸の防備を固め、遠征隊の半島部への上陸を阻止する態勢をとったが、八月中旬、遠征隊は隙をついて上陸に成功した。このあとさしたる抵抗もなく、ガリバルディは九月七日、ナポリに無血入城し、ナポリ市民の歓迎を受けた。一八五九年五月に即位したばかりの両シチリア王国の国王フランチェスコ二世は、ナポリでの戦闘を避けてガエータの要塞に移り、ブルボン軍の精鋭約五万人もナポリの北のヴォルトゥルノ川に布陣した。ガリバルディがローマをめざして北上するのを迎え撃って、ナポリを奪回する作戦だった。

カヴールは、ガリバルディの到着前に、穏健派による蜂起をナポリで起こして主導権を確立する計画を練っていたが、ナポリには自由主義革命を起こす主体が存在しなかった。ガリバルディのナポリ征服によって、民主派と穏健派の主導権争いは政治と軍事の両面において激しさを増した。ガリバルディがローマを攻めて、教皇保護のためにローマに駐留しているフランス軍と衝突すれば、フランスの全面的介入は避けられず、カヴールはこの事態をもっとも恐れていた。そこでカヴールは、ナポレオン三世の同意のうえで、サルデーニャ王国の正規軍を派遣して、ガリバルディをおさえこむ方針にでた。

九月十一日、サルデーニャ王国軍三万三〇〇〇人は、アドリア海側のサン・マリーノ共和国近くでの国境紛争を口実に、教皇国家領に侵入し、九月末までにウンブリアとマルケ地方を占領した。一方、ガリバルディの遠征隊はいまや四万~五万人にふくれあがり南部軍団と称していた。十月一日、南部軍団とブルボン軍はそれぞれ三万人の兵を投入してヴォルトゥルノ川の会戦となったが、一進一退の攻防で決着がつかなかった。十月初め、ヴィットーリオ・エマヌエーレ二世自身が出陣して指揮をとることになったサルデーニャ王国軍は、アンコーナ市からナポリに向かって南下を開始した。

この間にも、トリーノ、シチリア、ナポリ各地で激しい政治闘争が続いた。サルデーニャ王国の首都トリーノでは十月初め議会が開かれ、カヴールは、シチリアと南イタリアをサルデーニャ王国に併合する用意のあることを表明し、議員ほぼ全員がそれを支持した。これまでイタリア統一の構想をもたなかったカヴールは、皮肉にも民主派のイタリア統一の行動をおさえるために、自らイタリア統一の方針を掲げざるをえなくなった。カヴールら穏健自由主義派にとっての統一とは、憲法制定議会を開いて統一国家の性格を議論する方針の民主派と違って、諸地域をサルデーニャ王国に併合することを意味していた。

シチリアでは、国務長官を務めるクリスピや独裁代行のアントーニオ・モルディーニがシチリア議会の召集を準備するが、これはサルデーニャ王国の議会に対抗してあらたな議会を開設し、新国家のあり方を討議しようとする意図だった。シチリアの政治家たちも、自治権を確立する見地から議会の開設に反対ではなかった。

ナポリにはマッツィーニやカッターネオら民主派の主要メンバーが集まっていた。彼らやガリバルディは、シチリアと同様に南イタリアでも議会を召集する考えだったが、南イタリア地域の独裁代行の職にあったパッラヴィチーノが、サルデーニャ王国への併合を問う住民投票の実施を強硬に主張した。クリスピらは議会召集を主張して対立したが、住民投票を要求する市民のデモや署名におされて、ガリバルディは南イタリアでの住民投票の実施に踏み切った。ナポリの動きを受けて、シチリアでも住民投票が実施されることになった。十月二十一日、両地で「立憲君主ヴィットーリオ・エマヌエーレによる単一で不可分のイタリアを望むか？」の賛否を問う投票が実施され、圧倒的多数の賛成票に基づいて両地域のサルデーニャ王国への併合が決まった。

イタリアのサルデーニャ王国化

政治的に痛手を受けたガリバルディは、なおもローマ進攻の手立てを探り、にかよった気質をもつヴィットーリオ・エマヌエーレ二世の理解をえることに希望を託して、南下してくる国王を十月二十六日、ナポリ北方のテアーノで出迎えた。テアーノの二人の出会いは、イタリア統一の事業を象徴する歴史的会見として神話化されているが、実際にはよそよそしく冷たいものだった。サルデーニャ王国正規軍の将校たちは、ガリバルディを一介の義勇兵としてひややかにみくだし、国王は短い会話のなかでガリバルディに正規軍への従属を求めた。

十一月七日、国王はナポリに入城し、ガリバルディは住民投票の最終結果を国王に報告して、独裁権を解消した。ガリバルディによる征服地の「献上」として美談風に語られていることの真実は、ガリバルディが投票結果に従って行動したというだけのことであり、しかもそれは彼の本意ではなかった。ガリバルディはこのあと、旧両シチリア王国領の統治権を一年間自分に認めてくれるよう、国王に申し入れた。国王に拒否されると、ガリバルディは十一月九日、少数の側近にのみ別れを告げ、失意のうちにナポリを離れて、居住地であるカプレラ島に戻った。南部軍団には解散命令がだされ、両シチリア王国を崩壊に導いた彼らの功労に報いる措置はとられなかった。

これより前の十一月四日、マルケとウンブリアの両地域でも住民投票が実施されて、サルデーニャ王国への併合が決まった。ガエータ要塞ではフランチェスコ二世とブルボン軍が、一八六一年二月まで抵抗を続けたが、全体の趨勢は六〇年十一月上旬にほぼ決した。一八五九年四月の独立戦争から始まった一年半の激動をへて、ヴェーネトとローマを除くイタリアの大部分がサルデーニャ王国に併合された。北イタリア王国の形成を構想していたにすぎなかったサルデーニャ王国が、誰しもが予測しなかったかたちで諸地域を順次併合して、イタリアを統一することになった。イタリアの統一は、つまるところイタリアのサルデーニャ王国化として実現したのである。

第十章　国家の建設と国民の形成

1　新国家体制へ向けて

イタリア王国の成立

イタリアの統一は、オーストリア支配下のヴェーネトとローマ教皇領のラツィオを除いて、サルデーニャ王国が諸地域を順次に併合するかたちで実現した。これはサルデーニャ王国の膨張主義の結果というよりも、予期しなかった中部イタリア革命やガリバルディのシチリア遠征などあいつぐ事件への対応の結果だったが、統一以後の国家建設においても、サルデーニャ王国が人事と制度の両面にわたって主導的な役割を担った。一八六一年一月、統一イタリアの総選挙が実施され、当面の首都トリーノで議会が開かれた。統一国家最初の議会であったが、サルデーニャ王国議会からの連続とみなされて第八期議会とされた。三月十四日、議会はサルデーニャ国王ヴィットーリオ・エマヌエーレ二世(在位一八六一～七八)をイタリア国王とすることを決め、三月十七日公布されて、イタリア王国が成立した。イタリア王国の成立にあたって、憲法制定のための議論はなされず、サルデーニャ王国のアルベルト憲法がそのまま受け継がれた。ヴィットーリオ・エマヌエーレ王は初代国王でありながら二世の称号に執着し、諸法律・諸制度の多くもサルデーニャ王国のものが新国家に適用された。

国会は上院・下院の二院制で、上院議員は国王が任命し、下院議員(定数四四三)は選挙で選ばれた。選挙権は納税額が四〇リラをこえる二十五歳以上の男性にのみ認められ、有権者は全人口二二〇〇万のうち約四二万で、人口の二％弱、二十五歳以上男性人口の八％だった。人口五万を一選挙区の基準として、全国を四四三の選挙区に分けた小選挙区制で、計算上は一選挙区の有権者が一〇〇〇人となるが、実際には選挙区ごとに違いがあり、有権者が五〇〇人以下の場合も珍しくなかった。議員は無給で、手当がつくようになるのは一九一三年になってからである。選挙区には選挙を取り仕切る大選挙人と呼ばれる地元の有力者がいて、議員は大選挙人との関係をつねに良好に保つことが必要だった。こうした選挙制のもとで選出される議員の大半は資産家の名士たちだった。

議員たちはおおまかに分類して「右派」「左派」と呼ばれる二つの勢力に分れた。右派議員の多くは土地所有貴族で、穏健自由主義的な立場をとり、一方の左派はガリバルディやマッツィーニと活動をともにした、リソルジメント期の民主派の流れをくむグループだった。議会で多数を占めたのは右派で、初代首相はカヴールだが、一八六一年六月に五十歳の若さで病死し、その後はトスカーナ出身のリカーソリ、ピエモンテ出身のラッタッツィ、ロマーニャ出身のファリーニ、エミーリア出身のミンゲッティ、ピエモンテ出身のラ・マルモラら北・中部出身の有力政治家が順次首相の座に就いた。

新国家体制を築くうえで首都をどこにするかがまず議論となったが、カヴール首相は早々とローマこそが首都にふさわしいと表明して、この問題をローマの併合まで先送りした。地方行政制度にかんしては種々の議論があり、当初右派指導層は諸地域の歴史と伝統に配慮して、ある程度の地域自治を認める「州」制度の導入を検討していた。だが、カヴールを継いだリカーソリ首相は、一八六一年十月の政令で、旧サルデーニャ王国の「ラッタッツィ法」(五九年十月制定)に基づく地方行政制度を適用する措置をとり、また県首長の名称を知事《プレフェット》に統一した。この措置は州制度の構想を斥けて、中央政府の派遣する県知事に強い権限を認めるものだった。

南部農民の反乱と首都移転

南イタリアでは一八六一年初めから、広範囲の農山村において反乱が生じていた。この反乱はさまざまな要因が重なって激化し、長期化し、「山賊大反乱」の名で呼ばれた。南イタリアにおけるブルボン朝の支配が崩壊したあと、旧ブルボン軍の士官たちは新イタリア王国軍に編入されたが、下士官と兵士はなんの保障もなしに軍役を解かれた。これら下士官と兵士の多くは貧しい農民の出で、彼らは帰郷先あるいは山間部で小部隊ごとに新国家に抵抗を始めた。ローマに亡命したブルボン家や教皇庁がこれを積極的に支援し、スペインのカルリスタ軍人ホセ・ボルヘスを送り込んで軍事的な組織化を試みたりした。

こうした政治的性格とともに、この反乱には土地問題に発する農民の社会的要求が加わっていた。農民は、山地に拠点をおく反乱集団を支援して、地主の館の略奪や土地台帳の焼却などの行動をとったが、これにはさらに村の行政をめぐる有力者間の党派抗争が絡んで、反乱の性格を複雑なものとした。政府は軍隊を投入して戒厳令をしき、一八六三年八月には法案提出者の名をとってピーカ法と呼ばれる特別法を制定して徹底的な弾圧に乗り出し、五年がかりでようやく鎮圧にこぎつけた。この大反乱をまのあたりにした北イタリアの政治家や軍人は、南イタリアを未開と貧困の世界として表象し、一八六〇年秋の併合の過程ですでに芽生えていた「他者としての南イタリア」という認識をさらに強めることになった。

ローマとヴェネツィアを新王国に併合する課題については、フランスとオーストリアの二強国を相手とするだけに、政府は慎重な態度をとった。しかし、野党の左派勢力には、ローマ併合の機会に新憲法を制定して、民主派の主導権を確立しようとする構想があり、ローマ解放を最重要の政治課題としていた。民主派のなかには、イタリア連邦論を唱えていたカッターネオのように、政権奪取やローマ解放に力を集中するよりも、社会諸領域で各種のアソシエーションを組織する活動が重要だとする主張もあったが、少数派にとどまった。ローマ解放にもっとも熱心なガリバルディは、一八六〇年の挫折から立ち直ってふたたび行動を起こし、六二年七月にシチリアで民衆への訴えを開始した。このおりのマルサーラでの集会中に、聴衆のあいだから「ローマか死か」とい

山賊大反乱に加わった女性たち
(1865年頃)　統計によれば1861～65年の5年間で戦死ないし銃殺刑とされた「山賊」は5212人，逮捕された者5044人，自ら出頭した者3597人とされているが，実際にはもっと多かった。

う叫び声があがり、「ローマか死か」のスローガンは急速に全国に広まった。ガリバルディのもとで二〇〇〇人程の義勇兵が組織され、一隊は八月末にカラーブリアに渡ったが、アスプロモンテで王国正規軍の攻撃にあい、ガリバルディは負傷し逮捕された。この事件の国内外での反響は大きく、ガリバルディは王女の結婚による恩赦で釈放されたものの、時のラッタッツィ内閣は総辞職に追い込まれた。

ローマ問題をめぐっては、政府はフランスとひそかに交渉を進め、一八六四年九月の協定で、イタリアが教皇領を攻撃しないことを条件に、フランスはローマ駐屯の軍隊を二年以内に撤退させる合意に達した。九月協定にはほかに、イタリアは六カ月以内に首都を移転しなければならないとする秘密条項が盛り込まれていた。秘密条項には、トリーノにかえて新首都を定めることで、当面イタリアがローマを首都とする意図のないことを示す意味合いがあり、新首都にはフィレンツェが選ばれた。この秘密条項はすぐに知られるところとなり、ローマ放棄との批判の声があがる一方で、首都移転に反対するトリーノ市民の暴動が生じ、議会でもピエモンテ選出議員が激しく抗議した。しかし、世論および議員の多数は首都移転を支持した。移転支持の背景には、トリーノからフィレンツェへの遷都によって、政治と行政におけるピエモンテ出身者の影響力を弱めようとする感情が働いていた。

行政制度の統一

首都移転を受けて、王国内の行政の統一および法規の統一が急がれることになり、一八六五年三月から四月にかけて政府の主導で一連の立法がなされた。行政にかんしては「県・コムーネ法」「治安法」「公衆衛生法」「公共事業法」など六つの法律を含む「行政統一法」によって行政諸制度の統一がはかられ、また法規の統一にかんしては「民法」「民事訴訟法」「商法」「商船法」の四つの法律が制定されて、全国に適用された。ただし「刑法」にかんしては法の統一はならず、トスカーナ地方では従来の刑法がそのまま残された。トスカーナ地方では死刑制度が廃止されており、旧サルデーニャ王国の刑法をモデルとする法の統一によって死刑が復活することに、同地方で反対の声が強かったことによる。

「県・コムーネ法」によって王国の地方行政制度が最終的に決まった。この法は大筋において旧サルデーニャ王国の「ラッタッツィ法」ならびに一八六一年十月の政令を受け継ぐもので、「州」制度は導入せず、「県」と「コムーネ」が地方の行政単位とされた。この時点で県の数は五九で、県行政の長には中央政府から派遣される知事(内相に直属)が座り、この知事が県議会を主宰するとともに県行政の全般にわたって強い権限を有した。コムーネは地方行政の基礎単位で市町村に相当するが、制度上の市町村の区分はなく、人口約一五万の首都フィレンツェであれ、人口五〇〇以下のアッペンニーノ山中の寒村であれ、一律にコムーネという行政区に分類され、その数は全国で七七二一となった。コムーネには議会が設置され、選挙権資格は国政選挙よりややゆるやかで、有権者数は住民の五%前後だった。コムーネ首長は、コムーネ議会の議員のなかから知事の推薦を受けて国王が任命するかたちをとり、地元選出という地域代表的性格と国王任命という国家役人的性格の二重性をおびた。

これまでの研究史は、「州」制度の流産と知事の強い権限に焦点をあてて、新国家が地方自治の否定に立つ中央集権の体制であることを強調してきた。たしかに右派指導層は、政府の方針を地方に浸透させるために、知事に大きな権限を付与していた。知事の人選においても、はじめのうち官僚より政治家を多く起用し、また官僚の場合には旧サルデーニャ王国の官僚が圧倒的な数を占めた。しかし、研究史が中央集権的性格を強調してきたのは、地方自治を要求する政治的主張が歴史研究に投影されていたきらいもあり、近年の研究は、法制度の面だけでなく、地方と中央のあいだの政治的・文化的な諸回路を検討することで、地方自治か中央集権かという二者択一の見方を斥けて、地方と中央の相互的な諸関係を明らかにしようとしている。

たとえば、コムーネにはコムーネ書記をおくことが定められており、この書記はコムーネにおける国家行政の執行に責任をおう公的役割を課せられていた。だが、この書記の任免権はコムーネ議会にあり、身分的にはコムーネ議会が自由に任免できる一職員という立場にあった。つまり、コムーネ議会はコムーネ書記の任免をとおして国家行政の執行に介入でき、コムーネの自主性を示すことができた。コムーネ首長にしろコムーネ書記にしろ、彼らの役職は地域社会を代表する性格と国家の公的役割を担う性格の二重性をおびており、中央と地方の行政上の接点に位置していた。

中央と地方の接点に立つという点では県知事も同じだった。たしかに県知事は、その職務において強い権限を有していたが、それは中央から地方へ一方向にのみ作用したのではない。地域社会における実力者は名望家層であって、知事が彼らに取ってかわって地域の支配権を握ったわけではなく、知事は名望家層と折合いをつけながら地方行政の運営をはかり、中央と地方を媒介する機能をはたしていたのである。なお、中央政府が知事に託した役割のひとつに、各選挙区で与党候補者の当選をはかるということがあった。

このため知事の選挙介入が頻繁にみられ、このことは大選挙人の存在とならんで、二十世紀まで続くイタリア政治史の特徴となった。

歳入源の捻出

政府は、旧諸国家間の関税障壁の撤廃、リラ通貨の採用など国内経済の統一を進めたが、当初から財政運営に大きな困難をかかえた。新国家は、旧諸国家が残した負債総額約二四億リラを引き継がねばならず、そのなかでは公共事業費と軍事費の積極的な支出による旧サルデーニャ王国の累積赤字約一三億リラが突出しており、これらの負債は新国家のもとでイタリア全体の負担に転化された。新国家最初の一八六二年度の予算は、九億二〇〇〇万リラの歳出にたいして税収は四億八〇〇〇万リラしかなく、苦しい赤字予算からの出発だった。財務相にたびたび登用されたセッラをはじめ右派の指導者たちは、収支均衡を唱える健全財政論者で、彼らの財政運営は税収増に力を注ぐ一方で、支出を極度に切りつめる超緊縮財政となった。右派政権の期間中、対オーストリア戦争のあった一八六六年を除いて、支出額はほぼ横ばいを続け、七五年度の歳出は一〇億八〇〇〇万リラで、一五年間にわずか一億六〇〇〇万リラふえたにすぎなかった。この間の支出内訳は国債の利払いと償還費をあわせた国債費三一%、軍事費二八%、公共事業費一〇%で、国債費と軍事費だけで六割を占めていた。収入にかんしては、財源創出のさまざまな措置によって少しずつ増大し、ようやく一八七五年度に支出を上回る一〇億九〇〇〇万リラの収入をえて、収支均衡を実現した。

　この間の財政赤字は国債の発行によって補塡されたが、最初の数年はその半分近くが国外の金融市場、とくにパリの市場で取引された。しかし、一八六六年初めに国債価格が暴落し、安値となった国債をイタリア人投機家たちが買い戻したため、今度は金の国外流出が生じた。この金融不安で銀行預金の払い戻し請求が殺到し、政府はその対策として、当時五行あった発券銀行のうち最大手のナツィオナーレ銀行の発行券について金との兌換《だかん》停止を認めた。すなわち、ナツィオナーレ銀行の発行券には強制通用力(コルソ・フォルツォーゾ)が認められて不換紙幣となった。しかし、コルソ・フォルツォーゾの導入は外国為替市場でのリラの信認を弱めることになり、リラの為替レートの下落を招いた。リラ価値の低下は金融面で種々の混乱を生んだが、その一方でリラ安は、輸入の抑制と輸出の促進という効果をともなって、貿易収支の赤字幅を縮小する働きをもった。

　右派政権のもとでの収入増は主として課税強化によるもので、社会の諸領域に影響がおよんだ。政府は最初、所得税の引上げや印紙税・登録税などの導入で有産者層に負担を課したが、しだいに消費税など間接税の徴収を強めて民衆の生活を直撃した。一八六九年一月から実施された製粉税は、都市の民衆にも重い負担だったが、とりわけ農村の民衆を圧迫した。農民は自家消費用の穀物を村の水車小屋で製粉するのが常で、穀粉を引き取る前に税を支払わねばならず、直接税にもまさる過酷な税となった。各地の農民のあいだで反製粉税運動が起こり、とくにエミーリア地方では激しい運動が展開された。一八八三年末に廃止されるまでのあいだ製粉税は貴重な財源として厳しく取り立てられ、七〇年代の年平均の製粉税収入は七〇〇〇万リラに達した。

国家財政の収入増のための措置は課税強化だけにとどまらなかった。政府は、一八六六年に修道院・修道会など宗教団体の解散を命ずる法を制定してその所有地を国有化し、建造物は地方行政体に払い下げて学校、病院、図書館、慈善施設などに転用した。対オーストリア戦で出費のかさんだ一八六七年には、教会の法人格を取り消して、教会の所有地を没収する法を定めた。二つの法は、社会生活における聖職者層の影響力を弱める目的とともに、こうした財政的意図を含んでおり、政府は没収した土地を他の国有地とあわせて売却し、国庫収入にあてた。

ローマ近郊のテーヴェレ川に架設した鉄橋を試走行する列車(1865年頃)　北部と南部を結ぶ鉄道はアドリア海側では早くに開通したが，ティレニア海側のナポリ—レッジョ-カラーブリア間の開通は20世紀にはいってからだった。

右派政権下の公共事業費は歳出総額の一〇％程度にすぎず、主として道路、通信、港湾などインフラ(基礎施設)建設に向けられた。公共事業ではほかに運河、水道、ガス灯などの工事が外国資本の民間会社によっておこなわれた。鉄道の建設と経営にかんしては一八六五年制定の法律で、国家が助成金をだして四つの民間会社に委ねる措置をとった。鉄道の営業キロ数は一八六〇年に二四〇〇キロだったのが、七〇年には六四〇〇キロ、七五年には八〇〇〇キロに伸び、国内の政治的・経済的な統一を進めるのに寄与したものの、同時期のイギリス、フランス、ドイツの営業キロ数と比べると遥かに劣っていた。それに鉄道建設は通常、鉄鋼業と機械工業を刺激して工業化を推進する役割をもつけれども、イタリアの場合は、必要な資材や機関車の大部分を外国に依存したため、鉄鋼業・機械工業の発展とすぐには結びつかなかった。

政府は、旧サルデーニャ王国の通商政策を継承して自由貿易主義を方針とした。この時期は国際的に自由貿易主義が支配的な傾向で、イギリス・フランスをはじめ諸国と通商条約を結び、低関税政策による貿易を促進した。イタリアはオリーヴ油、ワイン、酪農製品、麻、生糸、柑橘《かんきつ》類など主として農産物を輸出し、外国からは綿・毛・絹織物や機械機具など工業製品を輸入した。かつてカヴールがピエモンテに自由貿易主義を導入して、農産物の輸出の見返りにイギリス・フランスからの工業製品の輸入をはかったとき、西欧先進社会の文化圏と結びつくことが北イタリアのとるべき道だとする構想があった。このときのカヴールの構想には南イタリアは視野にはいっておらず、統一後の新国家の財政政策・通商政策が南イタリアにおよぼした影響をめぐっては、こののち多くの議論を呼ぶことになった。

2　右派政権から左派政権へ

ヴェネツィアとローマの併合

一八六六年四月、政府はプロイセンと攻守同盟を結び、六月に普墺(プロイセン・オーストリア)戦争が始まると、イタリアもオーストリアにたいする戦いにはいった。イタリアの目標は、オーストリアの支配下にとどまっているヴェーネトを解放することで、新国家最初の対外戦争であると同時に、第三次独立戦争の性格を有していた。イタリア側は陸上(クストーザの戦い)と海上(リッサの戦い)の二方面から攻撃をしかけたが失敗に終わり、七月に普墺戦争が終結すると、イタリアとオーストリアの戦いも八月に終了した。イタリアが勝利した戦争ではなかったが、プロイセンに敗れたオーストリアがヴェーネトを手放すことで、ヴェーネトはイタリア領となった。この際、オーストリアはヴェーネトを仲介役のナポレオン三世に譲渡し、ナポレオン三世がそれをイタリアに渡すという、先のロンバルディーアの場合と同様のイタリアにとってあまり名誉でない形式がとられた。

ローマ解放にかんしては、ガリバルディがひきつづきねばり強い活動を続け、義勇隊のローマ攻撃に呼応してローマ市の内部でも蜂起を起こすプランを練っていた。またマッツィーニも、ローマ解放が制憲議会の召集と共和化の実現に結びつくことをめざし、「共和主義同盟」という新組織を結成して活動を進めた。一八六七年十月、ガリバルディは七〇〇〇人程の義勇兵を率いてローマ近くまで達したが、ローマ防衛のために再派兵されたフランス軍とのメンターナの戦いで敗れ、居住地のカプレラ島に強制送還された。そうこうするあいだに、ローマ併合は思いがけないかたちで実現した。一八七〇年七月、独仏戦争が始まり、ローマ駐屯のフランス兵は本国に召還された。政府は事態の推移を見守っていたが、フランス敗北(九月三日)のニュースが届くと、教皇庁にローマの平和的な明渡しを求めた。ローマ教皇が拒絶すると、イタリア軍は教皇領への軍事行動を開始し、九月二十日、ポルタ・ピーア近くの城壁を突破してローマ市内にはいり占領した。十月二日、旧教皇領における住民投票をへて、ラツィオ地方はイタリア王国に編入され、一八七一年七月、ローマに首都が移された。ヴェーネトとラツィオの編入によって、王国の人口は約二六八〇万、有権者数五三万、下院議席数(選挙区数)五〇八、県の数六九、コムーネ数八二七五にそれぞれ増加した。

ローマ併合は、かねて対立の深まっていた国家と教皇庁の関係をさらに悪化させ、あらたなローマ問題を生み出した。政治指導層は宗教政策として、カヴールが定式化した「自由な国家における自由な教会」という政教分離主義を基本としていたが、国家による教会の統制を唱える国家統制主義の立場も存在した。これにたいして教皇ピウス九世(在位一八四六〜七八)は、一八六四年に発表した八〇カ条からなる「謬説《びゅうせつ》表」のなかで、イタリア国家の自由主義の原理を糾弾し、また六九年末から七〇年十月にかけて開催されたヴァティカン公会議において、神の与える権能のゆえに教皇の教えはあやまることがないとする「教皇無謬権」を宣言していた。ローマ併合後、議会は政教分離主義と国家統制主義の妥協の産物である「教皇と聖座の諸大権の保障ならびに国家と教会の関係についての法」、いわゆる「保障法」を制定(一八七一年五月)して、教皇によるヴァティカンおよびラテラーノの建造物の所有と治外法権の保障、ならびに教皇庁の運営費の支給などを定めた。しかし、教皇側はこうした措置に反発して、カトリック教徒の国政選挙への参加を禁止する文書「ノン・エクスペディト」(ふさわしくない)を発し、イタリア国家にたいして非妥協的な態度をとった。国家と教皇庁の対立は、一九二九年のラテラーノ協定の締結まで、こののち五〇年にわたって続くことになる。

ローマ併合のトラウマ

イタリアあるいはヨーロッパにおけるローマの使命ということが、長いあいだ政治的および思想的な争点となっており、とりわけマッツィーニは、皇帝のローマ、教皇のローマから人民のローマへの転換を唱えて、ローマの解放が共和政の樹立につながることを求めていた。また右派のセッラは、ローマがあらたに「学の都市」としてよみがえることに期待をかけた。しかし現実には、ローマ併合もローマへの首都移転も、国民のあいだにさしたる関心を呼び起こすことはなく、現状に変化をもたらさなかった。一八七〇年十一月に実施された総選挙の投票率は四五・五%で、この数字はイタリア王国の合計二二回の総選挙のなかで最低の記録となった。これはカトリックの棄権だけが原因でなく、有権者層のあいだの政治的無関心の表れでもあった。

ローマ併合はひとつの時代を終了させたが、新時代を告げる曙とはならなかった。ローマへの期待を胸に活動を続けてきたリソルジメント世代の落胆は大きく、政治家・知識人のあいだには課題意識の喪失が広がった。文芸批評家で左派議員のデ・サンクティスは『イタリア文学史』(一八七〇〜七一年刊)の結びで、この状態を「まさにイタリアが形成されたときに、そのイタリアを生み出した知的・政治的世界が崩壊した」と記し、「イタリアは今こそ、ガリレオやマキァヴェッリの精神をもって、曇りない目で現実を見つめながら、自分自身を探し出さねばならない」と書いた。デ・サンクティスは、さらに数年後、「政治的統一はなされたが、知的・道徳的な統一が欠けている。ダゼッリオがいうように、イタリア人の改革抜きにイタリアが形成されたのはむなしいことである」と述べ、新時代にふさわしい精神の探求を強調した。

マッツィーニの葬儀(ジェノヴァ，1872年３月17日)　マッツィーニの遺体は永久保存措置をほどこされて，ピーサからジェノヴァの墓地に移され，会葬者は数万人におよんだ。遺体は一周忌の1873年３月10日にも一般公開された。

ダゼッリオは、リソルジメントで活躍したピエモンテ出身の政治家・文学者で、『回想録』(一八六七年刊)においてイタリアをつくるためにはイタリア人自身の改革が必要なことを説いていた。

ローマ併合の結末は、ローマの理念を説きつづけてきたマッツィーニに大きな打撃となった。これに追討ちをかけたのが、フランスからのパリ・コミューンのニュースだった。マッツィーニにとって、パリ・コミューンは、彼の協同社会の構想に反するだけでなく、ナショナリティの原理を否定する性格のものであり、受け入れることのできない運動だった。しかし民主派のなかには、パリ・コミューンに共感を示し、それと同時に国際労働者協会、すなわちインターナショナルの活動に注目して、インター支部の形成に動く者がでてきた。インターに参加したのは、マッツィーニから離れた共和主義者たち、ガリバルディ本人を含むガリバルディ派のメンバー、それに新世代のグループだった。インター支部の形成はイタリア各地で試みられたが、中心となったのはエミーリア・ロマーニャ地方とナポリだった。ナポリにはイタリア最初の支部が一八六九年にできていたが、その後弾圧され、あらたにカフィエーロやマラテスタら若い活動家たちが再建し、活発な活動を開始した。マッツィーニはインター派の台頭に対抗して、一八七一年十一月ローマで、マッツィーニ派の拠点であるイタリア労働者協会の第一二回大会を七年ぶりに開催し、主導権の確保につとめたが、マッツィーニ自身は翌年三月十日、ピーサで六十六歳の波乱の生涯を閉じた。

マッツィーニは、労働者の政治活動への参加と政治的手段による社会の解放を説いてきたが、インター派は、そのようなマッツィーニ主義を克服して、政治革命でなく社会革命を、そして中央集権でなく連合主義の社会をめざそうとした。ところが、マルクスの指導するインターナショナル総評議会は、一八七一年九月のロンドン協議会において、労働者階級は自らの政党を組織して政治権力の獲得に向かわねばならないとする方針を決め、この方針で各国支部を再組織しようとした。イタリアのインター派は、この方針が政治闘争を重視し権力の集中をはかる点で、マッツィーニ主義と同じ論理であることに反発して、一八七二年八月、リーミニで開催した全国大会で国際労働者協会イタリア連合を結成し、インターナショナル総評議会と絶縁した。イタリア連合の中心メンバーは、反権威主義を唱える新世代のコスタやカフィエーロで、彼らはバクーニンとも提携して、社会革命をめざす直接行動とコムーネ自治に基づく連合主義の構想を掲げ、アナーキズムの志向を強めた。

左派の進出と鉄道国営化問題

一八七〇年代にはいって、議会の左派議員の内部でいくつかの動きがでてくる。以前からの伝統左派(歴史的左派)は政治改革を掲げて、選挙権の拡大と無償義務教育制の確立を具体的な目標としていた。しかし、南部出身のデ・サンクティスらは、今必要なのは政治改革でなく、すぐに実行可能な行政改革と財政改革だとする穏健なプログラムを作成して、青年左派グループを結成した。南部選出議員のあいだでは、右派政権の財政政策が南部における公共事業を軽視していることへの不満が強く、行財政改革を掲げる青年左派に加わる流れが起きた。かつてピサカーネのサープリ遠征に参加した経歴をもち、南部を地盤とする伝統左派の策士ニコーテラは、この流れに乗じてデ・サンクティスと組んで青年左派のプログラムに近い立場で南部左派の統一をはかり、政権獲得の機会をうかがった。南部選出議員が左派に結集したもうひとつの理由に、地租平準化の問題があった。地租にかんしては土地台帳の未整備などで、北・中部に比べて南部のほうが軽くなっており、政府はこの不均衡を正すために地租平準化の必要を唱えていた。南部における大土地所有者層と農村ブルジョワジーを代表する南部選出議員が左派に属したのは、政府の地租平準化方針への反対の動機が大きかった。一八七四年十一月の総選挙では、右派が二七六議席、左派が二三二議席と与野党がかなり接近したが、南部で選出された右派議員が五六人、左派が一四七人という数字は、南部が地域として反政府派にまわった状態を示していた。

南部左派が南部の支配層の利害を代弁して保守的性格をおびていたのにたいして、伝統左派の流れに立つ北部の左派議員は多少なりとも民主主義的な改革を目標としていた。ただし、北部の伝統左派の内部にも二潮流があり、ひとつはピエモンテの中道左派を率いる老練な政治家デプレーティスのグループで、デプレーティス自身は左派全体の指導的立場にあった。もうひとつは、ロンバルディーアを基盤とするカイローリとザナルデッリのグループで、ロンバルディーア地方の中小ブルジョワジーに広い支持をえていた。またロンバルディーアの左派からは、社会問題への取組みを主張するベルターニやカヴァッロッティなどの急進派が分化しつつあった。

一八七四年の総選挙の前後、国内の経済学者を二分する論争が起こっていた。国家統一以来、支配層は政治的自由主義と経済的自由主義の両原則に立つ政策を進めてきたが、社会と経済の発展にともないさまざまな問題が生じてきた。統計や調査に基づいて社会問題に注目する経済学者のなかから、国家の役割という問題が提起され、国家が社会や経済の領域に介入して社会政策をとるべきだとする議論がでてきた。これにたいして、経済的自由主義を唱える学者たちは、国家の介入は権力主義を生む恐れがあり、市場経済の自由な発展が望ましいことを改めて強調した。自由経済派を代表したのは著名な経済学者のフェッラーリ、社会政策派の代表的理論家はのちにたびたび国庫相となるルッツァーティで、両派はそれぞれ研究集会を開き、前者は「アダム・スミス協会」、後者は「経済研究促進協会」を結成して、各自の立場のアピールにつとめた。両派の論争は学者たちの内部にとどまらず、政治家や実業家を巻き込んだ広範なものとなり、「アダム・スミス協会」には左派の主要メンバーおよび土地経営の収入を金融投資にあてているトスカーナの右派議員(フィレンツェ市長ペルッツィ、元財務相バストージ、元首相リカーソリなど)が加わった。「経済研究促進協会」には右派と急進派の両極のメンバーが参加して、社会政策によって下層民衆の要求をおさえこもうとする保守派の動機と社会問題への取組みは国家の役割のひとつだとする急進派の主張がいりまじっていた。

かねて鉄道の建設・経営にかんして工事の遅延、経営の悪化、金融業者の私的独占など問題がたえなかった。そこでミンゲッティ内閣(一八七三年七月〜七六年三月)は鉄道を国家主導の事業とするための政策を講じた。この政策をめぐって左右両派は正面からぶつかることになり、政局が大きく動いた。鉄道の建設・経営は、一八六五年の法律で四つの民間会社に委ねられていたが、そのうち一社が倒産して七〇年代前半には「北イタリア会社」「ローマ鉄道会社」「南部鉄道会社」の三社になっていた。当初の目論見《もくろみ》と違って各社とも経営難に陥っており、ミンゲッティ内閣はランツァ前内閣の方針を継いで、国家による買戻しの交渉を進めた。この政策を推進した公共事業相のシルヴィオ・スパヴェンタ(哲学者ベルトランド・スパヴェンタの弟)と前公共事業相のセッラは、公益事業である鉄道は私的に独占されたり投機の対象とされてはならず、国家の管理下におくことが望ましいと説いたが、二人には国家の役割の倫理性という問題が意識されていた。

政府はまず、経営危機の「ローマ鉄道会社」(株主代表ペルッツィ)の鉄道を国有化した。ついで「南部鉄道会社」(会長バストージ)の鉄道も国有化し、そのうえで両鉄道の向こう二〇年間の営業権を「南部鉄道会社」に認めることで合意に達した(一八七四年四月)。「北イタリア会社」はパリのロートシルト家の所有だったが、政府は経済的にも戦略的にも重要な意味をもつ北部の鉄道路線を国家が直接経営する方針を立て、交渉にあたったセッラがなんとか合意を取りつけた(一八七五年十一月)。政府はこの機会に、先の「南部鉄道会社」との合意を見直して、中部・南部地域の路線も国家が直接経営する方針を打ち出した。この新方針がとおると鉄道利権を失うトスカーナ右派グループは、国営化に反対の態度をとる左派に接近し、政府批判にまわった。左派とトスカーナ右派の提携を画策したのは、エーボリからレッジョ・カラーブリアまでの鉄道敷設を公約に掲げ、南部における公共事業の拡大を唱えるニコーテラだった。

デプレーティス左派内閣

一八七六年三月十六日、ミンゲッティ首相は国家財政がついに収支均衡に達した成果を議会に報告し、あわせて鉄道の国営化方針の承認を求めた。これにたいして左派は、製粉税の徴収方法にかんする動議を提出して政府をゆさぶり、十八日、政府は動議採択の延期を議会にはかった。しかし、左派とトスカーナ右派の反政府連合が票数で上回り、延期案は否決された。内閣は総辞職に追い込まれ、一五年間続いた右派政権の幕切れとなった。内閣総辞職の直接のきっかけは製粉税にかんする動議だが、背景にあったのは鉄道問題であり、さらには社会と経済にとって国家のはたす役割をめぐる対立だった。国王はデプレーティスに組閣を命じ、左派内閣が成立した。右派から左派への政権の移行を、同時代人は「議会革命」と呼び、政治の変化に注目した。新内閣の内相に就任したニコーテラは、六九県のうち四七県の知事を更迭して地方の掌握をはかり、一八七六年十一月の総選挙で左派四一四、右派九四という左派の圧勝に導いた。

デプレーティスは、野党時代の一八七五年十月に選挙権拡大、教育改革、租税軽減、地方分権などを内容とする左派のプログラムを明確にしていた。だが、政策の実行は左派内部の不統一もあってはかどらず、首相の座にはしばらくのあいだデプレーティスとカイローリが交互に就いた。改革が早くに実現したのは初等教育の分野で、教育相の名をとったコッピーノ法が一八七七年に成立した。これまでは旧サルデーニャ王国のカザーティ法が適用されていて、六歳～十二歳が義務教育だったが、児童の就学の実情とかけ離れており、コッピーノ法は現実的に義務教育を六歳～九歳とした。そして、従来コムーネの裁量に任されていた義務教育費を一律に無償とし、必修科目から宗教教育をはずして脱カトリック色を強めた。なお一八八一年の国勢調査では、六歳以上の識字率は北部が五八％、中部が三五％、南部が一九％で、地域間格差が大きかった。財政面では、所得税を課す水準を引き上げて低所得者層の税負担を軽くしたが、製粉税は一八八三年末まで存続した。また、財務省の一部を分離して国庫省を設置し、財政支出の業務を厳密化した。

選挙法改正は一八八二年に実現した。有権者資格は義務教育の最初の二年を修了しているか、あるいは一九・八〇リラ以上の納税額がある二十一歳以上の男性となった。制限選挙に変わりはないが、有権者数は全人口約二九〇〇万のうち二〇〇万となり、一挙に一四〇万増加した。二十一歳以上男性に限れば四人に一人が投票権をもつことになり、社会的には都市の中小ブルジョワジーと労働者の上層にまで拡大した。また、名望家層が影響力を行使しやすい小選挙区制にかわって、全国を一三五の選挙区に再編した中選挙区制が導入された。だが、これは長続きせず、一八九二年にもとの小選挙区制に戻った。

新選挙法での最初の総選挙は一八八二年十月に実施された。選挙運動中にデプレーティス首相は、政治改革の時期は終わったことを宣言し、右派も左派も「変移」(トラスフォルマツィオーネ)して進化する必要を訴え、両派の提携による政府多数派の形成を呼びかけた。右派の重鎮ミンゲッティがこれを支持し、選挙では中道右派と中道左派が進出した。新議会が始まると、この両派の提携で政府多数派が形成され、これがトラスフォルミズモと呼ばれた。議会ではカイローリやザナルデッリら伝統左派、ベルターニやカヴァッロッティら急進派、それにヤチーニら保守派がトラスフォルミズモ批判の立場をとったが、デプレーティスはトラスフォルミズモに依拠して一八八七年まで首相を続けた。

トラスフォルミズモは、政策の一致よりも各議員の個別利害の取引によって政府多数派を形成する慣行として、こののち代々の政府に受け継がれ、イタリアの政治を特徴づける現象となった。トラスフォルミズモは、政府と個々の議員が契約を交わすようなシステムで、議員は国会で政府を支持する見返りに、政府から選挙区への利益配分が保障された。こうした政治の運営は、中央と地方の行政関係を政府と議員の個別取引に委ねることになって、行政にたいする議会の監視機能は意味をもたなくなった。またこうした政治の常態化は、一定の思想と政策に基づく政党の形成へと導かず、こののち自由主義的支配層は自らの政党を組織することなく終わった。政策討議はむしろフリーメーソン結社のような場でおこなわれ、イタリアではフリーメーソンを介しての人的な結びつきが遅くまで重要な意味をもった。

デプレーティス内閣にたいする風刺画　前かがみの姿勢の閣僚たち(先頭の白ひげの人物がデプレーティス首相)を馬飛びでこえていくトラスフォルミズモに批判的な左派政治家「五人組」(左から順にカイローリ，クリスピ，ザナルデッリ，バッカリーニ，ニコーテラ)。

トラスフォルミズモ誕生後のデプレーティス内閣からは政治改革のプランは消えたが、一八八〇年代の状況を反映して社会政策をめぐる立法が日程にのぼり、農工商大臣ベルティのもとで各種の社会立法が準備された。だが成立したのは二つだけで、ひとつは義務教育年齢である九歳以下の児童労働を禁止する法、もうひとつは全国各地の民衆のあいだでもっとも普及したアソシエーションである相互扶助団体に法人格を認める法だった。そのほかでは一八八三年に全国労働災害保険金庫が設立された。これは最初は任意加入だったが、一八九八年に義務加入となった。懸案の鉄道問題は、国営派と民営派の論争がいぜんとして続いていたが、国家の監督を強める条件のもとで、新設の三会社に鉄道の敷設と経営を委ねる法が一八八五年に制定された。またこの内閣は、右派政権がようやく実現した収支均衡財政から歳出超過の積極財政に転じて、財務相・国庫相兼任のマリアーニの財政運営は「振舞財政」と揶揄《やゆ》された。

イタリアにとって一八八七年は、波乱の年となった。イタリアは数年前から紅海沿岸のエチオピア領に進出を企てアッサブとマッサワを取得したが、この年一月、マッサワ近くのドーガリにおける戦闘で手痛い敗北をきっした。二月にはドイツ、オーストリアとの三国同盟が更新され、フランスとの緊張関係が強まった。六月に、工業・農業の両部門を保護する新関税率が定められ、フランスとの通商関係が悪化した。そして七月にデプレーティス首相が没し、長年のライヴァルだった伝統左派の実力者クリスピが首相の座に就いた。

3　クリスピ改革と国民統合

保護主義への移行

イタリアの社会と経済は、一八八〇年代に新しい局面をむかえた。交通革命によって輸送コストが低下した結果、アメリカ大陸とロシアから低価格の小麦が大量に流入し、またスエズ運河経由のアジア産米の流入もあり、一八八〇年代に穀物価格が下落した。穀物価格の下落は、二大穀倉地帯であるポー平野（資本家的大農場経営）と南部（ラティフォンド的大農場経営）の農業家層に打撃を与えた。ただし南部では、ワインとレモン・オレンジなど柑橘《かんきつ》類の輸出が好調で、農業家層はブドウと柑橘類の作付け面積をふやすことでこの危機に対処しようとした。この時期、南部の農業家層は、むしろ南部地域の地租引上げを目的とする地租平準化の措置が具体化し始めたことに不安を感じ、地租平準化を支持する北部の農業家層とは別の危機意識につつまれていた。

農業不況が進行した一八八〇年代は、イタリアにとって工業発展の時期で、工業諸部門は高い成長率を記録した。繊維工業、とくに綿工業は一八七八年の繊維製品の輸入関税率引上げで保護されて、著しい成長をとげており、機械工業では八二年にフランコ・トージ製作所、八六年にブレーダ製作所がともにミラーノに設立されて、鉄道車両と蒸気機関車の国産化が進んだ。また、ミラーノの技師コロンボが一八八四年にエディソン式電気会社を設立し、同じくミラーノでゴム会社として出発したピレッリ社が八六年に電信線工事に進出した。鉄鋼業にかんしては、製鋼原料を輸入に依存したことから、ジェノヴァを中心とするリグーリア地方で臨海製鋼所の設立がみられたが弱体だった。弱体な鉄鋼業に梃《てこ》入れして、一八八四年、ローマに近い内陸部に設立されたのがテルニ製鋼所だった。企業設立者はヴェーネトの実業家・政治家のブレーダであるが、設立を推進したのは政府で、その意図は海軍の増強を核とする軍事需要に応えられる鉄鋼業を確立することにあった。

　政府は鉄鋼業の育成とあわせて、海運政策を推進し、造船業と海運業にも優遇策をとった。二大海運会社だったジェノヴァのルバッティーノ会社とパレルモのフローリオ会社は、一八八一年の大型合併で「イタリア総合海運」を設立して海運業をほぼ独占し、通常海運業務のほかにアフリカへの軍事輸送業務にかかわって、政府のアフリカ政策と緊密な関係をもった。一八八五年に海運相ブリンのもとで、造船奨励法が制定され、造船のための特別助成策がとられたが、鉄鋼が高価格のため商船の建造は進まず、造船業はもっぱら海軍からの発注に依存した。このように政府の介入と金融機関の投資をえた鉄鋼・造船・海運部門が、軍事需要による共同の利害で結びつき、またアフリカ進出政策に深い関わりをもった。

　低価格の穀物流入にたいして保護措置を要求していたのは主として北部の農業家層で、議会は一八八七年六月、穀物の輸入関税率の引上げを決めた。ついで数日後、甜菜《てんさい》栽培業を保護する砂糖関税と工業製品全般を対象とする工業保護関税を導入した。しばらく前から国内産業を保護する動きはでていたものの、一八八七年の農工両部門の保護関税の導入は、自由貿易主義から保護主義への移行を決定的なものとした。保護主義への移行は国内諸分野にさまざまな問題を生み出した。自由貿易主義と政治的自由主義を一体の政策とみなす論者たちは、保護主義が社会全般における規制の強化となることに不安を表明し、また農産物の輸出が好調な南部の自由貿易主義者からは、保護主義が南部経済を直撃することに強い批判がだされた。これまで貿易の最大の相手国はフランスだったが、イタリアの保護政策にたいしてフランスはイタリアの農産物を締め出す報復措置をとり、両国のあいだに通商戦争が生じた。このため、輸出先を失ったアルプス山麓地帯の生糸生産と南イタリアのブドウ栽培はとくに大きな痛手を受けたが、イタリアはドイツをはじめとする中部ヨーロッパ諸国との貿易の拡大をはかり、あらたな市場の開拓につとめた。

精神的首都ミラーノ

商工業の中心地で、急進派の活動が活発なミラーノは、この時期イタリアの精神的な首都とみなされた。ミラーノの人口は一八六一年の一九万から八一年に三二万、一九〇一年には四九万と統一後の四〇年間で三〇万増加した。ローマの同じ年の人口はそれぞれ一九万、二七万、四二万で、首都として行政機能の拡大にともなう人口増であるのにたいして、ミラーノの場合は商工業の発展が近隣地域からの移住者を吸収しての人口増だった。ミラーノの商工業の発展には、一八六三年に設立された理工学院《ポリテークニコ》出身の技師たちの貢献があり、彼らのなかから企業家精神に富む人物が輩出した。

ミラーノのドゥオーモ広場(1881年)　このころ，乗合馬車(中央)から軌道馬車(右手前)に交通手段の変化が生じた。

新国家のもとで、貴族は特権を認められず、称号を保持するだけの身分であったが、社会的な存在の仕方や他の諸階層との関係は地域によってさまざまだった。ミラーノの場合は、貴族が弁護士や技師など専門職に就く傾向がみられ、市民的アソシエーションにおけるブルジョワとの交流も活発で、両者の融合が進んだ地域だった。ミラーノにやや遅れて工業化の道を歩んだトリーノでは、これとは対照的に、貴族は二十世紀初めまで、カヴールの創設した伝統的なクラブ「ホイストの会」に結集して、独自の閉鎖的な世界を守りつづけた。

ミラーノはまた、労働運動や女性解放運動においてもイニシアティヴをとった。この地では、国家統一に前後して、一八五九年に「相互扶助総協会」、六〇年に相互扶助団体も含めた職人・労働者諸団体の連合組織である「労働者コンソラート」が設立されていた。前者は皇太子ウンベルトを名誉会員とする穏健な性格であったが、後者は急進派ブルジョワジーの指導のもとにしだいに政治的・社会的な諸権利を要求する運動体となった。これとは別に、一八七〇年代なかばからミラーノで『ラ・プレーベ(平民)』紙を発行していたビニャーミやニョッキ・ヴィアーニが、七六年に「インターナショナル北イタリア連合」を結成して進化主義的な社会主義運動を進めていた。一八八〇年、「労働者コンソラート」の活動のなかから、二人の女性アンナ・マリーア・モッツォーニとパオリーナ・スキッフが「女性の権利推進同盟」を設立し、また翌年には「女工連合」を結成して女性労働者の解放に取り組んだ。『ラ・プレーベ』は、女性の解放は労働者の解放と切り離すことはできないという記事を載せ、「女性の権利推進同盟」の運動を支持した。

「労働者コンソラート」は一八八〇年、文化・教育活動を主とした「労働者サークル」を設立し、さらに八一年には「ロンバルディーア労働者連合」を結成して、活動領域を拡大させた。指導部のブルジョワ急進派は、選挙法改正で労働者上層にまで選挙権が広がる見通しのもとに、労働世界の諸分野に浸透して選挙運動を有利に進めようとする意図があった。だが労働者のあいだでは、ブルジョワ急進派に指導される状態に反発して、労働者は固有の経済要求を掲げて独自の組織で運動すべきだとする労働者主義の主張が強まり、「イタリア労働者党」が結成された。「ロンバルディーア労働者連合」でもしだいに労働者主義が多数を占め、一八八五年のマントヴァの合同集会で「労働者党」の運動方針のもとに合併した。マントヴァは、この時期ラ・ボイェ運動として知られる農業労働者の闘争の中心地で、ここで集会を開いたのは都市と農村の労働者の提携をはかる目的があった。

「イタリア労働者党」の中心メンバーは、ニョッキ・ヴィアーニと親しい元美術学生ラッザーリ、手袋職人クローチェ、青銅職人カザーティらで、政治運動でなく労働者の経済闘争を第一の課題としていた。まもなく「労働者党」は知事の解散命令を受けて指導者たちは逮捕されるが、急進民主主義から社会主義に移行してきたブルジョワ出身のトゥラーティが弁護を引き受け、彼らは共同して一八八九年に「ミラーノ社会主義同盟」を結成した。一八九一年には、ミラーノで「労働会議所」が設立されるが、これはパリを訪問したニョッキ・ヴィアーニが、その地の労働取引所の経験を学んでミラーノに導入したもので、これをきっかけに他の諸都市でも「労働会議所」がつぎつぎと設立された。「労働会議所」は職種別にではなく、地域単位で労働者を結合する試みで、設立当初は、市行政体から補助金をえて労働者の職業紹介、技術講習などの活動をおこなった。しかし急速に闘争的性格をもつ組織に変化し、それもたんに労働者の組織ということでなく、地域民衆の日常性と結びついた社会運動の場という性格をおびた。一八八〇年代の諸社会運動は、相互扶助的性格から経済的要求を主とする抵抗闘争に性格を変え、アナーキズムではない社会主義思想に接近していったが、それは直線的な動きだったのではなく、諸種のアソシエーションの設立をとおして、活動家たちがたがいに結びついたり離れたりを繰り返しつつ、ゆれ動きながらの試みだった。

首都ローマの都市改造

首都ローマはナポリ、ミラーノについで人口第三位だったが、都市の改造にはめざましいものがあった。首都となった当初は、宗教建造物を接収して行政施設に転用したが、その後、官庁諸施設の建造や幹線道路の拡張などによって、これまでの宗教的な都市を世俗的で近代的な都市につくり変える作業が進んだ。この作業は、古くからの歴史的なローマの一部を取り壊すことでもあった。ローマは建築ブームにわいて不動産投機を生み、街には建築労働者が流入した。ローマの景観を一新したともいえるのが、ヴィットーリオ・エマヌエーレ記念堂の建設だった。右派であれ左派であれ政治指導層にとって、国家のもとに国民を統合することは切実な課題であり、彼らは首都ローマが統合力のあるセンターとして機能することに期待をかけていた。しかしローマは、普遍的性格の都市としての伝統につつまれており、ナショナルな意味での統合のシンボルをもたなかった。政府は、統合のシンボルをあらたに創出する必要に迫られ、ヴィットーリオ・エマヌエーレ二世をイタリア国家の生みの親としてローマにきざみこむ政策を打ち出した。

国王ヴィットーリオ・エマヌエーレ二世は一八七八年に没した。サヴォイア家の霊廟はトリーノ郊外のスペルガの丘に建つ聖堂内にあり、王家は最初、ローマのサンタ・マリーア・マッジョーレ大聖堂で葬儀を営んだあと、遺体をトリーノに移してスペルガの丘に埋葬することを望んだ。だが大聖堂での葬儀は、教皇庁の拒絶にあって不可能となった。そこで当時の内相クリスピは、古くにローマの神々を祀ったパンテオン(万神殿)で葬儀と埋葬をとりおこなうことを提案し、あらたな儀式の創造として市内巡回の葬列を演出した。また国王逝去六周年と第二次独立戦争二五周年にあたる一八八四年には、パンテオン詣でが三日に分けて組織され、全国から個々にあるいは相互扶助団体、在郷軍人会、コムーネ単位の集団で七万人の巡礼者がローマをおとずれた。当時の交通事情を考えれば、これは大きな数だった。

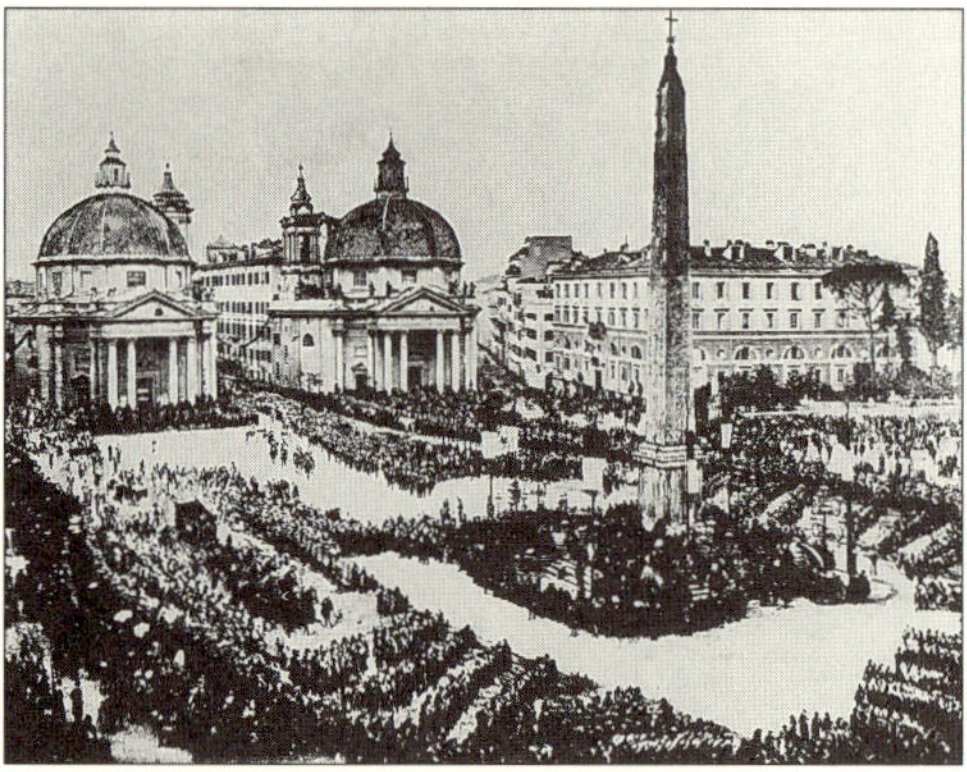

ヴィットーリオ・エマヌエーレ２世の葬列(ローマ，1878年１月17日)　沿道をうめた市民に見守られてポーポロ広場からコルソ通りに向かう葬列。

かねて政府は、祖国の父たるヴィットーリオ・エマヌエーレ二世の記念堂をローマに建設することを計画していたが、その場所を市の中心のヴェネツィア広場前に定めて一八八五年に着工した。落成式はイタリア王国成立五〇周年の一九一一年におこなわれた。カンピドリオの丘を覆い隠すようにして立ちあらわれた白い巨大な記念堂は、ローマの歴史的な空間にそぐわないものだったが、こののち国家行事の演出の場として周囲を圧倒する建物となった。

立法者クリスピ

一八八七年八月に首相の座に就いたクリスピはアルバニアからシチリアに移住した商家の出で、リソルジメント世代に属す政治経験の豊かな人物だった。歴代首相が北・中

クリスピ首相　ガリバルディのシチリア遠征の際に政治参謀を務め，シチリア出身の最初の首相として国家建設に意欲をもやした。

部の土地貴族だったのにたいして、南部出身の最初の首相であり、議員の多数は彼の決断力と実行力に期待をかけた。クリスピの政治姿勢は、議会にたいして行政権の優位をはかり、その行政権を行使してブルジョワ的改革を断行しようとするもので、しばしばジャコバン主義と呼ばれた。彼の諸改革は保守的な名望家層の基盤をゆるがし、出身地である南部の大土地所有層の利害とも対立した。

首相に就任したクリスピは、矢継ぎ早の改革で国家体制の整備をはかったが、基調は行政権を強化しつつ、国民統合を推進することにあった。彼はまず内務省を改組して国民の動向をより的確に把握する体制をつくり、また各省とも事務次官を廃してトップの役職は国務次官とし、政治家主導の行政システムとした。そして重要なのは、一八六五年の「県・コムーネ法」にかえて「県・コムーネ制度にかんする法」(八八年)をあらたに制定したことである。新法はコムーネ議会の選挙権を大幅に拡大したほか、これまで任命制だったコムーネ首長について、人口一万以上のコムーネの場合はコムーネ議会で選出することとした。人口一万以下の小さなコムーネでは、選出制にすると地元の名望家の影響が強まる恐れのあるため、中央政府の介入が可能な任命制が残された。また県会議長も知事がかねるのではなく県会で選出することとし、これまでに比べて地方の自治権を拡大した。これは地方行政を活性化して国家の基盤を広げようとする意図に基づいており、実際のところ、こののちコムーネの自治活動が各地で強まってくるが、新法はこうした措置に加えて、知事が長となる「県行政委員会」をあらたに設置し、地方にたいする中央の監督権も同時に強めた。

一八八九年に法相の名をとったザナルデッリ刑法が制定され、六五年に不統一に終わった刑法の統一が実現して死刑が廃止された。また新刑法にはストライキの禁止がうたわれていないことから、のちにストライキの自由が認められているとの解釈を生んだ。しかし、同じ一八八九年の「治安法」によって治安維持のための監視装置を強めており、集会の自由を制限したほか、反政府の活動家たちの居住地を強制指定して封じ込める予防策を強化した。また一八八八年の「公衆衛生法」によって内務省の管轄のもとに公衆衛生と健康維持の規範を作成し、各コムーネに保健所を設置するなど衛生事業の充実をはかる一方、市民の身体管理への介入を強めた。クリスピの立法でもうひとつ注目されるのは「公共慈善施設法」(一八九〇年)だった。この法は、宗教諸団体を含めて慈善にたずさわる既存の諸組織を統廃合して、各コムーネごとに公立の「慈善協会」を設置して一本化するよう定めたもので、これにより伝統的な慈善事業およびその財産管理から排除された聖職者層はあらたな打撃を受けた。なお「慈善協会」は、ファシズム政権下の一九三七年に「コムーネ福祉協会」に改組された。

クリスピ首相による一連の立法措置は、国家建設を完成に向かわせつつ、国民を国家に統合する課題をはたそうとするもので、行政機構の整備と官僚制度の強化をもたらした。しかし、クリスピ自身は官僚に依拠した統治ではなく、いみじくもジャコバン主義と呼ばれる政治主導の統治をおこなった。クリスピの政治の特徴は、良き法を備えることが良く治めることだとする思想にあり、その意味で彼は立法者であった。この点に、官僚政治によってつぎの時代を担うことになる行政主導の政治家ジョリッティとの違いがあった。

三国同盟とアフリカ進出

ローマ併合後のイタリアは、国内建設に集中できるよう、列強間の国際問題への関わりに積極的ではなかったが、他方で孤立化も恐れた。そうしたなかでしだいにドイツとの関係が深まり、ドイツをとおしてオーストリアとの接触も生じた。だが、オーストリアは旧敵国であるだけでなく、トレンティーノとトリエステ一帯がオーストリアの支配下にとどまっており、国民のあいだには反オーストリアの感情が強かった。一八七七年に共和主義者のインブリアーニが「未回復《イッレデンタ》イタリアのための協会」を結成して、トレンティーノとトリエステのイタリアへの帰属を訴えた。これをきっかけにイッレデンティズモということばが広まるが、イッレデンティズモの運動を進めたのは民主派・共和派のグループで、対外進出的なナショナリズムの思想とは無縁だった。

列強の海外進出の動きとともに、イタリアもアフリカへの関心を強め、進出の拠点としてチュニジアと紅海沿岸のアッサブの確保をもくろんだ。チュニジアには南イタリアからの入植者があり、経済的な結びつきも強く、国内外でイタリアの勢力圏とみなされていた。だが、一八八一年にフランスがチュニジアに進出して保護下においたため、反発したイタリアは八二年にドイツ・オーストリアとの三国同盟の締結に踏み切った。アフリカでは紅海沿岸のアッサブを取得したあとマッサワを占領して、マッサワからさらに内陸に向けて進出の機会をうかがっていたが、一八八七年一月、この地域のラス(部族王)のアルラが率いる部隊とドーガリ近くで戦闘となり、およそ五〇〇人程のイタリア軍が壊滅的な打撃を受けて敗北した。

首相となったクリスピはイタリアを列強の一員に押し上げる外交政策をとり、国家権威の発揚につとめた。彼はドイツのビスマルクとの友好を深めて三国同盟路線を強化したが、これはフランスを刺激することになり、おりからの通商戦争に加えて軍事的な緊張も高まった。クリスピはまた、オーストリアを敵視するイッレデンティズモの運動をきらい、この運動を進める共和派諸団体の解散を命じた。クリスピの積極外交はとりわけアフリカ政策にあらわれ、ドーガリ敗北への報復をかねてマッサワに兵力を増派し、侵略の構えを強めた。そして一八八九年、エチオピアの皇帝位をねらうショア王のメネリクとのあいだにウッチャッリ協定を結んで、この協定を楯に紅海沿岸の支配地域にエリトリア植民地を建設した。

クリスピの権力的政治にたいして、一八九〇年、共和派・急進派の諸勢力はカヴァッロッティを中心に「ローマ協定」を結んで大同団結した。「ローマ協定」は、三国同盟からの離脱とフランスとの友好回復、行政にたいする議会の優位、消費税の軽減、八時間労働制、女子・児童労働の保護、未耕地の没収と開拓などの諸要求を盛り込んで、クリスピ政治に全面的に対決する姿勢を示した。クリスピは議会で圧倒的な支持をえてはいたものの、不安材料もかかえていた。多分に投機的要素に支えられていたローマの建築ブームに翳りが生じ、一八八八年に建築危機が発生した。建築工事があちこちで中断され、職を失った労働者の争議が起こり、また建築投資を続けていた銀行が危機に陥った。

この間、マリアーニの積極財政による歳出超過が続き、それにアフリカ進出の軍事費が加わって国家財政の赤字幅が増大する傾向にあった。議会で財政政策への懸念が表明され、クリスピは国庫相にピエモンテ出身のジョリッティを登用して財政再建を託した。一八四二年生まれでリソルジメント後の世代に属するジョリッティは、官僚としてセッラ財務相のもとで手腕を発揮し、八二年に政界に転じて議員となり、左派の論客として頭角をあらわしていた。しかし、ジョリッティにしてもこの任は重く、途中で辞任し、クリスピ内閣も一八九一年一月に総辞職した。このあと、シチリア貴族で保守派のルディニ、ついでジョリッティが首相となったが長続きせず、一八九三年末にクリスピが復帰した。

4　社会生活の諸形態

北・中部イタリアの民衆生活

保護主義体制のもとで社会諸分野の変容が進行した。人々の生活のあり方は地域ごとに多様だったが、都市と農村を問わず民衆の暮しは苦しかった。民衆は、国家あるいは社会の課す規範にたいして、それぞれの家族戦略を立てながら固有の生活スタイルの創出につとめた。また、社会主義運動とカトリック運動がたがいに競合しつつ、民衆に密着し民衆を組織化しようとする動きも強まった。民衆運動における目的意識性と自然発生性をめぐる問題は、歴史研究でよく議論されたテーマだが、一九八〇年代にイタリアの歴史家たちが提唱したミクロストーリア(微視の歴史学)の研究方法は、民衆が一定の行動を選択するにあたっては個々の家族が主体的に練り上げる生活戦略が重要な働きをもつことを重視した。

アルプス山麓地帯に伝統的な繊維産業は、十九世紀後半に家内労働から工場労働へと転換していくが、そのおりに「ワインの会」と呼ばれるアソシエーションがこの地域のあちこちに生まれた。これは、工業化によって変容していく地域社会において、あらたな形態の人的結合関係がつくられていくことをあらわしており、こうしたアソシエーションのなかから政治的性格をおびたサークルが誕生したりした。

一方、穀作と酪農を営むポー平野の資本家的大農経営では、経営地内に経営者の住居、常雇農業労働者の住居、加工作業施設、保存倉庫などを集中したカッシーナと呼ばれる経営基地が設けられ、そうした居住形態がこの地域の景観をなした。また、ポー川最下流となるフェッラーラ周辺の低湿地帯では、一八七〇年代から大規模な干拓事業が始まり、穀物生産と酪農経営が可能となった。干拓事業に動員された労働者がそのままこの地域で農業労働者(ブラッチャンティ)となり、新開地の集落(ボルガータ)に居住して季節雇いあるいは日雇いの農業労働に従事した。彼らは私的土地所有の志向をもたず、宗教や慣習にとらわれない集団生活を営んで、社会主義運動の一翼を担った。

ポー平野の農業労働者のあいだでは、都市労働者と同様の抵抗同盟の組織化が進み、労働条件改善の要求を強めていくが、それとならんで協同組合の設立も盛んだった。協同組合運動は、土地の共同借地・共同経営、公共事業の共同請負い、生活品の共同購入、衛生管理、コムーネ行政への参加など、日常生活の共同実践を通じてあらたな社会環境を生み出そうとするもので、レッジョ・エミーリアのプランポリーニ、ポレージネのバダローニ、ラヴェンナのバルディーニ、クレモーナのビッソラーティらの社会主義者が熱心に推進し、これらの地域はのちのち改良派社会主義の有力な拠点となった。

ポー平野のヴェーネトからエミーリアにかけては、資本家的大農経営とならんで折半小作の農業形態もみられるが、折半小作制(メッザドリーア)はとりわけトスカーナ、マルケ、ウンブリアの中部イタリアで支配的だった。この制度は収穫物を折半する契約によって、地主が小作人に一定規模の土地を貸与するシステムで、土地のほかに家屋、家畜小屋、場合によって農作業具も貸与された。小作人は借り受けた土地(ポデーレ)を穀物、ブドウ、オリーヴなどの栽培にあて、家屋の周辺では野菜栽培と家畜の飼育をおこなった。彩り豊かな耕作地がなだらかな丘陵に広がり、防風あるいは境界を示すイトスギの並木が配置され、そのところどころに家屋の点在する田園風景は、トスカーナになじみの景観だった。折半小作は大家族による多角経営が特色で、男性は結婚後も同居して、家父長のもとに男性と女性、成年と幼少年それぞれが決められた役割を受け持ち、構成員全員が労働に従事した。折半小作の経営には各部署を担当するメンバーの献身と結束が要求され、全体を取り仕切る家長の統率力が重要だった。

中部イタリアの折半小作制をめぐっては、これまで相反する評価が与えられてきた。ひとつは、折半小作制が数世紀にわたって変動の少ない社会生活を保ってきたことをあげて、この地域の地主・小作関係を社会の安定モデルとして評価する見解である。もうひとつは、この制度が経済的にも人格的にも小作人を地主に隷属させる封建遺制であるとして、階級的な支配関係を指摘する見解である。しかし近年は別の観点からあらたな見解がだされている。かつての折半小作制の地域が、一九七〇年代以降、小企業群からなる産業地区に変容して、「第三のイタリア」と呼ばれる活気ある状況を呈することになり、この小企業群の活動が折半小作の伝統に由来するという判断から、さかのぼって折半小作の家族戦略と経営精神を評価しなおそうとする見解である。

南イタリアの農村と都市

この章ではこれまで、南イタリアあるいは南部という包括的ないい方をしてきたが、実際にはこの地域においてもさまざまな社会生活が営まれている。国家統一の過程で、北・中部イタリアの政治家たちが他者としての南部あるいは非文明的な南部という認識をいだいたことは前にふれたが、その後ヴィッラリ、ソンニーノ、フランケッティ、フォルトゥナートら研究者や政治家が南イタリアの都市、農業、行政などの実情を調査して、改革すべき諸問題を提起した。南部にかんして彼らが批判的に検討したことがらは、イタリアにおける国民国家の形成はどうあったらいいかという関心と結びついていたが、これらの議論はしだいに当初の脈絡から切り離され、南イタリア社会の諸矛盾を指摘するほかの議論とあわせて「南部問題」と一括して呼ばれるようになった。そして、南イタリアは「南部問題」という言説のなかで考察され、遅れた地域あるいは停滞した社会として画一的に表象されるようになった。だが近年はこうした考察に反省が加えられ、「南部問題」の枠組みから解放されたあらたな視点での南イタリア研究が進んで、この地域の社会と文化の多様で個性的なあり方が浮彫りにされつつある。

半島南部でもシチリア島でも、内陸部は大土地所有(ラティフォンド)が支配的で、穀物栽培と移牧(トランスヒュマンス)にあてられた。土地は大借地農が借り受け、大借地農はそれを自分で経営するか、あるいは細分化して農民にまた小作にだすかした。この地帯では小高い丘の上に集落が形成され、すべての住民が一カ所に住む集中居住の形態がとられている。この集落は農業を基盤とし、農民が多数を占める点で農村的だが、住民の社会関係と生活形態において都市的性格をもち、両者の要素をあわせもったアグロ・タウンとして成り立っている。ここでは諸階層の人々が横断的あるいは階層的にいりまじった結合関係を生み出しており、パトロン‐クライアント関係、血縁関係、特定サークルへの所属といった諸関係が網の目のように織りなされている。これらの結合関係をとおして有力者は住民の統合をはかろうとするが、時折の農民反乱をまぬがれえなかった。

南イタリア、とりわけシチリア島の沿岸部は柑橘《かんきつ》類やブドウの特産地で、収穫された果実とその加工品は国外に輸出され、高い貿易収入をえていた。この地帯の経済は、国内市場より遥かに強く国際市場と結びついており、自由貿易から保護貿易への政策転換は深い痛手となった。保護主義による打撃はしばらく続いたが、それまでの輸出先のフランスからドイツなど中部ヨーロッパにあらたな市場を開拓することで打開がはかられた。

南部の主要な都市は沿岸部に集中していた。イタリア最大の人口をかかえるナポリは、国家統一によって首都の座を失い、一地方都市に転落するとともに、都市の病理といえるものが表面化した。「悪魔に棲《す》まわれた天国」と評されるこの都市は、風光明媚な自然の景観にめぐまれながら、市街地は密集建築の立て込む劣悪な住宅事情で、衛生状態も良好とはいえなかったが、街路にあふれでた住民がかもしだす明るい祝祭性は、この都市に独特の趣きを与えていた。一八八四年にこの世紀三度目となるコレラの流行にみまわれたあと、旧市街区の一部が取り壊されて都市改造が進められた。半島南部でナポリにつぐ都市はアドリア海側のバーリで、この都市は古くからの港湾機能に鉄道駅が加わって、商業都市として急成長した。アドリア海側の鉄道の開設は、南部の豊かな平野部であるプッリア地方と北部のポー平野との交通を容易にする重要な役割をはたした。シチリア島ではパレルモ、メッシーナ、カターニアの三港湾都市が、一八八一年時点で人口一〇万をこえ、島の首都であるパレルモは全国第五位の人口だった。カターニアは、バーリと同様に港湾機能と鉄道駅が結びついたことに加えて、シチリア産の硫黄を原料とする化学工業の発達で都市化が進んだ。

カトリックの社会運動

国家は聖職者層の影響力を弱める種々の措置を講じたが、民衆の日常生活において教会はいぜんとしてもっとも身近な権威だった。カトリックは国政レヴェルの選挙に不参加の態度をとったが、コムーネ議会には積極的に加わり、民衆の日常性との結びつきにつとめた。カトリックの内部には諸傾向の運動があったが、一八七〇年代に既存の教会組織を基盤として全国に教区委員会など諸委員会が設置され、それら諸委員会の活動で運動を進める平信徒組織の「大会・諸委員会活動」が生まれた。全国的な活動であったが、運動が盛んだったのはヴェーネトからロンバルディーアにかけての北東部イタリアだった。

民衆の生活において社会問題が深刻となると、社会主義運動に対抗しつつ、カトリックの側からの取組みも強まった。教皇レオ十三世(在位一八七八~一九〇三)が一八九一年に回勅「レールム・ノワールム」

を発して、労働問題にかんする踏み込んだ見解を表明したことで、この動きはさらに活発となった。また、ピーサ大学教授の経済学者トニオーロは、一八八九年に「カトリック社会研究連合」を設立し、九四年に「社会主義にたいするカトリックの綱領」を作成するなど、キリスト教の立場からする社会問題の理論化を試みた。彼は、個人主義的な自由主義経済も社会主義の階級闘争論もともに否定して、労使の協調に立つ同業組合的な経済組織を構想したが、これは過去のギルド制社会を思い描いた復古的性格の構想だった。

カトリックによる社会問題への取組みは、農村金庫の設立と協同組合運動において具体的な成果を示した。農村金庫はドイツの農村信用組合をモデルにして、経済学者のヴォーレンボルグが一八八〇年代にイタリアに導入したが、九〇年代にはいってカトリック系の農村金庫が設立されてから急速に広がった。農村金庫は積立て、貸出しの業務を簡便化して、農民のあいだに信用制度を整え、農民を高利貸しの圧迫から解放するものだった。農村金庫は、教区委員会の協力のもとに運営され、これに連動して農民組合や協同組合が設立されて、生産・消費活動の組織化が進み、また農業講習会、図書サークル、娯楽活動など広範囲にわたる文化事業も準備された。ただし、これらの活動は地域的にかたよりがあり、カトリック運動の拠点であるヴェーネトとロンバルディーアにおいて活発であって、南部にはほとんど広がることがなかった。

社会主義運動とシチリア・ファッシ

カトリック運動と競合しながら、都市においても農村においても労働者の新旧のアソシエーション活動が広がり、これらはしだいに社会主義的な傾向を強めた。社会主義運動にもいくつかの流れがあり、アナーキズムはいぜん有力な運動だったが、ロマーニャ地方ではアナーキズムから転身したコスタの率いる「イタリア革命社会党」が政治活動に力をいれ、コスタは下院議員に選出された。エミーリア・ロマーニャ地方では先にふれた協同組合運動が活発であり、また農業労働者の抵抗闘争も強く、ポー平野には社会主義運動が深く根づいた。一方、「ミラーノ社会主義同盟」を結成したトゥラーティは、終生の協力者となるロシアの亡命女性革命家アンナ・クリショフとともに、一八九一年に同盟の綱領を作成し、理論と実践の両面において社会主義運動のリーダーシップをとり始めた。

シチリア・ファッシの運動　シチリア西部のカステルヴェトラーノ村の住民が警察署を襲撃する図。

一八九二年八月、コロンブスのアメリカ大陸「発見」四〇〇周年記念行事の鉄道割引を利用して、全国から三〇〇をこす諸団体の代表がジェノヴァに集まり、社会主義運動の全国組織をめぐる会議が開かれた。会議には労働諸団体、諸協同組合、抵抗同盟、社会主義サークル、さらには民主派組織など多様な性格のアソシエーションが参加し、討議がなされた。会議では、アナーキズムを主張するグループとそれを否定するグループとが分裂し、後者の立場をとる約二〇〇団体によって「イタリア勤労者党」が結成された。勤労者党は団体加盟方式をとり、当初はさまざまな形態をもつ諸組織の連合体という性格で、南部からの参加もあったが、イニシアティヴをとったのは北部の諸団体だった。南部から勤労者党に加わったのはバーリの労働者サークルなどのほかに、シチリア島のパレルモ、カターニア、メッシーナ各都市の「勤労者ファッショ」だった。

農業不況と保護主義によって、シチリア経済は困難な状態に追い込まれ、その影響は広範囲の社会層におよんでいた。一八九〇年代にはいって、カターニアなどシチリアの主要都市で職人・労働者を中心に勤労者ファッショが結成され、民衆生活の向上を目標に労働問題や協同組合をはじめ福祉、教育、文化など諸分野での取組みがなされた。ファッショ（複数形はファッシ）の語は束とか団という意味をもち、十九世紀末から二十世紀初めにかけて、労働者や民衆のサークル・団体をあらわすのによく使われたことばだった。これらのファッショが勤労者党に参加し、その後シチリアのファッシ運動は急速に農村地域にも広がって、一八九三年五月に全島会議が開催されたときにはファッシの数はすでに七〇以上を数え、十月には一六〇に達した。また同年七月に、パレルモ県のファッシ会議がコルレオーネで開かれたとき、小作契約の改善要求がまとめられ、農民は「コルレオーネ契約」の実現を求めて小作闘争を繰り広げた。

シチリア・ファッシの運動には経済要求、税制改革、コムーネ行政の刷新、文化事業など多くの要求が盛られており、シチリアの民衆自身による日常生活の環境改善を求める運動だった。弁護士や医師など指導者のなかには社会主義的な意味づけを与える者もいたが、運動自体は社会主義を目標とするものではなかった。この運動はシチリアの民衆のあいだにあらたな社会的な結合を生み出し、また集会やデモで赤旗とならんでキリストやマリアの肖像を掲げ、キリストこそ最初に平等の教えを説いた人物だとする光景がみられた。ファッシの運動は一八九三年秋以降、激しさを増して民衆反乱の様相を呈し、役場の襲撃などの行動が強まった。

こうしたファッシの運動にたいして、勤労者党は機関誌上で「飢えの反乱は党の反乱ではない」と述べて、目的意識のともなわない運動は社会主義的でないと冷たく評価した。トゥラーティとクリショフは、ファッシの運動に直面してイタリアの後進性という認識を強め、エンゲルスに助言を求めながら、後進社会における社会主義運動はどうあったらいいかの検討を進めた。勤労者党は、先に「勤労者社会党」と名称を変えていたが、一八九五年、非合法状態で開催した第三回大会で党名を「イタリア社会党」に変更し、加入方式を団体加盟から個人加盟に切り替えて、政党活動と組合活動の区分をしだいに明確化していった。大会ではほかに、当面の実現目標についての最小限綱領の作成が提案され、種々の論議をへたあと一九〇〇年の第六回大会で、トゥラーティらの作成になる最小限綱領が採択された。

クリスピと「ミラーノ国家」

一八九三年末に首相に復帰したクリスピは、ファッシの運動に徹底的な弾圧策で臨み、九四年初めにシチリア島に戒厳令をしき、すべてのファッシの解散と大量逮捕によって運動をおさえこんだ。彼は友人に「反乱者にたいして、一八六〇年と同じ措置をとった」と書き送って、六〇年のガリバルディのシチリア遠征の際に、政治参謀としてブロンテ村の農民反乱の弾圧にかかわったことを引合いにだしながら、二つの場合とも所有権の擁護と社会秩序の維持のための同一の措置であると釈明した。クリスピはまた、中部イタリアのルニジャーナ地方の運動にも戒厳令を適用して、カッラーラの大理石採掘夫やアナーキストを軍事法廷で裁き、さらには一八九四年十月にイタリア勤労者社会党の解散を命ずる布告を発した。前述したように権力主義的政治家のクリスピは、同時にブルジョワ的改革の立法者でもあり、シチリアにかんして三つの土地改革法案を準備した。ひとつは農民への共有地の配分、もうひとつは小作契約の改善、そして最後は大土地所有者の未利用地の永代小作権を農民に認める法案である。改革案は土地所有関係にまでふれた点で、ファッシの要求以上のものを含んでいたが、これには南部の大土地所有者層が猛反発し、北部の農業家層のあいだにも反対の声が広まった。結局は三法案とも廃案となり、シチリアの民衆には改革抜きの弾圧だけが残された。

政府にとっての難題は、社会問題のほかに金融・財政問題があった。建築危機に端を発した銀行危機は、発券銀行の不正疑惑に発展し、一八九三年八月、ジョリッティ内閣のもとで、六発券銀行のうちナポリ銀行とシチリア銀行を除いた四行が合体してイタリア銀行に再編された。さらには、これまで国家の財政政策と密接な関係を有していた二大投資銀行のクレーディト・モビリアーレとジェネラーレ銀行が、一八九三年末から九四年初めにかけて取付けを起こした。二銀行の倒産はリラへの不信を呼び、外国金融市場でのリラ相場の下落を招いた。クリスピ首相は、国庫相・財務相にソンニーノを起用して財政と金融の立直しを託した。ソンニーノは、塩価格と穀物関税を引き上げたほかに、各種の増税による歳入増をはかろうとしたが、諸社会層の反発を招いて失敗に終わった。しかし、国債の利率の引下げがしだいに効果をあらわして、財政の赤字幅は減少に向かった。

一方、銀行業では顕著な変化が生じた。金融界はこれまでフランス資本との結びつきが強かったが、この時期にドイツとの関係が深まり、ドイツ資本を導入したイタリア商業銀行とイタリア信用銀行が設立された。新設の両銀行はいわゆる兼営銀行で、通常預金業務や短期の貸付業務など一般銀行業務のほかに、発起業務や長期投資業務などをおこなった。イタリア経済にとって、ドイツ資本の導入ということ以上に、兼営銀行という性格が大きな意味をもち、これら兼営銀行の長期投資によって、一八九六年以降の工業成長が準備された。

クリスピの諸政策にたいしては、ロンバルディーア地方の諸階層が一致して批判的な態度をとっていた。ロンバルディーアには、民主派のカッターネオと保守派のヤチーニに発するそれぞれの地域自治論の流れがあり、もともと中央集権的政治とはあいいれないところがあったが、ローマを国民統合のセンターとして機能させようとするクリスピと精神的な首都であることを自負するミラーノとのあいだには緊張がたえなかった。この地域の中小ブルジョワジーに根強い基盤をもつ急進派および共和派は、クリスピの権力政治と激しく対立し、またミラーノの経済界も彼の植民地政策とそのための軍事支出を批判して反政府派にまわり、一方のクリスピはこれら批判派を「ミラーノ国家」と呼んで敵視した。

クリスピの失脚を招いたのは、強引な植民地政策の破綻だった。エチオピア皇帝となったメネリクは、一八九三年二月にウッチャッリ協定を破棄して、エチオピアを保護下におこうとしたイタリアの狙いを斥けた。イタリアは、クリスピの首相復帰とともに強攻策に転じ、エリトリア植民地を拠点にエチオピア領への軍事侵入をはかった。この侵略行為は強い抵抗にあい、一八九六年三月、アドワで大敗をきっした。

アドワの戦いでのイタリア側の戦死者は、およそ四分の一のエリトリア現地兵を含む総勢一万六〇〇〇人のうち、イタリア兵四〇〇〇人、エリトリア兵二六〇〇人と数えられ、クリスピ内閣はこの衝撃で総辞職に追い込まれた。

世紀末反動

クリスピのあとを継いだのは、同じシチリア出身だが、大土地所有者層を基盤とする右派のルディニだった。ルディニ首相はミラーノ政財界の実力者コロンボらと提携し、またクリスピに批判的な一部左派の支持も受けて、内外の緊張緩和をはかりつつクリスピ路線からの転換につとめた。まず軍事法廷で重刑を科されたシチリア・ファッシのメンバーに恩赦を与え、エチオピアとは一八九六年十月に和平協定を結んで主権尊重を約した。また、老練な右派政治家ヴィスコンティ・ヴェノスタが外相に復帰し、通商戦争で冷却していたフランスとの関係改善にあたった。両国の関係は、一八九六年にチュニジアにかんする協定で歩み寄りの気運がつくられ、九八年には通商条約を締結するまでに回復した。

クリスピが任命制のままに残した人口一万以下のコムーネの首長にかんして、ルディニはコムーネ議会による選出制を導入した。小さなコムーネの場合、選出制によって地元の有力者の影響が強まるのをクリスピは警戒したのだが、ルディニは逆に、中央の介入を排して地元有力者の意向を尊重する方針をとり、任命制から選出制に切り替えたのだった。ルディニの政策は総じて保守的分権主義といえ、クリスピによって打撃をこうむった名望家層の復権をはかることに向けられた。また同時に、社会問題への取組みにも迫られ、一八九八年、任意加入だった労働災害保険を雇用者に義務づける法を定め、さらにはのちの全国社会保障機構の原型となる老齢・障害保険金庫の設立を準備した。

イタリアは長い経済不況を脱して、一八九六年から景気回復の段階にはいるが、その効果があらわれるのはまだ先のことで、九七年は小麦の大凶作のために年末からパンの価格が値上がりした。一八九八年にはいると民衆の抗議運動が発生し、南部から始まった運動は中部に広がって食糧暴動の性格をおび、五月のミラーノの暴動で頂点に達した。ミラーノの運動も自然発生的に始まったが、その背景には鋭い政府批判で大衆的人気のあった急進派議員カヴァッロッティが与党議員との決闘で死亡したことと、この年が一八四八年の「ミラーノの五日間」の五〇周年にあたっていたことがあり、市民のあいだに政治的緊張の高まりがあった。政府はミラーノ、フィレンツェ、ナポリに戒厳令を布告し、軍隊を出動させて暴動を鎮圧した。とくにミラーノでの弾圧は厳しく、一〇〇名をこす死者をだしたほか、政治団体、労働団体、市民サークルなどに軒並み解散令を発し、新聞の発行を差し止めた。

国王ウンベルト１世暗殺(1900年７月29日)　ミラーノ近郊モンザで開催された体操競技会の会場を馬車ででようとしたところを撃たれた図。右手にピストルを持った手前後ろ向きの男がブレッシ。

かねてより社会主義運動、カトリック運動、労働運動、市民運動などが政治の場に登場したことで、支配層には不安が広がっていた。とりわけ政治支配層にとって、困難を重ねて築き上げてきた国家体制が大衆運動の介入によって乱されるのは許しがたいことで、一八九八年事件の前後、国王ウンベルト一世(在位一八七八〜一九〇〇)周辺では国家秩序を維持するための強い措置を求める声が高まっていた。いわゆる世紀末反動と呼ばれる動きで、一八九八年はアルベルト憲法発布五〇周年にあたり、前年にはソンニーノの論文「憲法に戻ろう」が発表されており、宮廷を中心に、議会の諸権限を縮小して国王による権力の行使を容易にする体制の構築が画策された。だがしばらく経過した一九〇〇年七月、国王は、一八九四年の諸弾圧と九八年の犠牲者たちの復讐をはかって移民先のアメリカ合衆国から戻ったブレッシと呼ばれるアナーキストに暗殺され、十九世紀イタリアの幕は閉じた。

第十一章　自由主義からファシズムへ

1　ジョリッティ時代

ザナルデッリ内閣の新路線

二十世紀をむかえてイタリアの政治は大きく転換した。一九〇一年二月、新国王ヴィットーリオ・エマヌエーレ三世(在位一九〇〇~四六)は、伝統左派の長老ザナルデッリを首相に任命した。ザナルデッリ内閣は、あらたに自由主義路線を掲げて、世紀末反動からの軌道修正をはかった。老齢の首相を助けて自由主義路線を推進したのは、内相のジョリッティだった。前年末に、ジェノヴァの労働者がゼネストに突入したとき、支配層のあいだではいぜんとして労働運動に弾圧策で臨む態度が強かった。だがジョリッティは、高賃金の国が工業発展の先頭に立っていることを指摘し、経済発展と労働者の経済闘争は不可分であって、労働者が自らを組織し、運動を進めるのは正当なことだと主張した。ジョリッティには、工業成長の時代に、労働運動や社会主義運動を弾圧でおさえこむことは困難で、むしろこれを制度内に統合して社会発展の道を探るべきだとする判断があった。

新内閣は、結社の抑圧から結社の自由へと舵を切りなおし、経済的要求のストライキには公権力が介入しない方針を打ち出した。こうした方針のザナルデッリ内閣のもとで、労働争議の件数は急増したが、実際には秩序維持の理由で公権力が介入することもしばしばだった。労働運動の組織化は、「労働会議所」による地域単位での労働者の組織化と産業別労働組合の全国的な組織化の二系列の方向で進み、両系列の組織の連絡機関として一九〇二年に「中央抵抗書記局」が設置された。産業別全国組織のうち、〇一年に結成された「イタリア金属労働者連盟(FIOM)」は、こののち二十世紀を通じてイタリア労働運動の牽引役となり、また同年にポー平野の農業労働者を中心に設立された「全国土地勤労者連合(フェデルテッラ)」は社会党の有力な基盤となった。

ザナルデッリ内閣は、当初、税制改革に意欲をみせ、食料品をはじめとする生活必需品の消費税を軽減して、そのかわりに富裕者層の直接税を引き上げる方針を示した。現行の税制が逆進税であることをジョリッティ自身が認めており、これを累進税に改めて民衆の不満を解消し、あわせて一般消費者の購買力を高めようとするのが政府の狙いだった。この内閣の財務相は、かつて農村金庫をイタリアに導入したヴォーレンボルグで、彼を中心に大胆な改革案が練られた。だが、議会で保守派の抵抗にあい、また閣内の意見も不統一で、結局は税制改革は実現せず、ヴォーレンボルグは財務相を辞任した。

この内閣のもとで「女性労働・児童労働保護法」が制定されたが、女性労働の保護をめぐっては女性運動家のあいだで賛否の意見が分れていた。女性解放運動は前世紀の一八八〇年代にモッツォーニらによって始められたが、九〇年代にその流れをくむ「女性の権利擁護同盟」が主要都市で結成され、運動は多様化しながら発展した。同盟の活動は地域の実情に応じて進められ、エミーリア・マリアーニを中心とするトリーノの同盟がとくに活発だった。また、エルシーリア・マイノ・ブロンヅィーニがミラーノで設立した「女性連合」は、福祉・扶助活動をはじめ女性労働にかかわる多彩な活動を展開した。これらの女性運動と社会党との関係は複雑だった。社会党のクリショフは女性労働保護のための法制定を主張し、一八九八年に自ら保護法案を作成したが、これにたいしてモッツォーニは、女性労働保護が立法化されれば、かえって女性が労働から排除されて、女性解放に逆行すると反対意見を表明した。マリアーニもまた保護法には批判的で、それよりも男女同一賃金の実現を訴えた。マイノ・ブロンヅィーニの場合は、「女性連合」の立場から保護法に積極的で、政府に請願書を提出して制定をうながした。こうした賛否両論のなかで、議会で実際に制定されたのはクリショフ案よりずっと後退した内容の保護法だった。

工業化と経済成長

一九〇三年十一月、ザナルデッリを継いでジョリッティが首相に就任した。ジョリッティは、このときを含めて第一次世界大戦前夜の一四年までに三度(通算八年間)首相の座に就き、二十世紀初頭のイタリアを支配した。この時期はジョリッティ時代と呼ばれることになるが、同時代の思想家の多くは、ジョリッティ時代が精神の躍動を欠くこぢんまりとしたイタリアをつくりだしたとして批判的な態度を示していた。しかし、これに続くファシズム時代を経験したあとの思想家・歴史家は、ファシズムと対比させてジョリ

ジョリッティ夫妻　地元クーネオ(ピエモンテ地方)の湯治場で憩うジョリッティ夫妻(1903年)。

ッティ時代の見直しをはかり、イタリアにおける民主主義の萌芽期として評価し直す傾向をみせた。

イタリア経済は一八九六年から景気回復の段階にはいり、ジョリッティ時代は、一九〇七年の恐慌を除くと全般的に好況局面にあった。この時代は工業化が急速に進行し、とりわけ重化学工業の発展がめざましく、高度成長を記録した。

工業発展を支えた要因のひとつにドイツ型兼営銀行の役割があった。イタリア商業銀行とイタリア信用銀行の設立については第十章で述べたが、この型の銀行としてもうひとつ、教皇庁とも関係するカトリック系のローマ銀行があった。兼営銀行は、小口の零細預金を集めて短期貸付だけでなく、長期の貸付や投資にも運用する仕組みで、企業はこの種の銀行から長期融資を受けることで成長を可能にした。またこの時代の急速な工業化には、水力発電による電気エネルギーの開発があずかって力となった。とくに重要なのは、一八九八年、遠距離送電を成功させたエディソン社がアッダ川パデールノに水力発電所を建設したことで、これによってミラーノ工業地帯に豊かな電気エネルギーが供給された。石炭の大量輸入の負担になやまされていたイタリアでは、この新しいエネルギー源は白い石炭として注目され、こののち兼営銀行の投資活動をともなって電力産業の開発が盛んとなった。

個々の工業分野にかんしては、前世紀からの保護関税によって綿工業、製糖業、鉄鋼業がひきつづき有利な立場にあり、綿工業は紡績・織布部門の拡充で外国製品を圧倒し、国内市場を制覇したあとバルカン、中東に輸出市場を広げた。鉄鋼業は、先にテルニ製鋼所が設立されたが、製銑工程は弱体であった。この弱点を克服して銑鉄生産も可能とするため、エルバ島にコークス高炉が建設され、さらにトスカーナの港町ピオンビーノとナポリ郊外のバニョーリに銑鋼一貫製鉄所が建設された。バニョーリの製鉄所の建設は、ナポリ工業振興法(一九〇四年)に基づいており、この特例法は経済学者ニッティの、ナポリの産業振興は貿易や観光事業でなく工業化を核に構想すべきだとする主張を受けて制定されたものだった。機械工業では、自動車製造工場の登場があり、のちに国際的に名をはせるフィアット、ランチャ、アルファ・ロメーオなどの自動車メーカーが、ジョリッティ時代に基礎を築いた。首都移転以来やや沈滞気味だったトリーノは、自動車工業の発展によって面目を一新し、ミラーノとジェノヴァを結ぶ工業三角地帯の一角を構成した。アニェッリ家のフィアット社は、こののちトリーノを代表する企業となるだけでなく、イタリア有数の企業として政財界に影響力をおよぼし、また労働運動の面でも一大拠点となった。

先に述べたように税制改革に失敗したものの、ジョリッティ時代は、経済成長による財政収入が好調で黒字財政を維持し、歳入増にともなう予算配分では軍事費、公共事業、社会サーヴィスなどの支出が増大した。また、前世紀末の銀行危機の際に、発券銀行を再編してイタリア銀行を発足させたことで通貨の安定も保障され、健全財政と通貨安定、それに金準備率の増加にも裏打ちされて、リラはこの時期最強の通貨のひとつに数えられた。

ジョリッティの行政運営

ジョリッティの統治技法はクリスピのそれとは違っていた。クリスピは諸法の改定・制定によって国家体制を整える統治術を示したが、ジョリッティは国家制度の改革よりも、諸制度の運用において行政の機能を多様化させる統治技法を用いた。ジョリッティ時代は行政の役割が質量ともに高まった時代で、一八九一年に一三万人弱だった国家公務員数は一九一〇年には三八万人近くに増加し、この時期に公務員層という社会集団の成立がみられた。公務員の地域的出自に関連して行政の南部化と呼ばれる現象も生じ、北イタリア出身者が民間企業に職を求めるのにたいして、公務員職には南イタリア出身者が志望する傾向が強まった。この現象は、工業化が北部に集中する社会状況の反映であったが、北部に支配的な実証主義文化と南部に伝統的な観念論文化という両地域の文化風土の違いに根ざす面もあった。

行政の役割の多面化は、社会生活の多様化にともなう公共サーヴィスや社会問題への取組み、各種の公益団体への行政指導や諸団体間の利害の調停作業、さらには諸特例法に基づく南イタリア開発事業など、新規業務の増大とともに進んだ。また、鉄道の国営化も行政の拡大をもたらしたが、この場合はあらたな行政形態が導入された。かつて政局をゆるがした鉄道問題は、一八八五年に二〇年契約で民間三会社に経営を委託していたが、二十世紀にはいって労働争議や経営実態をめぐる種々の論議を重ねたあと、一九〇五年に国営化法が成立した。そして鉄道経営は、公共事業省が所管する国家鉄道局(ＦＳ)というなかば自立的行政機関《アツィエンダ・アウトノーマ》がおこなうことになった。のちにファシズム政権は、この形態の行政方式を郵便、電信、電話、道路などの諸事業に適用することになる。

ジョリッティ時代には、国家鉄道局方式とは違う、もうひとつの行政形態が導入された。それは一九一二年に設立された全国保険機構(ＩＮＡ)で、この全国保険機構は、生命保険事業を国家の独占事業とし、保険料収入を老齢・障害年金の財源とする構想から始まったが、民間保険企業や経済学者エイナウディなど経済的自由主義者の猛反発にあい、国家独占化は一〇年先送りする条件で成立した。ただし、ちょうど一〇年後に登場したムッソリーニ政府によって独占化は否定され、生命保険事業の国家独占は実施されなかったが、全国保険機構が注目されるのは、法人格をもつ公共事業体《エンテ・プッブリカ》として設置されたことだった。全国保険機構は、公共事業体を通じて国家が経済介入する方式の最初のケースで、のちにファシズムがさかんに用いる公社、公団、事業団による経済運営の原型となり、いわゆる並行行政ないし第二行政と呼ばれる行政形態のはしりとなった。全国保険機構のプランを推進したのは、政界に転じて農工商大臣に就任したニッティと若き官僚ベネドゥーチェで、ベネドゥーチェはこののちテクノクラート官僚としてファシズム期の各種の公共事業体設立の中心的役割を演ずることになる。

ナタン市長時代のローマ　白亜の建物がヴィットーリオ・エマヌエーレ２世記念堂で，その裏側にフォロ・ロマーノ(古代ローマ遺跡)がある。正面の広場を挟んだ右側の建物はヴェネツィア宮殿。のちのファシズム期の大通り建設で周辺の景観はさらに変化した。

ジョリッティの統治は官僚の政策立案力と実行力に多く

をおっており、また官僚出身者が議会に進出し、力をもち始めた時期でもあった。ジョリッティの議会運営は、社会党との提携をもくろむこととならんで、与党議員に選挙区での個別利益を保障し、その見返りに中央での政府支持を求めるというデプレーティス以来の方法を継承していた。ただし、デプレーティスのときと違って諸地域の個別利害を官庁の政策に結合させる行政の媒介・調整機能を働かせ、ジョリッティのもとで中央政治への統合が進む状況がみられた。

だが一方では、この時代に地方行政体(コムーネ)の自治主義の志向も強まっており、一九〇一年に設立されたイタリア・コムーネ協会はそうした活動の中心となった。また、社会党、共和党、急進党などが手を結んだ人民ブロックが地方選挙で勝利をおさめ、コムーネ行政を担うケースがふえてきた。これら人民ブロックは水道、ガス、電気、路面電車など公共サーヴィス部門の公営化(コムーネ化)を認める法の成立(〇三年)を梃子《てこ》に財政、教育、厚生、地域開発など諸事業の改革と発展に力をいれ、コムーネ自治の動きを強めた。たとえばカターニア市では、シチリア・ファッシの指導者だったデ・フェリーチェ・ジュッフリーダの率いる人民ブロックが、〇二年からほぼ二〇年間にわたって市政を運営し、パンの製造・販売の市営化を試みたほか、有力私企業と対抗しながら公営事業の発展につとめた。またローマ市では、〇七年から一三年まで人民ブロックの推すエルネスト・ナタンが市長を務め、学校教育の充実、公共サーヴィス事業の市営化、新都市計画の設計などに精力的に取り組んだ。マッツィーニの流れをくむ民主主義者のユダヤ人ナタンは、フリーメーソンの幹部でもあり、教皇庁の膝元で反教権主義を唱えた異色の人物だった。

社会主義運動とカトリック運動

　コムーネ自治に関連して重要なのは、ポー平野における社会党系の運動だった。社会党が支配するこの地帯のコムーネでは労働会議所、協同組合、コムーネ行政体が三位一体となって公共事業、雇用保障、生産物販売、共同購入、福祉厚生、教育、文化などの諸活動を展開し、社会主義の小宇宙をつくりだした。そして、カトリックの行事や慣行に対抗して誕生から葬送までの独自の儀礼を演出し、反教権的性格を強く打ち出した。一九一二年の選挙法改正以前の社会党の国会議員数はたかだか三〇から四〇人程だったが、ジョリッティが社会党との提携路線を模索したのは、北部農工業地帯の安定のために、議会外の労働運動・社会主義運動を制度内に統合しようとする意図によっており、自治主義の志向をもつ社会党系コムーネにも公共事業費や補助金の交付を通じて体制内化する政策をとった。北部でのこの方針と、南部の農民運動・労働運動にたいして弾圧策で臨んだ彼の態度には際立った違いがあった。

　社会党の内部では、トゥラーティら改良派がジョリッティの政策を進歩的と判断して政府との協力に傾いたのにたいして、政府批判派でナポリの活動家アルトゥーロ・ラブリオーラらはサンディカリズムの立場をとって国家と対決する思想を表明した。ラブリオーラは活動の基盤をミラーノに移し、改良主義に批判的な旧労働者党のラッザーリらの支持をえて、労働会議所をサンディカリズムの拠点とすることに成功した。一九〇四年にサルデーニャ島の鉱山労働者のストライキで、三人の労働者が警官の発砲で殺されたことに抗議して、革命的サンディカリストは全国ゼネストを呼びかけた。イタリアではじめての全国ゼネストは、北イタリアから始まってしだいに南イタリアへ広がっていったが、ゼネストの是非をめぐって改良派とサンディカリスト派の対立は深まった。労働会議所を基盤とする革命的サンディカリズム派にたいして、産業別の労働組合を掌握する改良派は、〇六年に産業別労働組合の全国統一組織として「労働総連合(CGdL)」を結成した。社会党は、同年の第九回大会で改良派・中間派の執行部を選出して、一二年まで改良派が党運営の主導権を握るが、革命的サンディカリストも活発な活動を続け、アルチェステ・デ・アンブリスの指導するパルマの労働会議所は、〇八年、農業労働者の長期ストライキを推進した。

十九世紀末以降、社会主義運動と競合しながら、カトリックの運動も強まっており、国家とのあらたな関わり方を模索するいくつかの流れがみられた。そのひとつに、社会問題に取り組む若い世代に広まったキリスト教民主主義運動があり、青年司祭のローモロ・ムッリがその指導的役割を演じた。彼は、国家と教会の関係を改善するためには、カトリックが政党的組織を結成して政治参加することが必要だと訴えて、カトリック運動に新風を巻き起こした。だが、この主張は教皇庁の容認をえられず、ムッリは運動のなかでしだいに孤立して、一九〇九年の総選挙で急進党の候補者リストで議員となるが、教皇庁からは破門された。カトリック運動のより現実的立場は、教権＝穏健主義の潮流だった。この立場は、政財界で現実に進行しているカトリックの活動を反映しており、現行の国家体制のなかで自由主義ブルジョワジーと提携しながらカトリックの政治的・社会的活動を展開すべきだと主張し、ロンバルディーア地方を有力な基盤としていた。

こうした動向を背景に、これまでカトリック運動の中心組織だった「大会・諸委員会活動」は一九〇四年に解散し、かわって〇六年に三つの全国組織(カトリック人民連合、カトリック社会経済連合、カトリック選挙連合）が結成された。さらに〇八年にこれら諸組織の調整機関として「カトリック行動団」が設置され、あらたな社会状況での活動態勢を準備した。また、社会主義の進出に対抗して、カトリックの側でも国政選挙に参加する気運が生じ、〇四年のゼネスト直後の総選挙で三名のカトリックが下院議員に選出され、〇九年の総選挙では一六議員にふえた。

移民

ジョリッティ時代は、国内の経済成長の一方で、国外に大量の移民が流出した時期だった。北イタリアから近隣のヨーロッパ諸地域への一時的な出稼ぎは、以前からあった現象だが、一八八〇年代後半から移民のあらたな流れが生じていた。それは、南イタリアから大西洋をこえてアルゼンチンやブラジルに渡る移民が急増したことで、背景には農業不況と保護関税によって南部の経済状態が苦しくなった事情があった。二十世紀にはいると南イタリアからの移民の数はさらにふえ、今度はアメリカ合衆国へ向かう動きが主流となった。

ジョリッティ時代は、毎年五〇万人から八〇万人におよぶ移民を数え、その半分近くが南イタリアからアメリカ合衆国に渡る動きだったが、渡航には想像以上の費用がかかり、移民手続きも繁雑で、移住の実現には種々の困難がともなった。このため、移民を選択するのはもっとも貧しい人々というより、むしろ家族の生活戦略の設計が可能な人たちで、移民に際しては家族、親族、同郷のネットワークが大きな役割をはたした。だが、苦労して到着した移民先で待ち受けているのは過酷な労働条件で、現地のボスが取り

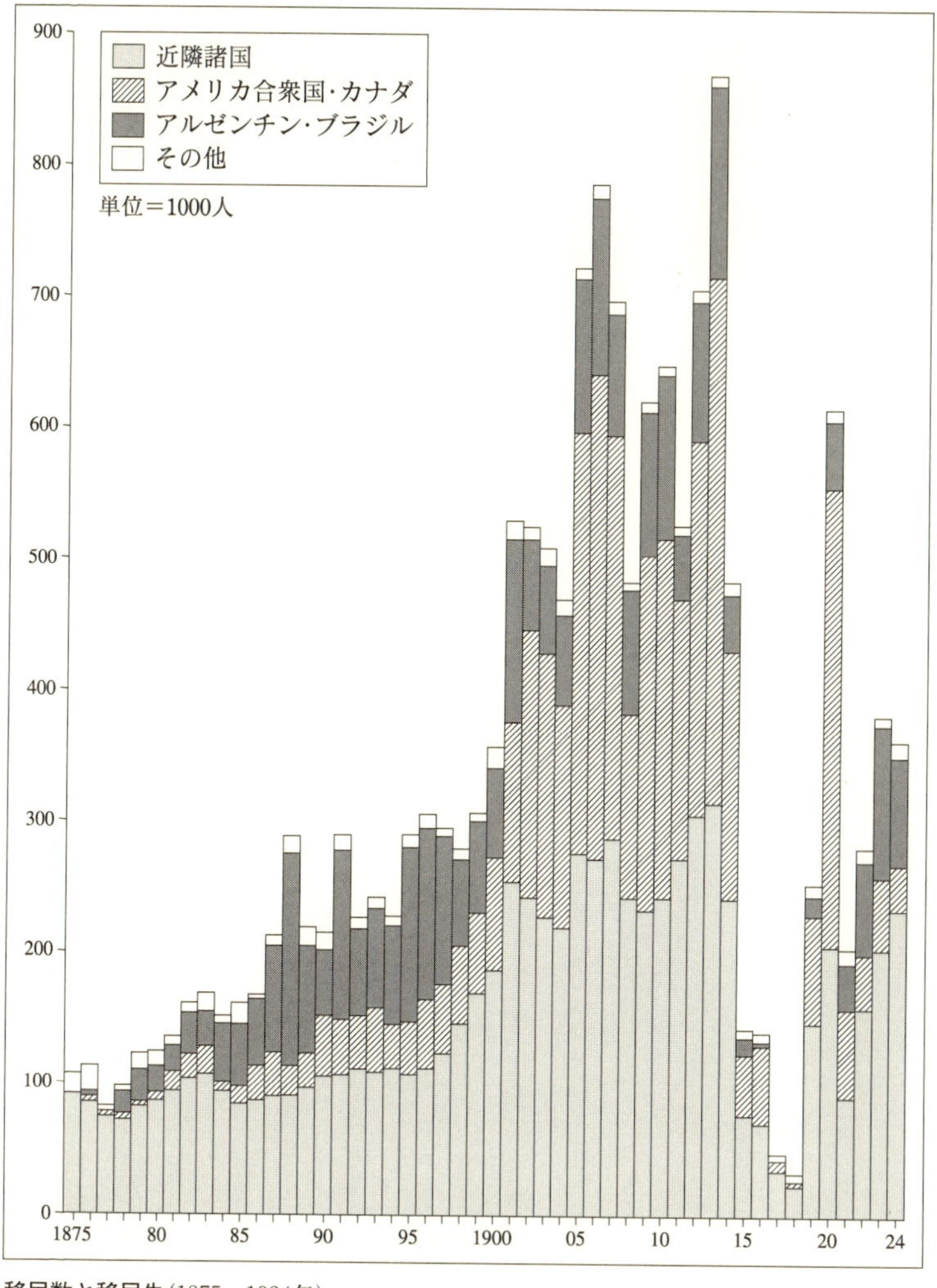

移民数と移民先(1875～1924年)

仕切る親方システムに隷属させられることが多かった。また、村々を巡回する移民斡旋業者や移民の渡航を請け負う海運業者、さらには移民手続き業務を監督するコムーネ委員会など中間業者が、ここぞとばかりに介入して利益をあげた。大量移民による社会的な影響は、残留者、移住者、帰国者それぞれの関係のなかで家族の構成、異文化交流、食材を含めた物資の流通など広い範囲におよんだが、当面のイタリア経済にとっての最大の効果は国際収支の改善だった。ジョリッティ時代はつねに輸入超過の状態だったにもかかわらず、移民の巨額な本国送金が貿易収支の赤字を補って、国際収支の堅調を保った。

反ジョリッティ主義

ジョリッティ体制にたいしてはさまざまな立場からの批判があった。議会では自由主義右派のソンニーノやサランドラが保守的な批判勢力として存在し、この立場に近いミラーノの有力日刊紙『コッリエーレ・デッラ・セーラ』編集長のアルベルティーニは、紙上でジョリッティ批判の論陣を張った。デ・ヴィーティ・デ・マルコやエイナウディら経済的自由主義者は保護主義政策と国家の経済介入を批判し、歴史家で社会主義者のサルヴェーミニは南イタリアに視点をすえてジョリッティ政府と南部選出議員の癒着の構造を厳しくあばいた。思想界においては実証主義批判に立つ諸文化運動が盛んで、一致して唯物主義の拒否、数の力に頼む民主主義の否定、議会主義政治の克服などを唱えたが、それはジョリッティと社会党改良派に共通する進化論的社会観にたいする批判を意味していた。諸文化運動は、人の意志や才能を重視して、選ばれた者(エリート)が指導する社会を理想とし、人々の精神を鼓舞し行動へとかりたてる躍動的な政治を求めた。

フィレンツェで発行された『イル・レーニョ(王国)』『レオナルド』『ラ・ヴォーチェ(声)』などの文化雑誌はこれらの議論を積極的に展開し、作家ダンヌンツィオはその作品と自身の実践をとおして耽美的で行動至上主義の風潮を生み、またマリネッティはスピードの美や機械のダイナミズムを称揚する未来主義運動を起こした。ナポリの哲学者クローチェは精神哲学の体系を構想して観念論の復興をはたし、シチリア出身のジェンティーレは行為のなかに精神の現実態があるとする行為主義的観念論を唱え、若い世代に強い影響を与えた。また、『イル・レーニョ』誌の創刊者コッラディーニはナショナリズム論を打ち出し、一部サンディカリストも生産者国家の概念を立ててナショナリズムと結びつき、一九一〇年にイタリア・ナショナリスト協会が設立された。ナショナリスト協会はロッコやフェデルゾーニら論客を擁し、大衆的基盤はなかったものの重工業界に支援された政治集団として重きをなした。

一九一一年、政府(ジョリッティ首相、サン・ジュリアーノ外相)は、モロッコをめぐるフランスとドイツの権益争いに乗じて、地中海対岸のトリポリタニアとキレナイカを獲得する方針を固めた。両地域はオスマン帝国が領有していたが、イタリアはかねてより経済的進出を企てており、なかでも教皇庁と結びつくカトリック系のローマ銀行が進出の機会をねらっていた。ナショナリストと未来派が戦争熱をあおり、政府は同年九月、トルコに宣戦布告した。イタリア軍は沿岸諸都市を占領したものの、現地民の抵抗とトルコ軍の反撃で内陸部に進むことができず、そこで一二年春にエーゲ海のトルコ領諸島に攻撃を拡大し、ドデカニス諸島を占領した。苦境に陥ったトルコはイタリアの要求に屈し、一二年十月のローザンヌ講和条約で、イタリアはトリポリタニアとキレナイカの支配権を獲得した。イタリアはのちに両地をあわせてリビアの名称とし、四三年まで植民地支配を続けた。

ジョリッティ体制の終末

今回の植民地獲得戦争は自由主義派、カトリック、ナショナリストなど幅広い支持を受けていたが、ジョリッティ体制の基盤はすでにゆらいでいた。ジョリッティは、戦争のさなかの一九一二年五月に選挙法改正案を議会に提出し、可決された。新選挙法は、三十歳以上の男性すべてと、二十一歳〜二十九歳の場合は一定の納税額をこえるか徴兵義務を終えた男性に選挙権を認めた。これによって有権者数は三三三万人から八六七万人にふえ、人口比では九・五%から二四・五%になった。下院の議席数五〇八と小選挙区制のシステムに変わりはなかったが、このときはじめて議員歳費の支給が定められた。ジョリッティが提携相手と頼む社会党は、一二年七月の第一三回大会で改良派指導部への批判が噴出し、左派のラッザーリが書記長に選出された。改良派への痛烈な批判で脚光をあびたロマーニャ地方の活動家ムッソリーニは、しばらくのち機関紙『アヴァンティ(前進)!』の編集長に抜擢され、革命的論調の紙面作りでジャーナリスト的才能を発揮した。同年十一月、革命的サンディカリスト派が、改良派の拠点である労働総連合から分離して「イタリア労働組合連合(USI)」を結成した。この労働組合連合には、労働総連合の中央集権的組織論に批判的な労働会議所や地方の諸組合が加盟し、アナーキストたちも参加した。

一九一三年は恐慌にみまわれて経済情勢が悪化した。この年、移民数は最大に達し、また議会に統合しえない左右両派の社会運動が広まる傾向をみせた。一三年十月、新選挙法による総選挙が実施されるが、ジョリッティは左派に指導権の移った社会党との提携を望めず、カトリックの支援を期待することになった。カトリックの諸活動は各地で社会主義運動と対抗しており、社会主義の発展をくいとめる必要に迫られていたが、カトリック政党の形成はローマ教皇に禁止されていて、自らの代表を直接国会に送り込むことができなかった。そこでカトリック選挙連合会長のジェンティローニは、教権＝穏健主義路線にそって、各選挙区で個別に自由主義派の候補者を支援する方針で総選挙に臨んだ。結果は、自由主義派が三〇〇余りの議席をえて多数を確保したが、そのうち二〇〇をこえる選挙区でカトリックの支援があり、カトリック議員も二九人当選した。社会主義派は諸潮流あわせて議席を七九にふやし、急進派も七三に増大した。

一九一四年三月、ジョリッティ内閣は急進派の内部事情で同派の閣僚が辞任したのを理由に総辞職した。後継首相には、南部出身の大土地所有者で権威主義的性格の政治家サランドラが就任した。ジョリッティ本人は、これまでのように一時的な内閣の交代というつもりだったが、社会状況はジョリッティの判断をこえて展開した。同年六月、国家統一後最大規模の民衆反乱が一週間にわたって続いた。発端は、アナーキストのマラテスタや共和派の若き活動家ネンニらの参加したアンコーナ市の反軍国主義デモで三人が射殺されたことだった。事件発生地のマルケ地方とそれに隣接するロマーニャ地方は、共和主義、社会主義、アナーキズムがそれぞれ行動力の強さを誇っていた地域で、ここから発した抗議行動は全国に波及し、イタリアを「赤い一週間」のもとにおいた。そして、この「赤い一週間」のほとぼりのさめるまもなく、第一次世界大戦が勃発した。

2　第一次世界大戦とファシズムの成立

「輝ける五月」

第一次世界大戦が始まったとき、イタリアはドイツ、オーストリアと三国同盟で結ばれていたが、政府(サランドラ首相、ソンニーノ外相)は中立の態度をとって戦局の推移を見守った。この間イタリアは、トレンティーノなど未回復地のイタリアへの帰属をオーストリアに要求したが、満足のいく回答をえられなかった。ソンニーノ外相は、ひそかにイギリス、フランスと交渉して、協商国側につく見返りにトレンティーノ、トリエステ、ダルマツィアを取得する約束をえた。一九一五年四月二十六日、イタリア政府は極秘裏にロンドン条約を結んで、三国同盟を破棄し、五月二十四日、オーストリアとの戦争に突入した。

参戦をめぐっては、国内世論がわれていた。ジョリッティ派の自由主義グループは参戦に批判的で、議員の多数も中立主義を掲げていた。社会党は「同調も妨害もしない」というスローガンで非戦の態度を示した。一方、参戦派の主張はさまざまな動機が絡み合っていた。ナショナリストや未来派の好戦主義とは別に、ヨーロッパの民族解放と民主主義を求める立場からオーストリアを敵視する民主派参戦主義の声があり、またバッティスティなどの共和主義者によるイッレデンティズモの立場での参戦論があった。これらに加えて、サンディカリスト系の参戦主義があり、デ・アンブリス、ビアンキ、ロッシなど革命的サンディカリズムの指導的メンバーは、一九一四年末に「革命行動ファッシ」という組織をつくって、世界資本主義の革命的破壊としての戦争遂行を唱えた。さらには、機関紙『アヴァンティ！』で反戦の論陣を張っていた社会党左派の中心メンバーのムッソリーニが、一四年十月に参戦主義に態度を変えた。そして重工業界から資金援助を受けて独自の日刊紙『イル・ポーポロ・ディターリア(イタリア人民)』を創刊したことで、社会党を除名され、「革命行動ファッシ」に加わった。

ロンドン秘密条約に基づいて政府は戦争の準備を進めたが、議会の多数が参戦に反対のため、五月十三日、サランドラ首相はいったん辞意を表明した。議会外では、北から南まで全国各地で参戦を要求する街頭デモが起こった。とくにサランドラの出身地の南イタリア、ダンヌンツィオが扇動するローマ、ムッソリーニの活動拠点のミラーノなどでは激しいデモが展開された。街頭行動に押されてサランドラは辞意を撤回し、議会は政府への全権委任を認めて参戦が決まった。国家の方向を定めたこの大衆行動は、「輝ける五月の日々」として記憶され、神話化され、のちのファシズム運動の原点となった。

戦争の現実

オーストリアとの戦争は、東部国境付近のイゾンゾ(ソーチャ)川にそっての攻防と、トレントの南東に位置するアジャーゴ高地をめぐる攻防が二大戦場となった。とりわけ前者が主戦場で、国防最高長官カドルナ将軍は、この戦線で一九一七年八月までに一一回の正面攻撃を繰り返したが、戦局に変化はなく、犠牲者のみがふえた。戦争には五〇〇万人をこえる兵士が動員され、その半数が農民だったが、長引く前線での塹壕生活は、さまざまな職業、出身地、社会身分の兵士をたがいに結びつけ、塹壕共同体と呼びうる

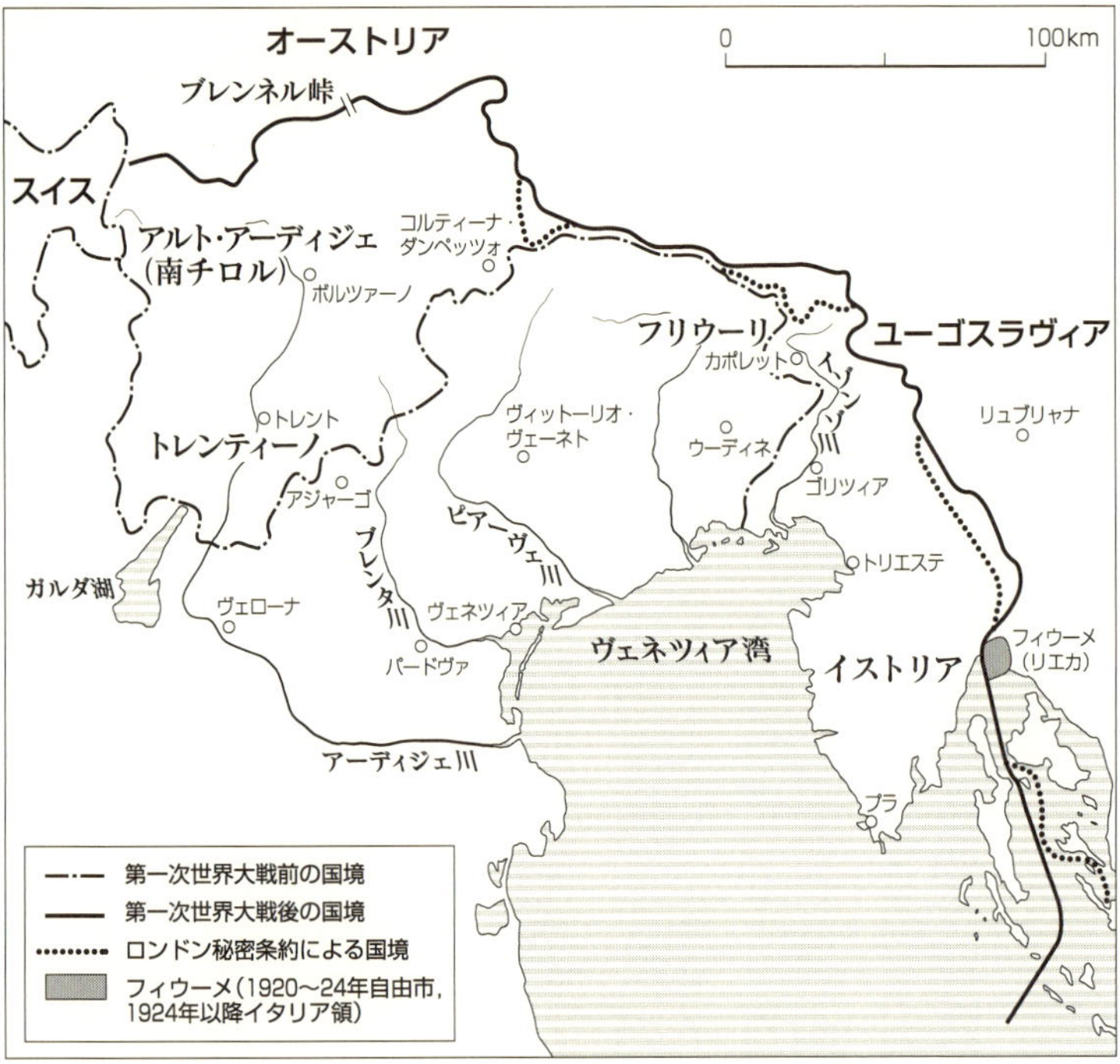

第一次世界大戦後のイタリア

連帯を生み出した。

国内では産業動員体制がとられ、軍需生産にたずさわる企業は軍事省武器・軍需品局の監督下におかれて労働力の管理、軍事規律の導入、生産調整がなされた。対象となった企業ははじめ二二一だったが、終戦時には一九七六に達した。産業動員体制のもとでこれら企業の経営規模は拡大し、ジェノヴァの造船・鉄鋼業アンサルド社は従業員が六〇〇〇人から五万人にふえ、トリーノのフィアット社は四〇〇〇人から四万人に増大した。

一九一六年六月、ボゼッリ首相のもとで挙国一致内閣が組織され、同年八月にドイツとも交戦状態にはいった。戦局が変化したのは一七年十月で、イタリア軍はイゾンゾ戦線のカポレットで大敗をきっし、ヴェネツィアまであと三〇キロに迫るピアーヴェ川まで総退却をよぎなくされた。この大敗で三〇万人が捕虜となり、首相はオルランドに交代し、国防最高長官カドルナも更迭されてディアツ将軍が就任した。このの ち、ピアーヴェ川沿いに防衛態勢を立て直し、カポレットの敗北から一年をへた一八年十月、攻勢に転じてヴィットーリオ・ヴェーネトで決定的な勝利をおさめ、またトレントとトリエステも攻略して、十一月四日に終戦をむかえた。戦時中、兵士や市民のあいだでの反戦、厭戦の気分も強く、軍事裁判にかけられた者は八七万人にのぼった。このうち四七万人が徴兵忌避者で、そのまた三七万人は徴兵対象の移民で帰国しなかった者だった。その他の四〇万人は脱走、不服従、反戦行為、自己傷害、軍規違反などの行為が問われ、これには六万人の一般市民が含まれていた。この大戦でのイタリアの戦死者は六〇万人を数えた。

まがりなりにも戦勝国となったイタリアでは、アドリア海沿岸をめぐって、ロンドン秘密条約で約束されたダルマツィアのほかに、イタリア系住民が多数を占める港湾都市フィウーメ(リエカ)の獲得を求める声が高まった。だが、パリ講和会議ではダルマツィアもフィウーメもどちらもイタリア領とは認めない空気が強まり、オルランド首相とソンニーノ外相はこれに抗議して会議をボイコットし、帰国した。国内では「損なわれた勝利」という感情が広まり、一九一九年六月、オルランド内閣は退陣してニッティ内閣が誕生した。結局、領土にかんしては同年九月のサン・ジェルマン条約で旧オーストリア領のトレンティーノ、アルト・アーディジェ(南チロル)、ヴェネツィア・ジュリア、イストリアの諸地域がイタリア領となり、イタリアはアルプス山脈のブレンネル峠まで国境を拡大した。

戦後社会と諸運動

終戦後、復員兵士たちは「全国傷痍軍人協会」「全国兵士協会」などの組織を通じて、民主的改革の構想を立てたが、政治運動としての力は弱かった。これとは別に、ムッソリーニなど先の「革命行動ファッシ」のグループは、未来派やアルディーティのメンバーとともに、輝ける五月の日々で始まった革命的破壊の行動を戦後社会で継続することを唱えて、一九一九年三月にミラーノで「イタリア戦闘ファッシ」を結成した。アルディーティは大戦中に特殊任務のために選抜された集団であり、未来派は彼らの勇猛果敢な行動を賛美して、この集団と緊密な関係にあった。戦闘ファッシは、旧革命行動ファッシ系の大衆宣伝と大衆動員の経験に豊かなメンバーと、アルディーティら軍事行動になみはずれた経験をもつメンバーを集めて、規模は小さいながら行動力のある団体として登場した。ただ最初は、肝心の大衆的性格をもちえず、ミラーノ周辺での社会党系組織にたいする襲撃行動にとどまっていた。

一九一九年後半から二〇年にかけて注目を集めたのは、戦闘ファッシの運動よりもフィウーメ占領事件だった。サン・ジェルマン条約が締結された直後、ダンヌンツィオはナショナリストや現役軍人を率いて実力行使でフィウーメ占領の行動にでた。フィウーメ占領にはダルマツィア進出のための軍事的動機やアドリア海貿易への経済的動機のほかに、議会制国家を批判する政治的動機があり、革命的サンディカリストのデ・アンブリスやイタリア海員組合連合を率いるジュリエッティらが参加した。フィウーメは国家に反旗をひるがえす運動の結集地の観を呈し、とくにデ・アンブリスは、フィウーメのイタリアへの併合でなしに、独立共和国の樹立を目標とするカルナーロ憲章の草案を作成した。

国内では戦後の混乱が続いていた。リラの為替相場の急落と通貨供給量の急増によってインフレが進行した。物価の上昇は民衆の日常生活を圧迫し、各地の労働会議所を中心に値上げ阻止の運動が展開された。農村においては、戦時中の土地分配の公約の実現を迫る農民が、休耕地や未墾地を占拠した。一九一九年九月、ヴィゾッキ農相は条件つきでこの行為を追認したが、政府はその前日に、治安警察力(王国警備隊)をあらたに編制して、民衆運動の鎮圧にあたらせた。農民の土地占拠は、ラツィオから南部にかけての地域で盛んで、全国兵士協会が積極的な役割をはたした。全国土地勤労者連合(フェデルテッラ)が強い力をもつポー平野では、農業家にたいして雇用義務の闘争を打ち出し、農業家が耕作地の面積に応じた数の労働者を雇用すべき義務を課した。フェデルテッラは農業労働者のあいだで高い組織率を誇っており、労働力の独占を武器としたこの闘争は大きな成果を生んだ。工業労働者の組織化も進み、戦前の建築・印刷・鉄道組合にかわって、戦後は金属労働者連盟が労働運動の主役となり、労働総連合の加入者数は終戦時の二五万人から、二〇年秋には二〇〇万人にふえた。こうした運動を基盤に社会党の勢力も拡大した。

戦後政治におけるあらたな現象のひとつは、カトリック政党が誕生したことだった。ローマ教皇ベネディクトゥス十五世(在位一九一四〜二二)の承認をえて、一九一九年一月、ストゥルツォを書記長とするイタリア人民党が結成された。シチリアの司祭ストゥルツォは、早くからキリスト教民主主義の運動に加わり、またコムーネ自治の運動を進めて全国コムーネ協会で活動を続けていた。人民党の政治プログラムは教育の自由、地方分権、税制改革、社会立法、小土地所有者の保護など、これまでのカトリック運動の主張を主たる内容としていた。これより先、一八年九月にカトリック系労働組合の全国組織として「イタリア勤労者連合(CIL)」が結成されており、その主力は北・中部の折半小作農、小借地農、小土地所有農、繊維労働者だった。この組合は、ポー平野でフェデルテッラと競合して運動を展開し、なかでもミリオーリの指導するクレモーナ地域の農民運動は固い結束力をもち「白色ボリシェヴィズム」の異名をとった。

大衆的ファシズム運動の成立

戦後、選挙法が改正されて、小選挙区制から比例代表制に移った。その結果、一九一九年十一月の総選挙で社会党が一挙に一五六議席にふえ、新登場の人民党も一〇〇議席を獲得し、自由主義諸派は過半数をわる二〇〇議席程にとどまった。二〇年六月、ニッティ内閣にかわってジョリッティが通算五度目となる内閣を組織した。この老練の首相には戦後の混乱を正常化させる期待がよせられた。新内閣は有価証券の記名義務、戦時利得課税、相続財産税の引上げなど有産者層への課税措置で歳入増をはかる一方、パンの公定価格を廃して歳出を削減するなど財政再建につとめた。だが、ジョリッティ内閣のもとで左右両翼の運動は、新しい形態をとりつつ激しさを増した。この内閣の成立する直前の四月、戦時中の労働強化の遺産である夏時間制の実施をきっかけに労働者の闘争が強まり、トリーノの機械・金属労働者は、グラムシら若い共産主義グループとともに工場評議会運動を展開して資本家と対決した。この闘争は労働者側の敗北に終わり、労使の力関係は資本家側に傾いたが、機械・金属労働者はさらに八月末から約一カ月間、ミラーノとトリーノを中心に工場占拠闘争を敢行した。工場占拠はジョリッティ首相の巧みな収拾策によって、経済改良のわずかな成果をえただけで九月下旬に終息した。工場占拠闘争の失敗は、社会党の指導力の欠如を露呈することになり、社会党の指導に期待をかけていた民衆運動も分解し始めた。

しかし、十九世紀末以来の活動拠点であるポー平野では、社会党はいぜんとして強い力を保っており、十〜十一月に実施された地方選挙で、エミーリア・ロマーニャ地方では三二九コムーネのうち二一七コムーネで社会党が勝利し、またトスカーナ地方でも二九一コムーネのうち一五四コムーネを支配した。さらに細かくみると、ボローニャ県では六一コムーネのうちボローニャ市を含めて五一コムーネを社会党が支配し、フェッラーラ県では二一コムーネすべてで社会党が勝利し、またフィレンツェ県では七九コムーネのうちフィレンツェ市を含めて五一コムーネを支配した。これらの地域は都市部と周辺農村部が政治的・経済的・文化的に緊密な結びつきを有して、一体的な地域世界をなしているのが特徴だった。そして、まさにこれらの地域でファシズムの大衆運動が発生した。

ボローニャ県では長期の農業協約改定闘争が、一九二〇年十月にフェデルテッラの勝利で終わっており、これに地方選挙での社会党の勝利が重なって、この地域の農業家層と都市中間層の危機意識を同時に誘発した。十一月二十一日、ファシストは社会党市政の誕生を阻止するためボローニャ市庁舎に攻撃をかけ、社会党側に九人の死者がでた。一カ月後に同様の事件がフェッラーラ市でも起こり、これをきっかけにポー平野からトスカーナにかけての一帯で、ファシストによる襲撃事件が日常化し、社会党系のコムーネ議会は解散させられ、コムーネ行政は政府派遣のコミッサーリオの監督下におかれた。襲撃行為には行動隊(スクァードラ)が編制され、復員士官、有産者の子弟、学生などが参加し、労働会議所、労働組合、協同組合、社会党の事務所の破壊と活動的メンバーの殺害を繰り返した。行動隊には農業家層からの資金や武器の援助があり、通常、都市部から周辺農村に出撃して懲罰遠征と称したが、県知事、軍部、警察など公権力機関はこれを黙認した。

このようにしてファシストは社会党系の労働組合と協同組合を破壊したあと、農業家層と協力して農業労働者の就業を斡旋し、自らの労働組合を結成した。ファシスト労働組合の運営にはサンディカリスト出身の活動家の働きがあり、フェデルテッラが「土地の社会化」を唱えたのにたいして「土地を耕す者の手に」というスローガンで農民・農業労働者を引きつけた。労働力の独占を武器に労働市場を支配していたフェデルテッラの統制力は急速にくずれ、一九二〇年に八九万人を数えた加盟者数は二一年中に三二万人に減り、ポー平野における社会主義運動はファシズム運動に取ってかわられた。この地域で活動を強めていたカトリック系の労働組合も同じ運命をたどり、しだいに衰退した。

ファシスト党の形成

この間、政府はフィウーメ問題の解決にあたり、一九二〇年十一月、ユーゴスラヴィアとラパッロ条約を結んでフィウーメを自由市とすることで合意に達した。そして、ダンヌンツィオら占領者を排除するため、クリスマス前日に軍事攻撃を開始し、フィウーメを解放した。この「血のクリスマス」事件は、自由主義政府にたいするナショナリストの批判をあらたにかきたてたが、懸案の事件を解決したジョリッティは、二一年五月、議会政治の再建をはかって総選挙を実施した。ジョリッティの意図は、政治諸勢力を議会内に統合し、その均衡のうえに支配体制を築こうとするもので、戦前からの統治方式が念頭にあった。だが、戦後のあらたな状況のもとで、大衆政党となった社会党と人民党がジョリッティと提携する可能性はなかった。

社会党は、社会主義革命を唱える指導部の最大限綱領主義派と議会グループ・労働総連合を握る改良主義派との年来の対立が続いていたが、一九二一年一月の第一七回大会で最左派のボルディーガやグラムシらが分離して共産党を結成した。社会党内では、その後も最大限綱領派が多数を占め、ジョリッティ政府との対決姿勢を強めたのにたいし、トゥラーティら改良派は社会党から分離して二二年十月に統一社会党を結成した。一方、カトリック勢力を糾合する人民党内も複雑で、最大の基盤である北・中部の農民層を代表する社会派、商工業・金融業を代表する保守派、その中間の調停派などの諸潮流があり、これに加えて教皇庁のたびたびの介入があった。また、有価証券の記名義務によって聖職者財産が打撃を受けたことで、人民党の内部にはジョリッティにたいする反発があった。

ジョリッティは、こうした社会党と人民党のどちらにも依拠できず、このため自由主義諸派を結集したナショナル・ブロックに、おりしも大衆運動として登場してきた戦闘ファッシを引き入れた。戦後の領土拡大で議席数が五〇八から五三五にふえた選挙の結果は、社会党一二二四、共産党一五、人民党一〇八、ナショナル・ブロック二七五となり、ナショナル・ブロックのうちファシストはムッソリーニを含めて三五人が当選し、ほかにナショナリストが一〇議席をえた。政府与党はかろうじて多数を確保したものの、不況の深刻化につれてジョリッティにたいする産業界の風あたりが強まり、同年七月、ジョリッティは工業保護関税を置土産に辞任した。新内閣はボノーミ首相のもとに組織された。

黒シャツで身を固めたファシストのシニョリーア広場(フィレンツェ)でのパレード(1922年)　フィレンツェのファシストはボローニャのファシストとならんできわめて攻撃的な性格を有した。

少数ではあるが国会に進出したファシスト議員グループは、議会外の武装衝突の鎮静化をはかって、下院議長の仲介で八月二日に社会党と平和協定を結んだ。これにたいして、ボローニャのグランディをはじめ地方の活動家からただちに批判の声があがった。ファシズムの大衆行動を通じて、ラス(エチオピアの部族王の意味)と呼ばれる地域ごとの実力者が頭角をあらわしており、フェッラーラのバルボ、クレモーナのファリナッチ、ボローニャのバロンチーニらがその代表だった。彼らはポー平野のファシストを動員して決起集会を開き、ムッソリーニを議会主義的偏向として糾弾し、また大衆的ファシズムはフィウーメ占領の行為を模範とすることを主張した。そして、九月十日にダンテ没後六〇〇周年の記念行事への参加を口実に、バルボの指揮で数千人のファシストがラヴェンナ市に進軍し、武力闘争を展開した。

ファシズム内部の対立はしばらく続くが、それまで運動体としての性格だった戦闘ファッシを政党化することで決着がつけられた。一九二一年十一月、ローマで開かれた戦闘ファッシ第三回大会で国民ファシスト党(PNF)が結成され、書記長にサンディカリスト出身のビアンキが就任した。これにより、ファシズム運動に政党的規律が導入されることになり、ムッソリーニの政治的指導権が確保された。ただしこの際、行動隊(スクァードラ)を政党の内部に組み込んで、すべての党員が行動隊のメンバーとなる組織論を採用し、武力闘争の態勢も強化した。したがってファシスト党の形成は、実際には党と軍の同時的編成をあらわしており、党員は市民戦士として意味づけられた。また党規約では専門家グループの機関をおくことがうたわれたが、これはファシズムのテクノクラート的な側面を示していた。ファシズムは党と軍の活動を一体化したあと、労働運動の分野でも組織化を進め、二二年一月、ロッソーニを書記長として「全国労働組合連合」を結成した。

ローマ進軍

ファシストの行動は一九二二年にはいってさらに強まり、五月から七月にかけてフェッラーラ、ボローニャをはじめ地方都市を大衆動員によって占拠した。ファシストの攻勢にたいして、労働諸団体で構成する「労働同盟」が、七月末に合法的ストライキとしてゼネストに突入したが、ファシスト側の反撃にあって敗北に終わった。ファシストはこのときにミラーノ、ジェノヴァ、アンコーナなど主要都市をあらたに占拠し、支配都市を拡大した。支配地域の拡大につれ、ファシズムは、影響下においた労働者や住民に政治的および経済的な安定を保障する必要に迫られ、国家権力の獲得へ向かう動機を強めた。ファシズムは地方占領軍の性格から、国家の支配者となる動きを強め、九月にテルニとチヴィタヴェッキアを占拠してローマに通ずる軍事拠点を確保した。軍事行動とならんで政治と経済のプログラムの宣伝にも力をいれ始めたが、権力の掌握をめざすにつれ、その政策は支配者層の支持をえる内容にまとめられ、これまであいまいにしてきた国家政体にかんしては君主制の維持を表明して、国王と軍隊の支持を引きつけた。ムッソリーニはかねて、国家の経済への介入を批判して経済的自由主義を唱えており、これは経営者の全国団体である工業総連盟《コンフィンドゥストリア》の意向に合致した。

十月になってローマ進軍が日程にのぼり、ビアンキ、バルボ、デ・ボーノ、デ・ヴェッキの四人からなる司令部が設置された。四人の組合せは、ファシズム内部の諸潮流を巧みに表現しており、ビアンキは戦前からの革命行動ファッシの系譜を引いて政治的にムッソリーニにもっとも近い立場にいた。バルボはファシズムの大衆運動を担う行動隊を代表し、またデ・ボーノは元将校として軍部との接点に立ち、そしてデ・ヴェッキは保守的・君主的な支配層を代弁する立場だった。ムッソリーニ本人は、ミラーノにとどまって工業総連盟との接触や政治工作にあたった。二十四日にファシズムの浸透度の低い南部への示威行動もかねてナポリで大集会を開いたあと、二十七日深夜から北・中部の各地でファシストの行動がいっせいに始まった。彼らは市庁舎、電話・電信局、鉄道駅を襲撃してそれぞれのコムーネを制圧し、これにあわせて二十八日未明、三地点からローマ進軍が始まり、黒シャツで身を固めた二万人程が、土砂降りの雨のなかをローマに向かった。

時の首相ファクタは国王に戒厳令の発布を要請したが、国王がこれを拒絶したため首都防衛の態勢はあいまいとなった。さまざまな政治折衝が繰り返されたあと、ファシストの部隊がローマ市内にはいる前に、国王からムッソリーニに組閣令がだされ、これを受けたムッソリーニが三十日にミラーノから汽車でローマに到着して、諸党派からなる連立内閣を形成した。ローマ進軍は、参戦に導いた輝ける五月の日々および戦後のフィウーメ占領の行為とならんで、議会外の実力闘争によって国家のあり方に変更を迫る行動の一環だった。この進軍については、ファシズム体制のもとでイメージがふくらまされ、神話化され、記憶に根づかされることになるが、ムッソリーニ首相の誕生をもたらした実際の要因という点では周縁的な役割をはたしたにすぎなかった。

3　ファシズム体制

ムッソリーニ連立政府

　ファシスト党の議会勢力三五人をもつにすぎないムッソリーニ内閣を信任した自由主義諸派には、ファシズム運動を国家制度のなかに引き込むことで政治が正常化され、ファシストの行動も合法性の枠内に戻るだろうとする判断があった。だが事態は予測をこえて進行し、しだいにファシズム体制が形成され、ムッソリーニは二〇年間にわたって首相の座にとどまることになる。彼はまず、ファシズムの最高機関と称して、党幹部と政府有力者で構成するファシズム大評議会を設置した。この大評議会は、一九二八年に法制化されるまで正規の国家機関ではなかったが、党と政府の上に立って国家の重要事項を決定した。ムッソリーニ内閣はまた、行政と経済にかかわることがらの緊急立法権を政府が向こう一年間もつことを議会に認めさせ、議会審議の制約を取り除いた。

　ムッソリーニ内閣にとって幸いだったのは、新内閣の成立と前後して経済情勢が好転し、生産の回復と失業者の減少、それに財政赤字の解消がもたらされたことだった。財務相には経済的自由主義を信念とするファシスト党のデ・ステーファニが起用されて、国家の経済介入を排し、財政負担を軽減する諸措置が講じられた。有価証券記名義務の廃止、鉄道従業員の人員整理、予定されていた生命保険の国家独占化の取消し、電話事業の民営化などが矢継ぎ早に決まった。また、危機にあったカトリック系のローマ銀行を救済したことで、新政権は教皇庁に好感を与えた。この内閣には哲学者のジェンティーレが文相として加わり、古典人文学を重視するカリキュラム、小学校での宗教教育の義務化、高校卒業資格のための国家試験の導入など教育面での改革も実行された。さらにはメーデーの祭典が廃止され、かわりにローマの建国記念日とされる四月二十一日が国家の祝祭日に定められた。

ムッソリーニ内閣の誕生によるファシズム運動への影響は、党組織だった行動隊(スクァードラ)が全国治安民兵隊として、首相に直属する国家機関に編制替えされたことだった。ムッソリーニの意図は、ファシズム運動の担い手である活動家たちの身分を国費で保障すると同時に、彼らを政府の規律と統制に従わせることにあった。だが、党＝行動隊の自律性を主張する地方の活動家はこれに反発した。地方のファシズム運動、とくにラスの指導力の強い地域のファシズム運動は、中央志向であるより地域主義的傾向が顕著で、党＝行動隊の自律的な活動によって地域的支配権を樹立することをめざしていた。彼らは非妥協主義あるいはスクァドリズモと呼ばれ、クレモーナ地方のファリナッチがその代表だった。他方、政権を握ったファシズムの今後の課題は直接行動でなく、知的・専門的階層の養成と新指導階級の形成にあると主張するグループがあり、これは修正主義と呼ばれ、ボッターイとロッカがその中心にいた。この二傾向とは別に、独自のファシズム論を実践する異論派の活動家が各地におり、この時期にはいくつものファシズム運動が今後の方向をめぐって競い合っていた。さらにまた、一九二三年二月、ファシスト党とナショナリスト協会の合併で、ロッコなど権威主義的国家論をもつナショナリストがファシズム陣営に加わった。

一九二三年七月、下院は新選挙法(アチェルボ法)を承認し、翌年四月に総選挙が実施された。新選挙法は全国で最多得票をえた党が議席の三分の二を獲得し、残り三分の一はその他の党に比例配分で振り分けるという内容で、一部自由主義派を含んだ統一リストで選挙に臨んだファシスト党が圧勝した。新議会が開かれると、統一社会党書記長マッテオッティが、選挙中のファシストの暴力行為を厳しく糾弾し、その後まもなくファシストに拉致され、殺害された。これに抗議した反ファッショ諸党派は、古代ローマのプレプス(平民)が貴族の支配に抗議してアヴェンティーノの丘にたてこもったという(二九頁参照)故事にならい、議会活動を停止してアヴェンティーノ連合を結成した。議会外でも抗議の声が高まり、ムッソリーニ側近の政府高官ロッシやフィンツィらが暗殺に関与した疑いで失脚し、ムッソリーニ政府は危機に追い込まれた。マッテオッティの暗殺は、議会での糾弾演説にたいする報復というより、石油利権をめぐる政権中枢部の汚職の証拠を握られたのが原因とする説もある。自由民主派のアメンドラを中心とするアヴェンティーノ連合が、国王の介入に期待して効果的な方針をだせずにいるあいだに、ムッソリーニは非妥協派ファシストの強硬策に押されて攻勢に転じ、二五年一月、力による支配の方針を議会で宣言した。これをさかいにファシズムは新体制の形成に向かった。

ファシズム体制の形成

ムッソリーニは一九二五年六月の党大会で、「国民をファシスト化する」課題をあげ、そのための「生活方法を創造する」必要を唱えた。そして「イタリア人であることとファシストであることが同じである状態」が望ましいと訴え、イタリア国民のアイデンティティをファシスト的人間像、つまり市民戦士であることに求めた。二五年以降、ファシズム政権は国家と社会の諸制度の改組・改変・新設を繰り返しながら、国民のあらたな生活様式の創造を推し進め、ファシズム体制を築いていった。ファシズム体制は諸分野でのさまざまな試みの積重ねのうえに築かれるが、そこで形成された体制は、自由主義国家において政治社会と市民社会あるいは公的領域と私的領域として区分されていた境界を取り払い、両者を再編・融合したかたちの国家と社会の編制をあらわすものとなった。この体制のもとで、人々は男性も女性も職業別、年齢別あるいは居住地ごとになんらかのかたちで組織化され、管理・動員・参加を日常性とする生活様式がつくられていった。

ムッソリーニ一家(1930年)　長女エッダ(ムッソリーニ右隣)はこの年，のちに外相となるチャーノと結婚。腕にだかれている三男ロマーノは音楽家になった。

ファシズム体制の形成には政治、行政、経済、労働、教育、文化、精神などあらゆる分野での変革が作用しているが、ムッソリーニは新政策の遂行のため、一九二五年に閣僚を一部入れ替え、法相にナショナリスト出身のロッコ、財務相にはアドリアーティカ電力会社の創業者でイタリア商業銀行と深い結びつきのある産業界の有力者ヴォルピを登用した。そして、ロッコには国家機構の権力的な編制をはかる諸法規を準備させ、ヴォルピには経済的自由主義から保護主義への経済政策の転換を託し、国家による経済介入に舵を切り替えた。また党書記長には非妥協派の中心人物であるファリナッチをすえ、マッテオッティ事件による党内の動揺に対処すると同時に、非妥協派の自立的傾向をおさえて党組織のもとに規律化することをねらった。

一九二五年七月に財務相に就任したヴォルピは、大戦期以来停止されていた穀物関税を復活させて、保護主義政策に転じた。この措置は、小麦の輸入量をおさえて貿易赤字を縮小する意図によっていたが、同時に国内の穀物増産をめざす「穀物戦争」の開始を告げるものとなった。また、ヴォルピは同年秋にアメリカ合衆国にでかけて、戦時負債の支払い条件の緩和を認めさせるとともに、モルガン銀行との交渉で一億ドルの借款をえた。帰国後、ヴォルピは通貨政策に取り組み、イタリア銀行、ナポリ銀行、シチリア銀行の三行が有していた通貨発行権をイタリア銀行だけに認めることとし、中央銀行制度の確立につとめた。さらにまた、リラ通貨の安定と金本位制への復帰のためにデフレ政策をとった。この時期、英ポンドにたいするリラの為替レートは下がり気味で、リラ安の傾向が続いていたが、二六年八月、ムッソリーニがペーザロにおける演説でリラ防衛の堅い決意を示したことで、リラ相場は上昇に転じた。産業界・金融界はリラの実勢を一ポンド＝一二〇リラ程度に見積もって、そのレートでの金本位制への復帰が妥当としていた。だが、ムッソリーニは九〇リラ平価（クォータ90）の実現に強い意向を示し、最終的には二七年十二月、一ポンド＝九二・四六リラ（一〇〇リラ＝金七・九一九グラム）で金本位制に復帰した。

実勢を上回るリラ切上げとデフレ政策は、経済生活にさまざまな影響をおよぼした。リラ切上げには、中間層大衆の購買力を復活させて、この層の社会的安定をはかろうとする政治的意図が働いていたが、デフレ政策は労働者の賃金カットと失業者の増大をもたらした。リラ高で輸出産業と中小企業が打撃を受ける一方で、原料輸入と外資導入を必要とする部門は有利な状況となり、大資本による生産の集中と合理化が進行した。他方、農業部門においては、穀物戦争により小麦の作付面積と生産量は増大したが、そのあおりを受けて酪農、ブドウ、オリーヴ、柑橘《かんきつ》類など他の農産物の生産量は減少し、農村生活にも変化が生じた。政府は農業生産と農村生活の重要性を訴えて農本主義的イデオロギーを唱え、都市への移住を規制する措置をたびたび講じたが、ファシズム体制のもとで農村から都市への移住者は増加しつづけ、主要都市の都市改造を含めて都市の規模拡大が進行した。イタリアではこれまでも土地開発事業は盛んだったが、ファシズム政府は一九二八年に国土総合開発法を制定し、湿地干拓、荒地開拓、インフラ整備、国内植民の事業を大々的に開始した。とりわけローマ近くの大湿地帯でマラリアの発生地であったアグロ・ポンティーノの干拓に力をいれ、全国兵士協会を動員してここにリットーリア(ラティーナ)やサバウディアなどの新都市を建設し、おもにヴェーネト地方の農民を植民移住させた。

ファシズム諸制度

一九二五年から二九年のあいだに多くの法規が制定され、国家機構の整備と強化がはかられた。まずファシズム批判者にたいする抑圧装置が導入され、出版・言論の統制、集会・結社の規制が強まり、ファシスト党以外の政党は非合法化された。警察長官ボッキーニによって秘密警察(OVRA)が組織されるが、彼は二六年から四〇年まで連続して長官を務め、警察活動を指揮した。このほか国家防衛のための諸措置が講じられ、政治犯に死刑が導入されるとともに特別裁判所が設置され、共産党の指導者グラムシはこの特別裁判所で二〇年四カ月の刑を宣告された。三一年制定の刑法では、一般犯罪にも死刑が復活された。

行政権にかんしては、首相の名称を「政府首長」として大権を付与し、首相の権限をいちだんと強めた。また、政府の発する政令に法的効力をもたせ、議会を無力化した。下院議員選挙は全国単一選挙区となり、有権者はファシズム大評議会が産業別に選んだ四〇〇名の候補者の単一リストに賛否を表明する方式となった。地方行政をめぐる県知事と党支部長の権限争いが生じていたが、それにかんしては、知事が県行政における最高権威であることを確認して、県知事の権限を強めた。コムーネ首長は任命制に戻ってポデスタという名称となり、地域によって名望家が復権した。また、コムーネ書記の身分がコムーネ職員から国家公務員に切り替えられて、コムーネは自治体でなく国家の出先機関であることが強調された。そして、国制上重要なのは、一九二八年にファシズム大評議会が法制化されて正規の国家機関となったことで、党と国事にわたる諸権限を集中的に保持することになった。

法相に登用されたロッコは以前から、国家機構の外に諸種のアソシエーションがふえて自由な活動をおこなうことに危機意識をもち、とくに労働組合にたいする警戒感をいだいて、生産力の増大と社会秩序の維持を保障するには、国家が労使関係に介入できる体制の構築が必要なことを唱えていた。一九二五年十月、ファシストの全国労働組合連合と経営者の全国団体である工業総連盟《コンフィンドゥストリア》とのあいだでヴィドーニ館協定が結ばれ、ファシストの労働組合だけが経営者との交渉権をもつことが決められた。これによってファシスト系以外の労働組合の存在理由は失われるが、経営者側はこの協定で、労働運動で大きな役割をはたしてきた工場内部委員会の廃止を認めさせることに成功した。この協定のあと、ロッコは二六年四月にストライキとロックアウトを禁止した集団的労働関係規制法(通称ロッコ法)を制定し、労働争議を新設の労働裁判所で処理する措置をとった。ロッコはさらにこの機会に、経営者と労働者の双方を含んだ統合組合を組織して、国家機関に組み込むことを計画したが、経営者側の強い反発にあって実現しなかった。

だが、このときの労使関係をめぐる議論のなかから、労使それぞれの団体の代表からなる中央連絡機関を国家の行政機関として設置する案が浮上し、これにコルポラツィオーネの名が与えられ、一九二六年七月にコルポラツィオーネ省が新設された。大評議会は二七年に、労使協調の生産体制を理論化した「労働憲章」を発したが、コルポラツィオーネにかんしては実体がともなわない状態が続いた。三〇年に七産業部門の労使それぞれの代表で構成される全国コルポラツィオーネ評議会が法制化されるが、これは諮問機関としての性格をもつだけだった。三四年にようやく産業別に二二のコルポラツィオーネの設置をみるが、それは生産の合理化をはかるための経済管理のシステムという性格のものとなった。この間、コルポラツィオーネの実体がないままに議論が先行して、政府はコルポラツィオーネの体制を資本主義と社会主義を克服する第三の道と宣伝し、また哲学者のスピーリトはここに所有共同体の可能性をみようとした。日本を含む諸外国でもコルポラツィオーネに関心が示され、ファシズムを労使協調のうえに立つ新しい形態の協同体国家《コーポレート・ステート》として紹介することが多くみられた。こうした議論が進む二八年に、ロッソーニの率いるファシスト全国労働組合連合は六つの産業別全国組合に分割され、労働組合は弱体化した。

国民の管理・動員・参加

ファシズムは知識人の動員と組織化にもつとめ、文相辞任後のジェンティーレがこの活動に精力的に取り組んだ。ジェンティーレはファシズムを「生の全体概念」と説明し、「この精神を生活のすべての領域にと同様、文化のなかにも導入すること」が必要だと説いた。一九二五年三月、全国的な文化機関を設立する目的でファシズムを支持する知識人の文化会議が開催され、その会議の名においてジェンティーレが起草した「各国知識人へ向けてのファシスト知識人の宣言」が翌月発表された。これにたいして、ファシズム支持からファシズム批判に転じたクローチェがただちに「ファシスト知識人の宣言にたいするイタリアの作家・学者・著述家の回答」を書き、多数の署名者をえて公表した。これと同じ時期、ジェンティーレは企画中の『イタリア大百科事典』の編集責任者のポストにあり、イタリアで最初の大百科事典の刊行をファシズム的事業として準備していた。彼はこの事業に、ファシズムの支持者か批判者かを問わず知識人を結集し、二九年から三七年にかけて執筆者三二七二人にのぼる『イタリア大百科事典』全三六巻の刊行を実現させた。

公務員ドーポラヴォーロの家族の集い(1931年)
ドーポラヴォーロはファシズムにとってもっとも成功した政策のひとつで，民衆は自由主義時代に経験したことのない娯楽と福祉を享受した。

ファシズムはまた、人々を日常生活の身近なところで組織し、動員した。一九二五年から二六年にかけて全国ドーポラヴォーロ事業団、全国母子事業団、全国バリッラ事業団があいついで設立された。ドーポラヴォーロは「労働後」の意味で、ドーポラヴォーロ事業団は労働後の余暇ないし自由時間を管理する目的で、職場と居住地に娯楽やスポーツ行事あるいは福祉厚生やサーヴィス施設を準備して会員に利用させた。娯楽的要素から福祉事業までそろえた包括的な社会サーヴィスの制度は民衆の人気をえて、のちには三八〇万人のメンバーを擁するにいたった。バリッラは十八世紀ジェノヴァの伝説的な少年の名で、この名を冠した事業団は十八歳以下の青少年を対象に職業訓練、林間・臨海学校の開設、準軍事教練など課外諸活動を展開し、登録者はのちに一七〇万人をこえた。母子事業団は、人口増大をはかる人口政策と密接に関連して、母体と新生児の衛生管理、未婚の母や私生児の保護救済などをおこなったが、それには各家庭の生活状態を調査し、監視する作業がともなっていた。

ファシズムはこうした事業団という形態の半官半民の組織を設立して、既存の関係諸団体を内部に取り込み、ある程度自主的な運営によって人々の日常性の諸領域に浸透した。これら事業団の運営には行政官、専門家、党役員、地域の名士などがたずさわったが、活動の主体は各地のボランティアで、多くはファシスト党員だった。これらのボランティアは行政活動と党活動、そして娯楽と管理、福祉と規律を巧みに媒介することで、ファシズム体制の大衆的基盤をつくりだした。

従来、イタリアのファシズムにかんして、党の国家への従属、そして党の非政治化ということが指摘されてきた。しかしこの問題は、国家機関と党組織のどちらが上位の権限を有したかということではなく、ファシズム体制において党と国家の双方が変質して、政党のあり方が自由主義社会のそれとは異なっていることを理解する必要がある。ムッソリーニは、非妥協派のファリナッチを党書記長にすえて党活動の規律化を期待したが、一九二五年十月にフィレンツェで、かつてのスクァドリズモを想起させる暴力的大衆行動が発生し、市民を恐怖におとしいれた。ムッソリーニは、規律を逸脱したフィレンツェのファシストの行動に不快感を示し、このあとファリナッチは更迭され、後任にアウグスト・トゥラーティが就任した。トゥラーティは党の綱紀粛正をはかり、三〇年十月までの在任期間中に一〇万人をこす強硬派活動家を除名した。つぎの書記長ジュリアーティはさらに徹底して一年間でほぼ同数の党員を除名処分にし、党員数は八〇万人に減少した。

一九二九年、ムッソリーニは「党の任務は権威の行使でなく、献身的な伝道である」と党の役割の変化を指摘し、「党は体制の毛細管組織」として「どこにでも浸透し」て活動することを呼びかけた。そして三一年に「人民のなかへ」のスローガンを発し、党書記長にスタラーチェを起用した。スタラーチェは、三二年にムッソリーニ内閣成立一〇周年を記念した入党キャンペーンを開始し、以後党員数は増加を続け、三〇年代終わりには二六〇万人を数えるにいたった。スタラーチェのもとで、体制の毛細管組織としてどこにでも浸透したファシスト党は、福祉活動の実践なども含めて管理・動員・参加を特色とする生活様式の担い手となった。

行政活動の多様化

ファシズムはまた行政システムにも変化をもたらした。旧来の省庁の官僚は、ファシズム政権に順応主義的態度で仕えたが、慣例と形式にこだわる官僚主義のゆえに、ファシズムのあらたな諸政策、諸事業に迅速に対応する態度に欠けていた。ファシズムは省庁行政の非能率にたいして、法人格をもつ公共事業体《エンテ・プッブリコ》を多数設立して行政の効率化と政治化をはかった。公共事業体方式は、ジョリッティ時代の全国保険機構に端を発する行政形態で、ファシズムは経済、金融、産業、社会保障、文化、教育、スポーツ、観光などの諸分野にこの方式を導入し、三〇〇以上の公社、公団、事業団を設立した。これは、省庁行政にたいして第二行政あるいは並行行政と呼ばれ、主としてテクノクラート官僚とファシスト党員のイニシアティヴによっていた。こうしたかたちで行政活動を多様化して国民生活の幅広い分野への介入と管理をはたし、そしてまたサーヴィスのシステムを築いたが、なかには党員の利益と恩顧をはかった無用な機関の設置もあり、そうした無用機関も含めた公共事業体方式は、ファシズム体制の崩壊後もひきつづき活用されることになった。

金融・経済面で公共事業体設立の推進者となったのは、ニッティのもとでテクノクラート官僚として育ったベネドゥーチェだった。彼は金融関係の公社をいくつも設立したが、彼の事業としてとくに重要なのはIMI《イーミ》(イタリア動産機構)とIRI《イーリ》(産業復興機構)だった。世界大恐慌がイタリアに波及し、三大兼営銀行のイタリア商業銀行、イタリア信用銀行、ローマ銀行が危機に陥ると、これら銀行を工業投資の重荷から解放するため、一九三一年末に産業融資の機関としてIMIが設立された。だがこれだけでは不十分で、三三年一月、これら銀行からの引継資産の清算業務と企業への長期融資業務のためにIRIが設立された。IRIは当初、暫定的な機関とみなされたが、資産売却の清算業務ははかどらず、三六年の新銀行法の制定をへて、三七年に恒久的な機関となった。これにより、イタリアの工業化を支えてきた兼営銀行システムはくずれ、普通銀行は長期融資から撤退することになった。そしてＩＲＩは、すでに保有している株式の管理のほか、新規の投資による株式の取得もおこない、前記三大銀行をはじめ鉄鋼、電力、海運、機械など諸部門の有力企業を傘下におさめ、イタリアの産業・金融構造を編成替えするにいたった。

福祉行政における新機関にも注目しておかねばならない。一九三三年に「全国ファシスト労働災害保険機構（ＩＮＦＡＩＬ）」と「全国ファシスト社会保障機構（ＩＮＦＰＳ）」が設立された。前者は、一八八三年に全国労働災害保険金庫として始まった制度に職業病なども加えて、あらたに公共事業体として編成された機関である。後者は、一八九八年の老齢・障害保険金庫から出発し、一九一九年に全国社会保険金庫（ＣＮＡＳ）として改組されたものに、さらに失業保険、結核保険などを加えて再編された機関で、その後母体保護や家族手当も含むようになった。この機関は各種の社会保障を取り込んだ事業規模の大きな法人で、ファシズムの他の事業と同様に、綿密な計画に基づくというより、既存の関連諸組織を統合するかたちで組織され、運営された。このため、内部の摩擦と混乱をつねにともなったが、ファシズムの福祉行政を代表する機関となったばかりでなく、ファシズム崩壊後もひきつづき存続し機能した。

国民統合と人種差別

統一国家の成立以来、国家と教会の対立が続いていたが、一九二九年二月、イタリア国家（ムッソリーニ首相）と教皇庁（ガスパッリ枢機卿）のあいだでラテラーノ協定が結ばれ、対立に終止符が打たれた。これは二種の協定からなり、ひとつは両者の和解を内容としたもので、教皇が七〇年目にしてはじめてイタリア王国を承認し、またイタリア王国は教皇が主権をもつヴァティカン市国の成立を承認した。この協定には財務協約が付され、イタリア王国が教皇庁に補償金を支払うことが定められた。もうひとつはコンコルダート(政教協約)で、これにより宗教婚による婚姻手続きの容認、中学校におけるカトリック教義の授業、平信徒組織「カトリック行動団」の活動の容認など、教会の社会的な活動が保障された。かねてファシストとカトリックのあいだで、青少年の組織化をめぐって対立があったが、ラテラーノ協定締結後、カトリック側は「カトリック行動団」の自由が認められたと理解して、その活動を強め、青少年への働きかけを活発化した。これにたいして、青少年を「バリッラ事業団」に統一しようとするファシスト側が反発し、しばらく両者の抗争が続いた。

ローマ進軍一〇周年の一九三二年十月二十八日前夜、ローマでファシスト革命展の開会式が盛大に催された。ファシズム期の諸流派の芸術家と建築家を結集してファシスト的モダニズムを表現した壮大な革命展で、期間六カ月の予定が延長されて二年間続いた。観光ツアーとセットされて、各地から集まった入場者数は三八〇万人をこえ、ファシズムにとって伝統の創造をはかり、「革命」の記憶を定着させる格好の機会となった。三二年十月二十八日、ローマ市内の「皇帝通り」(「諸皇帝広場通り」)の開通式がやはり盛大におこなわれた。この道路は、ヴィットーリオ・エマヌエーレ二世記念堂横から古代競技場コロッセウムにいたる直線八五〇メートル、幅三〇メートルの大通りで、歴史的な建造物や中世以来の密集居住地を破壊して建設され、戦闘精神を鼓舞する軍事パレードの場となった。

一九三五年十月、イタリアはエチオピア侵略を開始した。国際連盟はイタリアの侵略行為を非難し、ゆるやかではあったが経済制裁を課した。この制裁措置にたいして国民の反発をあおった政府は、結婚指輪など貴金属を国家に寄付する儀式を演出し、国民多数がこれに応じた。国民の支持を受けた侵略戦争は、エチオピア側の抵抗にあいながらも、圧倒的な軍事力で勝利をおさめ、翌年五月にイタリア領エチオピア帝国の成立を宣言し、エリトリアとソマリアをあわせてイタリア領東アフリカ(AOI)を形成した。イタリア軍はこの戦争で毒ガスを使用したものの、それを否定しつづけ、政府がこの事実を認めたのは、侵略から六〇年をへた九〇年代になってからだった。

エチオピア戦が終わってまもなく、一九三六年七月スペイン内戦が勃発すると、イタリアはドイツとともに反乱軍のフランコ側に立って軍事介入した。一方の人民戦線側にはイタリア人義勇兵も加わり、スペインの地でイタリア人同士がファシズムと反ファシズムに分れて戦った。反ファシズム団体「正義と自由」のリーダーのカルロ・ロッセッリは、「今日のスペイン、明日のイタリア」のスローガンを発して、反ファシズムの戦いがイタリア国内にも広がることを予測した。スペイン干渉と前後して、イタリア・ファシズムとドイツ・ナチズムの結びつきが強まった。同年十月のチャーノとノイラートの両国外相会談後、ムッソリーニはローマ＝ベルリン枢軸という表現を生み出し、翌三七年、日独伊防共協定に加わって国際連盟を脱退した。三九年三月、ドイツがチェコを保護領とすると、その直後にイタリアは保護下においていたアルバニアに兵を派遣して併合し、五月には独伊鉄鋼協定を結んだ。

アフリカでの人種差別を続けていたイタリアは、ドイツとの提携を深めるにつれ、国内での人種主義キャンペーンを強め、ユダヤ人排斥を始めた。一九三八年七月に科学者グループの名で唐突に人種問題にかんする声明がでて、イタリア人はアーリア人種であるとする新説が披露され、ユダヤ人はこの人種には属さないと指摘された。三八年当時のイタリアにおけるユダヤ人数はおよそ四万七〇〇〇人(全人口の〇・一%強)で、この年にファシスト党に登録していたユダヤ人は約七〇〇〇人(二十一歳以上ユダヤ人の二七%)おり、三八年前半にはユダヤ人の入党はまだ自由に認められていた。だが、科学者グループの声明をきっかけにユダヤ人にたいする一連の措置が導入され、入党はおろか公職追放、教育界からの排除、財産没収、外国籍ユダヤ人の国外退去などユダヤ人差別政策が矢継ぎ早にとられた。

世界大戦とムッソリーニの失脚

一九三九年九月、ドイツがポーランドに侵略し第二次世界大戦が始まったとき、イタリアの軍事力は弱体で、戦略目標もなかった。イタリアは、自ら非交戦国と名乗って参戦しなかった。だが、ドイツがフランスへの勝利を確実にした四〇年六月、分け前にあずかろうとするイタリアは、英仏に宣戦布告して急いでフランスに兵を進めた。そして、同年九月の日独伊三国同盟の成立と前後して、エジプトとギリシアに侵略を始めた。しかし、どちらも反撃を受けて後退し、参戦に消極的な国防最高長官バドリオは辞任に追い込まれた。四一年にはいると、北アフリカ戦線にドイツのロンメル将軍が派遣され、独伊軍は盛り返してふたたびエジプトに侵攻した。一方、ギリシアのイタリア海軍はマタパン岬(テナロン岬)で壊滅的な打撃を受けたが、バルカン半島に南下したドイツ軍がギリシアを攻めて占領した。

この間、イタリア領東アフリカではイギリス軍と現地のゲリラ隊がイタリア軍を攻撃し、同年四月、首都アディス・アベバを解放して、エチオピアのハイレ・セラシエ皇帝が復位した。エチオピアでの戦闘は十一月まで続くが、東アフリカにおけるイタリアの支配は崩壊した。四一年六月、独ソ戦が始まるとイタリアも派兵したが、四二年末から始まったソ連軍の大反攻で独伊軍は悲惨な結末をむかえた。北アフリカでは、四二年秋、アレクサンドリア近くのエル・アラメインでイギリス軍が決定的な勝利をおさめ、独伊軍はリビア、さらにはチュニジアまで敗走したあと、翌年五月に屈してこの地の戦闘は終結した。

戦争は国民生活を巻き込み、食糧の欠乏や空爆の脅威がしだいに深まった。そうしたなかで行動党、共産党、プロレタリア統一社会党、キリスト教民主党など反ファシズム政党の結成・再建が進み、反戦・反ファシズムの地下活動がふえてきた。政財界にも危機意識が広がり、ヴォルピ、ピレッリ、アニェッリら大資本家のあいだに、敗戦を見越してファシズム以後を準備する動きがでてきた。ムッソリーニは一九四三年初め、戦争政策に批判的なチャーノ外相、グランディ法相、ボッターイ国民教育相ら主要閣僚を更迭したが、宮廷、軍部、ファシスト幹部のあいだではムッソリーニの退陣を求める会話がひそかに交わされた。同年三月、工業都市トリーノで二〇年ぶりに労働者のストライキが発生し、支配層の危機感は一層強まった。

シチリアに上陸した連合軍兵士と地元農民(1943年)

七月十日、英米軍を主力とする連合軍はシチリア島に上陸し、イタリア国内に戦火が移された。同月二十四日、ファシズム大評議会が開かれ、ムッソリーニが政府首長としてもつ諸権限を王国憲法に立ち返って国王に委譲するというグランディの動議が、出席者二八人のうち一九人の賛成で可決された。二十五日、ムッソリーニはこの報告のために国王ヴィットーリオ・エマヌエーレ三世のもとに赴いたところを逮捕され、国王はバドリオ元帥を後継首相に任命した。このニュースを歓迎した民衆は街頭にあふれたが、三〇〇万人を数えるファシスト党員からはなんの反応もなかった。バドリオ軍事政権はファシスト党、ファシズム大評議会、特別裁判所などの解散措置をとったが、戦争の継続を宣言して全土に戒厳令をしいた。

この間にも連合軍の空爆は激しさを増し、政府はローマへの空爆の停止を求めて軍隊と軍事施設をほかの地に移動させ、ローマを無防備都市とする宣言をした。バドリオ政府はひそかに連合軍と休戦交渉を進め、九月三日に休戦協定に調印した。協定は九月八日に公表されるが、ドイツ軍の報復を恐れたバドリオ首相と政府高官は、国王一家とともにローマを脱出して、南イタリアのブリンディジに逃れた。

第十二章　共和政イタリア

1　君主政から共和政へ

レジスタンス

一九四三年九月八日に休戦協定が公表され、イタリアはあらたな局面をむかえた。連合軍はナポリ南方のサレルノに上陸して半島南部を占領下におき、一方、ドイツ軍はナポリから北の地域を占領した。南に逃れた国王ヴィットーリオ・エマヌエーレ三世とバドリオ政権は、連合軍からプッリア地方の統治権を認められ、いわゆる南部王国を構成した。アッペンニーノ山脈のグラン・サッソに幽閉されていたムッソリーニはドイツ軍に救出され、ヒトラーとの会談をへてファシズム政権とファシスト党の再建を宣言し、北イタリアのガルダ湖畔サロに新政権をおいた。このサロ政権は、のちにイタリア社会共和国を樹立する。

また反ファシズム諸政党は、ドイツ軍への抵抗とイタリアの再建を課題として国民解放委員会(CLN)を結成した。国民解放委員会は主要都市に設立され、自由党、キリスト教民主党、プロレタリア統一社会党、共産党、行動党の五党(ローマ以南では労働民主党を加えて六党)で構成された。さらには市民のあいだで、ドイツ占領軍とファシズムにたいする抵抗闘争(レジスタンス)が始まった。レジスタンスには、従来の反ファシズム運動の活動家のほかに、一般市民が社会諸分野においてさまざまな形態で参加し、一部はパルティザンとなって武装闘争を担った。

ドイツ軍とファシズム新政権からの解放は、南から北に向かって時間的なずれをともないながら進行し、北上する連合軍は戦線から遠ざかった占領地域を順次イタリア側に返還した。一九四三年九月末、「ナポリの四日間」と呼ばれる民衆蜂起でまずナポリが解放され、ついで四四年六月、連合軍によってローマが解放された。それより前の三月、ローマ中心街にレジスタンスがしかけた爆弾でドイツ兵三三人が死亡し、ドイツ軍は報復として三三五人のイタリア人を郊外の洞窟アルデアティーネで殺害する事件があった。国民解放委員会は、ファシズム期の国家機構を引き継ぐ国王・バドリオ政権の正統性を否定して、自らが臨時政府となることを主張していたが、三月末にソ連から戻った共産党指導者トリアッティが国民統一政府の形成を提案し、四月に反ファシズム六政党の代表の加わったバドリオ国民統一内閣がサレルノで誕生した。このときの国民解放委員会と国王・バドリオ政権の妥協は「サレルノ転換」と呼ばれ、反ファシズム陣営内に賛否の激しい議論を招いた。ローマ解放後の六月、首相は軍人のバドリオから労働民主党のボノーミにかわり、二〇年ぶりに政党内閣が復活した。だが、この内閣は、国家政体にかんする議論はイタリア全土が解放されるまで棚上げすることを決め、前内閣の国家機構を継承した。

一九四四年八月、フィレンツェが連合軍の到着以前にレジスタンスの力で解放され、同市の国民解放委員会は地域自治機関としての役割を担った。四四年春から秋にかけて、北・中部イタリアのレジスタンスは活発で、いくつかの地域に解放区を生み出した。一方、ドイツ軍はこの時期に中部イタリアの村々で住民の虐殺を繰り返した。この虐殺をめぐっては、パルティザンのレジスタンスがドイツ軍の報復を招いたとする住民の感情が残り、のちのちパルティザンと住民のあいだの「分断された記憶」という問題が生じた。ドイツ軍がフィレンツェとボローニャのあいだに強力な防衛線ゴート・ラインを構築したことと、連合軍がノルマンディ上陸に成功して主戦場がフランスに移ったことで、フィレンツェ以北への連合軍の作戦は弱まった。

パルティザンに加わった若者たちへの戦況の説明
(1944年秋)　イタリア社会共和国の徴兵令を逃れた青年たちはパルティザンに保護を求め，また自らパルティザンに加わった。

連合軍はもともと、正規軍でないパルティザンの武装レジスタンスに冷淡で、十一月にアレグザンダー最高司令官が抵抗闘争をやめて待機するよう呼びかけた。ドイツ軍とファシスト軍による掃討作戦も強まり、二度目の冬をむかえたレジスタンス勢力には苦難の時期となった。だが、厳しい冬を乗りこえたあと、一九四五年春に攻勢に転じ、四月二十五日、一斉蜂起によって北部諸都市を自身の力で解放した。ムッソリーニは、撤退するドイツ軍のなかにまぎれてスイスへの逃亡をはかったが、コーモ湖畔でパルティザンに見破られ、捕えられた。北イタリア国民解放委員会は、自らがもつ裁判権を行使してムッソリーニに死刑の宣告をくだし、二十八日、ほかのファシスト幹部とともに銃殺した。

種々の形態で市民が参加したレジスタンスは、ファシズムにたいする内戦とドイツ軍にたいする解放戦争という二つの性格が重なった複合的な戦いだった。内戦という性格は、レジスタンスをとおして国民の新しいアイデンティティを生み出そうとする思想によっており、一九二〇年代にゴベッティが唱えた自由主義革命、あるいは三〇年代のロッセッリを中心とした「正義と自由」の運動を引き継ぐかたちで、行動党が強調した立場だった。解放戦という性格は、レジスタンスにおける内部変革よりも国民統一を重視する考えで、共産党がこの立場をとった。北イタリアでレジスタンスが続いているあいだ、ローマの中央政府は国家機構の復興を進めた。ボノーミ内閣の性格は社会党と行動党が急進的、自由党と首相自身は保守的、共産党とキリスト教民主党が中間的という構成で、改革的志向より保守的志向が強く、たとえばファシストの公職追放には消極的な態度を示し、また北イタリアの国民解放委員会が地域自治機関の性格をもとうとすることにたいして中央政府の諸権限の維持に固執した。

解放前後に各地の行政機関が少なからざる混乱に陥るなかで、事態に対処したのは国民解放委員会とならんで教会だった。教会は住民にもっとも身近な制度として伝統的な権威を保っており、司教や司祭が行政上の代役を務めるケースが多くみられた。また、平信徒組織のカトリック行動団は、ファシスト党の支配下にあった青年組織、婦人組織、ドーポラヴォーロ、福祉機関など諸団体の管理と運営をいち早く引き継ぎ、日常生活の場での影響力を強めた。

解放前後の時期、社会生活にも多くの変化が起こった。シチリアでは、島の支配層に根ぶかく潜んでい

南イタリアにおける農民の土地占拠
農民の土地占拠闘争は1943年末から始まったが，未耕地の耕作を農民団体に認めるグッロ農相の通達(44年10月19日)によってさらに高揚した。

た分離主義の運動が表面化し、また、ファシズムのもとで抑圧されていたマフィアが連合軍の上陸とともに復活して行政への介入を始めた。一九四四年四月から四六年七月まで農相だった共産党グッロの土地改革政策は農民運動に刺激を与え、南部では未耕地を対象に土地占拠闘争が広がり、中部では折半小作農による契約改善闘争が高揚した。これにたいしてキリスト教民主党は、自営農の保護と組織化をはかり、四四年十月、全国自営農連合を結成した。この連合は、一〇年後には一六〇万世帯の加入を誇り、キリスト教民主党の一大基盤となった。労働組合の再建も早くに進み、四四年六月に共産党、社会党、キリスト教民主党のあいだで労働組合の統一が確認され、イタリア労働総連合(CGIL)が結成された。労働総連合は、解放後の物価高や失業者増の困難な情勢のなかで、最低賃金の保障や物価調整手当の支給などを経営者側のイタリア工業総連盟に認めさせた。文化面では、新しい文化の創造をめざす雑誌『ポリテークニコ』が文学者のヴィットリーニを中心に刊行され、またロッセリーニ監督『無防備都市』『戦火のかなた』、デ・シーカ監督『靴みがき』などネオレアリズモの手法による映画作品が発表された。

君主政の廃止と共和政憲法の制定

一九四五年六月、レジスタンスで指導的役割を演じた行動党のパッリがボノーミにかわって首相の座に就いた。だが、パッリ内閣は長続きせず、十二月にキリスト教民主党のデ・ガスペリが首相となった。この交代は、国家統一以来ついにカトリックが政治の主導権を握る位置に就いたことをあらわす出来事だったが、他方ではレジスタンスの熱気がしだいにうせていく状況を示していた。ファシズム体制に協力した国王ヴィットーリオ・エマヌエーレ三世の責任を問う問題は、「サレルノ転換」後先送りされていたが、国民投票で今後の政体を決めることになった。四六年六月二日、女性にはじめて選挙権が認められて、国民投票と制憲議会選挙が同時に実施された。国民投票の結果、共和政支持一二七一万票(五四・三%)、君主政支持一〇七一万票(四五・七%)で、君主政の廃止が決まった。制憲議会選挙の結果は、総議席数五五六のうちキリスト教民主党二〇七、社会党一一五、共産党一〇四、その他の小党派一三〇となり、七月、これまでの六党連立から三大政党中心に移行した第二次デ・ガスペリ内閣が成立した。

一九四七年になると、米ソの対立を軸とした自由主義陣営と社会主義陣営の緊張が高まり、国内でもイデオロギー対立が前面にでてきた。年明け早々、デ・ガスペリ首相は訪米の旅にのぼり、アメリカ合衆国との緊密な関係を結んだ。首相の訪米中に、社会党第二五回大会が開かれ、サーラガトら右派が分裂してイタリア勤労者社会党(のち社会民主党)を結成した。党主流は、これまでの党名のプロレタリア統一社会党を社会党に戻し、左派のバッソ書記長のもとで共産党との提携路線を続けた。デ・ガスペリはこれを機に第三次内閣を編成し、主要三党の連立を続けたものの、キリスト教民主党の主導権を強めた。

二月十日、パリで連合国との講和条約が調印され、戦前にイタリアが支配していたエチオピア、エリトリア、リビア、ドデカニソス諸島などがそれぞれ独立ないし他国の統治下にはいることが決まった。また、フィウーメ(リエカ)市とイストリア半島はユーゴスラヴィアに帰属したが、係争となったトリエステにかんしては自由地域として二分割し、A地区を米英、B地区をユーゴスラヴィアが管理する妥協策がとられた。その後、一九五四年に、トリエステ市を含むA地区をイタリア領、B地区をユーゴスラヴィア領とする覚え書が交わされ、のちの七五年に両国が結んだオージモ条約で覚え書に基づいた国境線が確定した。講和条約の調印後まもない四七年三月、アメリカ合衆国大統領トルーマンはヨーロッパの共産主義化防止のための経済・軍事支援を提案(トルーマン・ドクトリン)し、さらに六月、国務長官マーシャルが西ヨーロッパ諸国の経済復興を助けるためのヨーロッパ復興計画(マーシャル・プラン)を発表して、国際情勢は東西両陣営の冷戦に向かった。

イタリア国内では非カトリック勢力が、ファシズム政権と教皇庁のあいだで結ばれたラテラーノ協定を、社会生活への教会の介入を許すものとして批判していたが、制憲議会は三月、共産党の賛成でこの協定を憲法に盛り込む決定をした。共産党は重要な争点で譲歩をみせたが、キリスト教民主党はもはや共産党との連立を望まず、五月に共産党と社会党を排除して、右派の自由党を加えた第四次デ・ガスペリ内閣が成立した。新内閣はインフレの進行をおさえるため、金融引締政策をとった。この政策の実施にあたったのは、副首相兼予算相に起用された自由党の経済学者エイナウディだった。引締政策は通貨の安定と物価上昇の抑制をもたらしたものの、今度は深刻なデフレ現象にみまわれ、生産の停滞、中小企業の倒産、失業者の増大を招いた。エイナウディが初代大統領に選出されたあと、引締政策はペッラ予算相兼国庫相のもとで継承されるが、このエイナウディ＝ペッラ路線は、マーシャル・プランの受入態勢を整える目的があり、一九四八年から五〇年にかけてアメリカ合衆国からの経済復興援助は巨大な額に達した。

制憲議会は一年半の審議をへて、一九四七年十二月、賛成四五三、反対六二で共和国憲法を採択した。イデオロギー対立が深まるなかで、反ファシズムを共通の基盤に三大政党がかろうじて一致した最後の機会だった。新憲法で注目された内容のひとつは、「州」制度の導入だった。これによって、国家統一以来論争のまととなっていた地域自治の問題に解決の見通しが与えられた。新憲法はまた、法律が憲法に違反していないかどうかを審査する憲法裁判所の設置を決めた。だが、州制度も憲法裁判所の設置もすぐには実現しなかった。制憲議会は憲法の制定だけが任務で、個々の法律を制定する権限はもたなかった。したがって、あらたな立法措置がとられるまで古い法律が残ることになり、ファシズム時代の民法や刑法が効力をもちつづけた。それらの条文が、新憲法に照らして違憲であっても、憲法裁判所の設置そのものが五六年まで見送られたために、法の違憲性を審査できないという状態が続いた。ファシズムに関与した人物にたいする公職追放の基準がゆるやかであったことも含めて、共和政国家は多くの面でファシズム国家からの連続性を有していた。

新憲法はイタリアに二〇の州を設置し、それらは州議会と州政府をもって大幅な自治が認められることになっていた。だが、実際に州制度が導入されたのは四つの特別自治州だけで、このあと一九六三年に一州ふえたのを除くと、残りは七〇年まで実施が見送られた。特別州となったのは、シチリア島とサルデーニャ島のほか、北イタリア国境の二地域で、それぞれ自治主義が強く表明されていたところだった。シチリア島ではイタリアからの分離を求めるシチリア独立運動が激しく展開されたばかりだったし、サルデーニャ島でも早くから自治要求の運動があり、サルデーニャ語はイタリア語とは別のロマンス語系統に属することが主張された。北イタリアで特別州となったヴァッレ・ダオスタは、フランコ・プロヴァンス語系の住民の多いところで、ファシズム政権が強制的にイタリア化をはかろうとしたことへの反発も加わって、大戦末期にフランスへの帰属の動きが生じていた。もうひとつの特別州は、トレンティーノ・アルト・アーディジェ州だった。アルト・アーディジェは南チロル地域をさし、歴史的にドイツ語圏だが、第一次世界大戦後、イタリアがオーストリアから取得し、ファシズムのもとで同じくイタリア化政策が進められた。この地域は行政上ボルツァーノ(ドイツ語ボーツェン)県を構成し、ドイツ語系住民が多数を占めていたが、新憲法は、このボルツァーノ県にイタリア語地域のトレント県をあわせてトレンティーノ・アルト・アーディジェ州を成立させた。これにたいしては、ドイツ語系住民のあいだで反発が生じ、彼らは南チロル人民党を結成して、五〇～六〇年代にボルツァーノ県の完全自治あるいはオーストリアへの帰属を要求する激しい運動を繰り広げた。

戦後復興から改革・開発へ

憲法制定後最初の総選挙が、一九四八年四月十八日に実施された。選挙は上院・下院ともに、各党が得票率に応じて議席数を獲得する比例代表方式だった。下院総議席数五七四のうち、キリスト教民主党が三〇五で過半数を占め、社会党・共産党が合同リストで臨んだ民主人民戦線は一八三にとどまった。自由党、勤労者社会党、共和党を加えた第五次デ・ガスペリ内閣が成立し、キリスト教民主党の長期支配が始まった。ファシズムの崩壊過程で、教会とカトリック行動団が行政の空白を補う役割をはたしたことは前に述べたが、戦後社会において、教会は司祭の日常活動はもとより、宗教諸組織による精神、文化、金融、福祉、厚生などの諸活動を通じて教区住民との結びつきを強めていた。また、先の全国自営農連合のケースのように、社会の諸分野で職業別あるいは年代別にカトリック系団体の設立につとめ、労働者、農民、都市中間層、自由業など広範な社会層の組織化を実践した。

キリスト教民主党は、これら大衆団体から企業経営者層にいたるまで幅広い支持を集めたが、党組織自体は強固といえず、この段階では教会への依存度が高かった。総選挙後まもなく、共産党書記長トリアッティが襲撃される事件が起こるなど左右両派の対立は深まり、労働運動・農民運動の先鋭化にたいして、シェルバ内相は厳しい弾圧策で臨み、警官隊の発砲による死者もでた。統一労働組合として出発したイタリア労働総連合(CGIL)はしだいに内部分裂して、キリスト教民主党系はイタリア勤労者組合連合(CISL)、社会民主党・共和党系はイタリア労働連合(UIL)をそれぞれ結成し、CGILは共産党・社会党系となった。

一九五〇年代をむかえて、経済の課題は戦後復興から改革・開発政策に移るが、CGILは四九年十月に、失業者雇用のための公共事業計画などを盛り込んだ「労働計画」を発表し、政府に経済政策の転換を迫った。デ・ガスペリは、五〇年一月、南部の農業家層と結びつく自由党を除外した第六次内閣を形成し、土地改革と南部開発に着手した。土地改革はシチリア、半島南部、フーチノ干拓地帯、マレンマ干拓地帯、ポー川デルタ地帯など全国各地の大土地所有を制限し、収用地を貧農や日雇い農に分配して自営農を創出することを目的として、およそ七〇万ヘクタールの土地が収用され、一二万世帯の自営農が生まれた。土地の収用と分配は、土地改革公団を通じてなされ、改革公団は農民に土地購入資金の融資、新家屋の準備、農機具の斡旋、技術指導をおこない、農業協同組合への加入を義務づけた。改革の成果は地域ごとにまちまちだったが、重要なのはどの地域でも改革公団と農民のあいだに恩顧と依存のパトロン‐クライアント関係(クリエンテリズモ)がつくられたことだった。キリスト教民主党はこののち、各種の公社・公団を通じて、社会の諸分野にクリエンテリズモの網の目を広げ、それを主要な統治手段として用いた。

南部開発公庫によるインフラ整備事業(1951年)　プッリア地方における開拓と道路建設。

ファシズム期に流刑囚として過ごしたルカーニア(バジリカータ)地方の農民生活を描いたカルロ・レーヴィの『キリストはエーボリにとどまりぬ』や、フーチノ干拓地帯を舞台にしたイニャツィオ・シローネの『フォンタマーラ』(スイス亡命中の一九三三年、国外出版)などの文学作品が解放後に刊行され、都市文明からかけ離れた南イタリア農村の自然と社会の姿が改めて人々に印象づけられた。ジョリッティ時代に個別立法によって南部開発が試みられたことがあるが、政府は五〇年に「南部開発公庫」を設立して、公的資金による南部開発に取り組み始めた。最初、南部開発公庫は灌漑、開拓、道路建設など農業とインフラ整備を主要な課題としたが、五〇年代末からは巨額の資金を投入して工業化をはかるようになり、工業開発地域に指定されたいくつかの地区で、最新の設備による大製鉄所や石油化学コンビナートが建設された。だがそれらの大プラントは、少数の技術者の操業で運営が可能なために雇用の拡大をともなわず、また期待された経済的波及効果を周辺地域にもたらすこともなく、地域社会の発展にはつながらなかった。結局、孤立した大工場は「砂漠のなかのカテドラル(大聖堂)」と皮肉られ、南部の工業化政策は意図した成果をあげることなく終わった。その一方で、開発事業にたずさわった公社・公団は、地域住民にさまざまな名目の補助金を提供して、パトロン‐クライアント関係の強固なネットワークをつくりだした。

2 キリスト教民主党の統治システム

奇跡の経済

ファシズム時代に銀行と企業の救済を目的に設置され、その後、恒常的機関となったＩＲＩ《イーリ》(産業復興機構)は戦後も存続し、国家資金の運用による株式の保有あるいは直接の出資によって鉄鋼、造船、機械、銀行、通信、放送、運輸など産業諸部門の有力企業を傘下においた。ＩＲＩ傘下の国営企業は、市場原理のもとで民間企業と競いながら運営され、イタリア経済の特徴となる混合経済体制をつくりだした。一九五三年、政府出資のあらたな公共企業体としてＥＮＩ《エーニ》(全国炭化水素公社)が設立された。ポー平野でメタンガスが採掘されたのを機会にエネルギー産業の自立化をめざして、キリスト教民主党のマッテーイが設立したもので、しだいに諸部門の事業会社を傘下に吸収して規模を拡大した。ＥＮＩの活発な事業は社会生活の近代化を促進する一方、環境破壊を招くことにもなり、たとえば石油化学工場の建設による古都ラヴェンナの環境変化は、アントニオーニ監督の映画『赤い砂漠』(一九六四年)の主題とされた。マッテーイはＥＮＩを基盤に党内派閥をつくり、公的資金を用いて幅広いクリエンテリズモの人脈を形成し、また国際石油資本の支配に挑戦するなど行動的な人物だったが、六二年に原因不明の飛行機事故で死亡した。

解放後一〇年をへた一九五〇年代なかばから、人々の生活様式や暮しの意識に変化の兆しがあらわれ、政治や経済にもあらたな動きがでてきた。五四年には公営テレビの放映が開始され、五五年には自動車メーカーのフィアットが大衆乗用車「フィアット六〇〇」の生産を始めて車社会の到来を告げた。同じ年、ミラーノを起点にイタリアを縦断して半島南端のレッジョ・カラーブリアに達する高速道路の建設計画も発表された。五六年はイタリアをおとずれる観光客がはじめて一〇〇〇万人をこえた年となり、観光収入はこの国の経済に大きな比重を占めた。また五六年にはようやく憲法裁判所が設置された。同年秋のハンガリー事件は左翼陣営に衝撃を与えたが、共産党は構造的諸改革の構想を打ち出して、社会主義への独自の道を提唱した。これより先、グラムシ(三七年没)がファシズム政権下の獄中で思索を重ねて書きとめたノートが公刊され、その創造的なマルクス主義思想は文化界に大きな影響を与えていた。キリスト教民主党や社会党の内部でも変化が進み、イデオロギー的対立は徐々に背後に退いて、諸政党は安定のなかでの進歩の方策を求め始めた。

イタリアではおりしも一九五〇年代後半から六〇年代前半にかけて、経済の奇跡と呼ばれる高度成長期をむかえた。この奇跡には国内諸要因のほか、五八年に発足したヨーロッパ経済共同体(EEC)の市場開放も作用していた。高度成長を牽引したのは北部の工業生産で、とくにトリーノ、ミラーノ、ジェノヴァを結ぶ工業三角地帯およびヴェネツィア近くのポルト・マルゲーラ工業地帯の発展が顕著だった。そしてこの時期には国内移住の流れが加速した。イタリア各地で農村から都市への移住は以前からみられたが、高度成長期にはこの動きに拍車がかかるとともに、南部から北部への大きな流れが生じた。ドイツやスイスなど国外への出稼ぎも含めて、五〇年代に南イタリアをあとにした者はおよそ一八〇万人と数えられ、六〇年代にもこの流れは続いた。南部から北部の大都市に移り住んだ人々にはさまざまな困難が待ち受けていたが、ヴィスコンティ監督は『若者のすべて』(一九六〇年)、アメーリオ監督は『いつか来た道』(一九九八年)でこのことをテーマにした優れた映画作品を残した。

一九五八～六三年の年平均経済成長率は六・三%に達し、ジョリッティ時代に匹敵する高成長を記録したが、今回もまた南部と北部の経済格差を広げる不均衡な発展だった。また、農村から都市への人口移動は農業離れを推し進め、農業人口は五一～八〇年に八六〇万から二八〇万に減少した。このうち北・中部イタリアが四九〇万から一三〇万に減少しており、北・中部の離農傾向は南部を大きく上回っていた。

キリスト教民主党の新世代と中道左派政権

一九五三年六月、総選挙が実施され、下院総議席数五九〇のうちキリスト教民主党二六三、共産党一四三、社会党七五となった。キリスト教民主党の内部では、旧人民党出身者を中心とした第一世代にたいして、ファシズム時代に学生生活を送った第二世代が台頭してきて、第八次内閣まで七年半続いたデ・ガスペリの時代は終わった。新世代のリーダーシップをとったのは、ファシズム期のテクノクラートの系譜を引くファンファーニで、彼はカトリック的立場からの国家の指導階級の形成ということを重視した。これまでのキリスト教民主党は教会への依存度が高かったが、ファンファーニは党を教会への依存から脱皮させて、国家機関と大衆団体の双方に根をおろした党にすることをもくろんだ。このために彼がとった方針は、土地改革公団、南部開発公庫、ＥＮＩなどで実践された、公的資金を用いてクリエンテリズモを形成する方式を、社会の諸分野に創出し、浸透させることだった。彼はこうした方法でキリスト教民主党を国家機関と大衆団体にまたがる性格の党に変質させ、また公的諸機関をとおしてのキリスト教民主党の統治システムをつくりあげた。

ファシズム政権が公社・公団・事業団などによる並行行政ないし第二行政を活用したことは第十一章で説明したが、いうなればキリスト教民主党の統治システムはそれをさらに構造化したものだった。キリスト教民主党は、政府・与党の管理のもとに、社会福祉や産業諸部門の事業のための公社・公団・事業団を積極的に設立して、それらの公社・公団・事業団を通じて各職種や各地域に補助やサーヴィスをほどこし、その一方でこれらの事業によって党資金を調達する方策を導入した。つまり、省庁行政のかたわらに、並行的な行政ルート(バイパス行政)を設置して、その運営を党関係者に委ね、それぞれの事業に応じて大衆団体や地域住民と利害関係を結んでクリエンテリズモの網の目を形成したのである。

このシステムは一面では、旧来の省庁行政ではなしえない効率的な行政をもたらし、社会のすみずみの人々を政治に結びつける効果をもったが、他方では、バイパスごとに利益集団を生み出し、それらはキリスト教民主党内の派閥に系列化され、各派閥が国家の部分部分をあたかも「封土」をえたかのように専有する政治運営をもたらした。また、政党との結びつきによってポストを確保し、公的諸資源の管理・運営・配分にあたる公社・公団・国営企業の幹部たちは、批判的な意味で国家ブルジョワジーと名づけられ、あらたなタイプのテクノクラート層を形成した。一九五六年に、国家持株省が設置されてIRIとENIはその監督下におかれ、傘下の国営企業の合理化と効率化がはかられた。ファンファーニは、国家持株省を党のコントロールのもとにおき、IRIとENIを改めて利権配分とクリエンテリズモのシステムのなかに組み込んだ。そして、傘下の国営企業は経営者団体の工業総連盟に加わらずに、独自の立場をとる措置を講じたことで、工業総連盟との対立を招いた。

一九五八年、解放後三度目の総選挙が実施され、下院総議席数五九六のうちキリスト教民主党二七三、共産党一四〇、社会党八四で、前回とほぼ同じ結果となった。社会党のネンニ書記長は前年に共産党との提携を打ち切り、社会民主党との関係修復に向かっていた。キリスト教民主党は中道右派の連立内閣を組織していたが、世代間および派閥間の抗争が入り乱れ、短命内閣が続いた。六〇年四月、キリスト教民主党のタンブローニ内閣は、三〇〇対二九三の僅差で下院の信任をえたが、信任票のうち二四票はネオ・ファシスト党の「イタリア社会運動」の票だった。内閣の信任にファシスト票が必要となったのは共和政になってはじめてのことで、勢いをえた「イタリア社会運動」はジェノヴァでの大会の開催を決めた。これにたいして、各地で激しい反ファシズムの運動が起こり、一〇人の死者がでて、内閣は総辞職に追い込まれた。このあとはファンファーニが三度目の内閣を組織した。

　キリスト教民主党では、かねてファンファーニやモーロ書記長などが中道右派から中道左派への路線転換を企て、党内闘争が続いていたが、一九六二年初めの第八回大会でモーロの六時間におよぶ基調報告ののち、社会党との提携を視野にいれた中道左派路線への転換が決まった。これを受けてファンファーニは、社会民主党と共和党を加えた第四次内閣を組織し、社会党が要求していた電力国有化法案を議会に提出した。議会では、ジョリッティ時代の生命保険事業の国家独占化をめぐる審議以来といわれる白熱した議論を呼び、右派諸政党の反対を斥けて可決された。これにより全国電力公社(ENEL)が設立された。社会党の参加した本格的な中道左派政権は、六三年四月の総選挙をへて同年十二月、モーロ首相、ネンニ副首相の陣容で成立した。カトリック学生連盟出身のモーロは、政策立案にたけるというよりも無類の調停能力と鋭敏な時代感覚を身上とする政治家で、このとき四十七歳だった。社会党最左派のバッソら

キリスト教民主党第８回大会
(1962年)　ナポリのサン・カルロ劇場で開催された党大会で，６時間におよぶ演説中のモーロ書記長。

は政権参加を批判して分裂し、六四年一月プロレタリア統一社会党を結成した。キリスト教民主党が中道左派路線に政策転換を可能にした要因のひとつには、教皇庁が教会と政治組織の分離を強調し始めて、党への介入を弱めた事情もあった。

電力国有化をきっかけに、企業の集中・合併の動きが進んだ。とくに重要なのは、古い歴史をもつエディソン社が電力部門を国有化されたあと、その補償金で化学産業の有力企業モンテカティーニ社を吸収合併して、一九六六年に最大の民間企業となるモンテカティーニ・エディソン（モンテーディソン）社を設立したことだった。ところが、石油化学分野で競合するＥＮＩがすぐにモンテーディソンの乗取りを策し、この動きにＩＲＩも参入して、同社は二大国家持株会社が資本参加する官民共同出資の企業となった。八一年にＥＮＩとＩＲＩは同社の株式を民間企業グループに売却して撤退したが、ＥＮＩとモンテーディソンはこののち汚職がらみのスキャンダルの舞台となりつづけた。

諸社会運動の高揚

一九六八年、政府の大学改革案をきっかけに、高度成長後の社会に対応しえない教育制度への批判が噴出し、学生の闘争が起こった。それはただちに社会的・文化的領域に広がり、生活上の伝統的な規範や権威にたいする異議申し立ての運動に転化した。それはまた、旧左翼の思想と組織をゆるがして新左翼の諸グループを生み出し、議会外の闘争が活発化した。労働運動においても、労働と生活のふれあう地点での新しいタイプの闘争が起こり、組合の枠をこえた底辺委員会の運動が進んだ。六九年秋の労働協約改訂の要求は激しい徹底的な闘争となって、「熱い秋」と呼ばれる社会状況を生み出した。六八～六九年の闘争は、これまでにないラディカルな方法で既成の諸制度と諸価値に批判を加え、そこからの解放の意志を表明して、時代の転換をきざみつけた。

こうした最中の一九六九年十二月、ミラーノの中心に位置するドゥオーモ(大聖堂)裏手のフォンターナ広場に面した全国農業銀行で爆弾が破裂し、一六人の死者と多数の負傷者がでた。警察当局は捜査の対象をアナーキストに向けたが、犯行は右翼団体によるものだった。左翼の進出にたいして、右翼グループと国家の秘密情報機関は、政財界の一部を巻き込んだ「緊張の戦略」によって対抗しようとするが、この事件はその始まりだった。

1968年の学生闘争　占拠した国立ミラーノ大学で演説するリーダーのマリオ・カパンナ。

中道左派政権は不安定ながらも、モーロからルモール、コロンボへと首相が交代しつつ、一九七〇年代なかばまで続いた。七〇年に、憲法の条文に盛り込まれていた「州」制度と国民投票制度(レフェレンダム)がようやく実現の運びとなった。前述の特別州に加えて、あらたに一五州が設置され、市民生活にかかわる諸業務が中央の行政機関から州に移管された。六月に州議会選挙が実施され、「赤いベルト地帯」と呼ばれる中部イタリア三州(トスカーナ、エミーリア・ロマーニャ、ウンブリア)で、共産党主体の州政府が成立した。この年にはほかに、労働者の権利にかかわる「労働者憲章」が制定され、また与党のキリスト教民主党の反対で議会審議が難航していた離婚法がようやく成立した。七〇年には急進党系の「女性解放運動」(MLD)が結成されたほか、女性諸グループによるフェミニズム運動が活発化し、離婚法にとどまらず、妊娠中絶の合法化などの主張を掲げて女性解放の声を強く響かせたが、人工妊娠中絶法の制定は七八年まで待たねばならなかった。

離婚法に反対するキリスト教民主党は、ファンファーニのイニシアティヴのもとに、議会外に土俵を移して国民投票による廃案をねらった。同党は、離婚法の是非を国民投票に付することで、伝統的な結婚観や家庭観に立つカトリック大衆の動員をはかり、また価値観と社会秩序の急速な変化を望まない保守的な非カトリック市民の支持も期待した。離婚法に賛成、反対のキャンペーンが繰り広げられたあと、国民投票は一九七四年に実施された。結果は、離婚法支持が過半数をこえて、キリスト教民主党の逆転勝利はならず、ファンファーニの影響力も著しく低下した。離婚法をめぐる経過は市民生活、精神生活における脱カトリック化の進行を明らかにしており、ちなみに五四年に二六五万人のメンバーを擁していたカトリック行動団は、七〇年には一六六万人、七五年には六三万人にまで減少した。

一九七二年五月の総選挙は、下院総議席数六三〇のうち、キリスト教民主党二六六、共産党一七九、社会党六一という結果となり、共産党の上昇にたいして社会党の退潮が目立った。三大政党のほかに、王党派と合同した「イタリア社会運動」が五六議席を獲得して第四党になった。共産党のベルリングェル書記長は、翌年秋、カトリックとの歴史的妥協を唱えて、キリスト教民主党と協調する用意のあることを表明した。七六年六月の総選挙で共産党はさらに躍進して二二七議席（得票率三四・四％）となり、キリスト教民主党の二六三議席（三八・七％）に迫る勢いをみせた。社会党は五七議席（九・六％）とふるわず、執行部が交代して若い世代のクラクシが書記長に選ばれた。共産党は「州」においても、自らの主導する州政府を六に伸ばし、またトリーノ、ミラーノ、ローマ、ナポリなど主要都市の議会で多数を占め、市長のポストを握った。議会外ではこの時期、左右両翼の直接行動が激しさを増していた。左翼ではアドリアーノ・ソフリらの「継続闘争」あるいはアントニオ・ネグリらの「労働者アウトノミーア（自立）」が新しいスタイルの運動を展開したほか、「プロレタリア武装中核隊」や「赤い旅団」などが武装闘争を企て、他方、右翼の側ではネオ・ファシストの台頭やクーデタをはかる結社の暗躍があった。これとは別に、身代金目的の要人誘拐も頻発した。

一九七〇年代はまた、経済状態の悪化による社会的緊張の高まりもあった。三大労働組合のCGIL、CISL、UILは年来の分裂を克服して統一行動をとり、経済要求を強めていた。経済の悪化は複合的要因によっており、財政面でみれば、国内総生産（GDP）にたいする財政収支の割合が七一年から赤字に転じ、七〇年代の年平均の財政赤字幅は対GDP比で四・五％に達した。政府債務残高の対GDP比も七〇年の三四％から年々ふえつづけ、八〇年には六二％になった。また、七三年の石油危機以降、物価は急カーブを描いて上昇し、八〇年までの年平均上昇率は一八・三％を記録した。三大労組と工業総連盟は七五年に、物価の上昇に連動して賃金を引き上げる物価スライド（スカーラ・モービレ）制で合意に達し、労働者の生活はある程度保護されたが、経営者の負担は大きくなった。インフレが進行する一方で不況も深まって失業者が増大し、とくに大学新卒者の就職難が深刻化した。さらにまた通貨にかんして、七一年の多角的通貨調整(スミソニアン協定)でリラ不安が生じていたが、七六年にリラ暴落が始まったあとは低落傾向がとまらず、七九年のヨーロッパ通貨制度(EMS)の発足によってもイタリアの通貨危機は解消しなかった。

キリスト教民主党と社会党の接近

共産党が歴史的妥協を唱えて、キリスト教民主党への歩み寄りをみせた背景には、このような難局を乗りきるには主要政党の協調が必要だとする認識があった。離婚法を国民投票に持ち込む対決路線で失敗したキリスト教民主党は、失地回復のためのあらたな政策を探り始め、モーロは中道右派政権、中道左派政権に続く第三段階論を唱えて、躍進著しい共産党との接近を策した。この結果、主要五政党間で政策協定が結ばれ、一九七八年三月にキリスト教民主党単独のアンドレオッティ内閣が国民連帯内閣として成立し、共産党は閣外協力の与党となった。だが、この内閣の形成につくしたモーロは、議会で内閣信任投票がおこなわれる日の朝、「赤い旅団」に誘拐され、五五日後に殺害された。この事件をめぐっては裁判が何度も繰り返されたが、まだ解明されていない部分が残っている。国民連帯内閣は長続きせず、共産党が七九年一月に与党から離脱し、内閣は崩壊した。短命ではあったが、この内閣のもとで、旧来の精神医療制度を抜本的に改める「バザーリア法」が制定され、また人工妊娠中絶法が成立した。さらにこれまで混乱の多かった医療制度と医療保険のシステムを改革して、国民に等しく健康を保障する理念のもとに「全国保健サーヴィス」制度を導入し、各地に地域保健機構(USL)を設置するなど重要な政策が実施された。

一九七九年六月の総選挙後、キリスト教民主党、社会民主党、自由党の三党からなるコッシーガ内閣ができ、八〇年四月に、キリスト教民主党、社会党、共和党からなる第二次コッシーガ内閣が形成された。社会党は六年ぶりの政権復帰だった。以後首相は交代するものの、八〇年代は基本的にこの五党の連立内閣が続いた。なかでも、八〇年二月の党大会で共産党とはいかなるかたちでの提携もしないことを決めたキリスト教民主党と、同じように共産党との絶縁を唱えるクラクシ書記長の率いる社会党が、きわめて緊密な関係を築き上げた。注目を要するのは、両党の提携が深まり、共産党が排除される過程で、奇怪な事件が立続けに起きたことである。七九年、キリスト教民主党はENIの役員ポストを社会党への分け前として与えたが、すぐに原油輸入をめぐるENIの汚職が摘発された。社会党内では左派がその責任をおわされ、逆にクラクシは自らの立場を著しく強めた。

このあと、クラクシの関与するスイスの匿名口座に、カトリック系のアンブロジァーノ銀行頭取カルヴィから巨額の振込みがなされた。そのカルヴィは、一九八二年にロンドンで不自然な遺体となって発見された。また八〇年八月、共産党市政のモデル都市ボローニャの駅爆破事件があり、八五人が死亡した。そして八一年五月、フリーメーソン「ロッジP2」のマスターであるジェッリの家で押収されたリストから、政界、財界、官界、軍部、秘密情報機関、新聞・出版界など諸分野の要人九六二名が、この秘密結社に名を連ねていることがわかった。押収された書類から、この結社が金融スキャンダルを操作して巨額の資金を動かしていたことや、右翼テロに深くかかわっていることなどが判明し、「緊張の戦略」の一端が明るみにでた。この間、八〇年秋にトリーノのフィアット社が大量解雇を発表し、これにたいして労働者は徹底的な闘争にはいったが、三五日後、ストライキに反対する中間管理職や市民らのいわゆる四万人行進があり、妥結に追い込まれた。この事件は労働運動にとって手痛い打撃となった。

秘密結社フリーメーソン「ロッジP2」の存在の発覚で各界は揺れ動き、当時のフォルラーニ内閣は崩壊して、新首相に共和党のスパドリーニが就任した。連立内閣の性格は変わらなかったが、キリスト教民主党以外の党から首相が誕生したのは、共和政になってはじめてだった。スパドリーニ内閣は約一年半続き、その後、ファンファーニ選挙内閣のもとで一九八三年六月に総選挙が実施され、キリスト教民主党二二五議席(得票率三二・九%)、共産党一九八(二九・九%)、社会党七三(一一・四%)、共和党二九(五・一%)となった。キリスト教民主党の後退と社会党の微増という結果を受けて、社会党のクラクシが五党連立内閣の首班となり、八三年八月から八七年四月まで政権を担当した。

クラクシ政権

クラクシは持ち前の強い個性を発揮していくつかの重要な政策を実行した。まず、教皇庁とあらたに政教協約(コンコルダート)を結び、国家と教会はたがいに干渉することなく、それぞれの自由を尊重することを確認した。また、物価に連動して賃金のあがる物価スライド制にかんして、労働組合と共産党の強い抵抗にあいながらも、賃金上昇率をおさえる措置をとった。さらに、財政改革によって自営業への課税を強化し、あわせて脱税の取締りを強めた。一〇%をこえていた物価上昇率は、クラクシ内閣のもとで一桁台にさがり、成長率の回復がみられた。しかし財政面では、社会保障費など支出の増大をおさえることができず、累積債務残高の対GDP比は、内閣発足時に六五％だったのが退陣時には九二％にのぼった。

クラクシの政治運営は、先に説明したキリスト教民主党の統治方式に依拠するものだった。政権政党が行政機関や公社・公団の役員ポストを手にいれ、その管理下の公的諸資源を補助金や福祉費として産業諸部門あるいは地域住民に配分するクリエンテリズモの統治システムは、社会党の参入によって一九八〇年代にさらに構造化した。このシステムは南イタリアでとくに顕著といえるが、南部にだけ特有なのではなく、まもなく大都市ミラーノで汚職の摘発が始まるように、北イタリアでも浸透したシステムだった。

クラクシ首相の物価手当削減措置に抗議するトリーノの労働者(1984年)　クラクシの巨大な張りぼて人形をつくって，彼の強権的な態度を批判した。

巨額資金を投入しての南イタリアの工業化が失敗に終わったことは前にふれたが、一九八〇年代半ばに南部開発公庫は廃止され、南部政策の重点は開発事業から住民を直接の対象とする社会保障に移された。この結果、南イタリアでは生活保護を名目としたさまざまな給付金が支給され、住民は労働によらない現金収入をえることになった。なかでも七八年に導入された全国保健サーヴィス制度の悪用による医療費の不正受給は大きな額にのぼった。各種の給付金を手にした南イタリア住民の消費水準は目に見えてあがったが、この現象は「発展なき近代化」として議論のまととなった。

イタリアの経済はさまざまな苦難に直面したが、一九七〇年代以降、注目すべき発展をとげている分野があった。それは、北東イタリアから中部イタリアにかけてのヴェーネト、エミーリア・ロマーニャ、トスカーナ、ウンブリア、マルケ各州の中小企業群の活動である。この一帯では、零細中小企業の集積した産業地区が数多く形成され、各産業地区は衣服、靴、皮革、家具、機械部品、医療機器、食器、ガラス、貴金属細工、セラミックス、楽器などそれぞれ特定の業種に集中した生産活動を諸企業の緊密な協同によっておこない、良質の製品を製造した。これら中小企業群は、伝統的な手工業の技術を受け継ぐとともに、かつての農業労働者や折半小作農が自営の製造業に転じて新技術を導入し、とくに折半小作農は以前からの企業家精神と家族共同経営の経験をいかした活動で成功をおさめた。各産業地区の諸企業はたがいに競い合いながら協同して、国外市場でも評判となるニューモデルの高品質な製品を生み出し、活発で安定した活動によってイタリア経済の支えとなった。

それだけでなく、これらの産業地区は地域住民の結合形態という点でも、あらたなコミュニティのあり方を示しており、地方行政当局は、補助金交付よりも行政サイドからするサーヴィスの提供と環境作りによる政策で、中小企業群の活動を支援した。工業化政策に続いて給付行政の失敗も明らかとなった南イタリアでは、近年、一部地域の行政当局と企業家グループが産業地区をモデルとするコミュニティ作りに動き始めたのをみることができる。

3　第一共和政から第二共和政へ

政・官・財の汚職構造の解明

一九八九年のベルリンの壁の解体と東西冷戦構造の終焉は、イタリアにもさまざまな影響をおよぼした。共産党のオッケット書記長は、社会民主主義的な方向で左翼の再編をはかるために党名の変更を提唱し、党内外の議論を重ねたのち、九一年二月の第二〇回大会で共産党は「左翼民主党」となった。これに反対する党左派のグループは「共産主義再建党」を結成した。また、八〇年代にヴェーネトやピエモンテなど北部諸州で地域主義的な運動が台頭していたが、「ロンバルディーア同盟」の指導者ボッシがイニシアティヴをとって、八九年末にこれら地域主義的諸組織の結集をはかり、九一年二月に「北部同盟」の結成大会を開いた。北部同盟は、ローマ中央政府が北部で徴収した税金を南部への給付行政で浪費していると批判して、イタリアを北・中・南の三地域に分割した連邦国家とする主張を掲げ、またイタリア内外から北部へ流入する移住者にたいして排外主義的態度をとった。

第七次に達していたアンドレオッティ内閣は、一九九二年二月、マーストリヒト条約に加わり、改善すべき財政的課題をおったが、国営企業の民営化による財政再建方針を打ち出して、政局の見通しには楽観的だった。この時期、社会党のクラクシとキリスト教民主党のアンドレオッティおよびフォルラーニの三実力者の頭文字をとったCAF体制は安泰とみられ、三者間での政権たらいまわしの密約までささやかれていた。だが二月中旬、クラクシの牙城であるミラーノ市の汚職の摘発をきっかけに、九二年は激動の年となった。発端は、社会党地方幹部が所長を務める公営老人ホームで、出入りの業者からリベートを受け取る慣行が摘発されたことで、このあとミラーノの社会党市政の贈収賄の構造がつぎつぎと明るみにだされ、イタリアの最先進都市ミラーノはタンジェントーポリ(汚職都市)の名を冠せられた。

一九九二年四月実施の総選挙は、比例代表制最後の選挙で、下院総議席数六三〇のうちキリスト教民主党二〇六、社会党九二、左翼民主党一〇七、共産主義再建党三五のほか、北部同盟があらたに五五議席を獲得した。予定されていたクラクシ首班は汚職事件で実現せず、社会党のアマートがキリスト教民主党、社会党、社会民主党、自由党の四党連立内閣を組織した。アマート内閣は、財政赤字削減のために預貯金など資産課税を強化し、また国家持株省を廃止して民営化を進める方針を示したが、国内はミラーノからイタリア全土に広がった汚職捜査で揺れ動いた。汚職の根は、政権政党が長期にわたって導入してきた統治システムそのものにあり、政党と国営・公営企業の構造的癒着がその核をなすものであったために、摘発は政界、官界、財界すべてにまたがった。それゆえ、今回の汚職捜査はたんに個々人の逮捕ではすまずに、従来の統治システムの深部にメスをいれることになり、第一共和政の終焉と第二共和政による出直しが語られることになった。その統治システムの中軸を担った国営・公営企業を民営化する動きは、当初は主として財政的事情によっていて、権益を失う政治家と国家ブルジョワジーのあいだに強い抵抗がみられたのだが、汚職捜査はこれまでの支配システムそのものを崩壊に導きながら、民営化の流れを必然なものにした。

汚職構造の解明には、最初に摘発を実行したディ・ピエトロ検事をはじめとするミラーノの捜査検事チームの不退転の姿勢が大きな力となった。一九九二年から九三年にかけて、国会議員だけでも一四四人が捜査の対象となり、クラクシ元首相には収賄、横領、政党献金法違反などおよそ七〇の容疑がかけられた。今回の捜査で最大規模の汚職の舞台となったのは、またもやモンテーディソン社とＥＮＩだった。八〇年代末に両社は共同出資して石油化学会社エニモントを設立したが、その株式取引でモンテーディソン社長のガルディーニがＥＮＩから巨額金を受け取り、その金がクラクシほかの政治家に渡っていた。九四年、ＥＮＩ前総裁のカリアリは留置所で、ガルディーニは自宅であいついで自殺し、クラクシは裁判を逃れてチュニジアの別荘にこもり、イタリアに戻ることなく二〇〇〇年に死亡した。

政党支配体制の崩壊

ミラーノで汚職捜査が始まった一九九二年春、シチリアの州都パレルモでキリスト教民主党のヨーロッパ議会議員リーマがマフィアに殺害された。五〇年代にファンファーニがシチリアにキリスト教民主党の統治システムを導入したとき、マフィアがこのシステムに絡んでいた。その後、党内の派閥争いで、シチリアはファンファーニ派からアンドレオッティ派の支配に移るが、この移行にあたってもマフィアが一枚かんでいた。マフィア内部でも勢力争いがあり、争いに敗北した幹部の一人ブシェッタが八四年以降、パレルモ検察庁予審部のファルコーネ判事に協力して、マフィアの内情についての情報を与えていた。ファルコーネはマフィア捜査専従班の中心人物で、マフィア・メンバーの大量逮捕を指揮し、八六年、四七五人を被告とするマフィア大裁判の開始にこぎつけた。翌年、三四二人に有罪判決がくだり、被告側の控訴は九二年一月に破毀院(最高裁)で棄却されて有罪が確定した。マフィア裁判はこれまでなら、上層権力の介入によって上告審で無罪となるのが普通だった。ところが今回は上層権力の介入が機能せず、マフィア側はアンドレオッティの側近リーマを殺害することで、そのことへの報復および警告を発したのだった。

同年五月、マフィアは今度はファルコーネを殺害した。ファルコーネは法務省刑事局長としてローマに転属していたが、所用でパレルモに戻る途中の高速道路で強力な爆弾により、夫人と護衛警官三人とともに殺された。さらに七月には、ファルコーネとならんでマフィア捜査専従班の一員だったボルセッリーノ判事が、やはりマフィアのしかけた爆弾で護衛警官五人とともに殺された。これにたいしては、人々のこれまでにない激しい怒りが表明され、その怒りはマフィアにとどまらず、マフィア捜査を妨害してきた政治家や司法当局にも向けられた。市民の怒りを背にして、司法当局はようやくマフィアと政治家の関係に捜査の手を伸ばし、七度の首相経験をもつアンドレオッティをマフィアとの関与容疑で取り調べ、起訴に持ち込んだ。この裁判は結局は無罪に終わるが、これら一連の過程で、長いあいだマフィアにつきまとっていた「名誉の人」とか「沈黙の掟(オメルタ)」などの神話が一掃され、政治と結びついた組織犯罪の姿が浮彫りにされた。

一九九二年の諸事件をへて、九三年四月に農林省、観光省、国家持株省の廃止および上院選挙法の改正など政治改革・行政改革にかかわる八件の国民投票が実施され、それぞれ賛成票が圧倒的な多数を占めた。これにより省庁の統廃合と諸業務の州政府への移管がいちだんと進むことになるが、改革を求める国民の声と汚職捜査の拡大を前にして、旧体制(第一共和政)最後となるアマート内閣は総辞職した。後任の首相にはイタリア銀行総裁のチャンピが就任し、閣僚の半分に議員以外の専門家を登用した実務型の超党派内閣が成立した。これより前の三月、地方選挙法が改正され、これまでコムーネ議会の多数派から選出されていたコムーネ首長を住民の直接選挙で選ぶことになり、ついで八月には上下両院の選挙法が改正され、下院定数六三〇のうち七五％(四七五)を小選挙区、二五％(一五五)を比例区で選出し、上院も定数三一五を同様の配分で選出することになった。

一九九四年一月、議会は解散して新選挙法のもとでの選挙戦にはいるが、政党間の離合集散によって政界地図は大きく変わった。戦後一貫して政権与党の座にあったキリスト教民主党は分裂し、中道路線をとる多数派は党名を「イタリア人民党」に改め、少数派の右派は「キリスト教民主センター」を結成した。社会党は、クラクシ派を排除して党の再建をはかったが、回復は困難だった。この間の地方選挙で、北イタリアでは地域主義政党「北部同盟」が急成長をとげ、南イタリアではネオ・ファシスト党の「イタリア社会運動」が支持を広げており、その「イタリア社会運動」は右翼勢力の連合体として「国民同盟」を結成した。こうした動きに加えて、クラクシと親しいミラーノの実業家ベルルスコーニが、左翼の進出阻止を掲げて政界入りを宣言し、「フォルツァ・イタリア(がんばれイタリア)」を結成した。ベルルスコーニは一代で築いた企業グループ「フィニンベスト」の総帥で、テレビの全国三大ネットや大手出版社を支配してメディアの帝王の異名をもち、またサッカーの人気チーム「ACミラン」のオーナーでもあり、ポピュリズムにのって一気に選挙戦の主役に躍り出た。

選挙制度が小選挙区中心となったため、各党は連合を組んで左派、中道派、右派の三極構造となった。左派は左翼民主党を中心に共産主義再建党、緑の党など八党で「進歩」連合を組み、中道派は人民党などが「イタリアのための協定」連合に結集した。右派は、北イタリアでは「フォルツァ・イタリア」と北部同盟が組んで「自由の極」、南イタリアでは「フォルツァ・イタリア」と国民同盟が組んで「善政の極」の候補者リストで臨んだ。北部同盟と国民同盟は、前者が地域主義、後者が国家主義という相反した性格のために直接手を組むことはむずかしく、「フォルツァ・イタリア」を軸とした変則的な連合となった。直前の地方選挙の結果から左派有利とみられたが、三月実施の選挙結果は下院で右派連合三六六議席、左派連合二一三、中道連合四六となり、ベルルスコーニ首班の右派政権が成立した。

「オリーヴの木」政権

ベルルスコーニ内閣には「イタリア社会運動」が参加したため、ヨーロッパ議会ではファシズムの復活を懸念する声があがり、また連邦制国家の創設を唱える北部同盟の入閣は閣内不一致の種となることが予測された。政府は、財政赤字削減のために年金制度の改革を準備したが、労働組合の反発で実現できないままに、ベルルスコーニ自身が過去の贈賄容疑で取調べを受け、一九九四年十二月に総辞職した。年明けの一月、「イタリア社会運動」は脱ファシズム化をはかって解党し、組織を「国民同盟」に一本化した。後継首相には元イタリア銀行副総裁で前国庫相のディーニが就任し、閣僚全員が非政党人の専門家内閣を組織した。各国共通して社会保障費の伸びが財政を圧迫していたが、イタリアでは年金制度がとりわけ手厚く保護されており、財政再建には年金制度の改革が緊急の課題となっていた。ディーニ内閣はこの課題に取り組み、共産主義再建党や社会フォーラム団体の強い抵抗があったが、三大労組との合意に達して、年金制度を大幅に改革する法が八月に成立した。同内閣は九六年一月に総辞職し、議会も二月に解散するが、議会は解散直前に、女性解放運動が長年要求してきた「性暴力にたいする法」を制定した。性暴力は、これまで公共道徳に反する風俗犯罪とされていたが、新法はこれを個人の尊厳の立場から人間にたいする暴力と規定しなおし、重い刑罰を科すことになった。

総選挙の勝利を祝う「オリーヴの木」首脳
(1996年４月)　中央で手を振っているのがプローディ，右隣がダレーマ，左隣の１人目がディーニ，２人目がヴェルトローニ。

新選挙法二回目の総選挙は一九九六年四月に実施された。今回は人民党が再分裂して中道派が消え、中道左派の「オリーヴの木」連合と中道右派の「自由の極」連合の対決となった。「自由の極」連合は「フォルツァ・イタリア」、国民同盟、それに人民党から分れた「統一キリスト教民主主義」などからなり、北部同盟はこれに加わらずに単独で選挙に臨んだ。「オリーヴの木」連合は左翼民主党を軸に緑の党、人民党、それにディーニの新党「イタリア刷新」などで構成され、元ＩＲＩ(産業復興機構)総裁でカトリックのプローディがリーダーとなった。経済学者のプローディは、平和の象徴である「オリーヴの木」の名を掲げて、前年春から全国行脚で中道左派の結集を訴え、社会民主主義的傾向を強める左翼民主党がこれを支えた。結果は

「オリーヴの木」が二八四議席を獲得し、選挙協定を結んだ共産主義再建党の三五議席をあわせてかろうじて過半数を上回り、プローディ内閣が誕生した。

中道左派政権のプローディ内閣の最大の課題は、一九九九年に発足予定の通貨統合（単一通貨「ユーロ」の導入）に参加するため、財政・金融上の条件をクリアすることだった。イタリア・リラは九二年の通貨危機で為替相場メカニズム（ERM）を離脱していたが、通貨統合に参加するためには、この制度に復帰して基準相場を切り下げないという条件が課されていた。ERMへの復帰は九六年十一月に実現したが、これまでリラ安で保っていた輸出競争力に翳りが生じて、景気停滞の懸念を招いた。もうひとつの条件は、単年度財政赤字を国内総生産（GDP）比の三％以内におさえ、政府の累積債務残高も対GDP比で六〇％以下にすることだった。九六年の比率は前者が六・七％、後者が一二三・八％だったから、この条件は難題だった。政府は、きめ細かく可能なかぎりの歳出抑制と増税措置によって財政赤字の縮小につとめ、年金・福祉関連の支出も再三の削減措置をはかった。この結果、財政赤字はなんとか対GDP比の三％以内におさまることになり、九八年五月、通貨統合への参加が認められた。

だが、通貨統合参加という大きな目標が達成されると、「オリーヴの木」連合にくすぶっていた内紛が表面化して、プローディ内閣は同年十月に総辞職に追い込まれた。総辞職の直接のきっかけは、年金・福祉費削減の財政運営を批判する共産主義再建党が、閣外協力をやめて内閣不信任に転じたことにあった。しかしその背後には、先に党名を左翼民主党から「左翼民主主義者」に改めて小党派を吸収し、「オリーヴの木」連合の方式にたいして社会民主主義的性格に立つ政党の強化をはかるダレーマ書記長と、中道派政党を再建して表舞台への復帰をねらう前大統領コッシーガとが提携して、政党政治の復活を画策する動きがあった。プローディの退陣後、「オリーヴの木」の諸党派とコッシーガの「共和国民主連合」を与党としたダレーマ内閣が成立するが、まもなくダレーマとコッシーガは対立し、また二〇〇〇年四月、直接選挙制の導入された「州」首長選など統一地方選挙で与党が敗退したことで、ダレーマ首相は辞任した。後任首相には、ダレーマ内閣の国庫相だった旧社会党のアマートが就任した。アマート内閣は政府保有株の売却による財政再建をはかり、国営企業の民営化を進めた。同年六月、ファシズム期に設立され、戦後の混合経済体制を特徴づけてきた政府持株会社のＩＲＩが解散したことは、イタリア経済にとってひとつの時代の終わりを告げるものだった。

ベルルスコーニ内閣

二〇〇一年五月に任期満了による総選挙が実施された。中道左派勢力は、今回も「オリーヴの木」連合を結んだが、それを構成したのは「左翼民主主義者」と「マルゲリータ」で、「マルゲリータ」は人民党、プローディの「民主主義者」、元首相ディーニの「イタリア刷新」の三党派からなる連合組織だった。一方、中道・右派はベルルスコーニの「フォルツァ・イタリア」がこの五年間に組織の拡大につとめ、今回は北部同盟、国民同盟、および旧キリスト教民主党系右派グループとともに全国単一の「自由の家」連合を結成して選挙に臨んだ。ベルルスコーニ自身は、贈賄罪で裁判中の身だが、支配下のテレビ、出版社、サッカーチーム、それに企業グループを動員し、ポピュリズムに加えて一種のカリスマ性をかもしだした。

選挙結果は、中道左派勢力の不統一にも助けられて、「自由の家」が下院(定数六三〇)で三六八議席を獲得する圧勝に終わった。

六月に成立したベルルスコーニ内閣は、翌月、主催国としてジェノヴァでサミット(主要国首脳会議)を開催したが、反グローバル化運動の激しい抗議行動にみまわれ、デモ参加者を射殺するまでにいたった。内閣は、連邦制を掲げる北部同盟と集権制を唱える国民同盟が同居する変則的な構成だが、議会の多数に依拠して労働、移民、司法、メディアなどにかんして強引ともいえる政策を実施した。一九七〇年に制定された「労働者憲章」一八条は、正当な理由なしに解雇された労働者に再雇用を求める権利を認めているが、政府は二〇〇二年三月、労働市場の流動化をはかるとして解雇を自由にできるよう一八条の修正案を閣議決定した。経営者側はこれを支持したが、三大労組は一九七〇年代以来の大規模なゼネストで反対運動を繰り広げ、政府の雇用制度改革案に強く抵抗した。

政権を構成している北部同盟と国民同盟は移民排斥の態度をとっているが、北部同盟党首で制度改革相のボッシと国民同盟党首で副首相のフィーニが中心となって、同年七月、EU(ヨーロッパ連合)以外からの外国人居住者には指紋押捺を義務づけるなど移民受入れを制限する移民対策法(ボッシ＝フィーニ法)を制定した。憲法裁判所はのちに、この法律中の移民にたいする強制排除条項を違憲と判断した。

政府がとくに強硬だったのは、ベルルスコーニ本人の利害が絡む裁判とメディアにかんする問題で、司法界との対立を招いただけでなく、国民のあいだに不信を呼んだ。ベルルスコーニは、企業買収をめぐる贈賄罪で側近弁護士のプレーヴィティとともに被告として裁判中の身だった。二〇〇二年十一月、議会は刑事訴訟法を改正して、進行中の裁判を被告の希望で別の裁判所に移す請求ができるようにし、上級裁判所がこの請求を審理するあいだ裁判は凍結されるとする法律(提案者の名をとってチラーミ法)を制定した。ベルルスコーニはこの法に基づいて、判決の迫った自分の裁判をミラーノ地裁からブレッシャ地裁に移す請求をしたが、破毀院(最高裁)は請求を却下した。

そこで議会は二〇〇三年六月、大統領、首相、上下両院議長、憲法裁判所長官の五人にかんして在任中の刑事訴追をまぬがれ、係争中の裁判は凍結するという「免責特権・裁判凍結法」をあらたに制定した。だが憲法裁判所は、この法が「すべての市民の、法の前での平等」をうたう憲法第三条に違反するとして違憲の判断をくだした。〇四年十二月、議会は法相に強い権限を与える司法制度改革法を改めて制定した。この司法制度改革にたいしては司法官・弁護士が終日ストをおこなうなど法曹がこぞって反対し、チャンピ大統領は法の発効に必要な署名をせず、再議を求めて両議院に差し戻す措置をとった。同年末、ベルルスコーニの贈賄罪裁判は一件が時効、一件が無罪の判決がだされた。〇六年二月、議会は一審無罪の判決にたいして検察の控訴を禁止する法改正を強行したが、憲法裁判所はこれを違憲とした。〇七年のミラーノの控訴審裁判で、ベルルスコーニにふたたび無罪判決がでたが、別の贈賄罪で彼の裁判はまだ続いている。

メディアの帝王と呼ばれるベルルスコーニの所有する民放三大ネットの収益総額は、テレビ独占禁止法で定めている限度をこえることから、二〇〇三年末までにそのひとつを収益の薄い衛星放送に移行させる必要があった。これを救うために〇三年十二月、議会はメディア法(通信相の名をとってガスパッリ法)を制定したが、チャンピ大統領が署名せずに両議院に差し戻した。政府は、ベルルスコーニ所有のテレビを保護するためすぐに緊急政令を発し、そして〇四年四月、野党の抵抗を排して議会で改めてメディア改革法を通過させた。ベルルスコーニはメディア所有の権益を守っただけでなく、RAI(国営イタリア放送協会)にたいする管理も強めてメディア支配を一層強化することになった。この間の〇三年四月、親米路線をとる政府与党は、アメリカ合衆国のイラク攻撃を支援して、イタリア軍のイラク派遣を決めた。

プローディ内閣の成立と崩壊

こうしたベルルスコーニ政権にたいして野党や労働組合は対決姿勢を強めたが、政党や組合の枠をこえた市民運動も盛んとなった。とくに、『親愛なる日記』(一九九三年)や『息子の部屋』(二〇〇一年)などの作品で知られる映画監督ナンニ・モレッティらは「ジロトーンド」(手をつないで輪になってまわる遊戯)と名づけるあらたな形態の運動を展開して、議会や法務省を取り囲む大集会を開いた。この市民運動は政府にたいしてだけでなく、主導権争いにとらわれて内部改革のみられない野党勢力にたいしても批判の声をあげた。

二〇〇五年初め、中道・左派九政党は「ウニオーネ(連合)」という名称で選挙連合を形成し、その中心の「左翼民主主義者」や「マルゲリータ」など四党は将来の合同を視野にいれて「オリーヴの木連合」を結成した。「ウニオーネ」は自陣営の首相候補者を全国の支持者の投票によって選出する方法をとり、これには四〇〇万人以上が参加してプローディ元首相を選んだ。つぎの総選挙で劣勢が予想される与党連合は、自分たちに有利に選挙戦を進める意図で、小選挙区制と比例代表制の併用方式の選挙法を改正して完全比例代表制に戻し、下院(定数六三〇)は全国集計で得票数の多かった政党連合に最低三四〇議席を与えることを定めた。

総選挙は二〇〇六年四月に実施され、中道・右派連合「自由の家」と中道・左派連合「ウニオーネ」の対決になった。結果は「ウニオーネ」が僅差で勝利し、九党連立のプローディ内閣が成立した。下院ではボーナス議席が与えられるため与党は安定多数だが、上院は与野党まったくの互角で、数名の造反議員がでれば内閣の崩壊に導きかねない不安定政権だった。イタリアでは上下両院は法案審議で同等の権限をもち、法の制定には両院の議決を必要とした。そして、この不安はすぐに現実化した。国際治安支援部隊の一員としてアフガニスタンに派遣されているイタリア軍の駐留期限は〇六年六月末までで、閣議は駐留延長を決めたが、与党連合の最左派数名が延長反対を表明した。

このときは内閣の危機は回避されたが、二〇〇七年二月、やはりアフガニスタン駐留をめぐる外交政策が二票差で上院の承認をえられず、プローディ首相は辞表を提出した。ナポリターノ大統領はプローディに続投を要請し、信任投票が実施された。与党連合は内閣の崩壊を避ける合意に達し、信任投票を可決に導いたが、政権の基盤が弱体であることは明瞭だった。

かねて「オリーヴの木」方式のゆるやかな政党連合体を脱して、社会民主主義的性格の大政党の結成をめざしていた「左翼民主主義者」は、二〇〇七年四月の大会で中道派の「マルゲリータ」と合併して「民主党」を結成することを決めた。民主党の党首は全国の支持者の投票で選出することとし、十月に実施さ選挙法改正のための暫定内閣の形成が試みられたが、合意がえられず、議会の解散・総選挙となった。四日の上院の信任投票は五票差で否決され、プローディ内閣は総辞職した。象とされたことなどがあった。「ヨーロッパ民主連合」の上院勢力はわずか三人にすぎないが、一月二十に反対意見をもつことや、地元のカンパニア州議会議長の職にあるマステッラ夫人とども汚職捜査の対同性婚を含む事実婚カップルに通常婚夫婦と同等の資格を認める「共同生活にかんする権利と義務」法案離脱を表明した。その背景には、「ヨーロッパ民主連合」党首のマステッラ法相が、一月に閣議決定した、に不利となる恐れがあったことから、与党連合の一角のカトリック系小党「ヨーロッパ民主連合」が政権

二〇〇八年をむかえて、政局が動いた。安定政権をつくるための選挙法改正が取りざたされたが、小党おりがちのナポリでは、行政の不手際とともに、利権絡みのカモッラの関与が指摘されている。銃撃戦で市民生活にも脅威がおよんだ。焼却施設がなく、埋立て処分場が満杯のため、ゴミ収集がとどこ題となった。ナポリでは犯罪組織「カモッラ」の内紛が激化して多数の死者がでただけでなく、市街地の設相はこれに強く異議を唱えた。また通信会社テレコム・イタリアの組織的盗聴が発覚し、大きな社会問多数の受刑者に恩赦を与える法が制定されたが、政財界の汚職捜査を推進した元検事のディ・ピエトロ建たびストを繰り返して交通の混乱を招いた。定員を大きく上回って収容している刑務所の環境改善のため、

プローディ内閣のもとで諸事件が進行した。政府の規制緩和政策の対象とされたタクシー業界は、たびれた。

れた党首選でローマ市長のヴェルトローニが選ばれた。それを受けて、同月「民主党」の結成大会が開か

前与党連合は二つに分れて、中道左派の「民主党」と「価値あるイタリア」(党首ディ・ピエトロ)が選挙提携し、最左派の「共産主義再建党」「イタリア共産主義者党」「緑の党」が「左翼の虹」連合を組んだ。一方、中道・右派側では、中道カトリック政党の「キリスト教民主中道連合」が単独で選挙戦に臨み、右派の「フォルツァ・イタリア」と「国民同盟」が連合して「自由人民」を形成し、「自由人民」と「北部同盟」が選挙提携することになった。

総選挙は四月に実施され、結果は右派の圧勝に終わり、とくに北部同盟の躍進が目立った。最左派は全滅して、前回下院で四一議席、上院で二七議席を有した「共産主義再建党」も当選者はなく、西ヨーロッパ最大の党勢を誇った共産党の党名を継承する勢力は議会から消えた。五月に三党連立右派政権の第四次ベルルスコーニ内閣が成立したが、この内閣は議会の安定多数に依拠して、三党間の内紛が起こらないかぎり、五年間の任期いっぱいの政権を担当することになるであろう。

サルデーニャ島
サッサリ
アルゲーロ
カリアリ
ティレニア海
アンツィオ
モンテカッシーノ
セリーセ
カンポバッソ
テッラチーナ
ガエータ
ガエータ湾
カープア
カゼルタ
ベネヴェント
ナポリ
ナポリ湾
アヴェッリーノ
サレルノ
アマルフィ
サレルノ湾
カンパーニア
バルレッタ
プッリア
バーリ
ポテンツァ
マテーラ
バジリカータ
ブリンディジ
ターラント
オトラント
ターラント湾
カラーブリア
クロトーネ
カタンツァーロ
パレルモ
モンレアーレ
マルサーラ
メッシーナ
レッジョ・カラーブリア
メッシーナ海峡
シチリア島
アグリジェント
カターニア
シラクーザ
チュニジア
42°
39°
36°
9°
12°
15°
18°
● 州都

新版《しんぱん》 世界各国史《せかいかっこくし》 15

イタリア史《し》

2008年 8 月25日　1 版 1 刷　発行
2011年12月20日　1 版 2 刷　発行

編　者　北原《きたはら》　敦《あつし》

発行者　野澤伸平

発行所　株式会社 山川出版社

〒101-0047　東京都千代田区内神田 1-13-13
電話　03(3293)8131(営業)　8134(編集)
http://www.yamakawa.co.jp/
振替　00120-9-43993

印刷所　図書印刷株式会社

製本所　株式会社ブロケード

装　幀　菊地信義

ISBN 978-4-634-41450-1

執筆者紹介（執筆順）

北原 敦　きたはら　あつし
1937年生まれ。東京大学大学院人文科学研究科博士課程中退
北海道大学名誉教授
主要著書：『概説イタリア史』(共編，有斐閣 1988)，『世界の歴史22 近代ヨーロッパの情熱と苦悩』(共著，中央公論新社 1999)，『イタリア現代史研究』(岩波書店 2002)

松本 宣郎　まつもと　のりお
1944年生まれ。東京大学大学院人文科学研究科修士課程修了
東北大学名誉教授。博士(文学)
主要著書：『キリスト教徒大迫害の研究』(南窓社 1991)，『ガリラヤからローマへ――地中海世界をかえたキリスト教徒』(山川出版社 1994)，『キリスト教徒が生きたローマ帝国』(日本キリスト教団出版局 2006)

齊藤 寛海　さいとう　ひろみ
1945年生まれ。東北大学大学院文学研究科博士課程単位取得退学
現在，信州大学教育学部教授。博士(文学)
主要著書・訳書：『中世後期イタリアの商業と都市』(知泉書館 2002)，『イタリア都市社会史入門――12世紀から16世紀まで』(共編，昭和堂 2008)，星野秀利著『中世後期フィレンツェ毛織物工業史』(訳書，名古屋大学出版会　1995)

付　録

■索　引

人名索引

●アーオ

アウグスティヌス　120,126
Augustinus　354-430
アウグストゥス(オクタウィウス,オクタウィアヌス)　8,9,16,22,75-83,85,86,88,89,96,101,103
Augustus (Gaius Octavius, Gaius Julius Caesar Octavianus)　前63-後14(位前27-後14)
アクトン　331,332,340
John Francis Edward Acton　1736-1811
アグリッパ　77,86,94
Marcus Vipsanius Agrippa　前63?-前12
アッティラ　121
Attila　395?/406?-453(位434-453)
アッピウス・クラウディウス　43,57
Appius Claudius Caecus　前4世紀-前3世紀
アムブロシウス　118,126,229
Ambrosius　333?/9?-397
アラリック　120
Alaric I　370?-410(位395-410)
アリストテレス　123,256
Aristoteles　前384-前322
アルフォンソ5世　214,217,218,326
Alfonso V　1396-1458(シチリア王位1416-58,ナポリ王位1442-58)
アレクサンデル3世　173,174
Alexander III　1100?/5?-81(位1159-81)
アントニウス　72,75-78
Marcus Antonius　前83?-前30
アンドレオッティ　526,531,533,534
Giulio Andreotti　1919-
インノケンティウス3世　177,205
Innocentius III　1160?-1216(位1198-1216)
インノケンティウス4世　180
Innocentius IV　1194?/5?-1254(位1243-54)
ヴァザーリ　290
Giorgio Vasari　1511-74
ヴィーコ　316
Giambattista Vico　1668-1744
ヴィットーリオ・アメデーオ2世　280,281,308-310,323
Vittorio Amedeo II　1666-1732(シチリア王位1713-20,サルデーニャ王位1720-30)
ヴィットーリオ・エマヌエーレ2世　384,386,396,399,401,403,405,406,408,409,436,437
Vittorio Emanuele II　1820-78(サルデーニャ王位1849-61,イタリア王位1861-78)
ヴィットーリオ・エマヌエーレ3世　457,504,505
Vittorio Emanuele III　1869-1947(位1900-46)
ヴィユッソウ　365
Giovan Pietro Vieusseux　1779-1863
ウェスパシアヌス　89-91,103
Titus Flavius Vespasianus　9-79(位69-79)
ヴェッリ　317,319,333,334,336,344
Pietro Verri　1728-97
ウェルギリウス　22,62,79,80
Vergilius　前70-前19
ヴォルピ　490,491,503
Giuseppe Volpi　1877-1947
ウルバヌス2世　163
Urbanus II　1042-99(位1088-99)
エイナウディ　463,469,511,512
Luigi Einaudi　1874-1961(任1948-55)
エッツェリーノ・ダ・ロマーノ　180
Ezzelino III da Romano　1194-1259
オットー1世　139,141,147-150

Otto I　912-973(国王位 936-973,皇帝位 962-973)
オットー3世　149,150
Otto III　980-1002(国王位 983-1002,皇帝位 996-1002)
オットー4世　177,178
Otto IV　1175？-1218(国王位 1198-1215,皇帝位 1209-15)
オドアケル　122,123
Odoacer　434？-493
オルランド　476,477
Vittorio Emanuele Orlando　1860-1952

●カ―コ

カイローリ　424,427,428
Benedetto Cairoli　1825-89
カヴァッロッティ　424,428,441,455
Felice Cavallotti　1842-98
カヴール　373,387,390,392,393,396-399,403-405,409,410,418,420,434
Camillo Benso Cavour　1810-61
カエサル　64,65,67-77,80,85,93
Gaius Julius Caesar　前102/100？-前44
カザーティ　378,379
Gabrio Casati　1798-1873
カシウス　74-76
Gaius Cassius Longinus　？-前42
カッターネオ　11,378-380,391,405,411,453
Carlo Cattaneo　1807-69
カフィエーロ　422
Carlo Cafiero　1846-92
カラカラ　108,109,113
Caracalla(本名 Marcus Aurelius Antoninus)　186-217(位 198-217)
カラッチョロ　331,332
Domenico Caracciolo　1715-89
ガリバルディ　369,382,385,386,392,394,399,401,402,405,406,408,409,411,412,419,422,451
Giuseppe Garibaldi　1807-82
ガリレイ　305,421
Galileo Galilei　1564-1642
カール1世(大帝)　134-137,141,142
Karl I der Große, Charlemagne, Carlo Magno　742-814(国王位 768-814,皇帝位 800-814)
カール5世　219,247-250
Karl V　1500-58(位 1519-56)
カール・マルテル　133
Karl Martel　689？-741(宮宰任 714-741)
カルロ1世(シャルル・ダンジュー)　181-184,192-194,200,257
Carlo d'Angiò　1226-85(シチリア王位 1266-82,通称ナポリ王位 1282-85)
カルロ2世(ナポリ王)　184,213
Carlo II　1248-1309(位 1285-1309)
カルロ3世(ナポリ王)　213
Carlo III di Durazzo　1345-86(位 1381-86)
カルロ・アルベルト　361,372,374,377,379,384
Carlo Alberto　1798-1849(位 1831-49)
カルロス3世(ドン・カルロス,カルロ)　310-312,326-330
Carlos III(Don Carlos,Carlo)　1716-88(ナポリ・シチリア〈両シチリア〉王位 1734-59,スペイン王位 1759-88)
カルロ・フェリーチェ　361,372
Carlo Felice　1765-1831(位 1821-31)
ガレアッツォ・ヴィスコンティ　202
Galeazzo Visconti　1277？-1328
ガレアッツォ・マリーア・スフォルツァ　229
Galeazzo Maria Sforza　1444-76(位 1466-76)
カンパネッラ　305
Tommaso Campanella　1568-1639
キケロー　69-71,75,76,83
Marcus Tullius Cicero　前106-前43
グイッチァルディーニ　263,267
Francesco Guicciardini　1483-1540
グイード　139

Guido di Spoleto ?-894(公位 880-894, 王位 889-894, 皇帝位 891-894)
クオーコ 342
Vincenzo Cuoco 1770-1823
グッリエルモ 1 世 159
Guglielmo I il Malo 1120-66(位 1151-66)
グッリエルモ 2 世 159,160
Guglielmo II il Buono 1153?-89(位 1166-89)
クラウディウス 22,85,87,103
Tiberius Claudius Drusus Nero Germanicus 前 10-後 54(位 41-54)
クラクシ 525,527,528,531-533,535
Bettino Craxi 1934-2000
グラックス(兄) 55-58
Tiberius Sempronius Gracchus 前 162-前 133
グラックス(弟) 58,59,61
Gaius Sempronius Gracchus 前 154-前 121
クラッスス 63,64,67,68,70,71
Marcus Licinius Crassus 前 115?-前 53
グラムシ 480,482,492,517
Antonio Gramsci 1891-1937
クリショフ 449,451,459
Anna Kuliscioff 1857-1925
クリスピ 401,402,405,430,436-439,441,442,451-454,462
Francesco Crispi 1818-1901
クレオパトラ 72,77
Cleopatra VII 前 69-前 30(位前 51-前 48, 前 47-前 30)
グレゴリウス 1 世 127,130
Gregorius I 535?-604(位 590-604)
グレゴリウス 7 世 162
Gregorius VII 1020?-85(位 1073-85)
グレゴリウス 9 世 179,180
Gregorius IX 1170?-1241(位 1227-41)
クレメンス 2 世 152,161
Clemens II ?-1047(位 1046-47)
クレメンス 7 世 239,247,248
Clemens VII(Giulio de'Medici) 1478-1534(位 1523-34)
クローチェ 10,470,495
Benedetto Croce 1866-1952
クロディウス 69-71,73
Publius Clodius 前 93-前 18
コジモ(老) 238,239,262
Cosimo de'Medici(Il Vecchio) 1389-1464
コジモ 1 世 239,240,289
Cosimo I de'Medici 1519-74(フィレンツェ公位 1537-69, トスカーナ大公位 1569-74)
コスタ 423,449
Andrea Costa 1851-1910
コスタンツァ(アラゴン・シチリア王妃の) 181
Costanza di Svevia 1247-1302
コスタンツァ(アルタヴィッラ家の) 160,177
Costanza d'Altavilla 1154-98
コッシーガ 527
Francesco Cossiga 1928-
ゴベッティ 508
Piero Gobetti 1901-26
コーラ・ディ・リエンツォ 222
Cola di Rienzo 1313-54
コンスタンティヌス 114-118,134,136
Flavius Valerius Constantinus 280?-337(位 310-337)

●サーソ

ザナルデッリ 424,428,439,457-459
Giuseppe Zanardelli 1826-1903
サランドラ 469,472-474
Antonio Salandra 1853-1931
サリセッティ 335,347,349
Antoine-Christophe Salicetti 1757-1809
サルピ 286
Paolo Sarpi 1552-1626
ジェノヴェージ 317,329,330
Antonio Genovesi 1713-69
ジェンティーレ 470,488,495
Giovanni Gentile 1875-1944
ジェンティローニ 472
Vincenzo Ottorino Gentiloni

1865-1916
シクストゥス5世　287
Sixtus V　1521-90(位 1585-90)
シャルル8世　218,230,238,245
Charles VIII　1470 - 98(位 1483 - 98)
ジャン・ガレアッツォ　227,228,233, 261
Gian Galeazzo Visconti　1351-1402(位 1395-1402)
ジャン・ガレアッツォ・マリーア　229, 230
Gian Galeazzo Maria Sforza　1469-94(位 1476-94)
ジャンノーネ　315,324,327
Pietro Giannone　1676-1748
小アグリッピナ　87,88
Agrippina Minor　15-59
ジョヴァンナ1世　212,213,215
Giovanna I d'Angiò　1326-82(位 1343-81)
ジョヴァンナ2世　214,217
Giovanna II d'Angiò-Durazzo　1371-1435(位 1414-35)
小カトー　69,70,73
Cato Minor(Marcus Porcius Cato)　前 95-前 46
小プリニウス　93,99,102,105
Plinius Minor(Gaius Plinius Caecilius Secundus)　62？-114？
ジョベルディ　371,374
Vincenzo Gioberti　1801-52
ジョリッティ　440,442,452,457,459, 462 - 465,467,469 - 472,479,480,482, 483
Giovanni Giolitti　1842-1928
スキピオ(大)　48,49
Publius Cornelius Scipio Africanus　前 236-前 183
ストゥルツォ　479
Luigi Sturzo　1871-1959
スパルタクス　63,67
Spartacus　？-前 71
スルラ　62-64,68,69
Lucius Cornelius Sulla　前 138-前 78
セッラ　415,421,426,442
Quintino Sella　1827-84
セプティミウス・セウェルス　97,98, 108,109
Lucius Septimius Severus Pertinax　146-211(位 193-211)
セルウィウス・トゥリウス　25-27,32
Servius Tullius　前 578-前 535
ソンニーノ　445,453,456,469,473,477
Giorgio Sidney Sonnino　1847-1924

●タ－ト

タキトゥス　87,91,93,104
Publius Cornelius Tacitus　55？-120
ダゼッリオ　387,421,422
Massimo D'Azeglio　1798-1866
タヌッチ　327-331
Bernardo Tanucci　1698-1783
タンクレーディ　160
Tancredi　？-1194(位 1190-94)
ダンテ　256,370,484
Alighieri Dante　1265-1321
ダンヌンツィオ　470,474,478,482
Gabriele D'Annunzio　1863-1938
チェーザレ・ボルジア　226
Cesare Borgia　1476？-1507
デ・アンブリス　466,473,478
Alceste De Ambris　1874-1934
ディオクレティアヌス　8,110-114
Gaius Aurelius Valerius Diocletianus　240？-313(位 284-305)
ディ・ピエトロ　533,544,545
Antonio Di Pietro　1950-
ティベリウス　86,87,96,101,103
Claudius Tiberius Nero　前 42-後 37(位 14-37)
テオドシウス　119
Flavius Theodosius　347-395(位 379-395)
テオドリック　123
Theodoric　454？- 526(位 493 - 526)
デ・ガスペリ　510,514,519
Alcide De Gasperi　1881-1954
デ・サンクティス　421,423,424

Francesco De Sanctis　1817-83
デプレーティス　424,427-430,464
Agostino Depretis　1813-87
トゥラーティ　435,449,451,465,482
Filippo Turati　1857-1932
トニオーロ　448
Giuseppe Toniolo　1845-1918
トマス・アクィナス　256
Thomas Aquinas　1225-74
ドミティアヌス　89-91,93
Titus Flavius Domitianus　51-96 (位 81-96)
トラヤヌス　91-94,99,105
Marcus Ulpius Trajanus　53-117 (位 98-117)
ドーリア　230,282
Andrea Doria　1466-1560
トリアッティ　506,514
Palmiro Togliatti　1893-1964

●ナーノ

ナポレオン1世　333,335-338,340,343,344,349,350,352,355,356,364,366
Napoléon I(Napoléon Bonaparte) 1769-1821(フランス皇帝位 1804-14, 15, イタリア共和国大統領任 1802-05, イタリア国王位 1805-14)
ナポレオン3世(ルイ・ナポレオン)　385,392-394,398,404,419
Napoléon III　1808-73(位 1852-70)
ニコーテラ　424,426,427
Giovanni Nicotera　1828-94
ニッティ　461,463,477,479,498
Francesco Saverio Nitti　1868-1953
ニョッキ・ヴィアーニ　434,435
Osvaldo Gnocci-Viani　1837-1917
ネーリ　318,321
Pompeo Neri　1706-76
ネルソン　340,342,403
Horatio Nelson　1758-1805
ネロ　87-90,104
Nero Claudius Caesar Drusus Germanicus　37-68(位 54-68)
ネンニ　472,521
Pietro Nenni　1891-1979

●ハーホ

ハイメ2世(ジャコモ)　183,184,220
Jaime II(Giacomo)　1264？-1327 (シチリア王位 1285-91, アラゴン王位 1291-1327)
ハインリヒ1世　148
Heinrich I　876-936(位 919-936)
ハインリヒ2世　150-152
Heinrich II　973-1024(国王位 1002-24, 皇帝位 1014-24)
ハインリヒ3世　151-153,161
Heinrich III　1017-56(国王位 1039-56, 皇帝位 1046-56)
ハインリヒ4世　162,164
Heinrich IV　1050-1106(国王位 1056-1106, 皇帝位 1084-1106)
ハインリヒ5世　164,170
Heinrich V　1081-1125(国王位 1106-25, 皇帝位 1111-25)
ハインリヒ6世　160,177
Heinrich VI　1165-97(国王位 1169-97, 皇帝位 1191-97, シチリア王位 1194-97)
ハインリヒ7世　201,212,222
Heinrich VII　1275？-1313(国王位 1308-13, 皇帝位 1312-13)
パウロ　103,105,106
Paulos　10？-65/7
パオリ　315
Pasquale Paoli　1725-1807
パガーノ　331,333,341
Francesco Mario Pagano　1748-99
バッソ　510,521
Lelio Basso　1903-78
パッラヴィチーノ・トリヴールツィオ　392,405
Giorgio Guido Pallavicino Trivulzio　1796-1878
ハドリアヌス　92,94-96,101
Publius Aelius Hadrianus　76-138 (位 117-138)
バドリオ　502,504-506
Pietro Badoglio　1871-1956

バリッラ　314,496
Balilla(Giovan Battista Perasso) 1729-81
バルボ　484,485
Italo Balbo　1896-1940
ハンニバル　45-49
Hannibal　前247-前182
ビアンキ　473,484,485
Michele Bianchi　1883-1930
ピウス9世　371,374,376,381,383,420
Pius IX　1792-1878(位1846-78)
ピーコ・デッラ・ミランドラ　262
Pico della Mirandola　1463-94
ピサカーネ　391,424
Carlo Pisacane　1818-57
ビッソラーティ　443
Leonida Bissolati　1857-1920
ピピン　133,134,136,148,149
Pipin　714-768(位751-768)
ファリナッチ　484,488,490,497
Roberto Farinacci　1892-1945
ファリーニ　409
Luigi Carlo Farini　1812-66
ファルコーネ　533,534
Giovanni Falcone　1939-92
ファンファーニ　519-521,524,528,533
Amintore Fanfani　1908-99
フィチーノ　262
Marsilio Ficino　1433-99
フィーニ　540
Gianfranco Fini　1952-
フィランジェーリ　331
Gaetano Filangieri　1752-88
フィリッポ(パルマ公)　314,328
Filippo　1720-65(位1748-65)
フィリッポ・マリーア・ヴィスコンティ　217,218,228
Filippo Maria Visconti　1392-1447(位1412-47)
フェデリーコ2(3)世(シチリア王)　184
Fedrico II(III)　1272-1337(位1296-1337)
フェデリーコ3(4)世(シチリア王)　215
Federico III(IV) il Semplice 1342-77(位1355-77)
フェデルゾーニ　470
Luigi Federzoni　1878-1967
フェリーペ2世　249,250
Felipe II　1527-98(位1556-98)
フェルディナンド　329,330,340,342,344,350,351,354,355,359
Ferdinando　1751-1825(ナポリ・シチリア〈両シチリア〉王位1759-1816, 両シチリア国王位1816-25)
フェルディナンド2世(両シチリア国王)　376,377,381,382
Ferdinando II　1810-59(位1825-59)
フェルディナンド3世(トスカーナ大公)　351,354,364,365
Ferdinando III　1769-1824(位1790-1801, 14-24)
ブォナッローティ　335,336,361,369
Filippo Buonarroti　1761-1837
プラトン　262
Platon　前428?-前347
フランソワ1世　246,247,249,250
François I　1494-1547(位1515-47)
フランチェスコ1世(ミラーノ公)　228,229,238,243
Francesco I Sforza　1401-66(位1450-66)
フランチェスコ2世(両シチリア国王)　404
Francesco II　1836-94(位1859-61)
フランチェスコ4世(モーデナ公)　354,366,367
Francesco IV　1779-1846(位1814-46)
フリードリヒ1世　160,169,172-174
Friedrich I　1123?-90(ドイツ王位1152-90, 皇帝位1155-90)
フリードリヒ(フェデリーコ)2世　177-180,187,257,292
Friedrich(Federico)II　1194-1250(シチリア王位1198-1250, ドイツ王位1212-50, 皇帝位1220-50)
ブルトゥス　74,76
Marcus Iunius Brutus　前85-前42
ブルーノ　305
Giordano Bruno　1548-1600

プローディ 537-539,542,543
Romano Prodi 1939-
ベッカリーア 317,323
Cesare Beccaria 1738-94
ペトラルカ 260
Francesco Petrarca 1304-74
ペトロ(ペトルス) 105,106,116
Petros(Simon bar Jona) 1世紀
ペドロ3世(ピエトロ1世) 181-183
Pedro III(Pietro I) 1239-85(アラゴン王位1276-85, シチリア王位1282-85)
ベネドゥーチェ 463,498
Alberto Beneduce 1877-1944
ベルニーニ 289,307
Gian Lorenzo Bernini 1598-1680
ベルルスコーニ 535,536,539-541,545
Silvio Berlusconi 1936-
ベレンガーリオ1世 138-140
Berengario I 850?-924(フリウーリ公位874-924, イタリア王位888-924, 皇帝位915-924)
ベレンガーリオ2世 140,141,147
Berengario II 900?-966(位950-963)
ヘロドトス 19
Herodotos 前485?-前425
ベンティンク 350
William Bentinck 1774-1839
ボジーノ 324-326
Giambattista Lorenzo Bogino 1701-84
ボッカッチォ 257
Giovanni Boccaccio 1313-75
ボッシ 531,540
Umberto Bossi 1941-
ボッターイ 488,503
Giuseppe Bottai 1895-1959
ボノーミ 483,506,508,510
Ivanoe Bonomi 1873-1951
ホノリウス 120,121
Flavius Honorius 384-423(位395-423)
ポンペイウス 63,64,67-74
Gnaeus Pompeius Magnus 前106-前48

●マーモ

マキァヴェッリ 263,267,421
Niccolò Machiavelli 1469-1527
マクセンティウス 114,115
Marcus Aurelius Valerius Maxentius 278?-312(位306-312)
マザニエッロ 296
Masaniello(Tommaso Aniello) 1620-47
マッツィーニ 12,346,357,368,369,371,380,383,385,391,392,399,405,409,419,421-423,464
Giuseppe Mazzini 1805-72
マッテオッティ 489,490
Giacomo Matteotti 1885-1924
マティルデ 163,173,177
Matilde di Canossa 1046-1115
マニン 378,386,392
Daniele Manin 1804-57
マラテスタ 422,472
Errico Malatesta 1853-1932
マリア・カロリーナ 330,331,340
Maria Carolina 1752-1814
マリア・テレジア 312,318-321,328,330,356
Maria Theresia 1717-80(位1740-80)
マリウス 60-64,68
Gaius Marius 前156?-前86
マルク・アントワーヌ・ジュリアン(パリの) 341
Marc-Antoine Jullien de Paris 1775-1848
マルクス・アウレリウス 85,92,96,97,100
Marcus Aurelius Antoninus 121-180(位161-180)
マンゾーニ 270
Alessandro Manzoni 1785-1873
マンフレーディ 180,181
Manfredi 1232-66(位1258-66)
ミズレイ 366,367
Enrico Misley 1801-63
ミトリダテス 54,62,67,68
Mithridates VI Eupator ?-前63
ミュラ 348-351,354,358,359

Gioacchino Murat 1767-1815(位 1808-15)
ミンゲッティ 373,409,425-428
Marco Minghetti 1818-86
ムッソリーニ 463,471,474,477,483-491,497,499,502,503,505,507,508
Benito Mussolini 1883-1945
ムラトーリ 316,321,325
Ludovico Antonio Muratori 1672-1750
メノッティ 367
Ciro Menotti 1798-1831
メルツィ・デリル 344
Francesco Melzi D'Eril 1753-1816
モッツォーニ 434,458,459
Anna Maria Mozzoni 1837-1920
モーロ 521,526
Aldo Moro 1916-78
モンタネッリ 383,384
Giuseppe Montanelli 1813-62
モンテヴェルディ 307
Claudio Monteverdi 1567-1643

●ヤ―ヨ

ヤチーニ 428,453
Stefano Jacini 1827-91
ユスティニアヌス 123,125,126
Flavius Petrus Sabbatius Justinianus I 482？-565(位 527-565)
ユリウス2世 226,246
Julius II 1443-1513(位 1503-13)

●ラ―ロ

ラッザーリ 435,465,471
Costantino Lazzari 1857-1927
ラッタッツィ 387,396-398,409,412
Urbano Rattazzi 1808-73
ラディズラーオ 213,214,223,236
Ladislao 1377-1414(位 1386-1414)
ラデツキー 378,382,384,391
Joseph Wenzel Radetzky 1766-1858
ラ・ファリーナ 392,399,403
Giuseppe La Farina 1815-63
ラブリオーラ 465
Arturo Labriola 1873-1959
リウトプランド 133
Liutprando ？-744(位 712-744)
リカーソリ 373,394,409,410,425
Bettino Ricasoli 1809-80
リキニウス 114-116
Valerius Licinianus Licinius 250？-325(位 308-324)
ルイ12世 218,230,245,246
Louis XII 1462-1515(フランス王位 1498-1515, ナポリ王位 1501-43)
ルイージ・ディ・メディチ 358,360
Luiji dei Medici 1759-1830
ルッジェーロ(ロジェール)1世 154,156,158,296
Ruggero(Roger) I 1031-1101(位 1060-1101)
ルッジェーロ2世 156-160
Ruggero II 1095-1154(位 1130-54)
ルッフォ 342
Fabrizio Ruffo 1744-1827
ルディニ 442,454
Antonio di Rudinì 1839-1908
ルドヴィーコ・マリーア・スフォルツァ(イル・モーロ) 229,230
Ludovico Maria Sforza(Il Moro) 1452-1508(位 1494-99)
レオ1世 121,122,125
Leo I ？-461(位 440-461)
レオ10世 226,239,246
Leo X 1475-1521(位 1513-21)
レオポルド(レオポルト) 320-323,356,364
Pietro Leopoldo 1747-92(トスカーナ大公位 1765-90, 神聖ローマ皇帝位 1790-92)
ロターリオ(ロータル)1世 137,140
Lotario(Lothar)I 795？-855(位 840-855)
ロッコ 470,488,490,493,494
Alfredo Rocco 1875-1935
ロッセッリ 501,508
Carlo Rosselli 1899-1937
ロベール・ギスカール 153,154,156,

事項索引

●アーオ

●カ—コ

●サ―ソ

●ナーノ

●ハーホ

●マ―モ

●ヤ―ヨ

●ラ―ロ・ワ

(制作協力者：榊原康文)

■年　表

年代	
前5千年紀	新石器時代始まるが，まもなく金石併用時代に入る
前2千年紀	青銅器時代
前1000頃	この頃からイタリア，鉄器時代に入る。ヴィッラノーヴァ文化(～前6世紀)
前753	伝承によるローマ建国
前8世紀中頃	南イタリア・シチリアにギリシア植民市建設が開始される。この頃，エトルスキ文化の興隆
前7世紀末	エトルスキ人によるローマ支配(～前6世紀末)
前509頃	伝承によるローマ共和政の成立
前494/493	ローマで平民会，護民官の設置
前451	ローマ，十二表法制定
前445	カヌレイウス法制定，貴族と平民間の婚姻を許可
前413	シチリアのアテナイ遠征軍壊滅
前411	カルタゴ軍，シチリアに侵攻，ヒメラを占拠
前406	ローマ，エトルスキ人の都市ウェイイを攻略(～前396)
前403	シラクサのディオニュシオス1世，シチリア諸市を従属させ，シチリア全島を支配
前390頃	ガリア人，イタリアに侵入し，ローマを焼く
前389/378	ローマ，ウェイイの旧領に4トリブスをおく
前367	リキニウス・セクスティウス法制定
前348	ローマ，カルタゴと同盟
前343	第1次サムニテス戦争(～前341)
前340	ラテン戦争，ラテン諸都市，ローマに反抗(～前338)
前327	第2次サムニテス戦争(～前304)
前304	ローマで非土地所有者のトリブス指定を，都市の4トリブスに限定
前300	オグルニウス法により上級祭司職・鳥卜官職が平民に開放される
前298	第3次サムニテス戦争(～前290)
前290	サムニウム人とローマとの講和成立，中部イタリアにおけるローマの支配が確立
前287	ホルテンシウス法制定，平民会決議が国法の効力をもつ
前282	ローマ，ギリシア人植民市のタラス(タレントゥム)と開戦
前281	エペイロス王ピュロス，タラスに味方してイタリアに侵入
前275	ローマ，エペイロス王ピュロスを撃破
前270年代初め	タラスがローマに降伏，ローマのイタリア半島征服が完了
前264	第1次ポエニ戦争(～前241)
前241	ローマ，第1次ポエニ戦争に勝利し，シチリア島を領有
前227	ローマ，シチリアとサルデーニャ・コルシカを最初の属州とする
前218	第2次ポエニ戦争(～前201)。カルタゴの最高司令官ハンニバル，アルプスを越えて北イタリアに侵入。クラウディウス法制定。元老院議員の交易を抑

		制
前216		カンナエの戦い，ハンニバルがローマ軍に大勝
前214		マケドニア戦争，フィリッポス5世，ローマと開戦(～前168)
前202		ザマの戦い，大スキピオ，ハンニバルを破る
前201		カルタゴとローマが講和し，第2次ポエニ戦争終結
前197		ローマ，スペインに2属州を設置
前196		ローマのフラミニヌス，コリントでギリシアの自由を宣言
前168		ピュドナの戦い，ローマ，マケドニアのペルセウスを破る
前149		第3次ポエニ戦争(～前146)
前146		ローマ，コリントを破壊。マケドニアとギリシア，ローマの属州となる。ローマ，カルタゴを破壊し，属州アフリカを設置
前135		第1回シチリア奴隷蜂起(～前132)
前133		ティベリウス・グラックスの改革
前129		ローマ，遺贈された小アジアのペルガモン王国を属州とする
前125		ラテン市のフレゲッラエ反乱
前123		ガイウス・グラックスの改革
前113		キンブリ・テウトネスなどゲルマン人の侵入
前111		土地法成立。土地の売買を認め，大土地所有の発展をうながす
前107		ローマの将軍マリウスの兵制改革
前105		アラウシオの戦い。ゲルマンのキンブリ族とテウトニ族，ローマ軍を破る
前104		マリウス，北イタリアでキンブリ族を撃退。第2次シチリア奴隷蜂起(～前99)
前91		同盟市戦争(～前88)
前90		ユリウス法発布，全ラテン人および反乱に加わらない同盟市市民にローマ市民権を賦与
前89		プラウティウス・パピリウス法成立，ポー川以南の全共同体市民で，ローマに帰順する者にローマ市民権を賦与
前88		第1次ミトリダテス戦争(～前85)。スルラとマリウスの抗争。スルラのローマ進軍
前83		第2次ミトリダテス戦争(～前82)
前82		スルラ，独裁官となる(～前80)
前74		第3次ミトリダテス戦争(～前63)
前73		カプアの剣闘士スパルタクスの蜂起(～前71)
前67		ポンペイウス，地中海の海賊を掃討
前63		カティリナの陰謀事件
前59		第1回三頭政治(～前53)
前58		カエサル，ガリア征服(～前51)
前49	*1*	カエサル，ルビコー川を渡りローマに進撃。――ロスキウス法によりローマ市民権，北イタリアに拡大
前48	*6-7*	ファルサロスの戦い，カエサル，ポンペイウスらを破る。*7-25* ポンペイウス，エジプトで殺害される
前46		カエサル，10年任期の独裁官となる
前45	*1-1*	ユリウス暦採用

前44	***3-15***	カエサル，暗殺される
前43	***11-27***	第2回三頭政治(～前31)
前42		フィリッピの戦い。アントニウスらの軍にブルトゥスら反カエサル派が敗北。ブルトゥスが自殺
前31		アクティウムの海戦。オクタウィアヌス，アントニウス＝クレオパトラ連合軍を破る
前30		プトレマイオス朝滅亡。エジプト，ローマ領となる
前27		オクタウィアヌス，元老院よりアウグストゥスの尊号を受く(帝政開始)
前7頃		イエス生まれる
14	***8***	アウグストゥス没
30頃		イエス・キリスト，処刑される
64		ネロ帝，ローマの大火を機としてキリスト教徒を迫害
79	***8-24***	ウェスウィウス(ヴェズヴィオ)火山爆発。ポンペイ，ヘルクラネウムなど埋没
96	***9***	ネルウァ即位，五賢帝時代(～180)
117		トラヤヌス帝のもとでローマ帝国の版図が最大に達する
165		イタリア全土に疫病，飢饉発生(～167)
180	***3***	マルクス・アウレリウス・アントニヌス帝没
193	***4***	セプティミウス・セウェルス，パンノニア軍に擁立されて皇帝となる
212		カラカラ帝，帝国の全自由民にローマ市民権賦与(アントニヌス勅法)
235		軍人皇帝時代(～284)
284	***11***	ディオクレティアヌス帝，軍隊により皇帝に擁立される
293		ディオクレティアヌス帝，帝国四分統治体制樹立
301		ディオクレティアヌス帝，最高価格令を発布
303		キリスト教徒への最後の大迫害始まる
305		ディオクレティアヌスとマクシミアヌスが退位
311	***4-30***	ガレリウス帝，キリスト教への寛容勅令発布
312	***10-28***	ミルウィウス橋の戦い。コンスタンティヌス，マクセンティウスに勝利
313		コンスタンティヌス帝，キリスト教公認
324	***9***	コンスタンティヌス帝，ローマ帝国再統一
325		ニカイア公会議。アリウス派が異端とされる
330		コンスタンティヌス帝，ビュザンティオンに遷都し，同市をコンスタンティノポリスと改名
332		コロヌスの土地緊縛令の発布
361		ユリアヌス帝即位(～363)，異教復興
375頃		ゲルマン民族大移動を開始
378	***8-9***	アドリアノープルの戦い。皇帝ウァレンス，ゴート族と戦い敗死
380		テオドシウス帝，カトリック派キリスト教を国教化
382		グラティアヌス帝，ローマ元老院議場よりウィクトリア像撤去
392		テオドシウス帝，異教を全面的に禁止。エウゲニウスの反乱(～394)
395	***1-17***	テオドシウス帝没，ローマ帝国東西に分裂
401		アラリック指揮下の西ゴート族，イタリアに侵入。西ローマ帝国，首都をラヴェンナに移す

402		西ローマ帝国の将軍スティリコ，アラリック率いる西ゴート軍を破る
405		東ゴートのラダガエスス，イタリア侵入。ヒエロニムス，聖書のラテン語訳(ヴルガタ)完成
406	冬	ヴァンダル，アラン，スエヴィなどゲルマン諸族がライン川を渡河し，ガリアに侵入
408		ホノリウス帝，スティリコを処刑
410	*8-24*	西ゴート族，ローマ劫掠
418		西ゴート王国建国(～507)
429		ヴァンダル族，ゲンセリック王に率いられてアフリカに渡る
430	*8-28*	聖アウグスティヌス，ヴァンダル族に包囲されたヒッポにて没
439		ヴァンダル族，カルタゴを占領してヴァンダル王国を建国(～534)
440	***8/9***	レオ１世，ローマ教皇となり，ローマ司教座の首位権の確立につとめる
452		フン族の王アッティラ，北イタリアに侵入
453		アッティラ王没，フン族の大帝国は解体
454		皇帝ウァレンティニアヌス３世，アエティウスを暗殺
455	***6***	ヴァンダル族，ローマおよびイタリア沿岸を掠奪
456		西ローマ帝国の実権を，スエヴィ族のリキメルが掌握
476	***9-4***	ゲルマン人親衛隊長オドアケル，ロムルス・アウグストゥルスを廃位，西ローマ帝国滅亡
488		東ローマ帝国皇帝ゼノン，東ゴート王テオドリックにパトリキウス称号を与え，イタリア遠征を許可
493		テオドリック，オドアケルを謀殺。イタリアに東ゴート王国を建国(～552)
525		ボエティウス刑死
526		テオドリック没
527	*8-1*	東ローマ皇帝ユスティニアヌス即位
529		聖ベネディクトゥス，モンテ・カッシーノ修道院を建設。ベネディクト修道会の創始
533		東ローマ帝国の将軍ベリサリウス，ヴァンダル王国を征服
535		ベリサリウス，東ゴート王国との戦争を開始。東ローマ帝国軍，シチリア島を占領。さらにローマを占領
537		東ゴート王ヴィティギスが反撃し，東ゴート軍によってローマが包囲される(～538)
540		ベリサリウス，ラヴェンナを占領。東ゴート王国が反撃
547		聖ベネディクトゥス没
552		東ローマ帝国の将軍ナルセス，東ゴート王トティラ率いる軍を破り，東ゴート王国を滅ぼす
554		ナルセス，フランク・アラマン人のイタリア侵入軍を破る。全イタリア，ビザンツ帝国の支配下に帰す
568		アルボイーノ王に率いられランゴバルド族イタリアに侵入開始，ランゴバルド王国を建国
570		ランゴバルド族の将軍ゾット，ベネヴェント公となる
571		アルボイーノ王,パヴィーアを陥落させ,ランゴバルド王国の首都とする

574		ランゴバルド王クレーフィが暗殺され，王国は空位となる(～584)
581		ランゴバルド族，モンテ・カッシーノ修道院を破壊
584		ビザンツ皇帝マウリキオス，ラヴェンナに総督府設置
590		フランク族とビザンツ帝国によるランゴバルド王国への攻撃失敗。***9-3*** 教皇グレゴリウス1世，大陸伝道に尽力
613		聖コルンバヌス，ボッビオ修道院を創建
643		ロターリ勅令発布
662		ベネヴェント公グリモアルド，ランゴバルド王となる。ランゴバルド王国の勢力強まる
663		ビザンツ皇帝コンスタンス2世，南イタリア遠征失敗
700頃		ファルファ修道院，聖ヴィンチェンゾ修道院創建。モンテ・カッシーノ修道院再建(～720頃)
717		リウトプランド王即位。ランゴバルド王国の最盛期
726		ビザンツ皇帝レオン3世，「聖画像禁止令」公布。教皇グレゴリウス2世と対立
751		ランゴバルド王アストルフォ，ラヴェンナ・ペンタポリスを征服，ヴェネツィアを除き北イタリアのビザンツ領消滅
754		教皇ステファヌス3世，フランク王国の王ピピンに，ランゴバルドの脅威を訴える
756		フランク王ピピン，北イタリアの旧ビザンツ領をアストルフォ王から奪い，教皇ステファヌス3世に寄進。教皇領の起源とされる
774		フランク王カール1世(大帝)，ランゴバルド王国を征服
781		カロリング朝イタリア王国成立
800	***12-25***	カール1世，西ローマ帝冠を受ける。北アフリカにアグラブ朝成立(～909)
814	***1-28***	カール1世没
827		アグラブ朝，シチリア征服を開始
831		アグラブ朝，パレルモを占領
846		イスラーム勢力，ローマを攻撃
849		ナポリ，アマルフィ，ガエタなどの艦隊，オスティア沖でイスラーム艦隊を破る
870	***8-8***	メルセン条約。カールの帝国が，ほぼのちのドイツ，フランス，イタリア(イタリア王国領)に三分
876		ビザンツ皇帝バシレイオス1世，南イタリアの再征服を進める
883		モンテ・カッシーノ修道院，イスラーム勢力によって破壊される
888		皇帝・イタリア王カール3世没。イタリアにおけるカロリング家の血統断絶。フリウーリ公ベレンガーリオ1世，イタリア王となる
889		スポレート公グイード，フリウーリ公ベレンガーリオ1世を破り，パヴィーアでイタリア王に選出され，国王並立
891		グイード，皇帝戴冠
894		グイードの子ランベルト，イタリア王として即位。しかしグイードの死により，ベレンガーリオの勢力が復活
896	***2***	アルヌルフ(・フォン・ケルンテン)，皇帝戴冠
898		マジャール人，イタリアを襲撃(～955)

899		ベレンガーリオ，マジャール人に敗北
900		ブルゴーニュ国王ルイ3世，パヴィーアでイタリア王位に就く
901		ルイ，皇帝位に就く。ベレンガーリオとルイの対立続く
902		アグラブ朝，タオルミーナを占領し，シチリア島全域を支配
909		北アフリカにファーティマ朝成立(～1171)，シチリア島に総督を派遣
915		ガリニャーノ川の戦いで，イスラーム勢力敗北。***12*** フリウーリ公ベレンガーリオ，皇帝戴冠
922		ブルグント王ルドルフ，イタリア王となる
923		ルドルフ，ベレンガーリオを破る
924		ベレンガーリオ，マジャール人を雇い入れルドルフに反撃するが，まもなく没。マジャール人，イタリア王国の首都パヴィーアを掠奪
926		低地ブルゴーニュ(プロヴァンス)王ユーグがイタリアに侵入
928		ルドルフとユーグが妥協し，ルドルフが低地ブルゴーニュを獲得する代わりに，イタリア王位を放棄
937		ルドルフ没。ユーグが低地ブルゴーニュを回復
945		イヴレーア侯ベレンガーリオ2世，イタリアに介入
947	***4***	シチリア島でシチリア総督に対する反乱
948		ファーティマ朝カリフにより，カルブ家のハサンがシチリア総督に任命される。カルブ朝時代開始(～1040)
950		イヴレーア侯ベレンガーリオ2世，イタリア王位に就く
951		東フランク王オットー1世，イタリアに遠征，イタリア王を自称
962	***2-2***	オットー1世，ローマ帝冠を受ける
970		シチリア総督アブー・アルカーシム，ファーティマ朝より自立
972		ファーティマ朝，エジプトに本拠地を移す
982	***7-13***	皇帝オットー2世，カラーブリアに遠征するが，ムスリムに敗北
992		ヴェネツィア商人，ビザンツ皇帝より貿易上の特権を獲得
996	***5***	オットー3世，ローマで皇帝戴冠
1002		オットー3世没。イヴレーア侯アルドゥイーノ，イタリア王位に就く
1004		ハインリヒ2世，パヴィーアで国王戴冠
1009	***5***	プッリア地方のランゴバルド人貴族のメレース，ビザンツ帝国に反乱(～10)
1014	***2-14***	ハインリヒ2世，皇帝戴冠
1017	春	メレース，ビザンツ帝国に対して2回目の反乱。メレース軍にノルマン人傭兵が参加(～18)。以後南イタリアでのノルマン人傭兵の活動が活発化
1021		皇帝ハインリヒ2世，イタリア遠征(～22)
1026		コンラート2世，イタリア遠征。ローマで皇帝戴冠(27)
1030		ノルマン人傭兵隊長レイヌルフ，アヴェルサ伯となり，ノルマン人を傘下に集める
1036		ミラーノ，コンラート2世に反乱(～37)
1038		コンラート2世，イタリア遠征
1041	***3***	ノルマン人傭兵軍，メルフィを拠点とし，ビザンツ領プッリアの征服を開始

1042	**9**	オートヴィル家の鉄腕ギョーム，メルフィのノルマン人傭兵軍の長となる
1044		シチリアのカルブ朝滅亡
1046	**10**	パヴィーア公会議。ハインリヒ3世，教会改革を推進。***12-20*** ハインリヒ3世，ストリ公会議で対立する3教皇を解任。***12-25*** ハインリヒ3世，皇帝戴冠
1047		皇帝ハインリヒ3世，カプアへ。鉄腕ギョームの弟ドゥローゴ，プッリア公として授封される
1049	***2-12***	教皇レオ9世即位。教会改革の動きが始まる
1051	***7***	ベネヴェント，教皇領となる
1053	***5***	教皇レオ9世，南イタリア遠征。***6-17*** チヴィターテの戦い。教皇軍，ノルマン軍に大敗，レオ9世は捕えられ，ノルマン人の征服地域を承認
1056	***10-5***	ハインリヒ3世没。母后アグネスの摂政のもとに，ハインリヒ4世，ドイツ王位を継承
1057	***5-10***	ミラーノで民衆による教会改革運動(パタリア)が起こる。***8*** プッリア公ドゥローゴの弟ロベール・ギスカール，プッリアのノルマン人集団の長となる。ノルマン人のアヴェルサ伯リッカルド，カプア侯国を支配下におく
1059	***4-13***	ローマ教会会議で教皇選挙制を確立。***8-23*** メルフィの会議。教皇ニコラウス2世がロベール・ギスカールから誠実宣誓を受け，ギスカールをプッリア公・カラーブリア公とする
1061		ロベール・ギスカール，弟のロジェール(ルッジェーロ)1世とともにシチリア征服を開始
1063		ピーサ大聖堂の建設始まる
1071	***4-16***	ロベール・ギスカール，バーリを占領。ビザンツ帝国，南イタリアにおける支配領域を喪失
1072	***1-10***	ロジェール1世とロベール・ギスカール，パレルモを征服。以後，ロジェール1世，シチリア征服を進める
1073	***4-22***	教皇グレゴリウス7世即位
1075	***12***	司教叙任をめぐって教皇グレゴリウス7世と皇帝ハインリヒ4世との対立が先鋭化。「叙任権闘争」の開始
1076	***2-14***	グレゴリウス7世，四旬節公会議でハインリヒ4世の破門・廃位を宣言。***10*** トリブール諸侯会議。反ハインリヒのドイツ諸侯，1年以内に破門が解除されない場合の国王廃位を決議
1077	***1-25～28***	「カノッサの屈辱」。ハインリヒ4世，贖罪をおこない教皇グレゴリウス7世から破門を解除される。***3-13*** ドイツ諸侯，シュヴァーベン公ルドルフを対立王に選出。内乱勃発(～80)
1080	***3-7***	グレゴリウス7世，再びハインリヒ4世を破門・廃位。ルドルフをドイツ王として承認。***6-25*** ブリクセンに集まった反国王派の司教たち，グレゴリウス7世の廃位を決議。ラヴェンナ大司教ヴィベルトを対立教皇(クレメンス3世)に選出。***6-29*** ロベール・ギスカール，教皇グレゴリウス7世に誠実宣誓。教皇から征服地を承認される。***10-15*** エルスターの戦い。ルドルフ，戦傷により没
1081	春	ロベール・ギスカール，ビザンツ帝国領に遠征。***10*** デュラキオン(ドゥラッツォ)を陥落させる

1082	***5***	ヴェネツィア商人，ビザンツ皇帝アレクシオス1世から関税・貿易上の広範な特権を獲得
1083		皇帝ハインリヒ4世，イタリア遠征
1084	***3***	ハインリヒ4世，ローマ市の大半を占領。***3-31*** ハインリヒ4世，対立教皇クレメンス3世によって戴冠される。***5*** 包囲された教皇グレゴリウス7世をロベール・ギスカールが救出。しかし，ノルマン軍がローマで掠奪行為を展開。ギスカールの軍勢およびグレゴリウス7世，ローマを追われる
1085	***5-25***	グレゴリウス7世，サレルノで没。***7-17*** ロベール・ギスカール，ビザンツ帝国遠征途上で没
1088	***3-12***	教皇ウルバヌス2世即位。―― この頃ボローニャ大学創立
1091		シチリア伯ロジェール1世，シチリア島の征服を完了
1095	***11***	教皇ウルバヌス2世，クレルモン公会議で十字軍遠征を決議
1096	***8-15***	第1回十字軍(～99)。―― この頃各地の都市に，コムーネが成立
1104		ハインリヒ4世の息子のハインリヒ5世，反対諸侯と結んで父に離反
1105		ルッジェーロ2世，シチリア伯となる
1106	***8-7***	ハインリヒ4世没
1111	***2***	ハインリヒ5世，教皇パスカリス2世との間で，国王の聖職叙任権放棄，教会の帝国財産放棄で合意。しかしその後，ハインリヒはパスカリスを捕え，皇帝の叙任権の承認を強要。***4-13*** ハインリヒ5世，皇帝戴冠
1112	***3-18***	ラテラノ公会議で，教皇パスカリス2世，ハインリヒ5世への叙任権承認を取り消す
1119	***2-2***	教皇カリクストゥス2世即位
1122	***9-23***	ヴォルムスの政教協約
1123		シチリア伯ルッジェーロ2世，南イタリア征服に着手
1127		ルッジェーロ2世，プッリア公位を継承
1130	***9-27***	ルッジェーロ2世，シチリア王に即位。ノルマン王朝成立
1138	***3-7***	コンラート3世，ドイツ国王に即位。ホーエンシュタウフェン朝を創始
1140		ルッジェーロ2世，ナポリに入城。シチリア王国の確立
1147		第2回十字軍(～49)
1152	***3-4***	フリードリヒ1世(バルバロッサ)，ドイツ王となる
1154		フリードリヒ1世，第1回イタリア遠征。第1回ロンカリアの帝国議会。教会改革者アルナルド・ダ・ブレシア処刑
1155	***6***	フリードリヒ1世，皇帝戴冠
1158		フリードリヒ1世，第2回イタリア遠征。***11-11*** ロンカリア帝国立法。―― フリードリヒ1世，ボローニャ大学に特許状授与
1162	***3***	フリードリヒ1世，ミラーノを征服し，これを破壊
1163		ヴェローナ都市同盟成立
1167	***8***	フリードリヒ1世の皇帝軍，ローマ近郊で疫病流行のため壊滅的打撃を受ける。ロンバルディーア都市同盟成立
1172		ヴェネツィアで大評議会創立
1176	***5-29***	ロンバルディーア都市同盟の市民軍，レニャーノでフリードリヒ1世軍を破る。フリードリヒ1世，教皇アレクサンデル3世と講和

1177		フリードリヒ1世，ロンバルディーア都市同盟とヴェネツィアで6年間の休戦条約を結ぶ
1183	***6***-*30*	コンスタンツの和約。フリードリヒ1世，ロンバルディーア都市同盟を承認
1186	***1***-*27*	フリードリヒ1世の息子のハインリヒ6世，シチリア王女コスタンツァと結婚
1189		第3回十字軍(～92)。***11*** シチリア王グッリエルモ2世没
1190	***6***-*10*	フリードリヒ1世，十字軍遠征中に小アジアで溺死
1191	***4***	ハインリヒ6世，ローマで皇帝戴冠。続いてシチリア王国征服をめざして遠征するがナポリ包囲に失敗して撤退
1194	***12***	ハインリヒ6世，イタリア遠征。パレルモ入城。***12***-*25* ハインリヒ6世，シチリア王に即位
1197	***9***-*28*	皇帝ハインリヒ6世没
1198	***1***-*8*	インノケンティウス3世，教皇に即位。教皇，ハインリヒ6世の息子，シチリア王フリードリヒ1世の後見ならびに摂政となる
1202	***10***	第4回十字軍(～04)
1204	***4***-*13*	第4回十字軍，コンスタンティノープル占領。ラテン帝国を建国
1209	***10***-*4*	オットー4世，皇帝戴冠
1210	秋	オットー4世，シチリア王国に侵攻
1211	***9***	ドイツ諸侯，シチリア王フリードリヒ1世をドイツ国王として招聘。***11*** オットー4世，シチリア王国から撤退
1212	***12***-*5*	フリードリヒ2世，ドイツ諸侯により皇帝オットー4世の対立王として選挙される。シチリア王としては1世，ドイツ王としては2世
1214	***7***	ブーヴィーヌの戦い。オットー4世，フランス王フィリップ2世に敗北
1215	***11***	第4回ラテラノ公会議。—— この頃フランチェスコ修道会設立
1216		ドミニコ修道会公認
1218	***3***-*19*	オットー4世没
1220	***11***-*22*	フリードリヒ2世，ローマで皇帝戴冠
1221		聖ドミニコ没
1222		パードヴァ大学創立
1224	***7***	ナポリ大学創立
1226		フリードリヒ2世と北・中部イタリア諸都市との抗争始まる。第2次ロンバルディーア都市同盟の結成。聖フランチェスコ没
1227	***9***	教皇グレゴリウス9世，フリードリヒを破門
1228	***6***	フリードリヒ2世，第5回十字軍に出発(～29)
1229	***3***-*17/18*	フリードリヒ，イェルサレム王となる
1230	夏	フリードリヒ2世，教皇グレゴリウス9世と和解
1231	***9***	フリードリヒ2世，『シチリア王国勅法集成(メルフィ法典，皇帝の書)』を公布
1237	***11***-*27*	コルテノーヴァの戦い。フリードリヒ2世，ロンバルディーア都市同盟の市民軍を破る
1239	***3***	教皇グレゴリウス9世，フリードリヒ2世を再び破門に処する
1245	***7***	リヨン公会議。教皇インノケンティウス4世，フリードリヒの廃位を宣

		言。シャンパーニュの大市を訪れるイタリア商人，自治団体を結成
1250	***12-13***	フリードリヒ２世没
1252		コンラート４世，イタリアに遠征
1253		フィレンツェでフィオリーノ金貨発行(フィレンツェ暦では1252年)
1256		ボローニャ，いわゆる「農奴解放令」を発布
1258		マンフレーディ，シチリア王となる
1260		モンタペルティの戦い，フィレンツェ軍がシエナ軍に敗れる
1261	***7-25***	ミカエル８世，コンスタンティノープルを攻略し，ラテン帝国を滅ぼす
1265		トマス・アクィナス『神学大全』執筆開始
1266	***2-26***	シャルル・ダンジュー，ベネヴェントでマンフレーディを破り，シチリア王カルロ１世となる
1268	***8-23***	カルロ１世(シャルル・ダンジュー)，ホーエンシュタウフェン家のコンラーディンをタッリアコッツォの戦いで破る。***10-29*** ナポリでコンラーディンが斬首される。ホーエンシュタウフェン王家断絶
1274		トマス・アクィナス没
1277		ヴィスコンティ家，ミラーノのシニョーレとなる
1282	***3***	「シチリアの晩禱」。***9*** アラゴン王ペドロ３世，ピエトロ１世としてシチリア王に即位。フィレンツェで同職組合(アルテ)を基盤とするプリオーリ制成立
1284		メローリアの海戦。ピーサ，ジェノヴァに大敗
1289		カンパルディーノの戦い。フィレンツェ，アレッツォを破る
1293		フィレンツェで「正義の規定」発布
1294	***12-24***	教皇ボニファティウス８世即位
1295		マルコ・ポーロ，東洋から帰国
1296		教皇ボニファティウス８世，フランス王フィリップ４世と対立
1297		ヴェネツィアの大評議会の成員，約200の家柄に制限される
1298頃		マルコ・ポーロ『世界の記述(東方見聞録)』刊行
1300		教皇ボニファティウス８世，はじめての聖年を布告
1301		フィリップ４世の弟，シャルル・ドゥ・ヴァロワ，フィレンツェに入る
1302		フィレンツェで黒派が白派に勝利。ダンテ，フィレンツェより追放。***8*** シチリア島をめぐるアラゴンとアンジューの間でのカルタベロッタの和約，アラゴンのフェデリーコ２(３)世にトリナークリア王位が承認される。***11-18*** 教皇ボニファティウス８世，勅書「ウナム・サンクタム(唯一の聖なる)」を発布
1303	***9-7***	アナーニの屈辱。***10-12*** ボニファティウス８世憤死
1307頃		ダンテ，『神曲』を執筆開始
1309		教皇座，アヴィニョンに移る(～77)
1310		ヴェネツィアで「十人委員会」設置。ハインリヒ７世，イタリアへ遠征(～13)
1311		マッテーオ・ヴィスコンティ，ミラーノに支配を確立
1312		ハインリヒ７世，ローマで戴冠
1321	***9***	ダンテ没
1327		ルートヴィヒ４世，イタリアへ遠征(～30)

1328	***1***	ルートヴィヒ4世，ローマで戴冠
1339		百年戦争始まる(～1453)
1343		フィレンツェのバルディ，ペルッツィなどの大商社，つぎつぎに破産(～46)
1347		コーラ・ディ・リエンツォ，数カ月にわたりローマを支配。ペスト大流行(～48)
1354		カール4世，イタリアへ遠征。コーラ・ディ・リエンツォ，処刑される。枢機卿アルボルノスの努力により教会国家が再建され，エジディオ憲章が発布される
1355		ヴェネツィア総督マリン・ファリエーロの陰謀発覚。***4*** カール4世，皇帝戴冠
1367		教皇ウルバヌス5世，教皇庁のローマ帰還を試みる
1372	***8***	アヴィニョン協定で「シチリアの晩禱」以来の90年戦争終了
1375		フィレンツェ，教皇庁と戦う(八聖人戦争，～78)
1377		グレゴリウス11世，教皇座をローマに戻す
1378		チョンピの乱。教会大分裂始まる(～1417)。キオッジァの戦い(～80)。ヴェネツィア，ジェノヴァを破る
1386		ピエモンテの山岳地帯に農民一揆(トゥキーニの一揆)が起こる(～87)
1390		フィレンツェ，反ヴィスコンティ宣言を発表
1393		フェッラーラ，ニッコロ3世の治世(～1441)
1395		ジャン・ガレアッツォ・ヴィスコンティ，ミラーノ公位獲得
1397		ビザンツのクリソロラス，フィレンツェでギリシア語を教授
1402		ジャン・ガレアッツォ・ヴィスコンティ没
1406		フィレンツェ，ピーサを征服。この頃からヴェネツィアは積極的に本土に進出，領域を拡大
1409		ピーサ公会議，3教皇鼎立
1412		フィリッポ・マリーア・ヴィスコンティ，ミラーノ公位獲得。父ジャン・ガレアッツォの築いた国家再建をめざす
1414	***11**-5*	コンスタンツ公会議開催(～18)
1416		サヴォイア伯，皇帝からサヴォイア公位を得る
1417	***11**-11*	教皇マルティヌス5世即位，教会大分裂終了
1420頃		ブルネレスキ，聖マリア大聖堂の円蓋を製作
1421		フィレンツェでジョヴァンニ・デ・メディチが「正義の旗手」に就任
1425		フィレンツェとヴェネツィア，反ヴィスコンティ同盟を結ぶ
1431		バーゼル公会議開催
1434		コジモ・デ・メディチがフィレンツェの実権を掌握
1438	***4***	フェッラーラで，東西両教会合同のための公会議開催
1439	***7***	東西両教会の合同案公表
1442		アラゴン王アルフォンソ5世(シチリア王アルフォンソ1世)，ナポリ王位を兼ねる
1447		フィリッポ・マリーア・ヴィスコンティ没。ミラーノにアンブロージオ共和国成立(～50)
1450		フランチェスコ・スフォルツァ，ミラーノ公となる(在位～66)

1452		教皇ニコラウス5世，ローマのサン・ピエトロ大聖堂の再建を計画
1453		コンスタンティノープル陥落
1454	***4***	ローディの和約。***8*** ミラーノ・ヴェネツィア・フィレンツェ，「イタリア同盟」結成，のち教皇も参加
1455	***3***	「イタリア同盟」にナポリも加わる
1458	***8-19***	教皇ピウス2世即位
1464		コジモ・デ・メディチ没
1469	***12***	ロレンツォ・デ・メディチ，フィレンツェの支配権を握る(～92)
1478	***4***	フィレンツェでパッツィ家の反乱。ジュリアーノ・デ・メディチ暗殺される
1480	***8-11***	オスマン帝国軍，南イタリアのオトラントを占領。―― ヴェネツィアの画家ジェンティーレ・ベッリーニ，メフメト2世のオスマン帝国宮廷に招かれる
1484		フィチーノ訳『プラトン全集』公刊
1492	***4***	ロレンツォ・デ・メディチ没。***8-11*** 教皇アレクサンデル6世即位，ボルジア家のローマ支配。***10*** コロンブス，アメリカ到達
1494	***6-7***	トルデシリャス条約。教皇アレクサンデル6世，スペインとポルトガルの新獲得地の境界線を設定。―― フランス王シャルル8世，イタリア遠征。イタリア戦争始まる(～1559)。メディチ家，フィレンツェから追放され，共和政復活(～98)
1495	***2***	シャルル8世，ナポリ王国を征服。***3*** アレクサンデル6世，ヴェネツィアなどと反フランスの神聖同盟を結び，シャルルに対抗。***11*** シャルル，フランスへ撤退
1498	***3***	サヴォナローラ処刑される
1499	***10***	フランス王ルイ12世，ミラーノを征服。フィレンツェ人のアメリゴ・ヴェスプッチ，南アメリカ東岸を探険し，アマゾン河口に到達(～1502)
1502		チェーザレ・ボルジア，ウルビーノとカメリーノを攻略し，教会領を制圧(～03)
1503	***11-1***	教皇ユリウス2世即位。―― スペイン，ナポリを征服。レオナルド・ダ・ヴィンチ，「モナ・リザ」制作。ミケランジェロ，「聖家族」制作
1504		リヨン和平およびブロワ条約でナポリ王国のスペインへの帰属決まる
1506		新サン・ピエトロ大聖堂建設開始
1508		ティツィアーノ，「聖愛と俗愛」に着手。ミケランジェロ，システィーナ礼拝堂の「最後の審判」に着手。***12*** 教皇ユリウス2世，ドイツ皇帝・フランス王・スペイン王などとカンブレー同盟を結び，ヴェネツィアに対抗
1509		アニャデッロの戦いでヴェネツィアが敗北。フィレンツェ，ピーサとの戦争に勝利
1511	***11***	ユリウス2世，ヴェネツィアなどと反フランスの神聖同盟結成
1512	***9***	メディチ家，フィレンツェに復帰
1513	***3-11***	教皇レオ10世即位。***12*** マキァヴェッリ，『君主論』執筆
1515	***1-1***	フランス王フランソワ1世即位。***9-13*** マリニャーノの戦い。フランス王フランソワ1世，ミラーノを再征服

1516	***1***	ハプルブルク家のカール1世，スペイン王となる(カルロス1世)
1517	***10-31***	ルター，「95カ条の論題」を発表。宗教改革の開始
1519	***5***	レオナルド・ダ・ヴィンチ没。***6*** カール5世，皇帝に即位
1520	***4***	ラッファエッロ没。—— レオ10世，ルターを破門
1521		皇帝カール5世とフランス王フランソワ1世との間にイタリア戦争再開
1525	***2***	パヴィーアの戦い。フランソワ1世捕虜となる
1526	***1***	マドリードの和約によりフランソワ1世，ミラーノ・ジェノヴァなどに対する要求を放棄。***3*** フランソワ1世，釈放。***5***「コニャック同盟」を結成して皇帝に対抗
1527	***5***	ローマ劫掠(サッコ・ディ・ローマ)。メディチ家，再びフィレンツェを追われる。***6*** マキァヴェッリ没
1528		アンドレーア・ドーリア，ジェノヴァを独立共和国とする。カスティリオーネ，『宮廷人』刊行
1529	***8***	カンブレーの和約
1530	***2***	カール5世，クレメンス7世により皇帝戴冠。***4*** アレッサンドロ・デ・メディチ，カール5世の後援下にフィレンツェ公となる。ミケランジェロ，メディチ廟の「夜と朝」制作
1532		フィレンツェ公国成立
1534	***8***	イグナティウス・ロヨラ，イエズス会を創立。***11*** 首長令，ヘンリ8世，イギリス国教会を創始。教皇パウルス3世即位
1535	***11***	ミラーノ公国，スペイン王の支配に入る
1536	***4***	フランス，トリーノを占領。—— グイッチャルディーニ，『イタリア史』刊行開始(～61)
1537		フィレンツェ公アレッサンドロ，ロレンツォ(ロレンツィーノ)・デ・メディチによって暗殺される。コジモ1世，フィレンツェ公に即位
1540	***3***	グイッチャルディーニ没。イエズス会，教皇から公認される
1542		異端審問の宗教裁判再開
1544	***9***	カール5世とフランソワ1世，クレピーの和約
1545	***12***	トレント(トリエント)公会議(～63)
1547		ミケランジェロ，ローマの新サン・ピエトロ大聖堂の造営に参加
1550		ヴァザーリ，『芸術家列伝』刊行
1552		カール5世，フランス王アンリ2世と開戦。イタリア戦争再開
1555	***5***	教皇パウルス4世即位
1556	***9-12***	カール5世，皇帝を退位。—— パレストリーナ，「教皇マルセルのミサ」を作曲
1557	***8***	サン・カンタンの戦い。サヴォイア公エマヌエーレ・フィリベルト，フランス軍を破る
1559	***4-3***	カトー・カンブレジ条約。イタリアをめぐるフランス・スペインの争奪戦終結。エマヌエーレ・フィリベルト，サヴォイア公領回復
1562	***12***	フランス軍，トリーノから撤兵
1563	***2-7***	サヴォイア公エマヌエーレ・フィリベルト，トリーノ帰還。サヴォイア公国の首都をシャンベリからトリーノに移す
1564	***2***	ミケランジェロ没
1569	***8***	メディチ家のコジモ1世，教皇ピウス5世からトスカーナ大公の称号を

		得る
1571	***3***	ヴェネツィア，キプロス島をオスマン帝国に奪われる。***10*** レパントの海戦
1573		ヴェネツィア，オスマン帝国と和平し，キプロスを譲渡
1576	***3***	ジェノヴァで新旧両貴族間の和睦。***8*** ティツィアーノ没
1578		ヴェロネーゼ，ヴェネツィアのパラッツォ・ドゥカーレの装飾に着手
1582	***10***	教皇グレゴリウス13世，暦法改正(グレゴリオ暦の採用)
1598	***1***	教皇国家，フェッラーラ併合
1599	***11***	カンパネッラ，投獄される
1600	***2***	ジョルダーノ・ブルーノ刑死
1603		アッカデーミア・デイ・リンチェーイ(ローマ)設立
1606		教皇パウルス5世，ヴェネツィアに聖務停止令
1613		第1次モンフェッラート戦争(～17)
1620		ヴァルテッリーナ戦争(～26)
1623		カンパネッラ，『太陽の都』刊行
1627		マントヴァ継承戦争(第2次モンフェッラート戦争，～31)
1630	***7***	皇帝軍，マントヴァ略奪。―― 北イタリアでペスト流行(～31)
1631		教皇国家，ウルビーノ併合。ケラスコ協定でマントヴァ継承戦争収束
1633	***6***	ガリレオ・ガリレイ，異端審問で有罪判決
1638		サヴォイア公国内乱(～42)
1641		ローマ教皇とパルマ公のカストロ戦争(～44)
1645		ヴェネツィアとオスマン帝国のカンディア戦争(クレタ戦争，～69)
1647	***5***	パレルモの反乱。***7*** マザニエッロの反乱(～48.***4***)
1649		教皇国家，カストロ併合
1656		南イタリア・ジェノヴァでペスト流行(～57)
1659	***11***	フランスとスペインの間でピレネー条約締結
1669		ヴェネツィア，クレタ島を失う
1672		メッシーナの反乱(～78)
1680		ピエモンテ南部のモンドヴィで塩戦争，断続的に99年まで続く
1684	***3***	ヴェネツィア，オーストリアと神聖同盟を結びオスマン帝国と戦う。***5*** フランス艦隊，ジェノヴァに砲撃
1686		サヴォイア公ヴィットーリオ・アメデーオ2世，フランス王ルイ14世とともにピエモンテのヴァルド派を攻撃
1689		ヴァルド派，栄光の帰還
1699	***1***	ヴェネツィア，カルロヴィッツ条約でモレーア(ペロポネソス半島)取得
1703	***10***	スペイン継承戦争でサヴォイア公，フランス側からオーストリア側に移行。フランス軍，ピエモンテに侵入
1706	***9***	オーストリア・サヴォイア公国連合軍，フランス軍の包囲を破ってトリーノ解放
1707	***3***	オーストリア軍，ミラーノ・マントヴァ占領。***8*** 同軍，ナポリ王国征服
1708	***8***	オーストリア軍，サルデーニャ島占領

1713	*4*	ユトレヒト条約(オーストリアは参加せず)でミラーノ公国・マントヴァ公国・ナポリ王国・サルデーニャ王国・警備国家をオーストリアの領有とし，サヴォイア公がシチリア王国を取得してシチリア王となる
1714	*3*	オーストリアはフランスとラシュタット条約を結びユトレヒト条約を追認するが，シチリア王国の扱いに異議。***12*** オスマン帝国，ヴェネツィア支配下のモレーア攻撃
1717		スペイン，サルデーニャ島奪回
1718	*7*	スペイン，シチリア島奪回。ヴェネツィア，パッサロヴィッツ条約でモレーアを失うが，ダルマツィアで領土回復
1719		オーストリア軍，シチリア島占領
1720	*2*	ハーグ条約でオーストリアがシチリア王国を領有，サヴォイア家がサルデーニャ島を得てサヴォイア朝サルデーニャ王国(首都トリーノ)誕生
1723	*3*	ジャンノーネ，『ナポリ王国政治社会史』刊行
1729		コルシカで農民反乱，のち独立革命に転化(～68)
1731		ファルネーゼ家断絶で，スペインのブルボン家ドン・カルロス(カルロ)が15歳でパルマ・ピアチェンツァ公を継ぐ
1733	*11*	サルデーニャ国王カルロ・エマヌエーレ３世がミラーノ占領
1734		カルロ，ナポリ王国とシチリア王国を征服して両シチリア王を名乗る(ナポリ王としてはカルロ７世)。ナポリ王国，警備国家を併合
1735		ウィーン予備協定で同上事項承認
1737		メディチ家断絶で，マリア・テレジアの夫ロレーヌ公フランチェスコ・ステーファノがトスカーナ大公となる
1738	*11*	ウィーン条約でナポリ王国・シチリア王国はブルボン家カルロ王のもとで独立国となり，オーストリアはミラーノ公国・マントヴァ公国のほかパルマ・ピアチェンツァ公国を領有することを確認。サルデーニャ王国はミラーノ公国の一部を取得
1742		北イタリアでオーストリア・サルデーニャ王国連合軍とスペイン・フランス連合軍の戦闘(～48)。
1744	*1*	ヴィーコ没。***7***『諸民族の共通の性質に関する新しい学の諸原理』第３版刊行
1746	*12*	オーストリア占領軍に対するジェノヴァ民衆の反乱
1748	*4*	ポンペイ遺跡の発掘開始。***10*** アーヘン条約でブルボン家フィリッポ(カルロの弟)がパルマ・ピアチェンツァ公国を取得
1749		ムラトーリ，『公共の福利について，善き君主たちの目標』刊行
1753		農事家アカデミー設立(フィレンツェ)
1754		ナポリ大学に経済学講座設置，初代教授ジェノヴェージ
1759		ミラーノ公国土地台帳完成
1763		ナポリ王国で大飢饉による疫病(～64)
1764		ミラーノで「拳の会」の定期刊行誌『イル・カフェ(コーヒー店)』創刊(～66)。ベッカリーア，『犯罪と刑罰』刊行
1767		トスカーナ大公国においてイタリアではじめての穀物流通一部自由化(75年に全面自由化)。ナポリ王国とシチリア王国でイエズス会追放と財産没収
1768		ジェノヴァ共和国，コルシカをフランスに売却。パルマ公国でイエズス

		会追放
1772		トスカーナ大公国で共同体整備と地方行政制度の改革(～86)
1773	***7***	教皇クレメンス14世，イエズス会解散令
1781		シチリア総督に任命されたカラッチョロの貴族・聖職者抑制策(～86)
1783		王立科学アカデミーを公認(トリーノ)
1786		ミラーノ公国で元老院が廃止され，統治評議会が設置される
1789	***7****-14*	フランス革命勃発
1792	***9***	フランス軍，サルデーニャ王国のサヴォイアとニースを占領
1794	***4***	フランス軍，ジェノヴァ共和国沿岸地域占領
1796	***3****-10*	ナポレオン，イタリア遠征開始。***4****-27* ピエモンテのパトリオットがアルバ臨時共和政府樹立。***4****-28* ナポレオン，サルデーニャ王国とケラスコ休戦協定。***5****-10* パリでバブーフら平等主義者の陰謀が発覚してブォナッローティ逮捕。***5****-15* ナポレオン，ミラーノ入城。***6****-23* フランス軍，レガツィオーネ(教皇国家北部地域)占領。***8****-29* ロンバルディーア行政府設置。***10****-18* チスパダーナ連合結成。***12****-27* チスパダーナ共和国成立
1797	***2****-2*	フランス軍，マントヴァ攻略。***4****-18* ナポレオン，オーストリアとレオーベン予備講和条約締結。***5****-2* フランス軍，ヴェネツィア共和国攻撃。***6****-6* リグーリア共和国成立。***6****-29* チザルピーナ共和国成立。***7****-27* チザルピーナ共和国，チスパダーナ共和国を併合。***10****-17* ナポレオン，オーストリアとカンポフォルミオ条約締結。オーストリアが旧ヴェネツィア共和国領取得
1798	***2****-15*	ローマ共和国樹立。***2****-20* 教皇ピウス 6 世，トスカーナに亡命。***11****-29* ナポリ国王フェルディナンド 4 世，ローマ攻撃。***12****-21* ナポリ国王一家，パレルモに逃れる
1799	***1****-21～23*	フランス軍に対するナポリ民衆の激しい抵抗。***1****-22* ナポリのパトリオット，フランス軍の支援のもとでナポリ共和国樹立。***3****-27* フランス軍，トスカーナ占領。***4****-27* オーストリア・ロシア軍の反撃でチザルピーナ共和国崩壊。***6****-14* 枢機卿ルッフォの率いる反革命軍団「聖なる信仰」がナポリ市に入る。***6****-23* ナポリ共和国，降伏文書調印。***7****-7*「マリーア万歳」を唱える集団，フィレンツェ占拠。***11****-9* フランスでブリュメール18日のクーデタ，ナポレオンが権力掌握
1800	***5****-6*	ナポレオン，第 2 次イタリア遠征開始。***6****-2* ナポレオン，ミラーノ入城。***6****-5* チザルピーナ共和国再建。***6****-14* ナポレオン，マレンゴの戦いでオーストリア軍を破る。***6****-24* リグーリア共和国再建
1801	***2****-9*	フランス，オーストリアとリュネヴィル条約(1797年のカンポフォルミオ条約とほぼ同内容)。***3****-21* フランス，スペインとアランフェス協定。トスカーナにエトルリア王国を建ててパルマ公の息子を国王とし，フランスがパルマ公国を取得。***3****-28* フランス，ナポリ王国とフィレンツェ協定を結び，警備国家をエトルリア王国に編入
1802	***1****-26*	チザルピーナ共和国をイタリア共和国に改組(大統領ナポレオン，副大統領メルツィ・デリル)。***7****-24* イタリア共和国地方行政法制定。***9****-11* フランス，ピエモンテを併合

1803	***9**-16*	イタリア共和国と教皇ピウス7世の間で政教協約
1805	***3**-19*	イタリア共和国をイタリア王国に改組(国王ナポレオン，副王エウジェニオ)。***6**-4* フランス，リグーリア共和国を併合。***12**-26* フランスとオーストリアの間でプレスブルク条約締結。オーストリアはヴェーネト全域をイタリア王国に譲渡し，神聖ローマ皇帝のもつイタリアの宗主権を公式に放棄
1806	***1**-16*	ナポレオン民法典をイタリア王国に適用。***2**-14* フランス軍，ナポリ占領。***3**-30* ジョゼフ・ボナパルト(ナポレオンの兄)，ナポリ国王即位。***8**-2* ナポリ王国で封建制廃止。***8**-8* ナポリ王国で地方行政法制定。***9**-1* ナポリ王国で共有地分配令
1807	***10**-27*	フランス，トスカーナを併合(エトルリア王国消滅)
1808	***5**-24*	フランス，パルマ公国併合。***6**-20* フランス帝国とイタリア王国の通商協定。***7**-31* ミュラ将軍，ナポリ国王即位
1809	***5**-17*	フランス，教皇国家を併合。***7**-6* 教皇ピウス7世，サヴォーナに幽閉
1811	***7***	イギリス全権大使ベンティンク，シチリア王国に着任
1812	***7**-20*	シチリア議会，憲法の原理となる15カ条採択。***11**-4* シチリア王国憲法制定
1813	***9***	カラーブリアで最初のカルボネリーア運動。***10**-16～19* ナポレオン軍，ライプツィヒの会戦で敗北
1814	***1**-11*	ナポリ国王ミュラ，オーストリアと同盟を結ぶ。***3**-9* イギリス・シチリア連合軍を率いたベンティンク，リヴォルノに上陸。***4**-6* ナポレオン退位。***4**-26* オーストリア，ロンバルディーアを奪回。***5**-20* サルデーニャ国王ヴィットーリオ・エマヌエーレ1世，トリーノに帰還。***5**-25* 教皇ピウス7世，ローマ帰還。***5**-30* 第1次パリ講和条約。トスカーナ大公にハプスブルク家フェルディナンド3世復帰，パルマ公国はナポレオンの後妻マリ・ルイーズの領有，モーデナ公国はオーストリア系エステ家のフランチェスコ4世の領有，サルデーニャ王国がジェノヴァを併合，教皇国家復活。***9**-18* ウィーン会議開会
1815	***3**-1*	ナポレオン，エルバ島脱出。ミュラ，オーストリアとの同盟破棄して宣戦。***4**-7* オーストリア支配の「ロンバルド・ヴェーネト王国」成立。***5**-20* ミュラ，オーストリアと休戦協定を結びコルシカに亡命。***5**-22* オーストリア軍ナポリに入城し，ナポリ国王にブルボン家フェルディナンド4世復帰。***6**-9* ウィーン会議閉会
1816	***7**-6*	ピウス7世，教皇国家の行政制度改革。***12**-8* ナポリ王国とシチリア王国をあわせた「両シチリア王国」誕生，初代国王フェルディナンド1世
1817	***8**-7*	オーストリア軍，両シチリア王国から撤兵
1818	***2**-16*	教皇庁と両シチリア王国の間で政教協約。***9**-1* ミラーノで『調停者』誌創刊(～19.***10**-17*)
1820	***7**-2*	ナポリ近郊ノーラで憲法制定を求める軍人とカルボネリーアの反乱。***7**-13* 両シチリア国王フェルディナンド1世，憲法発布。***7**-15～17* パレルモで民衆反乱，シチリアの自治を要求。***9**-5* ナポリ政府，シチリア革命抑圧のため軍隊派遣。***10**-15* ナポリ議会，シチリアの自治を認めず兵力増派決定。***10**-23* トロッパウの五国同盟会議で革命に対する

		干渉の原則を宣言
1821	***1**-2*	フィレンツェで『アントロジーア』誌創刊(～33.***1**-26*)。***3**-9* ピエモンテのアレッサンドリアで憲法制定を求める青年将校と秘密結社の反乱。***3**-12* サルデーニャ国王ヴィットーリオ・エマヌエーレ1世退位。***3**-24* オーストリア軍，ナポリ市を制圧して両シチリア王国の革命収束。***4**-10* 国王派軍隊がトリーノを制圧してピエモンテ革命収束。***4**-28* サルデーニャ国王にカルロ・フェリーチェ即位
1827	***6***	マンゾーニ，『いいなずけ』初版刊行(決定版は1840～42年)
1831	***2**-3*	モーデナ公国で立憲革命を計画したメノッティら逮捕。***2**-4* ボローニャで革命勃発，臨時政府形成。***2**-9* モーデナで臨時政府形成。***2**-10* ジェノヴァ出身の革命家マッツィーニ，国外亡命。***2**-15* パルマで臨時政府形成。***3**-9* オーストリア軍の介入でモーデナ公復帰。***3**-16* オーストリア軍の介入でパルマ公復帰。***3**-26* オーストリア軍の介入でボローニャ臨時政府崩壊。***6*** マッツィーニ，マルセイユで「青年イタリア」結成
1832	***7**-23*	ペッリコ，『わが獄中記』刊行
1833	***4***	サルデーニャ王国でマッツィーニ派組織摘発され，多数の逮捕者。***7**-8* マッツィーニ，欠席裁判で死刑判決を受けジュネーヴに移る。***10*** ブォナッローティとマッツィーニの対立深まる
1834	***3**-3～4*	青年イタリア，サヴォイアとジェノヴァでの同時蜂起計画失敗。***4**-15* マッツィーニ，ベルンで「青年ヨーロッパ」結成。***6**-12* ジェノヴァ蜂起を準備したガリバルディ，欠席裁判で死刑判決を受け南アメリカに亡命
1837	***6**-15*	マッツィーニ，ロンドンに移る。―― シチリアでコレラ蔓延
1839	***4***	カッターネオ編集月刊誌『ポリテークニコ』創刊(～44)。***10**-1* 第1回イタリア科学者会議，ピーサで開催。***10**-3* ナポリ―ポルティチ間のイタリア最初の鉄道開通式
1840	***8**-17*	ミラーノ-モンツァ間の鉄道開通
1842	***3**-9*	ヴェルディ，スカラ座で『ナブッコ』初演。***8**-25* ピエモンテ農業協会設立認可
1843	***8***	ジョベルティ，亡命地のブリュッセルで『イタリア人の道徳的文明的優越』刊行
1844	***1***	バルボ，『イタリアの希望』刊行。***7**-25* カラーブリア蜂起を試みたバンディエーラ兄弟ほか7名処刑。***8**-14* サルデーニャ王国で同職組合廃止
1846	***1**-11*	ヴェネツィアと本土を結ぶ鉄道開通。***6**-17* 教皇ピウス9世即位
1847	***1***	北・中部イタリアで凶作による民衆騒擾。***5**-10* トスカーナ大公レオポルド2世，出版検閲を緩和。***7**-17* オーストリア，フェッラーラで軍事動員。***7**-30* 教皇国家で市民衛兵認可。***9**-4* トスカーナ大公国で市民衛兵認可。***10**-4* トスカーナ大公国，ルッカ公国を併合。***11**-3* 教皇国家・サルデーニャ王国・トスカーナ大公国の3国間で関税同盟予備協定。***12**-15* カヴール編集『イル・リソルジメント』紙創刊
1848	***1**-12*	パレルモで民衆反乱。***2**-11* 両シチリア王国憲法発布。***2**-17* トスカーナ大公国憲法発布。***3**-4* サルデーニャ王国，カルロ・アルベルト憲

		法発布。3-14 教皇国家憲法発布。3-18〜22 ミラーノとヴェネツィアの民衆蜂起でオーストリア軍撤退し両市に臨時政府樹立，ヴェネツィアは共和国再建を宣言。3-23 カルロ・アルベルト，対オーストリア戦を表明(第1次独立戦争)。4-8 マッツィーニ，ミラーノに到着。4-13 シチリア議会，独立国となる方針を確認してブルボン家の王位を剥奪。4-29 教皇ピウス9世，対オーストリア戦に不参加を表明。5-8 サルデーニャ王国で議会開会。5-12 ミラーノ臨時政府，サルデーニャ王国との合併の賛否を問う住民投票の実施を布告。5-15 ナポリで新議会開会日に騒乱。5-17 国王フェルディナンド2世，議会と国民衛兵の解散措置。5-31 サルデーニャ王国軍，ペスキエーラの要塞を占領してオーストリア軍に打撃。6-8 ロンバルディーアの住民投票の結果，サルデーニャ王国との合併に賛成多数。6-10 オーストリア軍，反撃を開始してヴィチェンツァ奪取。6-21 ガリバルディ，南アメリカから帰国，対オーストリア戦に参加。7-10 シチリア議会，新憲法制定。7-24〜25 サルデーニャ王国軍，クストーザでオーストリア軍に大敗。8-6 オーストリア軍，ミラーノの支配権回復。8-9 サルデーニャ王国とオーストリアの休戦協定。11-15 ローマで民衆運動激化し，首相ロッシ殺害。11-24 ピウス9世，ローマを脱出してガエータに移る。12-12 ガリバルディ，ローマ到着
1849	2-1	トスカーナ大公レオポルド2世，民衆運動の激化を恐れてフィレンツェ脱出。2-8 フィレンツェで臨時政府樹立。2-9 ローマの憲法制定議会，ローマ共和国の成立宣言。3-5 マッツィーニ，ローマ到着。3-12 サルデーニャ王国，オーストリアとの休戦協定破棄。3-20 サルデーニャ王国，対オーストリア戦再開。3-23 サルデーニャ王国軍，ノヴァーラの戦いで敗北，カルロ・アルベルト退位しヴィットーリオ・エマヌエーレ2世即位。3-29 ローマ共和国で三頭執政体制。4-25 フランス軍，ローマ共和国攻撃のためチヴィタヴェッキアに上陸。5-15 ナポリ政府軍，パレルモを征服してシチリア革命収束。7-1 ローマ共和国憲法発布。7-3 フランス軍，ローマ市内に入りローマ共和国崩壊。7-28 トスカーナ大公レオポルド2世，オーストリア軍の保護のもとフィレンツェに戻る。8-23 ヴェネツィア共和国，オーストリア軍に降伏。11-20 ヴィットーリオ・エマヌエーレ2世によるモンカリエーリ宣言
1850	4-9	サルデーニャ王国，シッカルディ法公布(法相シッカルディの名をとった聖職者権限を規制する法)。4-12 教皇ピウス9世，フランス軍の保護のもとローマに戻る
1851	7-4	サルデーニャ王国，貿易の自由化をはかる新関税法
1852	5-6	トスカーナ大公レオポルド2世，憲法廃止。11-4 中道右派のカヴール，中道左派と提携して首相となる
1853	2-6	ミラーノでマッツィーニ派蜂起の試み失敗，このあとマッツィーニ「行動党」結成。10-17〜19 アスティ市で労働者相互扶助協会第1回大会。10-18 凶作による民衆デモがカヴール邸を襲う
1855	3-11	サルデーニャ王国，英仏側でクリミア戦争への参加を決定。5-8 オーストリア軍，トスカーナから撤兵開始。5-29 サルデーニャ王国，宗

		教団体の解散と財産没収を定めた法を公布
1856	***3-30***	クリミア戦争に関するパリ講和条約
1857	***2-28***	ラデツキー元帥，ロンバルディーア・ヴェーネト王国総統治官および軍総司令官を90歳の高齢で退任。***6-25～7-2*** ピサカーネ，農民蜂起をめざした南イタリア遠征に失敗して自死。***6-30*** マッツィーニ準備のジェノヴァとリヴォルノの蜂起失敗。***8-1*** サルデーニャ王国に近い立場の旧民主派グループ「イタリア国民協会」設立
1858	***1-14***	オルシーニ，パリでナポレオン3世襲撃。***7-21*** カヴールとナポレオン3世，プロンビエールの密約
1859	***1-24***	サルデーニャ王国とフランス，同盟協定。***3-23*** オーストリア政府，サルデーニャ王国に戦争準備を中止するよう最後通牒。サルデーニャ王国議会，戦時中の国王への全権委任を承認。***3-26*** サルデーニャ王国政府，最後通牒を拒絶。***3-27*** オーストリアに対するフランス・サルデーニャ王国連合軍による第2次独立戦争開始。***3-27～28*** フィレンツェで民衆蜂起，大公レオポルド2世国外退去して臨時政府成立。***6-8*** ナポレオン3世とヴィットーリオ・エマヌエーレ2世，ミラーノ入城。***6-9*** パルマで臨時政府設置。***6-11*** モーデナ公フランチェスコ5世国外退去，2日後に臨時政府成立。***6-12*** ボローニャで民衆蜂起，臨時政府委員会設置。***6-24*** ソルフェリーノとサン・マルティーノの戦いでフランス・サルデーニャ王国軍勝利。***7-8*** 休戦協定。***7-11*** ナポレオン3世とオーストリア皇帝フランツ・ヨーゼフ，ヴィッラフランカにおいて講和予備協定締結。サルデーニャ王国がロンバルディーアを併合するが，ヴェーネトはオーストリア支配下にとどまる内容(***11-10*** チューリヒで講和条約締結)。***7-12*** 予備協定の内容に抗議してカヴール内閣総辞職。***7-19*** ラ・マルモラ首相，ラッタッツィ内相の新内閣成立。***8-7*** トスカーナで議会選挙。***8-28*** ボローニャで議会選挙。***10-23*** サルデーニャ王国，県・コムーネ法(ラッタッツィ法)制定。***11-13*** サルデーニャ王国，公教育法(カザーティ法)制定。***12*** パルマ，モーデナ，ボローニャの臨時政府を統一してエミーリア臨時政府形成
1860	***1-21***	カヴール首相復帰。***3-11～12*** トスカーナとエミーリアで住民投票実施，サルデーニャ王国に帰属。***4-4*** パレルモで民衆蜂起。***4-15・22*** サヴォイアとニースで住民投票実施，フランスに帰属。***5-6*** ガリバルディらクァルト港からシチリア遠征出発。***5-11*** ガリバルディ遠征隊，シチリア島マルサーラに上陸。***5-14*** ガリバルディ，シチリアの独裁権掌握を宣言。***5-15*** 遠征隊，カラタフィーミの戦いでブルボン軍を破る。***5-27～31*** 遠征隊，パレルモ市街戦で勝利。***7-20*** 遠征隊，ミラッツォの戦いでブルボン軍を破る。***8-4～10*** 遠征隊，ネルソン家の領地のあるエトナ山麓ブロンテ村における農民反乱を弾圧して指導者5名を処刑。***8-19*** ガリバルディ，メッシーナ海峡を越えてカラーブリアに上陸。***9-6*** 両シチリア国王フランチェスコ2世，ナポリからガエータに移動。***9-7*** ガリバルディ，ナポリ無血入城。***9-11*** サルデーニャ王国軍，国境紛争を口実に教皇国家侵攻。***10-1*** ガリバルディ南部軍団とブルボン正規軍，ヴォルトゥルノ川を挟んでの戦い。***10-21*** 南イタリアとシチリアでサルデーニャ王国への帰属の賛否を問う住民投票実

		施，帰属賛成が多数。10-26 ガリバルディ，国王ヴィットーリオ・エマヌエーレ2世とテアーノで会見。11-4 教皇国家領のマルケとウンブリアで住民投票実施，サルデーニャ王国に帰属。11-7 ヴィットーリオ・エマヌエーレ2世ナポリ入都，ガリバルディは国王に住民投票の結果を報告して独裁権を解消したのち，旧両シチリア王国領の統治権の継続を申し出るが却下される。11-9 ガリバルディ，失意のうちに居住地のカプレラ島に戻る
1861	1-27	国家統一後最初の総選挙。2-15 ガエータ城塞のフランチェスコ2世，降伏してローマに亡命。2-18 新議会開会。3-14 下院でヴィットーリオ・エマヌエーレ2世をイタリア国王に推戴する議決。3-17 イタリア王国成立を公布。3-23 イタリア王国初代内閣成立(首相カヴール)。6-6 カヴール急死。6-12 リカーソリ内閣成立。10-9 県・コムーネに関するラッタッツィ法(59.10-23 制定)を王国全体に適用し，県首長の名称を「知事」に統一する政令
1862	2-1	シチリアの総督制廃止。3-3 ラッタッツィ内閣成立。8-29 ローマ解放のため挙兵したガリバルディ，アスプロモンテの戦闘で負傷し逮捕される。11-29 アスプロモンテ事件の責任をとってラッタッツィ内閣総辞職
1863	8-15	南イタリアの農民大反乱に対して軍事法廷設置を決めたピーカ法公布
1864	9-15	ローマ問題に関するフランスとの協定に秘密条項として首都移転を付記。9-21～22 トリーノで首都移転反対のデモ。12-8 ピウス9世，謬説表を発表。12-11 トリーノからフィレンツェへの首都移転法公布
1865	3-20	「県・コムーネ法」など王国の行政統一に関連する6法公布。4-2「民法」「商法」など法規を全国的に統一する法公布(66.1-1 施行)。11-5 フランス軍，ローマから撤兵開始
1866	4-8	プロイセンと攻守同盟の秘密協定締結。5-1 不換紙幣(コルソ・フォルツォーゾ)導入。6-20 対オーストリア戦(第3次独立戦争)開始。6-24 クストーザの戦いで敗れる。7-7 聖職者団体の解散と財産国有化法公布。7-20 リッサの海戦で敗れる。8-12 オーストリアと休戦協定。8-23 オーストリア，プロイセンとのプラーハ講和条約でヴェーネトをフランスの手をへてイタリアに渡す措置。9-16～22 パレルモで民衆反乱。10-3 オーストリアとのウィーン講和条約で，ヴェーネトに関するプラーハ講和条約の措置を追認。10-21 ヴェーネトで住民投票実施，イタリア王国に併合。12-11 フランス軍，ローマからの撤兵終了
1867	8-15	教会所有地没収法公布。11-3 ローマ解放のため挙兵したガリバルディ，メンターナで教皇軍を破るが，再派兵されたフランス軍に敗れる
1868	5-21	難航した審議のすえ，下院で製粉法可決(69.1-1 施行)
1869	12-8	ヴァティカン公会議開会
1870	2-5	ルバッティーノ海運会社，スエズ運河経由のインド航路を開き，3月に中継基地として紅海沿岸のアッサブを取得。2-10 財務相セッラ，財政赤字削減の諸措置を講じた財政オムニバス法案提出(8-11 可決)。8 フランス，ドイツと開戦後ローマ駐留軍を撤兵。9-20 イタリア王国軍，ローマ占領。10-2 ローマとラツィオで住民投票実施，イタリア

		王国に併合。***12-23*** フィレンツェからローマへの首都移転を議会で承認
1871	***5-15***	「教皇と聖座の諸大権の保障ならびに国家と教会の関係についての法」(通称「保障法」)公布。***7-1*** ローマへの首都移転完了。***7-13*** マッツィーニ，国際労働者協会(インター)批判とパリ・コミューンへの否定的評価。***11-1～6*** イタリア労働者協会第12回大会でマッツィーニ派とインター派対立
1872	***3-10***	ピーサでマッツィーニ没。***8-4～6*** 新世代のカフィエーロら，リーミニで反権威主義反マルクス派の国際労働者協会イタリア連合結成
1874	***6-13～16***	第1回イタリア・カトリック会議開催。***8-2*** リーミニで共和派指導者28名逮捕。***8-8*** アナーキストの蜂起計画失敗して逮捕者多数，バクーニンはスイスに逃れる。***9-1*** 国家の経済介入に批判的な「アダム・スミス協会」設立。***9-10*** 教皇ピウス9世，回勅「ノン・エクスペディト」でカトリック教徒の国政選挙への参加を禁止
1875	***1***	国家による社会政策を求める「経済研究促進協会」設立。***7-3*** マフィアと治安を主たる対象とする「シチリアの社会・経済状態に関する調査委員会」設置法制定。***9-22～26*** 第2回カトリック会議で常設機関「大会・諸委員会活動」を設置。***10-10*** 伝統左派の指導者デプレーティス，政権構想を発表(ストラデッラ演説)
1876	***3-18***	右派のミンゲッティ内閣総辞職。***3-25*** 最初の左派内閣(首相デプレーティス)成立，議会革命と呼ばれる。***11-5*** 総選挙で左派圧勝
1877	***3-15***	議会に「農業と農業階層に関する調査委員会」(委員長ヤチーニ)設置。***4-5～10*** ベネヴェント地方でのアナーキストの蜂起失敗。***5-7*** 共和派のインブリアーニ，「未回復イタリアのための協会」設立。***7-15*** 初等教育法(コッピーノ法)施行
1878	***1-9***	国王ヴィットーリオ・エマヌエーレ2世没。***2-7*** 教皇ピウス9世没。***7-1*** フランスとの新通商協定(関税率の引上げ)発効。***8-18*** モンテ・アミアータの預言者ラッザレッティ，軍隊との交戦で射殺される
1879	***8-3***	コスタ，アナーキズムから合法的社会主義活動に転ずる公開書簡発表
1881	***7-7***	コッローディ，「ピノッキオの冒険」連載第1回。***8*** コスタ，ロマーニャ革命社会党結成。***9*** ルバッティーノ海運会社(ジェノヴァ)とフローリオ海運会社(パレルモ)の大型合併でイタリア総合海運誕生。***9-25～26*** ロンバルディーア労働者連合第1回大会
1882	***1-22***	新選挙法成立。有権者数約62万人(人口の2.2%)から約202万人(6.9%)に増加。***3-10*** 政府，イタリア総合海運会社からアッサブを買収，植民地進出の第1歩。***5-20*** ウィーンで三国同盟調印。***6-2*** ガリバルディ没。***10-8*** デプレーティス首相，左派・右派ともに変移(トラスフォルマツィオーネ)しての両派提携を訴える。***10-22･29*** 新選挙法最初の総選挙
1883	***4-12***	不換紙幣(コルソ・フォルツォーゾ)廃止。***7-6*** 議会，関税率変更して保護主義的傾向強める。***7-8*** 全国労働災害保険金庫設立。***11-25*** デプレーティス首相のトラスフォルミズモに批判的な議会左派の5幹部が「ペンタルキーア(五人組)」形成
1884	***1-1***	製粉税廃止。***1*** エディソン式電気会社設立。***3-10*** テルニ製鋼所設立。

		7 ヤチーニの農業調査委員会報告書全15巻提出。***8***〜***9*** ナポリでコレラ禍
1885	***2***-*5*	イタリア軍，紅海沿岸のマッサワ占領。***4***-*12*・***5***-*3* イタリア労働者党第1回大会。***4***-*27* 鉄道経営を3会社に委託する法布告。***12***-*2* マッサワ併合を宣言。***12***-*6* 造船奨励法制定。***12***-*6*〜*7* マントヴァでのロンバルディーア労働者連合第4回大会とイタリア労働者党第2回大会の合同大会で後者が前者を吸収合併
1886	***2***-*11*	義務教育年限の9歳以下の児童労働禁止法成立(***8***-*18* 施行)。***3***-*1* 地租平準化法公布。***4***-*15* 相互扶助協会，法人格をもつ。***10***-*15* デ・アミーチス，『クオーレ』刊行
1887	***1***-*26*	イタリア軍，マッサワ近くのドーガリで大敗北。***2***-*20* 三国同盟更新。***6*** 穀物と工業製品の輸入関税を同時引上げ。***7***-*29* デプレーティス首相没。***8***-*7* クリスピ首相就任
1888	***2***-*10*	穀物関税さらに引上げ。***2***-*12* 行政制度改革法制定。***2***-*18* フランスとの通商交渉決裂，両国の通商戦争始まる。***3*** ローマの建築ブームに翳りがでて，建築労働者の激しい闘争。***12***-*22* 公衆衛生法制定。***12***-*30* 移民の自由を認めた「移民法」と新「県・コムーネ法」施行，人口1万以上のコムーネ首長をコムーネ議会での選出とする
1889	***5***-*2*	エチオピアのメネリク1世とウッチャリ協定締結。***6***-*30* 死刑廃止を定めた新刑法(通称ザナルデッリ法)公布(90.***1***-*1* 施行)。あわせて「治安法」制定。***7***-*5* トゥラーティ，「ミラーノ社会主義同盟」結成。***7***-*14* パリで第2インター結成。***12***-*8* 経済学者トニオーロ，「カトリック社会研究連合」設立
1890	***1***-*5*	エリトリアを植民地化。***5***-*1* 最初のメーデー。***5***-*13* 共和派と急進派，ローマ協定を結んで提携。***6***-*29* ダンテ・アリギエーリ協会設立。***7***-*17* 公共慈善施設法公布
1891	***1***	ミラーノで労働会議所設立。***5***-*15* 教皇レオ13世，労働問題に関する回勅「レールム・ノワールム」
1892	***8***-*14*〜*15* イタリア勤労者党結成	
1893	***1***-*19*	ローマ銀行汚職で頭取タンロンゴ逮捕。***2***-*1* パレルモ銀行の元頭取ノタルバルトロ，マフィアに暗殺さる。***6***-*29*〜***7***-*1* 労働会議所第1回全国大会開催し，全国労働会議所連合結成。***7***-*30* コルレオーネでパレルモ県勤労者ファッシ大会。***8***-*10* 4発券銀行を統一してイタリア銀行設立。***8***-*17* フランスのエーグモルトでイタリアの移民労働者30名殺害。***9***-*8*〜*10* イタリア勤労者党第2回大会で党名をイタリア勤労者社会党に変更。***12*** シチリア・ファッシの運動激化
1894	***1***-*3*	クリスピ首相，シチリアに戒厳令(〜***8***-*18*)。***2***-*21* 不換紙幣導入。同日財相ソンニーノ，財政再建策発表。***10***-*12* 兼営銀行タイプのイタリア商業銀行設立。同日イタリア勤労者社会党解散令。***11***-*8* イタリア自転車ツーリング・クラブ設立(1904 イタリア・ツーリング・クラブTCIと改称)
1895	***1***-*13*	非合法下でイタリア勤労者社会党第3回大会開催，党名をイタリア社会党とし，団体加盟から個人加盟に変更。***4***-*21* マッツィーニ派・ガリバルディ派の諸組織の参加したイタリア共和党成立。***4***-*30* ヴェネツィ

		アで第1回国際美術展開催(ヴェネツィア・ビエンナーレ)。*7-19* ローマ解放25周年を記念して9月20日を国民祝祭日とする法制定，カトリックは強く反発
1896	*3-1*	イタリア軍，エチオピア軍とのアドワの戦いで6600人の戦死者をだす敗北。*3-5* クリスピ首相辞任。*3-10* 右派のルディニ内閣成立。*3-15* 人口1万以下のコムーネ首長も選挙による選出とする政令(*7-29* 法制化)。*4-5* 政令により1年期限でシチリアに文民コミッサリーオ制度導入(*7* 法制化)。*9-30* チュニジアに関する協定をフランスと結び，関係改善をはかる。*10-26* エチオピアとアディス・アベバ講和条約締結。*12-25* 社会党機関誌『アヴァンティ(前進)！』創刊
1897	*1-1*	ソンニーノ論文「憲法に戻ろう」公表。*1* ピオンビーノ高炉製鉄会社設立(1902年から稼働)
1898	*3-6*	急進派指導者カヴァロッティ，王党派議員との決闘で死亡。*3-17* 労働災害保険法公布。*4-26* 凶作によるパン価格高騰，ロマーニャ地方で食糧暴動。以後イタリア全域に拡大。*5-6〜9* ミラーノで民衆蜂起。*5-8* サッカー第1回選手権リーグ開催。*7-17* 老齢・障害保険金庫設立。*11-21* フランスと通商協定締結
1899	*7-11*	トリーノの自動車メーカー，フィアット社設立
1900	*7-29*	国王ウンベルト1世，アナーキストに暗殺される。*12-18* ジェノヴァの港湾労働者スト。*12-19* リグーリア地方のゼネストに拡大
1901	*1-31*	新移民法制定して移民審査のための委員会設置。*2-15* ザナルデッリ内閣(内相ジョリッティ)成立。*6-16〜18* イタリア金属労働者連盟(FIOM)結成大会。*10-17〜19* イタリア・コムーネ協会設立大会。*11-24* 全国土地勤労者連合(フェデルテッラ)結成大会
1902	*6-19*	女性労働・児童労働保護法制定。*11-1〜2* 労働会議所連合と産業別労働組合の連絡機関として中央抵抗書記局設置
1903	*1-20*	クローチェ編集『ラ・クリーティカ(批評)』誌創刊。*3-29* 公共サーヴィス部門の公営化法公布。*11-3* 第2次ジョリッティ内閣成立。*11-29* コッラディーニ編集『イル・レーニョ(王国)』誌創刊
1904	*3-31*	バジリカータ特別法制定。*7-8* ナポリ工業振興法(06 バニョーリに鉄鋼一貫製鉄所設立)。*7-28* 教皇ピウス10世，カトリック組織「大会・諸委員会活動」を解散。*9-15* ミラーノ労働会議所，労働運動弾圧に抗議して全国ゼネストを宣言
1905	*2-1*	イルヴァ製鋼設立。*4-19* 下院，鉄道国営化法可決。*11-20* カトリック民主派のムッリ，全国民主同盟結成
1906	*2*	カトリック人民連合，カトリック社会経済連合，カトリック選挙連合結成。*6-29* 国債利子率引下げ。*7-28* ピウス10世，回勅でムッリの全国民主同盟を批判。*9-29〜10-1* 産業別労働組合の全国組織「労働総連合(CGdL)」結成大会
1908	*1-29*	カトリック行動団結成。*4-28〜30* 第1回全国女性会議開催，カトリック系と非カトリック系の不一致が表面化。*4-30* パルマの労働会議所(革命的サンディカリスト派)，農業労働者のゼネスト突入を宣言し3カ月におよぶ闘争。*12-20* プレッツォリーニ編集『ラ・ヴォーチェ

		(声)』誌創刊。***12***-*28* メッシーナ大地震
1909	***2***-*20*	マリネッティ，パリの『フィガロ』誌で未来主義宣言。***3***-*7* 教皇庁，総選挙において72選挙区で「ノン・エクスペディト(ふさわしくない)」をやめ，カトリック議員16人当選。***3***-*14* サルヴェーミニ，論文「暗黒街の大臣」を発表してジョリッティ首相の南部政策を批判
1910	***5***-*1*	工業総連盟(コンフィンドゥストリア)設立。***12***-*3*～*5* イタリア・ナショナリスト協会結成大会
1911	***4***	国家統一50周年記念事業としてトリーノ，フィレンツェ，ローマ３都市で万国博覧会。***6***-*4* 初等教育法公布。***9***-*29* トルコに宣戦布告(リビア戦争)
1912	***4***-*4*	全国保険機構(INA)設立。***4***-*18* エーゲ海のトルコ領諸島攻撃開始。***6***-*30* 新選挙法公布，有権者数約333万人(9.5%)から約867万人(24.5%)に増大。***7***-*7*～*10* 社会党第13回大会でムッソリーニら左派が多数派となり，改良派のビッソラーティとボノーミを除名。***10***-*18* トルコとローザンヌ講和条約(ウーシィ講和条約)締結，イタリアはトリポリタニアとキレナイカ取得。***11***-*23*～*25* 革命的サンディカリスト，労働総連合(CGdL)から脱退して「イタリア労働組合連合(USI)」結成
1914	***3***-*21*	サランドラ内閣成立。***6***-*7* アンコーナ市の反軍国主義デモをきっかけに全国的動乱(赤い一週間)。***7***-*28* 第一次世界大戦勃発。***8***-*2* 政府，イタリアの中立を表明。***9***-*13*～*14* 参戦派の革命的サンディカリスト，USI を脱退して「イタリア労働連合(UIL)」結成。***11***-*15* ムッソリーニ，参戦主義を掲げた日刊紙『イタリア人民』を創刊。***11***-*24* ムッソリーニ，社会党から除名。***12***「革命行動ファッシ」結成(15.***1***-*24*～*25* 第１回大会)
1915	***4***-*26*	協商国側とロンドン秘密条約締結。***5***-*3* 政府，三国同盟の破棄を通告。***5***-*13*～*15* 参戦派デモ激化(輝ける五月)。***5***-*16* 社会党，「同調も妨害もしない」というスローガンで非戦の立場を表明。***5***-*24* オーストリアに宣戦布告。***6***-*26* 政令で産業動員の措置。***8***-*21* トルコに宣戦布告
1916	***6***-*18*	ボセッリ挙国一致内閣成立。***8***-*27* ドイツに宣戦布告
1917	***10***-*24*	イタリア軍，カポレットで大敗。***10***-*25* ボセッリ内閣総辞職。***10***-*30* オルランド内閣成立。***11***-*9* 国防最高長官，カドルナからディアツに交代。イタリア軍，ピアーヴェ川沿いに防衛態勢構築
1918	***9***-*1*～*5*	社会党第15回大会で左派指導部選出。***9***-*29* カトリック系労働組合「イタリア勤労者連合(CIL)」第１回全国協議会。***10***-*24*～***11***-*3* イタリア軍総攻撃，ヴィットーリオ・ヴェーネトで勝利。***11***-*4* オーストリアと休戦協定。***11***-*11* ドイツと休戦協定。***12***-*11* 社会党指導部，社会主義革命の目標を宣言(最大限綱領主義)
1919	***1***-*18*	パリ講和会議開会。同日，カトリック政党「イタリア人民党」結成(書記長ストゥルツォ)。***3***-*23* ムッソリーニ，「イタリア戦闘ファッシ」結成。***4***-*24* イタリア代表団，パリ講和会議ボイコット。***5***-*1* トリーノで週刊誌『オルディネ・ヌオーヴォ(新秩序)』創刊。***6***-*22*～*27*「全国兵士協会」第１回大会。***6***-*23* ニッティ内閣成立。***8***-*9* 下院，比例代表制選挙法可決。***9***-*1* 治安対策で王国警備隊設置。***9***-*10* オースト

	リアとサン・ジェルマン条約締結，イタリアの領土拡大。*9-12* ダンヌンツィオらフィウーメ占領。*11-16* 比例代表制による総選挙で社会党と人民党が進出
1920	*3-22～4-23* トリーノ労働争議。*6-15* 第5次ジョリッティ内閣成立。*8-31* 機械金属産業経営者連盟のロックアウト宣言に対して1カ月におよぶ労働者の工場占拠闘争始まる。*10～11* 北・中部イタリアの地方選挙で社会党勝利。*11-12* ユーゴスラヴィアとラパッロ条約締結。*11-21* ファシスト，ボローニャの社会党市政を襲撃。*12-20* ファシスト，フェッラーラの社会党市政を襲撃。*12-24* イタリア軍，フィウーメ占領者を排除(血のクリスマス)
1921	*1-15～21* 社会党第17回大会で最左派分離。*1-21* イタリア共産党結成。*5-15* 総選挙，全535議席のうちファシスト35名を含んだナショナル・ブロック275議席。*7-4* ボノーミ内閣成立。*8-2* 社会党とファシスト議員グループの間で平和協定。*8-16* 戦闘ファッシ地方大会で平和協定批判。*11-7*「戦闘ファッシ」を「国民ファシスト党(PNF)」に改組
1922	*1-24* ファシスト系「全国労働組合連合」設立。*2-12* ゴベッティ編集の週刊誌『自由主義革命』創刊。*2-20* 左派政党系労働者組織の統一戦線として「労働同盟」結成。*2-26* ファクタ内閣成立。*5～7* ファシスト大衆動員で諸都市を占拠。*7-31～8-2*「労働同盟」のゼネスト失敗。*8-13* ファシスト党全国協議会でローマ進軍を計画。*10-1～4* 社会党第19回大会で改良派分離。*10-4* 改良派社会主義者「統一社会党」結成(書記長マッテオッティ)。*10-24* ナポリでファシスト大集会。*10-27～28* 北・中部でファシスト動員とローマ進軍。*10-27* ファクタ首相辞任。*10-31* ムッソリーニ内閣成立。*11-24* 議会，23年末まで行政・経済問題の全権を政府に委任する議決。*12-25* ファシズム大評議会初回会合(正式の第1回会議は23年1月12日)
1923	*1-12* ファシスト党行動隊を解散。*1-14* 政令で首相直属の国家機関として全国治安民兵隊を設置(*2-1* 施行)。*2-26* ファシスト党とナショナリスト協会の合併。*4-21* メーデーを廃止し，4月21日のローマ建国記念日を祝日とする決定。*4-27* 文相ジェンティーレの教育改革。*7-21* 下院，新選挙法(通称アチェルボ法)可決。*8-31* イタリア軍，コルフ(ケルキラ)島占領
1924	*1-27* ユーゴスラヴィアとのローマ協定でフィウーメ取得。*2-12* 共産党機関紙『ウニタ(統一)』創刊。*4-6* 総選挙でファシストは定数535の3分の2を獲得。*5-30* 統一社会党議員マッテオッティ，議会でファシスト批判演説。*6-10* マッテオッティ，ファシストに拉致・暗殺される。*6-27* 野党議員，議会審議を拒否(アヴェンティーノ連合)。*7-8* 出版の自由を制限する政令。*9-17* ピランデッロ，ファシスト党入党申し込み。*11-8* アヴェンティーノ連合指導者アメンドラ，「全国自由民主勢力連合」結成。*12-31* 非妥協派ファシスト，ムッソリーニに強硬路線を申し入れ
1925	*1-3* ムッソリーニ，議会演説で力による支配を宣言。ファシズム体制の建設始まる。*1-5* 法相にナショナリストのロッコ就任。*1-31* 国制改革検討のための18人委員会(別称ソロン委員会)設置。*2-12* 党書記長に非

		妥協派のファリナッチ就任。**4**-*21* ジェンティーレ起草の「ファシスト知識人宣言」発表。**5**-*1* クローチェ起草の「ファシスト知識人宣言に対する作家・学者・著述家の回答」発表。全国ドーポラヴォーロ事業団設立。**6**-*14*「穀物戦争」宣言。**7**-*10* 財務相に実業家ヴォルピ就任。**7**-*24* 穀物関税復活,「穀物戦争」開始。**10**-*2* ファシスト系労働組合のみが交渉権をもつことを定めた「全国労働組合連合」と「工業総連盟(コンフィンドゥストリア)」の協定(ヴィドーニ館協定)で工場内部委員会の廃止を決める。**10**-*3*～*4* フィレンツェのファシスト,市内制圧。**11**-*4* ムッソリーニ首相襲撃未遂事件。**11**-*5* 教育映画連盟(LUCE),民間機関から公的機関となる。**11**-*18* モルガン銀行から1億ドル借款。**11**-*24* フリーメーソンを対象とした秘密結社法施行。**11**-*27* 公務員にローマ式挨拶を義務化。**12**-*10* 全国母子事業団(ONMI)設立。**12**-*24* 首相の権限を強める「政府首長大権法」公布。**12**-*31* 出版規制法施行
1926	**1**-*7*	イタリア・アカデミー設立。**1**-*23* リヨンで共産党第3回大会,グラムシ起草「リヨン・テーゼ」採択。**2**-*4* コムーネ首長の名称をポデスタとし,県知事が任命。**2**-*16* 亡命地パリでゴベッティ没。**3**-*30* ファシスト党書記長,ファリナッチからトゥラーティに交代。**4**-*3* 集団的労働関係規制法(通称ロッコ法)施行,ストライキとロックアウトを禁止し,労働争議は新設の労働裁判所で審理。同日,全国バリッラ事業団設立。**7**-*2* コルポラツィオーネ(協同体)省設置。**8**-*18* ムッソリーニ,リラを強い通貨とする決意(ペーザロ演説)。**9**-*7* イタリア銀行に中央銀行の役割。**10**-*31* ムッソリーニ,ボローニャで銃撃さる。**11**-*5* 政令で反ファシズム結社の解散・禁止,新聞の廃刊,国家防衛特別裁判所の設置などの諸措置。**11**-*8* グラムシ逮捕。**12**-*31* ファシスト・カレンダー(1922年10月28日を起源)導入
1927	**1**-*12*	ファシスト党,新規入党制限。**2**-*13* 人口政策の観点から独身男性に課税。**4**-*22* 大評議会,「労働憲章」を採択。**5**-*5* デフレ政策により公務員の給料10%カット。**5**-*26* ムッソリーニ,ファシズムの課題と目標を示した議会演説(主の昇天日の演説)。**10**-*3* 労使の合意で給料10%カット。**11**-*17*「イタリア・ラジオ放送聴取協会(EIAR)」設立。**12**-*21*「1ポンド90リラ」のレートで金本位制復帰
1928	**3**-*30*	バリッラ事業団以外の青年組織の解散令,カトリック側の強い反発続く。**5**-*17* 全国道路公団設立。国会議員の選出は大評議会が選んだ候補者リストに賛否を表明する方式とする法を公布。**11**-*27*「ファシスト全国労働組合連合」を6産業別全国組合に分割する措置。**12**-*9* ファシズム大評議会を国家の最高機関とする措置。**12**-*24* 国土総合開発開始
1929	**2**-*11*	ラテラーノ協定でイタリア国家と教皇庁の和解,ヴァティカン市国形成。**3**-*24* 国会議員選挙で単一候補者リストの支持率98.4%。**5**-*13* 職業病保険の義務化。**7**-*27* ロッセッリら流刑地のリーパリ島脱出,亡命先のパリで「正義と自由」結成。**9**-*12* 内閣大改造。文部省は国民教育省に改組され,バリッラ事業団は国民教育省の管轄となる。**10**-*28* イタリア・アカデミー開会式
1930	**1**-*10*	共産党,路線転換して国内闘争強化の方針。**2**-*6* オーストリアと友好

		条約。8-10 第1回ヴィアレッジョ文学賞授与。10-8 ファシスト党書記長にジュリアーティ就任。10-15 ローマ占領記念日(9月20日)に代えてラテラーノ協定締結日(2月11日)を祝日に制定
1931	4~6	青年組織をめぐるカトリックとファシストの争い激化。5-14 トスカニーニ，ファシスト党歌「ジョヴィネッツァ」の演奏拒否して殴打さる。7-1 一般犯罪にも死刑を導入した刑法・刑事訴訟法施行。8-28 大学教員にファシズム体制への忠誠署名を課す。11-7 アグロ・ポンティーノの干拓事業開始。11-13 イタリア動産機構(IMI)設立。12-7 ファシスト党書記長にスタラーチェ就任
1932	8-6~21	第1回ヴェネツィア国際映画芸術祭。10-27 ファシスト革命展前夜祭。10-28 ローマの「皇帝通り」開通式。10-29 ファシスト党，新規入党再開。12-18 アグロ・ポンティーノ開拓地の新市リットーリア(現ラティーナ)誕生
1933	1-23	産業復興機構(IRI)設立。3-23 全国ファシスト労働災害保険機構(INFAIL)設立。3-27 全国ファシスト社会保障機構(INFPS)設立。5-27 ファシスト党員証の所有を公務員試験の受験資格とする。6-15 農村ラジオ公団設立。9-2 ソ連と5年間の友好条約締結。11-15 エイナウディ出版社設立
1934	2-5	コルポラツィオーネ(協同体)法制定。5-29 産業別に22のコルポラツィオーネ設置。6-10 第2回サッカー・ワールドカップでイタリア優勝。7-25 ナチス蜂起に対してオーストリア支援のため国境に軍隊動員。8-17 共産党と社会党の行動統一協定
1935	1-7	植民地問題などフランスと数種の議定書調印，イタリアのエチオピア進出を容認。5-15 トリーノの「正義と自由」メンバー多数逮捕。8-15 エチオピア問題をめぐる伊仏英3カ国会談。10-3 イタリア軍，エチオピア侵略開始。10-11 国際連盟，イタリアに対する経済制裁を決定(11-18 発効)
1936	3-12	銀行制度整備。5-5 アディス・アベバ占領。5-9 ムッソリーニ，帝国復活の演説。エチオピア，エリトリア，ソマリアをあわせてイタリア領東アフリカ(AOI)とし，ヴィットーリオ・エマヌエーレ3世がエチオピア皇帝即位。7-4 国際連盟，イタリアへの経済制裁解除。7-17 スペイン内戦勃発。7-24 ロッセッリ，スペイン内乱に国際義勇軍の参加を呼びかける。10-24 イタリア・ドイツ外相会議で議定書調印。11-1 ムッソリーニ，演説でローマ・ベルリン枢軸と表現。11-13 ロッセッリ，「今日のスペイン，明日のイタリア」のスローガンを発する
1937	3-9	国家公務員，ファシスト党への入党義務。4-21 チネチッタ(映画製作所)開所式。4-27 グラムシ没。5-27 出版・宣伝省を民衆文化省(Minculpop)に改組。6-9 ロッセッリ兄弟，フランスで暗殺される。11-6 イタリア，日独防共協定に加わる。12-11 国際連盟脱退
1938	4-16	スペイン・エチオピア問題に関してイギリスと「復活祭協定」締結。5-3~9 ヒトラー，イタリア訪問。6-19 第3回サッカー・ワールドカップでイタリア優勝。7-14「人種主義科学者宣言」。8-5『人種擁護』誌創刊。9-1~3 反ユダヤ人諸措置。9-29~30 英仏独伊ミュンヘン会談。11-10~17 新たな反ユダヤ人諸措置

1939	***1**-19* 議会改革でファッシ・コルポラツィオーネ議会制導入。***4**-6* イタリア軍，アルバニア侵略。***5**-14* トリーノのフィアット社新工場ミラフィオーリ開所式。***5**-22* ドイツと鉄鋼協定締結。***9**-1* ドイツ，ポーランドに侵攻して第二次世界大戦始まる。イタリアは非交戦国宣言
1940	***1**-3* 売上高税IGE導入(74 付加価値税IVAに変更)。***6**-10* フランスとイギリスに宣戦布告。***6**-24* フランスと休戦協定。***6**-28* リビア統治官バルボ，飛行機事故で死亡。***9**-13* イタリア軍，エジプト侵入開始。***9**-27* 日独伊三国同盟締結。***10**-28* イタリア軍，ギリシア侵入開始。***12**-6* ギリシア戦線の敗北で，国防最高長官バドリオ更迭
1941	***3**-24* ロンメル将軍指揮下の独伊軍，北アフリカで反攻開始。***4**-10* エチオピア・ゲリラ隊とイギリス軍，アディス・アベバ解放。***6**-22* 独ソ戦開始。***6**-26* ロシアにイタリア軍派兵を決定。***12**-7* 日本，真珠湾攻撃。***12**-11* イタリアとドイツ，アメリカ合衆国に宣戦布告
1942	***6**-4* 「正義と自由」の流れをくむ反ファシズム政党「行動党」結成。***10*** 「キリスト教民主党」結成。***10**-23* イギリス軍，北アフリカのエル・アラメインで反攻
1943	***3**-5* トリーノ労働者ストライキ。***7**-10* 連合軍，シチリア島上陸。***7**-19* ローマ空襲。***7**-24〜25* ファシズム大評議会，ムッソリーニ首相罷免決議。***7**-25* ムッソリーニ逮捕。***7**-26* バドリオ軍事政権成立。***7**-28* ファシスト党解散，ファシズム大評議会廃止などの措置。***8**-13* ローマ空襲。***8**-14* ローマを無防備都市とする宣言。***9**-3* 連合軍と休戦協定締結。***9**-8* 休戦協定公表。***9**-9* 国王ヴィットーリオ・エマヌエーレ3世とバドリオ首相，ローマを脱出してブリンディジに政権をおく。連合軍，サレルノ上陸。反ファシズム諸政党で国民解放委員会(CLN)結成。***9**-10* ドイツ軍，ナポリ以北のイタリア占領。***9**-12* グラン・サッソに幽閉されていたムッソリーニ，ドイツ軍に救出される。***9**-18* ムッソリーニ，ファシスト党再建と共和政樹立を宣言(政権をガルダ湖畔サロにおき，11月25日に国名をイタリア社会共和国とする)。***9**-28*〜***10**-1* ドイツ軍に対するナポリ民衆の蜂起(ナポリの4日間)。***10**-13* バドリオ政府，ドイツに宣戦布告。***10**-16* ドイツ軍，ローマのユダヤ人街区襲撃。国民解放委員会，国王・バドリオ政権の正統性を否定。***11**-4* ファシスト政権，徴兵令発布。***11**-13* 連合国側，イタリアを共同参戦国と認定。***11**-18* 北イタリア労働者ストライキ。***11**-19* ファシスト政権，正規軍とは別に義勇兵からなる共和国国民衛兵を編成
1944	***1**-8〜11* ムッソリーニ罷免に賛成したファシスト幹部に対するヴェローナ裁判で5人銃殺執行。***1**-31* ミラーノの国民解放委員会が北イタリア国民解放委員会となる。***2**-11* バドリオ政府，サレルノに移動。連合軍，南イタリアの施政権をイタリアに返還。***2**-15* 連合軍，モンテ・カッシーノ修道院を空爆。***2**-18* イタリア社会共和国(ファシスト政権)，徴兵忌避者を死刑とする法令。***3**-1* ドイツ軍占領地域でゼネスト。***3**-14* ソ連，バドリオ政府を承認して国交回復。***3**-23* レジスタンス(抵抗運動)の攻撃によりローマのラセッラ通りでドイツ兵33人死亡。***3**-24* ドイツ軍，報復のため政治犯・ユダヤ人など335人をアルデアティーネ洞窟で殺害。***3**-27* 共産党指導者トリアッティ，18年ぶりに帰国。***4**-15*

		ジェンティーレ暗殺。***4-22*** バドリオ首相のもとで反ファシズム諸政党の参加した国民統一内閣成立(サレルノ転換)。***6-4*** 連合軍，ローマ解放。***6-5*** 皇太子ウンベルト，国王代行となる。***6-9*** イタリア労働総連合(CGIL)結成。***6-18*** ボノーミ政党内閣成立。***6-19*** 諸政党のパルティザン部隊の統一指導部として自由義勇軍団(CVL)結成。***6*** 共産党月刊誌『リナッシタ(再生)』創刊。***8-11*** レジスタンス勢力，フィレンツェ解放。***8-28*** キリスト教勤労者協会(ACLI)設立。***9-28*** ドイツ軍，ボローニャ近郊マルツァボットで住民770人虐殺。この時期，中部イタリア各地でドイツ軍による住民虐殺続く。***10-27*** 連合軍，フィレンツェ-ボローニャ間のドイツ軍防衛線ゴート・ラインで進軍停止。***10-31*** キリスト教民主党，「全国自営農連合」結成。***11-13*** 連合軍地中海方面軍最高司令官アレグザンダー，パルティザン活動の停止を呼びかけ。***12-12*** 社会党と行動党不参加の改造ボノーミ内閣成立
1945	***1-31***	政府，女性参政権を認める。***4-5*** 連合軍，ゴート・ライン攻撃再開。***4-25*** 北イタリア国民解放委員会，パルティザンに総蜂起指令。***4-27*** ドイツ軍にまじってスイスへの脱出をはかったムッソリーニ，コーモ湖畔でパルティザンに拘束される。***4-28*** 北イタリア国民解放委員会，裁判権を行使してムッソリーニを銃殺刑に処す。***6-21*** 行動党パッリ首班の6党連立内閣成立。***9-29*** ヴィットリーニ編集『ポリテークニコ』誌創刊。***12-10*** キリスト教民主党デ・ガスペリ首班の6党連立内閣成立
1946	***1-1***	連合軍，ヴェネツィア・ジュリア地方を除いて北イタリアの施政権をイタリアに返還。***5-9*** 国王ヴィットーリオ・エマヌエーレ3世退位してエジプトに亡命。***6-2*** 政体決定の国民投票と制憲議会選挙を同時に実施。***6-18*** 国民投票の最終結果により共和政イタリアが成立。***6-22*** 追放処分のファシスト多数に恩赦。***6-25*** 制憲議会，共和政憲法の作成作業開始。***6-28*** 制憲議会，臨時大統領に自由主義者デ・ニコーラ選出(***7-1*** 就任)。***7-13*** キリスト教民主，共産，社会3党を中心とする第2次デ・ガスペリ内閣成立。***12-26*** ネオ・ファシスト党「イタリア社会運動」結成
1947	***1-5～15***	デ・ガスペリ首相訪米。***1-9～11*** 社会党第25回大会，サーラガトら右派分裂して「イタリア勤労者社会党」結成。***2-10*** パリ講和条約。***3-25*** 制憲議会，ラテラーノ協定に基づく国家と教会の関係を憲法に規定することを共産党の支持で決定。***5-1*** シチリアの反乱者ジュリアーノの一隊，パレルモ近郊のメーデー集会を襲撃して8人殺害。***5-31*** 共産・社会両党を排除した中道右派の第4次デ・ガスペリ内閣成立。***6-5*** マーシャル・プラン(ヨーロッパ復興計画)発表。***8-29*** 行動党解散し，社会党に合流。***12-22*** 制憲議会，憲法採択
1948	***1-1***	共和国憲法施行。***4-18*** 共和政最初の総選挙でキリスト教民主党勝利。***7-14*** 共産党書記長トリアッティ，右翼に襲撃され重傷，社会情勢緊迫。***7-26*** キリスト教民主党系労働者，イタリア労働総連合(CGIL)から離脱。***10-16～18*** キリスト教民主党系労働組合「自由イタリア労働総連合」結成
1949	***4-18***	下院，激しい論議ののち北大西洋条約加盟を承認。***5-11～15*** 社会党

		第28回大会で右派のロミータら分裂。***10-3～9*** イタリア労働総連合第2回大会で「労働計画」発表。***12-7*** ロミータら「統一社会党」結成
1950	***1-9***	モーデナの労働運動で6人射殺，シェルバ内相への批判強まる。***3-5*** 社会民主党系労働組合「イタリア労働連合(UIL)」結成。***3*** 南イタリアで未墾地の占拠広まる。***5-1***「自由イタリア労働総連合」，「イタリア勤労者組合連合(CISL)」に改組。***5-12*** シーラ山土地改革法公布。***7-5*** シチリアの反乱者ジュリアーノ，射殺体で発見。***8-10*** 南部開発公庫設立。***8-27*** 文学者パヴェーゼ自死。***10-21*** 暫定農地改革法公布
1951	***1-29～31***	第1回サンレモ音楽祭。***4-18*** ヨーロッパ石炭鉄鋼共同体条約調印。***5-1***「イタリア勤労者社会党」と「統一社会党」が合併して「イタリア社会民主党」結成。***11-14*** ポー川氾濫でポー平野に被害
1952	***5-9***	トリエステ自由地区に関する米英伊3国会議。***6-20*** ファシスト党再建を禁ずる法公布。***10-21*** 政府，総選挙で得票率50%以上に達した政党あるいは政党連合が385議席(全議席の65.3%)を獲得できる選挙法案を上程
1953	***1-21***	下院，大混乱のなかで選挙法可決。***2-10*** 全国炭化水素公社(ENI)設立。***6-7～8*** 共和政第2回総選挙，与党連合得票率48.95%にとどまる。***7-28*** 下院，第8次デ・ガスペリ内閣を信任せず。***8-17*** キリスト教民主党ペッラ首班の実務者内閣成立。***11-4～6*** トリエステの帰属をめぐって情勢緊迫
1954	***1-3***	公営テレビ放映開始。***2-10*** シェルバ中道内閣成立。***6-26～29*** キリスト教民主党第5回大会でファンファーニ派が多数。***7-16*** ファンファーニ，同党書記長に就任。***10-5*** トリエステ問題に関して米英伊とユーゴスラヴィア4国間で合意
1955	***1-8***	予算相ヴァノーニ，経済発展10カ年計画を発表。***3-10*** フィアット社，大衆乗用車「600」を発表。***5-21*** 高速道路建設10カ年計画法公布。***10-14*** イタリア，国際連合加盟
1956	***4-25***	憲法裁判所第1回審理。***10-4*** 社会党，共産党との行動統一協定を協議協定にゆるめる。***10-23*** ハンガリー事件発生。***10-29*** ハンガリー事件を反革命とする党指導部を批判する共産党知識人101名のアピール。***11-26*** 反共秘密防衛組織「グラーディオ」設置に関するイタリアとアメリカ合衆国の秘密情報機関の協定(90年10月に明るみにでる)。***12-8～14*** 共産党第8回大会，構造改革路線と社会主義へのイタリアの道を提唱。***12-22*** 国家持株省設置
1957	***3-25***	ヨーロッパ経済共同体条約調印。***7-2*** フィアット社，新車「500」を発表
1958	***1-1***	ヨーロッパ経済共同体(EEC)発足。***3-24*** 最高司法会議設置法公布
1959	***3-14***	聖女ドロテーア修道院で開いたキリスト教民主党派閥集会で最大派閥「ドロテーア派」誕生。***3-16*** ドロテーア派のモーロ，党書記長に選出される。***5-25*** イギリスの日刊紙『デイリー・メイル』がイタリアの経済成長を「経済の奇跡」と表現
1960	***3-25***	タンブローニ首班のキリスト教民主党単独内閣成立。***4-8*** ネオ・ファシスト党「イタリア社会運動」の賛成で内閣信任案可決。***6-28*** 反ファシズム諸勢力，ジェノヴァで開催予定の「イタリア社会運動」全国大

		会に反対して同市で大集会。このあとイタリア各地で反ファシズム運動激化。***7***-*26* 第3次ファンファーニ内閣成立。***8***-*25* ローマ・オリンピック開会
1961	***2***-*10*	ファシズム期に制定された国内移住の制限措置を撤廃する法公布。この時期，南イタリアから北イタリア都市への移住の大きな波
1962	***1***-*26*～***2***-*1*	キリスト教民主党第8回大会でモーロ書記長，中道左派路線を提唱。***2***-*21* 社会民主党・共和党を加えた第4次ファンファーニ内閣成立。***3***-*23* 障害・老齢年金の30%引上げと小学校教科書の無料化を閣議決定。***6***-*18* 社会党の要求していた電力産業国有化法案を閣議決定。***7***-*7* トリーノの憲法広場でフィアット労働者らと警官隊の衝突，組合の統制を越えた自立的労働運動の始まり。***10***-*11* 第2回ヴァティカン公会議開催。***10***-*27* 炭化水素公社(ENI)会長マッテイ，原因不明の飛行機事故で死亡。***11***-*27* 下院で電力産業国有化法可決
1963	***4***-*10*	教皇ヨハネス23世，平和問題に関する回勅。***4***-*28*～*29* 総選挙。***10***-*25*～*29* 社会党第35回大会，議論のすえキリスト教民主党との連立内閣の方針が多数を占める。***12***-*4* 中道左派内閣成立(首相モーロ，副首相ネンニ)
1964	***1***-*13*	連立反対の社会党左派グループ，プロレタリア統一社会党結成。***8***-*21* 共産党書記長トリアッティ，保養先のヤルタで死亡。***10***-*29* 市内電話業務を統合したイタリア電話事業会社(SIP)設立
1965	***7***-*15*	モンブランのトンネル(自動車道路)開通式
1966	***5***-*22*	戦後はじめて夏時間導入。***7***-*7* エディソン社とモンテカティーニ社の大型合併でモンテーディソン社誕生。***10***-*30* 社会党と社会民主党が合併して統一社会党成立。***11***-*4* アルノ川の氾濫でフィレンツェに被害
1967	***2***-*7*	ピーサ大学占拠。***2***-*9* トリーノ大学人文学部占拠。***5***-*16* 文相グーイの大学改革案に反対して諸大学占拠。このあと学生の闘争続く
1968	***1***	年初から学生の大学占拠闘争さらに激化。***8***-*25*～*29* ヴェネツィア映画祭への異議申し立てと対抗映画祭。***10***-*23* 統一社会党第1回大会で党名を社会党に変更
1969	***7***-*2*	社会民主派，社会党から離脱。春～秋，新左翼諸派活発化し労学提携強まる。***7***-*3* トリーノで激しい街頭闘争。秋，各産業部門の労働協約改訂闘争で「熱い秋」と呼ばれる社会状況。***11***-*25* 共産党中央委員会，「マニフェスト」グループを除名。***12***-*12* ミラーノ中心街の銀行で極右グループの爆弾により16人死亡。「緊張の戦略」始まる。***12***-*15* 銀行爆破で誤逮捕されたアナーキスト，ミラーノ警察署で死亡
1970	***5***-*16*	「州」設置法により新たに15州が成立。***5***-*20*「労働者憲章」制定。***5***-*25* 憲法に定められた国民投票制度(レフェレンダム)設置。***6***-*7*～*8* 第1回州議会選挙。***7***-*21* リビア政府，イタリア人入植者の追放と財産没収。***11***-*5* 中国と国交回復。***12***-*1* 長い審議のすえ，下院で離婚法可決成立
1971	***3***-*17*	憲法裁判所，刑法(31年制定)のいくつかの条文を違憲と判断。***12***-*18* 先進国の多角的通貨調整(スミソニアン協定)でリラ7.48%切上げ
1972	***2***-*17*	キリスト教民主党単独の第1次アンドレオッティ内閣成立。***3***-*13*～*17* 共産党第13回大会，書記長にベルリングェル選出。***3***-*14* 出版社主フ

		ェルトリネッリ，ミラーノ近郊の高圧線鉄塔下で遺体で発見。***5-17*** 先の誤逮捕アナーキストの取調べ官である警視カラブレージ，射殺される。***7-13*** プロレタリア統一社会党第4回大会，党を解散して共産党に合流。***12-15*** 良心的徴兵忌避を認める法制定
1973	***1-22***	リラ二重為替相場制(金融リラの変動制)導入，このあとリラの下落続く。***7-8*** 中道左派政権に復活した第4次ルモール内閣成立。***7-24*** 政府，インフレ抑制のため主要食料品価格を3カ月凍結する措置。***8-28*** ナポリでコレラ発生。***9-28*** 共産党書記長ベルリングェル，キリスト教民主党との歴史的妥協を提唱。***11-23*** 政府，経済情勢の悪化と石油危機に対処するため消費抑制の諸措置
1974	***5-12***	離婚法廃止請求の国民投票で廃止反対59.3%。***5-28*** ブレッシャの組合集会で右翼の爆弾により8人死亡。***8-4*** 右翼による国際列車の爆破(ボローニャ近く)で12人死亡。***10-9*** フィアット社，従業員65,000人のレイ・オフ(一時解雇)を発表，労働組合強く反発。***10-30*** 週40時間から24時間に操業短縮することで労使合意。***11-13*** 家族法改正を要求する女性の大規模デモ。***12-13*** 文化財・環境保護省設置。***12*** 前年度比物価上昇率20%超
1975	***1-25***	工業総連盟と3大労組の間で賃金の物価スライド制を協定。***3-8*** 選挙権を20歳から18歳に引下げ。***4-11*** イタリア放送協会(RAI)の管理が政府から議会に移行，チャンネルの政党別割当てが生じる。***4-22*** 夫婦間の法的な同等の権利などを認めた家族法制定。***5-21*** 治安維持法(法相の名をとってレアーレ法)制定。***6-15*** 州・県・市町村議会選挙で共産党躍進，こののちトリーノとナポリで共産党市長誕生。***7-12*** イタリアとスペインの共産党首脳会談でユーロ・コミュニズム路線。***10-1*** ユーゴスラヴィアとのオージモ条約で国境線確定。***11-2*** 作家・映画監督パゾリーニ不慮の死
1976	***1-14***	日刊紙『ラ・レプッブリカ』創刊。***1-20*** リラ防衛のため外国為替市場を閉鎖。***2-5*** 政界にロッキード汚職の疑惑。***6-20～21*** 総選挙で共産党の進出と社会党の退潮。***7-10*** 化学工場の爆発事故でミラーノ北方の町セーヴェゾが毒ガス汚染。***7-13～15*** 社会党中央委員会で新書記長にクラクシ選出。***7-29*** キリスト教民主党単独第3次アンドレオッティ内閣成立。***10-14*** モーロ，キリスト教民主党党首に就任。***10-30～11-4***「ロッタ・コンティーヌア(継続闘争)」解散大会
1977	***1-21***	下院，人工妊娠中絶法案可決。***3-5*** ローマで「アウトノミーア(自立派)」運動と警官隊衝突。***3-11*** ボローニャで「アウトノミーア」運動と警官隊衝突。***6-7*** 上院，人工妊娠中絶法案否決。***6-10*** 女性の抗議デモ。***9-23～25*** ボローニャで議会外左翼運動の大集会。***10-24*** 秘密情報機関の再編成
1978	***1-16***	アンドレオッティ内閣総辞職。***2-28*** モーロ党首，共産党と政策提携した内閣の形成を唱える。***3-8*** 主要5政党の政策協議で国民連帯政府の形成に合意。***3-11*** 共産・社会・社会民主・共和4党の閣外協力による第4次アンドレオッティ内閣成立。***3-16*** 赤い旅団，護衛5人を射殺してモーロ誘拐。***5-9*** モーロ殺害。***5-13*** 精神科医バザーリアの実践に基づいて精神医療制度を抜本的に改革する法公布。***5-29*** 上院，

	人工妊娠中絶法案可決。*6-6* 人工妊娠中絶法公布。*7-9* 社会党のペルティーニ，大統領就任。*12-12* ヨーロッパ通貨制度(EMS)への参加をめぐって政府と共産党の不一致。*12-23*「全国保健サーヴィス」制度の成立(79.*1* 施行)
1979	*1-31* 共産党，与党連合から離脱してアンドレオッティ内閣総辞職。*3-13* ヨーロッパ通貨制度発足。*3-21* キリスト教民主・社会民主・共和3党連立第5次アンドレオッティ内閣成立。*3-31* 上院，1票差で内閣信任案否決。*4-2* 議会解散。*4-7* ネーグリら「労働者自立運動」の指導者16人逮捕。*6-3〜4* 総選挙実施。*8-5* キリスト教民主・社会民主・自由3党連立コッシーガ内閣成立。*10-8* フィアット社，過激派労働者61人解雇。*12-7* 全国炭化水素公社(ENI)の汚職発覚。*12-14* テロ対策政令(処罰強化の一方で捜査当局に協力する改悛者の罪を減ずる措置，のち法制化)
1980	*2-12* 赤い旅団，ローマ大学構内で最高司法会議副会長バシュレを射殺。*2-18* 赤い旅団幹部ペーチ逮捕，改悛して捜査当局に協力。*4-4* キリスト教民主・社会・共和3党連立第2次コッシーガ内閣成立，社会党は6年ぶりの政権復帰。*6-27* ウースティカ島近くで旅客機墜落して81人死亡，不透明な事故原因調査。*7-3* 政府，緊急経済対策令。*8-2* 右翼のボローニャ駅爆破で85人死亡。*9-10* フィアット社，14,469人の解雇発表，労働者側ストライキに突入して全面対決。*9-17* 緊急経済対策法案が下院で1票差で否決され，コッシーガ内閣総辞職。*9-30* フィアット社，23,000人にレイ・オフ(一時解雇)通告。*10-14* スト反対の管理職・市民4万人行進。*10-15* 労働組合，スト解除。*10-18* フォルラーニ内閣成立。*11-23* 南イタリア大地震
1981	*3-22* インフレ率21%に達し，リラの為替レートを6%引き下げ，公定歩合2.5%引き上げて19%とする措置。*4-4* 赤い旅団最高幹部モレッティ逮捕。*5-20* フリーメーソン「ロッジP2」に加盟の政・財・軍・警察・メディア関係962人のリスト公表。*5-26* この事件でフォルラーニ内閣総辞職。*6-28* 共和党スパドリーニ首班の5党連立内閣成立。*7-7* 株価20%暴落でミラーノ株式取引所閉鎖(13日再開)。*8-7* シチリア島コーミゾに巡航ミサイル基地設営の閣議決定。このの ち反戦運動強まる
1982	*4-30* マフィア，共産党シチリア州書記長ラ・トッレ暗殺。*6-1* 工業総連盟，物価スライド制廃止の方針を通告，労働者側強い反発。*6-18* 元アンブロジァーノ銀行頭取カルヴィ，ロンドンのテムズ川にかかる橋で不審死。*7-11* サッカー・ワールドカップ・スペイン大会でイタリア優勝。*9-3* マフィア，パレルモ県知事ダッラ・キエーザ夫妻と護衛を射殺。*9-11* ラ・トッレの準備していた反マフィア法，議会で可決。*11-13* 財務相(社会党)と国庫相(キリスト教民主党)の不一致でスパドリーニ内閣総辞職
1983	*1-22* 物価スライド手当15%削減で労使合意。*6-27〜28* 総選挙。*7-8* 急進党候補者リストで当選したネーグリ，議員免責特権で釈放される。*8-4* 社会党クラクシ首班の5党連立内閣成立。*9-21* ネーグリ逮捕請求を議会承認，ネーグリはフランスに脱出。*11-16* 議会，巡航ミサイル受入れを承認。反戦運動さらに強まる

1984	***2-14***	政府，インフレ抑制のための財政諸措置，物価スライド手当をさらに削減する措置に共産党と同党系労働組合強く反発。***2-18*** カトリックを国教とする規定を削除した新政教協約を政府と教皇庁の間で締結。***4-12*** ロンバルディーア同盟結成。***6-7*** 議会，物価スライド手当削減を承認。***6-11*** 共産党書記長ベルリングェル急死。***9-29*** パレルモ裁判所，元マフィア幹部ブシェッタの捜査協力に基づいてマフィア容疑者366人に逮捕状。***10-23*** 自営業への徴税強化策に抗議して商店一斉休業。***12*** 環境保護グループ(78年以来「緑の党」候補者リストで地方選挙に参加)第1回全国会議
1985	***6-9***	物価スライド手当削減法廃止請求の国民投票で廃止反対54.3%。***7-20*** リラ・レート急落で，ヨーロッパ経済共同体(EEC)通貨委員会はリラの6%引下げと他国通貨の2%引上げを実施。***10-7*** イタリア客船，パレスティナ解放戦線メンバー4人にシージャックされる。***10-9*** パレスティナ解放機構(PLO)の仲介で犯人投降。このあと犯人の取扱いをめぐってイタリアとアメリカ合衆国の外交摩擦
1986	***2-10***	パレルモで被告475人のマフィア大裁判始まる。***5-2*** チェルノブイリ原子力発電所事故(***4-26***)による原子力汚染伝播。***5-28*** 与党5党書記長会談で政策協議と政権禅譲の合意。***9-28*** 南イタリアに広がった保健サーヴィス制度悪用の医療費不正請求を摘発
1987	***3-3***	クラクシ内閣総辞職。***4-18*** 第6次ファンファーニ選挙内閣成立。***5-23*** 教員底辺委員会(COBAS)，労働協約改訂に関して政府との直接交渉を要求する4万人デモ。***6-14*** 総選挙実施，共産党減少し社会党上昇。***11-17*** 財政政策に抗議して年金受給者20万人デモ。***12-14***「イタリア社会運動」第15回大会で書記長にフィーニ就任。***12-16*** マフィア大裁判判決で被告456人のうち有罪342人(終身刑19人)，無罪114人
1988	***4-13***	キリスト教民主党デ・ミータ首班，5党連立内閣成立。***5-7*** 教員底辺委員会，労働組合と同席して労働協約改訂交渉に参加。***5-20*** 全国炭化水素公社(ENI)とモンテーディソン社の共同出資で石油化学会社エニモント設立の方針(89.***1-1*** 発足)。***7-28***「ロッタ・コンティーヌア(継続闘争)」の元指導者ソフリら3名，72年5月に起こった警視カラブレージ殺害のかどで逮捕。のち裁判が繰り返されて有罪が確定するが，冤罪とする見方が圧倒的
1989	***4-1***	医療費有料化のための「チケット」制導入の政令。***4-14*** キリスト教民主党のパレルモ市長オルランド，市政一新のため共産党など左派と結んだ市行政の試み。***5-10***「チケット」制に反対して3大労組ゼネスト。***11-9*** スローフード宣言。ベルリンの壁崩壊。***12-4***「北部同盟」誕生
1990	***2-22***	キリスト教民主党と社会党の巻返しでパレルモ市長オルランドの実験失敗。***2-28*** 議会，移民受入れに関する法(副首相の名をとって通称マルテッリ法)可決。***3-7〜11*** 共産党第19回大会でオッケット書記長提案の新党結成の方針採択。***5-23*** クラス担任制を廃止して2クラスを3人の教員が輪番で担当する小学校教育改革法制定。***10-18*** 反共秘密防衛組織「グラーディオ」(56.***11*** 設置)の存在明るみにでる
1991	***1-24***	オルランド，「民主運動ネットワーク」結成。***1-31〜2-4*** 共産党第20回大会で解党して新党「左翼民主党」結成。少数派は12月15日に「共産

		主義再建党」結成大会。***2**-8～9*「北部同盟」結成大会，書記長にボッシ選出。***3**-3* この前後アルバニア難民多数，プッリア沿岸に到着。***3**-20* 男女平等促進法制定。***8**-6* アルバニア難民約２万人，プッリア沿岸に到着，４日後から強制送還。***9**-13* アルバニアと経済援助協定結ぶ。***10**-26* 反マフィア特別検察局設置。***11**-3* コッシーガ大統領と最高司法会議の対立続き，司法権の介入に抗議する司法官の全国スト
1992	***2**-7*	ヨーロッパ連合(EU)条約(マーストリヒト条約)調印。***2**-17* 社会党ミラーノ市幹部，収賄容疑で逮捕。「清い手」と呼ばれることになるミラーノ検察チームの汚職捜査始まる。***3**-12* ヨーロッパ議会議員リーマ(シチリアのアンドレオッティ派幹部)，パレルモでマフィアに殺害される。***4**-5～6* 総選挙実施，「北部同盟」下院で55議席獲得。***5**-23* マフィア大裁判の立役者だった法務省刑事局長ファルコーネ夫妻と護衛警官３名，マフィアに爆殺される。***6**-28* 社会党アマート首班，４党連立内閣成立。***7**-10* 政府，預貯金課税などによる財政赤字削減策発表。***7**-19* マフィア捜査でファルコーネの同僚だったボルセッリーノ判事と護衛警官５人，マフィアに爆殺される。***9**-17* 政府，リラ下落でヨーロッパ通貨制度の為替相場メカニズム(ERM)からの離脱および社会保障費抑制などの財政赤字削減策発表
1993	***1**-1*	ヨーロッパ共同体統一市場発足。***1**-15* 潜伏23年のマフィア首領リイーナ逮捕。***2**-11* クラクシ，汚職容疑で社会党書記長辞任。***2**-21* 政財界の汚職捜査広がり，内閣改造。***3**-25* 県・市町村首長の選出を住民の直接選挙とする法制定。***3**-27* パレルモ検察庁，マフィア関与容疑でアンドレオッティ前首相の議員免責特権剥奪を請求。***4**-18* 国民投票で上院選挙法の改正や国家持株省の廃止など決まる。***4**-22* 汚職捜査拡大でアマート内閣総辞職。***4**-28* イタリア銀行総裁チャンピ首班の超党派内閣成立。***8**-3* 下院定数630のうち75%(475)を小選挙区，25%(155)を比例区で選出する併用方式の選挙法成立。***11**-1* マーストリヒト条約発効，ヨーロッパ連合(EU)発足
1994	***1**-13*	チャンピ内閣総辞職。***1**-17* 議会解散。***1**-22* キリスト教民主党解党して「イタリア人民党」結成。右派は「キリスト教民主センター(CCD)」結成。同日，「イタリア社会運動」書記長フィーニ，右翼勢力連合体の「国民同盟」結成を表明。***1**-26* 企業グループ「フィニンベスト」総帥ベルルスコーニ，左派の進出阻止のため政界入りを表明。***2**-3*「左翼民主党」など８党，「進歩」連合の名で選挙協定。***2**-6* ベルルスコーニ，「フォルツァ・イタリア(がんばれイタリア)」の結成を表明。***2**-10*「フォルツァ・イタリア」，「北部同盟」および「国民同盟」と個別に選挙協定。***3**-27～28* 総選挙実施，「フォルツァ・イタリア」を中心とする右派連合が勝利。***5**-11* 右派連合のベルルスコーニ内閣成立。***6**-13*「左翼民主党」書記長オケット辞任。***7**-1* 新書記長にダレーマ選出。***9**-27* 政府，保健医療費削減と年金改革を盛り込んだ95年度予算案提出。***11**-12* 年金改革案に対する戦後最大規模のデモ。***11**-13* 社会党第47回大会で解党。***12**-6* 汚職捜査の立役者ディ・ピエトロ，検事辞任。***12**-22* 閣内不一致と首相本人の贈賄容疑でベルルスコーニ内閣総辞職

1995	***1-17*** ディーニ専門家内閣成立。***1-27***「イタリア社会運動」第17回大会で解散し，新党「国民同盟」結成。***2-13*** 元産業復興機構(IRI)総裁プローディ，中道左派連合「オリーヴの木」結成を提唱。「左翼民主党」賛同。***3-8*** 人民党分裂し内紛続く。***6-24*** 人民党右派，「統一キリスト教民主主義(CDU)」結成。***8-4*** 年金改革法制定，年金額を現役時代の報酬額を基準に算定する「報酬額方式」から現役時代の納付額を基準に算定する「納付額方式」に変更。***9-26*** パレルモでアンドレオッティ裁判始まる。***12-7*** プローディ，「オリーヴの木」プログラム発表
1996	***2-14*** 女性運動の長年の要求の「性暴力に対する法」成立。***4-21*** 総選挙実施，中道左派連合「オリーヴの木」辛勝。***5-17*** 共産主義再建党の閣外協力でプローディ内閣成立。***9-13～15*** 北部同盟，「パダーニア共和国」の独立を宣言してポー川デモ。***11-24*** ヨーロッパ通貨統合参加を目標にリラ高水準で為替相場メカニズムに復帰
1997	***7-1*** フランスから14年ぶりに帰国のネーグリ，ただちに収監。***9-26*** 中部イタリア地震でアッシジのサン・フランチェスコ聖堂の壁画損傷。***10-9*** 共産主義再建党の98年度予算案拒否の姿勢で，プローディ首相辞表提出。***10-13*** 労働時間を2001年度に週35時間に短縮する合意でプローディ首相続投決まる。***10-20*** テレコム・イタリア(イタリア通信・電話公社)民営化
1998	***2-8*** 旧社会党系諸派で「イタリア民主社会党」結成。***2-14***「左翼民主党」と中道左派系小党が合同して「左翼民主主義者」となる。***3-21*** 元検事ディ・ピエトロが政治団体「価値あるイタリア」結成。***5-1*** イタリアの通貨統合(単一通貨ユーロ)への参加承認。***7-2*** 前大統領コッシーガ，中道政党「共和国民主連合(UDR)」結成。***10-9*** 共産主義再建党主流派の閣外協力撤回で，プローディ内閣信任投票1票差で否決。***10-11*** 共産主義再建党から分離したグループ，「イタリア共産主義者党」結成。***10-21***「左翼民主主義者」書記長ダレーマ首班，中道左派内閣成立。***12-22*** 政府・経営者団体・労働組合3者間で「雇用と開発のための社会協定」を結ぶ
1999	***1-1*** ヨーロッパ単一通貨「ユーロ」導入。***5-13*** 大統領に国庫相チャンピ選出。***5-20*** 赤い旅団，労働法学者・労働相顧問ダントーナ暗殺。***10-23*** パレルモ地裁でアンドレオッティ無罪判決
2000	***1-13～15***「左翼民主主義者」第1回大会。***1-19*** 国外逃亡中のクラクシ，チュニジアで病死。***4-16*** 州首長選で中道左派連合，15州のうち7州でのみ勝利。***4-17*** 地方選敗北の責任をとってダレーマ首相辞任。***4-26*** 第2次アマート内閣成立。***6-28*** 産業復興機構(IRI)解散。***7-1～9***「大聖年」行事中のローマで世界ゲイプライド大会。***7-20***「記憶の日(1月27日)」制定法公布。***10-18***「民主主義者」(プローディ・グループ)と「人民党」などで政治団体「マルゲリータ」結成
2001	***5-13*** 総選挙実施，「フォルツァ・イタリア」を中心とする右派連合「自由の家」が大勝。***6-11*** 第2次ベルルスコーニ内閣成立(「国民同盟」フィーニが副首相，「北部同盟」ボッシが制度改革相)。***7-20～22*** ジェノヴァで開催のサミット(主要国首脳会議)に対する抗議行動デモで1名射殺。

		10**-14* 第40回ペルージャ-アッシジ平和行進に20万人参加。11**-7* 議会，アフガニスタンへのイタリア軍派兵承認
2002	***1**-7*	裁判官買収容疑の被告ベルルスコーニと側近弁護士プレヴィティの裁判官忌避請求で，政府と司法界の対立深まる。***2**-2* 映画監督モレッティ，「オリーヴの木」の集会で同派指導部を批判。***3**-14* 雇用保障に関する「労働者憲章18条」の修正案を閣議決定。***3**-19* 赤い旅団，福祉・労働相顧問ビアージ暗殺。***3**-23*「労働者憲章18条」改悪に反対する300万人(主催者発表)デモ。***3**-24*「民主主義者」(プローディ・グループ)と「人民党」が合同して政党「マルゲリータ」結成，党首にルテッリ選出。***6**-20* 政府の司法改革に反対する全国司法官協会スト。***7**-11* 指紋押捺の義務化や強制排除を定めた移民対策法(ボッシ＝フィーニ法)成立。***11**-5* 下院，被告が進行中の裁判を別の裁判所に移す請求のできる条項を加えた刑事訴訟法改正案(通称チラーミ法)を可決。***11**-5～9* フィレンツェで新自由主義・戦争・人種主義に反対するヨーロッパ社会フォーラム開催。***12**-6* 与党連合の一角を占める「キリスト教民主センター(CCD)」と「統一キリスト教民主主義(CDU)」が合併して「キリスト教民主中道連合(UDC)」結成，書記長フォッリーニ
2003	***1**-28*	破毀院(最高裁)，ベルルスコーニとプレヴィティによるミラーノ地裁からブレッシャ地裁への裁判移行請求を却下。***4**-15* 議会，イラクへのイタリア軍派遣を承認。***6**-18* 大統領・首相・上下両院議長・憲法裁判所長官の5名は在任中の刑事訴追をまぬがれ，係争中の裁判は凍結するという「免責特権・裁判凍結法」を下院可決。***12**-2* メディア所有規制を緩和する「メディア法(通称ガスパッリ法)」成立。***12**-15* チャンピ大統領，「メディア法」に署名せずに再議を求めて両議院に差し戻す。***12**-23* ベルルスコーニ所有のメディアを保護する緊急政令
2004	***1**-9*	哲学者ボッビオ没。***1**-13* 憲法裁判所，「免責特権・裁判凍結法」に違憲判決。***4**-20* 憲法裁判所，移民対策法(ボッシ＝フィーニ法)中の強制排除条項を違憲判決。***4**-29* 野党の激しい抵抗ののち「メディア改革法(新ガスパッリ法)」成立。***7**-29* 徴兵制廃止を議会承認(05年から軍隊は職業軍人で編成)。***11**-23* 司法改革案に反対する司法官・弁護士の終日スト。***12**-1* 法相に強い権限を認める司法改革法を議会可決。***12**-16* チャンピ大統領，司法改革法に署名せずに再議を求めて両議院に差し戻す。***12**-10* ベルルスコーニの贈賄罪裁判で1件時効，1件無罪の判決
2005	***1**-28*	財政赤字が国内総生産(GDP)比3％を超す見込み。***2**-10* 中道・左派9政党の選挙連合の名称「ウニオーネ(連合)」に決まる。***2**-26*「左翼民主主義者」や「マルゲリータ」など中道左派4党で「オリーヴの木連合」結成。***4**-20* 与党連合の内紛でベルルスコーニ首相辞任。***4**-23* 主要閣僚留任の第3次ベルルスコーニ内閣成立。***7**-20* 司法制度改革法成立。***9**-13* 与党連合，比例代表制に戻す選挙法改正案提出。***10**-16*「ウニオーネ」の首相候補を選ぶ全国予備選でプローディ指名。***10**-25* 新教員任用制度を導入した大学改革法成立。***11**-16* 地方分権推進(連邦制)と首相権限強化をはかる憲法改正法成立(ただし議会賛成票3分の2以下のため憲法改正には国民投票が必要)。***12**-14* 比例代

		表制を復活し，最多得票の政党ないし政党連合にボーナス議席を与え，得票率２％(上院は３％)以下の小政党には議席を配分しない選挙法成立。***12-19*** 銀行買収不正介入で終身任期職のイタリア中央銀行総裁ファツィオが引責辞任
2006	***2-10***	トリーノ冬季オリンピック開幕。***4-9〜10*** 総選挙実施，中道・左派連合「ウニオーネ」と中道・右派連合「自由の家」の得票僅差。***4-14*** 潜伏43年のマフィア首領プロヴェンツァーノ逮捕。***4-19*** 破毀院(最高裁)，確定得票を発表して「ウニオーネ」が勝利。***5-10*** 大統領に「左翼民主主義者」所属のナポリターノ選出。***5-17*** 中道・左派９党連立第２次プローディ内閣成立。***5-30*** タクシー・薬局などの規制緩和を閣議決定，こののち関連業界の抗議スト続く。***6-29*** 憲法改正を問う国民投票で反対61.3%。***7-9*** サッカー・ワールドカップ・ドイツ大会４回目優勝。***7-28*** 与党連合最左派の反対でもめたアフガニスタン駐留延長を上院で承認。***7-29*** 閣内不統一のまま恩赦法成立。***9-21*** イラクにおけるイタリア軍任務終了，年内に完全撤退。***9-22*** 通信会社「テレコム・イタリア」の組織的盗聴が発覚し，盗聴規制の緊急政令。***12-1*** 政府，アリタリア航空の保有株売却を表明
2007	***2-8***	同性婚を含む事実婚カップルに通常婚夫婦と同等の資格を認める「共同生活に関する権利と義務(DICO)」法案を閣議決定，カトリック系の「ヨーロッパ民主連合(UDEUR)」所属のマステッラ法相は閣議欠席。***2-21*** アフガニスタン駐留継続の外交方針が上院で否決され，プローディ首相，一時辞任表明。***4-19〜22***「左翼民主主義者」第４回大会で「マルゲリータ」と合同して中道左派政党「民主党」結成を決める。***10-14***「民主党」の党首指名全国選挙でローマ市長ヴェルトローニを選出。***10-27***「民主党」結成大会。***10-30*** 犯罪歴のある移民の国外退去処分を可能とする政令。***12-9〜10***「共産主義再建党」「イタリア共産主義者党」「緑の党」などで左派連合「左翼の虹」結成
2008	***1-21***	「ヨーロッパ民主連合」が与党連合から離脱。***1-24*** 上院で内閣信任投票が５票差で否決され，プローディ内閣総辞職。***2-6*** 議会解散。***4-13〜14*** 総選挙実施，「フォルツァ・イタリア」と「国民同盟」の連合体「自由人民」およびそれと選挙提携した「北部同盟」の右派勢力が勝利。***5-8*** ベルルスコーニ第４次内閣成立

(制作協力者：榊原康文)

■ 参考文献

I　イタリア史全体に関するもの

(1)　清水廣一郎・北原敦編『概説イタリア史』有斐閣選書　1988

(2)　クリストファー・ダガン，河野肇訳『イタリアの歴史』創土社　2005

(3)　ジュリアーノ・プロカッチ，斎藤泰弘・豊下楢彦訳『イタリア人民の歴史』全2巻　未来社　1984

(4)　Pierre Milza, *Histoire de l'Italie*, Paris, Fayard, 2005.

(5)　George Holmes (ed.), *The Oxford Illustrated History of Italy*, Oxford University Press, 1997.

(6)　John A. Davis (dir.), *The Short Oxford History of Italy*, 6 vols., Oxford University Press, 2000-05.

(7)　Denys Hay (dir.), *Longman History of Italy*, 8 vols., London/New York, Longman, 1980-2004.

(8)　Franco Della Peruta e al. (dir.), *Storia della società italiana*, 25 voll., Milano, Teti, 1980-90.

(9)　Giuseppe Galasso (dir.), *Storia d'Italia*, 23 voll., Torino, UTET, 1979-95.

(10)　Giuseppe Galasso, *L'Italia come problema storiografico*, Torino, UTET, 1979.

(11)　Ruggiero Romano e Corrado Vivanti (dir.), *Storia d'Italia*, 5 voll., Torino, Einaudi, 1972-76.

(12)　Ruggiero Romano e Corrado Vivanti (dir.), *Storia d'Italia*, Vol. 1, *I caratteri originali*, Torino, Einaudi, 1972.

イタリア史について，古代はローマ史に包摂させ，イタリア史としての記述を西ローマ帝国の崩壊以降から始める研究書が多い。また，6世紀半ばから19世紀半ばまでの1300年間，イタリアは政治的に分裂してつねに複数の国家に分かれていたので，イタリア史は実際にはイタリア内の各国史として記述されることになる。(1)は各時代の主要テーマを中心とした概説。(2)はケンブリッジ大学出版会の各国史シリーズの1巻。(3)の原書の出版は1968年で，解釈にやや古くなった部分があるが，多くの国で翻訳されてい

る名著。(4)はローマ以前から2000年までのイタリア史をひとりで執筆した最新の通史。(5)は図版を多く入れて，各時代ごとに専門分野の歴史家が執筆しているスタンダードな通史。(6)〜(11)はシリーズもので，個々の巻については該当する章にあげてある。(6)のオクスフォード版が時代別の各巻をそれぞれ10人前後で分担執筆しているのに対して，(7)のロングマン版は各巻とも原則ひとりの執筆である。(8)のテーティ版「イタリア社会の歴史」は年代順に配列された各巻ごとの論文集の形式をとるが，(9)のウテット版「イタリア史」はイタリア内諸地域の各国史として編集され，各巻をひとりあるいは少人数の歴史家が担当する専門度の高いシリーズである。(10)はその第1巻で，古代から現代にいたるまでイタリア史がどのように理解されてきたかを検討する。(12)は(11)のエイナウディ版「イタリア史」の第1巻で，イタリア史の諸性格を多角的に論じた密度の濃い論文集である。

II　各章に関するもの

第1章　イタリアと都市ローマ

(1)　エイナル・イェシュタード，浅香正訳『ローマ都市の起源』みすず書房　1983
(2)　平田隆一『エトルスキ国制の研究』南窓社　1982
(3)　エルンスト・マイヤー，鈴木一州訳『ローマ人の国家と国家思想』岩波書店　1978
(4)　*The Cambridge Ancient History*, VII Part 2, *The rise of Rome to 220 B.C.*, Cambridge University Press, 1989.
(5)　Timothy J. Cornell, *The Beginnings of Rome. Italy and Rome from the Bronze Age to the Punic War (c.1000-264 BC)*, London, Routledge, 1995.
(6)　Timothy W. Potter, *Roman Italy*, London, British Museum, 1987.
(7)　Mario Torelli, *The Etruscans*, London, Thames & Hudson, 2001.

先史から古代末期までのイタリアを通観したのが(6)で，たんなる概説的歴史ではなく，考古学の知見も豊富に利用した古代イタリアのパノラマ，とでもいうべき書物。(5)は本格的概説書。王政期や共和政初期に関しては史料伝承を重視しており，批判もある。エトルスキに関しては(2)が，わが国のみならず欧米でも数少ない研究で，個別論文と概観部分が収められて役立つ。(7)はエトルスキ文化史総説として遺跡や壁画，遺物のカラー写真を多数掲載する。

都市ローマの初期の歴史については(1)が学説史的に重要。都市形成を遅いとみるその見解は，その後の研究で不利になりつつある。(4)が，イギリスの学者を中心とした，比較的新しく，信頼もおける総覧的ローマ初期共和政史，したがってその中心はイタリア，ということになる。共和政ローマの社会体制・政治・政治思想の教科書的な書物が(3)であったが，これも一部は新知見によって修正が求められる。第 2 章の(2)〜(6)で補われる。

第 2 章　イタリアの覇者

(1)　青柳正規『古代都市ローマ』中央公論美術出版　1990

(2)　石川勝二『古代ローマのイタリア支配』渓水社　1991

(3)　岩井経男『ローマ時代イタリア都市の研究』ミネルヴァ書房　2000

(4)　ポール・ヴェーヌ，鎌田博夫訳『パンと競技場——ギリシア・ローマ時代の政治と都市の社会学的歴史』法政大学出版局　1998

(5)　砂田徹『共和政ローマとトリブス制——拡大する市民団の編成』北海道大学出版会　2006

(6)　長谷川博隆『古代ローマの政治と社会』名古屋大学出版会　2001

(7)　長谷川博隆『古代ローマの自由と隷属』名古屋大学出版会　2001

(8)　弓削達『ローマ帝国論』吉川弘文館　1966

(9)　弓削達『地中海世界とローマ帝国』岩波書店　1977

(10)　吉村忠典『古代ローマ帝国の研究』岩波書店　2003

(11)　Peter A. Brunt, *Italian Manpower 225 B.C.-A.D. 14*, Oxford University Press, 1971.

(12)　Jérôme Carcopino, *Daily Life in Ancient Rome*, trans. by Emily O. Lorimer, Harmondsworth (U.K.), Penguin Books, 1975.

(13)　Michael Crawford, *The Roman Republic*, Glasgow, Williams Collins Sons & Co. 1978.

(14)　Michael Crawford, 'Italy and Rome from Sulla to Augustus', *The Cambridge Ancient History*, X, *The Augustan Empire 43 B.C.-69 A.D.*, Cambridge University Press, 1996, 414-433.

(15)　Furia Durando (ed.), *Ancient Italy. Journey in Search of Works of Art and the Principal Archaeological Sites*, Vercelli (Italy), White Star Publishers, 2001.

(16)　Catharine Edwards and Greg Woolf (eds.), *Rome the Cosmopolis*, Cambridge University Press, 2003.

⒄ Fergus G. B. Millar, *The Crowd in Rome in the Late Republic*, The University of Michigan Press, 1998.
⒅ Neville Morley, *Metropolis and Hinterland. The City of Rome and the Italian Economy 200 B.C.-A.D. 200*, Cambridge University Press, 1996.
⒆ Henrik Mouritsen, *'Plebs' and Politics in the Late Roman Republic*, Cambridge University Press, 2001.
⒇ Ronald T. Ridley, *History of Rome. A Documented Analysis*, Rome, L'Erma di Bretschneider, 1987.
(21) Edward T. Salmon, *Roman Colonization under the Republic*, London, Thames & Hudson, 1969.
(22) Edward T. Salmon, *The Making of Roman Italy*, London, Thames & Hudson, 1982.

⒇は，先史から後4世紀，コンスタンティヌス帝時代までにわたる，ローマ史研究ガイドブック。ローマの制度・政治について諸々のデータが図表化されていて便利。厳密さにおいて若干問題はある。イギリス学界を代表するクロフォードによる共和政ローマ＝イタリアの，社会史的概観を誌すのが⒀⒁で，史料の引用も巧みでおもしろく読める。わが国では，独自の観点からローマ史を論じた最初が弓削達であったが，⑻は，マルクスとヴェーバーの共同体論から共和政史をとらえ返し，イタリアの社会，とくに農業構造を中心に述べる。⑼は弓削がさらに独特の共同体論を構築してローマの地中海世界支配を論じたもので，イタリアは一時期高度な経済発展をとげ，地中海世界の支配共同体となったとされる。

都市ローマによるイタリア諸都市・諸種族支配の過程を実証的に示すのが(21)(22)。欧米の研究を受けて，とくに植民市に重点をおいて，これも史料を渉猟してまとめあげたのが⑵。⑽は，ローマによる支配を，帝国支配ととらえ，弓削とは異なり，現実のローマ人の行動，彼らと他民族との関係に焦点をあてる。⑶はローマ以外のイタリアの，主としてラテン都市そのものの制度・社会を考察している。

ローマ社会史の研究が1990年代から盛んになる。その先鞭をなすヴェーヌの『パンとサーカス』の邦訳が⑷で，有力市民による都市へのパトロン的施与行為＝エヴェルジェティズムがこれ以後，重要なキーワードとなった。共和政期の研究の中心はローマ市であり，また詳細なことがわかるのもローマ市についてなのであるが，この都市の民衆の研究は社会史の新し

い動向よりも早くから着目されていた。(17)(19)は人口100万に達した大都市の民衆市民の生き様の，現代大衆とは異なる特色を指摘している。日常生活については(12)が名著と評価される。対象はローマとイタリアが中心だが，地域も時代も広い。人口に関する研究も古くよりあるが，(11)は決定版といえる。イタリアの経済については近年各地域の交易圏に着目した研究が進んでいる。(18)がそれである。また，(6)(7)は，わが国ローマ共和政期研究の代表的存在である長谷川博隆の研究の総決算であるが，ローマとイタリアの政治・経済(農業・牧畜・コロヌス制・奴隷)・都市などについてきわめて実証的に論じられている。(5)はローマ市民の地縁的結合であったトリブスについての貴重な研究である。

考古学による遺跡発掘の成果を踏まえた，ヴィジュアルな大著(15)は見るだけでも楽しい。都市ローマの綿密な建築・美術の遺跡・遺物に関する総合的研究が(1)。その都市ローマに，世界帝国の首都ゆえに展開した諸々の事象を，斬新な発想で描いた(16)も一読の価値がある。

第3章　ローマ帝政下のイタリア

(1)　青柳正規『皇帝たちの都ローマ——都市に刻まれた権力者像』中央公論社　1992
(2)　松本宣郎『ガリラヤからローマへ——地中海世界をかえたキリスト教徒』山川出版社　1994
(3)　松本宣郎『キリスト教徒が生きたローマ帝国』日本キリスト教団出版局　2006
(4)　南川高志『ローマ皇帝とその時代——元首政期ローマ帝国政治史の研究』岩波書店　1995
(5)　南川高志『ローマ五賢帝——「輝ける世紀」の虚像と実像』講談社　1998
(6)　本村凌二『ポンペイ・グラフィティ——落書きに刻むローマ人の素顔』中央公論社　1996
(7)　*The Cambridge Ancient History*, XIII, *The Late Empire A.D. 337-425*, Cambridge University Press, 1998.
(8)　Averil Cameron, *The Mediterranean World in Late Antiquity A.D. 395-600*, London, Routledge, 1993.
(9)　John Curran, *Pagan City and Christian Capital. Rome in the Fourth Century*, Oxford, Clarendon Press, 2000.

(10) John J. Dobbins and Pedar W. Foss (eds.), *The World of Pompeii*, London, Routledge, 2007.

(11) Stephen Dyson, *Community and Society in Roman Italy*, Johns Hopkins University Press, 1992.

(12) Joan M. Frayn, *Markets and Fairs in Roman Italy*, Oxford University Press, 1993.

(13) Mark Humphries, 'Italy, A.D. 425-605', *The Cambridge Ancient History*, XIV, *Late Antiquity. Empire and Successors, A.D. 425-600*, Cambridge University Press, 2000, 525-551.

(14) Cristina La Rocca, *Italy in the Early Middle Ages, 476-1000*, Oxford University Press, 2002.

(15) John R. Patterson, *Landscapes and Cities: Rural Settlement and Civic Transformation in Early Imperial Italy*, Oxford University Press, 2006.

(16) Nicholas Purcell, 'Rome and Italy', *The Cambridge Ancient History*, XI, *The High Empire A.D. 79-192*, Cambridge University Press, 2000, 405-443.

(17) Rudi Thomsen, *The Italic Regions from Augustus to the Lombard Invasion*, Rome, L'Erma di Bretschneider, 1966.

(18) Bryan Ward-Perkins, *From Classical Antiquity to the Middle Ages: Urban Public Building in Northern and Central Italy A.D. 300-850*, Oxford University Press, 1984.

(19) Herwig Wolfram, *History of the Goths*, University of California Press, 1988.

(20) Andrea Carandini (ed.), *Settefinestre. Una villa schiavistica nell'Etruria Romana*, Vol. 1, *La villa nel suo insieme*, Vol. 2, *La villa nelle sue parti*, Modena, Edizioni Panini, 1984.

(21) Pietro Giovanni Guzzo, *Pompei, Ercolano, Stabiae, Oplontis, Soprintendenza Archeologica di Pompei,* Napoli, Electa Napoli, 2003.

ローマ帝政期になると，属州各地の研究も多数を占め，イタリアに集約されたモノグラフは少なくなる。*The Cambridge Ancient History* のこの時代の該当巻はローマ帝国史研究の諸分野の最新の成果を集めたもので，そのうち(16)が1・2世紀のイタリアを扱う。南川高志(4)(5)は，皇帝を中心とした帝国政治史を論じるが，イタリアはその舞台である。やや専門的研

究となるが⒄は前１世紀からランゴバルド侵入までのイタリア各地域ごとに文献史料と出土碑文などの資料を集めている。より叙述的に，各地都市の存在を概観するのが⑾である。

経済については，第２章⒅と似た視点で，局地的な交易を研究した⑿があり，ウィラの個別実証的研究として⒇は理想的。都市の建物が古代末期どのように変化したかを，イタリア北部・中部に限って跡づけたのが⒅である。⒂も帝政初期イタリア都市の外観と社会とを踏み込んで考察する。ローマについては青柳正規が⑴で，第２章⑴を受け，一般向けに，かつ皇帝たちの時代史と記念建築物を関連づけながら略述する。その同じ首都ローマの，キリスト教化を取り上げたのが⑼。⑵⑶のそれぞれ一部が１～３世紀のローマとイタリアのキリスト教にふれている。帝政期イタリア都市の具体的な姿はオスティアやパエストゥムの遺跡からも知りうるが，ポンペイの遺跡にまさるデータは他にない。⑹はポンペイ市民の政治や社会上の行動を，「落書き」から探り出す。⑽は79年のウェスウィウス火山爆発で埋没した都市とウィラの発掘成果を豪華なカラー写真で紹介する。㉑は都市ポンペイをめぐる総合的な論集。

４世紀からの古代末期のイタリアについては，*The Cambridge Ancient History* の⑺ではとくに章が立てられていないので，関連部分を探す必要がある。⒀は５～６世紀のイタリアの章であるが，短い。⑻は⑺よりも叙述内容が豊かであるが，重点は古代末期ローマ帝国全体にある。⒁はオクスフォードのイタリア史シリーズで，簡潔ながら新しい情報をえるのに便利。⒆は東ゴートのイタリア支配の部分が役立ち，ゴート人の側から見ている点でユニークである。

第４章　三つの世界

⑴　ゲオルグ・オストロゴルスキー，和田廣訳『ビザンツ帝国史』恒文社　2001
⑵　尚樹啓太郎『ビザンツ帝国史』東海大学出版会　1999
⑶　成瀬治・山田欣吾・木村靖二編『ドイツ史　Ⅰ』（世界歴史大系）山川出版社　1997
⑷　半田元夫・今野國雄『キリスト教史　Ⅰ』（世界宗教史叢書１）山川出版社　1977
⑸　越智武臣他監訳『ヨーロッパの形成』(図説世界の歴史３）学習研究社　1979

(6) George Holms, *The Oxford Illustrated History of Italy*, Oxford University Press, 1997.
(7) Paolo Cammarosano, *Nobili e re. L'Italia politica dell'alto medioevo*, Roma-Bari, La Terza, 1998.
(8) *La Piccola Treccani. Dizionario Enciclopedico*, 12 voll., Roma, Istituto della Enciclopedia Italiana, 1995-97.
(9) Gino Luzzatto, *Storia economica d'Italia. Il medioevo*, Firenze, Sansoni, 1963.
(10) Ruggiero Romano e Corrado Vivanti (dir.), *Storia d'Italia,* Vol. 1, *I caratteri originali*, Torino, Einaudi, 1972.
(11) Ruggiero Romano e Corrado Vivanti (dir.), *Storia d'Italia, 2, Dalla caduta dell'Impero Romano al secolo XVIII*, 2 tomi, Torino, Einaudi, 1974.
(12) Gioacchino Volpe, *Il Medio Evo*, 2e ed., Firenze, Sansoni, 1958.

中世初期のイタリア(シチリア，サルデーニャを含む)は，ビザンツ世界，西欧世界，イスラーム世界に分裂したので，イタリアは，それぞれに所属する地域ごとに，コンスタンティノープルに首都をおくビザンツ帝国，アルプスの彼方に本拠のあるフランク帝国および神聖ローマ帝国，アフリカとりわけテュニスに拠点をおくイスラーム国家(政権)と密接な関係があった。(1)は翻訳が待たれていたビザンツ史の定評ある概説書(原本は第3版，1963年)。(2)は最近の社会史や宗教史などの研究成果も取り入れた浩瀚なビザンツ史の概説書で，巻末の日本語文献や年表は便利。(3)は「ドイツ史」という表題をもつが，中世のフランク帝国や神聖ローマ帝国を構成する国家としてイタリア王国を叙述しており，中世初期および中期のイタリア王国についての標準的な概説書。(4)はイタリア史の理解にとって重要なローマ教皇の宗教的立場について，基本的な知識を解説。(5)はイタリアのリッツォリ社が刊行した世界史概説書の翻訳であり，ヨーロッパに関しては北西欧を偏重せずに，地中海をも重視しており，その意味で均衡のとれた視点をもつ。(6)は帝政ローマから現代までを扱った，英語で書かれたイタリア史の簡潔な概説書。(8)は百科事典であるが，歴史関連項目が充実しているので，手頃な概説書がないような主題に関しては，基本的な知識をえるのに便利。(10)は農業条件やローマ法の存続など，イタリア史を規定する諸要素について解説。(11)はイタリアの政治・社会，宗教，文化，経済，国際的地位の動向について解説。(12)はイタリア中世政治史の古典的概説書

であり，現在でも参考にすべき価値がある。(7)は中世初期のイタリア政治史を，国王と貴族との権力構造の視点から考察。(9)はイタリア中世経済史の古典的な概説書であり，現在でも参考にすべき価値がある。

第5章　二つのイタリア

(1)　ダニエル・ウェーリー，森田鉄郎訳『イタリアの都市国家』平凡社　1971

(2)　亀長洋子『中世ジェノヴァ商人の「家」——アルベルゴ・都市・商業活動』刀水書房　2001

(3)　齊藤寛海『中世後期イタリアの商業と都市』知泉書館　2002

(4)　齊藤寛海・山辺規子・藤内哲也編『イタリア都市社会史入門——12世紀から16世紀まで』昭和堂　2008

(5)　佐藤眞典『中世イタリア都市国家成立史研究』ミネルヴァ書房　2001

(6)　清水廣一郎『イタリア中世都市国家研究』岩波書店　1975

(7)　清水廣一郎『中世イタリア商人の世界——ルネサンス前夜の年代記』平凡社　1982

(8)　清水廣一郎『中世イタリアの都市と商人』洋泉社　1989

(9)　清水廣一郎『イタリア中世の都市社会』岩波書店　1990

(10)　高山博『中世地中海世界とシチリア王国』東京大学出版会　1993

(11)　高山博『神秘の中世王国——ヨーロッパ，ビザンツ，イスラム文化の十字路』東京大学出版会　1995

(12)　立石博高編『スペイン・ポルトガル史』(新版世界各国史16）山川出版社　2000

(13)　成瀬治・山田欣吾・木村靖二編『ドイツ史　Ⅰ』(世界歴史大系）山川出版社　1997

(14)　根津由喜夫『ビザンツ　幻影の世界帝国』講談社　1999

(15)　半田元夫・今野國雄『キリスト教史　Ⅰ』(世界宗教史叢書1）山川出版社　1977

(16)　ジュリアーノ・プロカッチ，斎藤泰弘・豊下楢彦訳『イタリア人民の歴史』第1巻　未来社　1984

(17)　星野秀利著，齊藤寛海訳『中世後期フィレンツェ毛織物工業史』名古屋大学出版会　1995(星野の原書はイタリア語で記述)

(18)　ウィリアム・H・マクニール，清水廣一郎訳『ヴェネツィア——東西ヨーロッパのかなめ，1081-1797』岩波書店　1979

(19) 越智武臣他監訳『ヨーロッパの形成』(図説世界の歴史 3) 学習研究社 1979
(20) 山辺規子『ノルマン騎士の地中海興亡史』白水社 1996
(21) 米山喜晟『敗戦が中世フィレンツェを変えた――モンタペルティ・ベネヴェント仮説』近代文芸社 2005(同『モンタペルティ・ベネヴェント仮説』大阪外国語大学学術出版委員会 1993 の改訂版)
(22) スティーブン・ランシマン，榊原勝・藤澤房俊訳『シチリアの晩禱――13世紀後半の地中海世界の歴史』太陽出版 2002
(23) ロバート・S・ロペス，宮松浩憲訳『中世の商業革命――ヨーロッパ 950-1350』法政大学出版局，2007
(24) David Abulafia, *The Two Italies*, Cambridge University Press, 1977.
(25) David Abulafia, *The Western Mediterranean Kingdoms 1200-1500*, London/New York, Longman, 1997.
(26) Clifford R. Backman, *The Decline and Fall of Medieval Sicily*, Cambridge University Press, 1995.
(27) Philip Jones, *The Italian City-States. From Commune to Signoria*, Oxford, Clarendon, 1997.
(28) John Larner, *Italy in the Age of Dante and Petrarch 1216-1380*, London/New York, Longman, 1980.
(29) Gino Luzzatto (translated by Philip Jones), *An Economic History of Italy from the Fall of the Roman Empire to the beginning of the Sixteenth Century*, London, Routledge and Kegan Paul, 1961. (*Breve storia economica dell'Italia medievale*, Torino, Einaudi, 1958 の英訳)
(30) Alberto Boscolo, *Catalani nel Medioevo*, Bologna, Cappelli, 1986.
(31) Henri Bresc, *Un monde mèditeterranèen. Economie et socièté en Sicile. 1300-1450*, 2 vols., Palermo e Roma, Accademia di scienze, lettere e arti di Palermo & École française de Rome, 1986.
(32) Federigo Melis (a cura di Bruno Dini), *Tracce di una storia economica di Firenze e della Toscana in generale dal 1252 al 1550*, Università degli Studi di Firenze, Anno accademico 1966-67.
(33) Antonio Ivan Pini, *Città, comuni e corporazioni nel medioevo italiano*, Bologna, Cooperativa Libraria Universitaria, 1986.
(34) Ruggiero Romano e Corrado Vivanti (dir.), *Storia d'Italia,* Vol. 1, *I caratteri originali,* Torino, Einaudi, 1972.

(35) Ruggiero Romano e Corrado Vivanti (dir.), *Storia d'Italia,* Vol. 2, *Dalla caduta dell'Impero Romano al secolo XVIII*, 2 tomi, Torino, Einaudi, 1974.
(36) Marco Tangheroni, *Aspetti del commercio dei cereali nei Paesi della Corona d'Aragona,* Vol. 1, *La Sardegna*, Pisa, Pacini, 1981.
(37) Alessandro Visconti, *Storia di Milano*, Milano, 1936, 2ª ed., Milano, 1945, ristampa anastatica della 2ª ed., Milano, Ceschina, 1967.

(16)は中世中期以降のイタリア史を，南北の均衡をとりつつ，やや主観的ではあるが明快に展望。(5)は北部・中部における都市国家の成立と，都市国家と神聖ローマ皇帝の関係とを考察。(33)は中世中期の都市国家から後期の領域国家にいたる歴史展開の諸側面を考察。(27)はコムーネの成立からシニョリーアの成立にいたる都市国家の政体の変化を考察。(28)は北部・中部を中心に，13・14世紀の歴史の要点を要領よくまとめた概説書(ロングマン版イタリア史シリーズの第 2 巻)。(6)は都市国家の諸側面，とりわけその領域支配について考察した論文集。(1)は北部・中部における例外的な大都市ではない，平均的な中世イタリア都市の社会を考察。(21)はフィレンツェがトスカーナの覇権を掌握した原因について，軍事力をシチリア王国・ナポリ王国に依存して経済活動に専念した結果である，という仮設を提示。(18)は西欧と東地中海の架け橋としてのヴェネツィアの固有の歴史的役割を考察。(37)は古代から現代にいたるミラーノ史の古典的概説書で，中世史・近世史の比重が高い。(2)はジェノヴァのアルベルゴ(疑似同族団体)の実態を分析するが，ジェノヴァ史の動向についても解説。(20)はシチリア王国の誕生と展開をめぐるノルマン人の活躍を平明に叙述。(10)はノルマン朝シチリア王国の行政制度を分析し，同朝以前の南イタリア史を概観。(11)はノルマン朝シチリア王国の政治と，同国における異文化の交流を考察。(14)は12世紀のビザンツの政治社会史，イタリアとの関係についても叙述。(12)は標準的なイベリア史の概説書，アラゴン王国とイタリアとの関係についても説明。(25)は西地中海の諸王国の歴史的展開とその国際関係とを総合的に考察。(22)は「シチリアの晩禱」にいたる歴史的展開と，この事件の歴史的意義を考察。(30)はアラゴン王国とシチリア，サルデーニャ，ナポリの 3 王国との関係を考察。(26)はフェデリーコ 2 世時代(1296～1337)におけるシチリア王国の衰退の諸相を考察。(29)は第 4 章の(9)の基礎になったもので，中世に関してはその要約版。

(23)はイタリアを中心に，商業の発展による西欧経済の変化の様相につい

て考察。(3)はイタリア人がおこなう商業の実態を分析し，各都市の個性に注目しつつ商業都市の権力構造についても考察。(24)はノルマン朝シチリア王国とイタリア北部・中部都市との商業関係を考察。(31)は「小麦と毛織物」の交換が象徴する，シチリア王国の経済的植民地化を考察。(36)は穀物取引を中心に，イタリアにおける「南北商業」の問題を追求。(17)は中世イタリアの代表的な輸出工業であるフィレンツェ毛織物工業について，その原料輸入市場および製品輸出市場を取り巻く国際的条件を実証的に分析。(32)はトスカーナ経済史の教科書，フィレンツェ大学で長年にわたり使用。(7)は14世紀のフィレンツェ商人の生活の諸側面を描写。(4)は北部・中部の都市社会の諸相を考察した論文集。(8)は地中海商業とイタリアの都市生活との諸断面を考察した小論集。(9)はとりわけトスカーナ都市の社会を考察した論文集。

第6章　五大国とスペイン

(1)　新井政美『オスマン vs ヨーロッパ〈トルコの脅威〉とは何だったのか』講談社　2002
(2)　石坂尚武『ルネサンス・ヒューマニズムの研究――「市民的人文主義」の歴史理論への疑問と考察』晃洋書房　1994
(3)　ピーター・H・ウィルソン，山本文彦訳『神聖ローマ帝国　1495～1806』岩波書店　2005
(4)　イマニュエル・ウォーラーステイン，川北稔訳『近代世界システム』I・II　岩波書店　1981
(5)　エウジェニオ・ガレン，近藤恒一訳『ルネサンスの教育――人間と学芸との革新』知泉書館　2002
(6)　エウジェーニオ・ガレン編，近藤恒一・高階秀爾他訳『ルネサンス人』岩波書店　1990
(7)　北田葉子『近世フィレンツェの政治と文化――コジモ1世の文化政策(1537-60)』刀水書房　2003
(8)　ベネデット・クローチェ，阿部史郎・米山喜晟訳『イタリアとスペイン――ルネッサンスにおける文化史的考察』恒星社厚生閣　1972
(9)　児玉善仁『イタリアの中世大学――その成立と変容』名古屋大学出版会　2007
(10)　近藤恒一『ペトラルカ――生涯と文学』岩波書店　2002
(11)　齊藤寛海『中世後期イタリアの商業と都市』知泉書館　2002

(12) 佐々木毅『マキアヴェッリの政治思想』岩波書店　1970
(13) 清水純一『ルネサンスの偉大と頽廃――ブルーノの生涯と思想』岩波書店　1972
(14) 清水純一著，近藤恒一編『ルネサンス　人と思想』平凡社　1994
(15) フェデリーコ・シャボー，須藤祐孝編訳『ルネサンス・イタリアの〈国家〉・国家観』無限社　1993
(16) ジョルジョ・スピーニ，森田義之・松本典昭訳『ミケランジェロと政治――メディチに抵抗した《市民＝芸術家》』刀水書房　2003
(17) 藤内哲也『近世ヴェネツィアの権力と社会――「平穏なる共和国」の虚像と実像』昭和堂　2005
(18) 永井三明『ヴェネツィア貴族の世界――社会と意識』刀水書房　1994
(19) 永井三明『ヴェネツィアの歴史――共和国の残照』刀水書房　2004
(20) 成瀬治・山田欣吾・木村靖二編『ドイツ史 Ⅰ』（世界歴史大系）山川出版社　1997
(21) 根占献一『ロレンツォ・デ・メディチ――ルネサンス期フィレンツェ社会における個人の形成』南窓社　1997
(22) 根占献一『フィレンツェ共和国のヒューマニスト――イタリア・ルネサンス研究』創文社　2005
(23) 根占献一『共和国のプラトン的世界――イタリア・ルネサンス研究続』創文社　2005
(24) ピーター・バーク，森田義之・柴野均訳『イタリア・ルネサンスの文化と社会』岩波書店　1992
(25) クリストファー・ヒッバート，遠藤利国訳『メディチ家――その勃興と没落』リブロポート　1984
(26) ジュリアーノ・プロカッチ，斎藤泰弘・豊下楢彦訳『イタリア人民の歴史』第1巻　未来社　1984
(27) フェルナン・ブローデル，浜名優美訳『地中海』I～V　藤原書店　1991～95
(28) デニス・ヘイ，鳥越輝昭・木宮直仁訳『イタリア・ルネサンスへの招待――その歴史的背景』大修館書店　1989
(29) 松本典昭『メディチ君主国と地中海』晃洋書房　2006
(30) ミシェル・モラ，フィリップ・ヴォルフ，瀬原義生訳『ヨーロッパ中世末期の民衆運動――青い爪，ジャック，そしてチオンピ』ミネルヴァ書房　1996

(31) 森田鉄郎『中世イタリアの経済と社会――ルネサンスの背景』山川出版社 1987

(32) Gene Brucker, *The Civic World of Early Renaissance Florence*, Princeton University Press, 1977.

(33) Eric Cochrane (ed. by Julius Kirshner), *Italy 1530-1630*, London/New York, Longman, 1988.

(34) Stephan R. Epistein, *An Island for itself: Economic Development and Social Change in Late Medieval Sicily*, Cambridge University Press, 1992.

(35) Denis Hay and John Law, *Italy in the Age of the Renaissance 1380-1530*, London/New York, Longman, 1989.

(36) Frederic C. Lane, *Venice*, Johns Hopkins University Press, 1973.

(37) Brian Pullan (ed.), *Crisis and Change in the Venetian Economy in the Sixteenth and Seventeenth*, London, Methuen & Co., 1968.

(38) Nicolai Rubinstein, *The Government of Florence under the Medici, 1434 to 1494*, Oxford, Clarendon, 1966.

(39) Alan Ryder, *The Kingdom of Naples under Alfonso the Magnanimous*, Oxford, Clarendon, 1976.

(40) Jacques Heers, *Gênes au XVe siècles*, Paris, Flammarion, 1971.

(41) Furio Diaz, *Il Granducato di Toscana*, Torino, UTET, 1987.

(42) Maria Ginatempo e Lucia Sandri, *L'Italia delle città*, Firenze, Le Lettere, 1990.

(43) Guido Quazza, *La decadanza italiana nella storia europea*, Torino, Einaudi, 1971.

(44) Ruggiero Romano e Corrado Vivanti (dir.), *Storia d'Italia,* Vol. 1*, I caratteri originali*, Torino, Einaudi, 1972.

(45) Ruggiero Romano e Corrado Vivanti (dir.), *Storia d'Italia,* Vol. 2, *Dalla caduta dell'Impero romano al secolo XVIII*, 2 tomi, Torino, Einaudi, 1974.

(15)は15・16世紀のイタリアにおける国家の本質について，他と比較しつつ考察。(35)はルネサンス期(1380～1530年)の社会，国家，政治，文化について概観(ロングマン版イタリア史シリーズの第３巻)。(31)はイタリア北部・中部の経済と社会の性格に関する骨太な論文集で，再評価さるべき価値がある。(8)はイタリアにおけるアラゴン・スペイン人の存在がもたらし

た影響について考察。(39)はアルフォンソ1世時代のナポリ王国の権力構造の概観。(34)は中世末期のシチリア王国の経済構造，その低開発経済化への展望。(40)は15世紀のジェノヴァの環境条件，経済，社会についての定評ある概説書。(36)はヴェネツィア史の定評ある概説書，叙述は各領域にわたり均衡がとれている。(37)は転換期におけるヴェネツィア経済について，各部門の動向を分析した論文集。(18)はヴェネツィアの権力を独占した貴族をめぐる社会と，その意識の諸側面を考察。(19)はヴェネツィア共和国について16世紀から国家が消滅する18世紀末までを概説，わが国では未開拓の分野。(17)は静態的に認識されてきたヴェネツィアの身分社会を動態的に考察。(30)はチォンピの乱などイタリアの民衆運動を，ヨーロッパ史全体の文脈のなかで考察。(32)はチォンピの乱からメディチ派の政権掌握まで，政治的変遷を詳細に考察。(38)は独裁防止機構のあった共和国でメディチ家の権力を可能にした政治手法を分析。(25)はメディチ家歴代の人々を，それぞれの時代背景のなかに位置づけながら描写。(16)は共和国から君主国への変化の中で，市民として苦悩したミケランジェロを描写。(41)はI-(9)のウテット版イタリア各国史シリーズの1巻で，メディチ期の公国・大公国の成立から衰退まで，初の総合的概説書。(29)はメディチ家君主国(フィレンツェ公国，トスカーナ大公国)の成立と，君主権力の支柱となるサント・ステーファノ騎士団を考察。

(4)は「近代世界システム」におけるイタリアの地位の変化について大局的な見地から考察した著作で，おおきな影響力をもつ。(27)は16世紀を中心とするイタリアの経済・社会に関する情報がきわめて豊富。(1)はオスマン帝国とイタリアを含むヨーロッパとの関係を考察。(3)は近世を中心に考察しながらではあるが，神聖ローマ帝国とは何かを説明。(43)は国際的な地位の低下するイタリア各国の社会と政治の動向を概観。(33)はスペイン支配体制下のイタリアの政治，文化，宗教の様相を概観(ロングマン版イタリア史シリーズの第4巻)。(9)はイタリアの中世大学の展開について具体的な事例に基づいて考察。(5)はルネサンスの教育の特質と，そこにおける人間形成を考察。(10)は「人文主義の父」ペトラルカの生涯と文学を考察。(14)はイタリア・ルネサンスを彩ったさまざまな人々についての論文集。(6)は傭兵隊長や商人など，ルネサンス社会の各分野の人間像を描写した論文集。(2)はフィレンツェの人文主義と，それによる対ミラーノ戦争の政治的宣伝を考察。(22)は(23)とともに，フィレンツェにおける人文主義の展開を考察。(21)はフィレンツェの権力者ロレンツォ・デ・メディチをめぐる家庭，社会，

政治，経済，文化を考察。⑿はマキァヴェッリとグイッチャルディーニの政治思想を考察。(7)はトスカーナ大公国の政治権力，国際的地位の強化手段としての文化政策を考察。⒀はブルーノを考察の中心におきながら，末期ルネサンスの精神構造を平明に解説。(42)は13〜16世紀のイタリアの人口動態を，地域別のデータを収集して分析。(28)はルネサンス文化を，時代的・地域的変化を考慮しつつ，その多様性について考察。(24)はルネサンス文化のあり方を社会学的視点から考察，文化と社会の関係を重視。

第7章　スペイン支配期のイタリア

(1) 西川杉子『ヴァルド派の谷へ――近代ヨーロッパを生きぬいた異端者たち』山川出版社　2003
(2) Christopher F. Black, *Early Modern Italy: A Social History*, London/New York, Routledge, 2001.
(3) Thomas James Dandelet and John A. Marino (eds.), *Spain in Italy: Politics, Society and Religion 1500-1700*, Leiden/Boston, Brill, 2007.
(4) Gregory Hanlon, *The Twilight of a Military Tradition: Italian Aristocrats and European Conflicts 1560-1800*, UCL (University College London) Press, 1998.
(5) Gregory Hanlon, *Early Modern Italy 1550-1800*, London, Macmillan, 2000.
(6) Denis Mack Smith, *A History of Sicily: Medieval Sicily 800-1713*, London, Chatto & Windus, 1969.
(7) John A. Marino (ed.), *Early Modern Italy 1550-1796*, Oxford University Press, 2002.
(8) Domenico Sella, *Crisis and Continuity: The Economy of Spanish Lombardy in the Seventeenth Century*, Harvard University Press, 1979.
(9) Domenico Sella, *Italy in the Seventeenth Century*, London/New York, Longman, 1997.
(10) AA.VV., *Grandezza e splendori della Lombardia spagnola 1535-1701*, Milano, Skira, 2002.
(11) Vincenzo D'Alessandro e Giuseppe Giarrizzo, *La Sicilia dal Vespro all'Unità d'Italia*, Torino, UTET, 1989.
(12) Franco Della Peruta e al. (dir.), *Storia della società italiana*, Vol. 11,

La Controriforma e il Seicento, Milano, Teti, 1989.

(13) Giuseppe Galasso, *Alla periferia dell'impero: Il Regno di Napoli nel periodo spagnolo*, Torino, Einaudi, 1994.

(14) Giuseppe Galasso, *Napoli capitale: Studi e ricerche 1266-1860*, Napoli, Electa Napoli, 1998.

(15) Aurelio Musi, *L'Italia dei Viceré: Integrazione e resistenza nel sistema imperiale spagnolo*, Salerno, Avagliano Ed., 2000.

(16)Aurelio Musi (ed.), *Alle origini di una nazione: Antispagnolismo e identità italiana*, Milano, Guerini e Associati, 2003.

(17) Francesco Renda, *Storia della Sicilia dalle origini ai gironi nostri*, 3 voll., Palermo, Sellerio, 2003.

(18) Livio Antonielli e Giorgio Chittolini (ed.), *Storia della Lombardia*, Vol. 1, *Dalle origini al Seicento*, Roma/Bari, Laterza, 2003.

(19) Francesco Benigno e Giuseppe Giarizzo (ed.), *Storia della Sicilia*, Vol. 1, *Dalle origini al Seicento*, Roma/Bari, Laterza, 2003.

(20) Carlo Fumian e Angelo Ventura (ed.), *Storia del Veneto*, Vol. 1, *Dalle origini al Seicento*, Roma/Bari, Laterza, 2004.

(21) Elena Fassano Guarini e al. (ed.), *Storia del Toscana*, Vol. 1, *Dalle origini al Settecento*, Roma/Bari, Laterza, 2004.

スペイン支配期のイタリアは，研究史のうえで長いあいだスペインによる抑圧が強調され，衰退と退廃の時期とされてきたが，1980年代頃から行政運営や農村経済の研究をとおして見直しが始まった。(8)はミラーノ公国のロンバルディーアについての見直しの基本的な研究で，同じ著者はI-(7)のロングマン版イタリア史シリーズの(9)を担当して，17世紀のイタリアは衰退や退廃ということでなく，都市的世界から農村的世界へと移行する社会変化の時期であるとしている。(10)の論文集は，スペイン支配期のロンバルディーアについて「偉大と栄光」というタイトルすらつけている。(16)は17世紀から現代にいたるまでのイタリアにおける反スペイン主義の系譜を概観し，それに対する近年の再検討の動きを紹介した論文集。(13)(14)(15)は専門的な論文集で，ナポリ王国におけるスペイン支配の実態と性格の分析を通じて「反スペイン史観」を修正しており，(3)の論文集はスペイン支配期のイタリアに関する現段階での研究水準を示している。シチリア王国に関しては代表的通史である(6)(11)(17)の記述が参考になる。(11)はI-(9)のウテット版イタリア各国史シリーズの１巻である。(7)はI-(6)のオクスフォー

ド版論文集で，(2)(4)(5)は新しい研究動向を取り入れた英文研究書である。(18)(19)(20)(21)は地域史シリーズで，それぞれ第1巻は古代から17世紀までを範囲とし，各巻とも最近の研究成果に基づく論文15編前後を含む。ここにあげたほかにサルデーニャ，エミリア・ロマーニャ，リグーリア，プッリアの地域史が同シリーズで刊行されている。(12)はI-(8)のテーティ版の論文集，(1)はピエモンテ地方のヴァルド派に関する貴重な考察。

第8章　18世紀改革期からナポレオン改革期へ

(1) フランコ・ヴェントゥーリ，加藤喜代志・水田洋訳『啓蒙のユートピアと改革——1969年トレヴェリアン講義』みすず書房　1981

(2) スチュアート・ウルフ，鈴木邦夫訳『イタリア史　1700-1860』法政大学出版局　2001

(3) 堀田誠三『ベッカリーアとイタリア啓蒙』名古屋大学出版会　1996

(4) Dino Carpanetto and Giuseppe Ricuperati, *Italy in the Age of Reason 1685-1789*, London/New York, Longman, 1987.

(5) John A. Davis, *Naples and Napoleon: Southern Italy and the European Revolutions 1780-1860*, Oxford University Press, 2006.

(6) Girolamo Imbruglia (ed.), *Naples in the Eighteenth century*, Cambridge University Press, 2000.

(7) Franco Venturi, *Italy and the Enlightenment: Studies in a Cosmopolitan Century*, London, Longman, 1972.

(8) *Journal of Modern Italian Studies*, Vol. 10-N. 2, Special Number: The Culture of Enlightenment and Reform in Eighteenth-century Italy, 2005.

(9) Gilles Pécout, *Naissance de l'Italie contemporaine 1770-1922*, Paris, Nathan, 1997.

(10) *Revue d'histoire moderne et contemporaine*, Tome 45-1, Numéro spécial: Pouvoirs et société en Italie XVIe-XXe siècles, 1998.

(11) Giorgio Candeloro, *Storia dell'Italia moderna*, Vol. 1, *Le origini del Risorgimento 1700-1815*, Milano, Feltrinelli, 1956.

(12) Carlo Capra, *L'età rivoluzionaria e napoleonica in Italia 1796-1815*, Torino, Loescher, 1978.

(13) Carlo Capra, *La Lombardia austriaca nell'età delle riforme 1706-1796*, Torino, UTET, 1987.

(14) Dino Carpanetto, *L'Italia del settecento: illuminismo e movimento riformatore*, Torino, Loescher, 1980.

(15) Franco Della Peruta e al. (dir.), *Storia della società italiana*, Vol. 12, *Il secolo dei lumi e delle riforme*, Milano, Teti, 1989.

(16) Franco Della Peruta e al. (dir.), *Storia della società italiana*, Vol. 13, *L'Italia giacobina e napoleonica*, Milano, Teti, 1985.

(17) Vincenzo Ferrone e Daniel Roche (ed.), *L'illuminismo: Dizionario Storico*, Roma/Bari, Laterza, 1997.

(18) Carlo Francovich, *Storia della massoneria in Italia dalle origini alla rivoluzione francese*, Firenze, La Nuova Italia, 1974.

(19) Giuseppe Giarrizzo, *Massoneria e illuminismo nell'Europa del Settecento*, Venezia, Marsilio, 1994.

(20) Luciano Guerci, *Istruire nelle verità repubblicane: La letteratura politica per il popolo nell'Italia in rivoluzione 1796-1799*, Bologna, il Mulino, 1999.

(21) Anna Maria Rao, *Il Regno di Napoli nel Settecento*, Napoli, Guida, 1983.

(22) Anna Maria Rao (ed.), *Napoli 1799 fra storia e storiografia*, Napoli, Vivarium, 2002.

(23) Giuseppe Ricuperati, *Lo Stato Sabaudo nel Settecento*, Torino, UTET, 2001.

(24) Franco Venturi, *Settecento riformatore*, 5 voll., Torino, Einaudi, 1969-87.

(25) Livio Antonielli e Giorgio Chittolini (ed.), *Storia della Lombardia*, Vol. 2, *Dal Seicento a oggi*, Roma/Bari, Laterza, 2003.

(26) Francesco Benigno e Giuseppe Giarizzo (ed.), *Storia della Sicilia*, Vol. 2, *Dal Seicento a oggi*, Roma/Bari, Laterza, 2003.

(27) Carlo Fumian e Angelo Ventura (ed.), *Storia del Veneto*, Vol. 2, *Dal Seicento a oggi*, Roma/Bari, Laterza, 2004.

(28) Elena Fassano Guarini e al. (ed.), *Storia del Toscana*, Vol. 2, *Dal Settecento a oggi*, Roma/Bari, Laterza, 2004.

(2)はI-(11)の第3巻『18世紀前半から統一まで』のなかの「政治・社会史」として発表された詳細な通史。(11)は著者カンデローロの単独の作品『近代イタリア史』全11巻(1956～86年)の1巻目で，この巻を含めて各巻

ともそれぞれ出版時点での研究成果を踏まえた現在でも有用な通史。(4)はロングマン版イタリア史シリーズ中の18世紀を対象とした巻。(9)は18世紀末から20世紀初めまでを扱うが，構成と叙述に工夫が凝らされた概説書で，巻末の文献リストも詳細である。(13)(23)はウテット版イタリア各国史シリーズの一部。(25)(26)(27)(28)は第７章であげた地域史シリーズの第２巻で，それぞれ17世紀から現在までを範囲とした論文集。(15)(16)はテーティ版の論文集。(12)(14)は近現代史「史料集」シリーズに収められた２書で，紹介されている史料と編著者の解説は参考になる。(8)は18世紀イタリアに関する専門研究誌の特集号，(10)は同様に16～20世紀イタリア史の特集号で，それぞれ研究動向と研究水準を知るのに有益である。(17)はイタリアに限らず，ヨーロッパ全般を対象に啓蒙思想の基本的な用語と概念を詳しく検討している。(24)は啓蒙改革思想研究の第一人者ヴェントゥーリの５巻からなる研究書で，(7)は英訳論文集，そして(1)は代表作のひとつの邦訳書。(3)は日本におけるイタリアの啓蒙思想研究。(21)は18世紀ナポリ王国の概説書，(6)は18世紀ナポリ王国に関する論文集，(5)は主として18世紀後半からナポレオン支配期までの南イタリアを対象とし，(22)は1799年のナポリ革命に関する論文集。1796～99年の３年革命は一般にジャコビーノ革命と呼ばれるが，(20)は民衆のあいだに共和主義の思想が浸透していたことを指摘して共和革命と呼ぶのがふさわしいとしている。(18)(19)は18世紀イタリアにおけるフリーメーソンの思想と実践を分析した好著。

第９章　リソルジメントと国家統一

(1)　井口文夫『イタリア憲法史』有信堂　1998

(2)　マックス・ガロ，米川良夫・樋口裕一訳『イタリアか，死か――英雄ガリバルディの生涯』中央公論新社　2001

(3)　黒須純一郎『イタリア社会思想史――リソルジメント民主派の思想と行動』御茶の水書房　1997

(4)　森田鉄郎『イタリア民族革命――リソルジメントの研究』近藤出版社　1976

(5)　ロザリオ・ロメーオ，柴野均訳『カヴールとその時代』白水社　1992

(6)　Martin Clark, *The Italian Risorgimento*, London/New York, Longman, 1998.

(7)　Frank J. Coppa, *The Origins of the Italian Wars of Independence*, London/New York, Longman, 1992.

(8) Frank J. Coppa, *The Modern Papacy since 1789*, London/New York, Longman, 1998.
(9) John A. Davis (ed.), *Italy in the Nineteenth Century: 1796-1900*, Oxford University Press, 2000.
(10) Harry Hearder, *Italy in the Age of the Risorgimento 1790-1870*, London/New York, Longman, 1983.
(11) David Laven, *Venice and Venetia Under the Habusburgs 1815-1835*, Oxford University Press, 2002.
(12) David Laven and Lucy Riall, *Napoleon's Legacy: Problems of Government in Restoration Europe*, Oxford/New York, Berg, 2000.
(13) Nelson Moe, *The View from Vesuvius: Italian Culture and the Southern Question*, University of California Press, 2002.
(14) Lucy Riall, *The Italian Risorgimento: State, Society and National Unification*, London/New York, Routledge, 1994.
(15) Lucy Riall, *Sicily and the Unification of Italy: Liberal Policy and Local Power 1859-1866*, Oxford University Press, 1998.
(16) Alberto Mario Banti, *Il Risorgimento italiano*, Roma/Bari, Laterza, 2004.
(17) Derek Beales e Eugenio F. Biagini, *Il Risorgimento e l'unificazione dell'Italia*, Bologna, il Mulino, 2005.
(18) Giorgio Candeloro, *Storia dell'Italia moderna*, Voll. 2-4, Milano, Feltrinelli, 1958-64.
(19) Giampiero Carocci, *Il Risorgimento*, Roma, Newton Compton, 2006.
(20) Giovanni Sabbatucci e Vittorio Vidotto (ed.), *Storia d'Italia*, Vol. 1, *Le premesse dell'unità*, Roma/Bari, Laterza, 1994.
(21) Alfonso Scirocco, *In difesa del Risorgimento*, Bologna, il Mulino, 1998.

イタリアでのリソルジメント研究は多数にのぼり，研究史とその問題点について(14)が参考になる。リソルジメントの比較的最近のコンパクトな概説書として(6)(16)(17)(19)(21)があり，日本語では第８章(2)のほかに，やや古くなったが(4)がある。(9)(10)はそれぞれオクスフォード版とロングマン版シリーズのなかの１冊で，(18)は第８章(11)にあげたカンデローロ『近代イタリア史』のうちリソルジメント期の諸巻。(20)はラテルツァ版「イタリア史」シリーズ全６巻の第１巻で18世紀末から1861年までを対象とし，各巻とも長

編論文数点から構成されている。個別的問題に関して⑿の論文集は旧制復古のもとでのナポレオン期の遺産について検討しており，⑾はオーストリアの対ヴェーネト政策を分析して，オーストリアの抑圧を強調してきた伝統史観を修正している。⑺は対オーストリア戦のほかにローマ解放も含めた4次にわたる19世紀の独立戦争を扱い，⑻は19～20世紀のローマ教皇庁の諸政策を分析している。⒂は国家統一前後のシチリアを中心とした研究で，また⒀は18世紀後半から国家統一後にかけて南イタリアがどのようにイメージされたかを丹念にあとづけている。⑴はイタリアの憲法史の研究，⑶はリソルジメントにおける民主派の思想と行動の分析，⑵と⑸はそれぞれガリバルディとカヴールの伝記の邦語訳。

第10章　国家の建設と国民の形成

⑴　上村忠男『クリオの手鏡――20世紀イタリアの思想家たち』平凡社　1989
⑵　北村暁夫『ナポリのマラドーナ――イタリアにおける「南」とは何か』山川出版社　2005
⑶　堺憲一『近代イタリア農業の史的展開』名古屋大学出版会　1988
⑷　竹内啓一『地域問題の形成と展開――南イタリア研究』大明堂　1998
⑸　藤澤房俊『大理石の祖国――近代イタリアの国民形成』筑摩書房　1997
⑹　藤澤房俊『第三のローマ――イタリア統一からファシズムまで』新書館　2001
⑺　ノルベルト・ボッビオ，馬場康雄・押場靖志訳『イタリア・イデオロギー』未来社　1993
⑻　横山隆作『イタリア労働運動の生成　1892年～1911年』学文社　2001
⑼　サルヴァトーレ・ルーポ，北村暁夫訳『マフィアの歴史』白水社　1997
⑽　Martin Clark, *Modern Italy 1871-1995*, London/New York, Longman, 1996.
⑾　Robert Lumley and Jonathan Morris (eds.), *The New History of the Italian South*, University of Exeter Press, 1997.
⑿　Denis Mack Smith, *Italy: A Modern History*, University of Michigan Press, 1959.
⒀　Maria Malatesta (ed.), *Society and the Professions in Italy 1860-*

1914, Cambridge University Press, 1995.

(14) Jane Schneider (ed.), *Italy's "Southern Question": Orientalism in One Country*, Oxford/New York, Berg, 1998.

(15) Albert Schram, *Railways and the Formation of the Italian State in the Nineteenth Century*, Cambridge University Press, 1997.

(16) Vera Zamagni, *The Economic History of Italy 1860-1990*, Oxford University Press, 1993.

(17) Bruno Bongiovanni e Nicola Tranfaglia (ed.), *Dizionario storico dell'Italia unita*, Roma/Bari, Laterza, 1996.

(18) Giorgio Candeloro, *Storia dell'Italia moderna*, Voll. 5-6, Milano, Feltrinelli, 1968-70.

(19) Giampiero Carocci, *Storia d'Italia dall'Unità ad oggi*, Milano, Feltrinelli, 1975.

(20) Guido Melis, *Storia dell'amministrazione italiana 1861-1993*, Bologna, il Mulino, 1996.

(21) Guido Melis e Francesco Merloni (ed.), *Cronologia della pubblica amministrazione italiana 1861-1992*, Bologna, il Mulino, 1995.

(22) Ernesto Ragionieri e Carlo Pinzani, *Storia d'Italia*, Vol. 4, *Dall' unità a ogg: La storia politica e sociale*, Torino, Einaudi, 1976.

(23) Raffaele Romanelli, *L'Italia liberale 1861-1900,* Bologna, il Mulino, 1979.

(24) Raffaele Romanelli (ed.), *Storia dello stato italiano dall'Unità a oggi*, Roma, Donzelli, 1995.

(25) Giovanni Sabbatucci e Vittorio Vidotto (ed.), *Storia d'Italia*, Vol. 2, *Il nuovo stato e la società civile,* Roma/Bari, Laterza, 1995.

第10章に関係する基本的な通史にはロングマン版シリーズ最終巻増補版の(10)，I-(10)のエイナウディ版「イタリア史」第 4 巻第 3 分冊の(22)，カンデローロ『近代イタリア史』第 5～6 巻の(18)のほかに(19)(23)がある。(12)はイタリア史に関する多数の著作のあるイギリス人研究者デニス・マック・スミスの比較的初期の作品だが，独自の視点と解釈は現在でも精彩を放っている。(25)はラテルツァ版「イタリア史」の第 2 巻，(17)は事件史の辞典ではなく，社会諸制度・政治的潮流・重要人物など大項目の論文形式の辞典。(16)と(20)はそれぞれ1860年から1990年代までの経済史と行政史の概説書で，(21)は行政史に関する詳細な年表である。(24)は統一から1990年代までの国家制

度の諸問題を検討した論文集。(1)(7)は主として20世紀イタリアの思想史を考察し，(5)は国民の形成の問題を検討し，(6)は統一国家のもとでのローマの理念と現実を扱う。(3)はイタリア農業の諸問題についての研究で，(8)は生成期の労働運動を分析している。(15)は国家建設と鉄道を関連させた研究であり，(13)は新国家のもとでの法曹・医師・技師など自由業の社会的役割を検討した論文集。(2)(4)(11)(14)は統一国家のなかの南イタリアに注目したもので，とくに(11)(14)はこれまでの「南部問題」の枠組みをこえて南イタリアの見直しをはかろうとする意欲的な論文集。(9)は数あるマフィア関連書のなかの数少ない専門的な研究書のひとつ。

第11章　自由主義からファシズムへ

(1)　石田憲『地中海新ローマ帝国への道――ファシスト・イタリアの対外政策　1935-39』東京大学出版会　1994
(2)　北原敦『イタリア現代史研究』岩波書店　2002
(3)　桐生尚武『イタリア・ファシズムの生成と危機　1919-1925』御茶の水書房　2002
(4)　アーダ・ゴベッティ，戸田三三冬監修・堤康徳訳『パルチザン日記　1943-1945』平凡社　1995
(5)　高橋進『イタリア・ファシズム体制の思想と構造』法律文化社　1997
(6)　ヴィクトリア・デ・グラツィア，豊下楢彦他訳『柔らかいファシズム――イタリア・ファシズムと余暇の組織化』有斐閣　1989
(7)　アンジェロ・デル・ボーカ編，高橋武智監修『ムッソリーニの毒ガス――植民地戦争におけるイタリアの化学戦』大月書店　2000
(8)　ジャンニ・トニオロ著，浅井良夫，コラード・モルテーニ訳『イタリア・ファシズム経済』名古屋大学出版会　1993
(9)　ファシズム研究会編『戦士の革命・生産者の国家――イタリア・ファシズム』太陽出版　1985
(10)　藤岡寛己『原初的ファシズムの誕生――イタリア戦闘ファッシの結成』御茶の水書房　2007
(11)　村上信一郎『権威と服従――カトリック政党とファシズム』名古屋大学出版会　1989
(12)　Victoria De Grazia, *How Fascism Ruled Women*, University of California Press, 1992.
(13)　Roger Griffin (ed.), *Fascism*, Oxford University Press, 1995.

(14) Aristotle A. Kallis (ed.), *The Fascism Reader*, London/New York, Routledge, 2003.

(15) Adrian Lyttelton, *The Seizure of Power: Fascism in Italy 1919-1929*, London, Weidenfeld and Nicolson, 1973.

(16) Adrian Lyttelton (ed.), *Liberal and Fascist Italy: 1900-1945*, Oxford University Press, 2002.

(17) Philip Morgan, *Italian Fascism 1915-1945*, London, Palgrave Macmillan, 2004.

(18) Luca Baldissara (ed.), *Atlante storico della Resistenza italiana*, Milano, Bruno Mondadori, 2000.

(19) Enzo Collotti e al. (ed.), *Dizionario della Resistenza*, 2 voll., Torino, Einaudi, 2000-01.

(20) Victoria De Grazia e Sergio Luzzatto (ed.), *Dizionario del fascismo*, 2 voll., Torino, Einaudi, 2002-03.

(21) Giovanni Sabbatucci e Vittorio Vidotto (ed.), *Storia d'Italia*, Vol. 4, *Guerre e fascismo*, Roma/Bari, Laterza, 1997.

(22) Nicola Tranfaglia, *La prima guerra mondiale e il fascismo*, Torino, UTET, 1995.

第10章(10)(18)(22)のほかに第11章の概説書としてウテット版イタリア各国史シリーズの(22)がある。(16)はオクスフォード版シリーズの論文集，(21)はラテルツァ版「イタリア史」の第4巻。ファシズム一般に関するものとしてファシズム期の諸言説およびファシズムの諸解釈を収録した英語版アンソロジーの(13)(14)をあげておく。(20)はイタリアのファシズムに関する良質の辞典。イタリアのファシズムに関する研究は数多くあるが，ここでは概説書として(17)，1920年代についての優れた研究の(15)，それにファシズム期の女性史を研究した(12)の英語文献3点にとどめておく。(12)の著者にはファシズム支配下の大衆組織をめぐる(6)の作品もある。日本でもファシズム研究は深められており，ファシズムの成立過程を対象とした(10)，ファシスト・サンディカリズムなどを分析した(3)，ファシズムの思想と構造を考察した(5)，1930年代の対外政策を研究した(1)，19世紀末からファシズム期までのカトリック運動を分析した(11)，それにファシズムをめぐるいくつかのテーマを取り上げた論文集(9)がある。ほかに訳書としてファシズム経済を論じた(8)，エチオピア侵略の際の毒ガス使用を告発した(7)がある。イタリアでは反ファシズム運動の研究も盛んだが，レジスタンスに関する大テーマと小項目

の二本立て編集の辞典⒆と地域中心に編集した歴史地図⒅の 2 点だけを指摘しておく。レジスタンスを戦ったパルティザンが残した記録も多く，⑷はそのひとつで，⑵はファシズムとレジスタンスの諸問題を考察した論文集である。

第12章　共和政イタリア

⑴ 馬場康雄・岡沢憲芙編『イタリアの経済——「メイド・イン・イタリー」を生み出すもの』早稲田大学出版部　1999
⑵ 馬場康雄・岡沢憲芙編『イタリアの政治——「普通でない民主主義国」の終り？』早稲田大学出版部　1999
⑶ 馬場康雄・奥島孝康編『イタリアの社会——遅れて来た「豊かな社会」の実像』早稲田大学出版部　1999
⑷ Frank J. Coppa and Margherita Repetto-Alaia (eds.), *The Formation of the Italian Republic*, New York, Peter Lang, 1993.
⑸ Christopher Duggan and Christopher Wagstaff (eds.), *Italy in the Cold War: Politics, Culture and Society 1948-58*, Oxford/Washington D.C., Berg, 1995.
⑹ Paul Ginsborg, *A History of Contemporary Italy: Society and Politics 1943-1988*, London/New York, Penguin Books, 1990.
⑺ Paul Ginsborg, *Italy and its Discontents 1980-2001*, London/New York, Penguin Books, 2001.
⑻ Stephen Gundle, *Between Hollywood and Moscow: The Italian Communists and the Challenge of Mass Culture 1943-1991*, Duke University Press, 2000.
⑼ Patrick McCarthy (ed.), *Italy since 1945*, Oxford University Press, 2000.
⑽ Francesco Barbagallo (dir.), *Storia dell'Italia repubblicana*, 3 voll.-5 tomi, Torino, Einaudi, 1994-97.
⑾ Giorgio Candeloro, *Storia dell'Italia moderna*, Vol. 11, Milano, Feltrinelli, 1986.
⑿ Silvio Lanaro, *Storia dell'Italia repubblicana*, Venezia, Marsilio, 1992.
⒀ Aurelio Lepre, *Storia della prima repubblica*, Bologna, il Mulino, 1993.

⒁ Gianfranco Pasquino (ed.), *La politica italiana: Dizionario critico 1945-95*, Roma/Bari, Laterza, 1995.

⒂ Giovanni Sabbatucci e Vittorio Vidotto (ed.), *Storia d'Italia*, Vol. 5, *La repubblica*, Roma/Bari, Laterza, 1997.

⒃ Giovanni Sabbatucci e Vittorio Vidotto (ed.), *Storia d'Italia*, Vol. 6, *L'Italia contemporanea*, Roma/Bari, Laterza, 1999.

⑼はオクスフォード版シリーズの最終巻，⑾はカンデローロ『近代イタリア史』の最終巻，⒂⒃はラテルツァ版イタリア史シリーズを締めくくる２巻。⑽は３巻５分冊の大部な論文集で，⒁はテーマごとの論文形式の辞典。⑹⑺は社会と文化を重視した深い内容の連作であり，⑿と⒀はともに「第一共和政」の崩壊が語られ始めた1990年代前半の書で，「第一共和政」の歴史的性格を考えようとしている。⑷は共和政の形成期の諸問題を検討した研究集会の報告集，⑸は東西冷戦のなかで地理的に西側の最前線にいたイタリアの政治と文化を考察した論文集，⑻は西側諸国の共産党のうち最大の勢力を誇ったイタリア共産党の文化政策を検討した研究書。⑴⑵⑶はイタリアの政治・経済・社会の現状を説明した論文集。

■ 王朝・公家系図

数字は在位年
(　)は生没年

オートヴィル(アルタヴィッラ)家(ノルマン朝)

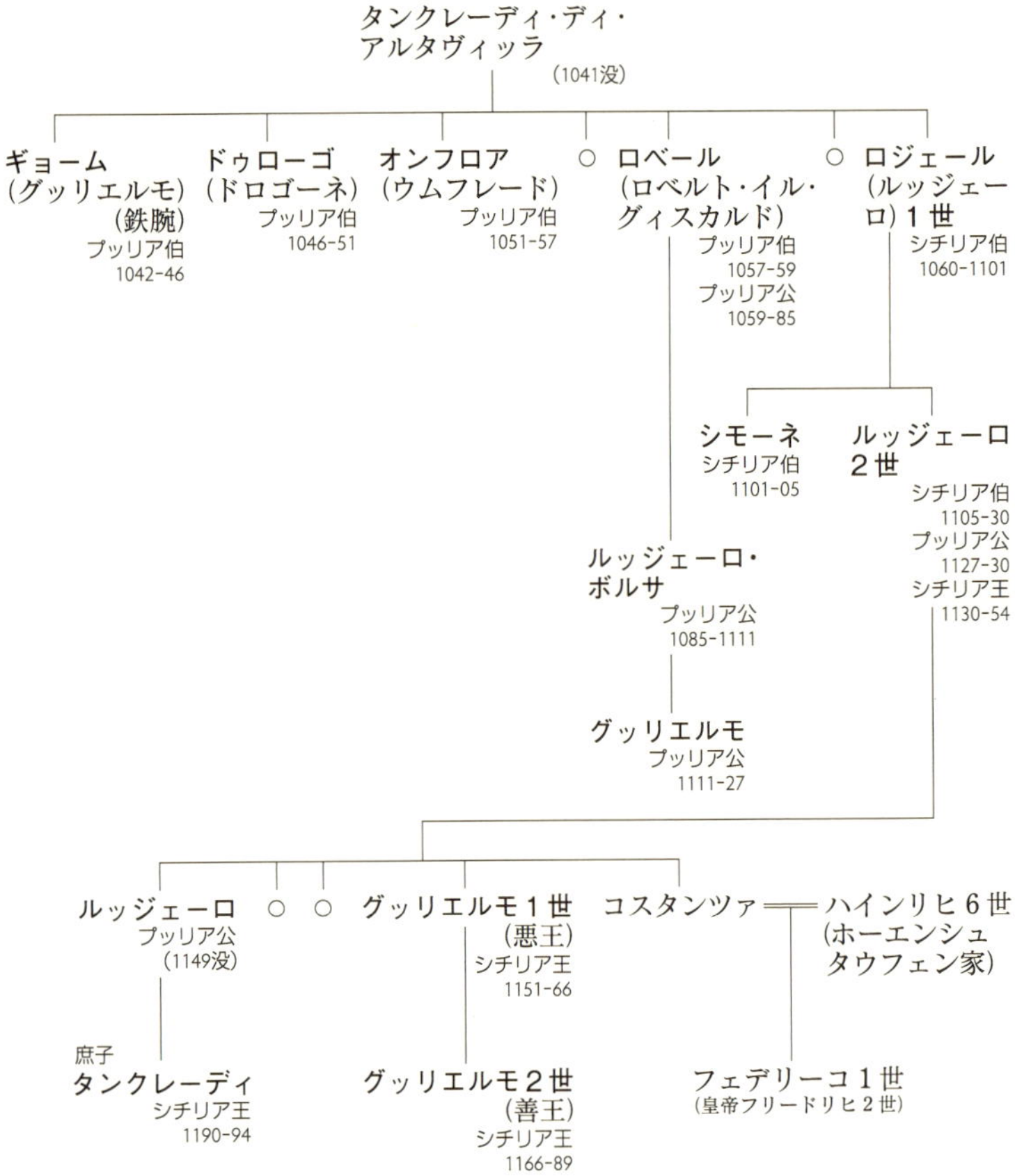
タンクレーディ・ディ・アルタヴィッラ (1041没)
ギョーム (グッリエルモ) (鉄腕) プッリア伯 1042-46
ドゥローゴ (ドロゴーネ) プッリア伯 1046-51
オンフロア (ウムフレード) プッリア伯 1051-57
○
ロベール (ロベルト・イル・ギィスカルド) プッリア伯 1057-59 プッリア公 1059-85
○
ロジェール (ルッジェーロ) 1世 シチリア伯 1060-1101
シモーネ シチリア伯 1101-05
ルッジェーロ2世 シチリア伯 1105-30 プッリア公 1127-30 シチリア王 1130-54
ルッジェーロ・ボルサ プッリア公 1085-1111
グッリエルモ プッリア公 1111-27
ルッジェーロ プッリア公 (1149没)
○
○
グッリエルモ1世 (悪王) シチリア王 1151-66
コスタンツァ
ハインリヒ6世 (ホーエンシュタウフェン家)
庶子 タンクレーディ シチリア王 1190-94
グッリエルモ2世 (善王) シチリア王 1166-89
フェデリーコ1世 (皇帝フリードリヒ2世)

ホーエンシュタウフェン（ズヴェーヴィア）家

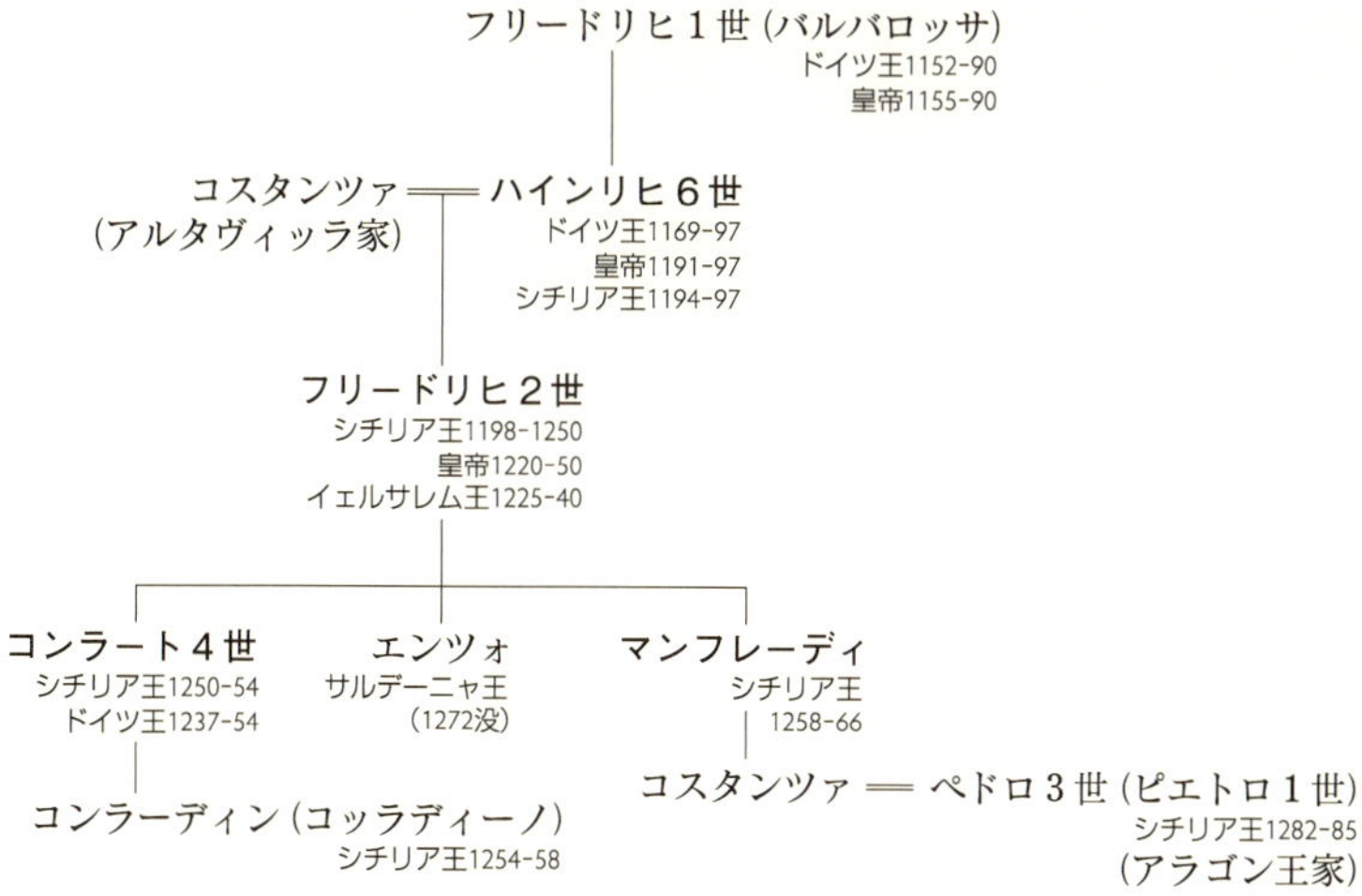
フリードリヒ１世（バルバロッサ）
ドイツ王1152-90
皇帝1155-90
コスタンツァ
（アルタヴィッラ家）
ハインリヒ６世
ドイツ王1169-97
皇帝1191-97
シチリア王1194-97
フリードリヒ２世
シチリア王1198-1250
皇帝1220-50
イェルサレム王1225-40
コンラート４世
シチリア王1250-54
ドイツ王1237-54
エンツォ
サルデーニャ王
（1272没）
マンフレーディ
シチリア王
1258-66
コンラーディン（コッラディーノ）
シチリア王1254-58
コスタンツァ
ペドロ３世（ピエトロ１世）
シチリア王1282-85
（アラゴン王家）

アンジュー（アンジョ）家

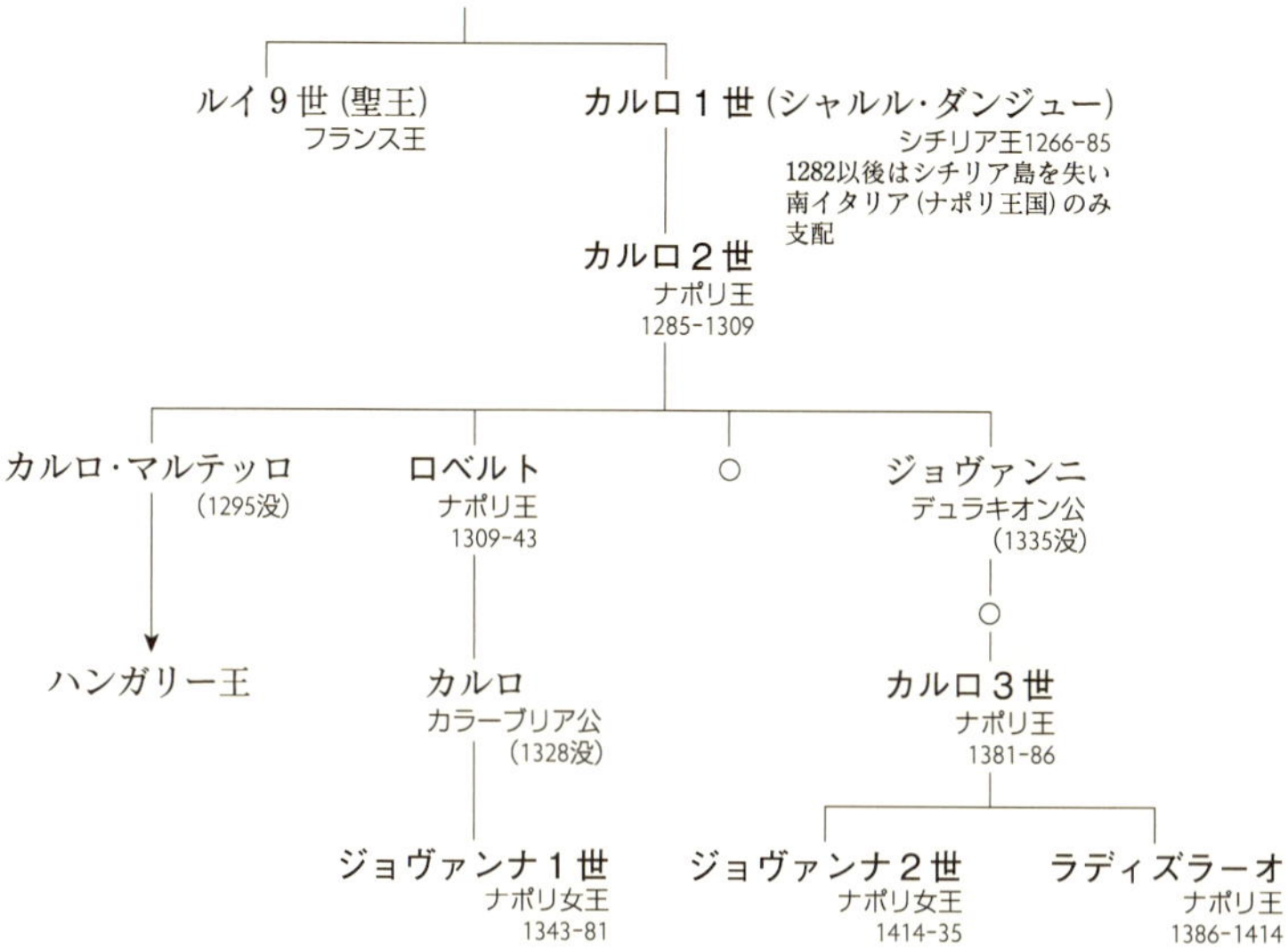
ルイ９世（聖王）
フランス王
カルロ１世（シャルル・ダンジュー）
シチリア王1266-85
1282以後はシチリア島を失い
南イタリア（ナポリ王国）のみ
支配
カルロ２世
ナポリ王
1285-1309
カルロ・マルテッロ
（1295没）
ロベルト
ナポリ王
1309-43
○
ジョヴァンニ
デュラキオン公
（1335没）
○
ハンガリー王
カルロ
カラーブリア公
（1328没）
カルロ３世
ナポリ王
1381-86
ジョヴァンナ１世
ナポリ女王
1343-81
ジョヴァンナ２世
ナポリ女王
1414-35
ラディズラーオ
ナポリ王
1386-1414

メディチ家

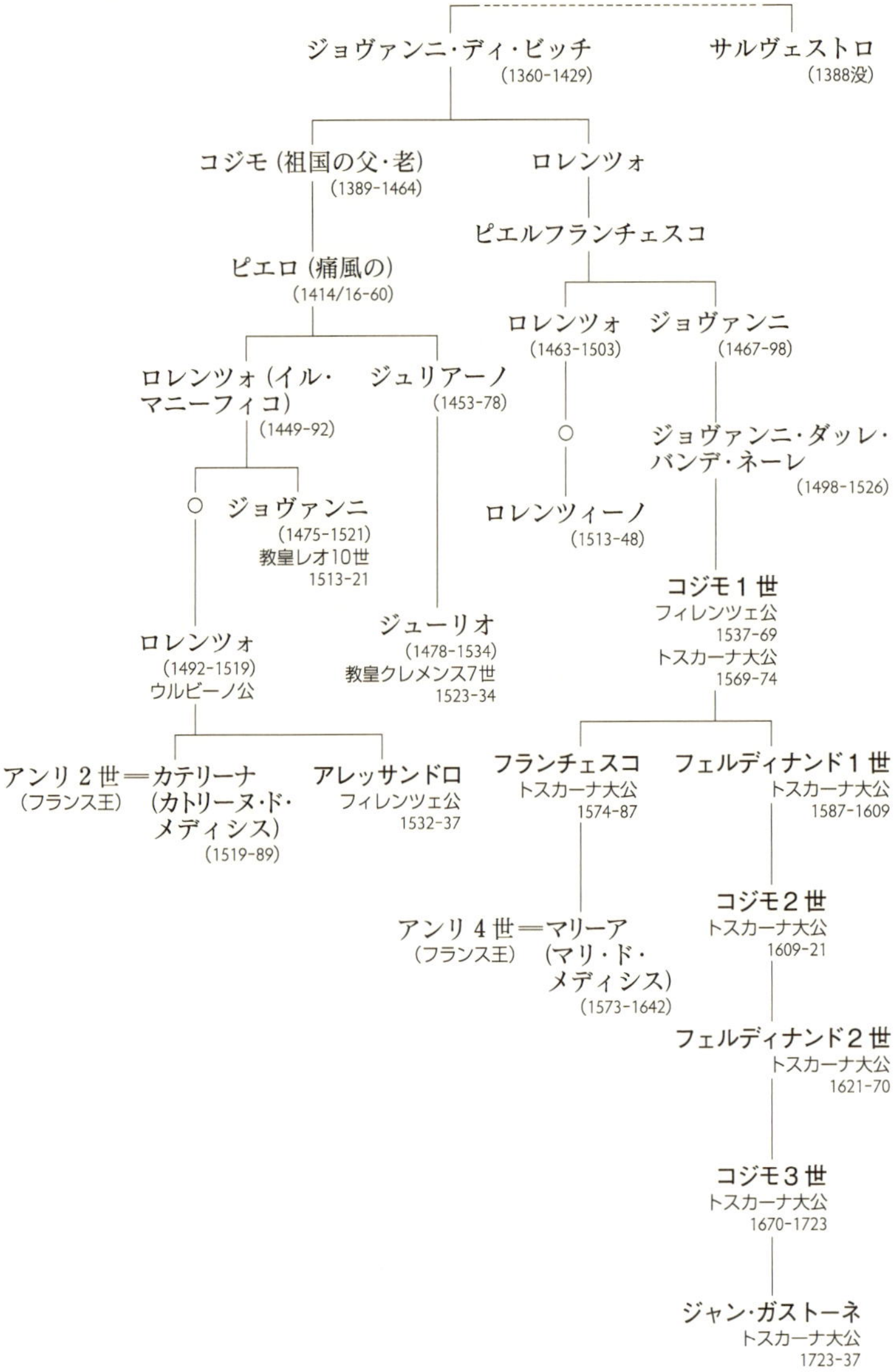
ジョヴァンニ・ディ・ビッチ (1360-1429)
サルヴェストロ (1388没)
コジモ (祖国の父・老) (1389-1464)
ロレンツォ
ピエロ (痛風の) (1414/16-60)
ピエルフランチェスコ
ロレンツォ (イル・マニーフィコ) (1449-92)
ジュリアーノ (1453-78)
ロレンツォ (1463-1503)
ジョヴァンニ (1467-98)
ジョヴァンニ・ダッレ・バンデ・ネーレ (1498-1526)
ジョヴァンニ (1475-1521) 教皇レオ10世 1513-21
ロレンツィーノ (1513-48)
ジューリオ (1478-1534) 教皇クレメンス7世 1523-34
ロレンツォ (1492-1519) ウルビーノ公
コジモ1世 フィレンツェ公 1537-69 トスカーナ大公 1569-74
アンリ2世 (フランス王)
カテリーナ (カトリーヌ・ド・メディシス) (1519-89)
アレッサンドロ フィレンツェ公 1532-37
フランチェスコ トスカーナ大公 1574-87
フェルディナンド1世 トスカーナ大公 1587-1609
アンリ4世 (フランス王)
マリーア (マリ・ド・メディシス) (1573-1642)
コジモ2世 トスカーナ大公 1609-21
フェルディナンド2世 トスカーナ大公 1621-70
コジモ3世 トスカーナ大公 1670-1723
ジャン・ガストーネ トスカーナ大公 1723-37

ヴィスコンティ家

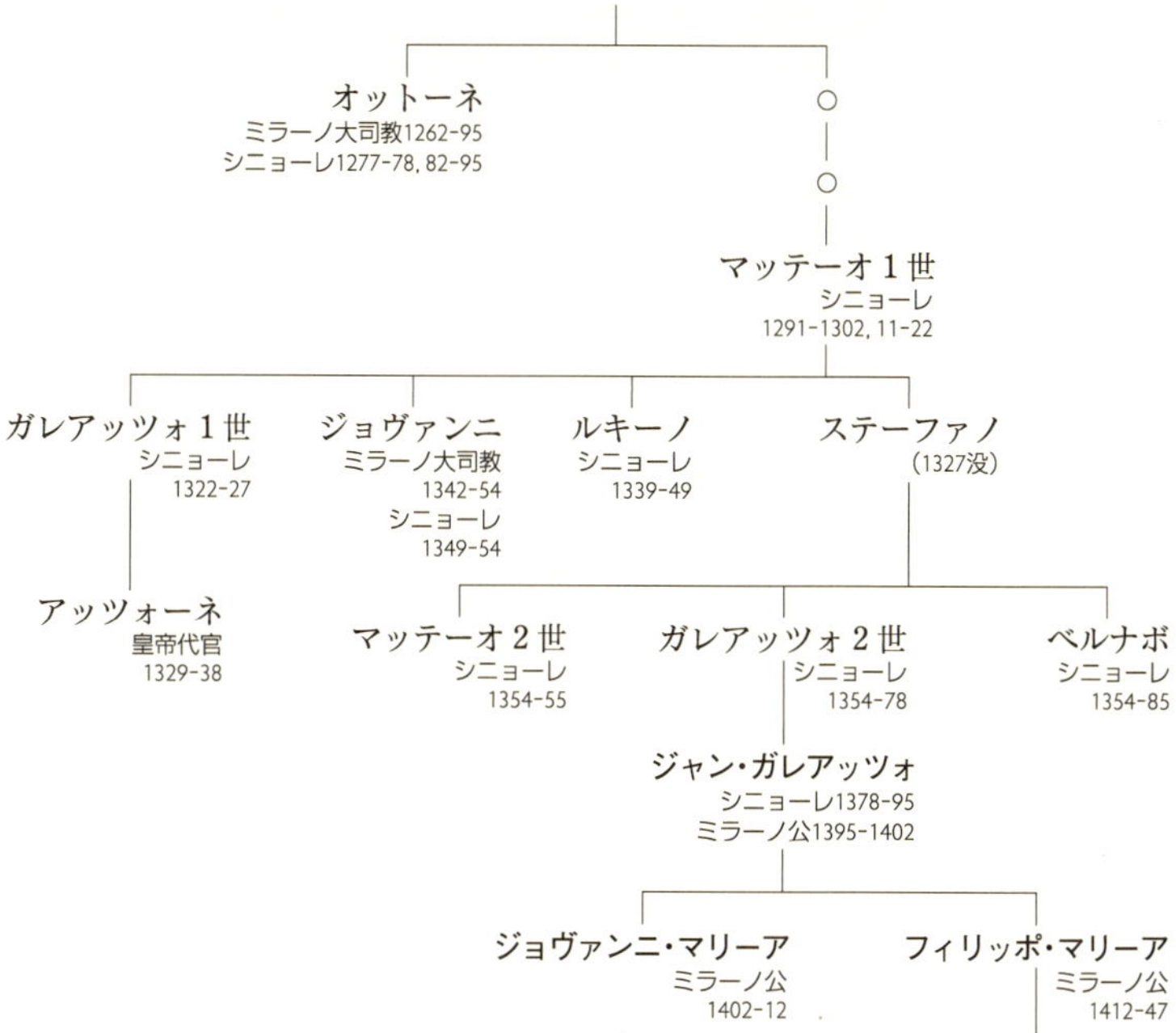
オットーネ
ミラーノ大司教1262-95
シニョーレ1277-78, 82-95
○
○
マッテーオ1世
シニョーレ
1291-1302, 11-22
ガレアッツォ1世
シニョーレ
1322-27
ジョヴァンニ
ミラーノ大司教
1342-54
シニョーレ
1349-54
ルキーノ
シニョーレ
1339-49
ステーファノ
(1327没)
アッツォーネ
皇帝代官
1329-38
マッテーオ2世
シニョーレ
1354-55
ガレアッツォ2世
シニョーレ
1354-78
ベルナボ
シニョーレ
1354-85
ジャン・ガレアッツォ
シニョーレ1378-95
ミラーノ公1395-1402
ジョヴァンニ・マリーア
ミラーノ公
1402-12
フィリッポ・マリーア
ミラーノ公
1412-47

スフォルツァ家

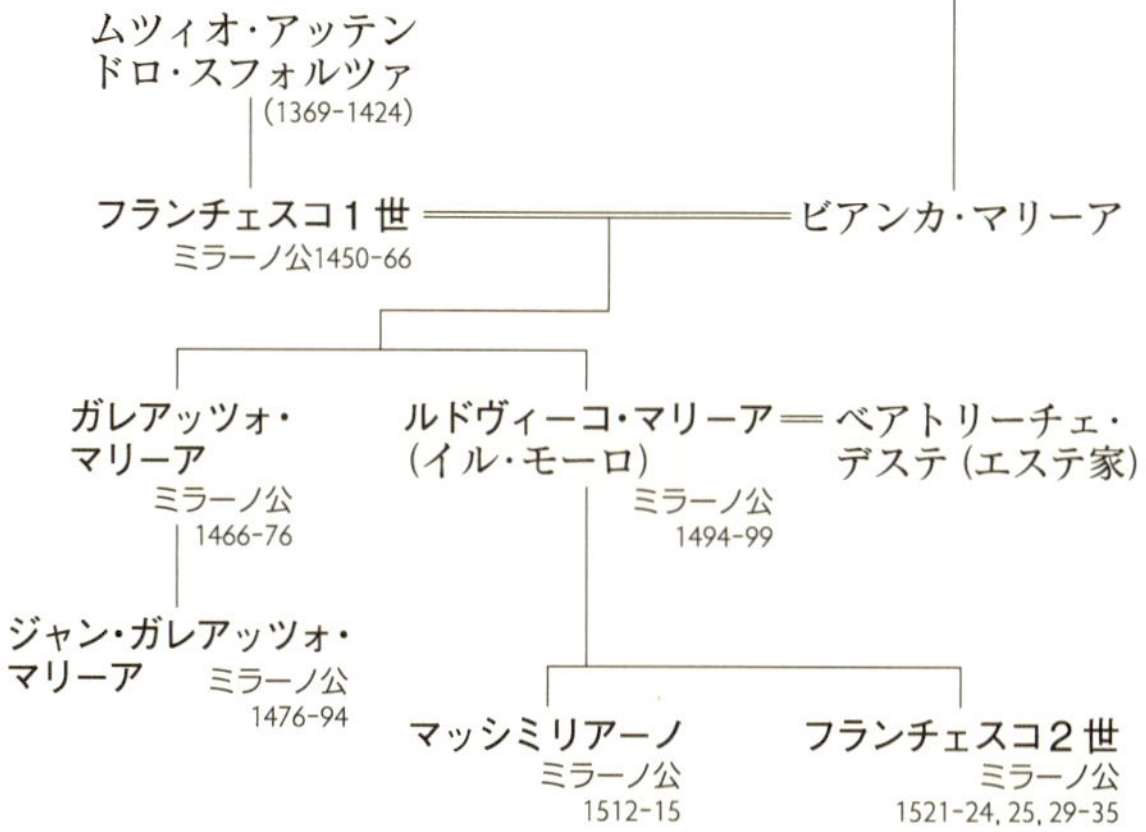
ムツィオ・アッテン
ドロ・スフォルツァ
(1369-1424)
フランチェスコ1世
ミラーノ公1450-66
ビアンカ・マリーア
ガレアッツォ・
マリーア
ミラーノ公
1466-76
ルドヴィーコ・マリーア
(イル・モーロ)
ミラーノ公
1494-99
ベアトリーチェ・
デステ (エステ家)
ジャン・ガレアッツォ・
マリーア
ミラーノ公
1476-94
マッシミリアーノ
ミラーノ公
1512-15
フランチェスコ2世
ミラーノ公
1521-24, 25, 29-35

サヴォイア家

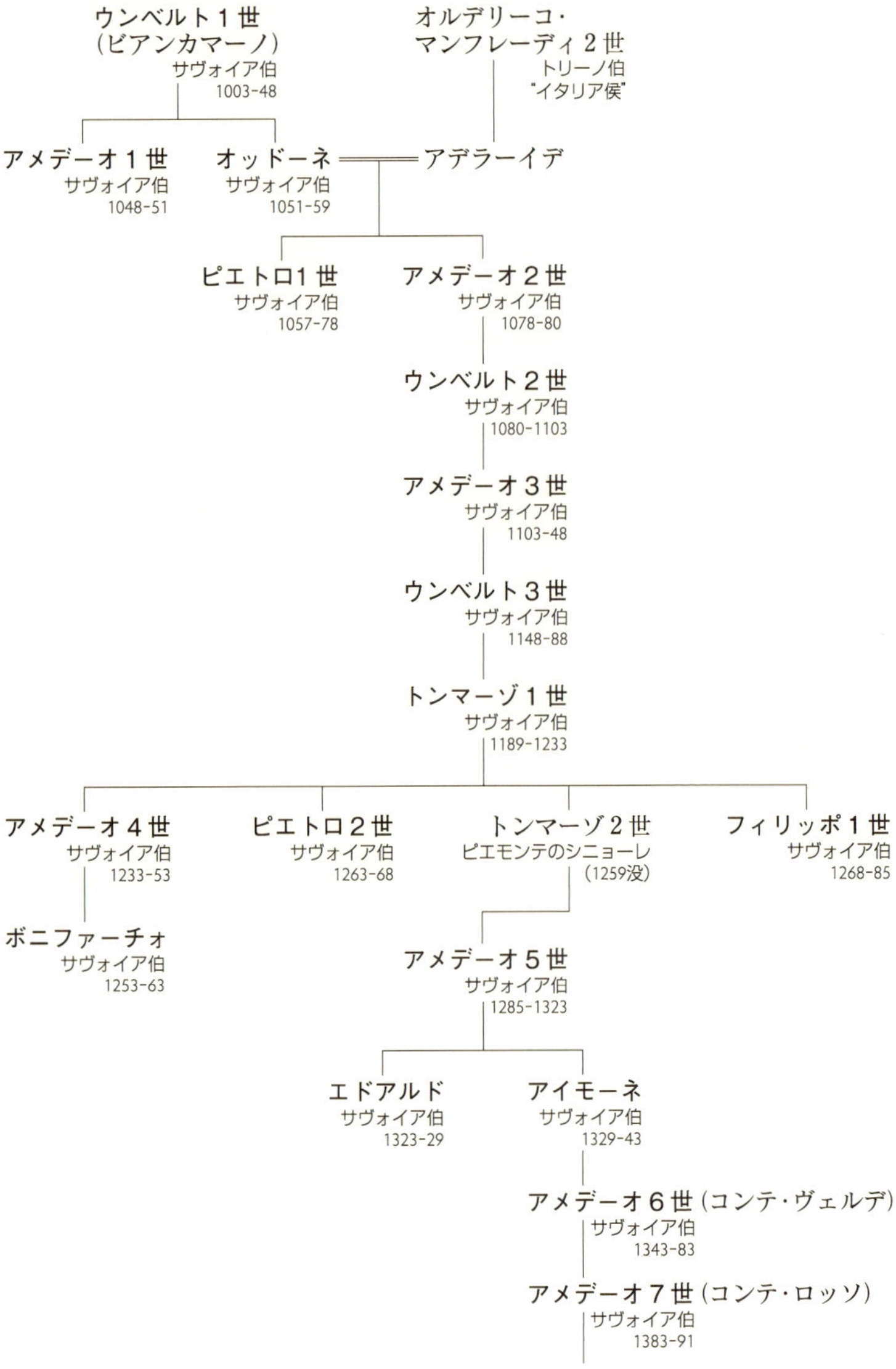
ウンベルト1世
(ビアンカマーノ)
サヴォイア伯
1003-48
オルデリーコ・
マンフレーディ2世
トリーノ伯
"イタリア侯"
アメデーオ1世
サヴォイア伯
1048-51
オッドーネ
サヴォイア伯
1051-59
アデラーイデ
ピエトロ1世
サヴォイア伯
1057-78
アメデーオ2世
サヴォイア伯
1078-80
ウンベルト2世
サヴォイア伯
1080-1103
アメデーオ3世
サヴォイア伯
1103-48
ウンベルト3世
サヴォイア伯
1148-88
トンマーゾ1世
サヴォイア伯
1189-1233
アメデーオ4世
サヴォイア伯
1233-53
ピエトロ2世
サヴォイア伯
1263-68
トンマーゾ2世
ピエモンテのシニョーレ
(1259没)
フィリッポ1世
サヴォイア伯
1268-85
ボニファーチォ
サヴォイア伯
1253-63
アメデーオ5世
サヴォイア伯
1285-1323
エドアルド
サヴォイア伯
1323-29
アイモーネ
サヴォイア伯
1329-43
アメデーオ6世(コンテ・ヴェルデ)
サヴォイア伯
1343-83
アメデーオ7世(コンテ・ロッソ)
サヴォイア伯
1383-91

- アメデーオ８世　サヴォイア伯1391-1416　サヴォイア公1416-40　対立教皇フェリクス５世1439-49
  - ルドヴィーコ　サヴォイア公　1440-65
    - アメデーオ９世　サヴォイア公　1465-72
      - フィリベルト１世　サヴォイア公　1472-82
      - カルロ１世　サヴォイア公　1482-90
        - カルロ・ジョヴァンニ・アメデーオ　サヴォイア公　1490-96
    - フィリッポ２世　サヴォイア公　1496-97
      - フィリベルト２世　サヴォイア公　1497-1504
      - カルロ２世　サヴォイア公　1504-53
        - （フランス軍のピエモンテ占領）
        - エマヌエーレ・フィリベルト　サヴォイア公　1553-80
          - カルロ・エマヌエーレ１世　サヴォイア公　1580-1630
            - ヴィットーリオ・アメデーオ１世　サヴォイア公　1630-37
              - フランチェスコ・ジャチント　サヴォイア公　1637-38
              - カルロ・エマヌエーレ２世　サヴォイア公　1638-75
                - ヴィットーリオ・アメデーオ２世　サヴォイア公1675-1713　シチリア王1713-20　サルデーニャ王1720-30
                  - カルロ・エマヌエーレ３世　サルデーニャ王1730-73
                    - ヴィットーリオ・アメデーオ３世　サルデーニャ王1773-96
                      - カルロ・エマヌエーレ４世　サルデーニャ王　1796-1802
                      - ヴィットーリオ・エマヌエーレ１世　サルデーニャ王　1802-21
                      - カルロ・フェリーチェ　サルデーニャ王　1821-31
            - サヴォイア・カリニャーノ家　トンマーゾ　（1656没）

カルロ・アルベルト
サルデーニャ王
1831-49

ヴィットーリオ・エマヌエーレ２世
サルデーニャ王1849-61
イタリア王1861-78

ウンベルト１世
イタリア王1878-1900

ヴィットーリオ・エマヌエーレ３世
イタリア王1900-46

ウンベルト２世
イタリア王1946

エステ家

ニッコロ３世
フェッラーラ，モーデナのシニョーレ1393-1441
レッジョのシニョーレ1409-41
パルマのシニョーレ1409-20

レオネッロ
フェッラーラ，モーデナ，レッジョのシニョーレ1441-50

ボルソ
モーデナ，レッジョ公1452-71
フェッラーラ公1471

エルコレ１世
フェッラーラ，モーデナ，
レッジョ公1471-1505

イザベッラ
＝
フランチェスコ２世
マントヴァ侯
（ゴンヅァーガ家）

ベアトリーチェ
＝
ルドヴィーコ・マリーア（イル・モーロ）
ミラーノ公
（スフォルツァ家）

アルフォンソ１世
フェッラーラ公1505-34
モーデナ公1505-10, 27-34
レッジョ公1505-12, 23-34

イッポーリト
枢機卿

エルコレ２世
フェッラーラ，モーデナ，
レッジョ公1534-59

アルフォンソ２世
フェッラーラ，モーデナ，
レッジョ公1559-97

○

チェーザレ
フェッラーラ公1597-98
モーデナ，レッジョ公1597-1628

（以下略）

ゴンヅァーガ家

- **ルイージ1世**
  マントヴァのカピターノ・ジェネラーレ 1328-60
  - **グイード**
    マントヴァのカピターノ・ジェネラーレ 1360-69
    - **ルイージ2世**
      マントヴァのカピターノ・ジェネラーレ 1369-82
      - **フランチェスコ1世**
        マントヴァのカピターノ・ジェネラーレ 1382-1407
        - **ジョヴァンニ（ジャン）フランチェスコ1世**
          マントヴァのカピターノ・ジェネラーレ1407-33
          マントヴァ侯1433-44
          - **ルイージ3世**
            マントヴァ侯1444-78
            - **フェデリーコ1世**
              マントヴァ侯1478-84
              - イザベッラ・デステ（エステ家）═ **フランチェスコ2世** マントヴァ侯1484-1519
                - **フェデリーコ2世**
                  マントヴァ侯1519-30
                  マントヴァ公1530-40
                  モンフェッラート侯1536-40
                  - **フランチェスコ3世**
                    マントヴァ公1540-50
                    モンフェッラート侯1540-50
                  - **グッリエルモ**
                    マントヴァ公1550-87
                    モンフェッラート侯1550-75
                    モンフェッラート公1575-87
                    - **ヴィンチェンツォ1世**
                      マントヴァ公, モンフェッラート公 1587-1612
                      - マルゲリータ（サヴォイア家）═ **フランチェスコ4世** マントヴァ公・モンフェッラート公1612
                      - **フェルディナンド** 同1612-26
                      - **ヴィンチェンツォ2世** 同1626-27
                  - **ルドヴィーコ**
                    ヌヴェール公
                    - **ゴンヅァーガ・ヌヴェール家**
                      カルロ（シャルル）1世
                      マントヴァ公・モンフェッラート公1627-37
              - **シジスモンド**
                枢機卿
                （1525没）
              - **ジョヴァンニ**
                ヴェスコヴァード侯

ブルボン家

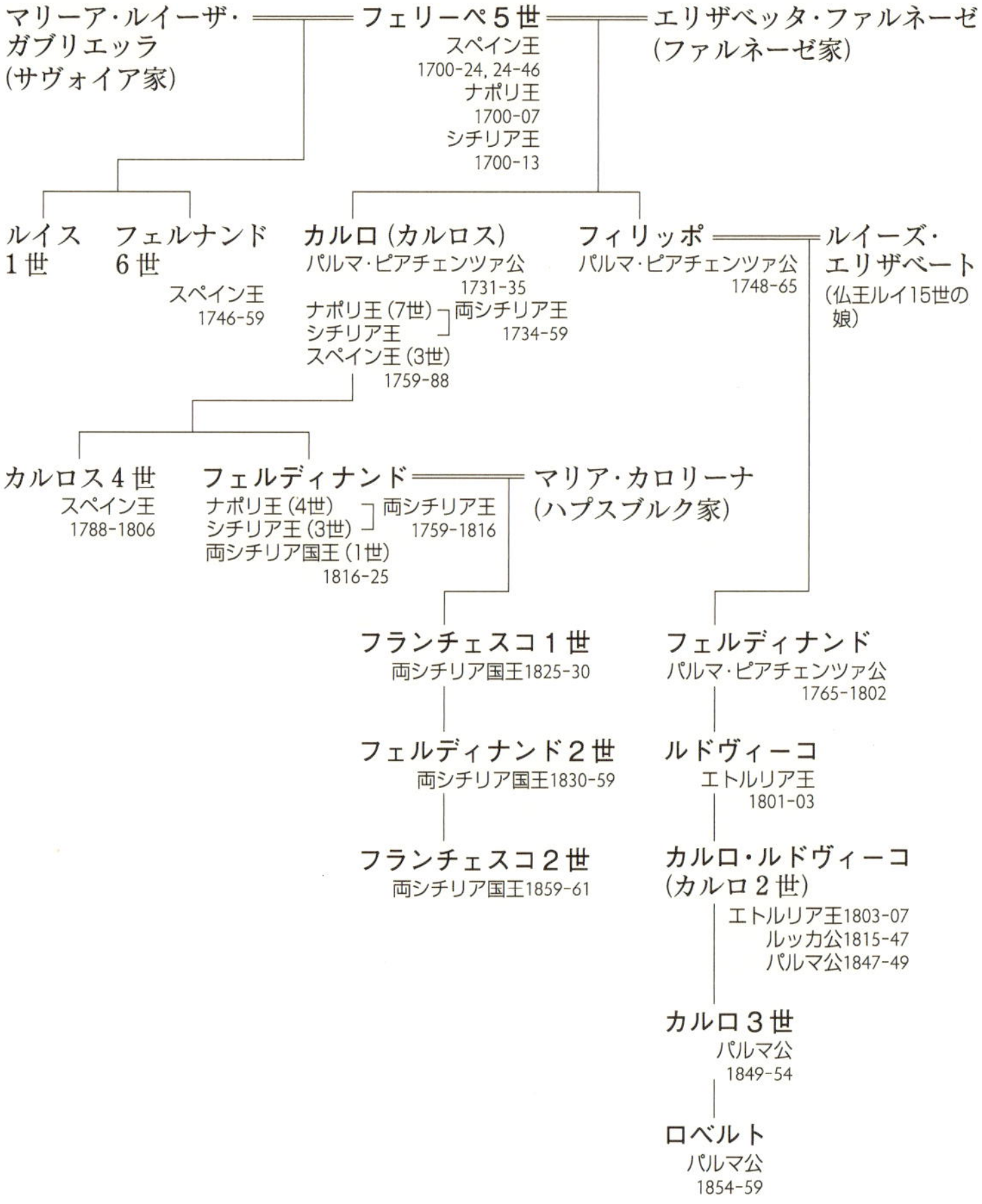
マリーア・ルイーザ・ガブリエッラ
(サヴォイア家)
フェリーペ5世
スペイン王
1700-24, 24-46
ナポリ王
1700-07
シチリア王
1700-13
エリザベッタ・ファルネーゼ
(ファルネーゼ家)
ルイス1世
フェルナンド6世
スペイン王
1746-59
カルロ(カルロス)
パルマ・ピアチェンツァ公
1731-35
ナポリ王(7世)
シチリア王
両シチリア王
1734-59
スペイン王(3世)
1759-88
フィリッポ
パルマ・ピアチェンツァ公
1748-65
ルイーズ・エリザベート
(仏王ルイ15世の娘)
カルロス4世
スペイン王
1788-1806
フェルディナンド
ナポリ王(4世)
シチリア王(3世)
両シチリア王
1759-1816
両シチリア国王(1世)
1816-25
マリア・カロリーナ
(ハプスブルク家)
フランチェスコ1世
両シチリア国王1825-30
フェルディナンド2世
両シチリア国王1830-59
フランチェスコ2世
両シチリア国王1859-61
フェルディナンド
パルマ・ピアチェンツァ公
1765-1802
ルドヴィーコ
エトルリア王
1801-03
カルロ・ルドヴィーコ
(カルロ2世)
エトルリア王1803-07
ルッカ公1815-47
パルマ公1847-49
カルロ3世
パルマ公
1849-54
ロベルト
パルマ公
1854-59

ハプスブルク・ロレーヌ（ロートリンゲン）家

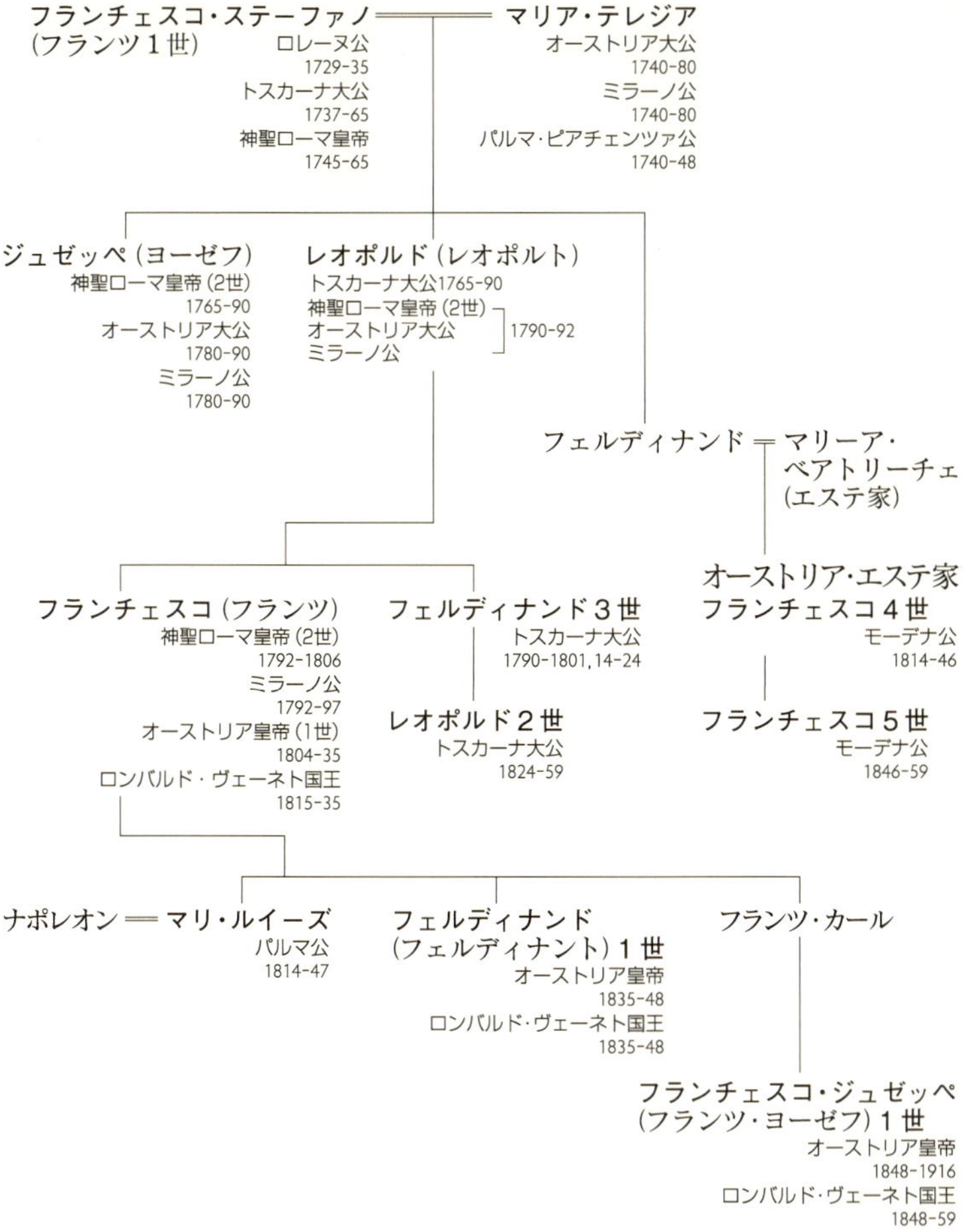
フランチェスコ・ステーファノ（フランツ1世）
ロレーヌ公 1729-35
トスカーナ大公 1737-65
神聖ローマ皇帝 1745-65
マリア・テレジア
オーストリア大公 1740-80
ミラーノ公 1740-80
パルマ・ピアチェンツァ公 1740-48
ジュゼッペ（ヨーゼフ）
神聖ローマ皇帝（2世） 1765-90
オーストリア大公 1780-90
ミラーノ公 1780-90
レオポルド（レオポルト）
トスカーナ大公1765-90
神聖ローマ皇帝（2世）
オーストリア大公
ミラーノ公
1790-92
フェルディナンド
マリーア・ベアトリーチェ（エステ家）
オーストリア・エステ家
フランチェスコ4世
モーデナ公 1814-46
フランチェスコ5世
モーデナ公 1846-59
フランチェスコ（フランツ）
神聖ローマ皇帝（2世） 1792-1806
ミラーノ公 1792-97
オーストリア皇帝（1世） 1804-35
ロンバルド・ヴェーネト国王 1815-35
フェルディナンド3世
トスカーナ大公 1790-1801, 14-24
レオポルド2世
トスカーナ大公 1824-59
ナポレオン
マリ・ルイーズ
パルマ公 1814-47
フェルディナンド（フェルディナント）1世
オーストリア皇帝 1835-48
ロンバルド・ヴェーネト国王 1835-48
フランツ・カール
フランチェスコ・ジュゼッペ（フランツ・ヨーゼフ）1世
オーストリア皇帝 1848-1916
ロンバルド・ヴェーネト国王 1848-59

■ 統治者一覧

1．ローマ皇帝(重複は共同統治，または対立統治。＊は簒奪帝)

前27-後14	アウグストゥス Gaius Julius Caesar Augusutus Octavianus
14-37	ティベリウス Tiberius Claudius Nero Caesar
37-41	カリグラ(ガイウス) Gaius Julius Caesar Germanicus(Caligula)
41-54	クラウディウス Tiberius Cludius Nero Germanicus
54-68	ネロ Nero Claudius Caesar
68-69	ガルバ Servius Sulcipius Gallba
69	オト Marcus Salvius Otho
69	ウィテリウス Aulus Vitellius
69-79	ウェスパシアヌス Titus Flavius Vespasianus
79-81	ティトゥス Titus Flavius Vespasianus
81-96	ドミティアヌス Titus Flavius Domitianus
96-98	ネルウァ Marcus Cocceius Nerva
98-117	トラヤヌス Marcus Ulpius Trajanus
117-138	ハドリアヌス Publius Aelius Hadrianus
138-161	アントニヌス・ピウス Titus Aurelius Fulvus Antoninus Pius
161-180	マルクス・アウレリウス Marcus Aurelius Antoninus
161-169	ルキウス・ウェルス Lucius Verus
177-192	コンモドゥス Lucius Aurelius Commodus
193	ペルティナクス Publius Helvius Pertinax
193	ディディウス・ユリアヌス Marcus Didius Severus Julianus
193-211	セプティミウス・セウェルス Lucius Septimius Severus
198-217	カラカラ Caracalla(本名 Marcus Aurelius Antoninus)
211-212	ゲタ Publius Septimius Geta
217-218	マクリヌス Marcus Opellius Macrinus
218-222	エラガバルス(ヘリオガバルス) Marcus Aurelius Antonius Elagabarus
222-235	アレクサンデル・セウェルス Marcus Aurelius Alexander Severus
235-238	マクシミヌス・トラクス Gaius Julius Verus Maximinus Thrax
238	ゴルディアヌス1世 Marcus Antonius Gordianus Sempronianus Romanus
238	ゴルディアヌス2世 Marcus Antonius Gordianus Sempronianus
238	バルビヌス Decius Caelius Calvinos Balbinus
238	マクシムス・プピエヌス Marcus Clodius Pupienus Maxinus
238-244	ゴルディアヌス3世 Marcus Antonius Gordianus
244-249	フィリップス・アラプス Marcus Julius Philippus Arabs
249-251	デキウス Gaius Messius Quintus Decius
251-253	ガルス Gaius Vibius Trebonianus Gallus

253　アエミリアヌス Marcus Aemilius Aemilianus
253-260　ウァレリアヌス Publius Licinius Valerianus
254-268　ガリエヌス Publius Licinius Egnatius Gallienus
268-270　クラウディウス・ゴティクス Marcus Aurelius Claudius Gothicus
270-275　アウレリアヌス Lucius Domitius Aurelianus
275-276　タキトゥス Marcus Claudius Tacitus
276　フロリアヌス Marcus Annius Florianus＊
276-282　プロブス Marcus Aurelius Probus
282-283　カルス Marcus Aurelius Carus
283-285　ヌメリアヌス Marcus Aurelius Numerianus
283-285　カリヌス Marcus Aurelius Carinus
284-305　ディオクレティアヌス Gaius Aurelius Valerius Diocletianus
286-305　マクシミアヌス Marcus Aurelius Valerius Maximianus
305-306　コンスタンティウス 1 世 Flavius Valerius Constantius I
305-311　ガレリウス Gaius Galerius Valerius Maximianus
305-313　マクシミヌス Gaius Galerius Valerius Maximinus
306-307　セウェルス Flavius Valerius Severus
306-312　マクセンティウス Marcus Aurelius Valerius Maxentius＊
308-324　リキニウス Valerius Licinianus Licinius
308-310　マクシミアヌス Marcus Aurelius Valerius Maximianus
310-337　コンスタンティヌス 1 世 Flavius Valerius Constantinus I
337-340　コンスタンティヌス 2 世 Flavius Claudius Constantinus II
337-350　コンスタンス Flavius Julius Constans
337-361　コンスタンティウス 2 世 Flavius Valerius Julius Constantius II
361-363　ユリアヌス Flavius Claudius Julianus
363-364　ヨウィアヌス Flavius Jovianus
364-375　ウァレンティニアヌス 1 世 Flavius Valentinianus I
364-378　ウァレンス Flavius Valens
367-383　グラティアヌス Flavius Gratianus
375-392　ウァレンティニアヌス 2 世 Flavius Valentinianus II
379-395　テオドシウス 1 世 Flavius Theodosius I
383-388　マクシムス Magnus Maximus＊
392-394　エウゲニウス Flavius Eugenius＊

西ローマ皇帝

395-423　ホノリウス Flavius Honorius
421　コンスタンティウス 3 世 Flavius Constantius III
425-455　ウァレンティニアヌス 3 世 Flavius Placidus Valentinianus III
455　ペトロニウス・マクシムス Petronius Maximus
455-456　アウィトゥス Eparchius Avitus
457-461　マヨリアヌス Julius Valerius Majorianus
461-465　リビウス・セウェルス Libius Severus

467-472　プロコピウス・アンテミウス Procopius Anthemius
472　オリュブリウス Anicius Olybrius
473-474　グリュケリウス Glycerius
473-475　ユリウス・ネポス Julius Nepos
475-476　ロムルス・アウグストゥルス Romulus Augusutulus

2．ローマ教皇(＊は対立教皇)

67(64?)　ペトルス(ペトロ) Petrus(Petros)
67(64?)-76?　リヌス Linus
76?-88?　アナクレトゥス Anacletus
88-97?　クレメンス1世 Clemens I
97-105?　エウァリストゥス Evaristus
105-115?　アレクサンデル1世 Alexander I
115-125?　シクストゥス1世 Sixtus I
125-136　テレスフォルス Telesphorus
136-140　ヒギヌス Hyginus
140-155?　ピウス1世 Pius I
155-166?　アニケトゥス Anicetus
166-175?　ソテル Soter
175-189?　エレウテルス Eleutherus
189-199?　ウィクトル1世 Victor I
199-217　ゼフィリヌス Zephyrinus
217-222　カリクストゥス(カリストゥス)1世 Calixtus(Callistus) I
217-235　ヒッポリュトゥス Hippolytus＊
222-230　ウルバヌス1世 Urbanus I
230-235　ポンティアヌス Pontianus
235-236　アンテルス Anterus
236-250　ファビアヌス Fabianus
251-258?　ノウァティアヌス Novatianus＊
251-253　コルネリウス Cornelius
253-254　ルキウス1世 Lucius I
254-257　ステファヌス1世 Stephanus I
257-258　シクストゥス2世 Sixtus II
259-268　ディオニシウス Dionysius
269-274　フェリクス1世 Felix I
275-283　エウティキアヌス Eutychianus
283-296　カイウス Caius
296-304　マルケリヌス Marcellinus
308-309　マルケルス1世 Marcellus I
309(-310?)　エウセビウス Eusebius
311-314　ミルティアデス Miltiades

314-335　シルウェステル1世 Silvester I
336　マルクス Marcus
337-352　ユリウス1世 Julius I
352-366　リベリウス Liberius
355-365　フェリクス2世 Felix II*
366-384　ダマスス1世 Damasus I
366-367　ウルシヌス Ursinus*
384-399　シリキウス Siricius
399-401　アナスタシウス1世 Anastasius I
401-417　インノケンティウス1世 Innocentius I
417-418　ゾシムス Zosimus
418-422　ボニファティウス1世 Bonifatius I
418-419　エウラリウス Eulalius*
423-432　ケレスティヌス1世 Coelestinus I
432-440　シクストゥス3世 Sixtus III
440-461　レオ1世 Leo I
461-468　ヒラリウス(ヒラルス) Hilarius(Hilarus)
468-483　シンプリキウス Simplicius
483-492　フェリクス2(3)世 Felix II(III)
492-496　ゲラシウス1世 Gelasius I
496-498　アナスタシウス2世 Anastasius II
498-514　シンマクス Symmachus
498(501)-501(505)　ラウレンティウス Laurentius*
514-523　ホルミスダス Hormisdas
523-526　ヨハネス1世 Johannes I
526-530　フェリクス3(4)世 Felix III(IV)
530-532　ボニファティウス2世 Bonifatius II
530　ディオスクルス DioscuIus*
533-535　ヨハネス2世 Johannes II
535-536　アガペトゥス1世 Agapetus I
536-537　シルウェリウス Silverius
537-555　ウィギリウス Vigilius
556-561　ペラギウス1世 Pelagius I
561-574　ヨハネス3世 Johannes III
575-579　ベネディクトゥス(ベネディクト)1世 Benedictus(Benedict) I
579-590　ペラギウス2世 Pelagius II
590-604　グレゴリウス1世 Gregorius I
604-606　サビニアヌス Sabinianus
607　ボニファティウス3世 Bonifatius III
608-615　ボニファティウス4世 Bonifatius IV
615-618　デウスデディトゥス(アデオダトゥス1世) Deusdeditus(Adeodatus I)

619-625	ボニファティウス 5 世 Bonifatius V
625-638	ホノリウス 1 世 Honorius I
640	セウェリヌス Severinus
640-642	ヨハネス 4 世 Johannes IV
642-649	テオドルス 1 世 Theodorus I
649-655	マルティヌス 1 世 Martinus I
654-657	エウゲニウス 1 世 Eugenius I
657-672	ウィタリアヌス Vitalianus
672-676	アデオダトゥス 2 世 Adeodatus II
676-678	ドヌス 1 世 Donus I
678-681	アガト Agatho
682-683	レオ 2 世 Leo II
684-685	ベネディクトゥス 2 世 Benedictus II
685-686	ヨハネス 5 世 Johannes V
686-687	コノン Conon
687	テオドルス Theodorus*
687-701	セルギウス 1 世 Sergius I
687	パスカリス Paschalis*
701-705	ヨハネス 6 世 Johannes VI
705-707	ヨハネス 7 世 Johannes VII
708	シシンニウス Sisinnius
708-715	コンスタンティヌス 1 世 Constantinus I
715-731	グレゴリウス 2 世 Gregorius II
731-741	グレゴリウス 3 世 Gregorius III
741-752	ザカリアス Zacharias
752-757	ステファヌス 2 (3) 世 Stephanus II (III)
757-767	パウルス 1 世 Paulus I
767-769	コンスタンティヌス 2 世 Constantinus II*
768-772	ステファヌス 3 (4) 世 Stephanus III (IV)
768	フィリップス Philippus*
772-795	ハドリアヌス 1 世 Hadrianus I
795-816	レオ 3 世 Leo III
816-817	ステファヌス 4 (5) 世 Stephanus IV (V)
817-824	パスカリス 1 世 Paschalis I
824-827	エウゲニウス 2 世 Eugenius II
827	ウァレンティヌス Valentinus
827-844	グレゴリウス 4 世 Gregorius IV
844-847	セルギウス 2 世 Sergius II
844	ヨハネス Johannes*
847-855	レオ 4 世 Leo IV
855-858	ベネディクトゥス 3 世 Benedictus III

855	アナスタシウス Anastasius＊
858-867	ニコラウス1世 Nicolaus I
867-872	ハドリアヌス2世 Hadrianus II
872-882	ヨハネス8世 Johannes VIII
882-884	マリヌス1世 Marinus I
884-885	ハドリアヌス3世 Hadrianus III
885-891	ステファヌス5(6)世 Stephanus V(VI)
891-896	フォルモスス Formosus
896	ボニファティウス6世 Bonifatius VI
896-897	ステファヌス6(7)世 Stephanus VI(VII)
897	ロマヌス Romanus
897	テオドルス2世 Theodorus II
898-900	ヨハネス9世 Johannes IX
900-903	ベネディクトゥス4世 Benedictus IV
903	レオ5世 Leo V
903-904	クリストフォルス Christophorus＊
904-911	セルギウス3世 Sergius III
911-913	アナスタシウス3世 Anastasius III
913-914	ランド Lando
914-928	ヨハネス10世 Johannes X
928	レオ6世 Leo VI
929-931	ステファヌス7(8)世 Stephanus VII(VIII)
931-935	ヨハネス11世 Johannes XI
936-939	レオ7世 Leo VII
939-942	ステファヌス8(9)世 Stephanus VIII(IX)
942-946	マリヌス2世 Marinus II
946-955	アガペトゥス2世 Agapetus II
955-964	ヨハネス12世 Johannes XII
963-965	レオ8世 Leo VIII
964-966	ベネディクトゥス5世 Benedictus V
965-972	ヨハネス13世 Johannes XIII
973-974	ベネディクトゥス6世 Benedictus VI
984-985	ボニファティウス7世 Bonifatius VII＊
974-983	ベネディクトゥス7世 Benedictus VII
983-984	ヨハネス14世 Johannes XIV
985-996	ヨハネス15世 Johannes XV
996-999	グレゴリウス5世 Gregorius V
997-998	ヨハネス16世 Johannes XVI＊
999-1003	シルウェステル2世 Silvester II
1003	ヨハネス17世 Johannes XVII
1004-09	ヨハネス18世 Johannes XVIII

1009-12	セルギウス4世 Sergius IV
1012-24	ベネディクトゥス8世 Benedictus VIII
1012	グレゴリウス Gregorius＊
1024-32	ヨハネス19世 Johannes XIX
1032-44	ベネディクトゥス9世 Benedictus IX
1045	シルウェステル3世 Silvester III
1045	ベネディクトゥス9世(復位) Benedictus IX
1045-46	グレゴリウス6世 Gregorius VI
1046-47	クレメンス2世 Clemens II
1047-48	ベネディクトゥス9世(再復位) Benedictus IX
1048	ダマスス2世 Damasus II
1049-54	レオ9世 Leo IX
1055-57	ウィクトル2世 Victor II
1057-58	ステファヌス9(10)世 Stephanus IX(X)
1058-59	ベネディクトゥス10世 Benedictus X＊
1059-61	ニコラウス2世 Nicolaus II
1061-73	アレクサンデル2世 Alexander II
1061-72	ホノリウス2世 Honorius II＊
1073-85	グレゴリウス7世 Gregorius VII
1084-1100	クレメンス3世 Clemens III＊
1086-87	ウィクトル3世 Victor III
1088-99	ウルバヌス2世 Urbanus II
1099-1118	パスカリス2世 Paschalis II
1100	テオドリクス Theodoricus＊
1102	アルベルトゥス Albertus＊
1105-11	シルウェステル4世 Silvester IV＊
1118-19	ゲラシウス2世 Gelasius II
1118-21	グレゴリウス8世 Gregorius VIII＊
1119-24	カリクストゥス2世 Calixtus II
1124-30	ホノリウス2世 Honorius II
1124	ケレスティヌス2世 Coelestinus II＊
1130-43	インノケンティウス2世 Innocentius II
1130-38	アナクレトゥス2世 Anacletus II＊
1138	ウィクトル4世 Victor IV＊
1143-44	ケレスティヌス2世 Coelestinus II
1144-45	ルキウス2世 Lucius II
1145-53	エウゲニウス3世 Eugenius III
1153-54	アナスタシウス4世 Anastasius IV
1154-59	ハドリアヌス4世 Hadrianus IV
1159-81	アレクサンデル3世 Alexander III
1159-64	ウィクトル4世 Victor IV＊

1164-68	パスカリス 3 世 Paschalis III＊
1168-78	カリクストゥス 3 世 Calixtus III＊
1179-80	インノケンティウス 3 世 Innocentius III＊
1181-85	ルキウス 3 世 Lucius III
1185-87	ウルバヌス 3 世 Urbanus III
1187	グレゴリウス 8 世 Gregorius VIII
1187-91	クレメンス 3 世 Clemens III
1191-98	ケレスティヌス 3 世 Coelestinus III
1198-1216	インノケンティウス 3 世 Innocentius III
1216-27	ホノリウス 3 世 Honorius III
1227-41	グレゴリウス 9 世 Gregorius IX
1241	ケレスティヌス 4 世 Coelestinus IV
1243-54	インノケンティウス 4 世 Innocentius IV
1254-61	アレクサンデル 4 世 Alexander IV
1261-64	ウルバヌス 4 世 Urbanus IV
1265-68	クレメンス 4 世 Clemens IV
1272-76	グレゴリウス10世 Gregorius X
1276	インノケンティウス 5 世 Innocentius V
1276	ハドリアヌス 5 世 Hadrianus V
1276-77	ヨハネス21世 Johannes XXI
1277-80	ニコラウス 3 世 Nicolaus III
1281-85	マルティヌス 4 世 Martinus IV
1285-87	ホノリウス 4 世 Honorius IV
1288-92	ニコラウス 4 世 Nicolaus IV
1294	ケレスティヌス 5 世 Coelestinus V
1294-1303	ボニファティウス 8 世 Bonifatius VIII
1303-04	ベネディクトゥス11世 Benedictus XI
1305-14	クレメンス 5 世 Clemens V
1316-34	ヨハネス22世 Johannes XXII
1328-30	ニコラウス 5 世 Nicolaus V＊
1334-42	ベネディクトゥス12世 Benedictus XII
1342-52	クレメンス 6 世 Clemens VI
1352-62	インノケンティウス 6 世 Innocentius VI
1362-70	ウルバヌス 5 世 Urbanus V
1371-78	グレゴリウス11世 Gregorius XI
1378-89	ウルバヌス 6 世 Urbanus VI
1378-94	クレメンス 7 世 Clemens VII(アヴィニョン教皇)
1389-1404	ボニファティウス 9 世 Bonifatius IX
1394-1423	ベネディクトゥス13世 Benedictus XIII(アヴィニョン教皇)
1404-06	インノケンティウス 7 世 Innocentius VII
1406-15	グレゴリウス12世 Gregorius XII

1409-10	アレクサンデル5世 Alexander V（ピサ選立教皇）
1410-15	ヨハネス23世 Johannes XXIII（ピサ選立教皇）
1417-31	マルティヌス5世 Martinus V
1431-47	エウゲニウス4世 Eugenius IV
1439-49	フェリクス5世 Felix V＊
1447-55	ニコラウス5世 Nicolaus V
1455-58	カリクストゥス3世 Calixtus III
1458-64	ピウス2世 Pius II
1464-71	パウルス2世 Paulus II
1471-84	シクストゥス4世 Sixtus IV
1484-92	インノケンティウス8世 Innocentius VIII
1492-1503	アレクサンデル6世 Alexander VI
1503	ピウス3世 Pius III
1503-13	ユリウス2世 Julius II
1513-21	レオ10世 Leo X
1522-23	ハドリアヌス6世 Hadrianus VI
1523-34	クレメンス7世 Clemens VII
1534-49	パウルス3世 Paulus III
1550-55	ユリウス3世 Julius III
1555	マルケルス2世 Marcellus II
1555-59	パウルス4世 Paulus IV
1560-65	ピウス4世 Pius IV
1566-72	ピウス5世 Pius V
1572-85	グレゴリウス13世 Gregorius XIII
1585-90	シクストゥス5世 Sixtus V
1590	ウルバヌス7世 Urbanus VII
1590-91	グレゴリウス14世 Gregorius XIV
1591	インノケンティウス9世 Innocentius IX
1592-1605	クレメンス8世 Clemens VIII
1605	レオ11世 Leo XI
1605-21	パウルス5世 Paulus V
1621-23	グレゴリウス15世 Gregorius XV
1623-44	ウルバヌス8世 Urbanus VIII
1644-55	インノケンティウス10世 Innocentius X
1655-67	アレクサンデル7世 Alexander VII
1667-69	クレメンス9世 Clemens IX
1670-76	クレメンス10世 Clemens X
1676-89	インノケンティウス11世 Innocentius XI
1689-91	アレクサンデル8世 Alexander VIII
1691-1700	インノケンティウス12世 Innocentius XII
1700-21	クレメンス11世 Clemens XI

1721-24　インノケンティウス13世 Innocentius XIII
1724-30　ベネディクトゥス13世 Benedictus XIII
1730-40　クレメンス12世 Clemens XII
1740-58　ベネディクトゥス14世 Benedictus XIV
1758-69　クレメンス13世 Clemens XIII
1769-74　クレメンス14世 Clemens XIV
1775-99　ピウス6世 Pius VI
1800-23　ピウス7世 Pius VII
1823-29　レオ12世 Leo XII
1829-30　ピウス8世 Pius VIII
1831-46　グレゴリウス16世 Gregorius XVI
1846-78　ピウス9世 Pius IX
1878-1903　レオ13世 Leo XIII
1903-14　ピウス10世 Pius X
1914-22　ベネディクトゥス15世 Benedictus XV
1922-39　ピウス11世 Pius XI
1939-58　ピウス12世 Pius XII
1958-63　ヨハネス23世 Johannes XXIII
1963-78　パウルス6世 Paulus VI
1978　ヨハネス・パウルス(ヨハネ・パウロ)1世 Johannes Paulus I
1978-2005　ヨハネス・パウルス2世 Johannes Paulus II
2005-　ベネディクトゥス16世 Benedictus XVI

3．イタリア王

476-493　オドアケル Odoacer(Odvacar)(王あるいは諸部族の王を称す)

東ゴート王

493-526　テオドリック Theodoric
526-534　アタラリック Athalaric
534-536　テオダハット Theodahad
536-540　ウィティギス Vitigis
540-541　イルディバト Ildibad
541　エラリク Eraric
541-552　トティラ Totila
552　テイアス Teias

ランゴバルド王

568-572　アルボイーノ Alboino(Alboin)
572-574　クレーフィ Clefi

574-584　空位時代

584-590　アウタリ Autari

591-616 アジルルフォ Agilulfo
617-626 アダロアルド Adaloardo
627-636 アリペルト1世 Ariperto I
636-652 ロターリ Rotari
652 ロドアルド Rodoaldo
653-661 アリペルト2世 Ariperto II
661-662 ゴデペルト Godeperto
661 ベルタリド Bertarido
662-671 グリモアルド Grimoaldo
671 ガリバルド Garibardo
671-688 ベルタリド(再) Bertarido
688-700 クニベルト Cuniberto
700-701 リウトベルト Liutberto
700-701 ラジンベルト Ragimberto

701-712 空位時代

---

712 アンスプランド Ansprando
712-744 リウトプランド Liutprando
744 イルデプランド Ildeprando
744-749 ラーキ Rachi
749-756 アストルフォ Astolfo
756-774 デジデーリオ Desiderio

カロリング朝

(781年まではランゴバルド王，以後はイタリア王。この表での在位年はこの二つの王位の在位年だけに限定)

774-781 カール1世(大帝) Karl I(der Große), Carolus Magnus
781-810 ピピン Pippin
810-818 ベルンハルト Bernhard
818-820 ルートヴィヒ1世(敬虔王) Ludwig I(der Fromme)
818-855 ロターリオ(ロータル)1世 Lotario(Lothar) I
855-875 ロドヴィーコ1世 Lodovico I
875-877 シャルル2世(禿頭王) Charles(le Chauve)
877-880 カールマン Karlman
881-888 カール3世(肥満王) Karl III(der Dicke)

独立王国時代(＊は対立王)

888-924 ベレンガーリオ1世(フリウリ公) Berengario I, duca di Friuli
889-894 グイード(スポレート公) Guido, duca di Spoleto＊
894-898 ランベルト(スポレート公) Lamberto, duca di Spoleto＊
900-905 ルイ3世(低地ブルゴーニュ／プロヴァンス公) Louis III, duc de Provence＊

924-926　ルドルフ(高地ブルグント/ブルグント公) Rudolf, Herzog von Burgund
926-946　ユーグ(低地ブルゴーニュ/プロヴァンス公) Hugues, duc de Provence
946-950　ロタール2世(低地ブルゴーニュ/プロヴァンス公) Lotar II, duc de Provence
950-963　ベレンガーリオ2世(イヴレーア侯) Berengario II, marchese d'Ivrea
〔963年以後は神聖ローマ皇帝がイタリア王を兼ねる〕

1805-14　ナポレオン1世 Napoléon I

4．サヴォイア家

サヴォイア伯

1000-48　ウンベルト1世(ビアンカマーノ) Umberto I(Biancamano)
1048-51　アメデーオ1世 Amedeo I
1051-59　オッドーネ Oddone
1059-78　ピエトロ1世 Pietro I
1078-80　アメデーオ2世 Amedeo II
1080-1103　ウンベルト2世 Umberto II
1103-48　アメデーオ3世 Amedeo III
1148-88　ウンベルト3世 Umberto III
1189-1233　トンマーゾ1世 Tommaso I
1233-53　アメデーオ4世 Amedeo IV
1253-63　ボニファーチォ Bonifacio
1263-68　ピエトロ2世 Pietro II
1268-85　フィリッポ1世 Filippo I
1285-1323　アメデーオ5世 Amedeo V
1323-29　エドゥアルド Eduardo
1329-43　アイモーネ Aimone
1343-83　アメデーオ6世 Amedeo VI
1383-91　アメデーオ7世 Amedeo VII
1391-1416　アメデーオ8世 Amedeo VIII

サヴォイア公

1416-40　アメデーオ8世 Amedeo VIII
1440-65　ルドヴィーコ Ludovico
1465-72　アメデーオ9世 Amedeo IX
1472-82　フィリベルト1世 Filiberto I
1482-90　カルロ1世 Carlo I
1490-96　カルロ・ジョヴァンニ・アメデーオ Carlo Giovanni Amedeo
1496-97　フィリッポ2世 Filippo II
1497-1504　フィリベルト2世 Filiberto II
1504-53　カルロ2世 Carlo II

1553-80 エマヌエーレ・フィリベルト Emanuele Filiberto
1580-1630 カルロ・エマヌエーレ 1 世 Carlo Emanuele I
1630-37 ヴィットーリオ・アメデーオ 1 世 Vittorio Amedeo I
1637-38 フランチェスコ・ジャチント Francesco Giacinto
1638-75 カルロ・エマヌエーレ 2 世 Carlo Emanuele II
1675-1713 ヴィットーリオ・アメデーオ 2 世〔1713-20シチリア王〕 Vittorio Amedeo II

サルデーニャ王

1720-30 ヴィットーリオ・アメデーオ 2 世 Vittorio Amedeo II
1730-73 カルロ・エマヌエーレ 3 世 Carlo Emanuele III
1773-96 ヴィットーリオ・アメデーオ 3 世 Vittorio Amedeo III
1796-1802 カルロ・エマヌエーレ 4 世 Carlo Emanuele IV
1802-21 ヴィットーリオ・エマヌエーレ 1 世 Vittorio Emanuele I
1821-31 カルロ・フェリーチェ Carlo Felice
1831-49 カルロ・アルベルト Carlo Alberto
1849-61 ヴィットーリオ・エマヌエーレ 2 世 Vittorio Emanuele II

イタリア王

1861-78 ヴィットーリオ・エマヌエーレ 2 世 Vittorio Emanuele II
1878-1900 ウンベルト 1 世 Umberto I
1900-46 ヴィットーリオ・エマヌエーレ 3 世 Vittorio Emanuele III
1946 ウンベルト 2 世 Umberto II

5．シチリア王

1130-94 ノルマン朝(シチリア王兼プッリアとカラーブリア公その他)〔系図参照〕
1194-1266 ホーエンシュタウフェン朝(同上)〔系図参照〕
1266-82 シャルル・ダンジュー(カルロ 1 世) Charles d'Anjou, Carlo I re di Sicilia
〔1282年，シチリア王国(アラゴン家)と通称ナポリ王国(アンジュー家)とに分裂〕

ナポリ王(アンジュー系)

1282-85 カルロ 1 世(シャルル・ダンジュー) Carlo I
1285-1309 カルロ 2 世 Carlo II
1309-43 ロベルト Roberto
1343-81 ジョヴァンナ 1 世 Giovanna I
1381-86 カルロ 3 世 Carlo III〔ハンガリー系アンジュー家〕
1386-1414 ラディズラーオ Ladislao〔兼ハンガリー王〕
1414-35 ジョヴァンナ 2 世 Giovanna II〔ハンガリー系アンジュー家〕
1435-42 レナート(ルネ) Renato(Rene)〔アンジュー・ヴァロワ家〕

シチリア王(アラゴン系)

1282-85 ピエトロ 1 世(アラゴン王ペドロ 3 世) Pietro I
1285-96 ジャコモ(アラゴン王ハイメ 2 世) Giacomo
1296-1337 フェデリーコ 2 (3)世 Federico II(III)
1337-42 ピエトロ 2 世 Pietro II
1342-55 ルイージ Luigi

1355-77　フェデリーコ 3 (4) 世 Federico III(IV)
1377-1401　マリーア Maria
1401-09　マルティン(マルティーノ) 1 世(若) Martin(Martino) I(il giovane)
1409-10　マルティン(マルティーノ) 2 世(老) Martin(Martino) II(il vecchio)
1412-16　フェルディナンド(アラゴン王フェルナンド 1 世) Ferdinando
1416-58　アルフォンソ 1 世(アラゴン王アルフォンソ 5 世) Alfonso I〔兼ナポリ王〕
1458-79　ジョヴァンニ(アラゴン王フアン 2 世) Giovanni
1479-1516　フェルディナンド 3 世(アラゴン王フェルナンド 2 世) Ferdinando III〔兼ナポリ王〕

ナポリ王(アラゴン系)

1442-58　アルフォンソ 1 世(アラゴン王アルフォンソ 5 世) Alfonso I〔兼シチリア王〕
1458-94　フェルディナンド(フェッランテ) 1 世 Ferdinando I
1494-95　アルフォンソ 2 世 Alfonso II
1495-96　フェルディナンド(フェルランディーノ) 2 世 Ferdinando II
1496-1501　フェデリーコ Federico
1501-03　〔フランス王ルイ12世 Louis XII〕
1503-16　フェルディナンド 3 世(アラゴン王フェルナンド 2 世，カスティーリャ王フェルナンド 5 世) Ferdinando III〔兼シチリア王サルデーニャ王〕
〔以後スペイン王がシチリア王・ナポリ王となる〕
〔1713年ユトレヒト条約により，ナポリ王国はオーストリアに帰属し，シチリア王位はサヴォイア公ヴィットーリオ・アメデーオ 2 世に与えられる〕
〔1720年シチリアはサルデーニャと交換にオーストリアに帰属〕

シチリア王・ナポリ王(両シチリア王) (スペイン系ブルボン家)

1734-59　カルロ 7 世 Carlo VII(のちスペイン王に転出してカルロス 3 世)
1759-1816　フェルディナンド Ferdinando(シチリア王として 3 世，ナポリ王として 4 世)
〔1799年ナポリ王国は一時ナポリ共和国となる。1806年ナポリ王国はフランス支配となり，1806-08 ジョゼフ，1808-15 ミュラがナポリ王〕

両シチリア国王(ブルボン朝)

1816-25　フェルディナンド 1 世 Ferdinando I
1825-30　フランチェスコ 1 世 Francesco I
1830-59　フェルディナンド 2 世 Ferdinando II
1859-61　フランチェスコ 2 世 Francesco II

6．イタリア共和国大統領

1946.7-48.5　デ・ニコーラ(臨時) Enrico De Nicola
1948.5-55.5　エイナウディ Luigi Einaudi
1955.5-62.5　グロンキ Giovanni Gronchi
1962.5-64.12　セーニ Antonio Segni
1964.12-71.12　サーラガト Giuseppe Saragat
1971.12-78.7　レオーネ Giovanni Leone

1978.7-85.7　ペルティーニ Alessandro Pertini
1985.7-92.5　コッシーガ Francesco Cossiga
1992.5-99.5　スカールファロ Oscar Luigi Scalfalo
1999.5-2006.5　チャンピ Carlo Azeglio Ciampi
2006.5-　ナポリターノ Giorgio Napolitano

7．イタリア王国首相

1861.3-61.6　カヴール Camillo Benso Cavour
1861.6-62.3　リカーソリ Bettino Ricasoli
1862.3-62.12　ラッタッツィ Urbano Rattazzi
1862.12-63.3　ファリーニ Luigi Carlo Farini
1863.3-64.9　ミンゲッティ Marco Minghetti
1864.9-65.12　ラ・マルモラ Alfonso Lamarmora
1865.12-66.6　ラ・マルモラ(第2次)
1866.6-67.4　リカーソリ(第2次)
1867.4-67.10　ラッタッツィ(第2次)
1867.10-68.1　メナブレーア Federico Luigi Menabrea
1868.1-69.5　メナブレーア(第2次)
1869.5-69.12　メナブレーア(第3次)
1869.12-73.7　ランツァ Giovanni Lanza
1873.7-76.3　ミンゲッティ(第2次)
1876.3-77.12　デプレーティス Agostino Depretis
1877.12-78.3　デプレーティス(第2次)
1878.3-78.12　カイローリ Benedetto Cairoli
1878.12-79.7　デプレーティス(第3次)
1879.7-79.11　カイローリ(第2次)
1879.11-81.5　カイローリ(第3次)
1881.5-83.5　デプレーティス(第4次)
1883.5-84.3　デプレーティス(第5次)
1884.3-85.6　デプレーティス(第6次)
1885.6-87.4　デプレーティス(第7次)
1887.4-87.7　デプレーティス(第8次)
1887.8-89.3　クリスピ Francesco Crispi
1889.3-91.2　クリスピ(第2次)
1891.2-92.5　ルディニィ Antonio di Rudinì
1892.5-93.12　ジョリッティ Giovanni Giolitti
1893.12-96.3　クリスピ(第3次)
1896.3-96.7　ルディニィ(第2次)
1896.7-97.12　ルディニィ(第3次)
1897.12-98.6　ルディニィ(第4次)
1898.6.1-6.29　ルディニィ(第5次)

1898.6.29-99.5　ペルー Luigi Girolamo Pelloux
1899.5-1900.6　ペルー(第2次)
1900.6-01.2　サラッコ Giuseppe Saracco
1901.2-03.11　ザナルデッリ Giuseppe Zanardelli
1903.11-05.3　ジョリッティ(第2次)
1905.3.16-3.27　ティットーニ(首相代行) Tommaso Tittoni
1905.3.28-05.12　フォルティス Alessandro Fortis
1905.12-06.2　フォルティス(第2次)
1906.2-06.5　ソンニーノ Giorgio Sidney Sonnino
1906.5-09.12　ジョリッティ(第3次)
1909.12-10.3　ソンニーノ(第2次)
1910.3-11.3　ルッツァッティ Luigi Luzzatti
1911.3-14.3　ジョリッティ(第4次)
1914.3-14.11　サランドラ Antonio Salandra
1914.11-16.6　サランドラ(第2次)
1916.6-17.10　ボセッリ Paolo Boselli
1917.10-19.6　オルランド Vittorio Emanuele Orlando
1919.6-20.5　ニッティ Francesco Saverio Nitti
1920.5-20.6　ニッティ(第2次)
1920.6-21.7　ジョリッティ(第5次)
1921.7-22.2　ボノーミ Ivanoe Bonomi
1922.2-22.8　ファクタ Luigi Facta
1922.8-22.10　ファクタ(第2次)
1922.10-43.7　ムッソリーニ Benito Mussolini
1943.7-44.4　バドリオ Pietro Badoglio
1944.4-44.6　バドリオ(第2次)
1944.6-44.12　ボノーミ(第2次)
1944.12-45.6　ボノーミ(第3次)
1945.6-45.12　パッリ Ferruccio Parri
1945.12-46.7　デ・ガスペリ Alcide De Gasperi

8．イタリア共和国首相

1946.7-47.2　デ・ガスペリ(第2次)
1947.2-47.5　デ・ガスペリ(第3次)
1947.5-48.5　デ・ガスペリ(第4次)
1948.5-50.1　デ・ガスペリ(第5次)
1950.1-51.7　デ・ガスペリ(第6次)
1951.7-53.7　デ・ガスペリ(第7次)
1953.7-53.8　デ・ガスペリ(第8次)
1953.8-54.1　ペッラ Giuseppe Pella
1954.1-54.2　ファンファーニ Amintore Fanfani

1954.2-55.7 シェルバ Mario Scelba
1955.7-57.5 セーニ Antonio Segni
1957.5-58.7 ヅォーリ Adone Zoli
1958.7-59.2 ファンファーニ(第2次)
1959.2-60.3 セーニ(第2次)
1960.3-60.7 タンブローニ Fernando Tambroni
1960.7-62.2 ファンファーニ(第3次)
1962.2-63.6 ファンファーニ(第4次)
1963.6-63.12 レオーネ Giovanni Leone
1963.12-64.7 モーロ Aldo Moro
1964.7-66.2 モーロ(第2次)
1966.2-68.6 モーロ(第3次)
1968.6-68.12 レオーネ(第2次)
1968.12-69.8 ルモール Mariano Rumor
1969.8-70.3 ルモール(第2次)
1970.3-70.8 ルモール(第3次)
1970.8-72.2 コロンボ Emilio Colombo
1972.2-72.6 アンドレオッティ Giulio Andreotti
1972.6-73.7 アンドレオッティ(第2次)
1973.7-74.3 ルモール(第4次)
1974.3-74.11 ルモール(第5次)
1974.11-76.2 モーロ(第4次)
1976.2-76.7 モーロ(第5次)
1976.7-78.3 アンドレオッティ(第3次)
1978.3-79.3 アンドレオッティ(第4次)
1979.3-79.8 アンドレオッティ(第5次)
1979.8-80.4 コッシーガ Francesco Cossiga
1980.4-80.10 コッシーガ(第2次)
1980.10-81.6 フォルラーニ Arnaldo Forlani
1981.6-82.8 スパドリーニ Giovanni Spadolini
1982.8-82.12 スパドリーニ(第2次)
1982.12-83.8 ファンファーニ(第5次)
1983.8-86.8 クラクシ Bettino Craxi
1986.8-87.4 クラクシ(第2次)
1987.4-87.7 ファンファーニ(第6次)
1987.7-88.4 ゴリア Giovanni Goria
1988.4-89.7 デミータ Ciriaco De Mita
1989.7-91.4 アンドレオッティ(第6次)
1991.4-92.6 アンドレオッティ(第7次)
1992.6-93.4 アマート Giuliano Amato
1993.4-94.5 チャンピ Carlo Azeglio Ciampi

1994.5-95.1　ベルルスコーニ Silvio Berlusconi
1995.1-96.5　ディーニ Lamberto Dini
1996.5-98.10　プローディ Romano Prodi
1998.10-2000.4　ダレーマ Massimo D'Alema
2000.4-01.6　アマート(第 2 次)
2001.6-05.4　ベルルスコーニ(第 2 次)
2005.4-06.5　ベルルスコーニ(第 3 次)
2006.5-08.5　プローディ(第 2 次)
2008.5-　　ベルルスコーニ(第 4 次)

■ 写真引用一覧

1 ……John Julius Norwich (ed.), *History, Art, and Genius of People The Italians,* London, Thames & Hudson Ltd., 1983.

2 ……Francesco Barbagallo, *Il Sud: Storia Fotografica della società Italiana,* Roma, Editori Riuniti, 2001.

3 ……Furio Durando (ed.), *Ancient Italy,* White Star, 2001.

4 ……Glen W. Bowersock, Peter Brown and Oleg Grabar (eds.), *Late Antiquity,* Cambridge, The Belknap Press of Harvard University Press, 1999.

5 ……George Holmes (ed.), *The Oxford Illustrated History of Italy,* Oxford University Press, 1997.

6 ……Federigo Melis, *Documenti per la stroria economica dei secoli XIII-XVI,* Firenze, Leo S. Olschki, 1972.

7 ……Eugenio Pucci, *Tutta Roma: Il Vaticano e la Cappella Sistinia,* Firenze, Bonechi, 1967.

8 ……Giovanna Magi, *Ammiriamo Milano,* Firenze, Bonechi Edizioni, 1977.

9 ……マーガレット・アストン編，樺山紘一監訳『図説ルネサンス百科事典』三省堂，1998 (Margaret Aston (ed.), *The Panorama of the Renaissance,* London, Thames & Hudson Ltd., 1996.)

10……*Storia d'Itaria,* Milano, Fratelli Fabbri Editori, 1965-68.

11……Christopher Hibbert, *Venice, The Biography of a City,* London, Grafton Books, 1988.

12……Vittorio Gleijeses, *La storia di Napoli dalle origini ai nostri giorni,* Napoli, Società Editrice Napoletana, 1977.

13……Anthony L. Cardoza e Geoffrey W. Symcox, *Storia di Trino,* Torino, Einaudi, 2006.

14……Gene Brucker, *Florence: The Golden Age, 1138-1737,* University of California Press, 1998.

15……Antonio Ghirelli, *Storia di Napoli,* Torino, Einaudi, 1973.

16……Piero Pieri, *Storia illustrata del Risorgimento nazionale: Le Società Segrete ed i moti degli anni 1820-21 e 1830-31,* Milano, Vallardi, 1931.

17……Wladimiro Settimelli, *Garibaldi l'album fotografico,* Firenze, Alinari, 1982.

18……Diego Mormorio, *Il Risorgimento 1848-1870,* Roma, Editori Riuniti, 1998.

19……Lamberto Vitali, *Il Risorgimento nella fotografia,* Torino, Einaudi, 1979.

20……Sergio Romano, *Crispi,* Milano, Bompiani, 1986.

21……Giovanna Ginex, *L'Italia liberale 1870-1900,* Roma, Editori Riuniti, 1998.

22……Francesco Provenzano, *Il Fascio dei lavoratori di Ravanusa,* Caltanisetta/Roma, 1987.

23……Arrigo Petacco, *L'anarchio che venne dall'America,* Milano, Mondadori, 1969.

24……Nino Valeri, *Giolitti,* Torino, UTET, 1971.

25……Gabriele D'Autilia, *L'età giolittiana 1900-1915,* Roma, Editori Riuniti, 1998.

26……George Holmes (ed.), *The Oxford Illustrated History of Italy,* Oxford University

Press, 1997.
27……Eva Paola Amendola e Pasquale Iacco, *Gil anni del regime 1925-1939,* Roma, Editori Riuniti, 1999.
28……Liliana Lanzardo, *Dalla bottega alla fabbrica,* Roma, Editori Riuniti, 1999.
29……Paul Ginsborg, *Storia d'Itaria 1943-1996: famiglia, società, Stato,* Torino, Einaudi, 1998.
30……Adolfo Mignemi (ed.), *Storia fotografica della Resistenza,* Torino, Bollati Boringhieri, 1995.
31……Andrea Nemiz, *La recostruzione 1945-1963,* Roma, Editori Riuniti, 1998.
32……Luca Criscenti e Gabriele D'Autilia (ed.), *Autobiografia di una nazione,* Roma, Editori Riuniti, 1999.
33……Dario Lanzardo, *L'Italia di fine secolo 1990-1998,* Roma, Editori Riuniti, 2000.

口絵 p.1 上・下——ユニフォト・プレス提供
p.2 上・下——ユニフォト・プレス提供
p.3 上——日本テレビ放送網/ユニフォト・プレス提供
下——ユニフォト・プレス提供
p.4 上・下——ユニフォト・プレス提供

p.6——**1**, p.236
p.13——**2**, p.224
p.22——**3**, p.87
p.39——コンセルヴァトーリ博物館蔵。著者(松本)提供
p.41 上・下——著者(松本)撮影
p.49——著者(松本)撮影
p.51——**4**, p.242
p.71——著者(松本)撮影
p.79——ヴァティカン博物館蔵。著者(松本)撮影
p.90——著者(松本)撮影
p.93 左・右——著者(松本)撮影
p.109 左・右——著者(松本)撮影
p.117——著者(松本)撮影
p.120——**4**, pp.272-273
p.131——スライド
p.135 上・下——著者(齊藤)撮影
p.155——著者(齊藤)撮影
p.167——**5**, p.47
p.197——著者(齊藤)撮影
p.207——**6**, p.237
p.218——**5**, p.51
p.226——**7**, p.75
p.229——**8**, p.67
p.254——**9**, p.285 上
p.260——**9**, p.281 右上
p.277——**10**, No.79, p.1756
p.279——**10**, No.82, p.1797
p.285 上——**11**, p.145
p.285 下——**11**, pp.116-117
p.289——**10**, No.80, p.1758
p.295——**12**, pp.560-561
p.309——**13**, pl.6
p.317——**10**, No.96, p.2119
p.321——**14**, p.74
p.331——**10**, No.91, p.2021
p.335——**10**, No.100, p.2232
p.349——**15**, p.135
p.359——**15**, p.207
p.363——**10**, No.102, p.2275
p.367——**16**, p.223
p.373——**17**, pl.4
p.379 上——**10**, No.108, p.2393
p.379 下——**10**, No.108, p.2394
p.391——**17**, pl.6
p.397——**17**, pl.5
p.399——**18**, p.115
p.411——**18**, p.141
p.417——**18**, p.32
p.422——**19**, p.271
p.429——**20**, p.285
p.433——**21**, p.124
p.437——**19**, p.276
p.438——**2**, p.37
p.449——**22**, pl.10
p.455——**23**, pp.124-125
p.460——**24**, p.96
p.463——**25**, p.26
p.483——**26**, p.271
p.490——**27**, p.52
p.495——**28**, p.86
p.503——**29**, pl.2
p.507——**30**, p.73
p.509——**31**, p.101
p.515——**2**, p.165
p.521——**32**, p.332
p.523——**29**, pl.41
p.529——**32**, p.410
p.537——**33**, p.11